2판
2nd edition

Principles of Rorschach Interpretation

로르샤하 해석의 원리

Irving B. Weiner 저
김영환 · 김지혜 · 홍상황 공역

학지사

Principles of Rorschach Interpretation -2nd edition-
by Irving B. Weiner

역자 서문

저자는『로르샤하 해석의 원리』초판을 발행한 후로 로르샤하 종합체계에 몇 가지 중요한 변화가 있었고 로르샤하를 다룬 연구들에서 새로운 많은 사실들이 발견되었기 때문에 재판을 결정하게 되었다고 밝히고 있다. 즉 이러한 두 가지 이유 때문에 로르샤하에 의한 평가의 건전성과 유용성에 관한 가용한 증거의 성격과 의미를 새롭게 검토할 필요가 생겼다는 것이다. 종합체계 자체에 중요한 변화가 일어났고 새로운 사실들이 발견되었다면 그러한 증거를 다시 검토하고 해석에 반영하는 것은 당연한 일이다. 더욱이 이 책은 개인의 성격기능을 평가하기 위해 로르샤하 잉크반점법(RIM)을 사용하는 임상가에게 매우 유용하다고 생각되어 초판을 번역한 사람이 재판을 번역하는 것은 당연한 의무라고 판단하였다. 이러한 심정에서 다시 재판을 번역하기로 하였다.

초판 번역서가 나오고 나서 역자의 한 사람으로 마음이 매우 편치 않았다. 역서를 읽는 사람이 어느 정도 저자가 전달하려는 내용을 이해할 수 있을지 염려되었기 때문이다. 이 책을 번역한다고 결정한 것이 후회가 되기도 하였다. 제대로 하지도 못할 일을 하겠다고 결심한 내 자신이 원망스럽기도 했다. 모르면 용기가 생긴다고 하더니 내가 그 꼴이 되고 만 셈이다. 원서로 읽는 것보다 더 어렵다는 사람들도 있었다. 충분히 이해할 수 있는 말이다. 하지만 이 책은 원래 너무 난해한 부분이 많다. 읽을 때에는 의미를 알 것 같지만, 막상 글로 옮겨 놓고 보면 또 그렇지도 않았다. 재판을 번역하고 나서 이제야 번역을 제2의 창작이라 하는 이유를 어렴풋이 짐작할 수 있을 것 같다.

재판의 번역을 끝내고 나서도 초판을 번역했을 때처럼 마음이 편치 않은 것은 마찬가지다. 마음에 걸리는 것이 한두 가지가 아니다. 저자와 자주 연락하면서 가능한 한 원문에 충실하게 번역하려고 노력하였고 이 과정에서 원서의 내용이 일부 달라진 곳도 있다. 그리고 의역이 불가피한 경우도 많았다. 번역서를 읽는 독자들은 번역이 잘못된 부분을 곳곳에서 발견할 수 있을 것이다. 이해가 안 되는 부분도 있고 의심이 가는 부분도 많이 있을 것이다. 역서를 읽으면서 조금이라도 이상하거나 의문이 가는 곳이 있으면 그냥 넘어가지 말고 반드시 원서를 다시 읽어 볼 것을 권하고 싶다. 이런 방법이 저자가 전달하려는 내용과 의미에 가장 가까이 접근할 수 있는 유일한 길이기 때문이다.

『로르샤하 해석의 원리』는 로르샤하의 구조적, 주제적, 행동적, 계열적 자료를 체계적 해석지침에 통합한 저서이다. 흔히 검사를 실시하고 해석하는 사람은 구조적 특징에 치우치거나 다른 어떤 자료를 경시하기 쉽다. 이런 자세는 로르샤하를 사용하는 사람들이 가장 경계해야 할 태도이다. 로르샤하 검사를 통해 인간의 성격과 적응을 종합적으로 평가하는 임상심리 전문가는 구조적, 주제적, 행동적, 계열적 자료를 모두 통합적으로 검토해야 한다. 그리고 제3부는 중요한 개별 사례에 대해 로르샤하검사를 해석하는 방식을 구체적으로 제시하고 있다. 몇몇 구조적 자료를 중심으로 피상적으로 접근하려는 자세를 버리고 사례를 통해 해석하는 방식을 익히면 매우 큰 도움이 될 것이다. 이들 사례에 대한 검사해석을 자세하게 읽고 해석하는 방식을 익히는 것은 임상심리 전문가의 임상적 효율을 향상시키는 데 매우 유익할 것으로 생각된다.

초판을 번역할 때와 마찬가지로 재판을 번역하는 것도 어렵고 힘들기는 마찬가지였다. 짜증도 많이 났고 때로는 저자를 욕하기도 했다. 이게 무슨 자학 증상인가 싶은 생각도 들었다. 내 능력의 한계를 벗어나는 일을 하다 보니 어쩔 수 없었다. 이제 일을 거의 끝내고 보니 초판과 마찬가지로 아쉬운 점이 한두 가지가 아니다. “좀 더 잘할 수 있었을 텐데” 하는 여운만 남을 뿐이다. 끝으로 재판의 번역을 서둘러 주시고 지원해 주신 학지사 김진환 사장님께 감사 드린다.

2005년 8월

역자 대표 씀

저자 서문

『로르샤하 해석의 원리』 2판은 두 가지 이유 때문에 준비하였다. 첫째, 1998년에 1판을 출판한 이후로 1판이 근거를 두었던 종합체계에 커다란 변화가 있었다. 로르샤하를 다룬 새로운 해석서(Exner, 2000)와 개정된 『로르샤하 워크북』(Exner, 2001)에서 나타난 변화들을 이 책에서 소개한 해석원리와 사례 제시에서 충분히 통합하였다. 둘째, 1판의 초교를 작성한 1997년 이후로 로르샤하를 다룬 참고문헌이 많이 추가되었다. 최근의 로르샤하 연구문헌들은 로르샤하 평가의 타당성과 다른 심리측정적 장점을 뒷받침하는 증거와 그러한 증거의 정확성에 대한 많은 논쟁을 다루고 있다. 2판에서는 로르샤하 평가의 건전성과 유용성을 지적하는 많은 증거들의 본질과 그 함의를 새로이 추가하였다.

『로르샤하 해석의 원리』는 성격기능을 평가하기 위해 로르샤하 잉크반점법(Rorschach Inkblot Method)을 사용하는 임상가를 위한 종합적인 로르샤하 해석서이다. 이 책은 로르샤하 결과들을 전문적인 실제 장면에서 효율적으로 적용하는 데 필요한 해석원리를 다루고 있고 개인의 성격적 특징과 성격적 특징의 임상적 의의를 기술하기 위해 필요한 체계적 지침에 로르샤하의 구조적, 주제적, 행동적, 계열적 자료들을 통합시키는 데 초점을 두고 있다.

이 책은 세 부분으로 구성되어 있다. 제1부는 로르샤하에 대해 기본적으로 고려해야 할 사항, 잉크반점법의 개념적 및 경험적 기초, 로르샤하에 의한 추론의 공식화와 정당화에 관한 중요한 문제를 다루었다. 1장은 객관적 특징과 주관적 특징을 모두 포함하고, 지각과 연상을 측정하고, 성격의 구조적 및 역동적 측면을 평가하는 도구로서 로르샤하의 성격을 다루었다. 로르샤하를 단순한 검사보다 자료수집에 관한 다양한 방법으로 간주하는 것이 유리하다는 점을 논의하고 로르샤하의 건전한 심리측정학적 기초를 밝힌 연구결과들을 개관하였다.

2장에서는 로르샤하 자료에 대한 해석적 접근에서 핵심적으로 고려해야 할 사항을 논의하였다. 주로 (1) 해석을 정당화하는 적절한 방식인 경험적 및 개념적 접근과 부적절한 방식인 직관적 및 권위적 접근을 구분하고; (2) 자료의 구조적, 주제적, 행동적, 계열적 특징에 대한 주의를 기울이는 전략에 따른 해석을 공식화하고; (3) 수검자의 나이, 성, 문화적 배경과 관련해서 고려해야 할 사항과 그에 따라 해석적 의미를 수정하는 것에 대해 기술하였다.

제2부에서는 로르샤하 프로토콜에 나타난 자료를 철저하게 활용하기 위해 해석에 관한 요소를 다루었다. 3장에서는 종합체계 탐색전략을 기술하고 로르샤하 변인을 성격적 기능과 관련된 군집으로 묶는 것과 이런 군집을 검토하는 순서를 결정하는 것의 개념적 및 실제적 이점을 설명하였다. 여기에는 (1) 자료에 대한 접근에서 검사중심적 방법보다 더 철저하고 효율적이고 인간중심적인 방법을 권장하고; (2) 로르샤하의 해석에서 융통성이 있고 임상적으로 적절한 접근을 향상시켜주고; (3) 적응적 기능과 부적응적 기능 및 정신병리에 관한 증상적 유형과 성격적 유형에 대한 변별을 촉진시키는 이점을 포함하였다.

4장에서는 로르샤하 반응의 특징을 결정하는 데 투사와 카드속성의 보완적 역할을 설명하였다. 여기서는 수검자가 잉크반점에 귀인시키는 투사와 잉크반점의 고유한 카드속성이 함께 작용하여 반응과정을 형성하는 방식을 예를 들어 설명하였다. 그리고 각 카드에서 가장 일반적으로 나타나는 대상, 주제, 정서를 개관하였다.

5장에서는 심리적 적응의 여섯 가지 차원의 함의와 관련이 있는 로르샤하의 구조적 변인의 중요성을 설명하였다. 즉 경험에 대한 주의, 관념의 이용, 정서조절, 스트레스관리, 자기 자신에 대한 견해, 타인과의 관계 등을 설명하였다. 각각의 적응차원에서 성격의 장단점을 밝히기 위한 근거로 로르샤하의 다양한 점수, 지표, 비율을 활용하는 구체적 지침을 제시하였다.

6장에서는 로르샤하 프로토콜에 나타나는 주제심상의 내용분석을 실시하기 위한 체계적 지침을 제시하였다. 기록에서 특별히 풍부한 내용주제를 포함할 가능성이 높은 반응을 밝히고, 이 주제에 대한 연상을 형성하고, 해석적 가정을 설정하기 위해 형성된 연상을 사용하고, 형성된 주제해석의 타당성 판단에 대해 간략하게 설명하였다. 그리고 내용주제의 유형과 관련이 있을 가능성이 높은 특별한 상징적 의미도 검토하였다.

7장에서는 수검자의 성격적 유형과 검사자에 대한 태도와 관련해서 가치가 있는 정보를 나타내주는 검사행동의 해석적 의의를 다루었다. 여기서는 수검자가 카드를 다루고 돌리는 방법, 개인적인 언급과 빠트린 것의 의미, 검사상황에서 자신을 표현하고 행동하는 방식 등을 분류하고 설명하였다.

8장에서는 반응의 구조적, 주제적, 행동적 특징을 종합적으로 분석할 수 있는 방법이나 로르샤하 자료의 성격적 역동에 대한 의미를 계열적으로 확장하는 방법을 다루었다. 이 장에서는 로르샤하 기록에서 반응의 질적 변화에 대한 검토를 통해 수검자의 관심, 관심이 반응에 미치는 영향, 고통스런 경험에 대해 자신을 보호하고 방어하는 방식의 성격과 정확성을 밝히는 데 사용되고 있는 계열분석 모형을 제시하였다.

3~8장까지 기술한 로르샤하 결과를 성격적 기능의 구조적 및 역동적 측면에 대한 기술로 전환하는 지침은 여러 많은 연구결과에 따른 것이다. 이들 연구결과는 임상적 의사결정에 즉각 적용할 수 있기 때문에 2부에서는 기준적 준거를 자세히 다루었고, 3부에서는 예를 들어 설명하였다. 때로는 특정 부분의 타당성에 관한 연구결과도 참고하였다. 그러나 이 책은 로르샤하의 성격에 관한 것이 아니라 로르샤하를 이용하는 방법에 초점을 맞추었다.

따라서 2부와 3부에는 적절한 연구를 규칙적으로 인용하거나 기술하지 않았다. 논의한 내용을 지지하는 연구결과는 로르샤하 종합체계에 관한 기본적인 저서(Exner, 1991, 1993; Exner & Weiner, 1995)와 현재 발행되고 있는 학술지에서 쉽게 찾아볼 수 있는 연구들이다. 그러나 경험적 자료는 진리에 이르는 유일한 길이 아니다. 분명한 개념형성과 개념적 의미에 관한 논리적 추론을 적용하면 유용하게 활용할 수 있는 결론을 도출할 수 있고 이런 결론은 때때로 검사를 더 가치 있게 만드는 것일 수 있다. 이런 점을 염두에 두고 나쁜 것처럼 알려진 어떤 사실을 그대로 언급하지 않았다. 나는 확실한 이론과 가능성이 높은 가정적 가능성을 조심스럽게 구별하면서 개념과 자료에 근거해 해석적 지침을 만드는 데 주저하지 않았다.

3부는 2부에서 설명한 해석적 원리를 성격적 기능에 관한 적응적 장단점을 밝히는 데 어떻게 사용하고 이런 정보를 임상실제에 어떻게 적용하는지를 사례를 통해 설명하였다. 9장에서는 제시할 사례를 소개하였고 10~14장에서는 10개의 프로토콜을 제시하고 논의하였다. 이들 10개의 프로토콜은 다양한 인구통계학적 배경, 광범위한 성격적 유형과 임상적 문제를 고려하여 선택한 것이다. 이들 각 사례를 제시하고 진단, 치료계획의 수립, 행동의 구조적 및 역동적 결정인과 같은 중요한 문제에 대해 논의하였다.

감사의 글

이 책에 수록된 자료들은 성격적 기능에 대한 평가에서 로르샤하 잉크반점의 실용성과 관련된 연구와 독창적인 아이디어를 창출해내기 위해 다년간 노력한 학자들과 로르샤하 임상가들의 이전 원고에서 인용한 것이다. 이 책을 저술하기까지 그들의 노고와 창조성, 임상적 지식, 과학적 고민에 깊은 감사를 드린다. 나는 이 책을 준비하는 데 있어서 가치 있는 자료들을 사용하도록 허락한 나의 좋은 친구이자 동료인 John Exner에게 감사를 드린다. 또한 2판에서 제시한 로르샤하 프로토콜의 기호화를 검토해 준 나의 오래된 친구이자 동료인 Anthony Sciara에게 감사를 드린다. 마지막으로 로르샤하 해석 지원 프로그램(Rorschach Interpretation Assistance Program, RIAP)의 일환으로 이루어진 사례자료를 사용할 수 있도록 허락해 준 Psychological Assessment Resource (PAR)에도 감사를 드린다.

Irving B. Weiner

차 례

제2부 로르샤하의 해석 요소

6장 내용주제의 해석 • 221

7장 검사행동의 해석 • 255

1부
로르샤하에 대한 기본적 고려사항

RORSCHACH

RORSCHACH

1
로르샤하의 성격

1984년은 Herman Rorschach가 탄생한 지 100주년이 되는 해였다. 그는 이미 지금부터 85여 년 전에 스위스 헤리사우에 있는 크롬바흐 정신병원에서 "심리학적 실험"이라는 이름으로 환자들에게 잉크반점을 보여 주기 시작하였다. 1921년 Rorschach는 「심리진단」(Psychodiagnostics: A Diagnostic Test Based on Perception, 1921, 1942)이라는 연구논문을 출판하였다. 이 심리진단법을 많은 사람들에게 실시하여 표준화한 성격평가 도구가 로르샤하이다. 로르샤하 심리진단법은 전문가뿐만 아니라 일반대중에게도 널리 알려져 있고 이 진단법에 대한 연구는 매우 많다. 로르샤하[1]는 매우 널리 알려진 평가기법이기는 하지만 아직까지 로르샤하의 성격과 로르샤하를 가장 잘 해석할 수 있는 방법에 관한 개념적 정립이 미흡한 실정이다. 따라서 이 책에서는 로르샤하검사에서 기본적으로 고려해야 할 사항부터 먼저 제시하기로 하겠다. 1부는 측정도구로서의 로르샤하의 성격에 관한 것이고, 2부는 해석에 관한 접근을 다루었다. 아래에 제

1) 역주: 잉크반점으로 된 로르샤하검사를 처음 만든 사람은 Herman Rorschach이다. 일반적으로 이 잉크반점을 하나의 심리검사로 간주하고 로르샤하검사라는 용어를 사용하고 있다. 그러나 이 책의 저자는 로르샤하검사라는 용어에 이의를 제기하면서 the Rorschach라는 용어를 사용하였고, Rorschach가 만든 잉크반점을 검사로 분류하는 것보다 하나의 방법으로 보는 것이 더 타당하다는 견해에서 로르샤하 잉크반점법(Rorschach Inkblot Method, RIM)이라는 용어가 더 적합하다고 하였다. Herman Rorschach가 만든 잉크반점은 학자에 따라 로르샤하 진단법, 로르샤하 심리진단검사, 로르샤하 잉크반점검사, 로르샤하 잉크반점, 로르샤하 잉크반점기법, 로르샤하기법, 로르샤하검사 등으로 부르고 있다. 그러나 역자는 잉크반점을 만든 사람은 원명대로 Rorschach, the Rorschach는 로르샤하로 표기하였다.

시한 5가지 관점은 로르샤하 문헌에서 상당히 중요한 측면이고 로르샤하의 기본적 성격을 규정하는 것이다:

1. 로르샤하는 객관적 평가절차인 동시에 주관적 평가절차이다.
2. 로르샤하는 지각과정과 연상과정을 측정하는 도구이다.
3. 로르샤하는 성격적 기능의 구조적 측면과 역동적 측면을 평가한다.
4. 로르샤하는 다원적 자료수집 방법 중 하나이다.
5. 로르샤하는 건전한 심리측정적 근거가 있다.

로르샤하의 이러한 측면을 더 자세히 설명하기 위해 이 장에서는 측정도구로서 로르샤하의 성격을 개념적으로 검토하기로 하겠다.

로르샤하의 객관적 측면과 주관적 측면

Herman Rorschach(1921, 1942)는 인지적 구조화의 유형에 관한 개인차를 검토하기 위해 객관적 방식으로 표집하고 기호화하고 추론하는 심리실험을 수행하였다. 이 과정에서 그는 모든 수검자에게 사용할 수 있는 일련의 잉크반점을 개발하였고[2] 이를 모든 수검자에게 사용하였다. 그는 표준절차에 따라 수검자에게 잉크반점이 무엇처럼 보이는지 반응하도록 하였다. 그리고 반응영역, 결정인, 내용으로 수검자의 반응을 분류하는 구체적인 기준도 마련하였다. 또한 Rorschach는 자신이 관찰한 환자군과 비환자군 간의 차이를 기초로 W%, EB, A%와 같은 요약점수를 통하여 성격적 특성을 추론할 수 있는 해석지침을 마련하였다.

Rorschach는 단순한 잉크반점에 불과한 자극이 수검자에게는 무엇처럼 보이는지 반응하도록 하고 이 반응을 기호화하여 수검자가 문제를 어떻게 해결하는지 밝히려고 하였다. 수검자가 잉크반점에 대해 반응하려면 먼저 잉크반점의

2) Rorschach는 실험에서 많은 잉크반점을 사용하였다. 15장의 잉크반점을 가장 자주 사용하였고 15장 중에서 10장의 잉크반점을 심리진단법에 포함시켰다. 인쇄과정에서 약간의 수정을 거친 10장의 잉크반점이 1921년 이후 지금까지 사용되고 있는 표준 잉크반점이다.

특정 부분을 선택해야 하고 부분을 선택하는 과정에서는 어떤 방식으로든 주의가 필요하다. 또한 수검자는 선택한 부분이 무엇처럼 보이는지를 결정해야 한다. 이 과정에서 수검자는 모양이나 색과 같은 반점의 특징을 근거로 지각적 인상(perceptual impression)을 형성하게 될 것이고 이 인상을 기억 속에 저장된 여러 대상들의 인상과 비교하게 될 것이다. 이럴 경우 인상들이 서로 관련이 있다면 그 정도를 꼼꼼히 살펴보게 될 것이다. 이를 현대적 용어로 표현하면 로르샤하는 잉크반점에 대한 반응을 형성하는 과정에 주의, 지각, 기억, 의사결정, 논리적 분석 등을 포함하는 인지구조화과제(cognitive structuring task)로 볼 수 있다.

로르샤하는 동일한 자극, 표준화된 실시절차, 체계적인 기호화, 구체적 해석지침을 포함하고 있는 인지구조화과제라는 점에서 객관적인 평가기법으로 볼 수 있다. 그러나 많은 로르샤하 반응들은 자기보고형 검사의 진위형 과제처럼 확실하게 기호화하기는 어렵다. 반면에 확실한 기호화가 어렵다고 하더라도 로르샤하에 대한 반응을 신뢰롭고 객관적인 방식으로 기호화할 수 있다는 많은 증거들이 있다. 많은 경험적 연구에 따르면 로르샤하 종합체계로 훈련받은 검사자들이 반응영역, 쌍반응, 평범반응(P), 조직화 활동(Z)의 기호화에서 90% 이상의 일치율을 보이고 있다. 그리고 결정인과 형태질, 내용유목, 특수점수에서 일치율은 80% 이상이고 전체 평정자간 일치율은 90%를 약간 밑도는 수준이었다(Exner, 1991; Exner, 1993; McDowell & Acklin, 1996; Meyer, 1997a).

로르샤하에 의한 평가를 비판하는 사람들은 일치율이 로르샤하와 다른 다차원적 도구의 채점자간 신뢰도의 정확한 측정치가 될 수 있는지에 대해 의문을 제기하여 왔다. 그리고 이들(Wood, Nezworski, & Stejskal, 1996, 1997)은 우연적 일치율을 교정할 수 있는 카파나 유목내 상관계수(intraclass correlation coefficient)를 적용할 것을 권하고 있다. 그러나 로르샤하에서 채점자간 신뢰도는 근본적으로 측정방식에 관한 문제는 아니다. 메타분석 및 환자와 비환자 표본을 대상으로 수행한 연구에 따르면 종합체계의 다양한 범주에 대한 평균 카파계수는 .79~.88로 나타났다. 이 정도의 카파계수는 일반적으로 우수한 범위 내지 매우 우수한 범위에 속하는 것으로 알려져 있다(Acklin, McDowell, Verschell, & Chan, 2000; Meyer, 1997a, 1997b). Meyer와 그의 동료들(2002)은 4,761개의 반응을 포함하고 있는 219개의 임상적 프로토콜에 대한 두 평정자의 유목내 상관계수를 다음과 같이 보고하였다. 즉 164개의 구조적 요약변인에 대한 채점자 간 신뢰도계수의 중앙치와 평균은 각각 .92와 .90이었다. 이 변인들 중에서 신뢰도가 낮은 변인은 하나도 없었고 95% 이상이 유목내 상관에서 신뢰도가 매우 우수한 것으로 나타났다. 따라서 종합체계에 따라 기호화할 경우 로르샤하 반응은 신뢰할 수 있다는 사실이 입증되었다.

기본적인 구조변인에 대해 기호화준거를 철저하게 준수하는 꼼꼼한 검사자는 반응을 더 신뢰롭게 기호화할 수 있다. 반응이 반점전체를 사용하였는지, 분명한 색채를 언급하였는지, 인간의 형태로 보았는지 등은 객관적으로 확인할 수 있다. W 반응의 강조, 낮은 Sum C, 낮은 H 반응 등은 다른 객관검사와 마찬가지로 객관적으로 확인할 수 있다. 예컨대, 수검자의 반응기록에서 전체반응을 W로 기호화하여 전체반응(W)의 수와 비율을 계산하고, 이 결과와 경험에 대한 종합적 접근의 선호를 의미하는 행동지표와 비교하는 것은 전적으로 객관적인 검사과정이다. 따라서 수검자가 잉크반점이 무엇처럼 보인다고 하는 말에 포함되어 있는 특징적인 인지적 구조화를 정확히 채점하여 수검자의 성격과 행동과의 관계를 기술하는 것은 상당한 객관성이 있다고 말할 수 있다.

한편 1922년 Rorschach가 사망한 후 학자들은 단순히 인지적 구조화의 객관적 측정에 초점을 두기보다 잉크반점법이 더 많은 성격적 기능에 관한 정보를 제공하고 있다는 사실을 점점 인식하게 되었다. 이러한 인식은 정신분석학적 입장을 취하는 로르샤하 임상가들의 공이 컸다. 이들은 검사반응 중 내용주제(thematic content)를 근거로 수검자의 중요한 감정과 관심에 관한 단서를 얻을 수 있는 다양한 방법들을 제시하였다. 이런 사람들 가운데 Klopfer, Ainsworth, Klopfer 및 Holt(1954)는 로르샤하와 반응내용을 잘 이해할 수 있는 가장 좋은 이론은 정신분석이론이라고 하였다. 또한 Schafer(1954)는 정신분석이론을 적용하여 주제심상(thematic imagery)을 해석할 수 있는 광범위한 개념적 틀을 개발하였다. 그리고 Lindner(1950)는 로르샤하에서 수검자가 본 것(what)은 그것을 보게 된 방식(how)만큼 중요하다고 하였다.

정신분석학적 관점에서 볼 때 잉크반점에 대한 반응은 연상, 귀인, 상징화의 과정을 포함하고 있다. 이 과정에서 수검자는 잉크반점의 실제적인 자극특징 이상의 여러 특징을 부여하게 된다. 예컨대, 수검자는 "두 사람이 어디로 갈 것인지 다투고 있다." "어떤 동물이 총에 맞아 다쳤다." "어떤 물건, 당신을 해치는 데 사용할 수 있는 무기이다.(vagina → ordinary form)" 등으로 반응할 수 있다. 또한 수검자가 카드 Ⅶ의 하단 중심부분(D6)에 대해 "무엇이 빠져 있는 것 같고 뒷에 걸려 있는 것 같다."고 표현하는 것은 잉크반점에 대한 연상을 보고 한 것이고, 카드 Ⅲ에서 "가운데 붉은 하트 모양은 두 사람이 사랑에 빠져 있다는 것을 나타낸다."는 표현은 상징에 기초한 반응이다.

Rorschach가 구조적 측면에 초점을 둔 것과는 달리 주제심상에 대해 관심을 기울이게 되면서 잉크반점을 인지적 구조화나 환상을 야기하는 하나의 자극으로 간주하려는 다소 객관성이 부족한 새로운 로르샤하의 전통이 등장하였다. 이러한 주관적 전통에서 보면 자극의 객관적 특징, 실시방식, 수검자의 인지적 구조화와는 별도로 환상에 의해 생성된 반응은 매우 중요하고 개인적 의미가 있는 정보일 수 있다. 따라서 로르샤하에 대한 반응의 주관적 특징과 객관적 특징을 정확하게 구분하고 로르샤하의 성격을 제대로 이해하기 위해서는 다음과 같은 2가지 핵심적인 문제를 검토할 필요가 있다. 먼저 고려해야 할 문제는 잉크반점에 대해 반응하는 과정에서 작용되는 투사(projection)의 역할과 로르샤하의 모호성(ambiguity)이다.

투사의 역할

일반적으로 투사란 개인이 정당한 이유도 없이 의식하지도 못한 채 자신의 내적 특징을 외부 사건이나 대상에 귀인시키는 것을 말한다. Rorschach도 그 당시 정신분석학에 관한 문헌이나 Freud가 Schreber 사례의 분석에서 투사기제에 대해 논의(1911, 1958)한 것을 잘 알고 있었을 것이다. 그러나 그는 자신의 논문에서 투사를 인용하지 않았다. Frank가 비교적 덜 구조화된 성격검사를 사용할 경우 "개인적인 감정과 느낌으로 구성된 개인적인 세계를…… 인위적인 영역(plastic field)에 투사하도록 유도할 것"이라고 시사한 1939년까지 로르샤하를 투사와 관련시키지 않았다. Frank가 로르샤하에 대한 반응과정을 투사와 관련짓게 되자 로르샤하는 평가기법 중에서 모호한 특성을 지닌 투사법으로 자리잡게 되었다. 그리고 Rapaport(1942)는 "투사법에 중요한 원리를 투사가설이라고 부를 것"을 제안하였다.

로르샤하 반응에 작용하는 투사의 역할은 다른 사람들이 더 정교화시켰다.

특히 Schachtel(1966)은 개인적 특징, 감정, 경험, 욕망 등을 지각에 귀인시키는 투사의 영향을 자세히 기술하였다. 그리고 그는 특히 운동반응과 부분적으로 개인적 충동, 욕구, 감정상태에 의해 결정되는 개인적으로 의미가 있는 형태반응에 투사가 큰 영향을 미친다고 하였다.

이렇게 로르샤하에 투사라는 개념을 적용함으로써 심리검사를 객관검사와 투사법검사로 구분하게 되었고 로르샤하는 투사법검사로 분류하고 있다. 하지만 이러한 식의 분류는 2가지 측면에서 만족스럽지 못하다. 첫째, 로르샤하를 객관적 도구가 아니라고 분류하는 것은 전적으로 주관적인 측정이라는 것을 의미한다. 로르샤하가 전적으로 주관적이라는 오명을 쓰게 될 경우 로르샤하의 해석은 수검자와 검사자에 따라 달라지는 평가방법이라는 비난을 면치 못할 것이다. 물론 미숙한 검사자는 지나치게 주관적으로 해석하는 실수를 범할 수도 있다. 그러나 이러한 주관적 해석은 검사기법에서 비롯되는 문제라기보다 검사자가 로르샤하에 미숙하다는 것을 지적하는 것이다.

둘째, 로르샤하를 투사법으로 분류하는 것은 반응과정에 반드시 투사가 작용하고 투사가 작용하기 때문에 유용한 정보를 얻을 수 있다는 것을 의미한다. 그러나 로르샤하를 전적으로 주관적인 평가기법이라고 말하는 것과 마찬가지로 전적으로 투사검사라고 보는 인식도 적절하지 않다. 로르샤하에서 투사는 피할 수 없는 것도 아니고 가장 중요한 핵심도 아니다. 따라서 수검자는 연상이나 귀인 또는 상징화에 의존하지 않더라도 해석적으로 의미가 있는 반응을 할 수 있다. Rorschach가 제안하였고 종합체계에서도 사용하고 있는 기본적인 지시는 "이것이 무엇처럼 보입니까?" "어느 부분에서 그런 것을 보았습니까?" "어떻게 해서 그렇게 보았습니까?" 하고 묻는 것이다. 수검자는 반응을 형성하는 과정에 투사를 사용하지 않더라도 이러한 지시에 잘 따를 수 있고 타당한 프로토콜을 만들 수 있다.

예컨대, 수검자가 카드 Ⅰ에 대해 "전체가 검은 박쥐처럼 보인다."는 반응을 하였다고 가정하자. 실제로 카드 Ⅰ은 검정과 회색으로 되어 있고 대부분의 사람들이 박쥐나 나비로 본다. 따라서 "검은 박쥐"라는 반응은 자극 자체에 없는 속성을 부여한 것이 아니기 때문에 투사가 포함되었다고 볼 수 없다. "검은 박쥐"와 같이 정교화되지 않은 반응기록은 해석적으로 풍부한 정보를 제공해 주는 것은 아니지만 수검자의 성격유형에 관한 가치 있는 정보일 수 있다. 특히

"검은 박쥐"와 같은 반응처럼 평범반응이고, 전체를 사용하고, 무채색 반응으로 이루어진 빈약한 반응이라고 하더라도 성격유형에 관한 가치 있는 정보가 포함되어 있을 수 있다.

수검자는 투사된 자료가 없이도 반응할 수 있고 검사자는 투사된 자료가 없더라도 프로토콜을 해석할 수 있지만, 로르샤하의 반응기록에서 투사는 자주 나타나고 때로는 매우 극적으로 나타나기도 한다. 한 수검자가 카드 I 에 대해 검은 박쥐라고 말하지 않고 "먹이를 채기 위해 급습하는 대머리수리"라고 반응하였다고 가정하자. 이 반응은 자주 볼 수 있는 반응도 아니고 정확하지 않은 지각(대머리수리), 정적인 잉크반점에 대한 운동의 부여(급습), 절박한 위기에 처해 있다는 환상(먹이를 채기 위해)을 포함하고 있다. 부정확하게 지각되었거나 이러한 방식으로 윤색된(embellished) 반응은 보고된 반응이 실제로 자극에 나타나지 않았고 수검자의 내적 태도와 관심에서 비롯된 것이 분명하기 때문에 보통 투사를 포함하고 있다.

로르샤하에 대한 반응을 형성하는 과정에는 투사가 일어날 수 있으나 투사가 불가피한 것도 아니고 가장 중요한 핵심적인 것도 아니라는 사실은 로르샤하에 대한 반응이 객관적인 기술과 주관적인 심상을 모두 포함한다는 견해와 일치한다. 또한 로르샤하 프로토콜이 어느 정도 투사의 영향을 받았는지를 정확하게 알 수 없다. 수검자가 얼마나 풍부한 환상을 경험하고 그러한 환상을 나타내는가 하는 정도에 따라 프로토콜에 반영된 투사의 양은 다를 것이다. 또한 대부분의 로르샤하 반응에서 투사가 일어나는 것도 아니고 투사가 일어난다고 하더라도 투사만이 반응을 의미 있게 결정하는 요인이 아니라는 주장도 있다(Schachtel, 1966). 즉 "로르샤하의 투사적 성격은 반응과정에 작용하는 많은 과정들 가운데 단지 작은 하나에 불과하다."는 것이다.

이러한 견해를 받아들일 경우 로르샤하를 사용하고 연구하는 사람들은 해석가능한 반응에 투사기제와 주관성이 개입되지 않을 수도 있다는 점을 명심해야 한다. 이러한 측면을 고려하여 Exner(1989)는 로르샤하를 투사법으로 분류해서는 안 된다고 하였다. 지금까지 논의한 로르샤하의 성격과 로르샤하를 전적으로 주관적인 방법으로 간주했을 때 생길 수 있는 불리한 점을 고려하면 Exner의 주장은 타당한 것으로 보인다. 물론 오랫동안 길들여진 관습적인 생각을 없애기는 힘들 것이다. 그리고 가까운 시일 내에 객관검사와 주관검사에 관한 상식적인 분류체계를 바꾸기 위한 논쟁을 벌일 가능성도 없을 것 같다.

이러한 점과 관련해서 Meyer와 그의 동료들(2001)은 심리검사를 객관검사와 투사법검사로 분류하는 것보다 자기보고형(self-report)과 수행형(performance-based)으로 분류할 것을 제안하였다. 자기보고형 측정의 기본자료는 직접적 질문에 대한 반응에서 수검자가 자신에 대해 말할 수 있고 보고할 의향이 있는 것으로 구성되어 있다. 수행형 측정의 기본자료는 개인의 능력과 특성을 간접적으로 평가하기 위해 설계된 다양한 과제에 대한 반응방식에서 개인의 능력과 특성을 추론할 수 있는 것으로 구성되어 있다. 이렇게 분류할 경우 로르샤하나 다른 전통적인 투사법검사는 지능검사, 신경심리검사와 함께 수행형 검사로 분류할 수 있다.

수행형 측정에 속하는 로르샤하는 성격을 측정하는 도구들 중에서 투사적 요인을 포함하고 있는 한 방법으로 규정할 수 있을 것이다. 몇 년 전 필자는 Frank의 전통에 따라 투사법검사를 다음과 같이 정의한 바 있다: "투사법검사란 어느 정도 모호성이 작용하여 반응과정에 수검자의 중요한 욕구와 태도를 투사하도록 하는 심리진단도구를 말한다"(Weiner, 1977a). 여기서 모호성이란 검사자극에 기인하는 것일 수도 있고 수검자에게 제시하는 지시에 기인하는 것일 수도 있다. 투사법검사를 이렇게 정의할 경우 투사법이란 수검자의 성격과정에 대한 정보를 얻기 위한 1가지 방법으로 자극이나 반응의 모호성을 강조하는 정도를 매우 중요시한다고 볼 수 있다. 이러한 준거를 적용할 경우 검사과제의 성격이 비교적 비구조화되어 있고, 수검자의 반응에 포함된 투사의 정도와는 별도로 이러한 비구조화가 검사상황을 모호하게 만들기 때문에 로르샤하는 투사법검사에 더 가깝다.

모호성의 역할

로르샤하를 실시하는 상황에서 모호성의 정도에 대한 이전의 관찰을 검토해 보면 반응형성에 작용하는 투사의 역할과 투사로 인한 객관적 요소와 주관적 요소의 상대적 중요성은 잉크반점 자체가 구조화되어 있는 정도와 수검자가 수행하는 과제의 성격과 밀접한 관련이 있다는 것을 알 수 있다. 투사기제에 관한 이론에 따르면 사람들이 외부 대상이나 사건에 자신의 내적 특성을 귀인시킬 가능성은 외부 대상과 사건의 비구조화 정도와 직접적인 관련이 있다. 즉 어떤 자극장면이 덜 명료하고, 자극장면이 가지고 있는 성격이 덜 분명하고, 자극장면이 어떤 다른 장면과 유사성이 낮으면 낮을수록 관찰자가 그 자극장면을 자신의 방식대로 보고 정의할 수 있는 가능성은 더 높아진다.

반면에 자극장면이 더 구조화되어 있고 더 분명할수록 관찰자가 특이한 방식으로 지각할 수 있는 기회는 더 줄어들고 투사에 근거한 인상에 따라 반응할 가능성은 더 적어진다. 비록 상황이 분명하더라도 때로는 투사기제가 작용해서 상황을 잘못 해석할 수도 있다.

모호성과 투사 간의 이러한 상호관계에 포함된 심리학적 원리는 정신치료에서 전이반응의 빈도와 강도는 치료자가 실제 대상보다 모호하게 보이는 정도에 비례한다는 원리와 유사하다(Weiner, 1998a). 널리 사용되고 있는 평가기법 중에서 가장 애매하고 투사에 근거해서 반응할 가능성이 가장 높은 자극은 주제통각검사(TAT)의 16번 카드이다. 이 카드는 흰색 이외에 자극의 특성이 전혀 없는 빈 카드이다.

일반적으로 로르샤하를 비구조화된 검사라고 말하기는 하지만 10장의 잉크반점에는 TAT의 16번 카드만큼이나 모호한 카드는 없다. 오히려 로르샤하 잉크반점은 상당히 분명한 많은 형상을 가지고 있고 각 잉크반점에는 색채나 음영과 같이 쉽게 감지할 수 있는 특징이 있다. 즉 카드 Ⅰ은 검고, 카드 Ⅴ는 나비와 유사하고, 카드 Ⅵ은 음영이 많고, 카드 Ⅷ은 다양한 색채가 있다는 점에서 보면 모호한 측면은 거의 없다. 또한 수검자에게 카드를 제시하면서 카드에 들어 있는 자극은 잉크반점으로 구성되어 있고 사람들은 대부분 잉크반점을 각기 다르게 본다는 점을 강조한다. 따라서 잉크반점을 전적으로 비구조화된 것으로 볼 수도 없고 전혀 모호하지 않다고 보는 것도 잘못일 수 있다.

모호성과 구조화의 미묘한 관계에 대해 Klein과 Arnheim(1953)은 다음과 같이 기술하였다: "어떤 시각적 자극에서 조직화된 지각패턴을 발견하기 어려울 경우 비구조화되어 있다거나 비정형적이라고 말할 수 있다…… 그러나 표준화된 10장의 로르샤하 카드는 첫눈에 전체가 대칭이라는 인상을 주는 뚜렷한 지각적 요인이 있다. 따라서 로르샤하 카드를 비구조화되어 있다고 보기는 어렵다."

평가도구가 모호하거나 비구조화되어 있는 정도는 자극자료의 성격과 마찬가지로 수검자에게 제시하는 질문에 달려 있다. 만약 TAT 16번 카드를 제시할 때 "이제 당신에게 아무 그림도 없는 빈 카드를 보여드리겠습니다. 무슨 색인지 말해 주세요." 하고 말한다면 상황은 분명하고 구조화되어 있다고 말할 수 있다. 마찬가지로 TAT 카드 1번을 보여 주면서 "이것이 무슨 그림이죠?" 하고 물었고, 수검자가 "이 그림은 한 소년과 바이올린을 그린 그림입니다." 하고 반응하였다면 이러한 방식의 TAT는 객관적 측정도구로 볼 수 있을 것이고 반응과정에 투사가 작용하지도 않았을 것이다.

이러한 관점에서 볼 때 로르샤하는 과연 어떤 과제일까? 자유연상단계에서 수검자에게 "무엇처럼 보입니까?" 하고 묻지만 어떻게 반응할 것인지에 대한 지침은 없기 때문에 상당히 모호한 측면이 있다. 또한 수검자가 얼마나 많은 반응을 해야 하는지 또는 카드를 돌려봐도 괜찮은지와 같은 질문을 할 경우 검사자는 "좋을 대로 하십시오." 하고 말할 것이다. 반면에 질문단계 동안에 검사자는 어느 부분에서 그렇게 보았는지, 무엇 때문에 그렇게 보았는지 상당히 구체적으로 묻는다. 따라서 로르샤하에서 수검자의 과제는 잉크반점처럼 모호한 측면과 구조화되어 있는 측면을 모두 포함하고 있으므로 로르샤하의 성격을 검토하려면 두 요소를 다 고려해야 할 것이다.

요약

로르샤하는 분명히 주관적 절차일 뿐만 아니라 객관적 절차이다. 측정도구로서의 로르샤하는 인지적 구조화에 대한 객관적 평가의 바탕이 되는 문제해결과제이고 동시에 부분적으로는 주제심상에 대한 주관적 평가의 바탕이 되는 환상을 자극하는 일종의 자극이다.

로르샤하에서 수검자의 반응은 투사된 자료가 포함되어 있을 수도 있으나 투사와 관련이 없을 수도 있다. 로르샤하에서 자극과 수검자의 과제는 모호한 측면과 분명하게 나타나는 자극적 측면을 모두 포함하고 있다.

로르샤하를 투사법이라고 하든 하지 않든 간에 로르샤하는 성격평가기법 중에서 비교적 비구조화된 측정도구로 간주하는 것이 좋을 것이다.

로르샤하에 의한 지각과 연상의 측정

Herman Rorschach가 자신의 논문에서 “지각에 의한 진단검사”라는 부제를 달았을 때 이미 그는 로르샤하가 객관적 평가도구라는 전통을 확립하였을 뿐만 아니라 로르샤하의 기능은 근본적으로 지각을 측정한다는 믿음을 가지고 있었던 것으로 보인다. 이러한 관점에서 수검자가 잉크반점을 지각적으로 구조화하는 방법은 수검자 자신의 일상생활에서 비교적 비구조화된 상황이나 자극장면에 대한 반응방식을 반영하기 때문에 로르샤하에 대한 반응은 수검자의 성격특성을 반영한다고 볼 수 있다.

Rorschach는 자신의 주요 논문에서 환상에 대해서는 크게 주의를 기울이지 않았다. “실험의 요인”을 다룬 2부에서는 형태, 운동, 색채, 영역선택 등을 논의하였다. 그러나 반응내용에 대해서는 단지 두 쪽만을 할애하였고 반응내용에 관한 언급도 대부분 빈도가 높은 동물반응의 의미에 관한 것이었다. “진단에서 형태해석검사의 사용”이라고 제목을 붙인 5부에서는 한 걸음 더 나아가 로르샤하의 해석은 연상과정이 별로 중요하지 않다고 하였다.

> 이 검사는 무의식을 탐구하는 수단으로 사용할 수 없다. 이러한 점에서 이 검사는 꿈의 해석이나 연상실험과 같은 더 심오한 심리학적 방법보다 훨씬 못하다. 이러한 점을 이해하기는 어렵지 않다. 이 검사는 “전의식의 자유로운 흐름”을 유도하는 것이 아니라 외부 자극에 대한 적응을 필요로 한다(Rorschach, 1921, 1942).

흥미롭게도 Rorschach는 이러한 결론이 들어 있는 부분에서 “해석한 내용과 나머지 결과들을 비교해 보면 때때로 어떤 전의식적 경향이 드러나기도 한다.”는 기록을 남겼다. 그는 카드에서 잉크반점을 예수상처럼 후광이 있는 인물이나 순교자로 보고 자신을 신성한 사람과 동일시하는 한 수검자를 예로 제시하였다. Rorschach가 언급한 정교화된 반응내용은 지각적 기능뿐만 아니라 잉크반점에서 볼 수 있었던 것에 대한 연상에서 비롯되는 것이다.

Rorschach가 사망한 뒤에 “형태해석검사의 적용”이라는 제목으로 발표된 논문의 부록에서 밝힌 그의 견해는 더 흥미롭다. 1922년 자신이 사망하기 몇 주

전에 이 원고를 완성한 것으로 알려지고 있다. 그의 견해는 다음과 같다:

> 이제 우리는 운동반응이 무의식에 대한 깊은 통찰을 제공해 준다는 것을 알게 되었다. 운동반응은 수동적이든 능동적이든 수검자의 기본적인 태도와 같은 무의식적인 경향을 반영하고 있다. 그리고 색채해석은 꿈에서 상징과 상응하는 상징적 표현이다. 색채는 무의식에 잠재된 내용과 관련된 강한 정서를 반영하는 어떤 것을 나타낸다.

전통적 견해

Rorschach를 추종하는 전통주의자들의 업적을 면밀히 검토해 보면 이들도 역시 Rorschach와 마찬가지로 반응의 내용주제는 수검자의 무의식적 측면을 이해하는 데 부적절하거나 그렇게 중요하지 않다는 입장을 고수하고 있다. 그러나 이들도 의식적이든 무의식적이든 간에 수검자의 지각과 마찬가지로 연상에도 상당한 주의를 기울였다. Beck과 그의 동료들(Beck, 1968; Beck, Beck, Levitt, & Molish, 1961)은 잉크반점을 시각자극으로 간주하고 해석은 지각적 특징을 수량화하는 과정으로 보았다. 즉 이들은 검사상황에서 나타난 수검자의 말과 행동에 대한 질적 인상은 로르샤하검사와는 관련이 없다고 하였다(1961). 그럼에도 불구하고 Beck은 "개인적 F−(personal F−)"의 해석에 매우 조심스럽고 지속적인 관심을 가졌다. 그는 "개인적 F−" 반응을 "수검자에게 개인적으로 매우 중요한 흥미나 요구를 반영하는 것으로 보이는 특이한 지각적 착오"라고 정의하였다.

Beck과 마찬가지로 Piotrowski(1957, 1977)도 역시 주로 로르샤하에 대한 지각을 통해 성격을 이해하려고 하였다. 그는 "일차적인 시각반응이 이차적인 언어반응보다 더 타당하다."고 하였다(Piotrowski, 1977). 그러나 그는 M 반응의 정교화를 통해 대인관계에서 수검자의 습관적 역할과 타인에 대한 태도를 알 수 있다는 것을 밝힘으로써 로르샤하에 관한 지식을 확장시키는 데 크게 공헌하였다.

Bohm(1951, 1958)도 매우 구조화된 접근을 주장하면서 Rorschach처럼 반응내용을 무시하였다. 그러나 그도 역시 "이중적 의미가 있는 M 반응"에 특별한 의미를 부여하였다. "두 남자가 악수를 청하거나 혹은 물러서려고 한다."는 반응을 예로 들 수 있다. 그는 이 반응을 도망이나 분열시키려는 성향을 지적하는 것으로 해석하였다.

로르샤햐의 구조를 다룬 문헌들은 암암리에 주제심상, 즉 반점에 귀인시키거나 투사시킨 특징에 근거해서 해석하는 것을 인정하는 연구결과를 포함하고 있다. 예컨대, Beck이 반응해석에서 활용하는 "개인적 F−"는 Schachtel이 개인적으로 의미가 있는 형태지각을 다루기 위해 제안한 것과 매우 유사하다는 것은 의심의 여지가 없다.

극적으로 상이한 역사적 경향과 마찬가지로 앞에서 언급한 로르샤하의 주관적 특징에 대한 관심이 확대됨에 따라서 일부 학자들은 로르샤하가 근본적으로 지각보다 연상을 측정하는 도구라고 믿게 되었다. 이러한 관점에서 잉크반점에 대한 수검자의 연상은 생활경험에 관한 자신의 생각과 느낌을 나타내는 것이기 때문에 로르샤하의 반응은 수검자의 성격적 특징을 반영하는 것으로 보았다. 이러한 경향에 따라 많은 학자들은 주로 연상내용의 의미를 더 강조하고 주제심상에 대한 정신분석적 통찰을 추구하게 되었고 임상가들은 검사반응의 지각적 측면을 경시하고 구조적 변인에 대한 전통적 기호화를 포기하게 되었다(Rosenzweig, 1951). 이러한 유감스런 경향은 1940년대 말경에는 매우 두드러졌고 아직까지도 부분적으로 남아 있다.

그러나 초기에 로르샤하의 주제심상에 대해 관심을 가져야 한다고 주장했던 학자들이 의도적으로 지각과정을 무시하거나 기호화를 포기한 것은 아니다. 예컨대, Lindner(1950)는 로르샤하의 임상적 가치를 풍부하게 하기 위한 방법으로 반응내용에 대한 해석을 강조한 나머지 구조적 측면을 무시하고 단지 내용에만 의존하는 해석은 반대하였다. 그는 "반응내용에 대한 해석적 접근은 반응에 다른 차원을 부가하는 추가적 접근에 불과하므로 지나치게 강조해서는 안 된다. 반응내용에 대한 해석적 접근은 여러 다른 접근과 적절한 균형을 이루어야 한다."고 하였다.

Klopfer 등(1954)은 로르샤하에 대한 정신분석학적 접근을 인정하는 동시에 반응의 구조적 특징을 평가하기 위한 사이코그램(psychogram)을 개발하였다. 그는 Lindner와 마찬가지로 반응내용에 지나치게 의존하거나 상징을 마치 고정적이거나 보편적 의미가 있는 것처럼 해석해서는 안 된다는 점을 분명히 하였다. Klopfer 등에 따르면 "로르샤하의 반응을 내용분석적 관점에서 적절히 접근할 수 있는 정도는 반응기록에 따라 큰 차이가 있다…… 특정 카드에 대한 반응이 어머니나 아버지에 대한 수검자의 반응유형을 지적하는 것일 수 있다고 가정하는 내용해석은 그럴 만한 정당한 이유가 있는 것이 아니다."

같은 맥락에서 반응에 포함된 상징적 심상의 중요성을 기술한 Miale(1977)은 구조적 해석과 내용적 해석의 통합을 주장하였다. 그에 따르면 "로르샤하의 반응을 이해하는 데 가장 유용한 관점은 형식적 특징과 내용이 근본적으로 다르지 않다는 것이다. 대부분의 경우 반응내용의 의미를 결정하는 상징적 특징은 잉크반점에서 채점할 수 있는 측면의 의미도 결정한다."

Miale이 선호한 이러한 통합적 관점은 Rapaport에서 비롯된 것이다. 그는 잉크반점에 대한 반응은 일상생활에서 지각과 관련된 지각적 조직화와 중요한 성격적 역동을 반영하는 연상과정을 다 포함하는 것으로 보고 자신의 견해를 다음과 같이 밝혔다(Rapaport, Gill, & Schafer, 1946, 1968):

> 로르샤하에 대한 모든 반응은 항상 지각적 조직화와 연상과정을 포함하고 있다. 어떤 경우에는 반응에 관한 지각적 조직화를 검토할 때 수검자를 더 잘 이해할 수 있고 어떤 경우에는 반응에 관한 연상과정을 검토할 때 수검자를 더 잘 이해할 수 있다. 그러나 두 과정의 통합을 결코 간과해서는 안 된다…… 따라서 로르샤하에 대한 반응을 지각적 조직화나 자유연상의 결과 중 어느 하나로 생각하는 것은 정당하다고 볼 수 없다.

최근의 견해

역사적으로 지각과정을 강조하는 학자들과 연상과정을 강조하는 학자들은 서로 상대방의 입장을 경시하고 동료나 학생들에게도 자신과 동일한 방식으로 접근하도록 강요한 적이 있었다. 그러나 로르샤하의 발달에 중요한 역할을 한 사람들은 우연이든 의도적이든 간에 지각과 연상을 측정하는 도구로서 로르샤하를 기술하였다. 오늘날에는 로르샤하를 어떻게 생각하고 있을까? 지각에 근거한 로르샤하의 해석에 관한 최근 견해들은 대부분 Exner(1974)의 종합체계에 포함되어 있다. 종합체계는 구조변인의 정확한 기호화를 매우 강조하고 있기 때문에 내용해석에 불리한 것으로 간주되기도 한다. 그리고 요약점수를 경험적 근거(actuarial basis)가 있는 심리적 특징과 관련시키기 때문에 "개인의 성격구조에 대한 독특성과 특이성에 대한 의미는 매우 작을 수 있다."는 우려도 제기되고 있다(Sugarman, 1991).

그러나 실제로는 종합체계를 계획할 때 내용해석을 반대하거나 종합체계의 구성에 영향을 미치는 개인의 특이성을 무시하려고 했던 것은 아니다. 종합체계는 일차적으로 로르샤하를 일관성 있게 실시하고, 정확한 규준을 마련하고, 신뢰롭게 기호화하고, 심리측정적으로도 건전하게 만들고, 가장 근거 있는 구조변인을 마련하기 위해 개발되었다. 종합체계를 개발하는 과정에 내용해석을 무시하거나 배제하려는 의도는 전혀 없었다. 다만 내용변인은 구조변인만큼 잘 이해되지 않았고 연구하기가 더 어렵기 때문에 종합체계에 내용변인의 통합을 차후로 미루었을 뿐이다. 종합체계는 신뢰할 수 없고 타당하지 않고 그래서 착각을 유발할 가능성이 있는 것만 배제하려고 하였을 뿐이다.

1974년부터 현재까지 종합체계는 상당히 범위가 확대되고 다양화되었다. 새로운 아이디어와 연구를 통해 많은 구조변인이 수정되었고 또 새로운 변인들이 추가되었다. 또한 다양한 내용범주의 의의를 입증하는 연구에 따라 대부분 또는 전적으로 내용에 근거한 지표를 만들게 되었다. 예컨대, 소외지표(Isolation Index), 주지화지표(Intellectualization Index), 우수와 열등 인간표상비(Good: Poor Human Representation Ratio)는 반응내용에서 비롯된 지표들이다. 그리고 내용정교화가 지니는 정보적 가치를 인식함으로써 주제심상의 분석도 종합체계 해석과정에 통합시키게 되었다.

Exner(2000)와 Weiner(1988b)가 언급한 바와 같이 최근의 종합체계 해석을 다룬 사례를 보면 모든 사례에서 자신이나 다른 사람에 대한 수검자의 태도와 관련이 있는 인물, 운동, 형태왜곡, 비일상적 정교화 등을 포함하는 반응내용을 볼 수 있을 것이다. 이러한 반응내용의 해석은 Schachtel의 주장과 일치하는 것이고 종합체계 탐색전략에서 내용해석의 중요성을 입증하는 것이다. 이러한 관점에서 볼 때 로르샤하 종합체계는 자료에 대해서는 구조적 접근을 추구하지만 로르샤하를 지각과 동시에 연상을 측정하는 도구로 간주하고 있다.

최근 Klopfer, Rapaport, Schachtel의 전통을 이어받아 로르샤하에 대한 정신분석학적 관점을 지지하는 학자들은 로르샤하의 반응에는 지각적 특징과 연상적 특징이 혼합되어 있다는 입장을 취하고 있다(Baba, 1995; Blatt, 1990; Campo, 1995; Giambelluca, Parisi, & Pes, 1995; Lunazzi de Jubany, 1992; Rausch de

Traubenberg, 1993). 심지어 주제심상의 해석에서 비롯된 정신분석학적 해석에만 관심을 두었던 학자들도 기본적인 지각변인의 기호화에 동참하고 있다. 예컨대, Lerner(1991, 1998)는 Rapaport-Schachtel의 체계에 따라 채점하고 반응내용을 해석한다. 또한 Aronow, Reznikoff 및 Moreland(1994)의 접근은 근본적으로 Klopfer의 체계에 따라 채점하고 내용을 해석하지만 평범반응의 채점과 형태수준의 기호화는 Beck, Hertz, Exner 등의 방법에 따르고 있다. Smith (1994)는 로르샤하에 대한 정신분석학적 접근은 주제심상의 해석적 의미를 강조하는 데 그칠 것이 아니라 양적인 자료든 질적인 자료든 간에 모든 자료에 대해 동등하게 정신분석학적 관점을 적용할 것을 제안하고 있다.

Leichtman(1996a, 1996b)은 로르샤하는 지각이나 연상을 측정하는 것이 아니라 오히려 표상(representation)을 측정한다고 주장함으로써 로르샤하에 대한 제3의 대안적 개념을 제시하였다. 그는 잉크반점은 실제로는 잉크로 된 반점에 불과하기 때문에 지각과제가 아니라고 주장하였다. 그에 따르면 로르샤하에 대한 반응과정에는 지각이 필요하지만 수검자에게 요구되는 과제는 거기에 무엇이 있는가를 지각하는 것이 아니라 오지각(misperceive)하도록 한다는 것이다. 예컨대, 카드 Ⅰ은 실제로는 잉크반점이지만 나비라고 말하는 것과 같다. 더 나아가 그는 연상은 선행된 지각이 없이는 일어날 수 없기 때문에 연상만으로는 로르샤하에 대한 반응의 기초를 구성할 수 없다고 주장하였다.

이러한 관찰에 따라 Leichtman은 지각과 연상이 결합하여 수검자의 마음속에 잉크반점에 대한 어떤 인상을 형성하고 수검자는 이렇게 형성된 인상을 보고하게 될 것이므로 로르샤하는 표상에 관한 측정이라는 결론을 내렸다. 이러한 그의 견해는 논리적으로 추론한 것이기는 하지만 로르샤하의 반응을 지각과 연상이 통합된 인상(impression)으로 보려는 것이다. 로르샤하의 반응을 인상으로 보는 것이 최선일 수도 있으나 지각과정과 연상과정을 한 덩어리로 보는 것은 지각과 연상의 차이를 흐리게 할 수 있다는 단점도 있다. 4장에서 자세히 기술하겠지만 반응과정에서 연상과정인 투사가 기여한 측면과 지각과정인 카드의 속성이 기여한 측면을 구분하는 것이 해석을 도출하고 형성하는 데 중요한 의미가 있다.

임상가가 로르샤하를 사용하거나 채점하는 것이 번거롭지 않다고 말하는 경우도 있다. 이러한 태도가 확고한 믿음을 가지고 도움이 되는 평가기법을 고수하려는 신념에 바탕을 둔 것인지 아니면 정확한 기호화를 배울 능력이나 의도가 없다는 것을 반영하는 것인지 의심할 수 있다. 또한 로르샤하를 제대로 사용하지 못하면 임상가의 역할도 역시 제대로 하지 못할 것이 아닌가 하는 의문을 가질 수도 있다(Weiner, 1989). 어떻든 간에 아직까지 로르샤하에 대해 주제적 접근만 추천하는 로르샤하 전문가는 한 사람도 없다. 로르샤하에 대한 반응이 어느 정도 지각과 연상을 모두 포함하고 있다는 사실을 인정한다고 하더라도, 검사자에 따라 로르샤하를 주로 지각에 대한 측정으로 볼 수도 있고 연상에 대한 측정으로 볼 수도 있다. 검사자의 선호에 따라 반응이 포함하고 있는 지각적 구조화를 먼저 해석할 수도 있고 반응에 포함된 주제심상을 먼저 해석할 수도 있다. 그러나 개념적 및 실제적 측면에서 어느 한쪽에 초점을 두는 것보다 지각과정과 연상과정의 상보성(complementarity)에 주의를 기울이는 것이 바람직할 것이다.

보편적 관점과 개별적 관점

로르샤하에 대한 반응에서 지각과 연상의 상보성은 로르샤하를 보편적 기법(nomothetic technique)으로 볼 것인가 아니면 개별적 기법(idiographic technique)으로 볼 것인가 하는 문제와 관련이 있다. 지각적 구조화보다 주제심상에 근거해서 해석하는 것이 좋다는 것을 지적한 Aronow, Reznikoff 및 Moreland(1955)는 로르샤하에 대한 개별적 관점을 주장하였다. 이들은 로르샤하에 대한 반응의 연상적 특징은 수검자의 마음 상태에 따라 독특한 것이기 때문에 수검자의 개성을 이해하는 데 도움이 되는 개별적 해석의 근거를 제공한다고 하였다. 반면에 로르샤하에 대한 반응의 지각적 특징은 모든 수검자가 어느 정도 공유하는 것이고(예컨대, 모든 수검자는 어느 정도 정확한 형태반응과 평범반응을 한다.), 따라서 규준이나 기대에 따라 수검자를 비교할 수 있는 보편적 해석만 가능하다고 하였다.

Aronow 등(1995)에 따르면 개별적 해석은 실제적으로 수검자에 대한 더 많은 정보를 제공하기 때문에 보편적 해석보다 오히려 더 바람직하다. 따라서 주제적 심상이 지각적 구조화보다 더 중요하다. 그러나 연상은 개별적인 것이고 지각은 보편적인 것이라고 보는 것은 논리적으로 문제가 있고 이와 관련해서 다음과 같은 3가지 의문을 제기할 수 있다.

첫째, 연상을 반드시 개별적인 것으로 보는 이유는 무엇인가? 실제로 불가능하지는 않겠지만 두 사람이 매우 동일한 연상을 정확하게 동일한 언어로 표현하는 경우는 거의 없을 것이다. 그러나 로르샤하 검사자는 이러한 연상이 반복될 경우 연상을 해석하지 않고 어떤 방식으로든 연상을 분류하려고 시도할 것이다. 예컨대, 어떤 연상은 힘센 남성에게 지배당하는 것에 대한 두려움, 어떤 연상은 자신이 연약하고 상처받은 존재, 어떤 연상은 타인의 위협에 대한 끊임없는 염려를 시사하는 것으로 분류할 수도 있을 것이다. 지난 몇 년 동안 많은 내용척도(Aronow & Reznikoff, 1976; Stricker & Healey, 1990)가 개발된 것처럼 심리역동적으로 의미가 있는 연상을 범주화하면 검사자는 수검자의 반응기록에 나타나는 이들 범주의 빈도를 헤아릴 수 있고 다른 사람들의 기록에서 관찰되는 연상의 빈도와 비교할 수도 있다. 이러한 과정을 거치면 연상도 역시 보편적 자료가 될 수 있다.

둘째, 지각을 반드시 보편적인 것으로 보는 이유는 무엇인가? 어떤 반응은 규준자료와 비교하여 형태질이 매우 나쁘고 과민성 지표(Hypervigilance Index)가 매우 높다고 분류할 수 있다. 그렇지만 이러한 분류에서 추론한 판단력의 손상과 편집증적 경향은 그 수검자가 가지고 있는 개별적 특징이 되는 것이다.

셋째, 사람들에 대해 기술할 때 개별적 정보가 보편적 정보보다 더 좋다고 생각하거나 역으로 보편적 정보가 개별적 정보보다 더 좋다고 생각할 만한 이유가 있는가? 성격이론에서 개별적 관점과 보편적 관점은 저명한 두 학자의 연구에서 비롯되었다. Allport(1937)는 성격의 핵심은 개인의 독특성과 개별성에 있으므로 다른 사람과 비교하는 것은 의미가 없다고 하였다. 반면에 Cattell(1946)은 성격의 핵심은 모든 사람들이 어느 정도는 공유하고 있는 특성이나 기능을 반영하는 것이므로 서로 비교할 수 있다고 하였다.

다른 사람과 상이한 점을 관찰하는 것이 개인을 더 잘 기술할 수 있는가 아니면 다른 사람과 유사한 점을 관찰하는 것이 개인을 더 잘 기술할 수 있는가에 대해 개별적 전통을 지지하는 학자와 보편적 전통을 지지하는 학자들이 서로 논쟁을 벌이던 시기도 있었다. 그러나 이러한 논쟁은 이미 구시대적인 것이 되었다. 최근에는 차이점뿐만 아니라 유사점에 주의를 기울여야 개인을 가장 잘 기술할 수 있다는 인식이 싹트게 되었다. 마찬가지로 성격을 평가하는 사람들도 개인을 가능한 한 충분히 이해하기 위해서는 개별적 정보와 보편적 정보가 모두 필요하다는 입장을 취하고 있다. 어떤 종류의 정보가 다른 정보보다 더 나은 것은 아니다. 즉 개별적 정보 및 보편적 정보와 로르샤하 자료는 상호보완적인 것이다.

요약

로르샤하는 지각과 연상 모두를 측정하는 도구라는 것은 의심할 여지가 없다. Viglione과 Rivera(2003)는 이러한 로르샤하의 기본적 특징을 조직적 요소(organizational component; 수검자가 반응한 구조)와 표현적 요소(expressive component; 수검자가 말한 내용)라고 하였다. 로르샤하의 객관적 특징과 주관적 특징에 대한 논의에서 언급한 바와 같이 대부분의 로르샤하 프로토콜은 투사의 영향을 받은 반응과 투사가 거의 관여하지 않는 반응을 모두 포함하고 있다. 그러나 대부분의 반응은 반응형성에 기여하는 지각적 조직화과정과 연상적 표현과정의 공통적 결과일 가능성이 가장 높다. 검사자는 수검자가 보고한 것에서 이러한 2가지 측면 모두에 적절한 주의를 기울임으로써 로르샤하 해석의 풍부성과 유용성을 극대화시킬 수 있을 것이다.

로르샤하에 의한 성격구조와 성격역동의 평가

앞에서는 로르샤하의 성격과 기능을 살펴보았다. 로르샤하는 객관적인 특징과 주관적 특징을 모두 가지고 있고 지각-인지 과제인 동시에 환상을 자극하는 도구이며 지각을 측정하는 동시에 연상을 측정하는 비교적 덜 구조화된 성격평가 도구이다. 이제 로르샤하가 어떤 방식으로 성격기능의 구조와 역동을 평가하는 데 도움이 되는지를 검토해 보고자 한다.

성격구조(personality structure)란 최근의 개인의 생각과 느낌으로 구성된 성격적 상태(states)와 개인을 어떤 방식으로 행동하도록 하는 소인(disposition)을 반영하는 성격적 특성(traits)으로 구성된 인간의 본성이라고 정의할 수 있다. 성격적 상태란 어떤 순간 행복해지거나 깊은 생각에 빠지는 것처럼 상황에 따라 환경에 의해 유발되는 비교적 순간적인 감정이나 태도로 구성되어 있다. 성격적 특성은 대부분 지속적인 의존이나 다른 사람에 대한 끊임없는 의심과 같이 안정적인 특성과 성향으로 구성되어 있다.

성격역동은 특정한 시기에 특정한 상황에서 어떤 생각, 느낌, 행동에 영향을 미치는 내적 욕구, 태도, 갈등, 관심 등에 관한 인간의 본성을 의미한다. 또한 성격역동은 개인의 성격적 상태와 특성이 상호작용하는 방식을 의미하기도 한다. 예컨대, 특성불안이 낮은 사람이 불안을 느끼지 않는 상황에서 특성불안이 높은 사람은 불안을 느낄 수 있다.

로르샤하가 성격구조를 평가하는 도구라는 입장을 지지하는 전통과 성격역동을 평가하는 도구라는 입장을 지지하는 전통은 로르샤하에 대한 반응이 지각과정을 반영한다는 견해와 연상과정을 반영한다는 견해로 팽팽히 맞서고 있었다. 로르샤하가 일차적으로 지각을 측정하는 도구라고 생각한 초기 연구자들은 로르샤하는 성격의 구성요소인 상태와 특성을 밝혀주는 도구라고 생각하였다. 반면에 로르샤하의 해석에서 연상에 초점을 둔 초기 연구자들은 로르샤하는 수검자의 중요한 내적 욕구, 태도, 갈등, 관심 등과 같은 성격의 역동적 측면을 밝혀주는 도구로 간주하였다.

이처럼 로르샤하를 성격구조를 평가하는 도구로 보는 전통과 성격역동을 평가하는 도구로 보는 2가지 상이한 전통이 타협을 이룬 것은 로르샤하가 지각을 측정하는 동시에 연상을 측정한다는 것에 대해 광범위하게 동의하게 될 것과는 다소 다르게 진행되었다. 로르샤하는 일차적으로 지각이나 연상을 측정하는 도구라는 견해는 경험적 자료에 의해 입증되거나 반증된 결과가 아니고 연구자의 선호에 관한 문제였다. 따라서 로르샤하의 반응에는 지각과정과 연상과정이 서로 보완적인 역할을 한다는 것을 인정하는 것은 개념적인 측면에서는 진전된 것이나 실제 경험적으로 입증된 것은 아니다. 반면에 로르샤하는 성격구조를 평가하는가 아니면 성격역동을 평가하는가 하는 문제는 이러한 성격기능에 관한 로르샤하 추론의 타당성을 살펴봄으로써 직접 경험적으로 검증할 수 있다.

이 장의 마지막 단락에서 로르샤하의 심리측정적 특징에 대해 언급하고 있지만 로르샤하 자료의 구조적 해석과 역동적 해석 모두 타당하다는 것이 확실하게 입증되었다. 따라서 로르샤하를 사용해서 성격의 구조와 역동 모두를 평가할 수 있다는 것은 단순히 로르샤하를 사용하는 방식뿐만 아니라 경험적 자료에 의해서도 입증된 사실이다. 더욱이 로르샤하에 대한 반응의 구조적 및 연상적 특징과는 달리 구조적 추론과 역동적 추론을 도출시키는 로르샤하 자료의 유형을 분명하게 구별할 수 있는 것은 아니다. 로르샤하에 의한 성격구조의 평가는 구조변인을 통해 이루어지고 성격역동의 평가는 내용변인을 통해 이루어진다는 것이 공통적으로 시사되고 있다(Exner & Weiner, 1982). 로르샤하 해석에 관한 최근의 발달에 비춰볼 때 로르샤하의 구조적 해석과 역동적 해석을 구분하는 것은 무의미한 것으로 보인다. 10~14장에 제시한 사례에서 자세히 설명하고 있는 바와 같이 구조적 자료를 자세히 분석하면 성격의 구조뿐만 아니라 성격역동의 많은 측면을 밝힐 수 있고 주제심상을 신중히 살펴보면 내적 욕구나 관심과 마찬가지로 성격적 상태와 특성에 관한 유용한 정보를 얻을 수 있다.

따라서 로르샤하를 단순히 성격구조를 평가하는 도구로 생각하거나 성격역동을 평가하는 도구로 생각해서는 안 된다. 즉 로르샤하는 성격의 구조와 역동 모두를 평가하는 도구이다. 로르샤하를 제대로 사용하기 위해서 검사자는 구조적 및 역동적 성격이론과 로르샤하 반응을 통해 구조적 및 역동적 성격특성을 추론하는 방법을 알 필요가 있다. 로르샤하 프로토콜은 어떤 경우에는 주로 수검자의 성격구조에 관한 정보를 제공하고 어떤 경우에는 주로 수검자의 성격역동에 관한 단서를 더 많이 제공할 수 있다. 어떤 정보를 더 많이 포함하고 있느냐 하는 것은 수검자가 가지고 있는 대처유형의 개방성과 검사상황에 대한 수검자의 접근방법에 따라 결정되는 것이지 로르샤하 자체의 성격 때문은 아니다. 수검자가 로르샤하에 대해 잘 반응하고 유능한 검사자가 해석할 경우 로르샤하는 성격 구조와 역동을 동등하게 평가할 수 있는 도구이다.

평가방법으로서의 로르샤하검사

이름은 어떤 의미를 담고 있을까? 곧 분명하게 밝혀지겠지만 이름은 상당히 함축적인 의미를 지니고 있다. 전통적인 관점은 로르샤하도 일종의 심리검사라는 것을 시사하고 있다. 그런데 Rorschach(1921, 1942)는 자신의 논문 부제목에서 "진단검사"라고 하였다. 영어권에 로르샤하를 처음 소개한 Beck(1930a,

1930b)은 로르샤하검사라는 용어를 사용하였다. 그리고 오늘날에도 공통적으로 로르샤하를 심리검사로 분류하고 로르샤하를 실시하는 것을 "심리검사를 실시한다."라고 말한다.

그러나 일찍부터 로르샤하를 검사로 간주하는 것이 적절한지에 대한 의문이 제기되었다. Krugman(1938)과 Ainsworth(1954)는 로르샤하를 검사보다는 방법(method)으로 보는 것이 더 유용하다고 하였고 Klopfer(Klopfer et al., 1954)는 자신의 저서 제목을 『로르샤하기법』이라고 하였다. Krugman과 Ainsworth는 로르샤하의 신뢰도와 타당도를 입증하는 데 어려움이 있다고 하였다. 이들은 로르샤하를 검사로 보기보다 하나의 관찰방법으로 보고 로르샤하의 심리측정적 속성에 대한 통계적 분석을 설명하지 않더라도 로르샤하의 유용성과 생산성을 판단할 수 있다고 하였다.

이러한 문제와 관련해서 종합체계에서는 로르샤하의 실시와 기호화를 표준화시킴으로써 로르샤하가 건전한 심리측정도구라는 것을 입증할 수 있다고 하였다. 이와 관련된 자료는 이 장의 결론 부분에 제시하였다. 그렇지만 심리검사가 추구하는 목적을 고려할 때 로르샤하는 검사 이상의 것을 포함하고 있다는 Krugman과 Ainsworth의 주장은 옳은 것 같다.

검사란 어떤 현상이 나타나는 정도를 측정하려는 시도이다. 그러므로 지능검사는 개인의 지능이 어느 정도인지 알아보기 위해 점수를 산출한다. 기억검사는 기억력이 얼마나 좋은가를 측정하고 우울검사는 우울 정도를 측정한다. 이러한 기준에서 볼 때 로르샤하는 검사로 볼 수 있는 여러 척도와 지표가 있다. 예컨대, 정서적 자극에 대한 수용성을 지적하는 정서비율(Affective Ratio), 사고장애의 정도를 지적하는 WSum6, 대인관계에서 소외감을 나타내는 소외지표(Isolation Index) 등이 있다. 또한 로르샤하의 주관적인 특징과 반응과정에서 연상의 역할을 고려하면 로르샤하는 양적인 측정을 나타내는 검사 이상의 역할을 하고 있다. 아직까지도 기호화되지 못한 개별적 반응의 특징과 로르샤하를 실시하는 동안 나타나는 수검자의 행동 등은 성격적 기능을 이해하는 데 중요한 질적인 정보를 제공하고 있다. 그러므로 더 복잡하고 다면적인 성격평가 도구와 마찬가지로 로르샤하는 단일 검사가 아니라 성격적 기능에 관한 다양한 측면을 밝힐 수 있는 방법으로 볼 수 있다.

로르샤하의 명칭에 대해 Weiner(1994, 1995a)는 전통적으로 검사라고 부르던 것을 수정하여 Rorschach Inkblot Method(RIM)로 부를 것을 제안하였다. 앞서 지적한 것처럼 로르샤하를 하나의 검사로 볼 것인지 아니면 자료를 얻는 방법으로 볼 것인지에 따라 로르샤하에 대한 개념이 달라질 수 있다. 특히 로르샤하를 방법으로 간주할 경우 로르샤하 전체를 설명해 주는 단일 이론은 있을 수 없고 수집한 자료를 다양한 이론적 관점으로 해석할 수 있다. 그리고 수집한 자료의 유용성을 설명하기 위한 이론이 필요한 것도 아니다. RIM이 유용한 정보를 제공해 주는 2가지 이유를 밝히는 것이 필요할 뿐이다.

첫째, 로르샤하는 일상생활에서 문제해결상황에 직면했을 때와 마찬가지로 반응이 필요한 문제상황을 구성하기 때문에 성격적 기능에 관한 유용한 정보를 제공한다. 둘째, 수검자는 연상을 통해 자신이 보는 것에서 여러 가지 기본적인 욕구, 태도, 갈등, 관심을 나타내는 개인적 특징을 자주 귀인시키기 때문에 로르샤하는 성격적 기능에 관한 유용한 정보를 제공해 준다.

로르샤하를 RIM이라고 하는 것은 이론적이지 않다. 즉 수검자가 잉크반점이 무엇처럼 보이는가를 보고할 때 일어나고 있는 것을 단순히 기술하는 것에 불과하다. 이러한 관점은 새로운 것이 아니라 앞에서 논의한 로르샤하의 성격에 관한 2가지 전통적 관점의 핵심이다:

1. RIM은 주의, 지각, 기억, 의사결정, 논리적 분석과정을 포함하는 인지적 구조화에 대한 측정이다.
2. RIM은 연상, 귀인, 상징화의 과정을 포함하는 주제심상에 대한 측정이다.

RIM을 검사로 보는 임상가와 연구자들은 한때 로르샤하의 인지적 측면이나 주제적 측면 중에서 1가지 측면만을 강조하는 이론적 입장을 취하려고 시도한 적이 있었다. 이러한 편협한 시도는 RIM의 풍부성(richness)과 복잡성을 인정하지 않는 것이고 RIM에 대한 1가지 이론만 적절하고 바람직하다는 오해를 반영하는 것이다. 더욱이 로르샤하를 연상에 대한 측정이나 지각에 대한 측정으로만 개념화할 경우 단지 자료의 일부만 사용하고 수검자를 불완전하게 묘사하는 해석을 야기할 수 있다. 이렇게 되면 많은 역동적인 측면을 간과한 채 성격구조만 고려하거나 성격구조를 자세히 살펴보지 않고 역동적인 측면에만 주의를 기울이는 결과를 초래할 수 있다. 1가지 방법으로써 RIM을 이해하게 되면 단일 검사이론을 추구하려는 무의미한 노력을 더 이상 하지 않게 될 것이고 로르샤하의 주제적 특징과 인지적 특징 모두를 정확하게 활용하는 데 도움이 될 것이다.

끝으로 RIM을 어떤 특정한 이론에 얽매인 검사로 보는 것보다 이론적 관점을 초월한 하나의 방법으로 볼 경우 검사자가 선호하는 이론적 체계 내에서 로르샤하 자료를 해석할 수 있을 것이다. 성격적 기능에 대한 타당한 이론은 어떤 것이든 로르샤하에 나타난 자료를 설명하고 기술하는 데 도움이 되는 개념이 될 수 있다. 그리고 RIM이 성격기능에 대한 유용한 정보를 생성해 주는 정도는 어떠한 성격이론과도 무관하다. 따라서 로르샤하를 검사보다 방법으로 보는 것이 더 좋다.

Exner(1997)는 로르샤하를 단순한 검사 이상의 것이라는 점에 동의하면서도 검사가 아닌 도구로 보는 것에는 유보적인 입장을 취하였다. 그는 로르샤하를 검사가 아닌 다른 것으로 표현할 경우 로르샤하를 심리측정적인 측면에서 부적합하다는 점 때문에 "로르샤하는 검사가 아니다."라고 주장하는 사람들의 의견에 동조하는 것으로 잘못 받아들여질 수 있다는 점을 우려하였다. 그리고 그는 로르샤하가 검사로서 갖추어야 할 표준적 준거를 충분히 충족시킬 수 있다는 점을 지적하였다. 미국 심리학회가 제시한 "교육 및 심리적 검사에 관한 표준"에 따르면 "검사란 특정 영역에서 수검자의 행동에 대한 표본을 얻고 표준화된 과정을 사용해서 채점하는 평가방법이나 절차"로 정의할 수 있다(American Educational Research Association, American Psychological Association & National Council on Measurement in Education, 1999). 따라서 로르샤하를 검사 이상의 것이라고 하는 이유를 이해하고 로르샤하를 하나의 방법으로 간주하는 임상가와 연구자는 검사로서의 로르샤하 종합체계의 장점을 놓치거나 이의를 제기해서는 안 될 것이다.

로르샤하의 심리측정적 기초

1921년 로르샤하가 출간된 이후 50여 년 동안 RIM은 심리측정학적으로 좋지 못한 도구라는 가혹한 비판을 받은 적이 있었다. 이러한 비판은 어느 정도는 로르샤하의 신뢰도와 타당도을 밝히는 데 거듭 실패했기 때문이다. 이미 지적한 바와 같이 이러한 실패로 인해 로르샤하의 발달에 공헌한 초기 연구자들은 심리측정학적 기준에 대한 책임성을 회피하기 위해 로르샤하를 검사보다 하나의 방법으로 부를 것을 권장하게 되었다. 그러나 검사와 마찬가지로 방법도 신뢰롭고 타당한 정보를 얻을 수 있는지 여부에 따라 판단할 수 있고, 로르샤하를 어떻게 부르든 간에 로르샤하의 심리측정적 건전성(soundness)과 관련된 의문들에 대해서는 해답을 제시해야 한다. 일부의 역사적 관점, 현재 이용가능한 자료에 대한 간단한 개관 및 최근 들어 재연되고 있는 로르샤하의 쟁점에 대한 비평을 모두 같이 고려하면 이러한 의문들을 분명하게 밝히는 데 도움이 될 수 있을 것이다.

역사적 관점

RIM의 심리측정적 건전성에 대한 논쟁은 1965년에 시작되어 약 10년 동안 지속되었다. RIM의 심리측정적 기초에 대한 철저한 학문적 비판은 Zubin, Eron 및 Schumer(1965)가 저술한 『투사법기법에 대한 실험적 접근』의 출판과 함께 최고조에 달하였다. 이들은 광범위한 문헌을 검토한 후 전통적인 로르샤하 변인들은 받아들일 만한 심리측정적 특징이 없고 그럴 가능성도 없다는 결론을 내렸다. 따라서 이들은 로르샤하를 측정도구로 보는 "구체적(atomic)" 접근보다 본질적으로 일종의 면담으로 보려는 "포괄적(global)" 접근을 제안하였다(Zubin et al., 1965).

이러한 Zubin 등의 비판에 대해 약 10년 동안 Rorschach 학자들은 과거에 그랬던 것처럼 사과하거나 방어하지 않고 새로이 과학적 주도성을 잡는 방향으로 반응하기 시작하였다. Blatt(1975), Holt(1967), Weiner(1977b) 등은 로르샤하의 적절성과 유용성을 입증하는 데 잠정적으로 실패하여 결론을 내리지 못한 대부분의 초기 연구들은 부정확하고, 설계가 부적절하고, 연구수행에 문제가 있었다는 점을 지적하였다. 초기 연구자들 중에서 극히 일부만 적절한 방법을 적용하였고 이러한 연구들은 RIM의 심리측정적 건전성을 부정하기보다 확인해 주는 경향이 있었다.

1970년대 중반 이후 연구설계법이 더 정교화되면서 잉크반점법의 과학적 위상과 관련해서 사용할 수 있는 자료들이 점점 증가하였다. 로르샤하에 적용할 수 있는 연구방법이 발달함에 따라 이론중심적인 가설과 구조중심적인 가설에 더 큰 비중을 두게 되었고, 메타분석과 2종 오류의 영향에 대한 평가 등을 통해 로르샤하 변인 중에서 객관적이고 관찰가능한 변인을 더 강조하게 되었다. 로르샤하 연구방법과 관련된 논의는 Exner(1995), Meyer(1996), Weiner(1995b) 등이 자세히 다루었다. 연구방법에 관한 이러한 진보는 Holt(1967)가 설정한 관계를 더 분명하게 확인시켜 주었다. 즉 적절한 연구방법을 사용하면 할수록 로르샤하의 타당성에 관한 긍정적 결과가 나타날 가능성은 더 높다.

Zubin 등이 로르샤하에 대해 신랄하게 비판한 후 10년 동안 로르샤하를 사용하는 창조적인 임상가와 학자들은 오랫동안 자신들이 가지고 있었던 가장 큰 결함을 인정하고 새로운 결과를 이루어 내었다. Beck(1968)은 로르샤하에 관한 좌절을 다음과 같이 기술하였다: "현재 로르샤하의 전망은 혼란스럽고 온통 불협화음으로 이루어진 소리와 같다. 일부 예외는 있지만 로르샤하를 다룬 연구결과들을 보면 이 검사를 사용하는 사람들은 누구나 자신이 옳다고 생각하는 방식으로 검사를 사용하고 있다고 판단할 수밖에 없다."

Beck이 이렇게 기술한 뒤에 Exner(1969, 2003)가 로르샤하에 관한 자료를 종합적으로 검토한 결과, 1970년대 미국에서 사용되고 있는 로르샤하 체계는 Beck, Klopfer, Hertz, Piotrowski, Rapaport/Schafer 방식 등이 있을 뿐만 아니라 임상가마다 각기 다른 실시방법과 채점방법을 사용하고 있다는 것을 알게 되었다. 로르샤하를 실시하는 방법과 반응을 기호화하는 방식이 이처럼 다양하기 때문에 로르샤하에 관한 방대한 분량의 결과들이 쏟아져 나왔음에도 불구하고 타당한 연구결과를 얻지 못한 것은 어쩌면 당연한 일인지도 모른다.

로르샤하가 심리측정학적으로 정확하다는 것을 증명하는 데 방해가 되는 심각한 장애물들을 극복하기 위해 Exner(1974)는 로르샤하 종합체계를 개발하였다. 앞서 언급한 바와 같이 종합체계를 개발하는 데 적용한 기본지침은 검사를 실시하고 반응을 기호화하는 데 필요한 합리적이고 신뢰로운 표준화된 접근을 마련하는 데 있었다. 그는 검사의 실시와 기호화를 표준화하면 잉크반점법이 신뢰롭고 타당하다는 것을 입증할 수 있는 결과가 축적될 수 있을 것이라고 믿었다. 예컨대, 한 검사자가 계산한 M:SumC와 X+%가 다른 검사자가 계산한 M:SumC와 X+%와 일치한다면 잉크반점법이 신뢰롭고 타당하다는 것을 보장할 수 있다고 믿었다. 다음에 요약되어 있는 바와 같이 최근의 자료를 보면 이러한 그의 믿음은 정당하다.

최근 자료

어떤 측정도구의 심리측정적 건전성은 (1) 수련받은 검사자들이 어떤 변인을 채점할 경우 합리적인 정도로 일치하는지 여부, (2) 측정도구의 신뢰도가 그 도구가 제공하는 정보의 정확성을 나타내는지 여부, 즉 그 도구에서 얻은 점수가 오차변량이 적고 실제 점수나 진점수에 근접하는 정도, (3) 밝혀진 타당도가 그 도구의 타당성을 입증하고 있는지 여부, (4) 다양한 모집단에서 도구의 기술통계에 관한 규준자료가 정확한지 여부(Anastasi & Urbina, 1997; Weiner, 1966) 등의 사항을 고려해서 판단한다. 종합체계에 따라 실시하고 기호화할 경우 RIM은 이러한 4가지 심리측정적 조건을 모두 충족시킬 수 있다.

지금부터 이러한 심리측정적 건정성에 관한 증거를 간략히 살펴보기로 하겠다. 첫째, 초기에 보고된 연구결과들에서는 종합체계에서 기호화된 모든 변인들에 대해 만족할 만한 평정자간 일치율을 지적하고 있다(Meyer et al., 2002). 둘째, 아동과 성인을 대상으로 며칠에서 3년간의 기간을 두고 실시한 로르샤하 요약점수의 검사-재검사 신뢰도는 높았다(Exner, 1999; Exner & Weiner, 1995; Viglione & Hilsenroth, 2001). 종합체계에 따라 기호화하고 성격특성과 관련이 있다고 개념화할 수 있는 거의 모든 변인들은 단기적 및 장기적으로 안정성이 있었고 성인들의 검사-재검사 상관은 .75 이상이었다. 중요한 해석적 의미가 있는 4가지 핵심변인(D-Score, X-%, Afr, SumT)은 환자가 아닌 성인집단을 대상으로 1년 또는 3년 간격을 두고 재검사를 실시한 결과 상관이 .90 이상이었다. 그리고 다른 중요한 15가지 핵심변인(R, X+%, Xu%, M, WSumC, EA, FC, SumV, FD, 3r+(2)/R, 2AB+Art+Ay, Zf, a, Sum6, WSum6)의 검사-재검사 상관도 .85~.89이었다. 성인집단에서 일관성 있게 검사-재검사 상관이 낮은 2가지 변인은 무생물운동(m)과 음영-확산(Y)이었다. 이들 두 변인은 전통적으로 상황적 불편을 지적하는 지표로 개념화하고 있다. 상대적으로 안정적이지 않은 2가지 핵심변인은 es(Experienced Stimulation) 및 CF와 C이었다. es의 경우 검사-재검사 상관이 중간 정도인 것은 es를 구성하는 6가지 요인 중에서 상황변인인 m과 Y가 포함되었기 때문일 수 있다. 그리고 CF와 C의 시간에 따른 변화는 수검자가 조절하지 않고 색채를 사용했다는 것을 의미하는 지표인 CF+C 변인을 1년 후 재검사한 결과, 상관이 .81로 상당히 안정적이라는 사실을 고려하면 불안정적이라고 보기 어렵다.

아동과 청소년을 대상으로 3주 뒤에 재검사를 실시했을 경우 안정성계수는 성인과 유사하였다. 특히 어린 아동은 2년 뒤에 재검사를 실시했을 때 점수에 상당한 변동이 있었다. 그러나 이러한 변동은 시간이 경과함에 따라 감소하였다. 아동과 청소년들도 점점 나이가 들어가면서 로르샤하 프로토콜에서 나타나는 장기적인 반응의 안정성은 꾸준히 증가하였다. 이러한 반응의 안정성은 발달과 더불어 나타나는 성격특징의 점진적인 견고화(consolidation)와 병행하는 것으로 보인다. 14~16세의 청소년은 2년 뒤에 재검사를 실시하였을 때 성인과 마찬가지로 프로토콜은 안정적이었다(Exner, Thomas, & Maon, 1985).

로르샤하의 재검사 상관은 종합체계에 따라 기호화한 변인에 대해서만 보고되었기 때문에 로르샤하의 신뢰도에 대한 관심은 지난 25년 동안에 여전히 지속되었다(Garb, Wood, Nezworski, Grove, & Stejskal, 2001). Viglione과 Hilsenroth(2001)는 소위 "놓쳐버린(missing)" 재검사 상관은 대부분 두 종류의 변인을 포함하였기 때문이라고 하면서 신뢰도에 대한 관심을 언급하였다. 즉 두 종류의 변인은 신뢰도 자료가 변인을 구성하는 부분에 사용되는 혼합변인이거나 의미 있는 통계적 처리를 할 수 있을 정도로 충분한 빈도로 나타나지 않은 변인이다. 예컨대, 색채투사(CP)로 기호화하는 경우는 매우 드물기 때문에 재검사를 실시한 표본에서도 CP의 빈도는 0일 수 있다. 이럴 경우 첫 번째 검사로 두 번째 검사를 완벽하게 예언할 수 있으나 1.00이라는 상관은 신뢰도 평가로서는 아무런 의미가 없다.

성격특성 차원에 대한 해석에서 중요하고 규칙적으로 나타나는 로르샤하 변인의 재검사 신뢰도는 기호화한 채점자 간의 일치율과 그 기호화의 타당성에 대해 중요한 의미가 있다. 대부분의 로르샤하 변인에 나타난 실질적인 안정성계수는 재검사연구에 사용된 프로토콜을 기호화한 사람들 간에 일치율이 높지 않으면 불가능하다. 두 집단의 점수가 상관을 나타낼 수 있는 정도는 통계적으로 점수의 신뢰성에 의해 제한된다. 성격특성을 측정하는 것으로 개념화된 로르샤하 변인은 재검사 상관이 매우 높은 데 비해 상황적 특징을 측정하는 변인은 재검사 상관이 매우 낮다. 이러한 사실은 전자는 특성차원의 지표, 후자는 상태차원의 지표로 해석하는 것이 타당하다는 것을 보장하는 것이다. 같은 맥락에서 아동기와 청소년기의 경우 2년 뒤 재검사 상관이 점점 증가한다는 사실은 RIM이 성격의 견고화에 따른 발달적 진전을 반영하는 측정도구로서 타당하다는 것을 지적하는 것이다.

셋째, 타당도와 관련해서 많은 로르샤하 변인에 대한 개념적으로 의미가 있고 실제적으로 유용한 상관은 1986~1999년 사이에 보고된 일련의 메타분석연구를 통해 밝혀졌다. 가장 최근에 가장 광범위하게 이루어진 메타분석연구인 Hiller, Rosenthal, Bornstein, Berry 및 Brunell-Neuleib(1999)의 연구는 1977~1997년까지 출판된 로르샤하와 MMPI에 관한 연구에서 추출한 무선표본을 분석하였다(Rosenthal, Hiller, Bornstein, Berry, & Brunell-Neuleib, 2001 참고). 이 연구는 2,276개의 로르샤하 프로토콜과 5,007개의 MMPI 프로토콜을 포함시켰다. 그리고 이 연구의 표본은 변인들 간의 관계에 대한 합리적 기대에 근거를 두고 있고 적어도 한 변인은 검사점수가 없는 연구로 제한하였다. 분석결과 로르샤하 변인과 MMPI 변인에서 가중치를 부여하지 않은 평균 타당도계수는 각각 .29와 .30이었다. 연구자들은 이러한 효과크기(effect size)는 (1) RIM과 MMPI의 전반적 타당성이 동등하다는 것을 증명하고, (2) 의도한 목적대로 RIM과 MMPI를 사용할 경우 신뢰할 수 있고, (3) "성격검사에서 기대할 수 있는 수준" 만큼 높다는 결론을 내렸다.

Meyer와 Handler(1997) 그리고 Bornstein(1999)은 2가지 측면에 초점을 둔 메타분석연구를 보고하였다. 치료를 시작할 때 검사한 752개의 프로토콜에서 20개의 로르샤하 예후평가척도(Rorschach Prognostic Rating Scale, RPRS)를 검토한 Meyer와 Handler는 1년 후 치료결과에 대한 독립적 평정의 평균 타당도계수는 .44라고 하였다. 그리고 Bornstein은 로르샤하 구강의존척도(Oral Dependency Scale, ODS)를 사용해서 독립적으로 관찰한 의존관련 행동을 예언하였을 때 21개 효과크기의 평균 타당도계수는 .37이라고 하였다. Meyer와 Archer(2001)는 이러한 결과와 RIM, MMPI, WAIS 변인의 타당성에 대한 메타분석 결과를 요약하여 다음과 같은 결론을 내렸다:

> 동일한 유형의 다른 검사를 사용해서 계산하는 공존타당도를 제외한 방법론적 기초에 근거해서 RIM, MMPI, WAIS를 비교해 보면 이들 검사의 타당도는 전반적으로

유사하고 그 범위는 .25~.35에 속한다. 이러한 효과의 크기는 극적이지도 않지만 그렇다고 중요하지 않은 것도 아니다. 예컨대, 이들 효과는 심리적, 교육적, 행동적 치료의 효과나 치료자와 내담자가 치료와 관련된 변인들에 동의한 정도에 나타난 효과와 유사하다.

로르샤하 변인의 타당도에 대한 부가적 정보는 종합체계(Exner, 1991, 2003; Exner & Weiner, 1995)에 관한 책에서 찾아볼 수 있다. 로르샤하의 타당성 평가에 포함된 문제와 로르샤하의 유용성을 밝히려는 연구에 대한 논의는 Viglione (1999), Viglione와 Hilsenroth(2001), Weiner(1996, 1999a, 2001a) 등이 언급한 바 있다. Weiner(1997a)는 다음과 같이 임상적으로 관련 있는 4가지 평가과제에 대한 연구결과의 함의를 요약하였다.

1. RIM은 성격구조의 많은 측면을 기술하기 위한 매우 타당한 근거와 다양한 측면의 성격적 역동을 기술하기 위한 풍부한 가설을 제공해 주는 원천이다.
2. 감별진단과 관련해서 RIM은 특정한 성격적 기능유형을 포함하는 다양한 상태를 진단하는 데 도움이 된다는 것이 밝혀졌고 뚜렷한 성격특징에 의해 결정되거나 뚜렷한 성격특징의 원인이 되는 상태를 진단하는 데도 많은 도움이 된다.
3. RIM은 정신치료에서 치료의 표적과 치료의 진행을 방해할 수 있는 요인을 밝히고, 적절한 치료방법을 선택하고, 시간의 경과에 따른 변화와 호전을 탐색하는 데 유용하다.
4. RIM은 성격상 행동을 예언하기 위한 도구는 아니다. 행동을 예언하기 위해 사용할 경우 조심스럽게 제한적으로 사용해야 할 것이고 행동잠재력을 평가할 때는 성격을 근거로 추정해야 한다. 반면에 로르샤하에서 특성변인은 성격유형, 특히 성인의 성격유형에 대한 매우 정확한 장기적 예언을 제공해 줄 가능성이 높다. 특정 행동이 대부분 성격특징에 의해 결정될수록 또는 특정 행동이 예측가능한 환경적 영향을 포함할수록 로르샤하 변인은 특정한 행동이 일어날 가능성을 우연적 수준보다 더 잘 예언해 줄 가능성이 높다.

로르샤하의 신뢰도와 타당도를 밝히는 경험적 결과가 축적되었음에도 불구하고 로르샤하의 심리측정적 건전성을 확신하지 못하고 비판하는 사람들도 있다. 심지어 어떤 사람들은 로르샤하는 연구기반조차 덜 마련되어 있다는 점에서 로르샤하를 가르치고 사용하는 것을 유보(moratorium)해야 한다고 하였다(Garb, 1999; Lilienfeld, Wood, & Garb, 2000). 이렇게 비판하는 사람들은 RIM의 과학적 장점을 검증하는 자료를 받아들이지 않고 대신에 잘못된 설계를 통해 도출한 연구결과와 로르샤하의 부적절한 적용에 초점을 두었기 때문인 것으로 생각된다(Weiner, 2000a, 2000b). 또한 이들은 RIM이 신뢰롭지도 타당하지도 않은 도구라면 기대할 수 없는 로르샤하의 실제적 유용성을 잘 알지 못한 것으로 보인다. 이러한 점과 관련해서 다양한 장면에서 잘 설계된 연구들은 RIM이 성격특징에 대한 타당한 평가를 제공하고 의사결정, 감별진단, 치료계획의 수립 및 평가를 촉진시켜 주기 때문에 유용한 도구라는 것을 지속적으로 입증하고 있다(Ganellen, 1996, 2001; Meloy, Acklin, Gacono, Murray, & Peterson, 1997; Ritzler, Erard, & Pettigrew, 2002ab; Weiner, 1999b; Weiner, 2003a). 이러한 평가는 Hess, Zachar 및 Kramer(2001)가 편찬한 『Mental Measurements Yearbook』 14판에 잘 반영되어 있다. 이들은 "종합체계를 적용할 경우 로르샤하는 로르샤하를 비판하는 사람들이 흔쾌히 인정하는 검사보다 더 나은 성격검사"라고 결론 내렸다.

끝으로 정확한 규준자료의 중요성과 관련해서 로르샤하 종합체계는 기호화된 각 변인들의 기술통계치를 제공하고 있다. 즉 비환자 성인표본은 16~69세에 속하는 미국의 다양한 지역에서 표집한 600명이었고, 이들 가운데 18%는 아프리카계, 아시안계, 남미계 미국인이 포함되어 있었다. 1,390명에 달하는 5~16세의 아동과 청소년은 연령층에 따라 표집하였다. 성인 외래환자는 다양한 증상을 가지고 있는 535명이었다. 그리고 정신과 입원환자는 처음 입원한 정신분열병환자 328명과 주요우울장애로 진단된 279명을 포함한 601명으로 구성되어 있었다(Exner, 2001).

이러한 참조자료는 주로 1973~1986년 사이에 수집하였기 때문에 표본이 그 이후의 사회계층과 연령집단의 변화를 정확하게 반영하고 있는지에 대해 의문을 제기할 수 있고, 다른 평가도구와 마찬가지로 RIM도 시대에 따른 새로운 규준을 필요로 한다고 제안할 수 있다. 최근 캘리포니아에서 100명의 비환자 아동집단과 123명의 비환자 성인집단을 대상으로 진행된 규준연구(Hamel, Shaffer, & Erdberg, 2000; Shaffer, Erdberg, & Haroian, 1999)의 결과는 12개 국가에서 수집한 비환자 로르샤하 프로토콜을 분석한 국제협동연구(Erdberg & Shaffer, 1999, 2001)의 예비결과와 마찬가지로 종합체계 참조자료와 약간의 차이가 있었다. 이러한 자료를 근거로 Wood, Nezworski, Garb 및 Lilienfeld(2001)는 종합체계의 규준은 부정확하고, 특히 아무런 심리적 장애가 없을 때라도 심리적 장애를 지나치게 추정하도록 함으로써 과잉병리화하기(overpathologize) 쉽다고 하였다.

그러나 Wood 등(2001)의 결론은 성급한 것이었고, 그들의 관심은 3가지 관점에서 인정받지 못하였다. 첫째, 캘리포니아 자료와 종합체계 규준은 차이보다 유사성이 훨씬 더 높다. 더욱이 2장의 횡문화적 고려에 대한 논의에서 언급한 바와 같이 로르샤하의 구조적 자료에서 나타나는 인상의 유사성은 국제표본에서도 동일하게 나타나는 특징이었다. 둘째, 일부 연구에서 나타난 차이는 적어도 부분적으로는 참여한 표본의 교육수준, 표본이 전집을 얼마나 정확하게 대표하는가, 표본이 로르샤하 과제에 얼마나 진지하게 참여했는가, 검사를 실시한 검사자의 경험, 즉 검사자가 얼마나 철저하고 체계적으로 검사를 실시했는가에 따라 다르다(Weiner, 2001b). 셋째, 최근 진행되고 있는 종합체계 재표준화 연구는 인구통계학적으로 미국인을 대표하는 표본을 구성하고 경험이 많은 검사자가 공통적이고 조심스럽게 설정된 지시에 따라 검사를 실시하고 있다.

최근 Exner(2002)는 이 재표준화 연구에 참여한 175명에 대한 결과를 먼저 발표하였다. 처음으로 종합체계 참조자료를 수집한 뒤 시간이 경과하였고 이들 자료가 정확하지 않을 수 있다는 견해가 있었지만, 재표준화 표본의 자료는 기존의 규준자료(Exner, 2001)와 매우 유사하였다. 지금까지 수집된 재표준화 자료에서 특히 중요한 점은 과잉병리화를 지적하는 어떤 지적도 없다는 점이다. 새로 조심스럽게 수집한 175명의 비환자집단의 자료에서 단지 한 명만 지각장애 및 사고장애지표(PTI > 2)가 상승, 16%만 우울지표(DEPI > 4)가 상승, 6%만 대응기술의 손상을 지적하는 지표(CDI > 3)가 상승하였다.

종합체계의 재검사 신뢰도 자료와 마찬가지로 규준자료는 로르샤하 평가의 타당성을 암시하고 있다. 비환자, 외래환자, 입원한 주요 우울장애환자, 처음 입원한 정신분열병환자 등 4부류의 성인집단에 대한 Exner(2001)의 참조자료는 심리장애 정도의 연속성을 반영하는 것으로 볼 수 있다. 5장에 기술한 바와 같이 심리적 장애를 지적하는 2가지 핵심적 로르샤하 지표는 현실검증력의 장애를 지적하는 X-%와 사고장애를 지적하는 WSum6이다. 이들 두 지표가 장애를 타당하게 측정한다면 이들 4집단의 X-%와 WSum6는 직선적으로 증가해야 한다. 기대한 바대로 X-%의 평균은 비환자집단, 외래환자, 입원한 우울장애, 입원한 정신분열병환자 순으로 각각 .07, .16, .20, .37로 점점 증가하였다. 이들 네 집단의 평균 WSum6도 각각 4.48, 9.36, 18.36, 42.17이었다.

결론적으로 로르샤하의 기본성격은 다음과 같이 4가지로 요약할 수 있다.

1. RIM은 객관적인 심리측정적 특징과 주관적인 심리측정적 특징을 모두 가지고 있다.
2. RIM은 지각을 측정하는 동시에 연상을 측정하는 도구이다.
3. RIM은 성격구조와 성격역동을 모두 평가하는 도구이다.
4. RIM은 검사일 뿐만 아니라 성격과정에 관한 자료를 수집하기 위한 다면적 방법이다.
5. RIM은 심리측정적 기초가 확고하다.

이들 핵심적 특징은 앞으로 제시할 로르샤하 해석의 근거가 될 것이다.

2
로르샤하의 해석적 접근

1장에서는 측정도구로서 로르샤하 잉크반점법의 성격을 살펴보았다. 이제부터는 로르샤하 반응에서 수검자에 대한 결론을 추론할 때 기본적으로 고려해야 할 사항을 다루기로 하겠다. 로르샤하를 통해 추론한 결론은 수검자의 성격기능의 구조적 및 역동적 특징을 기술한 것이다. 그리고 이러한 기술은 진단적 추론, 치료적 권유, 과거 생활경험이나 앞으로 일어나기 쉬운 행동을 예측하는 데 도움이 될 것이다. 전통적으로 검사자가 로르샤하를 사용해서 수검자에 대해 기술하는 것을 해석이라 하고, 기술을 도출하는 것을 해석과정이라 한다.

로르샤하를 실시하는 검사자가 해석과정에 접근하는 방식은 3가지 요인, 즉 (1) 자신의 기술, 추론, 가설, 권유 등을 정당화시킬 수 있는 근거, (2) 자료의 특징을 검토하고 강조할 것을 결정하는 해석전략, (3) 수검자의 성, 연령, 사회문화적 배경 등에 대해 해석자의 주관이 작용하는 정도에 달려 있다.

해석의 정당화: 직관적, 권위적, 경험적, 개념적 접근

심리학자들은 각기 다른 시대, 다른 장소에서 일하지만 로르샤하 해석을 정당화하기 위해 보통 4가지 접근 중에서 1가지를 선택한다. 직관적(ouija-board) 접근과 권위적(authoritative) 접근은 임상장면에서도 바람직하지 않고 과학적 측면에서도 적합하지 않다(Exner & Weiner, 1995). 그러나 경험적 접근과 개념적 접근은 정보를 통합하는 해석과정에서 어떤 결과를 추론한 방법과 이유를 효율적으로 지적할 수 있다.

직관적 접근

로르샤하의 해석에서 직관적 접근은 로르샤하를 실시하고 해석하는 검사자가 자신의 공감능력이나 직관적 능력을 근거로 어떤 결론을 추론하고 그 결론을 정당화하는 것을 말한다. 즉 이러한 접근을 시도하는 사람들은 "이 사람의 반응기록을 보니 어떤 느낌이 든다."는 식으로 말하지만, 어떤 반응에서 그런 느낌을 가지게 되었는가를 물으면 "어떤 반응 때문이라고 꼬집어 말할 수는 없지만 분명히 내 느낌이 옳다."고 말할 것이다. 인간관계에 예민한 임상가가 직관적 접근법을 사용할 경우 어떤 검사자료에서 그러한 정보를 얻게 되었는지를 구체적으로 밝히지 않고도 수검자의 성격기능에 관한 정확하고 유용한 가설을 이끌어낼 수도 있을 것이다. 그렇다 하더라도 직관적 접근은 일반화하기 어렵고, 초점이 빗나갈 수 있고, 다른 전문가를 당혹하게 만들 수 있다.

직관적 접근은 일반화에 문제가 있다. 매우 직관적인 임상가의 통찰력은 수검자의 심리적 핵심을 파악하는 독특한 능력이다. 직관적 임상가들이 환자를 이해하는 데 도움이 되는 관찰가능한 현상을 구체적으로 밝힐 수 없다면 그러한 기법을 다른 사람에게 가르치거나 지식을 전달할 수 없다. 이렇게 되면 이들의 능력과 기술은 그가 접한 환자에게만 유용할 뿐이고 지식을 확장시키는 데는 도움이 되지 않는다. 즉 직관적 평가자가 로르샤하를 해석할 때 구체적인 검사 자료의 해석적 의미에 대해 가정을 제시할 수 없다면 직관적 접근은 심리학적 평가에 기여할 수 없을 것이다.

직관적 접근으로는 평가의 초점을 맞추기 어려울 수 있다. 직관이란 영감이 떠오를 때 순간적으로 스쳐지나가는 것이므로 성격기능을 포괄적으로 기술하거나 평가를 의뢰한 구체적 의문에 해답을 제시하는 수단이 되는 경우는 드물다. 예컨대, 로르샤하를 직관적으로 해석하는 사람은 평가를 의뢰한 이유가 우울증의 정도와 자살할 가능성을 평가하는 것임에도 불구하고 대인관계에 관한 예리한 통찰만 제공하는 경우도 있다. 이럴 경우 수검자의 우울한 정도와 심각성 또는 자살할 가능성에 대해 다시 물어보면 "그런 문제에 대해서는 아무런 느낌도 없다."라고 대답할 수 있다.

직관적 해석은 다른 전문가를 당혹하게 할 수 있다. 로르샤하를 직관적으로 해석할 경우 법정증언처럼 공공장면에서 동료 전문가의 자존감과 명예를 손상시킬 위험이 있다. 심리학자들과 관계하는 다른 전문가들은 심리학자들을 너무 잘 알고 있고 일반인들 역시 검사자가 신비적인 태도로 결과를 현학적으로 설명한다는 것을 너무 잘 알고 있다. 특별한 재능이 있는 검사자만 로르샤하를 해석할 수 있다고 생각하는 직관적 접근은 전문적인 평가와 관련된 집단에서 고립을 자초하는 결과를 가져올 수 있고 잉크반점법의 유용성은 과학적 정확성에 관한 차원을 넘어서는 것이라고 주장함으로써 스스로 자신의 정체성을 점성술사나 점쟁이로 격하시킬 수 있다.

권위적 접근

로르샤하의 해석에서 권위적 접근을 시도하는 검사자는 잉크반점법의 권위자로 알려져 있는 사람의 의견이나 견해에 근거해서 자신의 결론을 정당화시킨다. 인용된 권위자가 로르샤하를 다룬 문헌에서 과학적으로 건전하고 임상적으로 크게 공헌한 사람이라면 이의를 제기할 수 없을 것이다. 권위자의 의견에 따라 해석을 정당화하는 것은 검사자와 수검자에게 도움이 될 수 있다. 최근의 문헌을 계속 접하고 있는 임상가는 성실하고 유능하다는 평판을 얻게 될 것이고 자신이 획득한 지식으로 수검자에 대한 정확한 인상을 형성하고 유용한 조언을 할 수 있는 능력을 향상시킬 수 있을 것이다.

반면에 지나치게 권위자에게 의존하는 검사자는 수검자에 대한 결론을 도출하는 과정에서 자신의 독자적 기능을 과소평가할 수 있다. 또한 로르샤하를 해석하는 사람이 습관적으로 권위자를 앞세워 자신의 해석을 정당화할 경우 어떤 권위자가 그렇게 해석한 이유를 제대로 설명하지 못할 수 있다. 예컨대, 로르샤하 기록에서 형태질이 매우 나쁠 경우 정신분열병일 가능성을 시사하는 것이라고 말하는 것은 타당하다. 그러나 단순히 "Weiner(1996, 1997b)가 그렇게 말했기 때문"이라고 말하는 것은 왜 Weiner가 그러한 진단지침을 인정하게 되었는지에 대해 설명하지 않았기 때문에 정당화할 수 없다.

검사자가 전적으로 로르샤하 권위자에게 의존한다고 하더라도 권위자를 신중하게 선택한다면 임상실제에서는 아무런 문제가 없을 수 있다. 그리고 환자나 의뢰인이나 변호사에게 로르샤하 결과를 직접 제공하는 경우는 매우 드물다. 그러나 이들에게 직접 검사결과를 제공해야 할 경우 권위자에게 의존하는 것보다 로르샤하 프로토콜의 특징과 어떤 성격유형과의 관계를 자신의 용어로 설명하는 것이 바람직하다. 이러한 임상가는 더 많은 신뢰와 존경을 받을 수 있을 것이다.

경험적 접근

로르샤하 해석에서 경험적 접근을 시도하는 검사자는 연구결과에서 도출한 증거에 따라 자신의 해석을 정당화할 것이다. 이러한 경험적 접근을 시도할 경우 수검자의 반응이 우울증, 반사회적 성격, 대인관계에 관한 혐오감 등과 같은 특징을 가지고 있는 사람들이 나타내는 전형적인 반응과 어느 정도 유사한지에 초점을 둘 것이다. 수검자의 반응이 경험적 연구에서 나타난 전형적인 반응결과와 유사하면 유사할수록 수검자가 그러한 상태나 특성을 가지고 있다고 결론을 내리는 것이 더 정당해진다. 예컨대, 경험적 접근을 시도하는 검사자는 단순히 어떤 권위자가 그렇게 말해서가 아니라 정신분열병 환자는 비정신분열병 환자보다 반응의 형태질이 더 나쁘다는 경험적 결과에 근거해서 수검자가 정신분열병일 가능성을 지적할 것이다.

로르샤하의 해석에서 경험적 접근은 직관적, 권위적 접근에 비해 과학적이고 전문가적 관점에서 더 인정을 받을 수 있다. 로르샤하 변인들의 변별타당도와 정규분포에 관한 양적 자료가 있으면 검사자는 자신 있게 정상과 이상을 구별하고 수검자의 성격특징을 더 잘 기술할 수 있을 것이다. 따라서 정확한 경험적 근거는 성격평가에서 RIM의 효율적 활용을 더 촉진시킬 것이다. 그리고 로르샤하를 사용하는 임상가는 자신이 내린 결론을 입증할 수 있는 심리측정적 자료를 더 많이 이끌어내고 제시할수록 RIM의 효율성과 인상적 적용가능성을 더 향상시킬 수 있을 것이다.

그런데 로르샤하를 경험적으로 해석할 경우 좋은 장점이 있기도 하지만 2가지 중요한 단점도 있다. 첫째, 경험주의는 측정된 현상 간의 관계를 기술할 수는 있으나 설명할 수는 없다. 로르샤하를 다룬 연구결과가 지적하는 경험적 진술은 직관이나 권위자에 의존하는 해석보다 더 건전하고 확실하지만 경험적 연구결과는 어떤 반응유형과 기술적 또는 진단적 추론을 관련짓는 성격과정을 밝힐 수 없다. 즉 정신분열병 환자의 로르샤하 반응은 형태질이 매우 나쁘다고 말하는 것은 그러한 현상이 나타나는 이유를 설명하는 것은 아니다. 로르샤하 변인들의 상관을 다룬 경험적인 연구는 어떤 수검자가 잉크반점에 대해 그런 방식으로 반응한 이유를 설명해 주는 것도 아니고 잉크반점에 대한 어떤 반응방식이 수검자의 성격특징, 정상적인 상태와 비정상적인 상태의 대략적인 범위를 밝히는 데 도움이 되는 이유를 설명해 주는 것도 아니다.

둘째, 엄격하게 경험적 해석을 할 때 생기는 또 다른 단점은 주제심상과 같이 수검자의 독특한 반응측면에 충분히 주의를 기울이기 어렵다는 점이다. 주제심상의 여러 가지 측면도 구조적 자료와 함께 기호화할 수 있고 규준분포와 행동적 상관을 입증하는 경험적 분석을 할 수 있다. 예컨대, 카드 Ⅲ에 대해 한 수검자가 다음과 같이 반응했다고 하자. “행복한 두 사람이다. 이들 사이에 큰 음식그릇이 놓여 있다. 이들은 근사한 점심식사를 준비하고 있다. 아마 식사를 하면서 정말 좋은 시간을 보내려고 하는 것 같다.” 경험적 접근에 근거해서 내용을 기호화할 경우 이 반응에서 수검자의 활동성, 협동적인 상호작용, 구강의존적인 심상이 분명하게 나타나고 있다는 것을 알 수 있다. 그러나 단순히 “냄비에 음식을 함께 요리하고 있는 두 사람”이라고 반응했을 때에도 동일하게 기호화할 수 있을 것이다.

두 번째 제시한 반응 예를 기호화할 때는 “큰 음식그릇”을 사이에 두고 “근사한 점심식사”를 준비하고 “정말 좋은 시간”을 즐기는 사람들과 같은 수검자의 마음상태를 지적하는 독특한 정교화를 고려할 수 없다. 이러한 반응을 한 수검자는 인생을 매우 긍정적이고 낙관적으로 볼까? 또는 자신의 생활에서 직면하는 불쾌감을 부인하는 방법으로 억지로 유쾌한 체 하고 즐거움을 강조함으로써 불쾌감을 극복할 수 있을까? 만약 검사자가 자신의 해석을 엄격하게 경험적으로 정당화시키지 못하고, 기호화와 수량화가 불가능할 정도로 매우 독특한 정교화에 주의를 기울이지 않는다면 검사자는 로르샤하 프로토콜에서 매우 중요한 잠정적 정보원을 놓치기 쉽다.

개념적 접근

검사자가 자신의 해석을 정당화하기 위해 개념적 접근을 시도할 경우 검사자료와 자료에서 도출한 결론을 연결시켜주는 성격의 기능적 측면을 밝혀야 한다. 개념적 관점에 따르면 매우 나쁜 형태질이 정신분열병을 시사하는 것으로 생각하는 이유는 권위적 접근처럼 단순히 어떤 권위 있는 사람이 그렇게 말했거나 경험적 접근처럼 연구결과 그러한 관계가 있다는 것이 증명되었기 때문이 아니다. 단지 임상적으로 중요한 관련이 있기 때문에 그렇게 해석하는 것이다. 즉 (1) 반응의 형태질이 나쁜 것은 지각이 부정확하다는 것을 지적하는 것이고 이러한 왜곡된 형태반응이 일정 비율 이상일 경우 정신분열병을 시사한다; (2) 부정확한 지각은 현실검증을 방해하는 원인이다; (3) 현실검증의 장애는 정신분열병의 중요한 특징이다. 이 예에서 알 수 있는 바와 같이 성격구성(현실검증의 손상)에 대한 개념적 접근에 근거를 둔 해석은 로르샤하 반응의 자료(매우 나쁜 형태질)와 이 자료에서 도출한 추론(정신분열병일 가능성)을 모두 고려해야 한다.

로르샤하 해석에서 개념적 접근은 자료에 대한 경험적 접근의 결함을 극복하는 데 도움이 되고 임상적 실제와 연구계획을 수립하는 데 유용한 지침이 될 수 있다. 임상적 평가에서 성격적 기능에 관한 측정도구와 평가를 의뢰한 이유가 분명하면 분명할수록 검사결과를 더 효율적으로 활용할 수 있고 보고서 작성을 더 효과적으로 준비할 수 있다. 한 걸음 더 나아가서 평가자가 평가를 의뢰한 이유와 관련된 성격기능에 관한 차원을 이해할 수 있다면 이들 성격적 차원을 가장 잘 측정할 수 있는 자료에 먼저 주의를 기울일 수 있다. 그리고 이처럼 특정 자료를 우선적으로 초점을 두고 고려하면 평가를 의뢰한 의문에 관한 적절한 평가보고서를 작성하는 데 도움이 될 것이다. 예컨대, 의뢰한 의문이 정신분열병일 가능성에 관한 평가일 경우 개념적 접근을 시도하는 로르샤하 검사자는 반응의 형태수준에 특별한 관심을 기울이게 될 것이고 보고서에도 “이 환자는 로르샤하 자극을 부정확하게 지각하는 빈도가 특이하게 높으므로 현실검증력에 결함이 있고 이러한 특징은 정신분열장애에서 나타나는 것과 같다.”고 기술할 수 있을 것이다.

더 넓은 의미에서 개념적 해석을 시도할 경우 로르샤하 임상가는 다른 임상가나 정신건강 전문가보다 일반인에게 더 유용한 정보를 제공할 수 있다. 검사자가 "이 환자는 반응의 형태수준이 나쁘기 때문에 정신분열병일 수 있다."라고 말하는 것은 일반인에게는 별로 의미가 없는 정보일 수 있다. 반면에 검사자가 "이 환자는 생활과정에서 일어나는 여러 가지 사건의 의미를 잘못 지각하는 경향이 있기 때문에 정신분열병일 수 있다."라고 말한다면 아마 심리학적 이해의 수준에 상관없이 지적인 사람들은 더 잘 이해할 것이다.

로르샤하의 해석에서 개념적 접근은 전문가들 간의 의사소통을 활성화시켜 임상장면에서 더 효율적일 뿐만 아니라 연구에 대한 관심도 증가시킬 수 있다. 로르샤하에 대한 반응을 성격적 과정으로 개념화할 경우 부정확한 지각의 원인과 정신분열병이라는 결과를 포함시켜서 성격기능의 본질, 근원, 의미를 다룬 연구결과들과 관련지어 볼 수 있다. 이미 Weiner(1986)가 설명한 바와 같이 로르샤하 공식화와 성격 및 정신병리에 대한 과학적 연구를 연결하면 로르샤하 임상가들은 로르샤하를 더 잘 이해하고 적용하는 데 도움이 되는 많은 유익한 정보들을 도출할 수 있을 것이다. 최근 들어 이렇게 연결시킴으로써 RIM에 익숙하지 않은 임상가와 연구자들은 로르샤하를 다룬 연구결과를 정상적 및 비정상적 성격과정에 대한 지식을 넓히는 데 활용할 수 있게 되었다.

해석방식: 구조적, 주제적, 행동적, 계열분석적 전략

이 장의 앞에서 밝힌 바와 같이 로르샤하 해석과정에서는 검사자가 반응의 어떤 특징을 검토하고 강조할 것인지를 선택하기 위한 전략을 수립할 필요가 있다. 지각과 연상 모두를 측정하는 RIM의 성격은 프로토콜의 구조적 특징과 주제적 특징의 분석이라는 2가지 해석적 전략을 밝혀주고 있다. 또한 수검자가 로르샤하에 접근하는 방식, 특히 검사자와 상호작용하는 방식에서 가치 있는 정보를 얻을 수 있기 때문에 행동적 특징의 분석은 세 번째로 유익한 해석전략이다. 마지막으로 구조적, 주제적, 행동적 특징을 계열분석에 통합하는 해석전략을 취하면 로르샤하에서 얻을 수 있는 정보의 양을 극대화시킬 수 있다.

구조적 특징

로르샤햐 프로토콜의 구조적 특징을 해석하는 것은 로르샤하가 지각을 측정하는 도구라는 개념화에서 비롯된 것이고, 수검자가 반응을 형성하는 방식은 수검자의 대표적인 행동표본이라는 가정에 근거를 두고 있다. 사실 로르샤하 자극은 단지 잉크반점에 불과하기 때문에 잉크반점을 무엇으로 볼 수 있는지, 왜 그렇게 보았는지 말하도록 하는 것은 일종의 문제해결과제이다. 이러한 과제를 수행하기 위해 지각적, 인지적 과정을 사용하는 방식과 반응을 전달하는 방식은 수검자가 지각-인지 과제 일반에 대처하는 방식과 문제해결과 의사결정 상황에서 수검자가 생각하고 느끼고 행동하는 방식을 지적하는 것이다.

잉크반점을 구조화하는 방식은 수검자가 다른 지각적, 인지적 경험을 구조화하는 방식을 반영할 가능성이 높기 때문에 수검자가 로르샤하를 구조화하는 방식은 성격적 소인과 최근의 정서상태와 태도에 관한 추론의 근거를 많이 제공한다. 예컨대, 반응을 형성하는 과정에서 잉크반점 전체를 거의 사용하지 않고 주로 작은 반점만 사용하는 수검자는 경험을 전체적으로 통합하는 능력이나 의지가 부족한 사람일 수 있다. 이러한 사람은 일상생활에서도 나무만 보고 숲을 보지 못하는 사람일 수 있다.

마찬가지로 지각적으로 부정확하거나 왜곡된 형태를 많이 보고하는 사람은 일상생활에서도 자신의 주변에서 일어나는 일을 잘못 지각하고 행동의 결과를 잘못 판단할 것이라고 예측할 수 있다. 또한 반응결정인으로 잉크반점의 검은색과 회색 특징을 자주 사용하는 사람은, 적어도 반점을 본 그 순간에는 사물의 어두운 측면을 보고 슬프고 우울한 정서를 경험하고 있었을 가능성이 높다. 그리고 잉크반점에 반응하는 방식의 구조적 측면은 개념적, 경험적으로 다양한 해석적 함의를 포함하고 있다. 로르샤하 자료의 구조적 특징을 해석하기 위한 구체적 지침은 5장에 기술하였다.

주제적 특징

프로토콜에서 주제적 특징을 해석하는 것은 로르샤하가 연상을 측정한다는 개념화에서 비롯되었고 반응이 행동을 상징한다는 가정에 근거를 두고 있다.

RIM의 주제적 해석은 잉크반점을 지각과제가 아니라 환상을 야기하는 자극으로 간주하고 일차적인 해석적 관심은 투사를 포함하는 반응에 있다.

따라서 로르샤하 반응의 주제적 특징은 단순히 잉크반점을 무엇으로 보는가를 지적하는 것 이상의 정교화된 방식으로 구성된다. 예컨대, 카드 Ⅲ에서 "두 사람이다."라는 반응에는 부분반응, 인간반응, 쌍반응, 평범반응, 좋은 형태 등과 같은 몇 가지 중요한 구조적 특징이 포함되어 있다. 정교화되지 않았더라도 두 사람이라는 반응이 지나치게 많을 경우 사람이나 사람과 관련된 사건에 집착하는 경향을 반영하는 것일 수 있으나 두 사람이라는 반응에는 주제적 특징은 거의 포함되어 있지 않다. 반면에 카드 Ⅲ에서 "저기 두 사람이 그냥 서 있다."라고 반응할 경우 인생에 대한 수동적 경향이나 다른 사람과 쉽게 교류하지 않으려는 인상을 시사하는 주제를 분명히 포함하고 있다. 그런데 이 반응이 "마치 상대방이 먼저 다가와 주기를 기다리는 것처럼 두 사람이 서 있는 것 같다."와 같이 정교화되었다면 수검자가 대인관계에서 수동적이고 조심스러워하고 있다는 것을 시사한다. 특히 이러한 주제가 여러 다른 반응에서 반복될 때도 동일하게 해석할 수 있다.

이처럼 주제심상은 수검자의 중요한 욕구, 태도, 갈등, 관심 등 많은 측면에 대한 해석적 가정을 하는 데 필요한 근거를 제공한다. 특히 주제심상은 자기지각, 대인관계적 성향, 자기표상 및 대상표상과 관련된 욕구, 태도, 갈등, 관심에 대한 해석적 가정의 근거를 제공한다. 반응의 주제적 특징에 관한 구체적 해석지침은 6장에 기술하였다.

행동적 특징

로르샤하 프로토콜에서 행동적 특징의 해석은 수검자가 검사과제를 다루는 방식, 심리적 상태에 관한 정보를 제공하는 방식, 문제해결과 대인관계 상황에 접근하는 방식에 대한 가정에서 비롯되었다. 예컨대, 검사에 대해 "시간만 낭비하는 것 같습니다." "이러한 검사로 무엇을 알 수 있겠어요?" 하는 말은 각각 수검자의 분노나 불안한 정서상태를 지적하는 것이다. 마찬가지로 "반응은 몇 개나 해야 하나요?"라는 반응은 수동적이고 공손한 태도와 관련이 있고, "이게 전부입니다. 더 말씀드릴 게 없습니다."라는 반응은 권위에 대해 적대적이고 주장적인 태도를 나타내는 것일 수 있다.

행동측정 도구로서 로르샤하의 성격은 지각과 연상에 대한 측정만큼 많은 관심을 끌지 못하였고 그래서 1장에서도 논의하지 않았다. 물론 수검태도와 검사자와 상호작용하는 과정에서 나타나는 행동은 로르샤하를 실시하는 상황에서만 나타나는 독특한 행동은 아니다. 상호작용은 면접과 검사를 포함하는 모든 임상적 평가상황에서 일어나고 공감적인 임상가는 RIM에 대한 특별한 지식이 있든 없든 간에 상호작용을 의미 있게 해석할 수 있다. 아마도 이러한 이유 때문에 로르샤하를 다룬 기본교재에서도 검사행동을 다루지 않았고 검사행동에 대해 보고한 연구도 드문 것으로 보인다.

다른 한편 로르샤하검사를 받는 대부분의 수검자는 면담이나 비교적 구조화된 검사를 받는 것보다 더 낯설고 모호한 상황을 경험할 것이다. 따라서 로르샤하검사에서는 과제를 다루고 검사자와 관계하는 방식에서 성격을 지적하는 행동유형이 더 잘 나타날 수 있다. 더욱이 도구가 특이하기 때문에 로르샤하를 실시하는 상황에서 수검자가 카드를 다루는 방식과 카드를 회전하는 것과 같은 행동적 특징은 매우 정보적 가치가 있다. 그리고 로르샤하를 사용해서 이러한 검사행동의 의미를 이해하는 것은 해석과정에서 중요한 역할을 한다.

Phillips와 Smith(1953)는 "태도, 역할연기, 생활주제"라는 제목의 장에서 행동적 특징의 중요성에 대해 자세하게 체계적으로 분석하였다. Schafer(1954)와 Schachtel(1966)은 "검사상황에서의 대인관계적 역동"과 "검사상황의 대인관계적 의미"라는 제목의 장에서 행동적 특징을 다루고 있다. 그리고 Masling(1960)은 일찍이 「투사법검사에서 상황적, 대인관계적 변인의 영향」이라는 논문을 발표했을 뿐만 아니라 해석과정에서 수검태도와 검사자와의 상호작용의 활용에 대해 매우 진지하게 논의하였다(Masling, 1977, 1988). 로르샤하 검사행동의 특징을 해석하기 위한 구체적 지침은 7장에서 논의하였다.

계열분석

로르샤하 프로토콜의 구조적, 주제적, 행동적 특징에 주의를 기울여 해석하는 것이 유용하다면 임상가와 학자들은 때때로 어떤 전략을 추구할 것인지 고민하게 될 것이다. 로르샤하의 성격에 대한 논의에서도 예상할 수 있었겠지만

RIM을 일차적으로 지각을 측정하는 도구로서 보는 사람들은 구조적 자료를 정보원으로 선호하는 경향이 있는 반면 연상을 측정하는 도구로 간주하는 사람들은 해석전략에서 주제적, 행동적 자료를 강조하는 경향이 있다. 그러나 로르샤하 연구자들과 임상가들은 오래전부터 RIM을 지각과 연상 모두를 측정하는 도구로 인정하였고 자신들의 해석전략에서 2가지 접근을 조화롭게 사용하고 있다.

Weiner(1995a)는 "구조론자들에서 나타나는 주제(thematics among the structurists)"와 "심상론자들에서 나타나는 인지(conition among the imagists)"처럼 지각론자와 연상론자들의 해석은 중첩되어 있다고 하였다. 구조론자들 중에서 처음으로 주제를 중요하게 다룬 Beck(1968)은 로르샤하에 대한 엄격한 구조적 접근을 주창하였으나 해석전략에서 욕구에 의해 결정된 지각적 왜곡(need-determined perceptual distortions)에도 관심을 기울였다. Beck의 가장 중요한 해석전략 중 하나는 "개인적 욕구에서 비롯된 현실왜곡"으로 정의한 개인적 F-에 주의를 기울이는 것이었다. 또한 Piotrowski(1977)는 로르샤하에 대한 연구에서 성격의 지각적 이해를 추구하였으나 다른 사람에 대한 수검자의 태도와 대인관계에서 수검자의 습관적 역할을 밝히기 위해 반응정교화를 사용할 것을 자세히 기술하였다. 그리고 Bohm(1951, 1958)은 로르샤하 해석에서 기본적으로 지각과정의 중요성을 강조하면서도 다른 사람들과의 상호작용을 나타내는 반응의 역동적 함의에 대해서도 언급하였다.

심상론자의 주장에서 나타나는 인지와 관련해서 Lindner(1950)는 로르샤하의 임상적 가치를 풍부하게 하는 방식으로 내용해석을 권장하였으나 전통적인 지각적 접근을 포기하는 것도 경계하였다. Klopfer 등(1954)과 Schafer(1954)는 주제심상의 정신분석학적 해석을 상당히 강조하였으나 반응의 구조적 특징을 기호화하기 위한 정교한 기호체계 맥락 내에서 주제심상을 해석할 것을 강조하였다. Schachtel(1966)은 투사가 반응내용과 수검자의 검사행동에 영향을 미치고 이를 통해서 개인의 주관적 경험을 알 수 있다고 설명하였지만 "내용 자체만으로는 진단적 지표로서 가치가 적고 신뢰할 수 없다."는 입장을 취하였다.

따라서 구조적 접근을 통해 로르샤하를 다룬 문헌들에 제시되어 있는 해석전략은 주제심상에 관심을 두고 있고 전통적으로 주제에 초점을 둔 문헌들에서 추천되고 있는 해석전략은 구조변인의 해석적 의의에 대한 관심을 환기시켰다.

1장에서 지적한 바와 같이 이러한 관점은 최근의 문헌에서도 잘 나타나고 있다. 종합체계(Exner, 1991, 1993; Exner & Weiner, 1995)에서 추천하고 있는 해석전략은 특히 과장되고 윤색된 내용에 대한 주제분석을 강조하고 있다. 로르샤하 해석에서 주제내용의 해석에 초점을 두는 전통을 고수하고 있는 Lerner(1991, 1998)와 Aronow 등(1994)도 반응의 지각적 요소와 환상적 요소 간의 상호작용에 관한 구조적 측면을 같이 언급하고 있다.

이제 어떠한 해석전략을 채택해서 사용할 것인지를 결정해야 하는데, 1가지 해석전략을 선택하기 위해서는 먼저 2가지 사항을 고려해야 한다. 첫째, 어떤 해석전략을 적용할 것인지를 결정하기 위해서는 먼저 반응을 세밀하게 검토하여 반응의 구조적, 주제적, 행동적 특징 중에서 어느 것이 가장 정보적 가치가 있는 것인지를 밝혀야 한다. 마찬가지로 기록에 나타난 모든 반응을 검토하기 전에는 프로토콜의 어떤 특징이 수검자의 성격기능을 가장 많이 나타내고 있는지를 밝히는 것은 불가능하다. 둘째, 반응기록의 구조적, 주제적, 행동적 특징 중에서 어느 한 특징만을 강조하지 않고 이러한 3가지 측면을 세밀하고 조화롭게 통합시켜 추론하면 수검자가 로르샤하에 대해 반응하는 방식을 가장 잘 이해할 수 있다. 이러한 통합적 해석전략은 계열분석의 핵심이다.

이러한 주장을 지지하는 증거를 알아보기 위해서는 먼저 반응의 성격과 가장 많은 정보를 얻을 수 있는 해석전략과의 관계를 고려해야 한다. 어떤 수검자가 카드 I 에서 "검은 박쥐, 전체가, 여기(양쪽 부분)가 날개이고 여기는 몸통(가운데 부분)"으로 반응하였다고 가정해 보자. 이 반응은 주제심상을 포함하지 않았고, 개인적 특이성이 반영되지도 않았고, 과제에 대한 특이한 언급이나 비정상적인 접근과 관련된 언급도 없다. 그러나 이 반응은 구조적으로 W, FQo, A, P, Z로 채점할 수 있고 또한 부정적이거나 고통스러운 정서경험을 시사하는 C′를 포함하고 있다. 카드 I 의 첫 반응에서 C′가 나타나는 경우는 드물기 때문에 이 반응은 구조적인 측면에서 의미가 있는 반응이다. 즉 이 반응의 구조적 특징은 의미가 있고 중요한 정보를 포함하고 있지만 반응의 주제적, 행동적 특징에 대해 특별한 부가적인 정보를 제공해 주지는 않는다. 대부분 이러한 유형의 반응으로 구성된 기록에서는 구조적 특징이 중요할 수 있다.

이제 카드 I 에서 첫 반응이 "무엇인지는 모르지만 날아다니는 것, 길을 잃고 집으로 가는 길을 찾지 못하는 것 같다."일 경우를 가정해 보자. 이 반응은 W,

FM, A로 채점할 수 있고 구조적 측면에서 특별한 정보가 없는 평범한 반응이다. 그러나 주제심상이라는 측면에서 보면 길을 잃고 집으로 가는 길을 찾지 못하는 것에 대한 연상은 정신적 혼란, 불확실성, 무력감을 강하게 시사하고 있다. 이 반응은 구조적 요소보다는 주제심상이 더 중요한 해석적 의미가 있다. 즉 이러한 반응은 주제적 특징에 먼저 주의를 기울여야 한다.

또 다른 반응으로 수검자가 먼저 "카드를 돌려봐도 됩니까?" 하고 말한 경우를 생각해 보자. 특히 카드 Ⅰ에서 정교하지 못한 W, F, A로 채점할 수 있는 반응 뒤에 이렇게 말했을 경우 반응의 구조적 특징이나 주제적 특징보다 행동적 특징에 더 주목해야 한다. 이러한 행동적 특징은 권위적 성격을 시사하는 것일 수 있다. 대부분의 검사자는 지나치게 신중하고, 정교하지 못하고, 반응이 어떤 내용에 제한되어 있는 기록을 본 경험이 있을 것이다. 이러한 구조적, 주제적 자료는 수검자의 방어적 태도 이외의 별다른 정보적 가치를 제공해 주지는 않을 것이다. 이럴 경우 수검자가 과제에 접근하는 방식과 검사자와 상호작용하는 방식에 대한 가장 많은 정보를 포함하고 있을 수 있다.

계열분석은 어떤 한 반응뿐만 아니라 로르샤하 프로토콜에서 나타나는 구조적, 주제적, 행동적 특징을 모두 통합하는 해석전략이다. Klopfer(Klopfer et al., 1954)가 소개한 계열분석은 수검자의 지각적, 인지적 구조화, 주제심상, 검사행동에 초점을 두고 있고 이들 3가지 측면에서 추론한 결론을 통합하여 성격기능을 기술한다. 더욱이 통합적 해석전략인 계열분석은 단순히 구조적, 주제적, 행동적 요소를 추가시키거나 보완적으로 활용하는 데 그치지 않고, 이들 3가지 요소의 상호작용(interplay)과 이들 요소가 한 반응에서 다른 반응에 영향을 미치는 연속성(succession)을 모두 고려한다.

1가지 반응을 예로 들어 이런 요소들이 상호작용할 때 분석하는 방법을 제시하기로 하겠다. 카드 Ⅰ에 대한 첫 반응이 "이런 것 정말 하고 싶지 않아요. 하지만 아마도 갈 길을 잃어버려서 주위를 날아다니는 검은 알바트로스[1] 같다는

1) 역주: 알바트로스는 우리말로 신천옹이라고 하는데, 조류 중에서 가장 활공을 잘하고 오랫동안 활공하는 새로 알려져 있다. 알바트로스는 행운을 상징하는 새이고 이 새를 쏴서 죽이면 운이 나빠진다는 미신이 있는데, 이러한 미신은 Coleridge의 고대선원의 시(The Rime of the Ancient Mariner)에 잘 나타나 있다. "having an albatross around one's neck"이라는 표현은 영어의 관용적 표현으로서 계속해서 운이 나빠지고 무슨 일을 해도 실패할 운명이라는 것을 의미한다.

생각이 드는데요." 하고 반응했다고 가정해 보자. 이후의 장에서도 계속하겠지만 전체적인 반응맥락을 고려하지 않고, 어떤 1가지 반응이나 1가지 반응의 특징을 근거로 어떤 의미가 있다는 식으로 결론을 내리지 않아야 한다. 그러나 이 반응은 가설을 일반화시키는 데 필요한 구조적, 주제적, 행동적 요소들의 상호작용이 풍부하다.

이 반응의 구조는 C′, 드문 형태반응, INCOM(알바트로스는 검지 않다)으로 채점할 수 있다. "having an albatross around one's neck"이라는 관용적 표현에서 나오는 알바트로스라고 부르는 새 자체가 나타내는 심상과 길을 잃어버렸다는 심상은 상징적 의미가 있을 수 있다. "이런 것 정말 하고 싶지 않아요." 하고 말하는 것은 검사받는 것을 싫어한다는 단서이고 "~와 같다는 생각이 드는데요."라는 말은 자기표현을 주저하고 망설이고 제대로 하지 못할 수 있다는 것을 의미하는 단서일 수 있다. 이러한 반응의 다양한 특징을 같이 고려해 보면 수검자는 자신이 불운하고 과도한 부담을 지고 있다고 느끼고 인생에 대한 분명한 방향설정이 되어 있지 않은 불확실하고 우유부단한 사람일 수 있다. 그리고 수검자는 확신과 용기가 부족하여 매우 위축되어 있고, 이로 인한 심리적 불편감 때문에 다른 사람과 같은 방식으로 사물을 보고 사건의 상호관계를 논리적으로 추리할 수 있는 능력이 떨어지는 경향이 있을 것으로 보인다.

연속적인 반응에 대한 계열분석은 구조적, 주제적, 행동적 특징이 한 반응에서 다른 반응으로 전환되는 방식을 검토하는 것이다. 예컨대, 수검자가 "길을 잃어버린 알바트로스 같다."는 반응을 한 다음 카드를 돌리면서 "이렇게 보는 게 더 났군요. 이렇게 보니 박쥐네요." 하고 반응하였다고 가정해 보자. "이렇게 보는 게 더 낫군요."와 같은 긍정적인 언급, 틀에 박힌 구조(W, F, A, P), 주제적 정교화가 부족한 것은 수검자가 비록 주의의 폭이 좁고 어떤 나쁜 일이 있을 경우 직면하지 않고 도망가려 하는 다소 미숙한 방어(카드 회전)를 사용하기는 하지만 수검자가 심리적 고통에서 회복될 수 있고, 더 편안하게 되고, 더 현실적이고 적응적으로 반응할 수 있는 능력이 있다는 것을 지적하는 것이다.

다른 예로 "길을 잃은 검은 알바트로스"라고 반응한 뒤에 다음과 같이 말하였다고 가정해 보자: "지금 본 것은 정말 말하고 싶지도 않지만 흉악한 사람 얼굴처럼 보이네요. 선생님도 그렇겠지만 누구든지 이러한 얼굴은 보고 싶지 않을 거예요. 사악한 눈과 삐뚤어진 코를 가졌어요." 이렇게 복잡하고 의미심장한 반응에는 검은 알바트로스와 관련된 고통에 대한 방어나 회복에 관한 지적은 없다. 오히려 수검자는 로르샤하 과제와 지각대상에 대하여 계속해서 심리적 고통을 느끼고 있다. 즉 반응의 구조적 측면은 드문 형태반응에서 마이너스 형태반응으로 지각의 정확성이 더 나빠졌음을 보여 준다. 그리고 주제심상에서 자기상은 "흉악하고 삐뚤어진"이라는 반응이 지적하는 것처럼 더 나빠졌고 "사악한 눈을 가진 얼굴"이라는 반응에서 다른 사람들이 자신을 비우호적으로 생각하고 있다는 걱정이 시사되고 있다. 따라서 첫 반응에서 불확실성에서 비롯된 심리적 고통은 다음 반응에서 현실검증의 장애, 자신에 대한 부정적인 태도, 대인관계에서의 불편과 관련된 심리적 고통으로 더 증가되었다고 볼 수 있다.

로르샤하에 대한 반응의 구조적, 주제적, 행동적 요소의 상호작용과 한 반응에서 다른 반응으로의 연계를 검토하면 수검자의 생활에서 핵심적인 심리적 문제, 심리적 문제를 다루기 위해 사용하는 대응전략의 성격, 적응적이고 보상적인 생활유형을 성공적으로 유지할 수 있는 정도를 나타내는 고통, 방어, 악화, 회복 등의 계열을 밝힐 수 있다. 이러한 계열분석을 통해 로르샤하 임상가는 성격을 포괄적으로 기술하고 광범위한 감별진단과 치료와 관련된 문제에 대해 보다 지적으로 설명할 수 있다. 로르샤하 프로토콜의 해석에서 계열분석을 시행하는 구체적 지침은 8장에 기술하였다.

해석 시 고려해야 할 연령, 성, 문화적 배경

성격평가자는 항상 자신이 사용하는 측정도구를 수검자에게 적용할 수 있는지 검토해야 한다. 이러한 문제는 연령, 성, 문화적 배경이 다른 수검자를 대상으로 검사를 실시할 때 사용하는 평가도구의 신뢰도 및 타당도와 관련해서 가장 흔히 제기되는 문제이다. 검사개발자들은 전형적으로 성별, 다양한 연령과 문화적 배경을 잘 대표하는 큰 규준자료를 마련함으로써 이러한 문제를 해결하려고 한다. 이러한 대표적인 규준표본을 마련하면 어떤 검사를 다양한 사람들에게 광범위하게 적용할 수 있는 가능성이 높아진다.

그러나 어떤 검사에 대표적인 단일 규준이 있다고 해서 수검자의 연령, 성별, 문화적 배경을 고려하지 않고 동일하게 해석할 수 있다는 것은 아니다. 규준자료를 만들 때 다양한 집단을 포함시키면 규준적 기준(normative standards)을 일반화하는 데는 도움이 되지만 다양한 집단을 일괄적으로 다룸으로써 집단 간의 차이를 흐리게 할 수도 있다. 따라서 검사결과는 중요한 인구통계학적 변인이 같은 하위집단의 규준적 반응과 관련지어 평가해야 한다.

인구통계학적 변인에 민감한 성격평가도구를 해석하기 위해서 검사자는 다음의 2가지 목적에 부합되는 규준자료를 활용할 필요가 있다: (1) 검사결과에 나타난 성격특징의 의미가 집단에 따라 다른지 여부와 다르다면 어떻게 다른가를 결정하고, (2) 검사결과에서 밝혀진 수검자의 성격특징이 수검자의 적응수준에 미치는 영향이 집단에 따라 다른지 여부와 다르다면 어떻게 다른가를 결정해야 한다. 로르샤하를 다룬 문헌들은 성, 연령, 문화에 따라서 달리 해석하는 데 필요한 규준자료와 개념적 지침을 포함하고 있다.

연령

Exner와 Weiner(1995)가 자세히 설명한 것처럼 로르샤하 반응은 수검자의 연령과는 상관없이 동일한 의미가 있기 때문에 로르샤하를 해석하는 사람은 1가지 해석적 가정만 알면 된다. 그러나 로르샤하 반응에서 추론된 성격특징은 수검자의 연령에 따라서 그 적응적 의미가 다를 수 있다. 따라서 어떤 반응을 하는 사람이 일상생활에서 어떻게 적응하고 있는지에 대한 결론을 내릴 때에는 연령을 고려해야 한다.

로르샤하 해석원리의 보편성과 로르샤하 반응을 해석해서 결론을 도출하는 과정에서 연령을 고려해야 하는 이유를 설명하기 위해서 2가지 예를 들기로 하겠다. 먼저 FC와 CF+C 반응의 관계를 생각해 보자. 반응결정인이 FC일 경우 수검자는 비교적 감정을 잘 조절하고 안정적이고 감정의 경험과 표현을 다소 자제하는 경향이 있다고 본다. 반면에 CF+C 반응은 비교적 내적으로 발생되는 자발적이고 강렬하고 변덕스러운 정서와 관련이 있다. FC 반응이 CF+C 반응보다 우세할 경우 대체로 감정을 잘 억제하고 정서적으로 흥분되는 상황에서도 비교적 가벼운 감정만 표현하고 정서적 안정을 유지하려는 경향이 있음을 시사하는 것이다. 반면에 FC보다 CF+C 반응이 우세할 경우 일반적으로 자신의 감정을 다시 점검하기보다 일어나는 감정을 억제하지 못하고, 조금만 자극하더라도 강한 감정을 표현하고, 가끔 정서적 동요를 보이는 경향이 있음을 지적하는 것이다(Exner, 2000, 2003).

이러한 색채사용의 해석적 의미는 아동, 청소년, 성인 등 모든 연령에 동일하게 적용한다. 검사자는 FC:CF+C의 비율에 관한 일반적인 지침에 따라 해석한 다음 이 해석이 개별 수검자에게 어떤 의미가 있는지에 대해 결론을 내릴 때에는 수검자의 연령을 고려해야 한다. 예컨대, 일반적으로 정서적 표현을 억제하고 자발적인 정서적 표현이 비교적 적다는 것을 지적하는 FC 반응이 우세한 성인은 잘 적응하고 있는 성숙한 사람을 의미할 가능성이 높다. 그러나 정상적인 8세 아동은 자신의 감정을 억제하고 잘 조절하기가 어렵기 때문에 8세 아동의 기록에서 동일한 형태-색채 비율이 나타날 경우 이는 부적응적인 정서적 억제를 시사하는 것이다. 반대로 감정을 억제하기 어렵고 강한 정서반응을 지적하는 FC<CF+C는 8세 아동의 경우 정상적인 반응일 수 있으나 성인의 경우 정서적 미숙성을 지적할 가능성이 높다.

이러한 예에서 알 수 있듯이 연령에 따라 해석적 가정이 달라지는 것은 아니다. 그러나 연령이 다른 수검자에게 로르샤하를 효율적으로 사용하려면 적절한 규준자료가 필요하고 참고해야 한다. 색채사용에 관한 종합체계의 규준은 다음과 같다: 환자가 아닌 8세 아동의 평균 FC 반응은 1.80이고, 평균 CF+C 반응과 C 반응은 각각 2.73, .43이다. 8세 아동의 40%가 CF+C 반응이 FC 반응보다 1개 이상 더 많았고 FC가 CF+C보다 1개 이상 많은 경우는 8%에 불과하였다. 반면에 비환자 성인집단의 평균 FC는 3.56, CF는 2.41, C는 .12였다. 성인집단에서 CF+C가 FC보다 1개 이상 더 많은 경우는 단지 12%에 불과하였으나 CF+C보다 FC가 1개 이상 더 많은 경우는 41%나 되었다(Exner, 1993).

다른 한 예로 자기초점의 가장 좋은 측정치인 자아중심성지표(Egocentricity Index)의 해석과 연령과의 관계를 고려해 보자. 이 지표는 타인에게 주의와 관심을 기울이는 것과는 반대로 자기 자신에게 주의와 관심을 기울이는 정도를 지적하는 것이다. 자아중심성지표가 낮다는 것은 자신에게 관심이나 주의를 기울이는 정도가 낮다는 것을 의미하고 때로는 낮은 자존감의 지표로도 사용된다. 자기초점을 의미하는 자아중심성지표의 해석은 연령에 관계없이 적용할 수 있다.

그러나 자아중심성지표로 밝힐 수 있는 자기초점 수준의 해석적 의미는 수검자의 연령에 따라 다르다. 아동은 초기에는 매우 자기중심적인 것이 정상적이고 성장하면서 자기중심성은 점점 감소한다. 5~16세에 속하는 집단의 로르샤하 규준자료는 이러한 발달경향을 잘 반영하고 있다. 비환자 5세 아동의 평균 자아중심성지표는 .69이고 연령이 증가하면서 감소하여 비환자 16세의 평균은 .43이고 비환자 성인의 평균은 .40이다. 따라서 아동에게 정상적으로 기대할 수 있는 자기초점주의의 정도는 성인에게 기대할 수 있는 점수보다 매우 높다. 역으로 성인에서 흔히 나타나는 평균범위의 자아중심성지표 점수를 아동에게 그대로 적용하면 매우 낮은 점수가 되고, 이는 자존감과 관련된 문제를 지적하는 것일 수 있다.

임상실제에서 검사자는 로르샤하 프로토콜에서 나타나는 모든 해석변인을 고려해야 한다고 할 때 다음의 2가지 사항을 고려하면 어떤 연령의 수검자에게도 로르샤하를 효과적으로 사용할 수 있다: (1) 모든 로르샤하 변인에 대한 해석적 의미를 이해하고 있어야 하고 (2) 수검자의 적응성에 대한 해석적 의미를 도출할 때 영향을 줄 수 있는 규준자료에서 나타나는 연령에 따른 차이를 고려해야 한다.

성별

연령에 관계없이 로르샤하 해석을 보편적으로 적용할 수 있는 것처럼 로르샤하 변인은 성별에 관계없이 동일한 성격특징을 나타낸다. 수검자의 성별에 따라 해석과정이 달라지는 것은 아니지만 성별과 관련된 문제와 관심은 로르샤하 자료를 사용해서 밝힐 수 있는 성격특징을 해석하는 데 영향을 줄 수 있다. 예컨대, 정상적인 노화과정에서 보면 중년 남자는 정력감소에 대해 관심이 더 많고 중년 여성은 임신능력의 상실에 대해 더 집착할 수 있다. 임신해 있다거나 "큰 위장을 가지고 있는"과 같은 형태를 포함하는 주제심상은 흔히 성별에 관계없이 생식과정에 대한 집착을 나타내지만 이러한 심상이 남성보다 여성에게 나타났을 경우 더 큰 해석적 의미가 있다. 마찬가지로 원추형의 대상을 축 늘어져 있는, 시들어가는, "맥빠진(gone limp)"과 같이 표현하는 심상은 성별에 관계없이 나약함이나 비효율성에 관한 집착을 지적할 가능성이 높고 이러한 심상은 여성보다 남성에게 나타날 때 더 중요한 해석적 의미가 있고 해석하기도 까

다룹다.

로르샤하 결과에서 추론된 성격특징의 함의를 판단할 때 남성과 여성에게 다르게 영향을 미치는 생활주기(life cycle)와 그와 관련된 맥락적 문제를 반드시 고려해야 한다. 반면에 연령이 다른 사람들의 프로토콜과 달리, 실제로는 규준이 구조적으로 차이가 있기 때문에 비환자 남성과 여성의 반응기록에 대한 해석적 의미가 성별에 따라 달라지는 것은 아니다. 한때 Exner(1991)는 비환자 참조표본의 기술통계를 성별에 따라 구분한 적이 있다. 그러나 이 표본에서 성별에 따른 차이는 미미하고 일관성이 없어서 결국 단일 규준으로 재통합하였다(Exner, 1993, 2001).

로르샤하 변인의 해석적 의미와 적응에 대한 해석의 함의를 구분해서 설명하려면 또 다른 예를 들 필요가 있다. 일반적으로 남성은 여성보다 더 주장적이고 여성은 남성보다 더 수동적이라고 기대하는 경향이 있다. 결국 이러한 논리에 따르면 여성의 주장성과 남성의 수동성은 적응적 문제일 수 있다. 로르샤하 변인의 해석적 의미와 관련해서 이러한 가정의 정확성 여부가 문제가 되는 것은 아니다. 공격적 내용(AG)은 주장성의 1가지 측정치이다. 성별에 관계없이 공격적인 내용의 반응이 많으면 많을수록 언어적 또는 신체적으로 주장적인 방식으로 행동할 가능성은 더 높다. 마찬가지로 능동적 운동반응보다 수동적 운동반응이 우세(p>a+1)하면 성별에 관계없이 대인관계에서의 행동적 수동성을 의미한다.

로르샤하 반응의 주장성이나 수동성에 대한 함의와 관련해서 많은 AG 반응이 지적하는 성격특징은 남성에게는 적응적이지만 여성에게는 부적응적인 것일 수 있다. 마찬가지로 수동적 운동반응이 우세하면 여성에게는 적응적이지만 남성에게는 부적응적인 것일 수 있다. 이러한 해석적 가정의 정확성은 다음 질문을 해결하면 알 수 있다. 주장성과 수동성의 성차에 대한 가정과 관련해서 잘 적응하고 있다고 생각되는 비환자 집단의 로르샤하 주장성과 수동성 지표는 성별에 따른 차이가 있는가?

비환자 성인집단의 종합체계 참조자료는 다음과 같다: (1) AG 반응이 나타나는 비율은 남성은 68.7%(*M*=1.70), 여성은 64.3%(*M*=1.19)이다. (2) 임상적으로 의미 있게 AG>2가 나타나는 비율은 남성은 11%, 여성은 16%이다. (3) 능동적 운동반응의 평균은 남성은 6.66, 여성은 6.30이다. (4) 수동적 운동반응의 평균은 남성은 2.76, 여성은 2.62이다. (5) 비환자 집단에서 임상적으로 의미 있게 p>a+1이 나타나는 비율은 남성은 0%, 여성은 1%이다. 이러한 규준자료는 환자가 아닌 남성과 여성은 근본적으로 주장성과 수동성이 매우 유사하다는 것을 지적하고 있다. 그리고 적어도 집단적으로 볼 때 잘 적응하고 있는 여성은 남성과 마찬가지로 주장적일 수 있고 잘 적응하고 있는 남성은 여성과 마찬가지로 수동적일 수 있다.

문화적 배경

로르샤하에서 성별과 연령에 따라 해석적 의미의 차이가 있는 것과 마찬가지로 문화적 차이가 지니는 의미는 (1) 성격특징을 밝히기 위한 로르샤하 변인의 해석적 의미, (2) 반응의 기호화에 미치는 문화적 차이의 영향, (3) 반응의 전달과 이해에 미치는 언어의 영향, (4) 수검자의 문화적 맥락에서 추론한 성격적 특징의 적응적 함의와 같은 4가지 사항을 고려해서 평가해야 한다.

로르샤하 변인의 해석적 의미 앞에서 연령과 성별에 따른 차이를 논의한 것과 마찬가지로 로르샤하 변인은 수검자의 사회경제적 상태, 인종, 출신국가에 관계없이 동일하게 해석할 수 있다. 따라서 수검자가 어디에 살든, 문화적 배경이 어떻든 간에 로르샤하 반응은 수검자라는 한 인간과 그의 행동에 영향을 미치기 쉬운 관심을 반영할 것이다. 내향적인 EB(Experience Balance)를 나타내는 수검자는 행동보다 사고를 선호하는 관념적인 사람일 가능성이 높고 자신의 경험을 표현하기보다 관조하는 방식을 나타낼 가능성이 더 높다. 출신지가 어디든 간에 왜곡된 형태반응이 많은(높은 X−%) 수검자는 세상을 비현실적으로 지각하는 경향이 있고, 미통합반응 점수가 높은(Zd < −3.0) 수검자는 상황을 성급하고 부주의하게 다루는 경향이 있고, 여러 개의 병적인 내용(Morbid content)을 보고하는 수검자는 자신의 신체와 신체적 기능의 정확성, 통합 및 안녕에 대한 관심이 많을 수 있다. 인지적, 정서적, 행동적 상관을 통해 타당화된 로르샤하 자료의 구조적, 주제적 특징은 어떤 인종이든 어떤 지역의 출신이든 관계없이 동일하게 나타난다.

지난 80여 년 이상 많은 인종과 여러 문화권에서 로르샤하가 임상평가와 연구에 성공적으로 사용되고 있다는 사실은 로르샤하 자료에서 이끌어낸 기본적인 해석적 가정을 지역과 문화에 관계없이 동일하게 해석할 수 있다는 주장을 지지하는 것이다. 미국 심리학자들은 공통적으로 1922년 Rorschach가 사망한 뒤부터 1930년 Beck이 처음 영어로 된 논문을 출간할 때까지 로르샤하가 쇠퇴한 것으로 생각하였다. 그러나 사실은 잉크반점법과 로르샤하 도판이 미국에 들어오기 전에 이미 많은 나라에서 로르샤하는 널리 사용되고 있었고 일본, 페루, 러시아, 스페인 등에서는 Beck보다 앞선 시기인 1920년대에도 로르샤하에 관한 문헌들이 출판되었다(Burlatchuk & Korzhove, 1994; Ogawa, 1993; Quintana & Campo, 1993; Raez de Ramirez, 1994). 1947년 설립된 국제로르샤하협회(International Rorschach Society)는 보통 30개국 이상이 참여하고 매년 전 세계에서 연구된 이론, 연구, 임상에 관한 중요한 논문을 수록한 「Rorschachiana」가 발간되고 있다는 점을 보더라도 로르샤하가 얼마나 널리 활용되고 있는지 알 수 있다.

로르샤하의 유용성은 전문가가 로르샤하 사용을 훈련하는 발달된 문화뿐만 아니라 미발달된 사회에까지 확대되었다. 65여 년 전 Vernon(1935)은 RIM이 언어검사 또는 더 구조화된 검사와는 달리 문화적 영향을 받지 않는 자극(culture-free stumuli)을 포함하고 있기 때문에 문화적 차이를 연구하는 데 있어서 이상적인 도구라고 하였다. Hallowell(1956)이 문헌을 검토한 결과에 따르면 문화인류학자들은 Vernon의 의견에 따라 다양한 지역에 있는 원시부족과 심지어 문자가 없는 부족의 현장연구(field study)에도 로르샤하를 사용하였다. 이러한 현장연구를 분석한 Hallowell은 로르샤하는 문화에 관계없이 보편적으로 적용할 수 있고 횡문화적 연구에 적절한 도구라는 결론을 내렸다:

> 신중하게 수집된 로르샤하 프로토콜은 어느 지역에서 수집했든 간에 동일하고 집단현상으로 생각되는 변인의 특징도 특정 집단에 속하는 개인의 프로토콜에서도 동일한 순서로 나타난다…… 지금까지 로르샤하를 실제로 사용해 본 결과 로르샤하가 '문화–편향적' 이라고 믿을 수 있는 어떤 이유도 발견할 수 없었다…… 로르샤하 해석의 공통원리는 어떤 문화적 배경을 가진 수검자의 프로토콜이든 적용할 수 있다(Hallowell, 1956).

보다 최근에는 로르샤하를 사용한 횡문화적 연구의 문화인류학적 전통을 Boyer(1988), De Vos(De Vos & Boyer, 1989), Vaz(1995) 등이 계승하고 있다. 이들은 조상의 영토에서 계속 살아가는 원시부족 구성원과 도시지역으로 이주해 문명화가 시작된 원시부족 구성원에서 나타나는 성격의 차이 등과 같은 흥미로운 주제를 다루었다. 동일한 맥락에서 Glass, Bieber 및 Tkachuk(1996)는 교도소에 수감된 알래스카 원주민 남자와 비원주민 남자의 로르샤하 점수에서 인종차이에 관한 몇 가지 가정을 확인할 수 있었다. 그리고 Franchi와 Andronikof-Sanglade(2000)는 파리에 거주하고 있는 서아프리카 이민자의 로르샤하 연구에 포함된 절차적 문제를 기술하였다.

로르샤하 연구자들은 보편적으로 적용가능한 로르샤하 변인의 해석적 의미에 관하여 전반적인 합의를 했지만(Andronikof-Sanglade, 2000; Ephraim, 2000), 해석과정에서는 규준자료는 횡문화적 차이가 있을 수 있다는 점을 반드시 고려해야만 한다. 그래서 1장에서 12개국에서 진행하고 있는 규준연구에 대해 언급하였다. 이 연구에 따르면 비환자 집단 참조자료에서 어떤 변인의 평균점수는 분명한 차이가 있었다. 요컨대 이러한 예비결과는 해석의 어려움을 입증하는 것이다. Ephraim(2000)과 Weiner(2001b)가 설명한 바와 같이 1가지 가능성은 보고된 점수 차이의 일부 또는 전부는 표본의 크기, 인구통계학적 변인(특히 교육수준과 환자의 성격), 자료수집 방법 등의 차이 때문일 수 있다는 것이다. 두 번째는 이러한 로르샤하 차이의 일부 또는 전부를 통해 성격의 실제적인 횡문화적 차이를 밝힐 수 있다는 것이다. 예컨대, 실제로 A나라 사람은 B나라 사람보다 보통 정서적으로 더 표현적이거나 더 수동적일 수 있고 또는 더 우울하거나 망상적이거나 정신병적이기 쉬울 수 있다. 세 번째, 로르샤하에서 평균점수의 횡문화적 차이는 성격적 차이를 전혀 반영하지 못할 수 있다는 것이다. 오히려 횡문화적 차이의 일부 또는 전부는 검사자가 문화특수적 규준(culture-specific norm)을 적용한 결과일 수 있다. 이러한 문화특수적 규준으로 인해 검사자들은 어떤 점수로 측정하는 성격차원의 기능이 적응적인지, 부적응적인지를 결정하는 데 사용하는 준거를 조정할 수 있다.

RIM을 사용한 횡문화적 연구를 더 잘 설계하고 이행하려면, 다양한 규준자료에 대한 이러한 3가지 설명을 구분할 필요가 있다. 동시에 로르샤하 평가자는 국제적 비교 연구결과에 따르면 구조적 자료에서 밝혀진 차이보다 유사성이 훨씬 더 높다는 사실을 알아야 한다. 예컨대, Ritscher 및 Slivko-Kolchik 및 Oleichik(2001)는 러시아인의 기록에서 107개 변인의 평균치를 보고했는데, 이는 종합체계 자료와 대체로 유사하였다. 또한 미국의 소수집단에 대한 로르샤하 변인의 해석적 의미와 소수집단에 대한 로르샤하의 적용가능성을 고려할 경우 특별히 유의해야 한다. 일부 RIM을 비판하는 사람들은 "흑인, 남미계 미국인, 원주민, 비미국인은 종합체계를 적용하든 다른 접근을 적용하든 중요한 로르샤하 변인의 점수에 의미 있는 차이가 있다."라고 단정하였다(Wood & Lilienfeld, 1999). 이러한 확고한 주장을 지지하는 구체적인 자료는 제시하지 않고, 이들 비판자들은 "로르샤하 변인의 점수는 중요한 횡문화적 차이가 있고 적절한 규준도 아직 개발되지 않았기 때문에 미국 소수집단 구성원을 평가하는 데 종합체계를 광범위하게 사용할 수 있을지는 의심스럽다."라고 주장하였다.

이 결론은 2가지 이유에서 근거가 없다. 첫째, 평균점수의 횡문화적 차이가 있다고 해서 이들 집단에 로르샤하를 타당하게 사용할 수 없다는 것은 아니다. 검사점수의 차이는 그 점수를 통해 측정하는 실제적인 문화적 차이를 반영하는 것일 수 있다. 둘째, 규준의 차이가 있으면 검사변인의 적응적 의미를 추론할 때 적용하는 기준을 바꿀 필요가 있는데, 최근의 미국 소수집단을 대상으로 실시한 두 연구에 따르면 종합체계에서 그러한 차이를 발견하지 못하였다.

이러한 문제를 다룬 두 연구 중의 하나는 Presley, Smith, Hilsenroth 및 Exner(2001)의 연구이다. 이들은 선험적으로 선정한 23개 로르샤하 변인에 대해 44명의 아프리카계 미국인과 종합체계 비환자 참조표본에서 인구통계적으로 짝지은 44명의 백인계 미국인을 비교하였다. 그 결과 23개 변인 중에서 단지 3개 변인만 통계적으로 유의미한 차이가 있었고 이러한 3개 변인 중에서 1가지 변인만 임상적으로 의미 있는 차이가 있었다: 백인계 미국인의 협조적 운동반응(COP)의 평균은 약 2(1.98), 아프리카계 미국인은 약 1(1.11)이었다. 1장에서 논의한 과잉병리화와 관련지어 보면 아프리카계 미국인 표본은 일반인보다 정신분열병지표(SCZI > 3), 우울지표(DEPI > 4), 대응기술결함지표(CDI > 3)가 상승할 가능성은 없다. Presley 등(2001)은 표본 간에 발견된 현저한 유사성은 아프리카계 미국인에 대한 RIM의 임상적 사용을 지지하는 것이라는 결론을 내렸다.

다른 한 연구는 Meyer(2002)의 보고이다. 그는 다양한 문화적 배경을 가지고 있는 432명의 입원환자 표본을 대상으로 실시한 로르샤하 평가결과를 보고하였다. 여러 인구통계학적 변인을 짝지은 유럽계 미국인, 아프리카계 미국인, 남미계 미국인, 아시아계 미국인, 미국 원주민은 종족집단과 검토한 188개 로르샤하 변인 간에 어떤 관련도 나타나지 않았다. 부가적으로 자료를 분석한 결과 RIM이 다른 집단보다 어떤 특정 집단에 더 타당하다는 것을 지적하는 증거는 나타나지 않았다. Meyer(2002)는 이 연구결과를 다른 표본과 다른 장면에서도 반복해서 연구할 것을 제안하였다. 그리고 그는 현재까지 수집한 자료에 따르면 종합체계는 어떤 종족집단에 관계없이 광범위하게 사용할 수 있다고 주장하였다. 전 세계에서 로르샤하의 유용성에 관한 광범위한 임상적 보고와 연구보고를 검토한 이들의 결과에 따르면 "종합체계를 미국 외의 다른 지역에서 온 소수집단이나 개인의 평가에 사용해서는 안 된다."는 Garb, Wood, Nezworski, Grove 및 Stejskal(2001)의 주장에는 의문의 여지가 있다.

반응의 기호화에 대한 문화의 영향 로르샤하 변인의 보편적인 해석적 의미는 어떤 종류의 반응에 대한 기대빈도가 이러한 반응을 기호화하는 데 영향을 줄 수 있다는 측면에서 예외가 있다. 예컨대, 종합체계에서는 특정반응이 13개일 때 P 반응으로 채점한다. 이러한 P 반응은 미국의 비환자 성인집단과 비정신분열병적 및 비정신병적 외래환자집단의 다양한 표본에서 얻은 7,500명의 기록에서 적어도 3분의 1 이상이 그런 반응을 한다는 자료를 근거로 결정한 것이다. 종합체계에서 P 반응의 수가 4~7개일 경우 보통범위에 속한다. 그리고 P<4는 관습적 방식으로 반응하고 인식하려는 능력과 의지가 결여되어 있다는 것을 지적하는 것이고 P>7은 관습성에 대해 지나치게 강조하고 있다는 것을 지적하는 것이다.

그러나 세계 각지에서 집단 간의 차이를 다룬 규준연구결과에 따르면 현실을 지각하는 보편적 방식과 현실을 지각하는 방식에 대한 문화특수적 영향(culture-specific influence) 모두가 입증되고 있다. 대규모의 표본연구에 따르면 종합체계에서 나타나는 13개의 P 반응 중에서 9개는 일본과 유럽에서도 동일하게 P 반응이었다(Andronikof-Sanglade, 2000; Miralles Sangro, 1997; Nakamura, 2001). 외국 표본에서 일관성 있게 P 반응이 나타나지 않는 반응은 카드 Ⅸ에 대한 사람 같은 모습, 카드 Ⅹ에 대한 거미와 게, 카드 Ⅰ에 대한 박쥐 또는 나비이다. 또한 문화 특수성에 관한 증거도 있다. 즉 사람들이 생활하는 환경적 맥락은 반응기록에서 1/3 또는 그 이상의 반응 수와 반응의 종류에 영향을 줄 수 있다는 증거도 있다. 핀란드와 그 외 스칸디나비아 국가에서는 “크리스마스 꼬마 요정”이라는 그림을 자주 볼 수 있고 따라서 카드 Ⅱ에 대한 “크리스마스 꼬마 요정”이라는 반응은 P로 기호화하기에 충분할 정도로 자주 나타난다(Mattlar & Fried, 1993). 일본에서는 카드 Ⅵ에 대한 “악기”라는 반응은 P로 채점하기 위한 준거를 충족시키고 있다.

반응빈도의 문화적 차이는 해당 반응을 P 반응으로 고려해야 하는지 여부와 관련이 있기 때문에 P는 문화특수적 규준에 비추어 기호화해야만 관습성을 정확하게 측정할 수 있다. 문화에 관계없이 보편적으로 나타나는 9개의 P에 초점을 두면 다양한 문화적 배경을 가지고 있는 수검자의 관습성에 대한 관여 정도를 밝히는 데 유용할 수 있다. 그러나 전적으로 종합체계에 따라 P를 기호화하고 P의 빈도를 해석하는 것은 RIM의 횡문화적 적용을 오도할 수도 있다.

이러한 점은 보통 형태수준(FQo)과 드문 형태수준(FQu)의 기호화에도 동일하게 적용할 수 있다. 정확한 지각을 나타내는 기호화인 FQo와 FQu는 반점영역의 모양과 수검자가 반점영역을 보고 유사하다고 말한 대상이 얼마나 잘 일치하느냐를 의미한다. 종합체계는 9,500명으로 구성된 비정신병적 성인표본에서 적어도 2% 이상이 그렇게 반응하면 보통 형태수준, 반점영역과 유사하지만 2% 미만이 그렇게 반응하면 드문 형태수준으로 기호화한다(Exner, 2001). 반응기록에서 FQo와 FQu로 기호화한 반응의 수는 다시 X+%, Xu%의 형태수준 요약점수에도 영향을 미친다. 따라서 종합체계 기호화 준거를 적용할 경우 정확하게 지각한 어떤 반응의 빈도에서 문화적 차이는 P뿐만 아니라 X+%, Xu%의 해석을 오도할 수 있다. 이러한 문화적 차이가 존재한다는 점을 고려할 때 P와 마찬가지로 형태수준도 일반적 기준에 따라 지각의 관습성에 대한 측정으로 해석하기 전에 문화특수적 기대에 근거해서 만든 기록이 필요하다.

다행스럽게도 로르샤하 해석의 보편적 적용과 관련해서 문화적 영향은 FQ−의 기호화나 이와 관련된 X−%, XA%, WDA%의 수준에 영향을 미치지 않는 것으로 나타났다. 마이너스 형태수준은 반응빈도에 의해 결정되는 것이 아니라, 잉크반점과 유사하다고 말한 반응이 왜곡되거나 오지각되어 있느냐에 따라 결정되는 것이다. 현실적 지각과 비현실적 지각 간의 경계는 문화와 관련 있는 것이 아니라 보편적인 것이다. 예컨대, 수검자가 어느 지역 출신이든 누구든 간에 카드 Ⅰ을 개구리로 보거나 카드 Ⅷ을 골반으로 보는 것은 지각적으로 부정확한 것이기 때문에 FQ−로 기호화한다.

종합체계에서 P와 FQo 외에 반응빈도에 근거해서 기호화하는 것은 D와 Dd인데, 이 2가지 기호화는 어떤 영역을 선택했느냐에 따라 구분한다. 종합체계를 개발하는 과정에서 7,500개 기록 중에서 잉크반점의 어떤 부분이 5% 이상 사용될 경우 D라 하고 5% 미만이 사용될 경우 Dd로 분류하였다. 따라서 평범반응의 내용과 보통 및 드문 형태질과 마찬가지로 D와 Dd의 선택은 반응이 일어나는 빈도에 근거해서 기호화한 것이고 따라서 문화적 차이가 영향을 미칠 수 있다.

문화적 차이에 의해 잠정적으로 영향을 받을 수 있는 이러한 3가지 내용, 형태질, 영역선택 등은 종합체계 기호화의 단지 작은 부분에 불과하다. 이외의 모든 기호는 반응빈도와는 관계없는 다른 기준에 근거해서 부여하므로 문화적 영향도 받지 않는다. 따라서 RIM을 기호화하고 해석하는 모든 측면이 문화특수적 규준자료에 근거해야 한다는 가정은 마치 미국의 종합체계 준거가 세계 어디에서든 적용될 수 있다고 주장하는 것이 부적절한 것처럼 정당화될 수 없는 것이다. 앞에서 언급한 바와 같이 유럽과 일본에서 나타나고 있는 P 반응처럼 기호화하고자 하는 변인이 문화와 관련이 있다면 문화특수적 규준을 개발해서 적용한 결과 문화적으로 둔감한 로르샤하 해석을 최소화시키는 데 도움이 된다는 것이 입증되어야 한다.

언어의 영향 문화적으로 민감한 로르샤하 프로토콜을 기호화하고 해석할 때 수검자가 언어를 사용하는 방식이 반응의 형성과 전달에 미치는 영향에 대해 주의할 필요가 있다. 말하는 사람의 모국어에서 나타나는 특이한 표현형태, 문화에 따라 독특하게 나타나는 상징적 참조체계, 어떤 단어가 가지는 의미의 변증법적 차이 등은 필연적으로 로르샤하 반응을 형성하는 과정에서 독특한 언어적 표현으로 나타날 수 있다.

표현형태가 다르게 나타나는 예를 들면 스페인어가 모국어인 사람은 자기 자신을 표현할 때 관사(a, an, the)를 많이 사용하지만 일본어가 모국어인 사람은 관사를 전혀 사용하지 않는다. 이러한 표현양식은 수검자 자신들의 언어에서는 자연스러운 것이지만, 글자 그대로를 번역했을 경우 영어를 사용하는 사람들에게는 매우 어색하게 들릴 것이다. 상징적 의미도 마찬가지이다. 거미여인(spider woman)이라는 개념은 많은 문화권에 속하는 일부 사람들에게는 강력하고 위협적인 여성상이나 자신의 배우자나 자녀를 잡아먹는 어머니상을 시사하는 것이다. 그러나 호피 인디언의 전설에 나오는 거미여인은 빛과 생명의 원천과 만물의 어머니를 의미하는 대지의 여신(Earth Goddess)이다(Mullett, 1979). 스페인어를 사용하는 사람들은 conferencia를 강의라는 의미로 사용하고 있으나 영어로는 회의로 번역된다. 심지어 같은 영어를 사용하고 있는 미국에서도 지역과 계층에 따라 단어의 의미가 다를 수 있다. 예컨대, 중서부에서는 탄산음료를 pop이라 하지만 동부에서는 soda라 한다.

로르샤하 종합체계에서 언어사용의 미묘성은 특수점수와 관련하여 특별한 의미가 있다. 모든 특수점수는 말로 표현되는 특징을 근거로 채점한다. 특수점수로 기호화하기 위한 기본준거는 특수점수의 해석적 가정과 마찬가지로 보편적으로 적용할 수 있다. 그러나 (1) 수검자가 특이하거나 반복적인 방식으로 자신을 표현하는지 여부, (2) 상징적 표상에 대한 수검자의 언급이 기이하거나 부적절한지 여부, (3) 수검자의 기술적 용어 선택이 AG나 COP 또는 MOR로 기호화할 수 있는지 여부를 밝히기 위해서 검사자와 수검자 모두 로르샤하 실시에 사용되는 언어에 유창해야 한다. Andronikof-Sanglade(2000)는 가끔 나비넥타이(bow tie)로 보는 카드 Ⅲ의 가운데 부분(D3)에 대해 문화에 따른 언어적 혼란을 예로 제시하였다. 프랑스에서 언어에 민감하지 못한 검사자는 bow tie를 Contamination으로 기호화할 수도 있는 butterfly tie라고 한다.

로르샤하 반응에서 문화에 따라 사용하는 언어가 다르기 때문에 언어유창성도 중요한 의미가 있다. 프로토콜을 정확하게 기호화하고 해석하기 위해서 수검자는 모국어로 반응하거나 익숙한 2외국어로 반응하고, 검사자는 수검자가 사용하는 언어와 문화적 맥락에 능통해야 한다. 2외국어나 익숙하지 못한 언어로 잉크반점을 기술하는 수검자는 자신의 대표적인 성격기능의 특징, 특히 반응의 기호화에 반영될 수 있는 특징을 제대로 제공하지 못할 수 있다. 수검자가 모국어로 반응한 것을 기록하고 반응을 기호화하고 해석하기 전에 이 기록을 다른 언어로 번역했을 경우, 번역한 사람이 두 언어에 모두 능통하고 로르샤하에 경험이 많은 유능한 임상가가 아니라면 수검자의 성격을 제대로 밝혀내기 어려울 것이다.

검사자가 능숙하지 못한 언어로 로르샤하를 실시하거나 기호화하려는 시도는 타당하지 않다는 것을 뒷받침할 자료가 없다고 하더라도 부적절한 결론을 내리기 쉬운 잘못된 행동일 수 있다. 수검자나 검사자가 로르샤하에 사용된 언어에 유창하지 못할 경우 로르샤하 평가의 개념적 부적절성을 보완해 줄 수 있는 규준자료는 없다. 영어를 사용하는 검사자가 제2외국어로 영어를 사용하는 영어에 능통하지 못한 수검자에게서 "좋은" 기록을 얻었다고 확신했을 경우라 하더라도 이러한 자료의 의미를 평가하고 정당화할 수 있는 규준자료는 종합체계에 들어 있지 않다. 로르샤하를 사용하는 임상가가 영어를 유창하게 사용하지 못하는 수검자를 평가해야 할 상황에 처했을 경우 수검자의 모국어에 익숙한 다른 검사자를 찾거나 검사배터리에서 로르샤하를 제외하는 것이 바람직하다. 이와 관련된 문제는 Dana(1993)가 자세하게 설명하였고 『교육 및 심리검사의 표준』(American Educational Research Association et al., 1999)에도 기술되어 있다.

적응에 대한 성격특징의 함의 심리적 정상이란 절대적인 현상인가 아니면 상대적인 현상인가 하는 문제에 대해 깊이 있는 논의가 있었다(Lopez & Guarnaccia, 2000; Offer & Sabshin, 1991). 성공적인 적응은 환경에 상관없이 어떤 성격특징에 의존하는가 또는 자신이 살아가는 사회에서 흔히 찾아볼 수 있고 가치 있는 것으로 받아들여지는 어떤 성격특징에 의존하는가? 반대로 적응문제는 보편적으로 부적응적인 어떤 기능이 제한되어 있기 때문에 생기는 것인가 아니면 자신이 속한 사회에서 비일상적이거나 좋지 못한 어떤 제한점을 가지고 있기 때문에 생기는 것인가?

이 문제를 자세하게 검토하는 것은 여기서 논의할 영역을 벗어나는 것이지만, 로르샤하의 횡문화적 적용을 위해서는 반드시 이러한 문제를 고려해야 한다. 일반적 지침으로 이상(abnormality)에 대한 절대적 관점과 상대적 관점 모두 합리적 결론을 도출하는 데 기여할 수 있다는 것은 분명하다. 예컨대, 적어도 보통 정도의 지능을 가진 사람은 어느 사회에 살든 간에 정신지체인 사람보다 더 잘 적응할 수 있다. 반면에 Gulliver는 소인국 사람보다는 너무 컸고 대인국 사람보다는 너무 작았다(Swift, 1726, 1960). 마찬가지로 적어도 어떤 성격특징은 어떤 환경에 살든 대부분 불리하고 부적응적일 수 있고, 반면에 다른 사람의 영향은 문화적 기대와 선호에 따라 다를 것이다. 예컨대, 자기도 모르게 현실접촉을 회피하는 것은 분명히 보편적인 결점이 될 수 있고 매우 주장적인 사람은 공동사회나 평화로운 사회보다는 개인주의적인 사회나 전투적인 사회에 더 잘 적응할 수 있을 것이다.

따라서 로르샤하 검사자는 검사자료에서 지적된 성격특징을 통해 수검자가 자신이 속한 문화적 환경에서 얼마나 잘 적응하는지를 알 수 있다는 것을 고려해야 한다. 로르샤하 자료의 해석적 의미는 보편적으로 적용할 수 있는 성격과정의 기술을 포함하고 있으나 적응적 의미는 맥락을 고려하지 않을 수 없다. 특별히 좋은 대응능력(높은 EA)이나 주요 기능의 손상(상승한 X−%)에 대한 지적이 있을 때 이러한 자료의 의미는 문화적 차이를 초월하는 것이다. 한편 자료가 넓은 정상 범위 내에서 성격특성의 차이를 포함하고 있을 때 성격기술에서부터 실제적 적응의 성질과 적절성에 이르기까지를 정확하게 해석하기 위해서는 수검자의 사회적, 교육적, 직업적, 가족적, 문화적, 대인관계적 맥락을 면밀하게 검토할 필요가 있다.

2부
로르샤하의 해석 요소

RORSCHACH

RORSCHACH

3
종합체계 탐색전략

Exner가 개발한 로르샤하 종합체계(Exner, 1991, 2003; Exner & Weiner, 1995)는 표준화된 실시, 객관적이고 신뢰로운 기호화, 대표적 규준자료 등을 3가지 축으로 삼고 있다. 1장에서 지적한 바와 같이 로르샤하 종합체계가 개발되기 전 50년 동안에는 로르샤하가 너무 다양하게 사용되었고 심지어는 혼란스럽기도 했다. 그러나 Exner(1974)가 체계적이고 객관적인 종합체계를 소개한 뒤부터 RIM의 심리측정적 건전성을 밝히는 연구가 가능하게 되었다. 즉 경험적 연구들에서 RIM을 생산적으로 활용하는 것이 확대되었고, 종합체계가 발전함에 따라 로르샤하를 사용하는 사람들은 이전에 가능했던 것보다 더 확신을 가지고 임상적 결론을 도출하고 도출된 결론을 더 효율적으로 의사소통할 수 있게 되었다(Weiner, 1997a, 1998c).

종합체계는 실시와 기호화가 체계적이고 객관적일 뿐만 아니라 점수계열과 구조적 요약이 적절하게 배열되어 있어서 프로토콜에서 얻을 수 있는 정보를 효율적이고 광범위하게 분석하는 것을 촉진시켜주기 때문에 매우 유용한 해석적 근거를 제공하고 있다. 또한 종합체계적 접근은 경험적으로 입증된 자료를 근거로 추론하기 때문에 자료를 개념적으로 추론하고 목적에 따라 추론을 유용하게 활용할 수 있다는 장점도 있다(Exner, 1993; Weiner, 1986, 1996). 따라서 종합체계의 지침에 따라 로르샤하 자료를 수집하고 기호화하고 제시하면 그 자료를 쉽게 검토할 수 있고 경험적으로 입증되고 개념적으로 의미 있는 성격적 상관에 대한 믿을 수 있는 일련의 점수와 지표를 획득할 수 있다.

그러나 두 장이나 되는 구조적 요약과 점수계열에 관한 정보를 접하는 검사자는 자료가 너무 방대한다는 것 때문에 쉽게 압도될 수 있다. 기록의 주제적 및 행동적 특징에 대한 해석적 의미는 일단 제쳐놓는다고 하더라도, 종합체계에 들어 있는 요약점수, 백분율, 지표 등 100개가 넘는 정보의 의미를 해석하려면 어떻게 시작할 것인가? 어디서부터 시작해서 어떤 방향으로 자료들을 검토해야 할 것인가?

수년 동안 로르샤하 권위자들은 이러한 질문에 대해 부분적으로 다양한 해답을 제시해 왔다. 이들 중 가장 영향력이 있는 사람은 Klopfer이다. 그는 양적 자료부터 분석하고 점수계열을 분석한 다음 마지막으로 반응내용을 검토하는 식으로 해석할 것을 제안하였다(Klopfer et al., 1954). 그가 제시한 해석의 3단계적 접근은 널리 채택되었고 실제로 1991년 전까지는 종합체계의 특징이기도 하였다. 그러나 그의 접근은 특정 점수를 검토해야 할 순서를 구체적으로 밝히지 않았을 뿐만 아니라 첫 반응부터 시작해서 기록 전체를 자세히 읽는 것 외에 반응내용을 검토하는 어떤 전략도 시사하지 않았다.

이러한 3단계적 접근에 보다 발전된 지침을 추가시키기 위해 Exner(1978)는 모든 로르샤하 해석은 4각(four square)에 대한 분석부터 시작할 것을 제의하였다. 4각이란 EB(Experience Balance), EA(Experience Actual), eb(Experience Base), es(Experience Stimulation) 등 4변인을 지칭하는 용어이다. Exner는 개인의 적응적 자원과 대처양식에 대한 기본적인 측면을 밝히는 데 이들 요약점수가 중요하기 때문에 이들 4변인을 선택하였다. 그리고 그는 이들 4변인을 비교하면 해석하는 데 유용한 방향을 밝힐 수 있다고 시사했다. 예컨대, 외향적인 EB는 M보다 C를 먼저 검토할 것을 시사하는 것이고 반면에 내향적인 EB는 C보다 M을 먼저 검토할 것을 시사하는 것일 수 있다.

Exner(1978)가 더 많은 제안을 하였으나 일련의 해석과정에 대한 지침이 전혀 없었으므로 3단계에 의한 양적-계열적-내용적 접근도 막상 해석을 시도하면 자료의 많은 부분을 놓치게 마련이었다. 자료를 끝까지 모두 해석할 수 있는 체계적인 지침이 없어서 해석과정에서 가용한 정보마저 불충분하게 해석하는 경향이 있었다. 단계접근을 사용할 경우 검사자는 적어도 초기에 자료의 핵심적인 특징을 간과하거나 어떤 의미 있는 결과를 발견할 수 있는 방식을 놓칠 가능성이 많다. Exner는 4각부터 해석을 시작하는 것은 대부분 도움이 되지만 해석의 방향을 놓치거나 기록을 불충분하게 해석할 수 있다는 것을 오래전에 발견했다. 예컨대, 사고장애를 지적하는 증거나 상승한 Lambda와 같은 특징은 EB보다 수검자의 기능에 더 큰 의미가 있다.

Exner(1991)는 해석전략의 의미 있는 진전을 소개하면서 로르샤하 방법론의 이러한 문제점에 대해 언급하였다. 그는 자신이 제의한 해석기법에 어떤 명칭을 붙이지는 않았지만, 이 장의 제목인 "종합체계 탐색전략"은 그의 해석기법에 대해 일반적으로 사용하고 있는 명칭이 되었다. Exner(2000, 2003)가 상세하게 설명한 바와 같이 이 탐색전략은 두 요소로 구성되어 있다: (1) 로르샤하 변인들의 군집화, (2) 변인들의 군집을 검토해야 하는 순서를 지적하는 계열적 탐색전략의 형성.

변인의 군집화

로르샤하 변인들의 군집화는 수검자의 성격기능을 측정하는 구조변인들 간에 유사성이 있다는 임상적 관찰과 연구결과에서 비롯되었다. 예컨대, 로르샤하 임상가들은 수검자의 현실감을 평가할 때 전통적으로 형태질과 평범반응을 함께 고려하였다. 왜냐하면 부정확한 지각을 지적하는 형태수준이 마이너스인 반응은 부정확한 지각의 지표이고 비관습적 지각을 지적하는 드문 평범반응은 사물을 다른 사람과 같이 볼 수 있는 능력의 손상을 의미하는 것이라고 믿었기 때문이다(Korchin & Larson, 1977; Weiner, 1966, 1977b). 마찬가지로 수검자의 정서적 기능에 흥미가 있는 검사자들은 잉크반점의 유채색에 대한 반응은 수검자가 감정을 처리하는 방식에 관한 정보를 제공해 준다고 보고, 전통적으로 FC:CF+C와 정서비(Afr)와 같은 색채반응을 포함하는 변인을 같이 고려하였다(Schachtel, 1966; Shapiro, 1977).

Exner는 새로운 해석적 탐색전략을 개발하는 첫 단계로 로르샤하 자료들을 군집분석하여 이전에 제안된 구조변인들 간의 관계가 타당하고 유용한지를 연구하였다. 그 결과 군집(cluster) 또는 구획(section)이라고 부르는 7개의 상호관련성이 높은 변인집단을 확인하였다. 앞 단락에서 언급한 지각적 및 정서적 군집을 포함한 상호관련이 있는 7개의 변인군집은 분명히 서로 다른 성격기능과 관련이 있는 것으로 나타났다. 자료분석을 통해 밝혀진 7개 변인 군집을 Exner는 다음과 같이 명명하였다.

1. 자신의 주변 세계에 대해 주의를 기울이는 방식과 관련 있는 정보처리
2. 주의의 대상을 지각하는 방식을 포함하는 인지적 중재
3. 지각한 것에 대해 생각하는 방식을 구성하는 관념
4. 환경적 요구에 대처하고 스트레스를 관리하기 위해 가용할 수 있는 적응적 자원과 관련 있는 통제와 스트레스 인내
5. 정서적 상황을 다루는 방식과 감정을 경험하고 표현하는 방식을 구성하는 정서적 특징
6. 자기 자신을 보는 방식을 의미하는 자기지각
7. 다른 사람을 지각하고 관계하는 방식을 의미하는 대인관계

이러한 7가지 성격기능의 요소에 대한 정보를 제공해 주는 구조변인의 군집을 밝힘에 따라 Exner는 어떤 유형의 주제심상도 때로는 성격기능에 대한 정보를 제공해 준다는 것을 알게 되었다. Exner(1989)는 반응이 특별히 다음과 같은 특징을 포함하고 있을 때 성격적 역동에 관한 중요한 측면을 나타내고 있을 가능성이 높다고 결론을 내렸다: (1) 운동반응, 특히 인간운동과 사람 또는 사람과 유사한 대상 간의 상호작용; (2) 형태질이 마이너스로 기호화된 반응과 같은 지각적 왜곡; (3) 다양한 종류의 윤색반응, 특히 MOR로 기호화되거나 다른 특수점수로 채점된 윤색반응. 따라서 Exner는 다양한 군집, 특히 자기지각 및 대인관계지각과 가장 관련이 있는 군집에 운동반응, 마이너스반응, MOR, 윤색반응의 주제내용을 추가하였다.

로르샤하 변인들을 군집으로 묶는 것은 특히 자료를 철저하게 효율적인 방식으로 분석할 수 있다는 점에서 매우 중요한 실제적인 의미가 있다. 더 나아가서 로르샤하 프로토콜에 의해 제공되는 정보를 조직화하고 활용하는 이러한 접근은 경험적으로 도출된 것이지만 검사중심적인 해석보다 개인중심적인 해석을 시도하고, 구조적 자료와 주제적 자료를 분리하여 검토하지 않고 통합적으로 고려한다는 점에서 매우 중요한 의미가 있다.

〈표 3-1〉 7개 군집의 해석단계와 변인계열

정보처리
- 단계 1: Lambda
- 단계 2: OBS & HVI
- 단계 3: Zd
- 단계 4: Zf,W:D:Dd,W:M
- 단계 5: DQ
- 단계 6: PSV
- 단계 7: Location Sequencing

인지적 중재
- 단계 1: Lambda
- 단계 2: OBS
- 단계 3: XA% & WDA%
- 단계 4: FQnone
- 단계 5: X−%, FQ−frequency, S−frequency
- 단계 6: Populars
- 단계 7: X+% & Xu%
- 단계 8: FQ+frequency
- 단계 9: Sequence of minus
- 단계 10: Homogeneity of minus
- 단계 11: Minus distortiion levels

관념
- 단계 1: PTI
- 단계 2: EB
- 단계 3: EBPer
- 단계 4: Left side eb
- 단계 5: HVI & OBS
- 단계 6: a:p
- 단계 7: Ma:Mp
- 단계 8: Intellectualization Index
- 단계 9: MOR frequency
- 단계 10: Sum6 & WSum6
- 단계 11: Quality of 6 Spec Scores
- 단계 12: Quality of M responses

통제와 스트레스에 대한 내성
- 단계 1: AdjD & CDI
- 단계 2: EA
- 단계 3: EB & Lambda
- 단계 4: es & Adjes
- 단계 5: eb

정서적 특징
- 단계 1: DEPI
- 단계 2: EB
- 단계 3: EBPer
- 단계 4: Right side eb
- 단계 5: SumC′:WSumC
- 단계 6: Affective Ratio
- 단계 7: Intellectualization Index
- 단계 8: FC:CF + C
- 단계 9: Pure C
- 단계 10: Color Projection
- 단계 11: Space responses
- 단계 12: Blends
- 단계 13: m & y blends
- 단계 14: Blend complexity
- 단계 15: Color-shading blends
- 단계 16: Shading blends

자기지각
- 단계 1: Reflections
- 단계 2: Egocentricity Index
- 단계 3: HVI & OBS
- 단계 4: FD & Vista (review history)
- 단계 5: H:Hd + (H) + (Hd)
- 단계 6: Hx
- 단계 7: An + Xy
- 단계 8: Sum MOR
- 단계 9: MOR contents
- 단계 10: Contents of minus responses
- 단계 11: Contents of M responses
- 단계 12: Contents of FM & m responses
- 단계 13: Contents of embellished responses

대인관계지각
- 단계 1: CDI
- 단계 2: HVI
- 단계 3: a:p ratio
- 단계 4: Food responses
- 단계 5: Sum T
- 단계 6: Sum human contents & Sum Pure H
- 단계 7: PER
- 단계 8: COP & AG
- 단계 9: Isolation Index
- 단계 10: GHR:PHR
- 단계 11: Contents of M & FM responses with pairs

상황과 관련된 스트레스
- 단계 1: D in relation to es & Adjes
- 단계 2: D in relation to AdjD
- 단계 3: m & Y
- 단계 4: T, V, and Egocentricity Index in relation to history
- 단계 5: Blends
- 단계 6: Color-shading and shading blends

군집적 접근의 실제적 함의

로르샤하를 철저하게 효율적으로 해석하기 위한 군집적 접근의 실제적 의미는 군집을 구성하는 변인을 도출하고 해석하는 과정에서 이들 변인을 사용하는 방식을 제시하는 데 있다. 〈표 3-1〉은 7가지 종합체계 군집과 각 군집과 관련된 변인과 해석과정에서 따르게 될 단계의 순서를 제시한 것이다. 이들 군집들은 군집이 도출되는 방법에서는 확연히 구분되지만, 다음과 같은 4가지 경우에는 완전히 그런 것은 아니다.

MOR 반응은 염세적 사고방식과 자신의 신체나 신체적 기능에 대한 부정적 태도를 시사하기 때문에 근본적으로 관념군집 및 자기지각군집과 관련이 있다. 과민성지표(HVI)는 주의의 초점을 맞추고, 개념을 형성하고, 자신 및 다른 사람과 관계하는 방식과 관련이 있는 요소를 포함하고 있기 때문에 정보처리, 관념, 자기지각 및 대인관계군집에 포함되어 있다. a:p 비율(능동적/수동적 운동)은 인지적 융통성 및 행동의 수동성과 관련이 있기 때문에 관념군집 및 대인관계군집에 포함되어 있다. 끝으로 Lambda는 주의를 상황적 및 성격적으로 협소화시키는 것을 의미하기 때문에 정보처리와 통제군집에서 해석하고 인지적 중재에도 같은 의미를 가진다. 이들의 해석에 대해서는 5장에 설명되어 있다.

〈표 3-1〉에서 볼 수 있는 바와 같이 7개 군집 외에 상황과 관련된 스트레스가 8번째 변인집단으로 추가되어 있다. 이 집단에 포함된 변인들은 서로 상관이 없으므로 하나의 독립된 군집을 구성하는 것도 아니다. 기술적으로 말하면 상황과 관련된 스트레스에 속하는 변인들은 군집이라기보다 관련된 변인을 나열(array)한 것이다. 이 군집은 다양한 상황적 스트레스를 측정하는 여러 가지 변인들로 구성되어 있다. 어떤 변인은 성격상 관념적이고 어떤 변인은 정서적이고 어떤 변인은 통제능력과 관련이 있다. 상황적 스트레스에 관한 변인을 나열한 것은 개별적 군집을 초월해서 스트레스 관리에 관한 문제가 뚜렷하게 나타나고 있는 기록을 해석할 때 고려해야 할 여러 종류의 변인에 대해 주의를 환기시키기 위한 것이다.

요약하면 종합체계에서 군집은 성격기능의 7가지 해석적인 측면을 포함하고 있는 프로토콜에서 모든 구조적 및 주제적 자료를 포괄하는 변인들의 집단이다. 해석과정에서 이들 군집들을 가장 효과적으로 사용하려면 특정 군집에 포함되어 있는 변인들을 모두 철저하게 검토한 후에 다른 군집에 속하는 변인에 관심을 돌려야 한다. 이런 방식으로 해석하면 핵심적인 정보를 간과할 위험이 최소화될 수 있고 수검자의 정서, 관념, 자기지각 등 로르샤하 프로토콜을 통해 얻을 수 있는 정보는 모두 고려할 수 있게 된다.

이처럼 한 군집씩 순서대로 자료를 탐색하면 1가지 주제에 대해 초점을 유지할 수 있기 때문에 완벽하게 해석할 수 있다. 예컨대, 어떤 한 기록에서 감정과 관련 있는 변인들을 해석하다가 형태수준 지표를 검토하고 그 다음에는 극적인 반응내용이 의미하고 있는 자기상에 초점을 맞추고, 다시 감정을 처리하는 방식에 주의를 기울이게 되면 여러 문제를 동시에 고려할 수 있는 능력이 있는 검사자라고 하더라도 주의가 산만해져서 해석의 효율성을 기대하기는 어려울 것이다. 프로토콜에 나타난 모든 자료를 완벽하게 검토하면 결국에는 어떤 해석적 결론에 도달할 수 있겠지만, 한 군집씩 초점을 두고 자료를 체계적으로 탐색하면 어떤 다른 방법보다 더 빨리 그리고 더 효율적으로 해석적 결론을 도출할 수 있을 것이다.

〈표 3-1〉에 제시된 7개 군집과 상황적 스트레스 변인들은 종합체계에서 기호화하는 구조변인을 거의 모두 포함하고 있다. 그러나 3가지 중요한 변인은 포함되어 있지 않다: (1) 프로토콜의 타당성과 짧은 기록의 해석과 관련이 있는 전체 반응수(R)에 관한 것; (2) 자살지표(S-CON)에 관한 것; (3) 특정 내용범주에 관한 것.

R과 프로토콜의 타당성 여러 해 동안 R을 신경증, 기질성, 다양한 다른 조건에 대한 진단적 징후로 간주하고 있었음에도 불구하고 R은 〈표 3-1〉에 포함시키지 않았다(Goldfried, Stricker, & Weiner, 1971). 이것은 R이 7개 군집 중 어느 군집에서도 큰 비중을 차지하지 않고 상황적 스트레스의 경험과도 관련이 없다는 것을 의미한다. 즉 전체 반응수와 관계없이 사람들은 주의를 기울이고 지각하고 자신의 경험에 대해 생각하는 방식, 스트레스를 관리하고 감정을 처리하는 방식, 자신 및 다른 사람을 보는 방식에서 적응적 문제를 나타낼 수도 있고 나타내지 않을 수도 있다. 그리고 R은 반응수와 관계없이 상황과 관련된 불편을 나타낼 수도 있고 나타내지 않을 수도 있다.

종합체계적 접근을 하기 위한 변인군집에 포함되어 있지는 않지만 R은 프로토콜의 타당성에 대한 함의 때문에 해석과정에서 중요하다. 반응수가 14개 미만인 프로토콜은 타당성이 제한되어 있고 보편적 절차에 따라 해석해서는 안 되는 "간단한(brief)" 기록이다. Exner(1988)는 신뢰도 분석을 통해 짧은 기록의 단점을 밝혀내었다. 1장에서 언급한 바와 같이 RIM의 특성변인에 대한 안정성 계수는 상당히 높았다. 그러나 이들 재검사 자료를 면밀히 검토한 결과 두 검사 시행 중 한 번이라도 반응이 14개 미만인 수검자는 점수의 시간적 일관성이 높지 않았다. 전형적으로 검사의 신뢰도는 검사의 길이에 비례하는데, 간단한(brief) 검사일 경우 문항수가 너무 적어서 신뢰로운 정보를 제공해 주지 않을 수 있다. 따라서 일반적으로 반응수가 14개 미만인 프로토콜은 반응수(문항수)가 충분하지 않아서 검사-재검사 신뢰도가 적절하지 않을 수 있다.

측정도구를 신뢰할 수 있어야만 타당한 결과가 나올 가능성이 있다. 내적 또는 시간적 일관성이 부족한 변인들은 변인들 간에 또는 어떤 목적에 적합한 타당성이 있는 다른 변인과 일관성이 있는 상관이 나타날 가능성은 없다. 따라서 신뢰할 수 없는 지표를 산출하는 측정도구는 항상 타당성을 의심해야 한다. 그리고 반응이 14개 미만인 짧은 프로토콜도 신뢰도가 떨어지므로 매우 타당하지 않다. 표준적인 해석과정에서 반응수가 적어서 프로토콜이 타당하지 않다고 생각되면 그 프로토콜에서 도출한 요약점수와 지표에 근거해서 추론하고 해석해서는 안 된다. 만약 타당하지 않은 프로토콜을 타당한 것처럼 해석하게 되면 불확실한 해석과 잘못된 결론에 도달할 위험이 상당히 높다. 따라서 간단한 기록에 포함된 어떤 자료를 해석하는 데 근거가 되는 합리적 이유가 없을 경우 검사자는 간단한 기록은 타당하지 않다고 간주해야 한다.

간단하고 짧은 프로토콜의 해석 대체로 타당하지 않다고 해서 간단한(brief) 기록은 반드시 아무런 가치도 없다는 의미는 아니다. 간단한 기록도 매우 신뢰할 수 있고 때로는 매우 중요한 정보적 가치가 있어서 해석할 수 있는 특수한 결과를 포함하고 있을 수 있다. 일반적으로 타당하지 않는 기록도 경우에 따라서는 신뢰할 수 있다는 것을 지적하는 심리측정적 및 임상적 근거가 있다. 심리측정적 관점에서 볼 때 측정할 수 있는 어떤 현상이 시간 경과에 따라 변화되는 정도는 점수가 중간 범위일 때 가장 크다. 반면에 극단에 속하는 점수는 심지어 점수가 안정성이 없는 현상을 측정할 경우라도 비교적 안정적이다. 따라서 로르샤하에서 매우 상승한 X-%나 과민성지표나 주지화지표와 같이 뚜렷하게 일탈된 점수는 간단한 기록일 경우라도 안정적일 수 있다.

임상적 관점에서 볼 때 간단한 기록에서 나타나는 결과의 잠정적 유용성은 몇 가지 반응기록이 기대와 달리 일탈되어 있을 때 지적할 수 있다. 간단한 기록은 전형적으로 방어적인 수검태도가 작용한 결과이고 방어성의 전형적 특징은 높은 Lambda, 많은 P, 평균 또는 평균 이상의 X+%, 한두 개의 혼합반응, 내용범주의 협소화, 말의 최소화 등을 포함한다. 반면에 방어성과 다른 방식으로 정교화된 짧은 기록도 때로는 수검자의 일부 성격기능에 대한 신뢰로운 정보를 제공할 수 있다. 심지어 이런 정보는 유사한 특징을 가지고 있는 긴 기록보다 더 분명하고 더 극적일 수 있다.

예컨대, 반응수가 12개인 기록에서 X- 반응이 6개이고 WSum6=24일 경우 현실검증력의 손상과 사고장애를 지적하는 증거로 볼 수 있다. 이런 기록에서 PTI=5일 경우 자료가 제한되어 있어서 성격기능에 관한 일반적 기술을 할 수는 없지만 정신분열병 아류에 속하는 장애(schizophrenia-spectrum disorder)를 가지고 있을 가능성을 고려해야 한다. 마찬가지로 간단한 기록에서 반응의 절반이 병적인 반응일 경우 염세적 사고나 부정적인 신체상을 가지고 있을 가능성이 높다. 또한 간단한 기록에서 여러 개의 성적 반응이 나타나는 것은 성적 집착을 지적할 가능성이 매우 높다. 간단하고 타당하지 않은 기록에서 성격문제나 집착이 비일상적이거나 극적으로 지적되면 그 자체가 수검자의 성격특징에 관한 유용한 정보를 제공해 준다.

종합체계 연구에서 반응수가 14개 미만인 기록은 일반적으로 타당하지 않은 것으로 보기 때문에 검사자는 이런 기록의 잠재적 유용성을 검토하지 않고 버리려는 경향이 있을 수 있다. 실제로 종합체계는 간단한 기록이라고 해서 반드시 버리라고 요구하는 것은 아니다. 여기에 제시한 간단한 기록에서 나타나는 비일상적인 구조적 및 주제적 특징을 다루기 위한 지침은 Exner와 Weiner(1995)가 이미 자세하게 다룬 것이다. 이런 구조적 및 주제적 특징에 부가해서 짧은 기록으로 반응한 수검자의 검사행동은 현재 수검자의 관심과 성격특징에 대한 믿을 만한 단서일 수 있다. 예컨대, 분명한 거부(더 말기 싫다), 자기경멸(나는 검사를 잘하지 못한다), 불안(말을 많이 하면 많이 할수록 더 나에게 불리할 것 같아서 두렵다), 지지추구(어떻게 해야 하는지 좀 더 설명해 주면 더 잘할 수 있을 것 같다)와 같은 언급은 짧은 기록의 맥락에서 특히 자주 나타난다. Brickman과 Lerner (1992)는 간단한 프로토콜에서 나타나는 행동적 특징에 초점을 두고 해석하는 방식, 특히 방어적인 아동과 청소년의 검사에 특히 유용할 수 있는 방식을 자세히 설명하였다.

비록 어떤 관점에서 간단한 기록의 유용성을 염두에 두고 있다고 하더라도, 검사자는 반응이 14개 미만인 기록은 보통 너무 제한되어 있어서 정보의 신뢰성이 떨어지고 타당한 해석이 어렵다는 점도 기억해야 한다. 따라서 종합체계 해석전략은 첫 번째 정적인 핵심변인을 밝히기 전에 먼저 기록이 적어도 반응이 14개는 되어야 한다는 최소한의 타당성 요건을 충족시키는지 여부를 결정하기 위해 항상 R부터 먼저 검토해야 한다.

반응기록이 너무 간단한 경우(R<14) 타당한 해석을 할 수 있을지를 먼저 검토하고 이와 더불어 검사자는 먼저 수검자가 "짧은(short)" 기록으로 반응했는지 여부를 검토해야 한다. 짧은 기록은 타당성을 인정하기에 충분한 길이이나 수검자를 나타내기에 반드시 충분하다고 볼 수 없는 14~16개 반응으로 구성된 기록이다. 짧은 기록에 대한 필수적인 해석적 접근은 Lambda에서 나타난다. 14~16개 반응의 기록에서 Lambda<1.00이라면, 이 기록은 수검자를 잘 나타내고 타당할 가능성이 높고 일상적인 방식으로 해석할 수 있다. 그러나 Lambda>.99인 짧은 기록은 간단한 기록과 많은 공통점이 있고 "방어적(guarded)"이라고 분류해야 한다. 방어적인 14~16개의 반응기록은 수검자가 방어적인 방식으로 자신을 나타내었다는 것을 타당하게 지적하는 것이다. 수검자가 방어적인데도 불구하고 짧은 기록에서 비일상적 지각이나 정교화시키는 검사행동이 나타나면 간단한 기록과 마찬가지로 보통 믿을 만한 해석적 의미가 있다. 그러나 기술적으로 타당하다고 하더라도 방어적인 기록은 때때로 개인의 성격적 자산이나 적응적 약점을 충분히 나타내지 못한다.

방어적인 수검자는 자신의 심리적 특징 중 한 부분만 나타내기 때문에 수검자는 특히 구조적 요약에서 낮은 점수의 해석에 유의해야 한다. 예컨대, 짧은 기록에서 낮은 EA와 높은 Lambda는 수검자의 심리적 자원을 과소평가할 수 있고 짧은 방어적 기록에서 낮은 Lambda를 오도하여 DEPI와 CDI를 상승시킬 수 있다. 이들 특정 변인의 해석적 의미는 반응수가 충분한 기록(R>16)에서 회피적 대처유형을 지적하는 높은 Lambda의 의미와 함께 5장에 자세하게 기술하였다.

S-CON과 내용유목 상황적 스트레스와 마찬가지로 자살지표(S-CON)도 상이한 성격적 기능과 관련이 있는 변인을 나열한 것이지 그 자체가 단일 군집은 아니다. 더욱이 S-CON은 R이 17개 미만일 때 중요한 요인이라는 것이 경험적으로 확인된 중요한 지표이다. 특히 자살잠재성의 감지는 임상평가에서는 매우 중요하기 때문에 어떤 다른 단일 변인집단보다 S-CON에 더 많은 주의를 기울여야 한다. 로르샤하 해석을 시작하는 검사자는 가장 먼저 R을 확인한 뒤에 두 번째 단계로 S-CON을 검토해야 한다.

〈표 3-1〉에 제시되어 있는 변인군집에 포함된 것 중 세 번째 예외로 7가지 내용범주는 어떤 군집에도 포함되어 있지 않다. 이들 내용범주는 피, 폭발, 불, 가사(household), 인간경험, 과학, 성 등이다. 군집에서 이런 내용범주가 포함되어 있지 않다고 해서 이런 내용을 포함하는 주제심상이 나타나지 않거나 무시해야 한다는 의미는 아니다. 이런 내용을 포함하는 반응이 운동, 형태왜곡 또는 윤색을 포함할 경우 때때로 군집탐색의 표적이 될 수 있다. 또한 이런 반응이 비일상적인 빈도로 나타나면 계열분석을 하는 과정에서 검토해야 하고 어떤 내용주제가 반복될 경우 관심을 두어야 한다. 그러나 내용범주 자체나 소외지표(Bt+2Cl+Ge+Ls+2Na/R)와 주지화지표(2AB+Art+Ay)와 같은 혼합변인이 포함되어 있는 종합체계 군집에 포함되어 있는 내용범주와는 달리, 이들 7개 내용범주는 종합체계의 어떤 군집 내에서도 상관이 있는 것은 아니다.

군집적 접근의 개념적 함의

앞에서 지적한 바와 같이 Exner가 구조적 및 주제적 변인을 7개 군집으로 묶은 것은 로르샤하 해석에서 2가지 중요한 개념적 함의가 있다. 해석에서 군집적 접근은 검사결과보다 개인과 성격기능을 기술하는 데 초점을 두는 것이고 프로토콜에서 구조적 자료와 주제적 자료를 분리해서 분석하기보다 군집에 근거해서 통합적 해석을 하는 데 초점을 두려는 것이다.

개인중심적 해석 로르샤하 해석은 오랫동안 자료의 성격에 관한 다양한 의문에 대해 해답을 찾는 검사중심적 과정이었다. 실제로 유능한 심리진단가는 검사에서 얻어진 자료는 단지 목적을 달성하기 위한 수단에 불과하고 성격의 정확한 기술, 신뢰할 수 있는 감별진단, 유용한 치료에 대한 지적으로 전환되었을 때에만 가치가 있다는 것을 잘 인식하고 있었다. 이 사실은 아무리 유능한 검사자라도 검사자료를 분석하기 전에 평가받는 개인에게 먼저 주의를 기울여야 한다는 것을 의미한다. 그러나 검사자는 수검자가 색채를 다루는 방법, 형태질의 점수, 기록에서 특징적인 주제심상의 여부와 같은 검사중심적 의문을 해결하면서 프로토콜을 해석할 수도 있을 것이다. 중요하다고 생각되는 많은 이러한 의문에 대해 만족할 만한 답을 얻은 다음에 검사자는 자신이 얻은 해답이 수검자의 성격기능에 대해 어떤 의미를 지니는지 곰곰히 생각하게 될 것이다.

군집에 근거한 해석적 접근은 성격기능에 대한 의문을 형성하기 전에 먼저 로르샤하 자료에 의문을 제기하는 전통적인 검사중심적 해석의 순서를 바꾼 것이다. 예컨대, 수검자가 색채를 다루는 방식에 먼저 의문을 제기한 다음 정서를 처리하는 방식에 대해 어떤 결론을 내리는 전통적인 방법과는 달리 군집에 근거한 해석적 접근은 수검자가 감정을 어떻게 경험하고 표현하는가와 같은 의문을 해결하면서 해석을 시작한다. 마찬가지로 형태질의 점수와 현저한 내용주제를 먼저 알려고 시도하기 전에 군집에 근거한 RIM의 해석은 수검자가 스트레스를 관리하는 방법, 대인관계를 다루는 방법 등을 검토함으로써 해석과정을 조직화한다.

로르샤하 자료에 대한 검사중심적 접근과 군집에 근거한 개인중심적 접근의 차이는 결과가 동일하면 대수롭지 않게 보일 수 있다. 어떤 접근이든 정확하게 적용하면 자료를 분석하고 일련의 성격기능을 추론할 수 있을 것이다. 그러나 자료를 하나씩 검색해 가는 검사중심적 해석보다 변인들을 묶은 군집을 탐색하는 개인중심적 해석은 초점을 맞추기가 훨씬 더 유리하고 효율적이다.

첫째, 개인중심적 해석은 심리진단가가 평가받는 사람에게 적절한 관심을 유지하고, 자신의 기법에 지나치게 몰두하지 않도록 도와준다. 검사결과의 특징보다 수검자의 성격적 기능에 먼저 초점을 맞추게 되면 어떤 것이 더 중요한 것인지 분명하게 진술할 수 있다. 매우 성실하고 예리한 임상가라고 하더라도 때로는 검사를 의뢰한 의문을 해결하는 데 매우 중요한 성격적 장점과 단점을 파악하기 위해 검사자료를 이용하기보다 검사자료의 성격에 더 집착할 수 있다. 종합체계에 의한 로르샤하의 실시와 기호화에 능숙하고 각 변인과 관련된 해석적 가정에 정통하더라도 수검자의 성격적 구조와 역동을 기술하는 데 건설적으로 사용하지 않는다면 자료는 무용지물에 불과하다. RIM을 사용하는 일차적인 목적은 로르샤하 자료를 이해하는 것이 아니라 수검자를 이해하는 것이기 때문에 군집에 근거한 해석적 접근은 수검자에게 초점을 맞출 수 있는 해석적 접근이다.

둘째, 군집에 근거한 개인중심적 접근은 검사결과를 조직화하고 의사소통하는 데 필요한 유용한 지침을 제공한다. 성격기능에 관한 심리진단적 평가보고서를 작성할 때는 분명하고 이해할 수 있는 용어를 사용해서 포괄적으로 성격을 기술해야 한다. 〈표 3-1〉에 제시되어 있는 것과 같이 변인들을 묶어서 해석하면 이와 관련해서 검사자의 효율성이 향상된다. 성격을 포괄적으로 평가하기 위해서는 인지적, 정서적, 적응적, 자기참조적, 대인관계적 측면을 포함하는 변인군집을 모두 고려해야 한다. 성격이론가와 성격검사 제작자들이 나름대로 성격의 구성요소를 다르게 기술하고 있지만 종합체계 군집은 성격을 기술하는 데 필요한 대부분의 구성요소(기본차원)을 거의 다 포함하고 있다.

따라서 검사중심적 해석을 추구하는 검사자와는 달리 군집에 근거한 해석적 접근을 시도하면 검사자는 자료를 포괄적으로 해석하기 위해 특별히 노력하지 않고서도 또는 자료의 중요한 측면을 간과하지 않고 수검자의 성격을 포괄적으로 기술할 수 있다. 또한 군집에 근거한 해석은 주의의 초점, 사건의 지각, 자신의 경험에 대한 사고, 스트레스에 대한 대처, 감정의 경험과 표현, 자신에 대한 관점, 대인관계적 상황에 대한 접근 등을 체계적으로 제시하는 데 도움이 된다. 이런 군집을 하나씩 검토하고 성격기능의 자산과 단점을 정교화시키면 검사자는 체계적이고 포괄적인 보고서를 작성할 수 있다. 또한 군집에 근거한 접근은 검사중심적 해석처럼 긴 목록을 앞에 놓고 자료를 체계적으로 조직화할 방법을 생각하면서 시간을 낭비할 필요도 없다.

군집에 근거한 접근은 성격기능을 자세하고 체계적으로 기술할 수 있도록 도와줄 뿐만 아니라 결과를 단순하게 의사소통하는 데 필요한 일상적 용어를 제공해 준다. 정보처리, 중재, 관념과 같은 군집명은 확실히 기술적 용어(technical terms)이다. 그러나 검사결과 보고서를 받아보는 대부분의 사람들도 각 군집명은 각각 자신의 경험에 대해 주의를 기울이고, 주의를 기울인 것을 지각하고, 지각한 것에 대해 사고하는 방식을 지적한다는 것을 쉽게 이해할 수 있다. 또한 종합체계 군집에서 각 변인은 모두 분명하고 단순한 용어로 기술할 수 있고 검사자는 자신의 인상을 효율적으로 의사소통하기 위해 이런 용어들을 자신의 표현방식에 맞게 적용할 수 있다.

통합적 해석 앞에서 지적한 바와 같이 Klopfer가 제의했고, 1991년 이전의 종합체계에도 적용되었던 로르샤하 해석은 3단계의 과정으로 구성되어 있다. 즉 먼저 구조적 요약자료가 시사하는 추론을 검토하고, 점수계열을 통해 이들 추론을 확인하고, 끝으로 주제심상의 부가적 함의를 밝히기 위해 반응을 읽는 과정을 밟는다. 프로토콜의 해석에서 이러한 단편적인 접근은 대부분의 전통적인 로르샤하 체계에서 공통적이었고 널리 사용되고 있었다. 그러나 Schafer(1954)는 『로르샤하검사에서 정신분석적 해석』이라는 자신의 저서에서 각 반응의 구조적 측면과 주제적 측면을 함께 검토함으로써 자료를 단편화시키지 않으려고 하였다.

Exner(1991)가 처음으로 구성한 종합체계 군집은 로르샤하 프로토콜에서 구조적 자료와 주제적 자료를 분리해서 분석하기보다 통합적 분석을 하기 위한 것이다. 로르샤하의 특징보다 성격기능에 대한 군집의 의미에 초점을 두면 군집이 측정하는 기능과 관련 있는 로르샤하 정보를 모두 고려할 수 있다. 예컨대, 수검자의 대인관계에 관한 성향을 추론할 경우 다른 사람에 대한 태도와 사회적 관계에 대한 관점과 관련이 있는 모든 구조적 자료와 주제적 심상을 통합적으로 검토할 수 있다.

단편적 해석에서 통합적 해석으로의 전환은 임상실제에서 프로토콜을 검토하는 방식과 사례연구와 교육과정에서 프로토콜을 제시하는 방식에 변화를 초래했다. 종합체계에 따른 해석은 앞에서도 언급한 바와 같이 기록의 일반적 타당성을 결정하기 위해 R을 검토하고 자살잠재성을 평가하기 위한 S-CON을 검토하는 것부터 시작한다. 그리고 통합적인 해석적 접근은 첫 번째 군집부터 시작해서 순서대로 7번째 군집까지 각 군집에 관한 변인을 검토한다. 이러한 통합적 접근이 발전함에 따라 구조적 요약, 점수계열, 반응내용을 분리해서 순서대로 사례를 제시하던 방식은 성격기능의 평가와 관련 있는 이러한 3가지 측면을 결합하여 통합시킨 7개의 군집분석으로 대치되었다.

계열적 탐색전략의 적용

해석할 때는 로르샤하의 구조적, 주제적 자료를 성격기능과 관련 있는 군집으로 묶고 군집들을 어떤 계열에 따라 탐색하게 된다. 결국 변인들의 군집을 검토하는 순서가 어떻든 간에 프로토콜에 포함되어 있는 수검자의 성격기능에 관한 모든 정보에 관심을 두어야 한다. 〈표 3-1〉은 군집의 의미를 설명하고 Ⅲ부에 제시한 사례에서 군집을 해석하는 순서를 설명하기 위해 나열한 것이다. 그러나 프로토콜을 해석하는 순서를 정보처리부터 시작해서 대인지각으로 내려가면서 해석하거나 역으로 대인지각부터 시작해서 정보처리로 올라가면서 해석하든 간에 동일한 결론에 도달할 수 있다.

군집을 항상 일정한 순서에 따라 탐색하거나 무선적인 방식으로 탐색하는 방식은 비효율적이다. 예컨대, 수검자가 우울장애 때문에 평가를 받았을 경우 정보처리부터 해석을 시작하더라도 기대했던 것보다 지나치게 낮은 통합반응(DQ+)의 빈도에 반영되어 있는 제한된 정신적 에너지와 같은 우울과 관련된 특징들을 밝힐 수도 있다. 마찬가지로 중재군집에서는 부정확한 지각(X-%)의 빈도가 어느 정도 상승되어 있느냐에 근거해서 우울한 사람이 현실접촉을 회피하고 정신병적 우울을 가지고 있는지를 지적할 수 있다. 다음으로 관념군집에서는 eb 좌항의 상승(elevated left side of the *eb*)이 의미하는 잠입적 관념과 비일상적 빈도의 결정적 특수점수(WSum6의 상승) 각각이 지적하는 집중력이나 논리적 사고의 어려움에 대한 정보를 알 수 있다.

〈표 3-1〉의 앞부분에 있는 세 군집은 각각 인지적 기능과 관련이 있고 대부분의 정신병리학자들은 앞에서 언급한 인지기능의 손상이 원인이든 파생된 현상이든 간에 우울장애의 중요한 특징이라는 점에 동의하고 있다. 그러나 이런 군집들은 일반적으로 우울장애의 핵심적 증상으로 알려진 기분의 장애에 대해서는 아무 것도 지적해 주지 않는다. 정서군집은 〈표 3-1〉에서 편의상 네 번째로 제시되어 있지만, 우울장애의 가능성을 검토할 경우 검사자는 때때로 해석적 탐색을 시작하는 데 가장 적합한 정서변인을 찾을 수 있다.

다른 예로 정신분열병이 의심되어 평가가 의뢰된 수검자를 가정해 보자. 정서적 문제가 때로는 정신분열병에서 가장 중요한 역할을 할 수도 있겠지만, 이럴 경우라도 정서군집부터 시작하면 정신분열병 아류에 속하는 장애에서 나타나는 가장 중요하고 결정적 특징인 논리적이고 합리적으로 사고할 수 있는 능력의 손상을 초기에 간과해 버릴 수 있다. 따라서 정신분열병이 의심될 경우 로르샤하 자료에 초점을 맞추고 효율적으로 해석하기 위해서는 관념군집부터 검토해야 한다. 더욱이 정신분열병은 정서장애보다 인지장애가 일차적이기 때문에 현실을 지각하고 경험에 주의를 기울이는 방식을 밝히기 위해서는 관념군집을 먼저 검토하고 나서 인지에 관한 다른 군집을 검토해야 한다.

이렇게 평가를 의뢰하게 된 의문에 맞게 먼저 해석할 군집을 선택한다면 로르샤하 자료를 효율적이고 체계적으로 검토할 수 있다. 사례들을 자세히 검토해 보면 심리적 상태나 성격특징을 반영하는 군집들 중에서 먼저 주목해야 할 군집이 있다는 것을 잘 알 수 있다. Ⅲ부에 제시한 사례는 프로토콜에 따라 군집을 해석하는 순서를 예시한 것이다.

검사를 의뢰한 의문이나 검사자의 관심에 따라 해석적 탐색전략을 유도할 수 있지만 이럴 경우 잘못하면 군집을 효율적으로 활용할 수 없게 된다. 때로는 검사를 의뢰하게 된 의문이나 환자에 대한 검사자의 인상 때문에 수검자의 성격기능에 대한 가장 중요한 특징을 간과하거나 주의의 초점이 빗나갈 수도 있다. 실제로 환자의 사회적 위축과 무감동한 정서가 정신분열병의 초기 증상일 경우라도 평가를 의뢰한 사람은 이런 환자의 우울한 정도를 평가해 달라고 요청하는 경우도 있다. 마찬가지로 검사를 의뢰한 의문은 환자가 갑작스런 스트레스로 고통을 경험하고 있으나 성격장애 유형에 대한 감별에 초점을 두고 있을 경우도 있고, 환자의 가장 심각한 문제가 대인관계에 관한 문제일 경우라도 검사자는 사소한 사고장애의 징후에 집착할 수도 있다.

평가를 의뢰한 의문이나 검사자의 관심이 가장 먼저 검토해야 할 성격기능의 어떤 측면을 결정하는 데 믿을 만한 지침을 제공해 주지 못한다면 군집을 탐색하기 위한 가장 유용한 계열은 어떻게 밝힐 수 있을까? 종합체계의 해석적 접근은 이 질문에 대한 해답으로 프로토콜 자체에서 가장 현저한 특징을 밝혀야 한다는 입장을 취하고 있다. 즉 검사자는 해석을 시작할 지점을 결정하는 데 편견을 가지지 말고 기록의 특징을 검토하여 수검자의 성격기능에 관한 가장 중요한 정보를 제공해 줄 가능성이 높은 군집부터 시작해서 순차적으로 해석해야 한다.

이런 입장에서 Exner(1991)는 일련의 핵심변인에 근거한 계열적 탐색전략을 마련하였다. 이들 각 핵심변인(key variables)은 7개 군집을 탐색하는 특정한 계열을 지적하는 것이다. 이들 핵심변인은 다양한 군집 중 한두 군집과 관련된 많은 해석적 진술이 가능한 기록에서 가장 현저한 변인을 탐색함으로써 밝힐 수 있다. 예컨대, 어떤 기록에서 관념군집이 가장 뚜렷하고 기대치보다 높을 경우 이 기록을 검토해 보면 가장 현저한 특징으로 정신분열병 지표가 상승(SCZI>3)한 것을 알 수 있다. 이럴 경우 SCZI>3은 관념군집의 핵심변인이 되고 SCZI가 4 또는 4 이상인 기록을 해석하기 위해서는 관념군집에 속한 변인들을 먼저 검토해야 한다.

마찬가지로 정서군집과 관련된 많은 해석적 가정을 검토한 결과 Exner는 정서군집에서 가장 현저한 특징은 DEPI>5라는 것을 발견하였다. DEPI가 5보다 크면 DEPI가 핵심변인이 되기 때문에 정서군집에서부터 프로토콜을 해석해야 한다. 이러한 절차를 통해 각 군집의 핵심변인을 밝혀야 하고 가장 현저한 특징이 나타나지 않는 기록에서는 부가적 핵심변인을 결정해야 한다. 예컨대, 관념군집과 관련된 많은 해석적 진술이 가능한 기록에서 SCZI>3은 아니지만 내향적인 EB가 가장 현저하였다(M이 SumC보다 2점 이상 높거나 EA가 10 이상이면서 M이 2점 이상 높을 경우). 따라서 내향적인 EB는 SCZI>3과 마찬가지로 관념군집의 해석부터 먼저 시작해야 한다는 것을 지적하는 핵심변인으로 성립된다. 이러한 절차를 통해 각 군집과 관련된 11개 핵심변인이 밝혀졌다. 이들 각 핵심변인은 R과 S-CON을 검토한 뒤에 로르샤하 프로토콜에서 먼저 해석해야 할 군집과 관련이 있다.

어떤 기록에서 해석의 근거가 되는 핵심변인을 밝힌 뒤에 해석과정에서 두 번째로 가장 많은 해석적 진술이 가능하고 핵심변인 다음에 검토해야 할 군집을 결정하기 위해 기록을 검토해야 한다. 예컨대, SCZI>3인 기록의 경우 관념변인의 해석이 가장 중요하고 그 다음으로 많은 해석이 가능한 군집은 중재군집이다. DEPI>5인 기록의 경우 정서군집의 해석이 가장 중요하고 그 다음으로 많은 해석적 진술이 가능한 군집은 통제군집이다. 각 핵심변인과 관련된 기록을 계속 검토함으로써 해석할 순서를 결정하게 된다.

이런 방식으로 로르샤하 프로토콜을 광범위하게 분석하여 각 핵심변인과 관련 있는 군집계열을 만들어야 한다. 이 계열에 따라 해석할 경우 첫 번째 군집이 수검자에 관한 해석적 정보를 가장 많이 제공할 것이고 다른 군집은 탐색하는 순서에 따라 정보의 양이 점점 줄어들 것이라고 예상할 수 있다. 그러나 임상실제에서는 마지막 한두 군집에서 상당히 중요한 정보가 나타나는 경우도 있을 수 있다. 하지만 대부분의 경우 핵심변인에 따른 접근은 첫 번째 군집이 수검자의 성격기능에서 가장 현저한 특징을 밝혀줄 것이고 앞부분에 속하는 서너 가지 군집에서 프로토콜을 통해 얻을 수 있는 많은 정보를 얻게 될 것이다. 이런 방식으로 접근하는 계열적 탐색전략은 로르샤하 자료에서 가장 중요한 해석적 의미가 있는 측면부터 시작해서 가장 낮은 측면에 이르기까지 순서대로 검토하는 데 도움이 될 것이다.

로르샤하를 해석하기 위한 계열적 탐색전략을 마련하는 마지막 단계는 핵심변인의 우선순위를 결정하는 것이다. 예컨대, 하나 이상의 핵심변인이 정적일 경우 먼저 주의를 기울여야 할 변인을 결정해야 한다. 이럴 경우 각 핵심변인의 임상적 중요성을 고려하고 2개 혹은 그 이상의 의미 있는 핵심변인으로 프로토콜을 검토하는 대안적 탐색의 결과를 분석하여 먼저 검토해야 할 변인을 결정한다. 〈표 3-2〉는 이러한 분석을 통해 얻은 결과이다. 이 표는 11개 핵심변인의 우선순위를 나열한 것이고 어떤 핵심변인이 정적일 때 군집을 탐색하게 될 계열을 지적하는 것이다. 표에서 알 수 있는 바와 같이 원래의 탐색전략을 수정하기 위해서는 핵심적 변인을 순서대로 검토하여 가장 적합한 군집의 순서를 결정할 필요가 있다.

〈표 3-2〉에 제시되어 있는 목록에서 위에서부터 아래로 내려갈 경우 나타나는 첫 번째 정적 핵심변인은 탐색을 시작해야 할 출발점(entry point)과 탐색을 진행하는 방법을 밝혀준다. 〈표 3-2〉의 계열적 탐색전략을 실제로 적용하는 방법을 예로 들어 설명하면 다음과 같다. 〈표 3-2〉에서 검토해야 할 첫 핵심변인은 지각적 사고지표(PTI)이다. 종합체계(Exner, 2000)에서 사고장애와 현실검증의 손상을 지적하는 지표였던 SCZI는 PTI로 대치되었다. 그리고 PTI의 특징은 5장에 기술되어 있다. 만약 PTI가 4 또는 그 이상이라면, 해석은 관념군집에 속한 변인부터 검토를 시작해서 다른 두 인지군집인 중재군집과 처리군집으로 진행한다. 그리고 나머지 군집의 해석은 통제, 정서, 자기지각, 대인지각의 순으로 진행한다. 만약 PTI가 4점 이하라면 우울지표에 주의를 기울인다. DEPI가 6~7점이고 사회적 상호작용을 효율적으로 관리하는 능력의 제한을 지적하는 대응결함지표(CDI)가 3 이상이라면, 해석적 탐색은 대인관계군집부터 시작해서 자기지각, 통제, 정서, 처리, 중재, 관념 순으로 진행한다. 만약 DEPI > 5이고 CDI < 4라면, 정서군집을 먼저 검토하고 그 다음에 통제, 자기지각, 대인관계지각, 3가지 인지, 관념 순으로 진행한다.

만약 PTI나 DEPI가 상승하지 않았다면, D와 AdjD 점수 간의 관계에 근거를 두고 있는 다음의 핵심변인을 검토한다. 그 결과 D가 AdjD보다 낮다면, 먼저

〈표 3-2〉 종합체계 탐색전략: 핵심변인과 군집계열

지각적 사고지표(PTI>3)

관념 > 중재 > 처리 > 통제 > 정서 > 자기지각 > 대인지각

우울지표(DEPI>5) 그리고 대응결함지표(CDI>3)

대인지각 > 자기지각 > 통제 > 정서 > 처리 > 중재 > 관념

우울지표(DEPI>5)

정서 > 통제 > 자기지각 > 처리 > 중재 > 관념

D점수와 조정된 D점수(D<AdjD)

통제 > 상황적 스트레스 > (뒤에 나오는 정적인 핵심변인이나 제3변인의 목록 따라 탐색계열 결정)

대응결함지표(CDI>3) 그리고 경험실제(EA<6)

통제 > 정서 > 자기지각 > 대인지각 > 처리 > 중재 > 관념

대응결함지표(CDI>3)

대인지각 > 자기지각 > 통제 > 정서 > 처리 > 중재 > 관념

조정된 D 점수(AdjD<0)

통제 > (뒤에 나오는 정적인 핵심변인이나 제3변인의 목록에 따라 탐색계열 결정)

Lambda(Lambda>.99)

처리 > 중재 > 관념 > 통제 > 정서 > 자기지각 > 대인지각

반사반응(Fr+rF>0)

자기지각 > 대인지각 > 통제 > (뒤에 나오는 정적인 핵심변인이나 제3변인의 목록에 따라 탐색계열 결정)

내향적 EB

관념 > 처리 > 중재 > 통제 > 정서 > 자기지각 > 대인지각

외향적 EB

정서 > 자기지각 > 대인지각 > 통제 > 처리 > 중재 > 관념

수동적 운동과 능동적 운동(p>a+1)

관념 > 처리 > 중재 > 통제 > 자기지각 > 대인지각 > 정서

정적 과민성지표(HVI)

관념 > 처리 > 중재 > 통제 > 자기지각 > 대인지각 > 정서

통제군집을 탐색한 뒤에 상황적 스트레스에 속한 변인계열을 고려한다. 출발점이 D<AdjD일 경우 아직까지 밝혀진 효율적인 탐색 순서는 없다. 이럴 경우 기록 자체에서 통제와 상황적 스트레스 변인을 주의 깊게 살펴보면 가장 많은 정보를 얻을 수 있는 위치를 알 수 있다.

〈표 3-2〉에 제시되어 있는 바와 같이 핵심변인에 관한 목록을 위에서부터 점검하고 탐색지침에 따라 검토하면 그 다음 정적 변인을 찾을 수 있다. D<AdjD인 기록에서 CDI>3은 정상 범위를 벗어난 것으로 볼 수 있다. 이 경우 2가지 대인적인 해석계열을 고려할 수 있다. 만약 일반적으로 대응력의 부족을 지적하는 CDI>3과 EA<6.0이라면 군집은 정서, 자기지각, 대인관계지각, 처리, 중재, 관념의 순서로 진행하면서 검토한다. 반면에 주로 사회적 상황에서 대응능력의 부족을 지적하는 CDI>3과 EA<6.0이라면 정서, 자기지각, 대인관계지각, 처리, 중재, 관념 군집의 순서로 검토한다. 주로 사회적 상황에서 대응문제를 지적하는 CDI>3과 EA>5.5라면 대인관계지각, 자기지각, 정서, 3가지 인지 군집의 순서로 탐색한다. 만약 D<AdjD인 기록에서 CDI가 상승하지 않고 다섯 번째 핵심변인인 AdjD가 0보다 작지 않고 그 다음 핵심변인인 Lambda가 .99보다 크다고 가정하자. 이럴 경우 통제와 상황적 스트레스 뒤에 탐색계열은 처리, 중재, 관념, 정서, 자기지각, 대인관계지각 순으로 진행할 수 있다.

이들 예와 함께 검사자가 〈표 3-2〉를 기억하고 있으면 핵심변인과 군집계열을 스스로 탐색하는 데 유리하다. 때로는 11개 핵심변인 중 정적인 변인이 하나도 없는 기록도 있을 수 있다. 이런 경우에 대비하기 위해 Exner(1991)는 부가적인 9개의 제3변인 목록을 마련하였다.

〈표 3-3〉에 제시되어 있는 제3변인들은 필요에 따라 핵심변인과 동일한 방법으로 사용할 수 있다. 검사자는 정적인 핵심변인을 밝힐 때까지 목록을 차례로 검토한 뒤에 해석하는 지침이 될 수 있는 제3변인의 탐색계열을 검토하면 된다.

변인들을 군집으로 묶고 변인들의 군집에 대해 계열적 탐색전략을 적용하는 것은 실제적으로 매우 유용하다는 것이 입증되었고 〈표 3-1〉, 〈표 3-2〉, 〈표 3-3〉의 목록은 경험적 근거가 있다. 그러나 로르샤하 임상가와 연구자는 해석하는 데 필요한 이들 지침은 로르샤하를 발전시키기 위한 도구이고 최종적인 결과나 사실에 대한 진술은 아니라는 점을 명심해야 한다. 비록 해석적 전략의

〈표 3-3〉 종합체계 탐색전략: 제3변인과 군집계열

정적 강박성지표(OBS)

처리 > 중재 > 관념 > 통제 > 정서 > 자기지각 > 대인지각

우울지표(DEPI = 5)

정서 > 통제 > 자기지각 > 대인지각 > 처리 > 중재 > 관념

경험실제(EA > 12)

통제 > 관념 > 처리 > 중재 > 정서 > 자기지각 > 대인지각

M- > 0, Mp > Ma 또는 Sum6 Spec Sc > 5

관념 > 중재 > 처리 > 통제 > 정서 > 자기지각 > 대인지각

Sum Shading > FM + m, CF + C > FC + 1 또는 Afr < .46

정서 > 통제 > 자기지각 > 대인지각 > 처리 > 중재 > 관념

X-% > 20%, Zd > +3.0 또는 < -3.0

처리 > 중재 > 관념 > 통제 > 정서 > 자기지각 > 대인지각

자아중심성지표(3r + (2)/R < .33)

자기지각 > 대인지각 > 정서 > 통제 > 처리 > 중재 > 관념

MOR > 2 또는 AG > 2

자기지각 > 대인지각 > 통제 > 관념 > 처리 > 중재 > 정서

재질반응(*T* = 0 또는 *T* > 1)

자기지각 > 대인지각 > 정서 > 통제 > 처리 > 중재 > 관념

기본구조와 목적은 건전하고 해석과정을 촉진한다고 하더라도, 부가적 자료를 수집하고 보다 개념적으로 정교화시키면 군집을 구성하는 요소와 탐색계열이 수정될 수도 있을 것이다.

로르샤하 변인을 군집으로 묶는 것과 마찬가지로 군집에 대한 계열적 탐색전략은 중요한 실제적 및 개념적 함의가 있다. 자료에 대한 계열적 접근은 융통성 있고 임상적으로 적절하게 초점을 맞출 수 있도록 해 준다. 또한 이러한 접근은 정신병리에 관한 증상적 패턴과 성격적 패턴의 변별과 정상적 적응과 비정상적 적응의 감별을 촉진시키고 다양한 이론적 참조체제 내에서 프로토콜을 해석할 수 있도록 해 준다.

융통성과 임상적 적합성

로르샤하 해석을 시작하는 지점을 결정하기 위해 핵심변인을 사용하는 것에 대해 앞서 기술한 것은 은연중에 계열적 탐색전략의 융통성을 설명하고 있다. 계열적 탐색은 각 자료를 가장 바람직하게 해석할 수 있는 출발점을 밝히는 것이기 때문에 어떤 프로토콜에서 가장 중요하다고 생각되는 점을 미리 결정해 두고 판에 박힌 방식으로 해석하는 것을 피할 수 있다. 계열적 탐색전략을 적용하면 가용한 자료를 철저하게 해석할 수 있을 뿐만 아니라 수검자에 따라 융통성 있게 해석과정을 적용할 수 있다.

각 핵심변인은 프로토콜의 다양한 특징(예컨대, DEPI는 상이한 14개 변인을 포함)을 포함하는 다중적 지표를 결정하거나 성격과 행동 간의 입증된 관계(예컨대, Lambda가 높은 사람)를 밝혀주기 때문에 임상적으로 매우 유용하다. 따라서 첫 핵심변인을 밝히는 것은 프로토콜에서 가장 현저한 특징뿐만 아니라 현재 수검자의 심리적 상태와 대처양식에 관한 가장 중요한 특징을 지적해 주는 것이다. 예컨대, AdjD < 0 자체는 수검자가 대응능력을 초과하는 지속적인 스트레스를 경험하고 있고 그 결과 만성적이거나 반복적인 불안, 긴장, 초조, 충동적인 경향을 경험하고 있을 가능성을 시사하는 것이다. 마찬가지로 상승한 CDI 또는 하나 이상의 반사반응은 핵심적인 성격특징과 잠재적인 적응적 문제를 시사하는 것일 수 있다(Exner, 2003).

그리고 성격적 장점과 단점을 반영하는 군집패턴은 감별진단과 치료계획의 수립에도 직접적 도움이 될 수 있다. 규준에서 부적응적인 방향으로 일탈된 결과를 포함하고 있는 군집은 그 군집과 관련된 성격기능의 약점을 시사하는 것이고 반대로 어떤 군집이 규준에 속하거나 적응적 방향일 경우 그 군집과 관련된 성격기능이 적응적 자산이라는 것을 지적하는 것이다.

예컨대, 정서군집보다 관념군집에서 기능적 문제를 나타내는 사람은 기분장애보다 정신분열병 아류에 속하는 장애를 나타낼 가능성이 더 높다. 그리고 관념군집과 중재군집에 뚜렷한 취약점이 있는 수검자는 정신분열병일 가능성이 높다. 관념군집에 장애가 있으나 중재군집이 정상 범위일 경우 망상장애의 증거가 나타날 수 있고 관념군집에 특이한 점은 없으나 중재군집에 결함이 있을 경우 다른 형태의 정신병적 장애일 수 있다. 특히 중재군집과 정서군집이 모두 손상되어 있다면 정동정신병일 가능성이 높다(Weiner, 1998c). 또한 관념군집, 중재군집, 정서군집은 적응적인 반면에 자기지각이나 대인관계지각 군집에 손상이 있을 경우 치료계획을 수립할 때 자신이나 다른 사람에 대한 태도에 먼저 초점을 두어야 한다(Weiner, 1999b). 3부에 제시한 사례를 읽어보면 7개 군집과 관련된 적응적 강점과 약점의 결합이 시사하는 다양한 정신병리적 패턴의 의미, 부적응의 형태, 치료의 표적과 관련된 의미를 알 수 있을 것이다.

정신병리 유형의 감별

진단과 치료계획의 수립에 대해서는 3부에서 자세히 논의하겠지만, 여기서는 3가지 범주의 성격역기능을 구분하기 위해 계열적 탐색전략을 적용하여 결정한 핵심변인의 계열에 관한 의미를 검토하려고 한다. 3가지 범주에서 앞부분에 있는 4가지 핵심변인은 전형적으로 증상적 장애의 유형과 관련이 있다. 상승한 PTI는 정신분열병 아류에 속하는 장애의 가능성을 제기하는 것이고, CDI$>$3이 있든 없든 간에 상승한 DEPI는 정동문제를 지적하는 것이고, D$<$AdjD는 어떤 종류의 불안장애를 시사하는 것이다.

〈표 3-2〉에 제시한 그 다음 두 핵심변인인 EA$<$6.0이 있든 없든 간에 CDI$>$3은 쉽게 변하는 인지적, 정서적 또는 불안과 관련된 증상을 지적하는 것이 아니라 짧은 기간에 증상의 강도가 다양하고 증상중심적 치료에 잘 반응한다는 것을 지적하는 것이다. 상승한 CDI는 발달과 관련된 지연이나 외상적 사건으로 인한 심각한 기능적 상실 때문에 만성적이고 지속적인 대처능력의 장애가 있다는 것을 지적하는 것이다. 정신분열병 환자들은 대인관계에 대한 혐오나 현실감의 상실에 따라 잘 지낼 때도 있고 그렇지 않을 때도 있다. 기분장애나 불안장애가 있는 환자들도 역시 증상으로 인한 손상의 정도는 상당한 변동을 나타낸다. 반면에 대응능력의 손상은 더 호전되거나 더 악화되지 않고 손상 자체가 안정적이다. 즉 대응능력의 결함은 도움이 되는 경험이나 성공적인 개입을 통해서 손상을 가지고 있는 사람이 보다 유능해지기 전에는 항상 고정적이다. 따라서 상승한 CDI에 의해 밝혀지는 적응문제는 성격장애와 많은 공통점이 있다.

CDI$>$3 다음에 나오는 3가지 핵심변인들도 잠정적으로 부적응적 발달이나 성격적 성향과 관련이 있는 지속적인 성격유형을 지적하는 것이다(Exner & Weiner,

1995). AdjD<0은 불필요한 정서적 혼란을 경험하지 않고 스트레스를 야기하는 상황을 관리할 수 있는 충분한 자원이 부족하다는 것을 지적하는 것이다. Lambda>.99는 상황과 관련된 사고와 감정이 개방적이지 않을 뿐만 아니라 상황을 단순하게 생각하여 경험에 대한 접근이 협소하다는 것을 지적하는 것이다. Fr+rF>0은 자신의 성격특성에 만족하고, 다른 사람의 요구보다 자신의 요구를 먼저 생각하고, 자신이 원하는 것을 가질 수 있는 권리가 있다고 느끼고, 자신의 문제나 단점에 대한 책임을 외부로 돌리려는 지속적인 경향을 지적하는 것이다.

따라서 이들 5가지 핵심변인(EA<6.0이 있거나 없는 CDI>3, AdjD<0, Lambda>.99, Fr+rF>0)은 근본적으로 증상적 장애보다 성격적 및 발달적 장애와 관련 있는 두 번째 기능범주를 구성한다. 성격장애와 마찬가지로 이런 장애는 발달적으로 초기에 시작된다. 따라서 이들 5가지 로르샤하의 특징은 나타나면 생의 초기부터 나타나고 중요한 발달기간이 지난 후에 획득되는 경우는 드물다.

예컨대, 성인의 기록에서 상승한 CDI와 CDI가 지적하는 대응능력의 지속적인 결함은 청소년기나 성인기에 성격적 장애나 신경학적 역기능이 발병하지 않았다면 아동기 때부터 발병했을 가능성이 높다. 따라서 발달배경에서 분명히 성공적인 대응능력을 가지고 있던 사람의 상승한 CDI는 심각한 성격장애나 역기능을 지적하는 단서일 수 있다. 반면에 젊은 수검자의 상승한 CDI와 오래 지속된 성인의 대응능력 결함도 회복이 불가능한 것은 아니다. 풍부한 경험과 건설적인 개입은 이러한 발달적 결함을 극복하는 데 도움이 될 수 있다. 로르샤하 용어로 표현하면 이들의 상승한 CDI도 기록에 나타나지 않을 수 있다.

AdjD<0, Lambda>.99, 반사반응도 같은 방식으로 해석할 수 있다. 예외적인 경우가 없는 것은 아니지만 아동기 이후의 생활경험의 영향으로 로르샤하 프로토콜에 이러한 특징이 나타날 가능성은 거의 없다. 청소년과 성인의 기록에서 이러한 특징이 나타났다면 아동기에 로르샤하를 실시했더라도 이러한 특징이 나타났을 가능성이 높다. 반대로 아동기 때 이러한 특징을 나타내지 않았다면 청소년이나 성인이 되어도 이러한 특징이 나타날 가능성은 거의 없다. 그러나 부적응적인 성격특성을 변화시키는 데 도움이 되는 일련의 사건을 경험하면 이러한 특징이 프로토콜에 나타나지 않을 수 있다.

핵심변인의 목록에서 아래로 내려가면 Fr+rF>0 다음에 제시된 두 핵심변인은 내향적 EB 또는 외향적 EB이다. 증상적 장애와 관련된 첫 핵심변인들과 성격적 및 발달적 장애와 관련된 두 번째 핵심변인들과 달리 내향적 EB나 외향적 EB 자체가 심리적 장애나 적응적 문제와 관련이 있는 것은 아니다. 실제로 약 80%의 사람들은 내향적이거나 외향적이다. 따라서 EB 유형에 대한 선호는 정상적 범위에서 성격유형의 차이에 불과하다. 정도에 지나친 내향적 또는 외향적 EB에 대한 선호(EBPer)는 적응문제에 영향을 미칠 수 있지만, 경험을 다룰 때 관념적(내향적)인 방식이나 표현적(외향적)인 방식을 융통성 있게 선호한다고 해서 비정상적인 성격기능이 있다는 것을 의미하는 것은 아니다(Exner, 2003).

마지막 두 핵심변인은 사회적 상황에서 수동적이고 복종적인 경향을 나타내는 $p<a+1$와 다른 사람들과 거리를 두고 경계하고 의심하는 경향을 나타내는 HVI이다. 내향적 또는 외향적인 측면과 달리 대인관계에서 거리를 두거나 수동적인 것은 잠정적으로 부적응적일 수 있다. 그러나 첫 번째 두 집단의 7개 핵심변인이 하나도 상승하지 않고 $p>a+1$ 또는 HVI가 상승한 사람은 대부분의 사람들보다 대인관계에서 다소 복종적이거나 조심스러운 경향이 있지만 정상적인 범위에서 합리적으로 잘 기능하는 경향이 있다.

따라서 마지막 부분에 나오는 4가지 핵심변인(내향적 EB, 외향적 EB, $p>a+1$, 정적 HVI)은 정신병리와 관련된 증상적, 성격적 패턴을 지적하는 것이 아니라 정상범위에 속하는 성격기능의 차이를 나타내는 세 번째 범주를 구성한다. 〈표 3-3〉에 제시된 제3변인은 첫 7개 핵심변인에서 의미가 있는 정적 변인이 없으면 일탈된 성격기능보다 정상적인 성격기능을 더 잘 밝힐 수 있는 성격특징을 의미하는 것이다. 따라서 계열탐색에서 EB보다 현저하게 상승한 핵심변인이 나타나지 않는 대부분의 경우 수검자의 심리적 적응은 비교적 정상 범위일 가능성이 높다.

핵심변인과 제3변인을 3단계를 통해 묶는다고 해서 뚜렷하게 구분되는 것도 아니고 성격적 정신병리와 증상적 정신병리 및 정상적인 성격기능과 이상을 구분하기 위한 절대적 근거가 되는 것도 아니다. 이러한 범주의 차이는 3가지 측면에서 임상적인 지식과는 대조적이다.

1. 증상적 장애가 없어진 사람도 일차적인 성격적 문제가 나타날 수 있다.
2. 성격발달이 지연되거나 왜곡된 사람은 스트레스 상황에 직면하면 불안과 우울 또는 심지어 정신병적 장애가 나타날 수 있다.

3. 때로는 정상적인 심리적 기능과 비정상적인 심리적 기능의 경계는 모호하다.

핵심변인, 제3변인 및 다른 로르샤하 지표는 분명하게 선을 그을 수 있는 범주보다 비교적 확실한 어떤 경향을 밝히기 위한 것이다.

핵심변인과 제3변인들의 단계적 묶음의 타당성을 평가하기 위한 체계적 연구는 아직 이루어지지 않았다. 그렇지만 앞에서 언급했던 이러한 변인들이 나타내는 임상적 의미를 잘 이해하면 종합체계의 계열적 탐색전략이 로르샤하 프로토콜에 대한 출발점을 제공해 준다는 것을 알 수 있다. 특히 첫 번째 핵심변인은 전반적 적응수준을 밝히고, 증상적 장애와 성격적 장애를 변별하고, 개인의 성격유형에서 현저한 특징을 탐색하는 데 매우 도움이 된다.[1]

이론적 근접성

요컨대 성격기능과 관련이 있는 구조적, 주제적 변인의 군집화와 이러한 군집을 계열적 탐색전략에 따라 검토하는 것은 종합체계에서 다양한 이론을 활용할 수 있다는 측면에서 중요한 의미가 있다. 원래 종합체계는 특정 성격이론이나 잉크반점법의 성격에 대한 이론적 관점과는 별개로 발전되고 수정되었다. Exner의 주된 의도는 로르샤하 자료를 기호화, 체계화, 객관화, 표준화하고, 관찰할 수 있는 행동을 통해 이러한 자료의 타당성을 검토하는 데 있었다. 비록 그의 노력이 로르샤하에 대한 경험적 근거가 있는 건전한 심리측정적 접근을 초래했지만, 얻어진 자료를 어떤 이론적 체계에 따라 해석해야 한다는 언급은 없다. 1장과 2장에서 언급한 바와 같이 종합체계 탐색전략은 지각-인지적 및 연상-표상적 접근을 추구하기 위해 모든 로르샤하 자료에 주의를 기울인다. 더욱이 변인군집의 구성과 군집을 계열적으로 검토하기 위한 지침은 성격의 특성이론, 충동과 방어의 자아분석적 개념화, 행동과 적응에 대한 대상관계적 관점 등을 근거로 체계화한 것이다. 이러한 3가지 참조체계에 대해서는 4~8장에서 설명하였고 3부에서는 사례를 통해 자세하게 설명하였다.

---

1) 역주: 이 부분은 원래 한 문장으로 되어 있고 문장의 앞뒤가 맞지 않았다. 그래서 저자에게 요청하여 두 문장으로 끊어서 해석하였다.

4
로르샤하 반응에서 투사와 카드의 속성

투사와 카드의 속성(card pull)은 오래전부터 로르샤하 반응과정에서 서로 보완적인 영향을 미치는 것으로 인식되었다. 이런 관점은 1장에서 RIM이 지각과 연상에 대한 검사라는 관찰과 맥락을 같이 하는 것이다. 수검자가 잉크반점에 대한 개인적 연상에 의해 반응했다면 그 반응은 대부분 투사에 근거한 반응일 가능성이 높다. 반면 수검자가 잉크반점의 자극적 특징에 대해 반응했다면 그 반응은 카드의 속성에 근거한 반응일 가능성이 높다.

투사와 카드의 속성은 분명히 서로 다르지만 이들이 반응에 미치는 영향이 배타적인 것은 아니다. 오히려 이론적으로 보면 모든 로르샤하 반응은 지각과 연상의 과정이 어느 정도 결합되어 있다고 볼 수 있다. 이미 1장에서 지적한 바와 같이, 분명히 잉크반점의 자극적 특징에 의해 결정된 평범반응이나 정교화되지 않은 반응이라고 하더라도 어느 정도 연상을 포함하고 있다. 대부분의 사람들은 카드 V를 박쥐처럼 보지만, 카드 V가 박쥐를 보고 정밀하게 그린 그림이라고 생각하는 사람은 거의 없을 것이다. 그러므로 잉크반점에서 박쥐 비슷하게 보이는 것을 보고 박쥐라는 반응을 나타내려면 어느 정도의 연상과정이 필요하다. 로르샤하를 실시할 때 수검자에게 "이것은 무엇입니까?" 하고 묻지 않고 "무엇으로 볼 수 있겠습니까?" 하고 질문하는 것은 이러한 연상과정의 필요성과 관련이 있다.

마찬가지로 잉크반점의 자극적 특징과는 관계없이 단지 연상의 결과로 형성된 반응도 거의 없을 것이다. 일차적으로 연상에 근거한 반응이라도 어느 정도 잉크반점의 특징이 어떤 사고나 감정을 자극하기 시작했을 것이다. 카드 Ⅶ에 대해 "서로 떨어지려고 애를 쓰지만 함께 묶여 있는 두 사람이다."라는 반응을 생각해 보자. 이 반응은 잉크반점의 자극적 특징을 넘어서서 풍부한 연상이 투사되어 있지만, 이러한 연상은 분명히 카드 Ⅶ이 두 사람의 모습을 닮았다는 인식에서 시작되었을 것이다. 로르샤하 반응은 투사와 카드의 속성이 상호작용한 결과로 보는 학자들 중 Schafer(1954)는 지시의 성격이 "반응을 형성하는 동안에 현실검증과 자유로운 환상이 상호작용하도록 하는 원인으로 작용한다."는 점을 강조하였다.

따라서 효율적으로 로르샤하를 해석하기 위해서는 각 반응이 형성되는 과정에 투사와 카드의 속성이 미친 상대적 영향을 파악할 필요가 있다. 주로 투사에 의해 형성된 반응은 각 수검자마다 독특한 경향이 있고 수검자의 중요한 내적 욕구, 태도, 갈등, 관심에 관한 다양한 측면을 반영하는 경향이 있다. 반면에 주로 카드의 특징에 의해 형성된 반응은 수검자에 따라 다르기보다 서로 유사할 가능성이 높고 각 개인의 독특한 성격역동에 관한 많은 정보를 제공해 주지 못한다.

투사와 카드의 속성은 분명히 다른 의미를 내포하고 있으나 서로 중첩되는 측면도 많다. 로르샤하 반응에서 투사된 자료는 일차적으로 지각적 구조화보다 주제심상에 나타나고 반응한 사람에게 특별한 의미가 있는 특이성을 근거로 밝힌다. 그러나 색채투사(CP)는 중요한 예외이다. CP는 카드에 나타나지 않는 자극적 특징(유채색)을 포함하는 구조변인이고 성격의 역동적 측면(불쾌한 감정을 부인하려는 방어)을 시사하는 반응이다. 그러나 CP는 많은 성격적 특징을 밝혀주는 특정 유형의 주제심상을 포함하고 있고 CP는 카드의 속성에 의해 유발되거나 영향을 받았을 가능성이 높은 주제심상도 포함하고 있다.

주제심상은 공통적인 성격적 특징을 반영하는 것일 수 있다. 즉 로르샤하의 내용척도는 주제심상을 조심스럽게 기호화하면 측정할 수 있고 객관적으로 비교할 수 있는 성격적 역동을 밝히는 데 도움이 될 수 있다는 것이다. 이런 척도 중에서 가장 좋은 예는 Masling 등(Bornstein, 1996; Masling, Rabie, & Blondheim, 1967)이 개발하고 발전시킨 로르샤하 구강의존척도(Rorschach Oral Dependency Scale)이다. 다른 척도들은 6장에서 소개되어 있다.

카드의 속성은 주제심상에 영향을 미칠 수 있다. 즉 잉크반점의 자극적 특징은 반응내용과 반응을 정교화하는 방식을 포함한 반응의 어떤 특징에 영향을 미칠 수 있다. 예컨대, 한 수검자가 카드 Ⅱ에 대해 "폭력이 생각난다."는 반응을 했다고 가정해 보자. 수검자는 아마 이 카드에서 쉽게 피로 볼 수 있는 붉은 부분을 보고 이렇게 반응했을 것이다. 카드 Ⅱ는 10장의 카드 중에서 폭력에 관한 연상을 자극할 가능성이 가장 높은 카드이다. 그러나 카드 Ⅱ에서 폭력에 관한 반응을 하였거나 하지 않았던 간에 수검자가 카드 Ⅷ에서 "폭력이 떠오른다."라고 반응했다고 가정해 보자. 실제로 카드 Ⅷ은 부드러운 색채와 위협적이지 않은 형태로 구성되어 있어서 일반적으로 폭력과 관련된 반응이 나타나는 빈도가 매우 낮고 카드 Ⅷ은 폭력적인 특징이 거의 없다. 따라서 카드 Ⅷ에서 지각한 폭력은 카드 Ⅱ에서 지각한 폭력보다 더 극적이고 투사적이며 더 많은 개인적 의미를 나타낸다. 그리고 카드 Ⅱ에 대한 반응보다 카드 Ⅷ에 대한 폭력은 공격행동과 그 결과에 대한 강한 집착을 나타내는 것이다. 이런 예는 내용주제의 해석적 의미는 부분적으로 카드의 속성에 대한 지식에 의해 결정된다는 것을 설명하기 위한 것이다. 즉 내용주제의 해석적 의미는 일반적으로 사람들이 잉크반점에 대해 반응하는 경향과 관련이 있다.

카드의 속성은 또한 주제심상에 영향을 미칠 뿐만 아니라 프로토콜의 행동적 특징에도 의미 있는 영향을 미친다. 예컨대, 한참동안 카드를 유심히 살펴본 뒤에 "이 카드는 상당히 어렵군요." 하고 말했다고 가정하자. 대부분의 수검자들이 비교적 쉽게 다루고 복잡하지 않다고 여기는 카드 Ⅴ에서 이런 말을 했다면, 많은 수검자들이 더 복잡하고 어렵다고 생각하는 카드 Ⅸ에서 이런 말을 했을 때보다 더 중요한 해석적 의미가 있다.

로르샤하 프로토콜에서 카드의 속성이 구조적 변인에 미치는 영향은 대부분의 사람들이 인식하는 잉크반점의 자극적 특징을 포함한다. 카드의 특징은 개인에 따라 특이한 것이 아니라 보편적인 것인데도 불구하고, 광범위한 연구결과 실제로 수검자가 잉크반점에서 볼 수 있는 것과 반응을 보고하기 위해 선택한 것 간에는 큰 차이가 있었다. 예컨대, Exner는 로르샤하 반응과정에 관한 초기 연구에서 정상 성인집단을 대상으로 10장의 각 카드에 대해 1분 동안 볼 수 있는 것을 가능한 한 많이 보고하라고 하였다. 그 결과 반응의 평균은 91.9개나 되었다(Exner, Armbruster, & Mittman, 1978). 반면에 RIM의 표준절차를 적용하였을 경우 정상 성인집단의 평균 반응수는 22.3개에 불과했다(Exner, 2001). 이런 결과는 반응을 형성하기 위해 선택한 잉크반점의 특징에 따라 수검자가 인식한 많은 잠정적 지각 가운데서 반응을 선택하는 것은 개인에 따라 매우 다양하고 특이하다는 것을 지적하는 것이다(Exner, 2003).

따라서 로르샤하 반응에서 투사된 자료는 개인에게 특별한 의미와 보편적 의미를 모두 포함하고 있다. 물론 투사된 자료는 개인에게 더 특별한 의미가 있을 것이다. 그리고 카드의 속성이 반응을 형성하는 과정에 미치는 영향은 반응의 차이와 유사성에 모두 작용하지만 반응의 유사성에 더 많은 영향을 미친다. 반응의 투사적 측면과 카드의 속성을 구분하면 다음과 같은 3가지 정보를 얻을 수 있기 때문에 보다 효율적인 해석이 가능하다:

1. 반응에 투사가 많으면 많을수록 그 반응은 특히 주제심상을 통해 수검자에 관한 것을 더 많이 나타낼 것이고, 따라서 해석과정에서 더 많은 주의를 기울여야 한다.
2. 반응이 카드의 속성에 의해 결정되면 결정될수록 반응에 포함된 투사는 더 적을 것이고, 따라서 그 반응의 주제심상에 대해 주의를 덜 기울여도 된다. 수검자의 반응이 카드의 속성에 의해 결정되는 정도는 대부분의 사람들이 반응하는 것처럼 반응하려는 경향을 나타내는 것이다.
3. 전형적으로 각 잉크반점에 의해 유발된 지각적 구조화, 주제심상, 검사행동의 유형을 알면 수검자가 잉크반점에 대한 반응에서 말한 것과 말하지 않은 것의 해석적 의미를 판단하는 데 유용하다.

투사의 영향에 대한 검토

로르샤하 반응에서 투사의 영향을 검토하는 것은 투사된 자료를 포함할 가능성이 높은 반응을 밝히고 그 반응에 투사가 관련된 정도를 평가하는 것이다. 3장에서 언급한 바와 같이 Exner(1989)는 운동, 지각적 왜곡 및 다양한 윤색(embellishment)을 포함하는 반응은 성격적 역동의 중요한 측면을 반영할 가능성이 높다고 하였다. 즉 그는 투사가 일어날 가능성이 높은 반응유형을 밝히고 투사가 포함될 가능성을 잉크반점의 자극적 특징에서 개념화할 수 있었다.

로르샤하 자극은 움직이지 않는 정적인 잉크반점이다. 따라서 잉크반점에서 본 형태나 대상에 운동속성을 부여하는 것은 틀림없이 수검자의 내면에서 비롯된 것이다. 마이너스 형태수준의 반응으로 정의할 수 있는 지각적 왜곡은 수검자가 지각한 영역의 윤곽과 전혀 비슷하지 않은 형태나 대상을 의미한다. 분명하지 않거나 쉽게 볼 수 있는 지각은 규준적 자료에 나타나는 반응빈도에 따라 ordinary 또는 unusual로 기호화한다. 따라서 정확하게 기호화했다고 가정할 경우 마이너스 형태수준은 수검자가 잉크반점에서 분명히 무엇을 보기는 보았으나 자극과는 유사하지 않은 것이므로 틀림없이 수검자 내부에서 비롯되었을 것이다. 잉크반점의 자극적 특징에서 벗어난 윤색반응도 동일하게 생각할 수 있다. 윤색반응은 반점에 없는 것이므로 수검자의 내적 관념과 감정이 반응과정에 투사된 것으로 볼 수 있다.

반응에서 투사의 정도에 대한 평가는 수검자의 특정 반응에 대해 해석적 의미를 부여하고, 반응의 주제적 함의에 어느 정도 의미를 부여할 것인지를 결정하는 데는 여러 가지 방법이 있다. 첫째, 앞에서 지적한 바와 같이 지각과 마찬가지로 심상도 카드의 속성에 대한 반응이다. 비교적 공통적인 운동반응, 왜곡반응, 윤색반응은 매우 드물게 나타나는 반응보다 투사를 포함할 가능성이 더 적고 해석적 의미도 더 적을 것이다.

예컨대, Schachtel(1966)은 운동반응의 경우 카드 Ⅲ에 대한 평범한 M 반응과 카드 Ⅷ에 대한 평범한 FM 반응은 다른 카드에서 볼 수 있는 인간과 동물의 운동반응만큼 수검자의 개인적 태도를 반영해 주지 못한다고 하였다. 반대로 움직이는 것으로 잘 보지 않는 부분에 대한 운동반응의 주제심상은 특별한 의미가 있을 가능성이 높다. 또한 평범반응이라도 투사된 운동의 유형에 따라 의미도 달라진다. 예컨대, 카드 Ⅲ에 대해 "냄비에 무엇을 요리하는 두 여자"라는 반응은 여성에 대한 정형화된 성적 역할이나 강한 의존욕구를 의미하는 것일 수 있다. 그러나 카드 Ⅲ에서 이런 반응이 나타나는 빈도가 높기 때문에 이런 해석이 타당하지 않다면 반응의 의미는 줄어들 것이다. 반면에 카드 Ⅲ에 대해 "무엇을 두고 서로 가지려고 싸우고 있는 두 여자"라는 반응은 상대적으로 빈도가 낮은 반응이다. 이 반응은 수검자의 생활에서 경쟁과 관련된 개인적인 의미를 나타내는 반응일 수 있다.

마찬가지로 카드 Ⅷ에서 "산을 기어오르는 동물 두 마리"라는 평범한 동물반응은 "성공의 사다리를 오른다."는 반응처럼 노력이나 성취에 대한 관심을 시사하는 것으로 해석할 수 있다. 그러나 이러한 이미지는 대부분의 사람들이 공통적으로 보고하는 매우 흔한 반응이라는 점을 고려하면, 그러한 해석은 합리적 근거도 없이 자료를 확대해서 해석한 것일 수 있다. 따라서 이 반응에 나타난 이미지는 수검자의 개인적인 측면과 거의 관련이 없다고 결론을 내리는 것이 더 합리적일 것이다. 다른 예로 카드 Ⅷ에 대해 "살려고 도망치는 동물 두 마리, 아래의 타오르는 지옥 불에서 탈출하려고 시도하는 동물"이라는 반응을 생각해 보자. 이 반응은 매우 극적이고 개별적인 의미가 있는 특이한 반응이다. 이 반응은 자신이 통제할 수 없는 생명을 위협하는 힘에 대한 공포를 강하게 시사하는 것이고 어쩌면 마땅히 처벌받아야 한다고 느꼈던 자신의 행동에 대한 죄책감과 관련이 있을 수도 있다.

운동의 주제적 해석에서도 인간상에 투사된 것과 동물상에 투사된 것은 해석적 의미가 달라야 한다. 일반적으로 사람은 동물의 행동이나 동물에 관한 것보다 인간이나 인간과 유사한 동물의 행동과 정서상태를 더 쉽게 알아차린다. 따라서 M 반응에 투사된 자료는 FM 반응의 주제심상보다 수검자의 성격적 역동에 관한 것을 더 많이 반영한다고 볼 수 있다. 그러나 Schachtel(1966)이 지적한 바와 같이 어떤 수검자는 사람보다 동물이나 전혀 사람과 유사하지 않은 동물에게 더 쉽게 귀인시킬 수 있는 금기시하는 활동이나 개인적으로 수용할 수 없는 태도나 노력을 나타낼 수 있다. 이럴 경우 FM의 주제심상은 M의 주제심상과 같이 해석할 수도 있다. 특히 앞 단락에 제시한 카드 Ⅷ에 대한 극적이고 특이한 반응은 M 반응의 주제심상과 동일하게 해석할 수도 있다.

마찬가지로 m 반응에 나타난 주제심상보다 FM 반응에 나타난 심상은 수검자의 성격적 역동에 대해 더 많은 것을 말해 주지만 m 반응이라도 극적이고 예외적인 반응이 있을 수 있으므로 해석에 주의를 기울여야 한다. 예컨대, "바람에 부러지고 뿌리째 뽑힌 나무"라는 m 반응은 자신이 좋아하는 사람이나 장소로부터의 비의도적 분리에 대한 관심을 강하게 시사하고 있다. 이 반응은 카드 Ⅲ에서 "냄비에 무엇을 요리하고 있는 두 여자"라는 M 반응이나 카드 Ⅷ에서 "산을 기어오르는 동물"이라는 FM 반응보다 수검자에 관한 것을 더 많이 나타내는 반응일 수 있다. 주제심상의 해석에서 고려해야 할 사항에 대해서는 6장에서 더 자세히 설명하였다.

운동반응과 마찬가지로 지각적 왜곡을 지적하는 마이너스 반응도 마이너스 반응이 나타나는 빈도와 반응의 극적인 측면은 다양하다. 아마 모든 마이너스 반응 중 가장 공통적인 것은 카드 Ⅹ에서 DdS 영역에 대한 얼굴 반응이다. 이와 관련된 모든 반응은 얼굴을 구성하는 눈, 코, 입 등은 모두 마이너스이고 얼굴 자체도 경계가 분명하지 않고 한계가 임의적이기 때문에 형태수준이 마이너스이다. 형태질이 마이너스인 얼굴 반응은 전형적으로 다른 사람이 자신을 감시하고 있다는 것에 대한 관심을 시사하는 것이다. 그러나 카드 Ⅹ에서 얼굴 반응은 자주 나타나는 반응이기 때문에 매우 신중하게 해석해야 한다.

마이너스 반응의 질(quality)에서 나타나는 분명한 차이와 관련해서 Phillips와 Smith(1953)는 오래전에 부정확한 형태를 잉크반점과 유사하게 접근한 반응에서부터 매우 일치하지 않게 접근한 반응에 이르기까지 4가지 왜곡수준으로 분류할 것을 제의했다. 이들은 이런 분류로 정신병리의 수준을 측정하려고 하였고 잉크반점과 일치하지 않는 정도가 심할수록 더 심각한 장애를 지적하는 것으로 보았다. 비록 마이너스 반응에 대한 이러한 분류와 정신병리의 수준과의 상호관계는 충분히 연구되지 않았으나, Exner와 Weiner(1995) 및 Weiner(1966, 1997b)는 지각적 왜곡을 지적하는 마이너스 반응을 구분하는 것은 임상적으로 유용하다고 하였다. 즉 마이너스 반응에서 왜곡이 심하면 심할수록 반응은 더 극적일 것이고, 카드의 속성보다 투사에 근거한 반응일 것이고, 수검자의 내면에 대해 더 많은 것을 나타낼 것이다.

끝으로 윤색반응도 운동반응과 지각적 왜곡반응의 해석에 대한 지침과 마찬가지로 자주 나타나는 정도와 반응의 극적인 성격을 동시에 고려해야 하고, 그렇게 하면 다양한 반응의 정교화에 투사가 작용한 정도와 그에 상응하는 의미를 밝히는 데 도움이 된다. 2가지 반응을 통해 이런 측면을 설명할 수 있다. 카드 Ⅵ에 대해 "차에 치인 고양이"라는 반응은 너무 자주 나타나는 반응이어서 "평범한 병적 반응(popular morbid)"으로 볼 수 있다. 실제로 종합체계에서는 카드 Ⅵ 전체에 대해 "고양이"라는 반응은 unusual로 기호화하지만 동일한 영역에 대해 "납작해진 고양이"라고 반응은 ordinary로 기호화하기에 충분하다. 따라서 이런 특수한 MOR은 아마 다른 영역에서 나타나는 드문 MOR보다 투사를 덜 포함할 것이고 신체적 손상에 대한 관심을 나타낼 가능성도 더 적다. 또한 카드 Ⅱ에서 "상처를 입은 곰"이라는 반응은 비교적 흔한 MOR 반응이다.

그러나 이 반응을 "싸워서 심하게 다쳤다거나 사냥꾼의 총에 맞아 심한 상처를 입고 피를 흘리고 있는 곰"처럼 극적으로 정교화되었다면 과거에 있었거나 닥쳐올 위험에 대한 강한 집착을 의미할 수 있다. 반응에 포함된 주제심상의 해석적 의미를 평가하는 방식과 마찬가지로 반응이 흔하게 나타나는 정도와 강도에 대한 기준은 모든 윤색반응에도 동일하게 적용할 수 있다.

이러한 예는 투사의 발생과 주제심상의 의미는 어떤 반응의 한 특징보다 많은 특징에 의해 결정될 수 있다는 것을 나타내 준다. 예컨대, 어떤 특정 반응의 내용이 운동과 지각적 왜곡을 다 포함하고 있을 경우 수검자의 성격적 역동에 대해 더 많은 것을 나타내는 것일 수 있다. 다른 예로 어떤 반응은 운동과 윤색반응이 결합될 수도 있고 또는 윤색반응이 지각적 왜곡과 결합되어 나타날 수도 있다. 때로는 이들 3가지 단서들이 투사된 자료에 모두 포함되어 있을 수도 있다. 일반적 지침에 따르면 투사가 작용했다는 것을 지적해 주는 3가지 특징 중에서 2가지를 포함하고 있을 경우, 야구로 치면 2루타로 볼 수 있다. 이런 반응의 주제심상은 3가지 특징 중 1가지 특징만 포함하고 있는 반응보다 수검자에게 더 의미가 있는 반응일 것이고 수검자의 내적 생활에 관한 더 많은 정보를 지적하는 것일 수 있다. 마찬가지로 윤색되어 있고 지각적으로 왜곡되어 있는 운동반응과 같은 3루타에 속하는 반응은 수검자의 중요한 욕구, 태도, 갈등, 관심에 대해 가장 많은 정보를 제공할 것이다.

로르샤하 반응에서 투사가 일어난 반응과 투사의 정도를 밝히는 목적은 어떤 반응의 주제심상과 그 심상의 의미에 대해 얼마나 많은 해석적 의미를 부여할지를 밝히기 위한 것이다. 3장에 기술한 종합체계 탐색전략은 해석과정에서 모든 운동반응, 마이너스 형태반응, 윤색반응을 다 검토하여 투사가 일어난 반응과 투사의 정도를 밝혀야 한다고 하였다. 투사를 포함하는 반응을 구별하고 이를 밝히는 데 필요한 지침은 여기서 논의하는 범위를 벗어난 것이다.

다음 장에서 더 논의하겠지만 소위 말하는 2루타와 3루타가 특히 이러한 측면에 도움이 될 수 있다. 가장 먼저 읽어야 할 반응을 선택할 때 검사자는 수검자의 성격적 역동에 대한 핵심적 요인을 포착할 수 있는지를 결정하기 위해 투사에 관한 단서가 2개나 3개가 결합된 반응의 점수계열을 먼저 검토하는 것이 좋다. 예컨대, Morbid M−로 기호화된 반응이 있을 경우 이 반응의 주제심상은 그 기록에서 가장 의미 있는 중요한 반응이 될 가능성이 높다. 특히 반응의 형태수준이 낮고 병적인 내용이 극적으로 정교화되었을 경우 중요성은 더 증가할 것이다.

종합체계에서 투사의 영향을 탐색하는 것은 투사된 자료를 근거로 읽어야 할 반응을 밝히기 위한 것이므로 다른 반응들을 모두 읽을 필요는 없다. 이런 입장은 투사를 포함하지 않은 반응의 내용은 해석적 의미가 거의 없다는 이론에 근거한 것이다. 그러나 투사보다 카드의 속성에 의해 결정되어서 반응내용의 해석적 의미가 부족한 반응도 계열분석에서는 중요한 정보로 작용할 수 있다. 8장에서 상세히 설명하겠지만 주제내용이 빈약하고 수검자의 특징에 관한 것을 지적하지 않는 반응이 일어난 시점은 때때로 수검자의 중요한 관심과 적응력의 성격에 대한 의미를 지적하는 것일 수 있다. 즉 이런 반응이라도 반응이 일어난 카드나 이 반응 직전에 있었던 반응들을 검토하면 중요한 의미를 찾을 수도 있다.

카드 속성의 영향에 대한 검토

원래 Hermann Rorschach가 잉크반점법의 인지-지각적 차원에 초점을 둔 바와 같이, 잉크반점법은 반점의 자극적 특징이 중요하고 반응을 형성하는 과정에 카드의 속성이 작용하는 역할에 대해 직접적으로 주의를 기울이지는 않았다. 1939년 Frank가 처음으로 로르샤하의 개념화에 공식적으로 투사개념을 포함시켰으나, 카드 속성(card pull)은 1950년 전까지 어떠한 문헌에서도 공식적으로 언급되지 않았다. 그러다가 1950년 Ranzoni, Grant 및 Ives가 카드의 속성이란 "수검자가 잉크반점의 어떤 측면을 사용하도록 유도하는 것으로 보이는 잉크반점의 특징에 해당한다."라고 하였다. 그 이후 일부 문헌에서 카드의 속성이 가볍게 언급되었다. Beck, Beck, Levitt 및 Molish(1961)는 카드의 속성이란 "일부 잉크반점이나 잉크반점의 일부가 갖는 특정한 자극속성(stimulus pull)"이라고 하였고 Klopfer, Ainsworth, Klopfer 및 Holt(1954)는 「카드가 촉진하는 것」이라는 제목의 장에서 여러 페이지를 할애하여 카드의 속성을 다루었다. 카드의 속성에 대해 유일하게 깊이 있게 논의한 사람은 Aronow와 Reznikoff (1976)이다. 이들은 「로르샤하 잉크반점의 자극적 특징」을 다룬 장에서 카드의 속성을 다루고 있다. 로르샤하 반응에 분명히 작용하고 잠정적으로 중요한 영향을 미치는 카드의 속성에 거의 주의를 기울이지 않는 것을 비판한 Peterson과 Schilling(1983)은 "카드의 속성이라는 개념은 앞으로 대중에게 널리 알려진 많은 심리학적 용어처럼 당연하게 받아들이게 될 것이다."라고 하였다.

카드 속성의 중요성과 관련해서 잉크반점의 자극적 특징에 대한 주의와 잉크반점이 유발하는 지각적, 연상적, 행동적 반응의 특징을 알면 각 반응의 해석적 의미를 결정하는 데 유용하다. 앞에서도 언급한 바와 같이 일반적으로 카드의 속성에 근거한 기대와 일치하는 반응은 수검자가 대부분의 사람들과 비슷한 방식으로 반응하는 방식을 지적하는 것이다. 반면에 카드의 속성에 근거한 기대에서 일탈된 반응은 비교적 독특한 개인의 특징을 나타내는 것이다.

예컨대, 비환자 수검자의 약 80%가 하나의 재질반응(T)이 있고 T는 대부분 음영이 가장 두드러진 카드 Ⅳ와 Ⅵ에서 나타난다(Exner, 2001). T는 다른 사람을 받아들이고 다른 사람과 친밀한 관계를 편안하게 느낀다는 것을 시사하는 것이다. 따라서 하나의 T가 있고 이 T가 카드 Ⅵ에서 평범반응으로 동물가죽이라는 반응이라면, 수검자가 대인관계에서 애착관계를 형성할 수 있는 적절한 능력을 가지고 있다는 증거로 볼 수 있다. 이런 결과는 수검자의 적응수준에 관한 중요한 정보일 수 있으나 애착을 형성할 수 있는 능력이 환자가 아닌 성인집단과 비슷하다는 것을 지적하는 것에 불과하다.

애착능력이 정상적인 수준이라는 것을 지적하는 T 반응이 카드 Ⅸ에서 나타났다고 가정하자. 더욱이 카드 Ⅵ에서 개인적 의미가 적은 동물가죽이라는 평범반응과 달리 수검자가 카드 Ⅸ의 핑크색 부분에 대해 "이 부분의 색과 음영을 보니 찐득찐득한 솜사탕이 생각난다."는 반응을 했다고 가정하자. 카드 Ⅸ에서 그런 반응이 나왔다는 것은 대부분의 사람들은 거의 주목하지 않는 부분에서도 재질을 연상할 수 있었다는 것을 의미한다. 그렇다면 이 수검자는 더 분명하고 공통적으로 재질반응이 나타나는 카드 Ⅵ에서는 왜 재질반응에 실패했을까? 이런 의문 때문에 카드 속성을 더 고려하게 되었고 카드의 속성을 고려하면 수검자에 대한 독특한 정보가 될 수 있는 몇 가지 가능한 해답을 얻을 수도 있다.

예컨대, 많은 사람들에게 불쾌하고 우울한 느낌을 주는 카드 Ⅵ의 진한 흑색과 회색은 카드 Ⅸ의 밝고 유쾌한 느낌을 주는 파스텔 색보다 대인관계에서 친밀감을 덜 느끼게 할 수 있다. 더욱이 "찐득찐득한 솜사탕"이라는 반응을 CF.TF로 기호화할 수 있고 색채와 음영을 포함하는 혼합반응이라는 사실을 고려할 때, 이 수검자가 애착관계에서 우울감이나 양가감정을 경험할 가능성은 더 증가한다. 또한 다른 대안을 검토하기 위해 다른 점을 고려해 보자: (1) "남근"과 여성의 "질"이라는 반응은 카드 VI에서 쉽게 볼 수 있다(카드 VI의 위 중앙부분에 대한 남근은 형태질이 ordinary이고 아래 중앙부분에 대한 질은 형태질이 unusual이다.) (2) "솜사탕"은 구강적 의존성을 함의하고 있는 음식물(앞에서 언급한 로르샤하 구강의존척도로 기호화할 수도 있다.)이고 성인보다는 아동이 먹는 것으로 생각된다. 어쩌면 이 수검자는 성인의 성적 맥락보다 아동기의 의존적 맥락에서 친밀한 대인관계에서 더 편안하게 느낄 것으로 생각된다.

물론 이러한 가정은 추측한 것에 불과하므로 상당한 부가적인 정보가 없다면 합리적인 결론으로 볼 수 없을 것이다. 6장에서 주제심상에 근거한 추론의 정확성을 판단하는 자세한 준거를 제시하였다. 이러한 추론을 심각하게 고려하기 전에 먼저 추론의 정확성에 관한 준거를 충분히 검토해야 한다. 앞에서 제시한 가정이 합리적인 결론이라고 생각하기에는 이르다고 하더라도, 이런 가정은 카드의 속성과 성격적 역동에 관한 확고한 지식에 근거한 합리적 추론이다.

이러한 예는 로르샤하 반응을 더 풍부하게 해석하기 위해 카드의 속성에 관한 정보를 활용하는 데 필요한 일반적 지침을 함의하고 있다. 앞에서도 언급한 바와 같이 카드의 속성에 대한 정보를 충분하게 활용하였다면 잉크반점의 자극적 특징보다 단순히 어떤 반응에 투사가 작용한 정도를 밝히는 것을 넘어서야 한다. 또한 카드의 속성에 대한 정보를 충분하게 활용하려면 어떤 반응의 특징이 규준적 기대에서 이탈되었고 그래서 수검자에게 특별한 의미가 있을 가능성이 어느 정도인지에 대해서 검토해야 한다. 이와 관련된 일반적 지침은 두 범주로 구분할 수 있다. 한 범주는 카드 속성의 외현적 측면이고 다른 한 범주는 카드 속성의 내현적 측면이다. 전자는 수검자가 어떤 방식으로 언급한 반점의 특징에 해당하고 후자는 보통 대부분의 수검자가 인식할 수 있으나 반응이나 설명에 거의 포함되지 않은 반점의 특징에 해당한다.

카드의 외현적 속성

RIM을 구성하는 10장의 잉크반점은 수검자가 직접 선택하고 조합하여 반응하게 될 많은 자극적 특징을 포함하고 있다. 이들 카드는 다음과 같은 외현적

측면이 있다: (1) 비교적 단순하고 "폐쇄(closed)"되어 있는 카드(연속적인 흑백 카드 Ⅰ, Ⅳ, Ⅴ, Ⅵ, Ⅶ) 또는 복잡하고 "분리(broken)"되어 있는 카드(비연속적이고 여러 색이 있는 카드 Ⅱ, Ⅲ, Ⅷ, Ⅸ, Ⅹ)가 있다. (2) 잉크반점은 어떤 실제적인 형태, 음영, 색채가 있고 어떤 특징은 운동을 시사하는 경향이 있다. Exner(1996)는 이런 특징을 "결정적 부분(critical bits)"이라 하였다. (3) 잉크반점은 다양한 대상과 대체로 유사하다.

반응영역의 선택에서 기대할 수 있는 바와 같이 보통 W 반응은 분리된 반점보다 폐쇄된 반점에서 일어날 가능성이 높고 분리된 반점은 폐쇄된 반점보다 D 반응을 유도할 가능성이 더 높다. 결정인과 반응내용에 관한 종합체계의 규준자료에 따르면 92~100%의 수검자가 1개 이상의 M, FM, FC, CF, F, 쌍반응, 인간반응, 동물반응, 식물반응을 한다. 또한 비환자 성인의 경우 m, C′, T, FD, 예술, 의복, 가정용품, 풍경 반응의 최빈치는 약 1.00 이상이다. 따라서 이들 결정인과 반응내용은 대부분의 기록에서 다 나타날 것이라고 예상할 수 있으나, 규준자료에서 최빈치가 0인 반응(C, V, Y, 반사반응, 나머지 다른 내용범주)은 보통 나타나지 않을 것이라고 예상할 수 있다. 어떤 결정인이나 내용이 나타날 빈도가 낮은 것일수록 한 번이라도 기록에 나타난다면 해석적 의미는 더 크다. 더욱이 이런 변인의 해석적 의미는 반응이 나타나는 빈도뿐만 아니라 카드의 속성을 고려하여 대부분 그러한 반응이 일어날 것으로 기대할 수 있는 영역과 관련된 반응영역에 달려 있다.

프로토콜의 구조적 자료부터 검토하기 시작할 경우 카드의 외현적 속성에 관한 정보를 활용하는 지침이 되는 원리는 다음과 같다: 검사자는 지각변인의 영역과 관련해서 기대에서 이탈된 반응에 대해 특별한 해석적 의미를 부여해야 하고 반응이 일어난 영역에서 왜 그러한 이탈이 일어날 수 있었는지 그 이유에 대한 가설을 형성해야 한다. T 반응이 나타난 카드와 관련해서 앞에서 제시한 예는 해석의 이러한 측면을 설명한 것이다. 다른 결정인과 반응내용과 마찬가지로 반응영역의 선택에 대해서도 검사자는 전형적으로 그 반응이 일어난 영역을 고려해야 한다. 이렇게 하면 비교적 특이하고 특별한 정보적 가치가 있는 반응패턴을 밝히는 데 도움이 된다. 예컨대, 매우 긴장한 수검자가 카드 Ⅰ, Ⅳ, Ⅴ에서는 M 반응을 나타내었으나 카드 Ⅲ과 Ⅶ에서는 M 반응을 하지 않았다면 어떻게 해석할 수 있을까? 매우 긴장된 수검자가 전체 M 반응이 3개라는 것은 인간운동반응을 할 수 있는 능력은 정상적인 범위에 해당하나 M 반응은 카드 Ⅰ, Ⅳ, Ⅴ보다 카드 Ⅲ과 Ⅶ에서 더 자주 나타난다. 이런 점은 반응과정에 특이한 영향이 작용했다는 것을 지적하는 것이므로 해석할 때 주의해야 한다. 어쩌면 이 수검자는 정상적인 범위에 속하는 M 반응을 할 수 있는 정도로 충분한 관념적 능력과 인간에 대한 흥미를 가지고 있지만 대인관계에 대한 염려를 가지고 있을 가능성이 높다. 그렇다면 카드 Ⅰ, Ⅳ, Ⅴ의 단일 형상에 대한 M 반응에 대해서는 이렇게 추론할 수 있으나 전형적으로 인물의 쌍으로 보는 카드 Ⅲ, Ⅶ에 대한 M 반응에 대해서도 동일하게 추론할 수 있을까? 물론 확실한 결론을 내릴 수는 없으나 적어도 그러한 추론은 합리적이고 계속 추적할 가치가 있을 것이다.

어떤 경우에는 구조적 자료를 포함하고 있는 외현적인 카드의 속성에 대한 정보가 있으면 단순한 추론보다 더 확실한 결론에 도출하는 데 도움이 된다. 평범반응의 수가 4개로 보통에 속한다는 것은 수검자가 관습적인 방식으로 현실을 인식할 수 있는 능력이 있다는 것을 나타낸다. 그러나 이들 P 반응이 카드 Ⅱ, Ⅳ, Ⅶ, Ⅸ에서 나타났다고 가정해 보자. Exner(2003)가 지적한 바와 같이 이들 4장의 카드는 종합체계에서 규정한 13개의 P 반응이 나타날 가능성이 가장 적은 카드들이다. 비환자 집단의 87~94% 정도에서 가장 흔한 P 반응은 카드 Ⅷ에서 동물반응, 카드 Ⅲ에서 인간반응, 카드 Ⅰ에서 박쥐나 나비, 카드 Ⅵ에서 동물가죽 등이다. 이 수검자의 경우 P 반응이 가장 자주 나타나는 이들 카드에 대한 반응과정에서 어떤 일이 일어났을까? 반응에 대한 철저한 계열분석을 하면 정신역동적 관점에서 이 수검자가 P 반응에 실패한 이유를 발견할 수도 있을 것이다. 그러나 대부분의 경우 잘 나타나지 않는 영역에서 P 반응이 나타났다는 것은 관습적으로 현실을 지각하는 능력이 부족하다는 것을 지적하는 것이다. 그리고 카드 속성에 관한 정보에 근거해서 기대에서 이탈되었다고 확인되었을 경우에는 P 반응이 4개라고 하더라도 현실검증의 손상을 지적하는 것이다.

앞에서 설명한 바와 같이 카드의 속성에 관한 정보는 로르샤하 프로토콜의 구조적 자료의 해석에 한정된 것이 아니라 주제적, 행동적 특징을 해석할 경우에도 활용할 수 있다. 카드 Ⅷ에서 폭력에 관한 주제를 정교하게 반응했으나 카드 Ⅱ에서는 그렇게 반응하지 않은 수검자는 전형적으로 반점의 자극적 특징에 의해 유발된 주제와는 상당히 다른 방식으로 반응한 것이다. 카드 V에 대해 "이건 어렵군요." 하고 말하면서도 카드 IX에 대해서는 이러한 언급을 하지 않는 수검자도 마찬가지이다. 기대와 다른 구조적 자료를 해석하는 데 적용하는 지침은 기대와 다른 주제심상이나 검사행동에 대해서도 동일하게 적용한다. 주제심상과 검사행동은 잉크반점이 유발하는 것과 다르면 다를수록 해석적 의미는 더 크고 검사자는 그 의미를 결정하는 데 더 많은 주의를 기울여야 한다.

카드의 내현적 속성

수검자가 카드 속성의 내현적 측면을 직접 언급하는 경우는 드물지만 내현적 측면은 반응하는 방식에 영향을 미치는 잉크반점의 특징을 포함한다. 예컨대, 어떤 반점에 대해 "여자의 나체"가 지각되거나 "서로 죽이면서 피를 흘리고 있는 동물"이라는 주제가 연상될 수 있다. 이런 지각이나 연상은 수검자가 충분히 인식하면서도 스스로 검열하여 보고하지 않을 수 있다. 또는 잉크반점의 특징은 수검자가 인식하지 못하지만 반응과 검사행동에 영향을 미치는 상징적 의미를 전달할 수도 있다.

Exner(2003)가 기술하였고 앞에서도 언급한 바와 같이 검열은 로르샤하 반응과정의 한 부분이고 규칙적으로 일어난다. 전형적으로 자신에게 일어나는 많은 반응 중에서 보고할 반응을 선택하는 수검자는 보고할 수도 있는 반응의 사회적 바람직성을 검토한다. 낯선 사람과 접촉하는 대부분의 상황과 마찬가지로 특히 자신이 평가받는 상황에 있는 RIM 수검자는 검사자에게 이상하거나 부적절하거나 공격적이거나 나쁜 인상을 줄 수도 있다고 생각되는 인상을 억제하는 경향이 있다.

Exner(2003)가 요약한 연구는 수검자가 여자의 나체와 같은 성적 대상과 피를 흘리는 동물과 같은 공격적 주제를 보고할 때 사회적 바람직성이 작용한다는 것을 분명하게 입증하였다. 이 연구는 자원한 60명의 피험자에게 로르샤하 카드를 보여 주고 각 잉크반점에 대해 5개의 가능한 반응을 제시하여 자신이 5개 반응을 볼 수 있는 상대적인 난이도를 평정하도록 하였다. 연구의 중요한 독립변인으로 참가자의 반에게는 평정할 반응이 성공한 사업가의 반응이라고 하였고 나머지 반에게는 입원한 정신분열병 환자의 반응이라고 하였다. 참가자가 평정할 반응은 카드 Ⅱ, Ⅲ, Ⅸ의 붉은 부분에 대해 피라는 반응과 카드 Ⅰ, Ⅵ, Ⅶ, Ⅸ의 특정 부분에 대한 여자의 나체, 남근, 여성의 질, 엉덩이 등과 같은 성적 반응을 포함하고 있었다. 사업가의 반응이라는 지시를 받은 집단의 대다수는 피와 성에 관한 반응을 비교적 쉽게 볼 수 있다고 평정하였다. 반면에 입원한 정신분열병 환자의 반응이라는 지시를 받은 집단의 대다수는 이들 반응을 상대적으로 보기 어려운 반응이라고 평정하였다. 특이한 경우로 카드 Ⅵ의 위 중앙 부분에 대해 남근이라는 반응은 사업가의 반응이라는 지시를 받은 30명 중 18명이 매우 쉽게 볼 수 있는 반응으로 평정한 반면에 정신분열병 환자의 반응이라는 지시를 받은 집단은 단지 3명만이 쉽게 볼 수 있는 반응으로 평정하였다. 반대로 정신분열병 환자의 반응이라는 지시를 받은 참가자 30명 중 18명이 이 반응을 매우 보기 어려운 반응으로 평정한 반면에 사업가의 반응이라는 지시를 받은 참가자는 단지 4명만이 매우 보기 어려운 반응으로 평정하였다.

이런 결과는 카드 Ⅵ의 위 중앙 부분(D6)에 대해 남근으로 보는 것은 쉽지만 이런 반응을 하면 좋지 않은 인상을 줄 수 있거나 자신에게 불리할 것이라고 생각되면 지각한 내용을 보고하지 않을 수 있다는 것을 지적한다. 따라서 카드 Ⅵ에 대해 반응하는 방식은 수검자가 지각한 것을 보고하든 보고하지 않든 간에 D6을 남근으로 지각하는 것에 의해 부분적으로 영향을 받을 수 있다. 물론 이런 추론은 카드 Ⅵ이 대부분 회색과 검은색의 음영으로 되어 있다는 것처럼 확실한 것은 아니다. 그러나 잉크반점에서 볼 수 있는 다른 유사성과 마찬가지로 카드 Ⅵ의 D6을 남근과 같이 보인다는 공통적 인상은 수검자가 보고하는 반응 형성에 잠정적으로 영향을 미칠 수 있는 내현적인 카드 속성의 예이다.

성적인 반응과 관련해서 규준자료를 보면 잉크반점을 보는 대부분의 수검자들이 볼 수 있는 것과 실제로 보고하기로 결정한 것 간에는 차이가 있다는 다른 증거가 있다. Exner(2001)의 종합체계 참조표본에서 600명의 비환자 성인집단 중 단지 46명만(7.7%) 성적인 반응이 있었고 표본의 평균은 .11이었다. 반면에 Exner(2003)가 참조한 328명의 입원한 정신분열병 환자들 중 142명(46.3%)이 하나 이상의 성적인 반응을 하였고 표본의 평균은 1.33이었다. 정신분열병 환자들이 비정신병 집단보다 성적인 반응을 더 많이 보고한 이유는 무엇일까? 이 질문에 대한 가장 그럴듯한 해답은 정신분열병 환자는 자주 판단력이 흐려지고 부정확한 자기통제 때문에 형성된 인상을 보고하지만 비환자는 현실을 충분히 감지하고 충분히 자신을 억제할 수 있어서 형성된 인상을 보고하지 않을 수 있다는 것이다.

또 다른 가능성으로 정신분열병 환자는 보통 사람들보다 성적 사고에 더 집착하고 이런 사고가 대부분의 사람들이 보지 못하는 형태질이 마이너스인 성적 반응에 더 많이 투사될 수 있다는 것이다. 이럴 가능성도 있으나 규준자료에 따르면 10장의 잉크반점에는 실제로 쉽게 볼 수 있는 성적 반응들이 있다는 것도 사실이다. 종합체계 형태수준 표(Exner, 2001)에는 형태질이 ornidary로 기호화하는 7개의 반응과 unsual로 기호화하는 25개의 부가적인 성적 반응이 나열되어 있다. 이들 성적인 반응은 자주 나타나는 것은 아니지만 쉽게 성적인 반응으로 볼 수 있다는 것을 의미한다. 정확하게 지각된 이들 32개의 성적인 반응은 남근을 닮은 7개 영역과 여성의 질과 유사한 11개 영역을 포함하고 있다.

로르샤하 카드에서 분명히 인식할 수 있는 32개의 성적인 반응이 있다는 것과 비환자 성인의 기록에서 성적인 반응의 평균빈도는 .07개라는 것 간에 차이가 있다는 것은 로르샤하에는 보고되는 것보다 더 많은 성적인 반응을 볼 수 있다는 또 다른 증거이다. RIM에 대해 흔히 듣는 얘기로 한 남자 정신과 환자가 로르샤하에서 성적인 반응을 많이 한 다음 왜 심리학자가 이렇게 지저분한 그림을 보여 주느냐고 따졌다고 한다. 이 말은 잉크반점에는 많은 성적인 반응을 할 수 있는 영역이 있다는 것을 의미한다. 카드의 내현적 속성과 관련해서 검사자가 명심해야 할 점은 수검자가 어떤 인상을 형성했으나 보고하지 않은 경우라도 수검자의 반응방식에 영향을 미칠 수 있다는 것이다. 검사자가 각 잉크반점에 대해 수검자가 형성하기 쉬운 인상을 많이 알면 많이 알수록 카드의 내현적 속성을 더 잘 이해하고 반응을 더 잘 예상할 수 있을 것이고 내현적 속성 때문에 나타나는 분명한 영향을 수검자의 성격적 역동에 관한 정보원으로 더 잘 활용할 수 있을 것이다.

이런 카드의 내현적 속성을 설명하기 위해 카드 Ⅵ의 D6 영역에 대해 두 여자 수검자가 반응한 내용의 의미를 고려해 보자. 이 영역은 앞에서 기술한 연구에서 사업가의 반응이라고 평정한 참가자들이 쉽게 남근으로 볼 수 있다고 말한 영역이고 남근으로 반응했을 경우 형태질은 ordinary로 기호화한다. 한 여자는 이 영역에 대해 "문양이 화려하게 잘 새겨진 나무를 침대 기둥으로 사용하고 싶다."라고 하였다. 다른 한 여자는 "큰 곤봉처럼 보이고 맞으면 심한 상처가 날 것 같다."라고 하였다. 6장에서 기술한 주제심상의 해석적 지침을 고려할 때 이들 두 반응의 의미는 큰 차이가 없다. 그러나 기록의 다른 부분이나 다른 정보원에서 확증시켜 주는 자료가 있을 경우 첫 번째 여자의 반응은 이성간의 성적 관계에 대한 긍정적인 자세를 반영하고 두 번째 여자의 반응은 부정적이고 두려운 태도를 반영하는 것으로 해석할 수도 있다.

이 예에서 카드의 내현적 속성을 고려해 보기로 하자. 이들 두 수검자는 카드 Ⅵ의 중앙 위 부분에 대해 남근으로 보았음에도 불구하고 남근으로 보는 것을 의식적으로 억제하고 남근이 아닌 다른 어떤 것으로 반응했을 수 있다. 그러나 두 수검자는 중 누구도 그 부분을 남근과 유사한 것으로 인식하지 못했거나 적어도 의식적으로는 남근을 의식하지 못했을 가능성도 있다. 그러나 모양과 형태를 보더라도 그 부분에서 남근과 관련된 상징화와 남근과 관련된 연상을 피할 수는 없었을 것이다. 이런 표상이 나타날 때 반점의 특징은 상징적 의미나 상징의 영향을 인식하지 못하더라도 수검자가 반응하는 방식에 영향을 미치는 상징적 의미를 전달함으로써 카드의 내현적 속성으로 작용할 수 있다.

의식하기는 하였으나 보고되지 않는 반점의 특징이 영향을 미치는 것과 마찬가지로, 의식하지 못한 상징적 의미도 영향을 줄 수 있고, 이것 역시 수검자의 기본적인 태도와 관심에 관한 가치 있는 정보를 제공해 준다. 그러나 반응형성에서 투사와 카드 속성의 역할에 대한 지식을 활용할 때와 마찬가지로 검사자는 잉크반점의 일반적인 상징적 의미를 알고 있어야 카드의 내현적 속성의 특징을 효율적으로 활용할 수 있다. 예컨대, 카드 Ⅵ의 아래 중앙 부분(D12)에 대해 여성의 질과 닮았다는 반응은 형태질이 unusual인 반응이다. 이 반응처럼 보고되는 경우는 드물다고 하더라도 일반적으로 의식할 수 있는 반점의 특징과는 달리 로르샤하 카드에 대한 상징적 의미는 개인에 따라 매우 특이한 것이다. 꿈에 나타나는 상징처럼 RIM에 대한 주제심상의 상징적 함의는 오직 수검자의 개인적 참조체제 내에서 해석하고 이해할 수 있다.

예컨대, 앞에 인용한 예에서 침대기둥과 곤봉 같이 긴 원통과 같은 물체는 많은 사람들에게 남근을 의미하는 것으로 볼 수 있지만 어떤 사람들에게는 전혀 다른 의미가 있거나 아무런 의미가 없을 수도 있다. 프로이트는 늘 자신이 피우던 시가(cigar)가 남근의 상징일 수도 있지만 단지 시가에 불과할 수도 있다고 말한 바 있다. 과거에 일부 로르샤하 임상가들은 상징의 개별적인 성격을 간과하고 특정 내용범주에 대해 보편적 의미를 부여한 적이 있었다. 즉 이들은 물고기는 어머니의 과잉보호에 대한 반응을 나타내는 것이고 곰은 인정이 많고 자애로운 아버지를 표상하는 것으로 간주했다(Phillips & Smith, 1953). 또 다른 임상가들은 카드에 대한 연상을 근거로 카드 Ⅳ는 "아버지", 카드 Ⅶ는 "어머니", 카드 Ⅵ는 "성" 카드에 해당한다고 믿었다(Brown, 1953; Richards, 1958).

이렇게 특정 내용이나 카드에 대해 가정하는 보편적 상징은 개념적 및 경험적 근거에서 오류일 수 있다. 잉크반점법에 대한 광범위한 경험과 꿈에 나타나는 상징의 독특한 의미를 검토한 결과, 정신역동적인 주제적 해석을 주창하는 사람들은 로르샤하 반응이나 카드에서 동일한 상징이 나타날 것이라는 것을 인정하지 않았다. Schachtel(1966)은 로르샤하 카드가 특정한 의미를 갖는다는 가정은 잘못된 것이고 이런 가정이 해석적 오류를 범하게 만드는 이유에 대해 자세하게 설명하였다. Schafer(1954)도 역시 로르샤하의 상징에 공통적인 의미를 부여하는 것을 경계해야 한다고 하였다. Aronow와 Roznikoff(1976)도 로르샤하 검사자는 전형적으로 정신치료자가 환자의 꿈 내용에 대해 연상을 유도하는 방식으로 수검자의 반응에 대해 연상을 유도하지 않기 때문에 "로르샤하 검사는 수검자의 정신역동을 이해하는 데 있어서 꿈보다 더 믿을 수 없다."라고 하였다.

경험적 자료를 검토한 결과 카드 Ⅳ는 아버지, 카드 Ⅶ은 어머니 카드라는 것이 지지되지 않았다(Frank, 1977; Liaboe & Guy, 1985). 성 카드라고 보는 카드 Ⅵ의 경우 형태질을 ordinary 또는 unusual로 기호화하고 분명히 쉽게 볼 수 있는 32개의 성적인 반응 중 단지 4반응만 나타났다. 종합체계 형태수준 표에서 가장 많은 성적인 반응이 나타나는 것은 카드 Ⅱ에서의 7개 반응과 카드 Ⅲ에서의 5개 반응이었다. 그럼에도 불구하고 성적인 반응은 다른 카드보다 카드 Ⅵ에서 더 많이 나타나는 것도 또한 사실이다. 그러나 다른 반점들도 역시 성적인 지각이나 연상을 유도할 수 있다. 마찬가지로 어머니에 대한 추억과 관련된 이미지를 보거나 연상하기 쉬운 수검자는 카드 Ⅰ의 D4와 카드 Ⅲ의 여성상을 포함해서 자주 여성으로 보는 카드 Ⅶ보다 다른 반점에서 더 쉽게 어머니를 떠올릴 수 있다.

카드의 내현적 속성과 잉크반점의 가능한 상징적 의미에 대한 설명은 잠시 제쳐두고 잉크반점의 특징에 관한 2가지 부가적인 차원을 언급할 필요가 있다. 첫째, 잉크반점의 형태에 대해 보고하지 않거나 인식하지 못한 인상뿐만 아니라 반점의 색채와 음영에 의해 촉발된 지각과 연상도 역시 의미 있는 방식으로 반응형성에 작용할 수 있다. 유채색 및 무채색과 관련하여 사람들이 다양한 색상을 보는 방식과 공통적으로 정서상태를 기술하는 데 사용하는 언어는 색채와 다양한 정서를 밀접하게 연결시키고 있다. 대부분의 영어를 사용하는 사람들에게서 "seeing red"는 화가 났다는 것, "feeling blue"는 우울하다는 것, "black deeds"는 행동이 사악하다는 것을 의미한다. 전통적으로 애도를 의미하는 검은색과 회색으로 행복을 묘사하는 사람은 없을 것이다. 그리고 사랑하는 사람이 죽은 뒤에도 행복할 가능성을 전달하려는 의도가 없는 한 장례식을 노랑, 분홍, 녹색으로 묘사하는 사람도 없을 것이다

색채에 대한 독특한 개인적인 관점을 간과하지 않고 보편적 상징이 지적하는 것을 잘못 이해하지 않는 한 카드 Ⅱ와 Ⅲ의 붉은 부분은 분노와 관련된 연상을 자극할 가능성이 높다. 그리고 카드 Ⅰ, Ⅳ, Ⅴ, Ⅵ, Ⅶ에서 검정색과 회색 부분, 특히 음영이 진한 부분은 우울감을 야기할 가능성이 높고 카드 Ⅷ, Ⅸ, Ⅹ의 파스텔색은 즐겁고 밝은 감정을 자극할 가능성이 높다. 이 말은 그러한 정서반응이 항상 이들 카드에 의해서 유발된다는 의미는 아니다. 반면에 수검자가 색채와 음영 특징을 표현하지 않거나 이러한 특징들의 영향을 받았다는 것을 인정하지 않더라도, 반점의 색채와 음영 특징이 수검자의 정서에 영향을 주었을 것이라는 것은 분명하다. 따라서 검사자는 카드의 내현적 속성이 작용하고 있다는 것을 인식하고 수검자는 내현적 속성의 영향을 민감하게 받을 수 있다는 점을 고려해야 수검자의 반응을 효율적으로 해석할 수 있다.

둘째, 1950년대 말에서 1960년대 초까지 짧은 기간 동안에 카드의 내현적 속성에 관심을 가졌던 많은 연구자들은 로르샤하 잉크반점의 일반적 의미와 마찬가지로 특수한 의미를 검토하였다. 이 시기에 어떤 연구자들은 참여자들에게 단순히 좋아하거나 싫어하는 잉크반점을 구분하도록 하거나 남성적이라고 생각되는 반점과 여성적이라고 생각되는 반점을 분류하도록 하였다. 다른 연구자들은 의미변별(semantic differential)과 더 진전된 방법을 적용하였다. 이들은 강제적 선택패러다임(force-choice-rating paradigm)을 적용하여 참여자가 카드를 평정한 형용사가 사람들에게 어떤 의미가 있는지를 검토하였다.

예컨대, 의미변별법을 적용한 Kamano(1960)의 연구에 따르면 참여한 대학생들은 카드 Ⅳ를 카드 Ⅶ보다 더 크고 강하고 남성적이고 공격적인 것으로 분

류하였다. 그리고 카드 VII은 부드럽고 작고 약하고 관대하고 여성적이며 비사교적인 특징이 있다고 하였다. 이 연구결과가 잠정적으로 매우 흥미롭기는 하지만 이미 언급한 바와 같이 카드 IV와 VII이 보편적으로 아버지와 어머니의 상징과 관련이 있다는 것을 지지하는 것은 아니다. 예컨대, 어떤 수검자의 어머니는 더 크고 강하고 공격적인 반면에 아버지는 더 작고 약하고 관대할 수 있다. 이럴 경우 카드 IV는 어머니, 카드 VII은 아버지 카드일 수 있다. 이와 관련하여 Sines(1960)는 대학생을 대상으로 한 다른 의미변별 연구에서 카드 IV와 VII에 부여한 의미는 실제로 아버지와 어머니에게 부여한 의미와 개념적으로 다르다는 것을 발견하였다.

Aronow와 Reznikoff(1976)가 의미변별에 관한 많은 연구들을 자세히 검토하였으나 여기서 더 자세하게 논의하지는 않겠다. 이들이 지적한 중요한 점은 마치 카드 IV가 더 크고 무겁고 거대하고 강하고 권위적인 어떤 것을 시사하는 것처럼 잉크반점에 의해 전달되는 일반적 의미는 카드 IV가 아버지를 상징하는 것과 같이 구체적인 상징적 참조(symbolic referent)의 한계를 넘어서 더 안정적이고 보편적일 수 있다는 것이다. 이런 점을 고려하면 카드 IV에 대한 반응은 수검자가 카드 IV를 어떻게 아버지로 간주했는가를 지적하지 않을 수 있으나 권위적인 인물과 관련된 강한 힘에 대한 어떤 느낌을 말해 주는 것일 수 있다.

따라서 잉크반점의 일반적 의미를 다룬 과거 문헌들은 오늘날 반점에 의해 유발된 지각과 연상 유형을 이해하는 데 도움이 된다. 이런 관점에서 10개의 잉크반점이 수검자의 반응과정에 미치는 영향에 대한 축적된 지식을 개관하려고 한다. 카드 속성을 다양하게 기호화시키기 위한 자료는 이미 언급하였으므로 다시 언급하지 않겠다. 잉크반점에 의해 전달될 수 있고 각 잉크반점이 시사하는 다양한 대상, 주제, 정서에 반영될 수 있는 의미에 초점을 두고 잉크반점을 검토하려고 한다.

잉크반점의 공통적 의미

로르샤하 반점이 의미할 수 있는 것을 이해하면 2가지 측면에서 수검자가 반응하는 방식에 작용하는 투사와 카드의 속성이 미치는 영향을 제대로 해석할 수 있다. 첫째, 각 카드가 유발하는 반응의 구조적, 주제적, 행동적 특징을 알면 공통적 기대에서 이탈된 반응을 확인하는 데 도움이 될 수 있다. 앞에서 지적한 바와 같이 수검자의 반응이 각 카드의 속성에 근접하면 근접할수록 다른 사람들과 더 비슷한 방식으로 반응했다는 것을 나타낸다. 반대로 반응이 각 카드에서 기대할 수 있는 지각, 연상, 검사행동에서 벗어나면 벗어날수록 더 특이하고 개인적인 의미가 있는 심리적 특징을 지적하는 것이다.

둘째, 각 잉크반점이 의미하는 것을 이해하면 수검자가 어떤 심리적 측면을 잘 관리하고 어떤 측면이 불편을 야기하는지를 밝히는 데 도움이 된다. 수검자가 특정 카드를 효율적으로 다룬다면 그 카드와 관련 있는 문제와 도전을 적응적인 방식으로 처리할 가능성이 높다. 반면에 어떤 카드에서 비효율적으로 반응하는 수검자는 그 카드가 의미하는 문제와 도전에 대해 안전하고 건설적으로 대처하는 데 문제가 있을 수 있다.

수검자가 각 카드를 다루는 방식에서 나타나는 적응적 장점이나 대처능력을 판단하는 데 도움이 되는 여러 가지 준거가 있다. 일반적으로 카드를 효율적으로 다룬다는 것은 카드를 차분하게 다루고, 망설임이 없이 분명하게 설명하고, 지각적으로 정확하고, 내용과 관련된 불편을 느끼지 않고, 논리적으로 조직화된 반응을 한다는 것을 의미한다. 반대로 다음과 같은 경우가 나타나면 특정 카드를 어렵게 다룬다는 것을 시사하는 것이다: (1) 반응시간이 특별히 지연되거나, 다른 카드에 대해 반응할 때와 다르게 자신을 표현하기를 주저하거나, "이런 것은 좋아하지 않는다."라고 말하거나, "어떤 것도 볼 수 없다."와 같이 카드에 대한 부정적인 언급을 할 경우; (2) 특정 카드에 대한 반응이 모호하거나, 형태질이 마이너스이거나, 해리되어 있거나, 임의적 추론에 근거한 반응을 할 경우; (3) "편안하게 느껴지지 않는다."와 같이 특정 카드에 대한 인상을 보고할 경우, 특히 자신의 반응이 마음에 들지 않다고 하거나 혼란스럽다고 직접 말할 경우.

각 카드와 의미하는 문제와 도전을 알려면 10개의 잉크반점 카드가 반응을 유발하는 경향이 있고, 반응을 형성하기 쉽게 하거나 어렵게 만드는 경향이 있는 지각된 대상, 연상된 주제, 경험된 정서, 평가적 언급 등과 같은 "구체적인 측면"을 모두 고려해야 한다. 이와 관련해서 사용할 수 있는 지식은, "카드 Ⅷ은 평범한 동물반응을 유발하는 경우가 자주 있다."와 같은 분명한 정보에서부터 시작해서 "적어도 일부 사람들은 카드 Ⅵ의 D6에 대해 남근을 닮았다고 볼 것이다."라고 기대하거나 "남근과 유사하게 보이도록 하는 지각과 연상이 시사된다."와 같이 합리적이지만 추론적인 가정에 이르기까지 매우 다양하다. 종합체계 변인에 관한 경험적 연구의 결과와 정신역동적 추론을 통합하여 10장의 카드를 각각 설명하였다. 그리고 Aronow와 Reznikoff(1976), Aronow, Reznikoff, Moreland(1994), Klopfer 등(1954)이 각 카드에 대해 분석한 내용들을 참고하였다.

카드 Ⅰ

첫 번째로 보여 주는 카드 Ⅰ에서 수검자들은 어떻게 해야 하는지를 묻는 경우가 자주 있다. 특히 수검자가 새로운 상황을 받아들이기 전에 구조화를 추구하고 규칙을 확인하려는 경향이 있을 경우 더 그러한 경향이 있다. 따라서 얼마나 많은 반응을 해야 하는지, 카드 전체를 사용해야 하는지, 카드를 돌려봐도 되는지 등과 같은 검사행동은 빈도가 자주 나타나기 때문에 수검자가 어떤 방식으로 강조하지 않는 한 카드 Ⅰ에서는 특별한 의미는 거의 없다. 그러나 검사가 진행되면서 구조에 대한 질문을 하면 개인의 성격적 특성이나 관심에 관한 함의가 증가된다. 카드 Ⅵ에서 카드를 돌려봐도 되느냐고 묻거나 카드 Ⅹ에서 얼마나 많은 반응을 해야 하는지 묻는 수검자는 아마 자신에 관한 매우 가치가 있는 어떤 것을 나타낼 것이다. 이런 수검자는 어쩌면 카드 Ⅵ의 윗부분에서 본 것에 대해 불편하게 느꼈거나 카드 Ⅹ에 나타나 있는 많은 부분들을 동시에 처리하는 데 어려움을 경험할 수 있다.

카드 Ⅰ에서 절차에 관한 질문은 수검자에 대해 많은 것을 나타내 주는 것은 아니라고 하더라도, 카드 Ⅰ은 카드를 제시하는 순서에서 특별한 위치를 차지하고 있다. 처음 제시되는 카드이기 때문에 수검자에게 새롭고 친숙하지 않는 과제이고 때로는 스트레스를 야기할 수 있다. 따라서 카드 Ⅰ에 대해 편안하고 효율적인 접근을 한다는 것은 자신의 생활에서 새로운 스트레스적인 상황을 처리하는 방식에 대한 단서일 수 있다. 또한 카드 Ⅰ은 자신과 자신에게 중요한 것을 의사소통하는 첫 기회를 제공한다. 때로는 첫 반응이 W, F, A, P로 채점되는 박쥐가 아니고 특이한 요소를 포함하고 있는 서두서명(sign in)으로 반응한다. 즉 이 반응은 수검자가 "나는 이런 사람이다." "이것이 내가 당신에게 알리고 싶은 점이다."라고 말하는 것과 같다. 예컨대, 학대받은 피해자의 다친 나비라는 반응과 비행아동의 천사라는 반응은 서두서명 반응일 수 있다.

물론 처음 제시되기 때문에 불확실하고 거북하게 만드는 원인이 될 수도 있겠지만, 일반적으로 카드 Ⅰ은 어려운 과제는 아니다. 박쥐와 나비라는 평범반응이 쉽게 나올 수 있고 전체를 쉽게 날개가 달린 또는 날아다니는 생물로 본다. 그리고 중앙부분에서는 사람 형상을 쉽게 볼 수 있어서 비교적 무난하고 어려움 없이 여러 가지로 반응할 수 있다. 그러나 카드 Ⅰ의 형태와 검은색 때문에 일부 수검자들은 부적인 감정과 추하고 매력도 없다는 인상을 받는다는 증거도 있다. 따라서 우울한 수검자와 불행감, 죄책감, 비관적인 감정 때문에 괴로워하고 있는 수검자는 유채색 카드보다 카드 Ⅰ과 다른 4장의 흑백카드에 대해 더 거북하게 느끼고 효율적으로 다루기가 더 어려울 수 있다.

카드 II

카드 Ⅱ의 가장 뚜렷한 특징은 밝은 붉은색이 있다는 점이다. 붉은 부분(D2)과 검은 바탕에 붉은 색조(D1)가 있어서 많은 사람들이 분노의 감정과 상처나 손상을 입은 것과 관련된 연상을 유발하는 피로 본다. 따라서 적개심과 증오심 때문에 괴로워하거나 신체적 취약성에 관심이 있는 수검자는 이 카드가 어려울 수 있다. 결국 붉은 부분에 대한 반응 여부와 반응방식은 이러한 감정과 관심을 처리하는 방식에 관한 정보를 제공할 수 있다.

또한 카드 Ⅱ에서 주목할 점은 앞에서도 지적한 바와 같이 어떤 다른 카드보다 형태질이 ordinary와 unusual인 성적인 반응의 빈도이다. 카드 Ⅱ에서는 남성과 여성의 성적인 해부학적 구조를 쉽게 볼 수 있다. 즉 중앙위 검은 부분(D4)은 보통 남근으로 보고 중앙의 아래 붉은 부분(D3)이나 아래 중앙의 붉은 부분에서 안쪽으로 점점 열어지는 붉은 부분(Dd24)은 쉽게 여성의 질로 본다. 카드 Ⅱ에 대해 어떻게 반응하는가와 이 두 영역에 대한 반응은 이들 영역이 함축하고 있는 성적인 의미에 영향을 받을 수 있고 수검자의 성적인 관심에 대한 단서를 제공할 수 있다.

카드 Ⅲ

카드 Ⅲ의 중요한 핵심은 어떤 상호작용을 하고 있는 두 사람이라는 지각이 매우 공통적이라는 점이다. 이런 반응에 투사된 상호작용의 의미는 부분적으로 공격운동(AG)과 협동운동(COP)의 점수를 통해 밝힐 수 있다. 또한 카드 Ⅲ은 대인관계적 의미가 있어서 수검자가 평범한 형태에 운동을 귀인시키지 않거나 반응에 실패했을 경우라도 이 카드에 반응하는 방식은 다른 사람과의 관계에 대한 태도와 관심을 나타낼 수 있다. 특히 카드 Ⅲ에 대한 반응을 어려워하면 어려워할수록 사회적 상호작용에서 부정적이고 혐오적인 태도 때문에 문제를 경험할 가능성은 더 높다.

비록 카드 Ⅲ은 카드 Ⅱ보다 Hd인 성적 반응을 유발할 가능성은 적다고 하더라도, 카드 Ⅲ의 평범한 인간상은 형태질이 ordinary인 유방을 나타내는 Dd27 영역과 형태질이 ordinary인 남근을 나타내는 Dd26 영역을 포함한다. 카드의 이러한 속성 때문에 성역할 정체감이 불확실한 수검자는 반점에서 지각한 사람이 남자인지 여자인지를 결정하지 못하거나, 남성과 여성의 특징을 다 가지고 있다고 기술하거나, 이 카드의 검은 부분에 대해 말하기를 꺼려할 수도 있다.

카드 Ⅳ

카드 Ⅳ는 아버지 카드도 아니고 아버지 카드라고 해서도 안 되겠지만, 이 카드는 크고 강하고 힘이 있고 무겁고 강력하고 권위적이고 때로는 위협적인 인물상을 자극하는 것으로 알려져 있다. 카드 Ⅳ의 이러한 인상은 나약하고 열등한 위치에 있는 수검자가 흔히 그림을 “밑에서 올려다본 것”이라고 말하는 것과 자주 혼합되어 나타난다. 또한 이 카드를 흔히 거인, 괴물, 고릴라, 매우 큰 사람으로 지각하고 대부분의 사람들은 여성보다 남성으로 지각한다. 따라서 카드 Ⅳ를 책임이 있고 복종해야 할 권위나 권위적 인물에 관한 이미지를 전달하고 있다고 보는 것이 더 합리적이다. 권위적인 인물은 대부분 남성이지만 여성일 수도 있다. 더욱이 아버지보다 다른 많은 사람들도 권위적 인물의 역할을 수행할 수 있고 아버지에 대한 태도는 다른 많은 카드에서도 나타날 수 있기 때문에 카드 Ⅳ는 아버지 카드(the father card)라고 부르지 않더라도 카드 Ⅳ는 분명히 아버지 카드(a father card) 역할을 할 수 있다.

그러나 사람들이 카드 Ⅳ에 대해 반응하는 방식은 권위나 권위적 인물에 대한 태도에 대한 어떤 단서를 제공하고 카드 Ⅳ에 대한 반응을 어려워하는 것은 때때로 권위적인 인물과 관련된 문제에 대한 관심을 반영하는 것일 수 있다. 또한 카드 Ⅳ의 성격은 여성보다 남성과 관련이 있기 때문에 카드 Ⅳ에 대한 반응은 남성 일반에 대한 태도와 어쩌면 수검자의 생활에서 중요한 아버지, 남편, 연인, 보스, 지도감독자와 같은 특정한 남성에 대한 태도를 나타내는 것일 수 있다.

또한 카드 Ⅳ는 검은색과 짙은 음영이 특징적이고 이런 특징이 대부분의 수검자에게 가장 인상적이다. 카드 Ⅰ과 마찬가지로 우울한 수검자나 우울한 감정을 직면하지 않으려고 하는 수검자는 이 카드에 대한 반응이 어려울 수 있다. 카드 Ⅳ는 카드 Ⅰ보다 더 검고 쉽게 반응할 수 있는 분명한 평범반응이 없다. 이런 점에서 카드 Ⅳ는 특히 더 어려울 수 있다. 실제로 어떤 수검자는 앞에 있는 3장의 카드에 대해서는 침착하게 반응하고 카드 Ⅳ에 대해 처음으로 불편을 나타내는 경우도 있다. 이런 어려움은 지배적인 권위와 관련된 의미 때문일 수도 있고 무채색과 관련된 우울한 색조 때문일 수도 있다.

카드 Ⅳ에 있는 음영과 관련해서 나타나는 T 반응을 다룬 연구결과에 따르면 음영의 재질과 관련된 반응은 신체적 및 심리적으로 다른 사람과 친밀한 애착을 형성할 수 있는 능력과 관련이 있다는 것을 지적하고 있다. 문자 그대로 서로 “접촉(touch)”할 정도로 친밀한 관계를 형성할 수 있는 능력을 지적하는 것이다. 따라서 짙은 음영에 대한 반응을 보고하는 수검자의 지각과 연상은 때때로 친밀한 관계에 대한 개방성, 태도, 욕구에 관한 정보를 제공한다. 그리고 짙은 음영을 다루는 것에 대한 어려움은 친밀한 관계와 관련된 맥락에서 혐오, 불확실, 심리적 고통을 말하는 것일 수 있다. 카드 Ⅳ의 음영은 음영이 더 진하고 “털”이나 “동물가죽”과 같은 평범반응이 자주 나타나는 카드 Ⅵ보다 덜 강하다. 그럼에도 불구하고 수검자에 대한 이 카드의 영향은 적어도 부분적으로 이 카드의 음영이 갖는 특징과 관련이 있을 가능성이 높다.

카드 V

색이 검고 잠정적으로 우울감과 관련이 있다는 것을 제외하면, 카드 V는 관심을 자극하거나 반응과정을 복잡하게 하거나 특별한 지각, 연상 또는 감정을 시사하는 특징은 비교적 적다. 이 카드는 반점이 분명하고 잘 연결되어 있다. 이 카드는 평범반응에 속하는 박쥐, 나비 또는 날개가 달린 동물과 매우 비슷하게 보이기 때문에 로르샤하 카드 중 가장 쉽게 반응할 수 있다. 카드 I의 생소함, 카드 II의 붉은 부분, 카드 III의 대인관계 상호작용, 카드 IV의 권위적인 상과는 달리 카드 V는 특별한 의미와 관련이 적기 때문에 카드 V는 카드 I~IV까지 경험했던 고통에서 벗어나 안도감을 느끼게 할 수 있다.

대부분의 수검자들은 카드 V에 대해서는 정확하게 반응하고 앞에서 제시된 카드보다 반응이 시사하는 것이 적기 때문에 일종의 "휴식" 카드로 볼 수 있다. 그래서 어떤 수검자는 카드 V에서 불평을 하는 경우도 있다. 예컨대, 어떤 수검자가 앞에서 제시된 4장의 카드에 대한 반응에서 당혹감과 심리적 불편을 나타내었다고 하더라도 카드 V에 대해서는 "이건 박쥐네요." 또는 "어렵지 않게 나비로 보이네요." 하면서 반길 수 있다. 그러나 수검자가 카드 V에 대해 반응하는 것을 어려워한다면, 이 어려움은 카드 V의 반점이 의미하는 것 때문일 가능성은 적고 카드 IV에서 경험했던 관심이 이월되었을 가능성이 높다.

카드 VI

로르샤하 카드가 수검자에게 전달하는 의미와 관련해서 카드 VI의 주된 특성은 검정색과 회색 음영에서 시사되는 재질이다. 앞에서도 언급했지만 카드 VI은 카드 IV보다 대인관계에서 친밀성과 관련된 지각과 연상을 더 쉽게 유발하는 경향이 있다. 수검자가 재질에 대해 직접적으로 언급하지 않더라도 수검자가 카드 VI의 전체나 아랫부분에 대해 말한 것과 T 반응을 정교화시키는 방식은 때때로 친밀한 관계에 대한 태도를 나타낸다. 마찬가지로 카드 VI을 효율적으로 다루기 어렵다는 지적은 신체적으로 또는 심리적으로 다른 사람과의 접촉이나 접촉의 예상에 대한 관심을 밝히는 데 도움이 될 수 있다.

또한 카드 VI은 많은 수검자들에게 상당한 성적 의미가 있다. 앞에서 카드의 내현적 속성에 대해서 여러 번 지적한 바와 같이 카드 Ⅵ은 성 카드는 아니다. 즉 카드 Ⅵ이 항상 성적인 해부학적 구조로 보이는 것도 아니고 항상 성적 주제에 관한 연상을 이끌어내는 것도 아니다. 또한 카드 Ⅵ은 10장의 카드 중에서 형태질이 ordinary와 unusual인 성적 내용을 가장 많이 포함하고 있는 첫 번째 카드도 아니다. 카드 Ⅵ이 성과 관련된 보편적인 상징을 포함하고 있다고 해서 이 카드의 반응을 성과 관련시켜 해석하는 것은 입증된 것도 아니고 오류일 가능성이 더 높다.

그럼에도 불구하고 카드 Ⅵ에서 성적인 해부학적 구조를 쉽게 볼 수 있으므로 성 카드로 볼 수도 있다. 반응에 대한 일상적 검열이 없을 때 사람들이 성적인 반응을 하는 빈도는 이미 기술한 바 있다. 더욱이 카드 Ⅱ와 같이 카드 Ⅵ은 남성과 여성의 성적인 해부학적 구조와 유사한 부분이 있다. 즉 카드 Ⅵ에서 D6을 남근으로 보고 D12를 질(vagina)로 보는 것은 정확한 지각으로 볼 수 있다. 비록 카드 Ⅱ와 Ⅲ에서 더 쉽게 성적인 내용을 볼 수 있지만, 카드 Ⅵ은 다른 어떤 카드보다 성적인 지각과 성적 주제가 포함된 반응이 많이 나타난다. 따라서 수검자가 카드 Ⅵ을 기술하는 방식과 카드 Ⅵ에 대한 반응을 형성할 때 어려움을 나타내는지 여부가 시사하는 성적인 의미에 초점을 두면 해석과정이 더 풍부해진다.

카드 Ⅶ

전형적으로 카드 Ⅶ과 관련된 의미는 카드 Ⅳ가 전달하는 의미와는 매우 다르다. 카드 Ⅳ에 비해 카드 Ⅶ은 위협적이기보다 오히려 매력적으로 보이고, 단단하기보다 부드럽게 보이고, 강하기보다 약하게 보이고, 능동적이기보다 수동적인 것으로 보인다. 개인차와 정형화된 성적 역할을 고려하더라도 카드 Ⅳ는 주로 남성과 관련된 특징으로 구성되어 있다는 인상을 주는 반면에 카드 Ⅶ은 전통적으로 여성과 관련된 특징을 많이 포함하고 있다. 더욱이 카드 Ⅳ의 경우와 마찬가지로 카드 Ⅶ에 대한 이런 추론은 이 카드에서 흔하게 볼 수 있는 지각유형에 관한 경험적 자료에 근거한 것이다. 즉 카드 Ⅳ를 여성으로 지각하는 경우는 매우 드물듯이 카드 Ⅶ을 남성으로 보기는 매우 어렵고 적어도 성인 남성으로 보기는 더 어렵다. 일부 예외는 있을 수 있으나 카드 Ⅶ의 일부분이나 전체를 사람이라고 볼 경우 여성이나 아동으로 기술한다.

따라서 카드 Ⅶ에 대한 수검자의 지각, 연상, 검사행동은 때때로 여성에 대한 감정과 태도를 나타내는 것이다. 그러나 이런 감정과 태도가 여성 일반에 대한 것인지 또는 수검자의 어머니, 할머니, 이모나 고모, 자매, 교사, 친구, 연인, 다른 여성이나 여성화된 형상에 관한 것인지에 대해서는 어ㄸ한 가정도 할 수 없다. 카드 Ⅳ의 해석과 마찬가지로 카드 Ⅶ에 대한 반응에 나타난 감정과 태도는 수검자에 대한 구체적이고 부가적인 정보가 없는 한 추적할 수 없다. 따라서 아버지 카드와 성 카드에 대한 논의에서 지적한 바와 같이 카드 Ⅶ도 역시 일부 수검자에게는 하나의 어머니 카드로 작용할 수 있지만 이 카드를 보편적인 어머니 카드로는 볼 수 없다.

카드 Ⅶ에 대한 연상은 자주 여성과 관련이 있기 때문에 이 카드에 대한 반응이 어렵다는 것은 자신의 생활에서 여성과 관련된 문제나 해결되지 않은 관심을 지적하는 것일 수 있다. 이런 관점에서 카드 Ⅶ에서 흔히 여성의 질로 보는 아래 중앙 부분(Dd26)에 대한 반응의 형태질이 중요하다. 그러므로 카드 Ⅶ은 여성과 여성의 성적인 측면에 대한 연상이나 관심을 유발할 수 있다. 예컨대, 카드 Ⅵ의 D6에 대한 두 여자의 반응에 대해 설명한 것과 마찬가지로 카드 Ⅶ의 D26에 대해 두 남자 수검자의 반응이 상반된 의미를 시사하는 경우를 가정해 보자. 한 수검자는 "유혹하는 것처럼 보이고, 들어가고 싶은 좋은 곳이다."라고 하였고 다른 한 수검자는 "이 부분이 뭔지 모르겠지만 보고 싶지 않다."라고 말했다면, 전자의 반응은 성관계에 대한 긍정적인 태도를 시사하는 것일 수 있고 후자의 반응은 부정적인 태도를 시사하는 것일 수 있다.

카드 Ⅷ

카드 Ⅴ와 마찬가지로 카드 Ⅷ도 검사를 실시하는 동안에 수검자가 다소 숨을 돌릴 기회를 주는 카드이다. 카드 Ⅴ는 많은 수검자들이 어렵고 도전적인 4장의 카드를 본 뒤에 안도감을 느끼고 비교적 위협을 느끼지 않고 쉽게 반응할 수 있는 잉크반점이다. 카드 Ⅷ도 역시 회색과 검정색으로 구성된 음영이 진한 4장의 카드(Ⅳ~Ⅶ) 다음에 제시하는 카드이다. 카드 Ⅷ은 부드러운 파스텔 색으로 구성되어 있어서 일반적으로 수검자가 매력적으로 느끼고 양쪽 측면에서 평범반응에 속하는 동물의 형상을 쉽게 지각할 수 있다. 따라서 카드 Ⅴ와 마찬가지로 카드 Ⅷ은 수검자가 잠시 이완할 수 있고, 카드 Ⅳ~Ⅶ보다 더 효율적으로 반응할 수 있어서 "휴식" 카드로 볼 수 있다. 수검자들은 카드 Ⅷ을 보고 "이 카드는 좋게 보이는군요." "이제 예쁜 카드가 나왔군요." "이것은 쉽네요." 하는 말로 안도감을 나타내는 경우도 많다.

반면에 어떤 수검자들은 카드 Ⅷ에서 처음으로 어려워할 수도 있다. 이 카드는 처음으로 전체가 조각으로 나뉜 듯한 느낌이 들고 큰 영역들이 흩어져 있고 여러 색채가 함께 나타난다는 점에서 앞에서 제시된 7장의 카드보다 더 복잡하다. 복잡한 상황적 요소를 정리해서 통합하는 데 어려움을 경험하는 수검자는 카드 Ⅷ을 달가워하지 않고 위협적으로 느낄 수 있고 분명하게 보이는 평범반응 이외에 다른 반응을 형성하기 어려울 수 있다. 감정이 개입된 상황에서 불편하게 느끼거나 정서적 자극을 회피하는 것을 선호하는 수검자는 카드 Ⅷ에 대해 즐거움과 안도감을 느끼지 못하고 불쾌감과 회피하려는 경향을 나타낼 수 있다.

카드 Ⅸ

수검자에게 전달하는 측면과 관련해서 카드 Ⅸ는 모호하고 산만한 특징 때문에 매우 특이하다. 카드 Ⅸ는 색이 혼합되어 있고 형태도 분명하지 않기 때문에 유채색의 특징이 특별히 정서적 반응을 자극하지 못하는 것으로 생각되고 형태적 특징도 다른 카드보다 평범반응을 유발하기 어려운 것으로 보인다. 반점의 형태는 다른 카드보다 덜 분명하고 카드 Ⅸ에서 P(D3에 대해 사람이나 사람 비슷한 것)는 종합체계의 13개 P 반응 중 빈도가 가장 낮다. 결국 이 카드는 규칙적으로 수검자의 특수한 지각이나 관심이 나타나기 어려운 카드이다. 그리고 이 카드에 대한 반응을 어려워하는 수검자는 복잡하고 비구조화된 상황에 대해 효과적으로 파악할 수 있는 능력이 부족하거나 이런 상황에 대한 불만을 경험할 수 있다.

이러한 지침은 카드 Ⅸ에 대한 수검자의 행동이나 반응에 영향을 미칠 수 있는 카드 속성의 개별적 특징(person-specific feature)을 배제하는 것은 아니다. 예컨대, 두 사람이 싸우고 있는 형상으로 보거나 Dd35에 대해 여성의 질과 유사하게 보는 사람은 잉크반점에 대해 반응하는 방식에서 공격적이거나 성적인 관심을 나타낼 수 있다. 그러나 카드 속성에서 나타나는 일반화된 요소를 논의한 것과는 달리 Dd35에 대한 이런 의미는 모든 수검자나 대부분의 수검자에게 공통적으로 예상되는 자극적 요인으로 간주할 수 있을 정도로 충분하지 않다.

카드 X

카드 X은 각 부분들이 떨어져 있고 느슨하게 연결되어 있으나 분명하게 구분할 수 있고 유채색 부분이 있다는 점에서 구조적으로 카드 Ⅷ과 유사하다. 또한 카드 X은 수검자의 눈을 어리둥절하게 만들 정도로 여러 가지 다양한 형태와 색채가 있어서 카드 Ⅸ와 마찬가지로 불확실하고 복잡하다. 일반적으로 카드 X은 흔히 유쾌하게 보이고 쉽게 지각할 수 있는 많은 대안적 가능성을 제공하지만, 이들을 효과적으로 조직화해야 하기 때문에 카드 Ⅸ에 이어 두 번째로 다루기 어려운 카드이다. 특히 많은 것을 동시에 처리하는 것에 대해 위압감을 느끼거나 심한 심리적 부담감을 느끼는 수검자는 카드 X이 유쾌하게 보이고 밝은 색채로 구성되어 있음에도 불구하고 이 카드를 싫어하고 빨리 끝마치고 싶어 할 수 있다.

카드 X은 마지막으로 제시하는 카드이다. 기록에서 첫 반응이 서두서명으로 수검자 자신에 관한 중요한 것을 소개하는 것과 마찬가지로, 마지막 반응은 "모든 것을 다 말했다. 이것이 바로 나에 관한 모든 것이고 당신이 나에 대해 알고 싶어 하는 모든 것이다."라는 서미서명(sign out)이 될 수 있다. 서두서명의 예와 마찬가지로 두 우울한 수검자의 현재 상태에 대한 상이한 의미를 잘 반영해 주는 반응을 예로 들 수 있다. 카드 X에 대해 한 수검자는 "모든 것이 실패로 돌아가는 것 같다."라고 말한 반면 다른 한 수검자는 "매우 밝은 색으로 되어 있군요. 마치 태양이 떠오르는 것처럼."이라는 말로 반응을 끝마칠 수 있다.

5
구조변인의 해석

이 장에서 제시하는 로르샤하 구조변인의 해석지침은 이미 3장에서 다룬 로르샤하 자료에 대한 검사중심적 접근(test-centered approach)보다는 성격지향적 접근(personality-oriented approach)을 위한 종합체계 탐색전략의 함의를 반영하는 것이다. 따라서 구조적 해석은 성격유형을 기술하고 성격의 장점과 단점을 평가하는 방식이라고 개념화하겠다.

성격유형과 성격의 장단점은 인간의 행동에 관한 6가지 차원으로 구성된 적응모델(adaptation model)의 입장에서 임상평가의 목적을 설정할 수 있다. 이들 차원은 경험에 주의를 기울이는 방식, 관념을 사용하는 방식, 감정을 조절하는 방식, 스트레스를 관리하는 방식, 자기 자신을 보는 방식, 다른 사람들과 관계를 맺는 방식 등을 포함한다. 개인의 일반적 적응수준은 이들 차원의 기능에 대한 전반적인 효율로 정의할 수 있다. 이들 차원의 상대적인 강점과 약점의 정도는 (1) 수검자가 비교적 잘 기능하거나 잘 기능하지 못하는 상황의 종류, (2) 수검자가 나타내고 있는 적응적 문제나 심리적 장애의 유형, (3) 다양한 심리치료적 개입의 필요성과 개입의 효과에 대한 전망을 밝히는 데 유용하다.

적응에 관한 이러한 6가지 차원은 3장에서 기술한 종합체계 군집과 매우 유사하다. 경험에 대한 주의는 정보처리와 인지적 중재군집에 의해 측정되는 성격기능에 해당한다. 관념의 사용과 정서조절은 각각 관념군집과 정서군집에 해당하고, 스트레스 관리는 통제군집과 스트레스에 대한 내성군집에 해당한다. 그리고 자신에 대한 관점과 타인과의 관계는 각각 자기지각과 대인관계에 대한 군집과 관련된 기능을 포함한다.

적응의 차원과 관련된 로르샤하 구조변인의 해석적 의미를 설명한 것과 마찬가지로 구조변인들이 적응에 대해 지니는 의미의 방향성(directionality)은 차이가 있다는 사실은 잘 알려져 있으나 거의 언급되지 않았다는 점을 고려하여 논의하였다. 어떤 구조변인은 단일 방향이다. 즉 어떤 변인이 나타나거나 많을 경우 적응문제를 시사하지만 나타나지 않을 경우 아무런 정보도 제공하지 못한다. 예컨대, 지각적 사고지표(PTI), 우울지표(DEPI), 자살가능성 지표(S-CON)의 상승은 전형적으로 심각한 심리적 문제를 지적하지만 이들 지표에서 낮은 점수는 특정한 성격적 장점을 지적하는 것도 아니고 지표의 상승된 점수와 관련된 심리적 문제를 배제하는 것이 아닐 수 있다. 구체적으로 PTI<4, DEPI<5, S-CON<8일 경우 정신분열병, 기분장애, 자살위험의 가능성은 감소하지만 이들 조건이 다른 형태로 나타날 가능성을 배제해 주는 것은 아니다.

단일방향적 변인과 달리 로르샤하에서 양방향적인(bidirectional) 변인은 좋은 방향이나 나쁜 방향일 때 적응적 함의가 있다. 예컨대, 협동적 운동반응(COP)은 다른 사람과의 관계가 협동적이고 협조적이라는 것을 지적하는 것이므로 COP는 많으면 많을수록 좋고 적으면 적을수록 더 나쁘다. 많은 COP는 다른 사람들에게 우애가 있는 것처럼 보이고, 동료에게 인기가 있는 사교적인 사람임을 지적할 것이다. COP=0은 대인관계 상황에서 불편하게 느끼고 집단적 상호작용에서 주위만 맴돌고 동료들의 관심을 거의 받지 못하거나 인기도 없을 가능성을 지적하는 것이다.

또한 로르샤하에는 3가지 방향의(tridirectional) 구조변인도 있다. 이런 변인은 중간 범위일 경우 적절한 적응력을 지적하는 것이고 나타나는 빈도가 정상보다 많거나 적을 경우 적응적 문제를 지적하는 것이다. 예컨대, 차원반응(FD)은 1~2개일 경우 자기 자신에 대한 적응적 인식을 지적하는 것이다. 반면에 FD=0은 부적응적인 제한된 자기인식을 가져올 수 있는 자기반성에 대한 무관심이나 무능을 시사하는 것이다. 그리고 FD>2는 자기인식이나 정신적 탐색이 지나쳐서 부적응적인 자기의식을 유발시킬 가능성이 있다는 것을 지적하는 것이다.

다음에 제시한 내용은 로르샤하 종합체계에 따른 구조변인의 기호화와 구조변인의 성격 및 행동과의 관계에 익숙하다는 것을 전제로 한 것이다. 이런 기본적 정보는 때때로 언급할 수도 있겠지만, 기호화와 해석에 관한 기본적인 지침은 가능한 한 재론하지 않을 것이므로 다른 교재(Exner, 1991, 2003; Exner & Weiner, 1995)를 참고하면 될 것이다. 마찬가지로 각 구조변인의 함의를 평가하는 데 사용하는 많은 준거는 구체적인 출처를 제시하지 않았으나 Exner(1993)가 제시한 참조자료에 근거한 것이다. 또한 이 장은 연구보다는 해석적 지침을 제시하는 데 목적이 있으므로, 구조변인과 성격의 관련성뿐만 아니라 구조변인을 해석할 때 고려해야 할 발달적 사항들의 경험적 타당성에 대한 구체적인 증거를 제시하지 않았다. 구조변인의 해석적 지침의 기초가 되는 경험적 근거는 종합체계에 관한 Exner(2003), Exner와 Weiner(1995)의 책이나 이상심리학, 아동과 청소년 발달, 발달정신병리에 관한 교재에서 찾을 수 있을 것이다.

끝으로 로르샤하 구조변인을 논의할 때 기호(codes)와 점수(scores)의 차이를 염두에 두면 도움이 된다. 잉크반점 전체를 포함한 반응영역에 대해 W를 부여하고 전적으로 형태만 보고 결정된 반응에 대해 F를 부여하는 것처럼 반응의 기호를 부여하는 과정은 전통적으로 채점에 해당한다. 그리고 반응을 기호화하는 사람들 간의 일치율을 보통 채점자간 일치율이라 한다. 그러나 반응영역의 선택, 결정인, 다른 구조적 특징을 기호화하는 다양한 방식은 실제로는 채점하는 것이 아니라 기호화하는 과정이다. 이런 기호들은 수검자가 반응을 형성하는 과정을 간략하게 나타내는 것이다. 예컨대, 잉크반점 전체의 형태만 사용해서 잘 통합되지 않은 방식으로 동물의 형상이라고 반응했다면 이 반응은 Wo Fo A P로 기호화할 것이고, 이러한 기호화는 수검자가 특정한 반응을 어떻게 형성했는가를 지적하는 것이다.

로르샤하 반응의 기호화는 반응을 형성하는 과정에서 사용한 지각적 및 연상적 과정에 대한 질적인 기술이다. 기호가 나타내는 심리적 현상에 주의를 기울여야 한다. 그러나 기호 자체가 직접적인 해석적 의미를 가지고 있는 것은 아니다. 예컨대, COP 반응이 나타날 경우 협동적인 대인관계를 의미할 수 있으나 협동적인 정도를 결정하기 위해서는 기록에 나타나는 COP의 수를 알아야 한다. 전체 프로토콜에 나타난 반응의 기호를 구조적 요약에 표로 제시하고 이 표에서 로르샤하 점수를 구성하는 다양한 빈도, 백분율, 비율, 지표를 산출한다. 로르샤하 점수는 성격기능의 양적 기술치이고, 이 기술치는 해석적 가정을 형성하는 근거를 제공하는 점수이다.

경험에 대한 주의

경험에 대한 주의(attending to experience)는 환경에 주의의 초점을 맞추고 환경을 지각하는 방식을 구성한다. 경험에 주의를 기울이는 방식은 자신과 자신의 주변에서 일어나는 일을 얼마나 많이 알아차리고, 의식에 들어온 정보를 어떻게 조직화하고, 대부분의 사람들과 같은 방식으로 사건을 정확하게 지각하는 것을 포함한다. 성공적인 적응을 위해서는 경험에 대한 개방성, 효율적인 정보의 조직화, 사건에 대한 현실적이고 관습적인 지각이 필요하다. 반면에 경험에 대해 개방적, 효율적, 현실적, 관습적으로 주의를 기울이는 데 어려움이 있는 사람은 다양한 적응적 문제에 취약할 수 있다. 이러한 각각의 성격적 특징은 이를 평가하는 데 도움이 되는 로르샤하 변인에 반영된다.

경험에 대한 개방성(Lambda)

성공적으로 적응하기 위해서는 너무 좁지도 않고 너무 넓지도 않은 균형 있는 주의의 초점을 유지해야 한다. 이런 사람은 내적 및 외적 사건을 합리적으로 의식하고, 애매하고 불확실한 것을 인내할 수 있고, 다양한 추구에 관심을 가지고, 상황에 대해 융통적인 방식으로 대처하는 경향이 있다. 융통성이 있는 사람은 문제해결이 필요한 상황에서 진지하게 반응하고 다른 사람에게 자신의 감정을 적절히 표현한다. 즉 융통성이 있는 사람은 어떤 사건에 대해서는 초연하고 비관여적인 방식으로 처리하고 사건을 액면 그대로 받아들이며 사건에 대해 많은 생각이나 느낌을 형성하지 않는다. 그리고 이들은 다른 사건에 대해서는 사건의 의미를 깊이 생각하거나 사건과 관련된 감정을 진지하게 고려하여 관여적인 방식으로 처리한다. 경험에 대한 이러한 접근이 실제로 복잡한 것을 지나치게 단순화시키거나 실제로 단순한 것을 너무 복잡하게 생각하지 않고 특정 상황과 사건의 성격에 대한 적절한 대안적 관계를 형성할 때 최선의 적응을 유지할 수 있다.

로르샤하에서 경험에 대한 개방성은 Lambda로 측정한다. 일반적으로 Lambda가 .30~.99 범위에 속하면 주의의 초점이 균형을 이루고 있고 이와 관련 있는 적응적 특징을 나타낸다. 하지만 연령에 관계없이 Lambda>.99는 경험에 대한 개방성이 부족하고 세계나 자신을 보는 주의의 초점이 지나치게 좁은 경향이 있다는 것을 지적한다. Lambda가 높은 사람은 마치 맹인처럼 좌우를 거의 살피지 않고 앞만 보고 살아가는 사람일 수 있다. 결국 이런 사람들은 시야가 좁아서(tunnel vision) 사건을 피상적으로 보고 때로는 사회적 및 대인관계 상황에 관한 미묘한 뉘앙스를 놓칠 수 있다. 이러한 사람들은 깊이 생각하지 않고 의사결정을 내리고 사건에 대해 감정을 많이 개입시키지 않고 행동과정을 선택하는 경향이 있다. Lambda가 높은 사람은 참조체계가 좁고 모호하고 불확실한 것을 참지 못한다. 이들은 분명하고 잘 구조화된 상황에서 가장 편안하게 느끼고 복잡한 문제이더라도 단순한 해결책을 선호한다. 이들은 또한 익숙한 장소와 잘 아는 사람들이 있는 장소를 선호하는 경향이 강하고 일을 흐지부지 끝내는 것을 싫어하고 완벽하게 처리하기 위해 초연하고, 비관여적이고, 사무적인 방식으로 일상적 사건을 처리하는 경향이 있다. Exner(2003)는 이런 사람의 특징은 자신의 경험을 다루는 유형이 회피적(avoidant)이라고 규정하였다.

Lambda가 높은 사람은 때때로 직업이나 취미에서 한눈팔지 않고 오로지 1가지 목적에 열정적으로 매달리는 사람이다. 주의의 초점이 좁을 경우 생활과 관련된 달갑지 않거나 위협적인 상황을 인식할 때 생길 수 있는 불안이나 혼란을 의식하지 않으려고 하기 때문에 적응에 도움이 될 때도 있다. 예컨대, 어떤 재앙이나 비극적인 상황에 직면했을 경우 스스로 만든 심리적 차단(psychological blinder)은 건설적이고 자기보호적일 수 있다. 하지만 원인이 무엇이든 간에 의식의 폭이 좁으면 시야가 좁아지고 생활유형도 융통성이 없을 수밖에 없다.

또한 초점주의가 좁아 지나치게 단순하게 문제를 해결하고 미묘한 것에 둔감할 경우 다양한 상황에서 다른 사람들이 요구하거나 기대한 행동을 적절하게 고려하지 못할 수 있다. 이들은 필요한 만큼 민감하게 지각하지 못하기 때문에 다른 사람들의 기분을 언짢게 만드는 거칠고 서투른 방식으로 행동할 위험도 있다. 경험에 대해 충분히 개방적이지 못한 사람은 마치 무법자처럼 자신의 행동방식이 다른 사람에게 끼친 피해를 인식하지 못하고 가고 싶은 곳으로 돌진하는 황소처럼 행동할 수 있다.

좁은 주의의 초점과 관련해서 이렇게 높은 Lambda의 의미를 해석하기 위해서는 검사자는 먼저 기록이 평균 또는 그 이상인지 검토해야 한다. 반응수가

17개 이하로 타당하나 짧은 기록에서 상승한 Lambda는 가끔 높은 Lambda가 지적하는 성격적 회피유형보다 수검자의 상황적 경계와 반응에 대한 망설임을 의미한다. 반응이 많든 적든 간에 Lambda가 높은 기록은 대부분 수검자의 내적 생활에 관한 정보는 거의 없는 간단하고 정교화되지 않는 반응으로 구성되어 있다. 이러한 이유 때문에 Lambda의 크기와 추론을 이끌어내기 위해 구조적 자료에 의존해야 하는 정도 간에는 매우 신뢰로운 직접적인 관계가 있다. 일반적으로 Lambda가 높은 기록에서 주제심상은 수검자의 내적 생활에 대한 많은 것을 나타낼 만큼 풍부하지 않다.

Lambda가 .30 이하인 사람은 주의의 초점이 너무 넓어서 경험에 대해 지나치게 개방적인 경향이 있다. 주의의 초점이 좁은 사람과 달리 이들은 보통 자신의 경험에 대해 매우 민감하고 자신의 생활과 관련된 사건을 적극적으로 의식한다. 이들은 애매하고 복잡한 상황을 오히려 즐기고 그런 상황을 추구하기도 하며 비교적 비구조화되어 있고 개방적인 환경에서도 대부분 편안하게 느낀다. 이들이 상황을 단순하거나 냉정하거나 객관적인 방식으로 처리하는 경우는 드물고 오히려 사건의 중요한 의미를 깊이 생각하거나 사건과 관련된 자신의 감정을 정리하는 데 지나치게 관여하는 경향이 있다. 또한 이들은 흥미의 폭이 넓고 다양한 일을 추구하거나 적어도 다양한 일을 추구하려고 생각하는 경향이 있다.

Lambda가 낮은 사람들은 주의의 초점이 넓어서 다른 사람들에게 매우 활기차고, 예민하고, 신망이 두텁다는 인상을 줄 정도로 생동감이 넘치고, 흥미롭고, 모험적이고, 원만한 사람일 수 있다. 하지만 비일상적으로 넓은 주의의 초점을 사회적 매력과 인상형성으로 전환하려면 잘 발달된 성격적 장점과 어떤 특별한 재능이 필요하다. 대응능력과 적절한 사회적 기술이 제한되어 있는 사람은 오히려 주의의 초점이 넓으면 상당한 부담이 될 수도 있다. 적응적으로 처리할 수 있는 용량을 초과할 정도로 주의초점이 넓고 자기인식이 높으면 사람들은 인지적으로 산만해지고 쉽게 주의가 분산되고 무시하거나 간과하는 것이 더 좋을 수 있는 생활의 불편한 측면을 고통스럽게 의식할 수 있다.

특히 주의를 잘 활용할 수 있을 정도로 충분한 성격적 장점과 재능이 없을 경우, 모호하고 불확실한 것을 선호하는 것을 나타내는 낮은 Lambda이면 사상에 대한 부정확한 인상과 어떤 결정을 내려야 할 때 의사결정의 어려움이 야기될 수 있다; 주관성을 선호하는 것을 나타내는 낮은 Lambda이면 간단하고 복잡하지 않은 상황에서 지나치게 심사숙고하게 되거나 감정의 개입이 초래될 수 있고, 이렇게 되면 객관적으로 볼 수 있는 능력이 손상되고 침소봉대와 같은 행동유형이 초래될 수 있다; 그리고 낮은 Lambda와 관련해서 여러 가지 일에 흥미를 나타낼 경우 어떤 흥미에도 관심을 집중하기 어려울 수 있다. 따라서 유능하고 재능이 있는 수검자의 경우 낮은 Lambda는 다양한 영역에 대한 성취를 지적하는 것이지만, 능력이나 재능에 비해 주의의 초점이 지나치게 넓을 경우 산만하고, 일시적이고, 방향전환이 잦고, 여러 가지 방향에서 노력을 하지만 성공적이지 않을 수 있다.

정보의 효율적 조직화(Zd)

정보를 효율적으로 조직화하려면 받아들이는 정보의 양과 받아들인 정보를 정확하게 처리할 수 있는 능력이 적절하게 균형을 이루어야 한다. 개인이 받아들이는 정보의 양은 개인이 직면한 대상과 사건에 얼마나 조심스럽고 철저하게 주의를 기울이느냐에 따라 다르다. 어떤 대상을 더 오래 관찰하고 어떤 사건을 더 면밀하게 검토하고 상황에 관한 모든 측면을 더 광범위하게 고려하면 할수록 더 많은 정보를 얻을 수 있다. 유능한 사람이 특정 상황에 포함된 많은 정보를 추적하고 이들 정보의 관련성에 대해 더 많이 알면 알수록 정보를 더 효율적으로 처리할 수 있다.

RIM에서 정보를 조직화하는 효율성은 처리효율성(Processing Efficiency; Zd) 변인으로 측정하고 이 효율성의 정상 범위는 −3.0∼+3.0이다. Zd가 이 범위에 있는 수검자는 정확하게 처리할 수 있을 만큼의 가능한 한 많은 정보를 받아들인다. 그리고 이들은 효율적으로 결론을 내리고, 문제를 해결하고, 과제를 수행할 가능성이 높고, 성공의 정도는 자신의 능력에 맞게 결정한다. 그리고 Lambda와 마찬가지로 Zd도 3가지 방향의(tridirectional) 변인이다. 이 변인이 규준범위를 벗어날 경우 정확하게 처리할 수 있는 것보다 많거나 적은 정보가 있고 그 결과 인지적 효율성과 성취의 수준은 손상될 수 있다.

Zd가 +3.0 이상으로 정의할 수 있는 과다통합하는(overincorporate) 수검자는 효율적으로 조직화할 수 있는 것보다 더 많은 정보를 받아들이고 자신의 경험을 필요 이상으로 철저하게 탐색하는 경향이 있다. 이들은 대부분의 사람들이 의사결정을 내리기 위해 필요로 하는 것보다 더 많은 정보를 추구하고 대부분의 사람들이 만족을 느끼기 위해 필요한 것보다 더 자신의 직업적 결과를 재검토하고 수정하는 경향이 있다. 또한 이들은 최선을 다했음에도 불구하고 마치 최선을 다하지 못했거나 검토하지 못한 것이 있는 것처럼 느껴서 확신하지 못하고 불만을 느낄 가능성도 있다.

그럼에도 불구하고 과도한 정보를 추구하는 과다통합자도 어떤 경우에는 적응적일 수 있다. 자신의 경험에 대해 매우 의식적으로 주의를 기울이는 사람은, 특히 자신이 선호하는 방식으로 일하는 데 필요한 충분한 시간이 있어서 조심스럽고 철저하게 검토해야 성공할 수 있을 때 수행이 매우 높을 수 있다. 그러나 이런 사람들은 신속한 검토가 필요할 때 다른 사람들의 계획에 맞추기 위해서 자신의 완벽성향과 타협해야 하기 때문에 갈등을 경험할 수 있다. 시간적 제약이 있는 과제를 수행할 경우 이들은 전형적으로 불안과 불만을 경험하거나 일을 끝마치기 어려울 수 있다. 이런 과다통합자는 정보를 지나치게 탐색하는 경향 때문에 때로는 성취수준이 저조할 수 있다. 이런 결과를 초래하는 원인은 과제 자체를 혐오하기 때문이 아니라 지연되고 끝내지 못한 과제가 누적되었기 때문일 수 있다.

쉽게 통합할 수 있는 것보다 더 많은 정보를 추구하는 사람들은 의사결정의 결함이 나타나는 경향이 있다. Zd>+3.0인 수검자는 전형적으로 선택적 의사결정을 하는 데 필요한 정보가 부족하다고 느낀다. 결국 과다통합자는 의사결정을 내리기를 주저하고, 자신이 내린 결정도 확신하지 못하고, 자신의 의견과 결론을 종결시키기보다 쉽게 보류하거나 지연시킨다. 더욱이 이들은 어떤 결정을 내리고 나면 다시 고려할 것을 권유하더라도 재고하기를 꺼릴 수 있다. 그 이유는 자신이 내린 결정을 유지하는 것이 의사결정 과정을 재개하는 것보다 더 편안하게 느끼기 때문일 수 있다. 따라서 과다통합자는 의사결정에 대한 접근에서 우유부단성과 경직성이 혼합되어 나타날 수 있다.

반면에 Zd가 −3.0보다 낮은 과소통합자(underincorporator)는 정보를 너무 적게 받아들이고 이로 인해 자신의 경험에 대한 탐색도 적절한 수준보다 낮은 경향이 있다. 이들은 조심스럽게 의사결정을 내리는 대신에 적절하게 고려해야 할 사항을 피상적으로 검토한 뒤에 성급하게 결론을 내린다. 이들은 또한 조심스럽고 진지하게 과제를 처리하지 못하고 자신의 능력이 충분히 반영되지 못한 결과에 대해서도 만족을 느끼는 경향이 있다. 그리고 이들은 고려하지 못한 점이 많아도 별로 개의치 않고 상황에 대한 중요한 측면을 간과한 채 빨리 피상적으로 보는 경향이 있다. 이렇게 정보를 충분히 탐색하지 않는 패턴은 적응에 별 도움이 되지 못한다. 물론 이들은 의사결정을 빨리 내리고 신속하게 과제를 완수할 수는 있겠지만, 때로는 잘못된 의사결정과 좋지 못한 결과를 초래한다. Zd<−3.0인 사람들은 쉽게 처리할 수 있는 정보를 제대로 고려하지 않기 때문에 실수로 사고와 행동에 관한 여러 측면을 간과할 위험이 높고 성취 시도를 달성하기도 어려울 수 있다.

이처럼 과다통합자와 과소통합자가 상이한 성격적 특징을 가지고 있는 것과 마찬가지로 심리적 장애의 유형과 수정가능성에 대해서도 매우 상이한 의미를 함의하고 있다. 앞에서 언급한 것 외에도 Zd>+3.0일 경우 강박장애와 관련된 완벽주의, 우유부단, 사소한 것에 대한 지나친 주의 등을 밝히는 데 도움이 되고 주변에 잠재된 위험요소에 과민한 사람들에게 나타나는 환경에 대한 지나친 철저한 탐색을 지적하는 것일 수 있다. 이런 점에서 Zd>+3.0은 강박유형지표(Obsessive Style Index, OBS)의 준거로 간주하고 Zd>+3.5는 과경계지표(Hypervigilance Index, HVI)의 준거로 간주한다.

과다통합은 강박행동과 관련이 있든 과경계와 관련이 있든 간에 비교적 고정되어 있고 변화가 적은 행동유형에 대한 선호를 구성하는 경향이 있다. 회피적 유형을 지적하는 높은 Lambda를 가지고 있는 사람과 마찬가지로 과다통합자도 자신이 선호하는 방식으로 경험에 주의를 기울이는 경향이 강하고 경험에 대한 주의와 관련해서 융통성을 거부하려는 경향도 역시 강하다. 따라서 과다통합은 제거시키거나 수정하기 어렵다. 과다통합이 뚜렷한 심리적 장애는 때때로 치료에 저항적이다. 그리고 이런 사람에게 심리치료를 시도할 경우 과다통합을 치료의 표적으로 삼는 것보다 부적응적일 수 있는 다른 성격적 특징에 표적을 두는 치료가 더 바람직하다.

반면에 Zd<−3.0은 흔히 주의력결핍 과다활동장애(ADHD)가 있는 어린 아동과 성인에게서도 나타나는 주의산만, 부적절한 초점주의, 과제지속의 어려움 등을 밝히는 데 도움이 된다. 그러나 과다통합이나 Lambda가 높은 것과는 달리 과소통합은 덜 선호되지만 불안을 감소시켜주는 대처양식일 뿐이지 불안정

하고 바람직하지 않고 효율적인 기능을 할 수 없게 만드는 것은 아니다. 따라서 과소통합자는 과다통합자보다 변화될 가능성이 더 높다. 더욱이 과소통합자는 치료에 저항하기보다 치료받기를 더 원하고 치료를 통해 주의력과 직업습관을 향상시키는 도움을 받을 수 있다. 이런 점에서 보면 ADHD가 있는 아동에게 성공적이라고 알려진 인지적 훈련을 적용할 경우 Zd<−3.0을 정상적인 범위로 끌어올릴 수 있다. 따라서 Zd<−3.0은 인지적 훈련의 필요성과 치료적 가치를 지적하는 것이다.

사상에 대한 현실적 지각(X−%, XA%, WDA%)

사상에 대한 현실적 지각은 자기 자신과 환경에 대해 정확한 인상을 형성할 수 있는 능력을 의미한다. 어떤 일이든 사실 그대로 볼 수 있다는 것은 좋은 판단을 내리는 근거가 되므로 성공적인 적응에 필요하다. 자기 자신과 자신의 경험을 현실적으로 평가하는 사람은 자신의 능력과 특징, 다른 사람의 성격과 의도, 자신이 처한 상황의 성격과 요청, 상황적 요청을 충족시킬 수 있는 대안적 반응의 범위를 정확하게 이해할 가능성이 높다. 정확한 현실검증과 마찬가지로 좋은 판단은 (1) 스스로 적절한 목표와 역할을 선택하고, (2) 자신이 다른 사람들에게 어떻게 지각되는가를 인식하고, (3) 대인관계 상호작용의 함의를 정확하게 평가하고, (4) 다양한 상황에서 적절한 행동의 한계를 이해하고, (5) 자신의 행동이 초래할 수 있는 결과를 예상하는 데 도움이 된다. 현실적인 지각의 이러한 측면들은 RIM에서 3가지 형태질로 평가한다: 왜곡된 형태(Distorted Form, X−%), 확장된 형태적합성(Form Appropriate Extended, XA%) 공통영역의 형태적합성(Form Appropriate-Common Areas, WDA%).

X−% X−%는 수검자의 경험에 대한 현실적 지각 여부를 잘 지적한다. 비환자 성인집단에서 X−%의 평균은 .07이고 5~16세에 속하는 집단의 범위는 .10까지 범위가 넓어진다. 그리고 일반적으로 X−%가 .20보다 크지 않을 경우 앞에서 언급한 바와 같이 정확한 현실검증과 관련된 적응적 특징을 기대할 수 있다. 반면에 X−%가 .20보다 크면 클수록 사상을 부정확하게 지각하고, 자신에 대한 부정확한 인상을 형성하고, 다른 사람의 행동과 의도를 부정확하게 해

석하고, 자신의 행동에 대한 결과를 예상하는 데 실패하고, 적절한 행동을 구성하는 것을 잘못 추론할 가능성은 더 높다. 부정확한 지각에서 비롯되는 잘못된 결론과 행동은 적절한 적응을 방해하는 판단착오를 야기한다.

부정확한 지각과 관련된 X- 반응의 구체적 의미는 X- 반응의 빈도뿐만 아니라 X- 반응이 나타난 맥락과 반점의 형태질을 왜곡한 정도에 따라 다르다. 예컨대, 왜곡된 형태반응의 반 이상이 공간반응의 왜곡(S-%>.50)을 포함하고 있다면 수검자의 부정확한 판단은 기본적으로 현실검증력이 손상되었다고 보기보다 분노통제와 관련된 문제일 가능성이 더 높다. 마찬가지로 어떤 결정인이나 내용범주와 관련되어 나타나는 X- 반응은 지각적 정확성이 전반적으로 손상되었다기보다 특정 영역에 대한 혼란이나 관심을 지적하는 것일 수 있다. 예컨대, 모든 마이너스 반응이나 대부분의 마이너스 반응이 M 반응에서 나타날 경우 정확하게 판단할 수 있는 능력이 전반적으로 손상되어 있다고 보기보다 사람을 정확하게 지각할 수 있는 능력이 어렵다는 것을 지적하는 것일 수 있다. 단지 An 반응에서만 형태왜곡이 일어나는 기록일 경우 전반적인 현실검증의 손상보다 신체적 기능에 대한 비현실적 집착을 지적하는 것일 수 있다.

어떤 반응에 나타난 형태왜곡의 정도와 마찬가지로 X- 반응도 반응을 Xu 반응으로 간주할 수 있을 정도로 얼마나 짧은가에 따라 다르다. 어떤 경우에는 수검자의 최종 반응이 Xu로 분류할 수 있는 준거를 충족시킨다는 것을 쉽게 알 수 없다고 하더라도 검사자는 적어도 왜곡된 지각의 일부는 분명하게 인식할 수 있다. 또 다른 경우에는 마이너스 반응의 형태가 반점의 어떤 부분과 분명한 관계가 없거나 거의 없고 검사자도 어떻게 그런 반응을 하게 되었는지를 밝히는 데 도움이 되는 객관적 단서를 발견하지 못할 수 있다. 현실에 대한 이런 극단적 왜곡이 심하면 심할수록 비일상적 반응의 경계에 속하는 마이너스 반응보다 지각적 정확성의 손상과 손상의 결과에 대한 함의가 더 크다. 이런 점을 고려하면 X-%는 〈표 3-1〉에 제시되어 있는 마이너스의 동질성과 마이너스 왜곡수준(Homogeneity of Minus and Minus Distortion Levels)의 단계에 따른 종합체계 군집 내에서 통합시켜 구체적으로 해석해야 한다.

X-%가 PTI의 준거점수인 .29에 근접하거나 초과할 경우 비현실적인 지각에서 비롯된 판단착오는 더 심각한 적응적 문제와 관련이 있는 경향이 있다. X-%가 높은 사람은 자기파괴적이고 자신과 주변 사람들에게 본의 아니게 해를

끼칠 위험이 있다. 또한 다른 사람들도 이들을 이상하고 특이하고 엉뚱하고 이해하기 어려운 사람으로 지각할 가능성이 높다. 판단장애가 가볍지 않거나 자주 나타나거나 특정 영역에 집중되고 현실검증의 심각한 장애를 야기할 정도로 더 지속적이고 일반화되어 있다면, 이런 왜곡된 지각의 정도는 전형적으로 정신병적 수준의 장애를 지적하는 것이다.

XA% XA% 변인은 전통적인 관습적 형태변인(Conventional Form variable; X+%)과 관련 있는 해석적 오류를 최소화하기 위해 Exner(2000)가 종합체계에 도입하였다. 로르샤하 기록에서 X+%는 정교화된 ordinary(+) 또는 ordinary(o)로 기호화한 좋은 형태를 가진 반응의 백분율을 가리킨다. X+%는 다른 사람들이 보는 것을 보는 지각적 관습성을 측정한다. 지각적 정확성의 측정치로 사용할 경우 unusual로 기호화한 반응은 "나쁜 형태"로 간주하기 때문에 X+%를 잘못 판단할 수 있다. 그러나 정확하게 정의하면 unusual로 기호화한 반응은 나쁜 형태는 아니다. 즉 unusual로 기호화한 반응은 드물게 나타나기는 하지만 제시된 반점영역과 분명히 유사한 지각이고, 따라서 형태왜곡을 포함하는 것은 아니다. 많은 unusual을 포함하고 있는 기록에서 지각적 부정확성의 지표로서 낮은 X+%를 사용할 경우 낮은 X+% 준거를 충족시키지 않을 때 현실검증의 손상을 추론하는 결과를 초래할 수 있다. X+%를 준거점수(X+%<.61)로 포함하는 종합체계 SCZI의 임상적 적용과 연구에도 이와 같은 잘못된 추론이 포함되는 가능성은 분명히 있다.

공통적이고 관습적인 것에 한정하지 않고 지각적 정확성을 적절하게 검토할 수 있는 XA%는 ordinary-elaborated, ordinary, unusual로 기호화한 기록에서 반응의 백분율에 근거한 것이다. 최근 개정된 종합체계 기호화에서 Exner(2000)는 진단적 범주에 대한 함의보다 인지적 역기능을 밝히는 데 초점을 두고 SCZI를 지각-사고지표(PTI)로 수정하였다. 이 과정에서 X+%의 SCZI 준거점수는 XA%의 PTI 준거점수(XA%<.70)로 대치되었다. 기록에서 모든 반응이 어떤 형태질을 가질 때 XA%는 X-%에서 알 수 있는 이상의 새로운 정보를 제공하는 것은 아니다. 즉 XA%는 단순히 주어진 왜곡된 형태반응의 백분율에 해당하고 XA%와 X-%를 더하면 1이 된다. 그러나 많은 비형태반응을 포함하고 있는 기록에서 XA%는 X-%보다 현실검증을 더 신뢰롭게 지적하는 것일 수 있다.

신뢰성의 차이를 설명하기 위해 3개의 마이너스 반응과 4개의 비형태반응을 포함하고 있는 20개의 반응기록을 고려해 보기로 하자. 이 기록에서 X-%는 .15(3/20)로 정상범위에 속하고 현실접촉의 무관심을 지적하는 것은 아닐 수 있다. 그러나 XA%는 이 변인이 PTI 준거점수보다 낮고 보통 현실검증의 손상을 지적하는 .65(13/20)가 될 것이다. 많은 비형태반응이 있는 기록에서 XA%와 X-%의 의미 차이는 다음과 같은 방식으로 이해될 수 있다. X-%를 계산할 때 비형태반응을 마치 정확한 지각을 반영하는 것처럼 간주한다. 즉 비형태반응은 분자(왜곡된 형태)에 포함시키지 않는다. 그러나 비형태반응은 자극영역의 정확한 지각을 나타내지 않지만 수검자가 본 것에 대한 정확한 경계를 회피하고 지각의 분명하고 정확한 구성을 제공하는 데 실패했다는 것을 의미한다. 따라서 이 예에서 정상범위에 속하는 X-% .15는 오류를 야기할 수 있고, 지각적으로 정확한 방식으로 대상과 사상을 구성하는 데 나타나는 분명한 어려움은 낮은 XA% .65으로 더 잘 포착할 수 있다.

XA%>.77일 경우 주변의 사람과 사상을 현실적으로 지각하는 능력이 우수하다는 것을 지적하는 것이다. 이럴 경우 수검자는 자기 자신에 대해 정확한 인상을 형성할 수 있고 다른 사람의 행동과 의도를 왜곡하지 않고 정확하게 해석할 수 있다. 뿐만 아니라 이들은 행동의 결과를 정확하게 예상하고 여러 종류의 상황에서 행동의 경계를 적절하게 설정하는 능력이 있다. XA%가 .70~.77의 범위일 경우(10세 이하의 아동은 .65~.77의 범위일 경우)에는 수검자들이 자기 자신과 주변세계를 비교적 정확하게 볼 수 있는 능력은 있으나 때때로 사상을 잘못 지각하거나 주변 사람들과 이들의 행동이 나타내는 의미에 대해 잘못된 인상을 형성하는 경향을 나타낼 수 있다. XA%<.70(10세 이하의 아동은 XA%<.65)일 경우 현실검증능력이 심각하게 손상되어 있어서 행동의 결과를 예상하는 능력과 적절한 행동의 경계를 유지하는 능력이 심각하게 방해를 받을 수 있다. XA%는 X-%와 마찬가지로 종합체계에서 새로이 도입된 변인인 XDA%를 같이 고려함으로써 해석적 의미를 정확하게 이해할 수 있다.

WDA% WDA%는 W와 D 영역에 대한 반응에서 ordinary-elaborated, ordinary, unusual한 형태반응의 백분율이다. WDA% 자체는 수검자가 반점에서 평범하고 가장 분명한 형태에 주의를 기울일 때 나타나는 지각의 정확성을 측정한다. 따라서 이 변인은 사람들이 적절한 행동을 구성하는 분명하고 확실한 단서가 제공되는 상황을 다룰 때 나타나는 현실검증의 정확성을 의미한다. 이런 관계를 다른 방식으로 표현하면 로르샤하 카드에서 평범한 부분을 효율적으로 다루는 사람은 일상생활에서도 평범한 부분을 효율적으로 다룰 것이라고 논리적으로 기대할 수 있다. 이런 이유에서 WDA%는 개인의 현실검증 능력의 평가에서 XA%를 좋거나 나쁘다고 평가할 수 있는 강력한 변인이다.

XA%를 보다 정확하게 해석하는 것과 관련해서 많은 마이너스 형태반응이 지적하는 분명하게 낮은 현실검증 능력은 WDA%가 적절하면(WDA%가 .80 또는 그 이상, 10세 이하인 아동의 경우 .75 또는 그 이상) 상쇄될 수 있다. WDA%가 적절하고 XA%가 낮으면 일상생활에서 평범하고 일상적인 부분(W, D 반응)에 주의의 초점을 둘 때 세계를 정확하게 지각할 수 있는 능력이 있지만 비일상적이고 주변적이고 비교적 이치에 맞지 않는 문제(Dd 반응에 군집화된 부정확한 형태반응)에 주의의 초점을 둘 때 오지각, 잘못된 인상형성, 판단력이 저하되기 쉽다는 것을 지적한다.

단지 XA%만 부적응적인 범위에 있고 XA%–WDA% 불일치를 보이는 사람은 지각적으로 정확하게 보는 능력보다 주의의 초점과 관련된 문제가 더 많을 가능성이 있다. 만약 대부분의 사람들이 주의를 기울이는 사건의 공통적이고 일상적인 특징에 주의의 초점을 유지한다면, 이들은 현실검증의 손상을 나타내지 않을 것이다. 지각적 정확성의 저하는 대부분의 사람들이 무시하는 주변적이고 사소한 부분에 의해 주의가 산만해지거나 이런 부분에 집착할 때 나타난다. 따라서 이런 종류의 초점과 관련 있는 현실검증 문제는 정신분열병이나 전반적인 현실검증의 장애를 포함하는 다른 유형의 장애보다 강박장애가 있을 때 더 보편적이다. 이런 이유 때문에 PTI에서 XA%<.70 준거는 WDA%<.75 준거와 짝을 이루고 이들 두 결과는 PTI 지표에서 현실검증에 대한 점수를 부여하는 데 필요하다.

XA%에 대한 WDA%의 잠정적인 부적 효과는 WDA%가 XA%와 같거나 더 클 것이라는 규준적 기대에서 비롯된 것이다. 대부분의 사람들이 XA%와 같거나 더 많은 WDA%를 나타내는 이유는 Dd 영역, 특히 반점자극의 매우 작은 영역이거나 임의로 설정한 Dd 영역이 W와 D 영역보다 마이너스 형태반응을 더 많이 일으킨다는 사실에서 찾을 수 있다. 역으로 공통적이고 분명한 작은 영역보다 비일상적이고 모호한 작은 영역에서 정확한 형태반응을 생성하기는 더 어렵다. 마이너스 반응이 W와 D 반응에 집중되고 WDA%가 XA%보다 낮을 때, 수검자는 XA%가 지적하는 것보다 일상생활에서 현실을 효율적으로 다루는 데 더 큰 어려움이 있을 수 있다. 따라서 WA%보다 WDA%가 낮을 경우 현실검증의 정확성에 대한 수검자의 관심이 증가한 방향으로 XA%의 해석을 수정할 필요가 있다.

구체적으로 적어도 XA%가 .78이나 WDA%<XA%이어서 건전한 현실검증 능력을 가지고 있는 사람도 때로는 환상과 현실을 구분하고 좋은 판단을 실행하는 데 어려움이 있을 수 있다. 가끔 실수는 하지만 좋은 현실검증을 시사하는 XA%가 .70~.77(10세 이하의 아동은 .65~.77)인 사람은 WDA%가 .80보다 작으면(10세 이하의 아동은 .75 이하) 일상적 생활에서 가벼운 범위에서 중간 정도의 현실검증 능력의 손상이 나타날 수 있고, WDA%가 .75보다(10세 이하의 아동은 .70 이하) 낮으면 중간에서 심각한 정도의 손상이 나타날 수 있다. 현실검증 능력의 심각한 손상을 지적하는 WDA%<.70인 사람(10세 이하인 아동은 XDA%<.65)과 관련해서 WDA%가 .75 이하인 사람은 현실집중력이 상당히 손상되어 있고, 일상생활에 나타나는 심리적 측면을 다루는 데 있어서 지속적이고 전반적인 문제를 나타낼 가능성이 높고, 때로는 정신병적 장애의 준거를 충족시킬 수 있다. XA%가 낮은 기록에서 WDA%가 이 점수보다 낮으면 낮을수록 뚜렷한 정신병적 상태일 가능성은 더 높고 일상생활에서 이에 상응하는 도움과 치료를 받을 필요성은 더 높다.

사상에 대한 관습적 지각(W:D:Dd, Xu%, P)

자기 자신과 자신의 환경에 대한 정확한 인상을 형성하는 사람도 사건을 지각하는 관습적 방식에 차이가 있을 수 있다. 잘 적응하기 위해서는 정확한 현실검증뿐만 아니라 자신의 경험에 대해 검토해야 할 특징을 선택하고 이러한 특징을 해석하는 방식에서 어느 정도의 관습성도 필요하다. 이와 관련해서 중간 정도의 관습적인 사람들은 일상생활에서 대부분의 사람들이 감지하고 알수 있는 분명하고 평범한 특징에도 주의를 기울일 수 있고 대부분의 사람들이 무시하거나 간과할 수 있는 상황의 특이하고 독특한 특징에도 주의를 기울일 수 있다. 마찬가지로 자신의 경험을 해석하는 방식이 중간 정도로 관습적인 사람은 때로는 대부분의 다른 사람이 공유하는 공통적인 인상을 형성하고 때로는 자신만의 독특한 인상을 형성하기도 한다. 지각의 관습성은 경제지표(Economy Index, W:D:Dd), 관습적 형태사용(Conventional Form Use, Xu%), 평범반응(P)으로 측정한다.

W:D:Dd 수검자가 반응하기 위해 선택하는 반응영역은 수검자가 관습적인 방식으로 상황에 대해 주의를 기울이는지를 판단하는 데 도움이 되는 좋은 지표이다. 경제지표(W:D:Dd)에서 비환자 성인과 젊은 사람들은 전형적으로 반응의 약 반이 D 반응이고, 1/2~1/3은 W 반응이고, 나머지 1/6 정도는 Dd 반응이다. 더 어린 아동의 경우 W의 비율은 다소 증가하고 D는 감소하는 반면에 Dd는 매우 드물다. 균형을 이루고 있는 이러한 반응영역 선택유형은 일상생활과 관련된 구체적이고 평범한 부분을 인식하고 반응할 수 있는 정확한 능력을 나타내는 동시에 생활과 관련된 사상의 의미를 넓게 파악하고 비일상적인 것과 일상적인 것을 파악할 수 있는 능력을 나타낸다.

W나 Dd가 비교적 적고 D 반응이 뚜렷하게 우세하면 상황을 지나치게 관습적으로 검토한다는 것을 지적하는 것이다. 경제지표에서 D가 상승한 사람은 자신이 직면한 사건의 평범한 측면에 대해서는 유별나게 주의를 기울이지만 이들 사건의 상호관계나 비일상적 측면에 대해서는 충분하게 주의를 기울이지 않는 경향이 있다. 주의의 초점이 좁은 것을 의미하는 높은 Lambda를 나타내는 사람과 마찬가지로 관습적인 주의를 지적하는 D가 상승한 사람은 일상생활에서 순서가 정해져 있고, 자세한 분석이나 높은 수준의 개념형성을 요구하지 않는 비교적 제한되어 있고 판에 박힌 상황에서는 잘 기능하는 경향이 있다.

반면에 직접 눈에 보이는 것보다 더 많은 융통성, 상상력, 창조력, 의식이 필요한 상황에서 관습적으로 초점을 기울이는 사람들은 불편을 느끼고 제대로 대처하지 못하는 경향이 있다. 더욱이 이들은 반드시 그런 것은 아니더라도 자신이 반응하는 사건과 상호작용하는 사람과 관련된 미묘한 특징과 숨은 의미를 쉽게 잊으면서 주로 분명한 것을 감지하는 둔감한 사람이다. 또한 전체적인 이해가 부족하기 때문에 D가 높은 사람은 개별적인 사건의 상호관계를 인식하는 능력과 부분의 합 이상일 수 있는 더 큰 전체로 조합하는 능력이 부족할 수 있다. 2장에서도 언급한 바와 같이 이런 사람들은 "나무만 보고 숲을 보지 못하거나" 또는 "큰 전체를 결코 이해할 수 없는" 그런 사람일 수 있다.

반면에 충분한 수의 D가 있는 기록에서 W나 Dd가 우세하면 평범하고 공통적인 것보다 경험의 전체나 비일상적 측면에 대해 크게 주의를 기울인다는 것을 지적하는 것이다. 경험에 대한 주의가 매우 전체적일 때 때때로 사상 간의 복잡한 관계를 이해하고 상호관계를 공식화하는 데 크게 도움이 될 수 있다. 그러나 이런 경향이 지나쳐서 전체에 집착할 경우 평범하면서도 중요한 문제에 주의를 기울이기 어려울 수 있다. 예컨대, 우주의 본질을 탐색하는 데 몰두한 나머지 점심 먹는 것을 잊어버린 과학자는 지식을 넓힐 수는 있을지 몰라도 자신의 건강을 해칠 수 있다.

마찬가지로 경험의 비일상적 측면에 대해 특별히 주의하면 관습에 얽매이지 않는 창조적 이탈을 초래할 수 있고 이런 사람이 상상력이 풍부할 경우 다른 사람들에게 흥미롭고 자극적인 사람으로 보일 수 있다. 하지만 비일상적인 것에 대해 지나치게 주의의 초점을 둔 나머지 분명한 것을 간과하게 된다면, 이러한 비관습성은 적응에 도움이 되지 않을 수 있다. 이러한 특이성 때문에 다른 사람들에게 기이하고 이상한 사람으로 비춰질 수 있다. 특히 비환자 성인집단에서 Dd>3인 사람은 단지 5%에 불과하고 일반적으로 젊은 사람들은 성인보다 Dd 영역을 많이 사용하지 않는다. 따라서 Dd>3은 일반적으로 경험의 비일상적인 측면에 대한 부적응적 집착을 지적하는 것이고 이것은 OBS 지표의 1가지 준거 변인이다.

그러나 이러한 구체적인 절단점수(cutting score)를 넘어설 경우 부적응적이게 되는 비관습성 점수는 비관습성이 나타나는 맥락에 따라 다르다. 외견상 단지 가벼운 정도의 비순응적인 사람도 규칙이 엄격하고 고정된 기대가 지배적인 매우 구조화된 상황에서는 편안하게 적응하지 못하고 좋은 사람으로 보이기 어려울 수 있다. 반대로 상당히 비순응적인 사람이라고 하더라도 융통적인 규준, 개별적 자기결정, 권위에 대한 관용적인 태도가 지배적인 덜 구조화된 상황에서는 행복하고 효율적으로 기능할 수 있고 가장 환영받는 사람이 될 수 있다.

Xu%와 P 자신의 경험을 관습적인 방식으로 해석하느냐는 Xu%와 P의 수로 지적할 수 있다. 비환자 성인집단에서 Xu%의 평균은 약 .15이고 .08~.22의 규준범위일 경우 전형적으로 정확하지만 때때로 특이한 방식으로 사람과 사건을 지각하는 적응적 경향이 있다는 것을 지적한다. 로르샤하 기록에서 Xu 반응이 8% 미만인 사람은 대부분의 사람들보다 더 관습적으로 보일 가능성이 높고 상이한 방식으로 인상을 형성할 가능성은 더 낮다. 이런 관습성은 특히 마이너스 반응이 없고 따라서 Xu%<.08인 동시에 X+%>92%일 때 더 뚜렷하게 나타날 가능성이 높다.

반대로 unusual 형태반응이 22%보다 높은 사람은 세계를 보는 방식이 대부분의 사람보다 특이하고 더 모험적인 길을 선택하는 경향이 있다. 흔하지는 않지만 상승한 Xu%는 Xu%가 낮은 사람들에게는 드물게 나타나는 자극추구 행동의 정도와 관련이 있다. Xu%가 .22~.30이고 마이너스 반응이 없는 기록에서 X+%가 .70~.78일 경우 높은 Xu%가 나타내는 특이성을 다소 경감될 수 있다. 그러나 일반적으로 Xu%가 .08보다 더 낮거나 .22보다 더 높으면 높을수록 관습성이 지나치거나 부적응적 표현과 관련이 있을 가능성은 더 증가한다.

규준자료에서 P 반응수는 4~7개 범위이고, 10세 이하의 아동은 성인에 비해 다소 적다. 하지만 모든 연령에서 P<4는 특이성의 비일상적 정도를 시사하는 것인 반면에 P>7는 순응성이 평균보다 높다는 것을 나타낸다. P와 Xu%는 지각의 관습성을 측정하지만 때로는 다를 수 있다. 관습적으로 생각하거나 행동하려는 경향이 부족한 사람이라도 때로는 관습성을 인지할 수 있다. 특히 직접적으로 반응의 관습성을 지적하라고 요청했을 경우 관습성을 인지할 수 있다. 특히 이들은 관습적으로 행동하는 것에 대한 관심이 있다고 믿지만 심정적으로 독특하고 상이한 것을 강력하게 받아들이고 있을 때 상당히 관습적인 것처럼 언급할 수도 있다. 로르샤하에서 수검자가 관습성을 의식할 경우 P는 평균이나 평균 이상으로 나타나고, 다른 사람에게 동조하지 않고 자기방식대로 일을 처리하는 것을 좋아하고 자유로운 선택을 강조할 경우 Xu%가 높게 나타날 가능성이 높다.

P의 빈도가 낮은 것은 수검자가 공통적인 반응을 싫어하기 때문이 아니라 다른 사람들이 분명하게 보는 것을 볼 수 없기 때문일 수 있다. 다른 사람들이 분명하게 보는 것을 보지 못해서 P 반응의 빈도가 낮으면 현실검증의 손상과 비관습성에 대한 함의가 있을 수 있다. P<4가 단순히 비관습적 지각보다 부정확한 지각을 나타낼 가능성은 상승한 X-%와 함께 나타날 때 더 높다. 반대로 P

의 수가 적절해서 관습적 현실을 인식할 수 있는 능력이 지적될 경우 상승한 X-%의 부적응적 함의를 감소시킬 수 있다. 따라서 P의 수는 많은 마이너스 반응을 나타내는 정서장애자라고 하더라도 입원시키지 않고 관리하거나 정신건강에 대한 관심의 대상이 될 수 있는지를 고려하는 데 도움이 된다.

끝으로 순응성과 관련해서 Xu%와 P는 W:D:Dd와 결합되어 수검자가 대부분의 사람들보다 더 많게 또는 더 적게 관습적인 방식으로 경험에 주의를 기울이는지를 지적하는 강력한 단서이다. 낮은 D%와 상승한 Dd%와 더불어 높은 Xu%와 낮은 P가 나타날 경우 비순응성을 지적하고, 반면에 높은 D%와 함께 나타나는 낮은 Xu%와 높은 P는 일반적으로 관습성에 대한 승인을 지적하는 것이다.

관념의 사용

관념의 사용은 수검자가 가지고 있는 경험과 수검자가 형성한 인상에 대해 어떻게 생각하고 있는가를 말한다. 사람은 논리적이고, 조리가 있고, 융통적이고, 건설적이고, 어느 정도 적극적으로 생각할 때 가장 잘 적응한다. 역으로 사고방식이 비논리적이고, 조리가 없고, 융통성이 없고, 너무 환상적이고, 지나치게 집착하는 경향은 심리적 적응을 방해하는 성격적 취약성을 구성한다.

논리적이고 조리 있는 사고(WSum6)

논리적 사고(logical thinking)는 사건들의 상호관계에 대한 합리적 결론을 형성하는 것이다. 논리적으로 생각하는 사람은 충분한 증거에 근거해서 합리적 결론에 도달하고 이 결론의 확실성에 대해 정확하게 이해한다. 그러나 논리적으로 사고할 수 있는 능력을 상실하게 되면 순간적 또는 일정 기간 동안 임의적으로 추론하고, 제한적이거나 불분명한 증거를 근거로 부당한 결론을 내리는 경향이 있다. 그리고 이들은 비교적 합리적인 결론과 입증할 수 없거나 불가능하지는 않지만 기껏해야 가정적인 결론을 구분하는 데 실패하는 경향이 있다.

조리 있는 사고(coherent thinking)는 자신과 다른 사람들이 이해할 수 있는 방식으로 아이디어들 간의 관계가 잘 연결되어 유지되고 있다는 것을 의미한다. 조리가 있는 사고는 문제해결, 의사결정, 다른 사람과 분명한 의사소통을 촉진하는 적절한 사고진행을 유지하는 데 도움이 된다. 조리 있게 사고할 수 있는 능력이 손상될 때 사람들은 해리되거나 이완된 방식으로 생각하고 표현하게 되어 목적지향적으로 사고하기 어렵고, 부적절하게 두서없이 이야기하게 되고, 자신을 이해하려는 노력이 낮아질 수 있다. 따라서 조리가 없는 사고는 자기 자신을 혼란에 빠트리고 관찰하는 사람을 당황스럽게 만든다.

로르샤하에서 비논리적이고 조리가 없는 사고는 가중치가 부여된 6개 결정적 특수점수의 합(weighted sum of the six Critical Special Scores, WSum6)에 반영된다. 4개의 결정적 특수점수인 Incongruous Combination(INCOM), Fabulized Combination(FABCOM), Autistic Logic(ALOG) 및 Contamination (CONTAM)은 다양한 대상, 아이디어 및 인상이 부적절하거나 기이한 방식으로 통합, 결합되거나 상호관계를 비일상적인 방식으로 가정하는 임의적 사고가 있을 경우 기호화한다. 다른 2개의 결정적 특수점수인 Deviant Verbalization (DV), Deviant Response(DR)은 아이디어가 연결되지 않거나 아이디어들이 이상하고, 두서가 없고, 빗나가고, 때로는 이해할 수 없는 언어들이 서로 연결되어 있을 경우 기호화한다. Exner(2003), Exner와 Weiner(1995), Kleiger(1999)는 이들 결정적 특수점수의 성격을 정교화하고 자세하게 설명하였다.

종합체계 참조자료를 보면 WSum6 변인의 규준빈도는 분명한 발달적 경향이 있다. 즉 WSum6의 중앙값의 범위는 5~9세는 10.0~14.0이고, 10~14세는 6.0~8.0이고, 15~16세와 성인의 중앙값은 각각 4.0, 3.0이었다. 반응이 17개 이상인 기록에서 성인과 청소년은 WSum6이 12 이하이고 더 어린 아동은 WSum6이 15 이하일 경우 일반적으로 논리적이고 조리 있게 사고할 수 있는 능력을 의미한다. 반면에 성인과 청소년이 WSum6 >15이고 더 어린 아동이 WSum6 >18이면 분명하고 합리적인 사고에 대한 문제를 시사하는 것이다. 반응이 17개 미만인 기록에서 성인과 청소년은 WSum6 >12, 어린 아동은 WSum6 >15일 경우 사고문제를 시사한다. 이러한 규준자료는 초기 청소년은 후기 청소년과 성인보다 분명하고 논리적으로 생각하기 어렵고 아동은 초기 청소년보다 더 분명하고 논리적으로 생각하기 어려울 것이라는 일반적 기대와 일치한다.

WSum6이 크면 클수록 어느 연령에 속하든 더 임의적이고 우회적인 추론을 나타낼 것이고 자신과 다른 사람을 혼란에 빠트리는 이완되고 분산된 아이디어가 더 많을 것이다. 예컨대, 우연적인 사건들이 자신과 관련해서 특별한 의미가 있다고 결론짓거나 동시에 일어난 사건과 동일한 장소에 있는 대상은 틀림없이 서로 필연적 관계가 있다는 결론을 내릴 수 있다. 이들은 대화에서 자신이 말하는 것에 초점을 유지하기 어려울 수 있고 한 문장의 중간에 사고의 흐름이 흐트러질 수 있다. 그리고 이들은 다른 사람들이 따라가기 어려워하고 자신이 재구성할 수 없는 아이디어를 산만하게 표현할 수 있다.

반응이 17개 이상인 기록에서 WSum6이 14세 이상은 17, 11~13세는 18, 8~10세는 19, 8세 미만은 20을 초과하면 사고장애의 증거일 수 있고 이 점수는 PTI에서 채점된다. 반응이 17개 미만인 기록에서 PTI를 채점하는 데 적용되는 WSum6의 준거는 청소년과 성인은 WSum6 > 12, 11~13세는 WSum6 > 14, 8~10세는 WSum6 > 15, 8세 미만인 아동은 WSum6 > 16이다(Exner, 2001).

Exner와 Weiner(1995)가 설명한 바와 같이 상승한 WSum6이 사고장애를 지적할 가능성은 다음의 두 경우 경감된다: (1) 가벼운 인지적 실수(DV, INCOM)를 지적하는 결정적 특수점수가 더 심각한 사고장애(DR, FABCOM, ALOG, CONTAM)를 지적하는 결정적 특수점수보다 많을 경우; (2) 특수점수가 수준 1로 기호화된 비교적 가벼운 수준이고 수준 2로 기호화된 더 기이한 언어화를 포함하고 있지 않을 경우. 역으로 WSum6이 PTI에 대한 최소한의 준거를 초과하고 더 심각한 특수점수가 우세하고 수준 2에 속하는 특수점수를 포함하고 있으면 있을수록 수검자는 전형적으로 정신분열병, 분열형 정동장애, 망상장애, 편집증적 성격장애, 정신분열형 성격장애에서 관찰되는 사고장애를 가지고 있을 가능성이 더 높다(Weiner, 1998b).

융통적인 사고(a:p)

융통적인 사고는 다양한 방식으로 적응을 촉진시키는 데 도움이 된다. 융통성 있게 사고하는 사람은 자신의 경험에 대한 대안적 관점을 심사숙고하고 자신의 관점의 변화를 고려할 수 있다. 이들은 현재 자신이 가지고 있는 의견과 신념이 얼마나 오래 되었고 또는 얼마나 확고하든 간에 새로운 정보와 아이디어에 대해 개방적이다. 이런 방식으로 융통성 있게 사고하게 되면 이전에 알고 있던 것보다 더 많은 것을 배우고 적응에 도움이 되는 방향으로 의사결정을 내릴 수 있다. 이런 융통성은 자신의 생활을 관리하는 낡은 방식이 더 이상 효과적이지 않고 새로운 참조체제가 필요한 상황에 직면했을 경우 특히 도움이 된다.

RIM에서 융통적인 사고는 움직이는 것으로 보이는 형태에 대해 능동적 운동과 수동적 운동을 귀인시키는 경향을 지적하는 능동-수동비율(Active-Passive Ratio, a:p)에 반영된다. 잉크반점에 운동속성을 부여하는 것은 관념작용이고 능동적 운동반응과 수동적 운동반응이 거의 같은 사람은 의사결정을 내리고 새로운 상황과 익숙하지 않은 요청에 적응해야 할 경우 관념적 융통성이 나타나는 경향이 있다. 그러나 a:p의 합이 4 이상이고 한 값이 다른 값의 2배가 넘는 자료는 보통 인지적 비융통성으로 나타나는 불균형을 지적한다.

융통적으로 사고하는 사람과 달리 로르샤하 반응에 a:p가 균형적이지 않은 사람은 이미 가지고 있는 기존의 신념에 지나치게 집착하는 경향이 있고 새로운 정보를 근거로 자신의 신념을 재평가하는 데 저항한다. 결국 이들은 자신의 의견을 바꾸는 경우는 드물고 가끔 자기 자신이나 외적 사건에 대한 관점을 수정할 가능성을 고려하지 않는, 즉 마음의 문을 닫고 있는 경향이 있다. 이런 유형의 비유통성은 참조체제의 수정을 도와주려는 심리치료의 진행을 방해하고 새로운 상황과 익숙하지 않은 요구에 대한 적응을 방해할 수 있다는 것은 놀랄 일이 아니다(Weiner, 2003c). 이와 관련해서 이미 Lambda에 대해 언급한 바와 같이 사고의 비융통성을 지적하는 균형이 맞지 않은 a:p 비율이 갖는 의미는 보통 Lambda가 높으면 더 강하고 Lambda가 낮으면 감소한다.

건설적인 사고(Ma : Mp)

건설적 사고는 문제를 해결하고 행동과정을 자세하게 계획하기 위해 현실적이고 과제지향적으로 관념을 사용하는 것을 말한다. 도전적인 상황에 대해 직접적으로 직면하면 운명에 맡기기보다 운명을 극복하는 데 도움이 된다. 새로운 상황을 가장 잘 다룰 수 있는 방법에 대해 합목적적으로 사고하면 우연보다 의지를 가지고 자신의 삶을 살아가도록 도와준다. 인간운동반응(M)은 이런 방식으로 관념을 효율적으로 사용할 수 있는 능력을 지적하는 좋은 지표이다. 특히 인간의 형상에 귀인시키는 운동의 성격이 능동적일 때 좋은 지표가 된다. 그러나 기록에서 수동적인 인간운동(Mp)이 능동적인 인간운동(Ma)보다 많을 경우 수검자는 건설적인 문제해결의 대안으로 환상을 지나치게 사용할 가능성도 있다.

M의 능동적 운동과 수동적 운동의 비율(Ma:Mp)과 관련해서 Mp>Ma는 도피적 환상을 선호하거나 환상을 남용하는 것을 나타낸다. 환상을 남용하는 사람은 자신이 할 수 있거나 당연히 해야 할 것에 대해 심사숙고하지 않고 다른 사람이나 운명이 어떻게 의사결정과 문제해결을 도와줄 것인가를 상상하면서 자신의 생활과 관련된 상황을 처리하려고 시도한다. Mp가 높은 사람은 공상에 빠지기 쉬운 성격(Walter Mitty)이 있어서, 다른 사람들은 흔히 이들을 공상에 잠겨 있고 주변에서 일어나는 일에 대해서는 전혀 관심도 없는 공상가로 기술한다. Mp가 높은 사람은 자신이 직면한 어려움을 적극적으로 해결하려고 시도하지 않고 운명이 모든 것을 잘 해결해 줄 것이라고 상상한다. 따라서 Ma≥Mp는 건설적으로 생각할 수 있는 정상적 능력을 지적하고 Mp>Ma는 좋은 적응을 방해하는 환상에 대한 지나친 의존을 나타내는 것이다.

적절한 사고(EBPer, INTELL, FM+m)

논리적이고, 조리에 맞고, 융통성이 있고, 건설적으로 사고할 수 있는 능력은 좋은 적응을 향상시키는 성격적 장점이지만, 때로는 좋은 것도 많으면 지나칠 수 있다. 사람은 감정과 마음의 평화를 해칠 정도로 사고가 심리적 생활을 지배하지 않고 관념을 효과적으로 사용할 수 있을 때 가장 잘 기능할 수 있다. 관념적 경험과 마찬가지로 정서적 경험에 대한 개방은 대처기술의 목록을 넓혀 줌으로써 적응하는 데 도움이 되고 마음의 내용을 통제하면서 괴로운 사고에 대한 집착을 피하는 데 도움이 된다. 정도에 지나치게 사고하는 사람은 가끔 감정을 경험하고 표현할 수 있는 능력이 부족하다. 이런 사람은 정서에 지적인 체계를 부과하는 경향이 있고 통제할 수 없는 잠입적 관념(intrusive ideation) 때문에 생기는 집착과 혼란에 민감하다. 적절한 사고와 지나친 사고를 구분하는 데 도움이 되는 3가지 변인은 전반적 경험균형(Pervasive Experience Balance, EBPer), 주지화지표(INTELL), 동물반응+무생물 운동반응(FM+m)이다.

EBPer 쓸데없이 감정을 희생시키지 않고 관념을 효과적으로 사용할 수 있는 능력은 중간정도의 내향적인 EB유형에 반영된다. 이런 EB유형은 M이 WSumC보다 1.5배(EA>10인 기록에서는 2.0배 이상) 이상 많고 2.5배 이하여야 한다. 중간 정도로 내향적인 사람은 의사결정을 하고 문제해결을 시도할 때 일차적으로 심사숙고하고 경험과 감정의 영향에 대해서는 융통성 있게 개방적이다. 반면에 M과 WSumC의 비율이 2.5:1 이상으로 전반적 내향성일 경우 경험을 다룰 때 일차적으로 정서적 통로보다 관념적 통로를 지나치게 선호하기 때문에 부적응적일 수 있다. 일반적으로 M 반응은, 특히 M이 능동적 운동과 관련된 전체 인간상에 대한 정확한 지각을 포함하고 있다면 성격적 장점과 좋은 적응을 지적하는 것이고, 이런 M 반응은 많으면 많을수록 좋다고 볼 수 있다. 그러나 M이 EBPer의 확장에서 SumC를 초과할 경우 수검자는 자신의 생활에 관한 정서적 측면에 충분한 주의를 기울이는 데 실패할 수 있다.

전반적으로 내향적인 사람은 행동으로 옮기는 데 어려움이 있을 정도로 지나치게 깊이 생각하는 경향이 있다. 이들은 자신을 표현하기보다 더 쉽게 자신에 대한 생각에 몰두하고 감정과 직감을 전혀 사용하지 않는 합리적 심사숙고를 통해 의사를 결정한다. 적응은 자신에 대한 깊은 생각, 적절한 조치 그리고 광범위한 정보의 분석과 순간적으로 스치는 통찰을 통해서 촉진되기 때문에 전반적으로 내향적인 사람이 지나치게 반추적인 경향이 있을 경우 때때로 효율적인 기능을 방해받을 수 있다. 더욱이 이들은 정서적 표현을 하는 데 필요한 통로가 제한되어 있기 때문에 감정을 자극하는 상황을 편안하고 효과적으로 다루는 데 상당한 어려움이 있다. 따라서 이들은 회피할 수 없는 강한 정서적 자극에 직면할 때 대부분의 사람들 보다 더 쉽게 감정에 압도당하고 혼란에 빠질 수 있다. 이들은 감정이 개입된 상황에 대해 반응할 수 있는 기술과 경험이 부족하기 때문에 특히 WSumC가 낮을 경우 더 취약하다.

INTELL INTELL을 구성하는 3가지 반응인 Art와 Ay(Anthropology) 반응내용과 추상적 특수점수(AB)의 특징은 자기 자신과 자기 자신의 지각이나 연상에 의해 유발되었을 수 있는 어떤 감정에 대한 실제적인 직면 간에 다소 거리를 두려는 공통적인 관념적 노력을 공유하고 있다. 예술적 작업과 관련된 내용은 개인의 세계에 실제로 존재하는 것은 아니다; Ay로 기호화된 인류학적인 내용은 개인적인 시간, 장소, 사회문화적 맥락과 거리가 멀다; 추상적인 주제와 사건은 단지 상징적인 것에 불과하거나 실제로 일어날 수도 있는 것에 대한 표상에 불과하다. 따라서 Art, Ay, AB 반응을 하는 사람은 일반적으로 정서와 거리를 유지하고 정서의 영향을 최소화하기 위해 정서를 주지화적 참조체계 내에 통합함으로써 감정을 처리하려고 시도한다.

4~5개의 INTELL은 불쾌하거나 처리하기 어려운 감정에 대응하는 방식으로 주지화를 사용하는 현저한 경향을 지적한다. 일반적으로(2AB+Art+Ay>5)일 때 주지화가 방어작동의 근간을 구성한다. 주지화의 긍정적 측면은 때때로 감정의 강도를 약화시키고 심리적 고통을 경감시키는 데 도움이 될 수 있다. 그러나 주지화에 대해 지나치게 의존할 경우 관념을 과도하게 사용하게 되어 부적응적 결과가 초래될 수 있다. 이러한 방식으로 감정을 최소화시키거나 감정과 거리를 두는 사람은 감정을 솔직하고 진지하고 직접적으로 다루기 어렵다.

예컨대, 애정, 즐거움, 분노, 실망 등을 숨기지 않고 직접적인 표현이 요구되는 대인관계 상황에서 주지화를 사용하는 사람들은 덤덤하고 부자연스럽고 우회적인 암시로 감정에 반응하는 경향이 있어서 관심도 없고 관여하기도 싫고 자신을 나타내기도 싫다는 인상을 줄 수 있다. 더욱이 이들은 대인관계의 질이 떨어질 뿐만 아니라 강한 정서적 경험에 희생될 수 있다. 전반적으로 내향적이고 감정을 직접 다루는 기술이 부족할 때와 마찬가지로 주지화에 지나치게 의존하면 방어의 한계를 넘어서는 정서적 자극에 직면할 경우 심리적 혼란에 빠지기 쉽다. 더욱이 INTELL의 상승은 전형적으로 적극적 방어가 필요로 하는 중요한 고통스러운 정서를 지적하는 것이므로 DEPI의 한 준거변인이다.

FM+m 동물운동(FM)과 무생물운동(m) 반응은 경험기초(experience base, eb)의 좌항에 해당하고 의식적인 통제에 저항하는 잠입적 관념을 의미한다. FM은 전형적으로 충족되지 못한 욕구에 대한 불편한 의식과 관련이 있고 m은 다른 사람이나 사건이 자신의 운명을 결정하는 것을 막지 못하는 무기력에 대한 우려를 지적한다. FM+m은 M 반응과 관련된 의도적 관념과 달리 떨쳐버리고 싶다고 하더라도 의식에서 제거할 수 없는 관념을 나타낸다. M과 관련된 관념은 마치 휴가를 어디로 갈 것인지 생각하고 이 문제를 충분히 고려했다고 생각되면 의도적으로 다른 문제를 생각하기 시작하는 것과 같다. 반면에 FM+m과 관련된 관념은 머리에 떠오르는 어떤 것에 대한 생각을 중단하고 다른 주제를 생각하고 싶다고 생각해도 그렇게 할 수 없는 관념이다. 잠입적 관념을 가지고 있는 사람은 "그 문제에 대한 염려를 중단하고 싶지만 떨쳐버릴 수 없다."라고 말할 수 있다.

전형적인 개인적 경험은 때때로 나타나는 어느 정도의 잠입적인 관념을 포함한다. 그리고 FM과 m은 둘 다 보통 몇 개 정도는 나타나고 세 방향(triderectional)으로 해석할 수 있는 변인이다. 일반적으로 FM은 3~5개 정도 나타나고 이는 충족시켜야 할 욕구와 관련된 동기를 시사하는 것이다. FM<3인 수검자는 보통 대부분의 사람들만큼 충족되지 못한 욕구를 인식하지 못한다. 낮은 FM은 욕구나 소망을 가끔 경험하고, 희망과 꿈을 즐기는 경우는 드물고, 때로는 공허하고 무미건조한 생활을 하는 심리적으로 생기가 없고, 동기가 부족하고, 요구하는 것도 별로 없고, 쉽게 만족하는 사람들에게서 자주 나타난다. 그러나 어떤 경우 낮은 FM은 제한된 욕구의 각성이나 자기부인을 반영하는 것이 아니라 욕구가 오래 충족되지 않아 잠입적인 관념적 관심의 원천으로 작용하는 것을 허용하지 않고 욕구가 생기자마자 곧 충족시키는 충족지향성을 반영한다. 이런 유형의 낮은 FM을 나타내는 사람들은 욕구충족에 대해 걱정하기보다 주저하지 않고 규칙적으로 욕구충족을 선택할 수 있다. 따라서 이들은 충족을 지연시키거나 억제하지 않고 자기충족적 행동을 시도할 위험이 있을 수 있다. 이럴 경우 높은 Lambda와 마찬가지로 낮은 FM은 다양한 품행문제와 다른 사람에게 환영받지 못하거나 공격적인 행동과 관련이 있을 수 있다.

m이 나타나는 빈도는 모든 연령에서 보통 1개 정도이고 m이 하나도 없는 수검자는 자신의 생활에서 일어나는 통제할 수 없는 일상적 생활사건에 대한 관심이 전혀 없을 수 있다. m=0인 사람은 실제로 감옥에 수감되거나, 싫어하는 일을 해야 하거나, 퇴학, 강제 입원, 양육권 포기, 보호관찰, 취직 여부 등과 같은 중요한 결정이 다른 사람에 의해 결정되는 매우 심각한 상황에 직면하더라도 가끔 관심이 없거나 걱정하지 않는 경향이 있다. 이런 상황에서 구속되거나 평가받는 사람이 m 반응이 하나도 없을 경우 비록 자신은 다양한 이유가 있다고 하더라도 자신에게 일어나는 일에 대해 비교적 무관심할 수 있다. 그러나 자신에 대한 어떤 판단을 내리기 위한 행정적 목적으로 평가를 받고 신체적 안전과 안녕을 위협하는 사건에 직면했을 경우와 마찬가지로 자신의 소망과 상반된 행동을 강요당하는 심리적 환경에 직면하면 공통적으로 m이 상승한다. 수검자

의 m반응이 많으면 많을수록 자신이 통제할 수 없는 힘에 직면했을 때 무력감을 더 많이 경험할 수 있고 이에 대한 걱정도 더 많다.

규준자료의 기대치를 고려하면 FM+m이 6개를 넘지 않는 사람은 잠입적 사고에 대한 비일상적 집착은 아마 없을 것이다. 반면에 FM+m>6은 전형적으로 뚜렷한 목적도 없는 불쾌하고 염려스러운 관념이 의식화되는 것을 방지할 능력이 없다는 것을 포함하는 지나치게 부적응적인 사고를 나타낸다. 이런 수준의 잠입적 관념은 가끔 집중력의 장애를 야기한다. 떨쳐버리고 싶지만 떨쳐버릴 수 없는 사고 때문에 주의가 산만해지고 FM+m이 상승한 사람은 전형적으로 주의의 유지가 필요한 업무나 학업에 몰두하기 어려울 수 있다. 또한 FM+m은 수면장애(특히 너무 많은 생각이 떠올라 잠들기 어렵다고 호소하는 사람)와 외상후 스트레스장애(특히 잠재적 관념을 호소하는 사람)와 관련해서 상승될 수 있다.

감정조절

감정조절(modulating affect)이란 정서적 경험을 처리하는 방법에 해당한다. 따라서 감정조절은 자신의 내부에서 일어나는 감정을 다루는 방법과 다른 사람의 감정과 정서와 관련된 상황 일반에 대해 반응하는 방법으로 구성되어 있다. 심리적으로 잘 적응하려면 감정을 충분히, 즐겁고, 적절하게 조절할 수 있는 능력이 필요하다. 이런 능력에 결함이 있거나 손상되면 억제되거나, 울적하거나, 지나치게 강렬한 방식으로 감정을 처리하게 되어 적응문제가 초래될 수 있다.

충분한 감정조절(Afr, WSumC:SumC′)

감정을 잘 조절하면 정서적인 상황에 관여하고 다른 사람과 감정을 교환할 수 있다. 감정에 관여하기 위한 능력이 있는 사람은 어느 정도 정서가 유발되거나 표출되는 상황에서도 편안하게 느낄 수 있다. 이런 상황에서 편안하게 느끼게 되면 정서적으로 자극을 받더라도 인내할 수 있고, 다른 사람이 표현하는 느낌을 인지하고 반응할 수 있고, 자신의 느낌을 나타내어 주변에 있는 다른 사람들이 알 수 있게 한다. 예컨대, 극단적인 흥분을 하거나 비합리적 분노를 가지고 있는 사람과 대면하는 것과 같은 비일상적으로 강한 정서적 상황에 직면할 경우 잘 적응하는 사람도 위축되거나 자신의 감정을 드러내지 않을 수 있다. 이런 극단적인 경우가 아니라면 감정을 충분히 조절할 수 있는 사람은 정서적 교류를 회피하는 경우는 드물다. RIM에서 감정을 충분히 조절할 수 있는 능력은 적절한 정서비율(Affective Ratio, Afr)과 무채색반응의 수(SumC′)와 같거나 더 많은 충분한 WSumC에 반영된다.

Afr 비환자 성인은 Afr의 평균은 .67이고 외향적인 사람은 평균보다 약간 높고 내향적인 사람은 평균보다 약간 낮다. Afr>.49인 수검자는 대부분의 사람들이 정서적 자극을 처리하는 것과 같이 처리하려고 할 것이다. 반면에 규준에서 Afr<.50인 비율은 외향적인 성인, 내향적인 성인, 양가적인 성인이 각각 6%, 15%, 16%이다. 그리고 Afr<.50는 감정표현이 요구하는 상황을 싫어할 가능성이 있다. 특히 부적응적인 정서적 위축은 규준에서 내향적, 외향적, 양가적 성인의 각각 1%, 5%, 4%가 나타내는 Afr<.40과 관련이 있을 가능성이 높다. 비환자 젊은 사람들이 Afr<.50 및 Afr<.40일 빈도는 성인보다 낮다. 따라서 젊은 집단일 경우 어느 정도 보수적으로 해석해야 한다. 특히 참조표본에 따라서 Afr<.50일 비율의 범위는 5~11세가 8~24%, 12~16세가 15~38%이고 Afr<.40일 비율의 범위는 5~11세가 0~15%, 12~16세가 5~7%이다.

감정표현은 대인관계 상황에서 일어나고 친밀한 관계는 보통 관념과 감정의 교환을 포함하기 때문에 Afr이 낮은 사람은 정서적 및 사회적으로 위축되어 있을 위험이 있다. 흔하지는 않지만 강하게 감정표출을 할 경우 가까운 친구나 사랑하는 관계라고 하더라도 상호작용이 저해될 수 있다. 예컨대, Afr이 낮은 사람은 가끔 애정표현에 대해 불편하게 여기고 친절한 반응이 기대될 경우 오히려 애정표현을 하지 않을 수 있다. 집단의 성원이 포옹하고 키스를 해야 한다면 정서적으로 회피적인 사람은 자신이 집단에 들어가기 전에 이러한 강한 애정표현이 끝나기를 바랄 것이다. 또한 화가 나서 언성이 높아진다면 이들은 다투기보다 모른 척 하고 방을 떠나려고 할 것이다. 왜냐하면 이들은 대부분의 사람들이 매사를 분명하게 하기 위해 사용하는 논쟁에는 매력을 느끼지 못하고 이들의 적응방식의 목록에 논쟁은 존재하지 않기 때문이다. 정서성에 대한 이러한 회피는 Afr이 낮은 사람의 사회적 매력을 제한시킨다. 왜냐하면 다른 사람들은 이들이 자신의 감정을 나타내는 경우는 드물고 정서적으로 관여하기를 꺼리는 냉담한 사람으로 지각하기 때문이다.

낮은 Afr을 해석할 때 수검자의 정서적 자극에 대한 수용성을 잘못 해석하게 하는 Afr<.50가 가끔 나타난다. 여러 가지 색채에 대한 상당한 흥미를 지적하는 카드 Ⅷ, Ⅸ, Ⅹ에 대한 반응기록이 복합적이고 잘 통합된 지각을 포함하고 있으나 이러한 카드에 대해 적은 분리된 반응만을 했을 때 이런 해석적 오류를 범할 가능성이 생긴다. 예컨대, 카드 Ⅹ에 대해 "아름다운 꽃으로 만든 부케, 모두 다른 색이다."라고 1가지 통합된 W 반응만 한 Afr이 낮은 수검자를 생각해 보자. 이 수검자는 카드 Ⅹ에 대해 "양쪽에 게가 두 마리. 이게 다 입니다."라고만 반응한 Afr이 낮은 수검자보다 정서가 개입된 상황에서 위축될 가능성은 낮다. 이런 점을 고려해서 검사자는 비록 반응이 적더라도 카드 Ⅷ~Ⅹ에 나타난 반응과 관련하여 Afr<.50이 지니는 의미를 고려해서 해석해야 한다.

WSumC:SumC′ Afr과 마찬가지로 WSumC의 규준적 기대는 EB 유형이 지적하는 경험을 다루는 일차적 방식이 관념적인지 또는 정서적인지에 따라 다르다. 비환자 성인집단에서 내향적인 EB를 보이는 사람들의 WSumC 평균은 3.14인 반면에 외향적인 EB를 보이는 사람들의 WSumC 평균은 6.05이다. 하지만 EB 유형과 상관없이 모든 연령에서 WSumC가 2.5 이상일 경우 근본적으로 적응적인 방식으로 정서를 경험하고 표현할 수 있는 정확한 능력이 있다는 것을 지적한다. 충분하지만 비교적 적당한 WSumC는 전반적으로 내향적인 경우처럼 감정을 억제하는 M의 비중에 따라 흐려질 수 있다. 하지만 이럴 경우라도 감정을 처리할 수 있는 능력이 충분히 있는 사람(WSumC>2.0)은 전반적으로 내향적인 사람이더라도 관념적 접근을 다소 줄이면 오히려 대처차원이 될 수 있다.

반면에 EB 유형이 어떻든 간에 WSumC<2.5는 감정을 경험하고 표현할 능력이 충분하지 않아서 부적응적일 수 있다는 것을 지적한다. M의 수에 상관없이 WSumC가 낮은 사람은 자신의 감정을 인식하고 자신의 감정을 다른 사람에게 표현하는 능력이 제한된 기능적 손상이 있다. 이들은 정서적 공유가 요구되는 상황에 직면할 경우 불편하게 느끼고 확신하지도 못한다. 또한 이들은 자신

의 감정을 말로 표현하는 데 어려움이 있고 자신의 감정을 다른 사람에게 알리는 방법에 대한 확신도 없다. 감정의 처리와 관련된 이런 문제 때문에 때때로 다른 사람과 함께 있는 정서적 상황을 회피할 수 있다. 따라서 WSumC<2.5는 가끔 낮은 Afr와 함께 나타난다.

기록에서 C′가 WSumC보다 높을 경우 낮은 WSumC는 특히 적응에 문제가 된다. 일반적으로 SumC′는 개인의 정서적 경험이 표현되기보다 내재화 되는 정도를 지적한다. 또한 C′는 침울감, 비애, 우울과 관련 있는 불쾌한 내재화된 감정을 의미한다. SumC′에 의해 시사되는 정서적 색조(emotional tone)와는 별도로 SumC′>WSumC는 감정을 표현할 수 있는 능력이 부적응적으로 억제되어 있다는 것을 지적한다. 낮은 Afr와 낮은 WSumC도 부분적으로 감정을 표현하는 능력이 부족하다는 것을 의미하지만, 특별히 종합체계에서 억제비율(Constriction Ratio)로 표시하는 것은 SumC′:WSumC이다.

억제비율이 불균형적인(SumC′>WSumC) 사람은 감정을 직접적으로 표현할 수 없다. 이렇게 감정을 차단하는 사람은 스스로 떨쳐버릴 수 있고 다른 사람에게 밝힐 수 있는 것보다 더 강한 많은 감정을 가지고 있다는 것 때문에 괴로워할 수 있다. 때로는 정서적으로 억제된 사람은 싫은 감정이 의식화되는 것을 피하고 이를 신체적인 증상으로 나타낼 수 있다. 긴장성 두통과 위장장애는 감정을 직접적으로 표현하지 못해 나타나거나 악화되는 신체적 호소의 예이다. 그렇다고 해서 SumC′>WSumC가 신체형 장애를 지적하는 준거라는 것은 아니고 억제비율의 불균형이 지적하는 정서적 차단은 정신신체적 역기능에 취약할 수 있다는 것을 의미한다.

유쾌한 감정조절(SumC′, Col-Shd Bld, SumShd, S)

감정을 경험하고 표현할 수 있는 충분한 능력은 양적 측면에서 적응에 기여하지만 질적인 측면에서 감정을 적응적 방식으로 처리할 수 있다는 것을 보장하는 것은 아니다. 정서성의 질적인 측면은 사람들이 감정을 경험하고 표현하는 상태와 강도를 의미한다. 그리고 사람들은 감정을 양적인 측면에서 충분히 처리하고 즐겁고 적절하게 처리할 수 있을 때 가장 편안하고 효율적으로 기능할 수 있다.

감정을 유쾌하게 조절할 수 있으면 행복감과 즐거움을 향상시키는 정적인 정서상태를 유지할 수 있다. 행복감과 즐거움을 느낄 수 있는 능력은 자신과 자신의 활동에서 기쁨을 느낄 수 있는 기초가 된다. 이런 성격적 자산은 카드의 회색, 음영, 공간 특징보다 밝고 채색된 특징을 강조하는 데서 반영된다. 구조적 자료에서 WSumC의 값이 적절하고 전형적으로 기분부전, 무쾌감, 양가감정, 분노를 나타내는 결정인과 영역선택의 빈도가 낮을 경우 긍정적인 정서생활을 유지하고 있을 가능성은 증가한다. 구체적으로 감정을 유쾌하게 처리할 수 있는 적응능력이 발달되고 유지되고 있는 사람의 기록은 일반적으로 C′이 적고, 색채-음영 혼합반응(Color Shading Blends, Col-Shd Bld)이 없고, 음영반응의 합(Sum Shading, SumShd)이 FM+m과 같거나 적고, 공간반응(S)도 드물 것이다.

SumC′ C′의 빈도는 비환자 성인에서 중앙값은 1이고 비환자 규준표집에서 7세를 제외한 5~16세 연령에서 중앙값은 2이다. 일부 예외도 있으나 C′>2는 내재화된 고통스런 감정이 부적응적인 정도를 지적하고 이런 상승은 DEPI의 한 준거점수이다. C′ 반응에 의해 지적되는 불쾌한 정서상태는 흑색과 회색의 의미에 대해 나타나는 공통적인 연상과 매우 유사하다. 예컨대, 대부분의 사람은 "being in black mood"나 "suffering through a gray day"는 부정적, 바람직하지 못한, 불쾌한 정서적 성격을 나타낸다는 것은 의심하지 않을 것이다. 따라서 SumC′의 상승은 전형적으로 슬픔, 침울, 불행, 심리적 고통을 지적한다.

Col-Shd Bld 모든 연령의 비환자 집단에서 Col-Shd Bld를 포함하는 반응이 나타날 빈도의 중앙값은 0이다. 그리고 이런 반응이 1개만 있더라도 양가적 정서와 관련된 울적한 경향을 시사한다. 기록에서 Col-Shd Bld>0인 사람은 자신의 감정에 대해 혼란스럽고 확신하지 못하는 경향이 있고 때로는 자신의 생활과 관련된 사람이나 사건에 대해 동시에 정적(색채) 및 부적(음영) 정서적 특징이 나타날 수 있다. 결국 Col-Shd Bld를 나타내는 사람은 가끔 자신의 감정을 잘 파악하는 데 어려움이 있고, 생활과 관련된 경험에 대해 유쾌한 의미와 불쾌한 의미를 모두 부여하기 때문에 자신이 스스로 즐길 수 있는 기회가 제한된다. 이런 사람들은 유쾌한 순간에도 좋지 못한 일을 예상하고 날씨가 좋을 경우에도 비가 오고 폭풍우가 몰아칠 것을 예상할 수 있다. 심지어는 즐거운 순간에도 즐거운 순간이 너무 좋아서 오래 지속되지 않을 것이라는 믿음 때문에 기분을 망쳐버릴 수 있다.

비록 수검자의 EB 유형은 이 장에서 논의하는 유쾌한 감정조절의 다른 지표들이 시사하는 임상적 의미를 변화시키지는 않는다고 하더라도, 이와 관련된 Col-Shd Bld=1의 의미는 예외적이다. 비환자 참조자료는 외향적인 성인은 내향적인 성인에 비해 Col-Shd Bld가 두 배 더 높다는 것(51% vs. 23%)을 지적하고 있다. 따라서 비록 양가적 정서성에 대한 Col-Shd Bld 반응의 의미가 EB 유형에 상관없이 동일하다고 하더라도, 외향적인 사람은 자신의 적응을 방해하지 않고 내향적인 사람보다 더 쉽게 중간 정도로 정서적 불확실성을 조절할 수도 있다.

따라서 Col-Shd Bld>0은 일반적으로 행복감이나 즐거움을 느끼지 못하는 무쾌감증(anhedonia)을 지적하는 지표로 사용하지만, 일부 외향적인 사람들에게서 이 변인이 부적응적일 정도로 상승되어 있다고 단정하기 위해서는 더 보수적인 Col-Shd Bld>1을 적용할 필요가 있다. 그럼에도 불구하고 Col-Shd Bld>0은 DEPI의 한 준거점수이고 SumC′>2와 결합할 경우 중요한 2가지 우울요소(dysphoric duo)를 구성한다. 다음에 언급한 바와 같이 불쾌한 정서상태에 대한 우울요소의 의미는 SumShd이 지나치게 많을 경우 더 강하다.

SumShd eb의 우항을 구성하는 이 변인에서 빈도의 중앙값은 비환자 성인의 내향적인 집단과 외향적인 집단이 모두 3이다. 5~11세의 어린 수검자의 중앙값은 2 또는 3이고 12~16세는 4이다. 반면에 eb의 좌항을 구성하는 FM+m의 규준빈도는 성인이 5이고, 5~8세는 5~8 범위이고, 9~16세는 6 또는 7이다. 이렇게 기대되는 빈도가 다양한 것은 SumShd이 FM+m보다 높을 경우 비일상적으로 많은 정서적 스트레스를 경험하고 있다는 것을 시사한다.

SumShd의 4가지 구성요소가 시사하는 스트레스 유형과 관련해서 상승한 C′는 우울함을 의미한다고 이미 언급하였다. 확산음영(Diffuse Shading, Y)도 C′처럼 반점의 어둡고 음영에 대한 기술을 포함하고 Y>1은 가끔 스트레스와 관련된 무력감이나 무망감과 관련이 있다. T>1은 대인관계지각의 구조적 지표에서 자세하게 설명한 바와 같이 자신이 원하는 만큼 다른 사람과 친밀한 접촉을 하지 못하는 것에 대한 염려를 나타낸다. 그리고 V>0은 자기비판적 태도와 관련된 부적 정서경험을 나타낸다.

이들 4변인들이 결합하여 SumShd>FM+m일 경우 부적응적인 불쾌한 정서를 지적하는 신호이고 증거이다. 이러한 반응기록에서 스트레스 신호가 있더라도 수검자는 자신의 불쾌한 정서를 충분히 인식하지 못할 수 있다. 특히 주지화를 사용하여 감정의 영향을 둔화시키거나 부인기제를 사용하여 불쾌한 감정의 존재를 감춘다면 불쾌한 정서를 충분히 인식하지 못할 수 있다. 마찬가지로 SumShd>FM+m인 사람들은 부적 정서상태를 드러내지 않을 수 있다. 특히 이들이 감정을 표현하지 않고 내면에 간직하는 내향적인 사람일 경우 부적인 감정을 표현하지 않을 가능성은 더 높다. 그러나 감정을 의식적으로 인식하고 직접적으로 표현하든 않든 간에 SumShd의 상승은 정서적 스트레스의 수준이 과도하다는 것을 지적하는 것이고, 이는 감정의 유쾌한 조절을 방해하고 SumShd>FM+m은 DEPI의 다른 한 준거점수이다.

S RIM에서 흰 공간에 대해 반응하는 사람은 지시와는 반대로 반응한 것이다. 표준지시는 어떤 잉크반점을 보라고 하고 무엇으로 볼 수 있는지를 말하라는 것이다. 수검자가 반점 대신 빈 공간에 대해 반응했다면, 이는 지시와 상반되고 과제를 자신의 방식으로 정의한 것이다. 이런 방식으로 자율성과 자기결정력을 나타내는 것은 자신의 적응적 능력을 지적하는 것일 수 있다. 하지만 지나치게 공간반응의 빈도가 많으면 적응적 자율성을 벗어나 중요한 분노나 적개심과 관련된 일반화된 반항적 경향을 반영할 가능성이 높다.

비환자 성인의 경우 S의 중앙값은 1이고 5~16세는 1~2이다. 모든 연령에서 S>2는 드물고 보통 유쾌한 감정경험을 방해하는 성격적 단점을 나타낸다. S가 상승한 사람은 자신의 생활에서 욕구충족에 실패했다고 간주하거나 자신의 목표달성을 방해했다고 간주하는 사람 및 상황에 대해 지나칠 정도로 분노와 적개심을 품는다. S가 높은 사람이 분노와 적개심을 표현하는 방식은 주장성이나 수동성 경향에 따라 다르다. 주장성과 수동성은 이 장의 마지막 부분에서 논의한 적응의 대인관계 차원이다. 어떻든 간에 S>2에 의해 나타나는 과도한 분노와 적개심은 문제적 행동을 유발시킬 가능성이 높은 불쾌한 감정상태일 수 있다.

유쾌한 감정조절을 나타내는 4가지 지표에 대한 논의를 끝마치기 전에 1가지

덧붙이고 싶은 점은 이들 4가지 변인은 모두가 단일방향으로 기능한다는 사실이다. 이들 변인이 상승했을 경우 우울, 무쾌감, 양가감정, 분노의 경향을 나타낸다. 이들 변인이 정상범위이면 적응에 방해가 되는 정서장애는 없다는 것을 시사한다. 그러나 정상범위라고 해서 수검자의 생활이 반드시 행복하고 즐겁고 정서적 불확실성이나 원한이 없다는 것을 지적하는 것은 아니다.

적절한 감정조절(EBPer, FC : CF+C, CP)

적절한 감정조절(modulating affect in moderation)은 감정표현의 정서적 통로와 관념적 통로, 정서적 처리의 억제패턴과 확대패턴, 긍정적인 방식으로 정서적 경험을 처리하기 위한 적절한 노력과 부족한 노력 간에 적응적 균형을 유지하는 것을 의미한다. 감정을 적절하게 조절하는 사람은 지나치게 감정적이지 않게 감정을 경험하고 표현할 수 있다; 이들은 상황에 따라 형식적이거나 편리한 방식으로 감정을 처리할 수 있다; 또한 이들은 실제로 유쾌하거나 즐겁지 않은 상황에서 억지로 유쾌하거나 즐거운 것처럼 행동하지 않고 자신이 직면한 상황의 긍정적 측면을 받아들이고 이해할 수 있다. 이처럼 감정을 적절히 조절하는 능력은 잉크반점의 유채색에 대한 충분하지만 집착하지 않는 주의에 반영되어 나타난다; 연령에 적합한 형태-색채 비율(Form-Color Ratio, FC:CF+C)과 색채투사(CP)반응의 회피.

EBPer 반점의 유채색 특징과 관련해서 적절하지만 일반화되지 않은 외향적인 EB유형은 앞에서 적절하게 내향적인 EB유형에서 언급한 바와 같이 좋은 적응을 의미하는 것이다. 적절하게 외향적인 사람은 일반적으로 반성적 사고의 건설적 측면을 놓치지 않고 자신과 다른 사람의 감정을 인식하고 반응할 수 있다. 반면에 2.5:1 이상의 비율로 WSumC가 M을 초과하는 EBPer은 적절한 관념통로 대신에 근본적으로 정서통로를 통해 자신의 경험을 처리하려고 하기 때문에 부적응일 수 있다는 것을 지적하는 것이다. 충분한 WSumC는 특히 FC:CF+C가 균형을 이루고 있다면 좋은 적응적 자원을 지적하는 것이지만 EBPer을 가진 외향적인 사람은 전형적으로 자신의 생활과 관련된 관념적 측면을 별로 고려하지 않는다.

전반적으로 외향적인 사람은 감정을 매우 잘 표현하고 행동지향적인 경향이 있으나 자신의 결정을 심사숙고하는 경우는 드물다. 이들은 전형적으로 심사숙고와 개념화보다는 실제적인 시행착오를 통해 문제를 해결하고 진지한 계획과 분석보다는 본능에 근거해서 직관적으로 의사를 결정할 가능성이 더 높다. 적응적 행동을 하기 위해서는 신중한 계획과 반응적 정서가 필요한데, 전반적으로 외향적인 사람이 나타내는 뚜렷한 정서유형은 때때로 문제해결의 효율성, 의사결정의 질, 적응의 정확성을 저해시킨다. 사람은 감정을 느끼고 자신이 느낀 감정 때문에 어떤 행동을 하게 되는데, 그 사이에서 어느 정도 지연시킬 필요가 있다. 그런데 M이 뚜렷하게 적은 사람은 이러한 상황을 처리하기가 상당히 어려울 가능성이 높다.

FC:CF+C 연령에 적합하게 FC, CF, C 반응이 균형을 이루고 있으면 감정을 경험하고 표현하는 방식이 폭넓고 적응적이라는 것을 의미한다. FC 반응은 정서를 비교적 적절하게 조절하고 유지하는 것과 관련이 있다. 즉 감정이 갑자기 나타났다가 서서히 사라지고 깊게 느끼면서도 강도가 적절하다. 반면에 CF 반응과 C 반응은 정서가 잘 조절되지 않고 자동적(spontaneous)으로 처리되는 것과 관련이 있다. 즉 감정이 빨리 나타났다가 사라지고 피상적이며 흔히 감정이 지속되는 동안에는 매우 강하게 유지된다. 비교적 안정적인 정서를 형식적이고 제한적으로 표현해서 심리적 적응에 도움이 되는 경우도 있고 비교적 일시적인 감정을 즉각적으로 확대해서 표현함으로써 효과적으로 대처하는 데 도움이 되고, 본인도 즐겁고, 다른 사람을 즐겁게 해 주는 경우도 있다. 따라서 균형이 잡힌 형태-색채 비율은 자신이 처한 상황의 성격에 맞게 정서를 처리할 수 있는 능력을 나타낸다.

2장에서 연령에 따른 차이를 논의할 때 지적한 바와 같이 감정을 처리하는 방식의 발달적 변화를 알기 위해서는 균형적인 FC:CF+C를 정의하는 데 필요한 연령기준이 필요하다. 감정을 유보하고 잘 통제해서 표현하는 것은 대체로 정서적 성숙과 관련된 성인의 성격적 특징인 반면에 자동적이고 통제되지 않은 감정표현은 성인보다 아동의 전형적인 행동이다. 아동이 성장하면서 정서적으로 더 안정되고 감정을 자제하는 경향은 보통 정서적 성숙을 지적하는 지표로 간주된다. 이러한 발달적 사실과 마찬가지로 형태-색채 비율은 아동기에서 청소년기까지 예측이 가능하다. 어린 아동은 FC 반응이 거의 없고 때로는 CF+C 반응보다 적다; 나이가 들면서 FC가 점점 증가하지만 CF+C의 빈도는 매우 안정적이게 된다; 그리고 청소년 중기가 되면 평균적으로 FC가 CF+C보다 많고 이런 경향은 성인기 동안에도 지속된다.

구체적으로 성인 참조표본 자료에서 FC:CF:C의 중앙값은 외향적인 사람의 경우 5:3:0, 내향적인 사람의 경우 3:2:0이다. 따라서 외향적인 수검자는 내향적인 수검자에 비해 색채반응을 더 많이 하지만 이들 집단의 평균은 모두 FC가 CF+C보다 높다. 따라서 성인의 경우 연령에 적합한 형태-색채 반응의 균형은 CF+C가 약간 우세한 경우에서부터 FC가 상당히 우세한 범위에 있다. 성인의 형태-색채 비율은 CF+C가 FC보다 두 개 이상 많거나 FC가 CF+C보다 3개 이상 많을 경우 정상 범위를 벗어난 것이다. 물론 이러한 수리적 범위는 단순히 대략적인 해석적 지침을 제공하지만, CF+C>FC+1 또는 FC>(CF+C)+3인 수검자는 자신의 정서를 적응적인 수준으로 조절하기 어려울 가능성이 높다. 그리고 이런 어려움의 정도는 형태-색채 비율이 규준의 기대범위에서 벗어난 정도에 비례할 것이다.

연령에 적합하지 않을 정도로 CF+C를 많이 나타내는 성인들은 정서적으로 미숙한 경향이 있다. 이들은 감정을 극적으로 강렬하게 경험하고 표현할 뿐만 아니라 감정이 변덕스럽고 피상적인 경향이 있다. 이런 사람은 성인보다 아동에 더 가깝고 강한 감정을 빨리 경험하는 것과 마찬가지로 감정을 빨리 해소한다. 이들은 어떤 사람이나 사건에 대해 갑자기 화를 낼 수 있지만 바로 용서하고 잊어버리고 진정될 수 있다. 이들은 쉽게 웃고 쉽게 눈물을 흘려 다른 사람에게 매우 감정적인 사람처럼 보일 수 있으나 웃음이나 눈물이 오래 지속되는 경우는 드물다. 또한 이들은 짧은 기간 동안 사귀더라도 우정과 애정이 강할 수 있지만 다른 사람에 비해 우정과 사랑의 감정이 더 빨리 식는 경향이 있다.

따라서 CF+C가 지나치게 많은 사람들은 소수의 친구들과 오래 사귀고 친하게 지내기보다 많은 사람들과 짧은 기간 동안 가볍게 알고 지낼 가능성이 높다. 지나치게 CF+C가 많은 사람은 생기가 있고 발랄하고 자신의 감정을 털어놓고 다른 사람과 쉽게 친해지려고 하기 때문에 정서적으로 성숙한 사람처럼 보이는 경향이 있다. 하지만 이런 성격적 단점을 가지고 있는 성인은 과도하게 흥분하고, 잘 알지도 못하는 사람에게 자신의 감정을 드러낼 만큼 유치하고, 심각한 대화에는 참여하지 않으려는 사람으로 보이기 쉽다.

이 장에서 어떤 구조적 자료와 관련 있는 행동유형을 기술한 것과 마찬가지로 CF+C>FC+1에 대한 기술도 너무 단정적일 수 있다. RIM에서 이런 결과를 나타내는 모든 수검자가 앞에서 기술한 모든 성격특징을 다 가지고 있는 것도 아니고 어느 정도는 그러한 특징이 반드시 나타나는 것도 아니다. 그럼에도 불구하고 이런 성격특징에 대한 기술은 때때로 정서적 강도가 적절한 한계를 초과한 정서적으로 미숙한 사람들의 생활에서 두드러지게 나타나는 적응적 한계를 지적하는 것이다. 정서적 미숙성을 지적하는 지표가 규준에서 벗어나면 벗어날수록 수검자의 정서적 행동은 피상적이고 변덕스럽고 안정되지 못하고 강한 패턴을 부적응적으로 나타낼 가능성은 더 높다. 심지어 C 반응은 CF보다 더 강한 형태의 정서적 표출을 나타내기 때문에 근본적으로 지나치게 CF+C가 상승되면 CF와 C를 포함하는 정서적 폭발성에 대한 해석적 의미는 더 증가한다.

우리의 확고한 믿음과 달리 CF+C>FC+1과 관련이 있고 C가 있을 때 더 증가하는 억제되지 않은 부적응적 정서성은 반드시 충동성을 의미하는 것은 아니다. 엄격히 정의하면 충동성이란 평소의 특징적인 행동방식과는 다르게 감정폭발을 하거나 좋지 못한 행동을 하는 통제상실 에피소드를 말한다. 충동적으로 행동하는 사람도 자신이 평소와 다른 방식으로 감정을 표현하거나 행동하고, 부자연스럽게 느끼고, 후회할 수 있다는 것을 인식한다. 반면에 지나친 CF+C에 반영되는 자제력의 부족은 감정과 행동을 자유롭게 하려는 개인적 선호와 지속적인 성향을 의미한다. 뚜렷하게 표현적이고 행동적인 경향을 지적하는 CF+C가 높은 사람은 자신이 살아오고 자신이 편안하게 느끼는 전형적인 방식으로 행동한다는 것을 의미하고, 그래서 이들은 그렇게 행동하더라도 사과할 어떤 필요성도 예견하지 못한다.

따라서 CF+C가 높은 사람이 비교적 자제력이 부족한 행동을 하더라도 이들이 평소에도 늘 그렇게 행동하기 때문에 이들을 아는 사람들도 그러한 행동에 대해 놀라는 경우는 드물다. 반면에 충동성 에피소드가 있는 사람은 평소보다 자제력이 부족한 행동을 하고 자기통제력 상실은 다른 사람을 놀라게 하고 당황스럽게 만든다. CF+C가 지나치게 높은 사람의 문제적 행동을 본 친구나 주변의 사람들은 "또 병이 도졌다." 또는 "전혀 변한 것이 없다."라는 식으로 반응할 수 있는 반면에 충동적인 사람이 동일한 행동을 했을 경우 "오늘은 무슨 일이 있었지?" 또는 "이런 짓은 너답지 않아." 하고 말할 수 있다. 충동성 에피소드에 대한 민감성을 나타내는 로르샤하 결과는 스트레스를 관리하기 위한 자원과 관련시켜 다음에 논의할 것이다.

엄격하게 정의하면 충동성과 무관하지만, 지나친 CF+C에 의해 지적되는 강렬하고 변덕스런 감정은 정동장애와 관련해서 중요한 의미가 있다. 특히 CF+C가 지나게 높은 사람이 나타내는 급격한 정서적 동요는 양극성이나 순환성과 관련된 기분의 동요일 가능성이 높다. 지나친 CF+C가 앞에서 언급한 불쾌한 감정을 지적하는 다른 지표와 함께 나타날 경우 우울 에피소드와 행복감 에피소드가 교대로 나타나기 쉽다. 이런 경향이 충분히 뚜렷하거나 지속될 경우 진단적 의미가 있다.

또한 지나친 CF+C와 관련된 확대적인 감정유형은 낮은 Afr에 반영되는 사회적 및 정서적 위축을 가져올 수 있다. CF+C가 상승한 사람이 자신을 자유롭게 표현하는 것을 편안하게 느끼고 아무 거리낌 없이 표현한다고 해서 변덕스럽고 확대적인 성격특징이 어떤 대인관계 상황에서는 약점으로 작용한다는 것을 인식하지 못한다는 것은 아니다. 특히 감정을 적절하게 조절하지 못하는 성인은 대부분의 성인들이 파티, 스포츠행사, 축제와 같은 특별한 상황이 아닐 경우 유치한 감정과 흥분에 대해 호의적으로 반응하지 않는다는 것을 알고 있다. CF+C가 지나치게 상승한 사람도 자신에게 불리한 상황에 대한 관여를 최소화하기 위해 정서적 교류를 회피하거나 위축될 수 있다. 이럴 경우 낮은 Afr이 시사하는 우울특징이 CF+C의 상승에 반영된 정적인 정서상태와 대조되어 나타날 수 있다.

과도한 CF+C의 해석적 의미는 성인뿐만 아니라 아동과 청소년에게도 동일하게 적용할 수 있지만, 형태-색채 비율의 불균형을 정의하는 준거는 각 연령의 참조자료를 고려해서 수정해야 한다. 성인과 마찬가지로 CF+C>FC+1인 아동과 청소년도 적어도 성인을 기준으로 보면 극적이고 강렬하고 변덕스럽고 피상적인 감정이 나타난다고 해석할 수 있다. 그러나 연령이 낮은 사람은 보통 성인보다 이러한 행동이 더 많이 나타나기 때문에 CF+C>FC+1일 경우 감정을 적절하게 조절할 수 있는 능력이 부족하고 정서적 강도가 적응문제나 심리적 장애를 지적하는 것인지를 밝히기 위해서는 상이한 기준이 필요하다. 참조자료에 따르면 형태-색채 비율의 비정상적 불균형을 밝히는 데 필요한 분할점수는

11~16세의 경우 CF+C>FC+2이고 10세 이하는 적어도 CF+C>FC+3이다.

FC는 연령에 준해서 해석해야 되기 때문에 FC>(CF+C)+3인 성인은 정서를 유보하는 경향이 있다. 이들은 감정이 깊고 오래 가지만 전형적으로 감정경험과 표현을 겉으로 드러내지 않는 경향이 있다. 이들은 오랜 기간 동안 정당한 이유가 충분히 쌓이면 화를 내거나, 즐거워하거나, 슬퍼하거나, 친절을 베풀거나, 사랑하게 된다. 다른 사람은 이들을 정서적으로 안정되어 있고 흥분하거나 강한 열정을 나타내지 않는 사람으로 본다. 그러나 이들은 어떤 감정이 한 번 형성되고 나면 매우 안정적이다.

쉽게 화를 내면 쉽게 풀어지는 경향이 있으나, FC가 지나치게 높은 사람의 분노는 느리게 나타나고 오랫동안 지속되는 경향이 있고 불쾌한 감정경험을 해소시키기 어려울 수 있다. 마찬가지로 빨리 생긴 감정은 빨리 사라지는 경향이 있으나, FC가 지나치게 높은 사람의 경우 서서히 발달하는 감정은 천천히 사라지고 한 번 사랑을 하게 되면 오랫동안 지속된다. 이들의 감정과 대인관계는 시간이 경과하더라도 매우 안정적이고 많은 사람들과 편하게 지내기보다 적은 사람들과 친한 관계를 유지할 가능성이 높다.

FC>(CF+C)+3인 수검자에 대한 설명을 보면 이들은 마치 정서적 성숙과 관련 있는 많은 바람직한 특징(예컨대, 깊이, 자제력, 안정성)을 가지고 있는 것처럼 보인다. 그러나 좋은 적응의 핵심은 적절한 감정조절이다. 따라서 지나친 CF와 마찬가지로 지나친 FC는 형태-색채 비율의 불균형을 나타내는 것이고 적응문제를 초래할 위험이 있다. CF가 지나치게 높은 사람은 감정을 너무 즉흥적으로 처리하는 반면에 FC가 지나치게 높은 사람은 정서적 경험과 표현을 너무 억제한다. 전형적으로 이들은 정서적 상호작용이 형식적이고 열정도 없고 억제적인 방식으로 처리한다. 그리고 이들은 정서적으로 이완되어 있고 감정을 표현할 수 있는 능력이 제한되어 있고 다른 사람과의 관계도 변덕스럽고 비형식적이다.

결국 FC>(CF+C)+3인 수검자는 차갑고 거리감을 느끼고 무관심하고 속내를 알기 어렵고 같이 있어도 재미가 없는 사람이라는 인상을 준다. 심각한 상황에서는 정서적인 침착성이 좋을 수 있겠지만 편안한 상황에서 지나치게 침착하고 감정을 충분히 드러낼 수 없다는 것은 딱딱하고 둔하고 정서적으로 억제된 사람으로 간주될 수 있다. FC가 지나친 사람의 친구나 애인은 자신에 대한 감정이 깊고 신뢰할 수 있다고 평가할 수 있다. 그리고 이들은 FC가 지나친 사람을 사랑과 애정을 표현하는 경우가 매우 드물고 마음을 털어놓거나 터놓지 못한다고 생각하게 되어 실망할 수 있다.

FC가 지나치게 많은 사람은 이완하지 못하고 감정을 자유롭게 표현하지 못해 정서가 개입된 상황에서 불편하게 느끼고 기능이 저하될 수 있다. 따라서 이들은 CF가 지나친 사람과 마찬가지로 비공식적인 대인관계 상호작용이 필요한 상황을 회피할 수 있다. 지나친 FC는 이런 식으로 사회적 및 정서적 위축을 초래할 수 있고 이들의 감정에 대한 혐오는 낮은 Afr에 반영된다. 일반적으로 말하면 해석과정에서 낮은 Afr이 나타나면 검사자는 지나친 FC나 CF에 의해 지적되는 바와 같이, 감정에 대한 혐오가 감정을 적절하게 조절할 수 있는 능력의 결핍에서 비롯된 것인지를 고려해야 한다.

지나친 CF와 마찬가지로 지나친 FC도 성인뿐만 아니라 아동과 청소년의 부적응적 감정조절을 의미한다. 또래들보다 더 형식적이고 억제된 방식으로 정서를 경험하고 표현하고 감정을 자동적이고 억제되지 않은 방식으로 표현할 수 있는 능력이 부족한 젊은 사람들은 적응문제가 생길 위험이 있다. 색채사용을 지나치게 잘 조절하는 성인과 마찬가지로 아동과 청소년도 정서적으로 억제되어 있을 가능성이 높고 이들은 또래들과 편안하게 강한 정서를 교환하기 어려울 수 있다. 부모나 교사와 같은 성인은 이렇게 정서적으로 억제된 젊은 사람을 성숙한 사람으로 볼 수도 있겠지만, 이들은 또래들에게 이상한 사람으로 보이고 사회적으로 고립되어 있을 가능성이 높다.

형태-색채 비율의 불균형을 정서적 억제를 의미하는 것으로 해석하기 위해서는 참조자료에 근거해서 지나친 FC의 준거가 연령에 맞는지 수정할 필요가 있다. 젊은 사람은 성인보다 감정을 잘 조절하지 못하는 경향이 있는 것과 마찬가지로 형태-색채 비율이 해석적으로 유의미하려면 14세 이하는 FC>(CF+C)+1, 15~16세는 FC>(CF+C)+2, 성인의 준거는 FC>(CF+C)+3이다. 이들 연령에 적합한 준거점수는 비환자 표본의 경우 드물게 나타난다.

CP 검고 회색인 잉크반점을 유채색이라고 주장하는 색채투사(Color Projection, CP)는 수검자가 잠정적으로 카드의 불쾌한 자극적 특징을 억지로 밝고 매력적인 특징으로 전환한 것이다. 따라서 이런 반응은 실제로는 전혀 다른 상황과 사건에 대해 매력적인 특징을 부여함으로써 불쾌한 감정을 부인하려는 경향을 나타낸다. 이런 해석적 의미와 같이 CP반응은 거의 대부분 "예쁜 꽃"이나 "화려한 나비"와 같이 유쾌한 지각을 포함한다. 무채색 카드를 보고 색채를 투사해 "피를 흘리는" 또는 "병든" 것으로 보는 것과 같이 불쾌한 감정을 의미하는 CP를 보고하는 사람은 매우 드물다.

종합체계 참조자료에서 600명의 비환자 성인의 기록을 검토해도 CP는 하나도 없었다; 5~12세와 15~16세의 참조자료에서도 CP가 나타나는 빈도는 0%이다; 13~14세 참조표본에서 2% 미만이 하나의 CP를 나타내었다. 따라서 CP>0인 결과는 상당한 해석적 의의가 있다. CP가 1개 이상인 사람은 잠정적으로 어떤 우울한 감정이나 관심을 회피하기 위해 부인기제를 사용해서 심리적 평온을 유지하는 사람이다. 이런 사람은 기쁘고 즐거운 것도 장밋빛 색안경을 쓰고 본다. 이들은 위협적이고 재앙적인 사건의 존재를 무시함으로써 혼란스럽고 고통스러운 시기에도 열정과 높은 희망을 유지한다. 또한 이들은 자신이 직면한 상황의 부정적 측면을 인식하기를 꺼려함으로써 어느 정도 피상적인 만족을 유지한다. 유쾌한 경험도 우울하게 보는 Col-Shd Bld와는 극히 대조적으로 CP가 있는 수검자는 검은 먹구름 속에서도 은빛 구름을 찾아내는 사람이다.

보통 CP와 관련된 다행감은 어떤 측면에서는 지나친 CF+C를 가진 사람들에게 관찰되는 확산적이고 긍정적인 정서성과 유사하다. 하지만 이 두 변인 간에는 중요한 차이가 있다. 많은 CF+C는 사람에 대한 자연스런 감정을 처리하는 성격유형을 나타내고 이런 성격유형은 우울증상이 있는 순환성 기분장애일 수 있지만 시간이 경과하더라도 보통 안정적이다. 반면에 CP는 자신을 표현하거나 즐기는 자연스런 방법보다 의도적으로 현실을 회피하고 억지로 유쾌한 기분을 가장하는 원시적인 방어를 나타낸다. CP반응에 포착되는 부인기제를 사용하는 사람은 자신에게 "내가 보지 않으면 없는 것이다."라고 말하는 것과 같다. 이런 태도는 마치 어린 아동이 있는 것을 보지 않으면 없어질 것이라는 믿음에서 위협적인 상황에서 눈을 감아버리는 대처방식과 같다. 이런 방식은 매우 억제적이고 부자연스럽기 때문에 CP가 지적하는 방어는 매우 허약하고 도전을 받으면 빨리 무너질 위험이 있다. 이런 사람을 치료할 경우 치료자는 이런 취약점을 염두에 두고 있어야 한다. CP>0인 사람은 빨리 기분이 동요할 상당한 위험이 있기 때문에 우울지표와 CP가 같이 나타날 경우 양극성장애나 순환성 기분장애일 가능성이 있다.

스트레스 관리

잠을 자고 있거나 완벽하게 휴식을 취하고 있을 때를 제외하면 사람들은 항상 어떻게 생각해야 하는지 그리고 자신을 어떻게 표현해야 하는지와 관련된 의사결정이 필요한 상황에 직면한다. 마찬가지로 직무를 수행하고 개인적 생활을 꾸려가는 과정에는 끊임없는 문제해결을 요구한다. 의사결정과 문제해결은 일상생활에서 누구나 필연적으로 경험하는 요구(demands)를 포함한다. 이런 요구는 개인의 사고와 감정처럼 내적인 것일 수도 있고 또는 다른 사람의 말이나 행동처럼 외적인 것일 수도 있다. 내적인 것이든 외적인 것이든 간에 이런 요구는 사람이 편안하게 느끼고 효율적으로 기능하기 위해서는 어떤 방식으로든 해결해야 한다는 의미에서 스트레스를 구성한다. 자신이 경험하는 요구를 정확하게 해결하면 해결할수록 스트레스를 더 성공적으로 관리하고 그 결과 심리적으로 더 잘 적응할 수 있다. 반대로 생활에 관한 요구를 만족스럽게 처리하지 못하면 스트레스 관리에 실패하고 많은 부적응적인 결과가 야기될 수 있다.

스트레스를 관리하는 데 사용할 수 있는 심리적 자원의 양은 개인이 자기 자신과 환경에 적응하는 방식을 결정한다. 주관적으로 느끼는 심리적 불편을 최소화하고 일관성 있는 대처유형을 유지할 수 있는 데 필요한 적절한 자원이 있으면 심리적인 안녕과 성공적인 적응이 촉진된다. 반면에 불충분한 자원, 과도한 스트레스의 경험, 일관성이 없는 대응노력과 같은 3대 요인은 일상생활에서 뚜렷한 심리적 고통, 실망을 초래하고 성취를 제한시킨다. 스트레스 관리에서 이들 잠재적 자산이나 한계는 다음에 기술한 방식으로 측정할 수 있다.

적절한 자원(EA, CDI)

일상생활의 요구를 해결하기 위한 적절한 자원을 가지고 있다는 것은 이들 요구에 대해 효율적인 방식으로 사고하고 이들 요구와 관련된 감정을 경험하고 표현하기 위한 적절한 채널을 가지고 있다는 것을 의미한다. 이미 앞에서 논의한 바와 같이 관념을 효율적으로 사용하고 감정을 충분히 즐겁게 조절할 수 있는 능력은 심리적으로 유능하고 자원이 풍부한 사람이 되기 위해 필요한 핵심적 요소이다. 관념변인과 감정변인을 각각 분리해서도 알 수 있었지만 경험실제(Experience Actual, EA)는 심리적 유능성을 측정하는 관념적 · 감정적 적응지표가 결합된 것이다. 그리고 이와 관련 있는 변인으로 대응결함지표(Coping Deficit Index, CDI)는 경험된 요구를 해결하는 데 사용할 수 있는 적응적 자원의 양과 종류를 측정한다.

EA EA는 관념적이고 숙고하는 방식(M)이든 정서적이고 표현하는 방식(WSumC)이든 간에 경험을 다루는 것과 관련해서 수검자가 선호하고 선택한 방식을 반영하는 변인들을 합한 것이기 때문에 중요한 해석적 의미가 있다. 사람들은 자신이 선택한 M이나 WSumC와 관련된 행동패턴에 대한 책임을 받아들이지 않을 수 있다. 예컨대, 내향적이거나 외향적인 행동유형에 대해 "나를 비난하지 마세요. 이것이 바로 내 방식이니까요." 하고 말함으로써 행동에 대한 책임을 회피할 수 있다. 또한 지나치게 관념적인 사람이거나 감정적인 사람에 대해 주변 사람들은 "원래 천성이 저런 걸. 자기 자신도 어쩔 수 없을 거야." 하고 말하면서 그러한 행동유형을 허용해 준다. 이런 "양해(excuse)"가 시사하는 바와 같이 내향적이거나 외향적인 것과 같은 특정 소인은 실제로 전형적인 행동방식에 강력한 영향을 미친다.

그럼에도 불구하고 M 유형과 WSumC 유형의 행동적 특징을 가지고 있는 사람들은 다른 사람들을 상당히 통제하고 특징적 행동유형을 선택하도록 주도하고 중단시킬 수 있다. 어떤 문제에 대해 심사숙고하는 사람도 그 문제에 대한 생각을 중단하고 그 대신 다른 것을 생각하기로 결정할 수 있다. 감정을 나타내는 표현적인 사람도 감정표현을 중단하고 감정표현을 자제할 수 있다. 만약 관념이 이러한 의식적 통제를 벗어난다면, M 유형의 활동보다 eb(FM+m)의 좌항과 관련된 잠입적인 관념유형이 된다. 마찬가지로 어떤 정서를 회피하려고 해도 계속 떠오른다면, WSumC 유형의 활동보다 eb의 우항(SumShd)과 관련된 불쾌한 감정을 경험하게 된다. FM+m과 SumShd의 구체적인 의미는 이미 앞에서 논의하였고 심리적인 욕구를 충족시키기 위한 정확한 능력과 관련 있는 이들 변인의 일반적 의미는 뒤에 자세히 다룰 것이다.

EA는 M과 WSumC 행동유형을 의미하기 때문에 의사결정과 문제해결이 필요한 상황에서 신중하게 전략을 수립하고 실행하는 데 얼마나 많은 자원을 사용할 수 있는지를 나타내주는 유용한 지표로서 M과 WSumC의 합을 사용한다. 일반적으로 반응기록에서 EA가 높으면 높을수록 처리할 수 있는 적응력은 더 높고 더 유능하게 자신의 목표와 목적을 추구할 수 있다. 그러나 성취장면이든 대인관계장면이든 관계없이 EA가 높으면서 성취수준이 고르지 못한 생활패턴이 있는 사람은 보통 어떤 이유에서 자신의 잠재력을 제대로 발휘하지 못했고 현재보다 더 잘 기능할 수 있는 사람일 수 있다.

이와 관련해서 높은 EA가 적응력에 대해 지니는 긍정적 의미는 EA를 구성하는 두 요소가 현저한 불균형을 이루면 상쇄될 수 있다. 전반적으로 내향적이거나 외향적일 경우 편안하고 효율적으로 대처할 수 있는 상황의 범위가 제한되는 것처럼 M이나 WSumC가 부족할 경우 일반적으로 적절한 EA에 의해 지적되는 적응력은 감소할 것이다. 내향적이든 외향적이든 간에 적어도 2개의 M과 2.5개의 WSumC가 있어야 경험을 숙고하고 감정을 처리할 수 있는 최소한의 정확한 능력이 있다는 것을 지적하는 것이다. EA의 크기와 상관없이 M<2는 상황을 철저하게 검토하고 처리할 수 있는 능력이 부적응적으로 제한되어 있다는 것이다. 마찬가지로 비록 EA가 크더라도 WSumC<2.5는 정서를 경험하고 표현할 수 있는 능력이 부적응적으로 제한되어 있다는 것을 지적한다. 따라서 M과 WSumC가 관념적 또는 정서적 대응력에 결함이 있다는 것을 배제할 수 있을 정도로 충분하면 적절한 EA는 정확한 심리적 자원을 지적하는 것으로 볼 수 있다.

비환자 성인집단에서 EA의 평균 빈도는 8.83이다. 그리고 M>1이고 WSumC>2.0일 경우 적어도 EA가 6은 되어야 평균범위에 속하는 적응력으로 볼 수 있다. EA<6일 경우 보통 대처자원이 제한되어 있고 대부분의 사람들보다 일상생활에 대한 욕구를 부적절하고 비효율적인 방식으로 처리할 가능성이 높다. 또한 이런 사람들은 생활에 만족을 느끼기도 어렵고 성공도 제한적이다. 따라서 과거에 중요한 성취가 있었던 성인이 EA가 현저하게 낮은 것은 과거에 유지했던 높은 수준의 기능이 상실되었다는 것을 나타낸다. 물론 예외도 있을 수 있지만 과거에 성취적인 사람이 EA가 낮을 경우 심각한 심리적 장애나 신경심리학적 역기능과 관련된 황폐화의 가능성에 주의를 기울여야 한다.

Lambda가 높은 짧은 기록일 경우 유능성 제한이나 기능 상실을 지적하는 낮은 EA의 의미는 예외적으로 달라질 수 있다. 앞에서 언급한 바와 같이 Lambda가 높다고 해서 반드시 EA가 낮은 것은 아니다. 왜냐하면 평균에 속하는 반응기록에서 순수 형태반응이 50%를 차지하더라도 EA가 적절할 정도로 충분한 인간 운동과 유채색 반응을 할 수 있는 기회가 있기 때문이다. 따라서 Lambda가 높고 평균에 속하는 기록에서 낮은 EA는 반응기록이 긴 기록에서 Lambda<1.00과 마찬가지로 불충분한 자원을 시사하는 것이다.

반면에 반응수가 17보다 적고 짧지만 타당한 기록에서 Lambda>.99는 높은 Lambda 유형이 아니라 과제에 대한 방어적 접근을 지적하는 것이다. 특히 임상적 목적보다 행정적 목적으로 평가하게 되었을 경우 성취가 높고 심리적으로 유능한 수검자도 방어적 접근으로 인해 비교적 반응수가 적고, Lambda가 높고, EA가 낮을 것이다. 이럴 경우 M이 낮거나 WSumC가 낮거나 M과 WSumC가 모두 낮을 경우 수검자가 반응할 수 있는 능력이 없다기보다 반응유보 결정을 지적하는 것이다. 이런 수검자는 덜 저항적인 상황에서 검사를 받는다면 EA가 적절하고 반응기록이 더 길고 풍부하게 반응할 것이라고 기대할 수 있다. 어떻든 간에 이런 맥락에서 나타난 낮은 EA를 확대해서 해석하거나 잘못 해석하지 않도록 유의해야 한다.

끝으로 EA의 대처기술에 대한 의미와 마찬가지로 EA는 발달적 변인이다. 보통 성인은 아동보다 더 많은 심리적 자산을 가지고 있고 정상적인 성숙은 부분적으로 점진적인 적응력의 획득과 확장을 의미한다. 따라서 기대할 수 있는 바와 같이 15~16세 비환자 청소년의 EA 수준은 성인과 동일하다; 9~14세의 EA는 성인보다는 낮지만 각 연령에서 EA의 평균은 8.00 이상이다; 더 어린 8세 아동의 평균 EA는 7.51인 반면에 5세 아동은 5.08로 상당히 낮다. 따라서 EA<6이라는 준거는 성인과 청소년의 불충분한 대처자원을 나타내지만 청소년 초기와 더 어린 아동의 경우 이 준거를 다소 낮추어야 한다.

같은 연령집단의 평균범위보다 EA가 낮은 아동은 전형적인 발달지연(developmental arrest)을 나타낸다. 어떤 경우 이런 발달지연은 대처기술의 정상적인 성숙을 방해하는 선천적인 발달장애를 반영한다. 반면에 아동이 자신의 경험에 대해 생각하고 감정을 다루는 방법을 배우는 양육적 및 훈육적 발달경험이 결여되어 있을 경우 선천적으로 건전한 어린 아동도 EA는 낮을 수 있다. 어느 경우든 간에 낮은 EA와 낮은 EA가 적응문제에 대해 지니는 의미를 두고 볼 때 이러한 수검자들은 대처기술의 훈련을 강조하는 치료적 개입에 잘 반응한다. 그러나 시간이 경과할 경우 대처기술의 부족은 더욱 굳어져서 수정하기가 어려워진다. 성인의 경우 지속적으로 낮은 EA는 가끔 변화가 매우 어렵고 오히려 주변에 있는 사람들이 순응해야 할 정도로 적응력이 만성적으로 제한되어 있다는 것을 나타낸다.

CDI 낮은 EA가 스트레스, 감정, 대인관계에 대한 정확한 대처의 어려움을 의미하는 다른 변인들과 결합되어 구성되는 대응결함지표(Coping Deficit Index, CDI)는 성격기술뿐만 아니라 감별진단과 치료계획에도 매우 중요한 적응적 자원을 광범위하게 측정한다. 모든 연령에서 비환자의 대부분은 CDI가 3개 미만이다. EA<6와 달리 CDI>3은 성인(4%)에 비해 5세(12%) 아동만 더 높다. 또한 CDI는 EA와 달리 양방향보다 단일방향적 변인이라는 점에서 차이가 있다. 앞서 지적한 바와 같이 낮은 EA는 성격적 약점을 나타내고 풍부한 EA는 성격적 자산을 지적한다. 따라서 M과 WSumC이 균형을 유지하고 있는 한 EA는 많으면 많을수록 좋다. 반면에 CDI는 상승할 경우에만 중요하고 상승하지 않을 경우에는 특별한 의미는 없다.

CDI<4는 합리적이고 유능한 방식으로 기능하는 데 필요한 적절한 자원이 있다는 것과 관련이 있다. 그러나 낮은 CDI가 특별한 성격적 자산을 지적하는 것도 아니고 관념사용, 감정조절 또는 대인관계에서 어떤 취약성과 관련된 적응문제의 가능성을 배제하는 것도 아니다. 반면에 상승한 CDI는 적응문제를 지적하는 지표이다. 즉 CDI>3일 경우 일상적인 생활경험에 대응하는 방식이 부적절하고 비효율적일 가능성이 높다.

상승한 CDI의 구체적 의미는 부분적으로 EA 수준에 따라 다르고 CDI와 EA의 관계는 2가지 부적절한 대응패턴을 구분하는 데 도움이 된다. 한 대응패턴은 상승한 CDI와 낮은 EA가 결합되었을 때인데, 이렇게 결합되면 심리적 유능성이 제한되며 생활의 여러 측면에서 광범위한 대응문제를 나타낼 수 있고 교육적, 직업적, 대인관계적 성공을 누리기 어려울 수 있다. 아동과 청소년의 경우 낮은 EA와 높은 CDI가 결합되어 나타나면 기술훈련이 시급하고 그러한 기술훈련이 효과적일 가능성도 높을 수 있다. 특히 발달지연이 있는 아동은 문제에 대해 사고함으로써 문제를 처리하고 상황과 관련된 감정을 표현함으로써 상황에 반응하는 기본적 방법을 배우면 도움을 받을 수 있다. 그러나 기본적인 사회적 기술훈련의 유용성은 연령이 증가함에 따라 감소하는 경향이 있고 성인기에 이르면 상승한 CDI와 낮은 EA 패턴이 수정될 가능성은 제한된다.

상승한 CDI에 의해 나타나는 다른 1가지 부적절한 대응패턴은 역설적으로 EA의 수준이 적절하거나 심지어 풍부한 경우이다. 이런 결합은 일반적으로 무능하지 않고 상당한 직업적 성취를 이룰 수 있으나 편안하고 보상적인 방식으로 대인관계를 형성하는 데 뚜렷한 문제를 가지고 있는 사람에게 보통 나타난다. EA가 적절함에도 불구하고 이런 대응결함 유형이 나타날 경우 교육수준이 높고, 높은 성취를 이루고 품위 있는 사람이 놀랍게도 CDI>3인 프로토콜을 나타내는 것을 설명하는 데 도움이 된다. 이런 사람들은 겉으로는 그렇게 보이지 않지만 자세히 들여다보면 부적절한 사회적 기술 때문에 상당히 어려움을 겪는 경우가 종종 있다. 이럴 경우 대인관계에 대한 불안감소와 사회적 기술훈련에 초점을 둔 치료가 도움이 될 수 있다. 성인의 경우 보통 CDI가 상승되어 기술훈련이 방해를 받게 되는데, 적절한 EA가 지적하는 유능성이 있으면 상쇄될 수 있다. 왜냐하면 EA가 적절할 경우 대응문제가 주로 대인관계에 대한 직면에 한정되어 있어서 사회적 관계에 초점을 둔 개입에 좋은 반응을 보장하기 때문이다. CDI에 포함된 대인관계변인은 이 장의 마지막 부분에서 대인관계 문제를 검토할 때 더 자세히 다룰 것이다.

상승한 CDI가 시사하는 제한된 유능성의 진단적 의미는 전반적 무력감과 같이 우울한 정서나 부적 인지가 그렇게 뚜렷하지 않은 형태의 우울증에 더 민감하다. 상승한 CDI 자체를 기분장애의 진단적 준거로 생각해서는 안 된다. 그러나 DEPI가 상승하지 않고 기분장애로 진단된 수검자의 약 80%는 CDI가 상승하는 경향이 있다(Exner, 2003). CDI의 상승은 무력감이 특징적인 다른 장애에서도 나타나고 일상생활의 도전에 직면해서 가끔 성공한 사람들에게 공통적으로 나타난다. 이들은 알코올과 약물의 남용을 포함한다; 특히 범죄행동에 개입된 성격장애를 가지고 있는 사람들이다; 이들은 초기 DSM(APA, 1968)에서 부적절한 성격(Inadequate Personality)으로 진단하는 준거를 충족시킬 수도 있다.

주관적인 심리적 고통의 최소화(D, AdjD)

어떤 사람들은 자신이 추구하는 목표, 자신이 부여한 책임, 자신이 형성한 대인관계 때문에 의사결정을 하고, 문제를 해결하고, 감정을 처리하고, 행동하는 것과 관련이 있는 생활상황에서 비교적 많은 스트레스를 경험한다. 또 어떤 사람들은 자신에 대한 기대나 자신이 직면한 외적 요구에 대해 많은 심리적 부담을 느끼지 않고 자신의 존재를 제한시킴으로써 일상생활에서 스트레스를 거의 경험하지 않는다. 그러나 어떤 객관적인 기준이나 다른 사람의 인상에 의해 측정되는 스트레스의 수준은 주관적 안녕(well-being)과 필연적인 관계가 있는 것도 아니다. 어떤 사람들은 불필요한 불편을 경험하거나 나타내지 않고 매우 어려운 상황을 침착하게 처리한다; 다른 어떤 사람들은 매우 단순한 상황이라도 흥분하지 않고 처리하는 데 어려움을 가지고 있다. 스트레스에 대한 이러한 반응은 개인이 직면한 문제를 해결할 수 있을 정도의 충분한 대응능력을 가지고 있는지에 따라 다를 수 있다.

일상생활과 관련된 스트레스를 관리할 수 있는 충분한 적응적 자원을 가지고 있는 사람은 주관적인 심리적 고통을 최소화하고 편안한 느낌과 만족감을 유지할 수 있다. 생활에 관한 스트레스에 대해 불필요하게 혼란을 경험하지 않고 일상적 요구를 충족시킬 수 있을 경우 마음의 평화를 유지하고, 안정적인 심리적 균형을 유지하며, 좌절에 대한 참을성과 자기통제를 유지하면서 잘 적응할 수 있다. RIM에서 개인이 경험하는 요구수준과 관련해서 대응능력의 정확성은 D 점수와 교정된 D점수(AdjD)로 측정한다.

D D는 종합체계에서 차원(Dimentionality)과 반사(Reflection)를 제외하고 기호화된 모든 결정인을 함께 고려하기 때문에 로르샤하 자료에서 계산해낼 수 있는 가장 광범위하고, 믿을 수 있고, 해석적 의미가 있는 요약점수이다. D를 구성하는 두 요소 중 한 요소인 EA는 이미 지적한 바와 같이 경험된 요구에 대처하기 위한 전략을 신중하게 수립하고 실행하는 데 필요한 자원을 나타내는 좋은 지표이다. 다른 한 요소인 경험된 자극(Experienced Stimulation, es)은 동일한 형태로 일상생활에서 내적 및 외적 사건에서 비롯되는 관념적 및 정서적 요구를 측정한다. es의 좌항과 우항을 논의할 때 언급한 바와 같이 동물과 무생물 운동반응 및 음영반응과 무채색반응이 결합되면 의식적 통제를 벗어난 심리적 경험을 나타내고 결국 관리가 필요한 스트레스를 야기시킨다.

EA와 es의 차이가 2.5 이하일 경우 D=0은 정상범위로 간주하고 적응력에 대한 많은 긍정적 의미가 있다. D=0인 사람은 보통 뚜렷한 불안, 긴장, 신경과민, 안절부절못함 등에서 비교적 자유롭다. 이들은 현재 자신의 생활방식이나 환경을 변화시킬 필요를 느끼지 않고 만족하는 경향이 있고 다른 것도 그렇겠지만 현재의 심리적 상태는 과거와 매우 유사하고 앞으로도 그럴 것이라는 것을 나타내는 매우 안정적인 경향이 있다. 이들은 적어도 좌절에 대해 인내하고 장애에 직면하더라도 견딜 수 있는 평균 정도의 능력을 가지고 있다. 또한 이들은 보통 다른 사람들과 같이 자신의 행동을 통제하고 강렬한 감정이나 잘못된 행동과 관련된 충동적 에피소드를 피할 수 있을 정도의 능력을 가지고 있다.

그렇지만 때때로 D=0은 어떤 적응문제에 대한 취약성을 나타낼 수 있다. 예컨대, D=0은 위축된(hunkered down) 생활유형의 결과일 수 있다. 이런 경우 심리적 균형과 안정을 유지하는 것은 좋은 대응자원이 있어서가 아니라 스트레스적인 경험을 최소화하고 스트레스의 의식화와 관련된 장애적인 사고와 감정을 최소화시키려고 적극적으로 노력했기 때문이다. Lambda가 높은 사람과 마찬가지로 EA와 es가 모두 낮고 D=0일 경우 심리적 부담이 될 수 있는 새로운 상황이나 도전적인 환경을 회피하고 매우 제한적인 삶을 살아갈 수 있다.

이들은 제한적인 생활을 유지하는 한 심리적 고통을 차단할 수 있다. 그러나 이러한 차단유형은 얇고 차단에 의한 안정성은 매우 허약하다. EA와 es가 모두 낮고 D=0인 사람이 유지하고 있는 심리적 균형은 제한과 회피의 결과이다. 이런 사람들은 대부분의 사람들이 일상적으로 처리하는 수준의 스트레스에 직면하게 되면, 이들의 제한된 적응력은 쉽게 스트레스에 압도당할 것이다. 로르샤하 용어로 표현하면 위축된 사람의 낮은 EA는 계속해서 es가 낮을 경우 D=0이 지적하는 기능이 유지되지만 환경이 악화되고 심리적 부담이 가중되어 es가 평균 또는 평균 이상으로 상승하면 동원할 수 있는 대처자원이 부족하게 된다. 이럴 때 위축된 사람의 es는 제한된 EA를 능가하고 D=0에서 부적응적인 D-minus로 전환된 보상상실(decompesation)을 촉발한다.

D=0의 또 다른 잠정적 단점은 D=0이 지적하는 안정성과 만족이 바람직할 수 있는 성격적 및 행동적 변화를 제약할 수 있다는 점이다. 안정성은 비교적 잘 기능하는 사람에게는 자산이지만 심리적 문제를 가지고 있는 사람에게는 오히려 단점이 된다. 특히 환자집단에서 D=0은 치료적 개입에 비교적 잘 반응하는 급성적 및 증상적 상태보다 변화에 저항적인 만성적 및 성격적 상태와 더 관련이 높다. 따라서 D=0과 D-minus의 구별은 정신병리가 증상적인 것인지 성

격적인 것인지, 장애가 급성적인지 만성적인지를 변별하는 데 도움이 된다. 또한 자신과 자신의 생활에 대해 만족하는 사람은 정신치료에 대한 동기가 매우 낮은데, D=0인 사람은 성격적 또는 행동적 변화를 추구하는 치료의 도움을 받을 수도 있는데도 불구하고 치료를 받거나 치료에 의해 영향을 받는 것에 대해 비교적 관심이 없는 경향이 있다.

특히 D-plus 패턴을 보이는 사람들은 변화에 대한 저항을 나타낸다. D-plus 패턴인 사람이 필요할 때 사용할 수 있는 풍부한 대응능력과 자원을 보유하고 있다면, 일반적으로 위협적이거나 고통스런 여건에서도 침착성과 냉정함을 유지하는 데 필요한 스트레스에 대한 인상적인 인내력이나 특별한 재능을 발휘한다. D-plus인 사람은 대부분의 사람들이 정신을 잃더라도 정신을 차리고 있기 때문에 때때로 응급상황이나 위기상황에서 전형적으로 안정을 유지할 수 있는 사람이다.

이런 긍정적인 측면이 있는 반면에 D-plus인 사람은 공통적으로 주변에 있는 사람과 상황을 효율적으로 다루는 데 필요한 민감성이 부족하다. 이들은 주변 사람과 상황에 대해 민감하게 반응하지 않기 때문에 당황하지 않고 냉정을 유지할 수는 있지만, 때로는 주의를 기울이고 관심을 가져야 할 사건의 의미를 무시하거나 최소화시킨다. 또한 이들은 위협적인 상황이나 다른 사람의 고통에 대한 과잉반응을 회피하기 때문에 임박한 문제나 대인관계의 긴장을 시사하는 신호를 알아차리지 못할 수 있다. 더욱이 D-plus인 사람의 성격유형은 D=0인 사람보다 더 확고하고 안정적이기 때문에 자신이 변화해야 할 어떤 것마저 받아들이기 어려울 수 있다. 따라서 이들은 특히 자신에게 심리치료가 필요하다는 것을 전혀 고려하지 않거나 치료를 받더라도 치료에 긍정적으로 반응하기 어렵다.

이제 D-minus의 부적응적인 의미를 검토해 보자. D-minus는 사람들이 불안하고, 긴장하고, 초조하고, 안절부절못하게 느끼는 정도를 지적한다. 따라서 D-minus는 전형적으로 좌절에 대한 참을성의 부족, 자기통제의 상실에 대한 관심, 충동적인 경향과 관련이 있다(Greenway & Milne, 2001). 감정조절에 대한 논의에서 다룬 바와 같이, D-minus와 관련된 충동성은 CF+C가 지나치게 높은 수검자에게서 볼 수 있는 확대적인 정서성이나 행동지향성과 차이가 있다. 지나친 CF+C는 거의 자제하지 않고 편안하고 즐겁고 지속적인 방식으로 자기 자신을 표현하는 것을 지적하는 반면에 D-minus는 달갑지 않고 불쾌한 에피소드적인 자기통제력의 상실에 대한 취약성을 나타낸다.

D-minus의 구체적 의미는 그 정도가 다양하다. D-minus=1은 신경이 쓰이기는 하지만 보통 심각하게 적응을 손상시키지 않는 가벼운 정도의 주관적인 심리적 고통을 나타낸다. 실제적으로 상당히 구조화되어 있고 예측이 가능한 상황적 맥락에서 D-minus=1인 사람은 거의 다른 사람의 주의를 끌지는 못하지만 특별한 문제없이 합리적으로 행동하는 경향이 있다. 하지만 D-minus가 1을 넘으면 상황이 구조화되어 있다고 하더라도 더 이상 개인이 관리할 수 있는 것보다 더 많은 스트레스를 경험해서 그 결과를 차단할 수 없고 주관적으로 느끼는 심리적 고통에 집착하고 혼란을 느끼고 뚜렷한 증상이 나타나기 시작한다. 설상가상으로 D-minus가 2 이상 상승하면 사람들은 스트레스로 인해 적응능력이 점점 감소하고; 자신이 "스트레스가 심하다."라고 하거나 "너무 흥분해서 제대로 생각할 수 없다."라고 말하고; 자기통제를 상실해서 수치스럽고 황당한 방식으로 행동하고; 다른 사람이 보기에도 뚜렷하게 안절부절못하고 혼란스러워 보인다.

비록 스트레스가 심리적으로 고통스럽고 장애를 야기할 수 있지만, D-minus는 D=0과 D-plus가 치료에 지니는 의미와는 반대로 치료에 대한 긍정적 의미도 있다. D-minus는 달갑지 않고 불쾌한 심리적 상태를 나타내기 때문에 이런 상태는 사람들이 자기 자신에게 불만을 느끼고, 변화하려는 동기를 일으키고, 주관적으로 느끼는 불편과 이로 인한 부적응적인 결과의 수준을 감소시키기 위한 치료적인 개입을 수용하도록 하는 데 도움이 된다. 치료에 대한 D-minus의 긍정적 의미는 개념적으로 심리적 혼란을 느끼고 변화를 갈망하는 사람은 보통 그렇지 않은 사람보다 심리치료를 통해 더 많은 이득을 얻을 수 있다는 사실과 일치한다(Beutler, Harwood, & Holaway, 2002; Weiner, 1998a).

또한 D-minus는 치료계획을 수립하는 데 유용한 지침을 제공할 수 있다. 어떤 경우 D-minus는 EA가 적어도 평균은 유지하고 있으나 es가 비정상적으로 높기 때문일 수 있다. 이런 패턴을 나타내고 있는 사람은 전형적으로 적절한 대응자원을 가지고 있으나 일상생활에서 원인이 무엇이든 간에 매우 많은 스트레스가 누적되어 있을 수 있다. 이런 사람들에게는 불안을 유발하는 갈등을 해소하거나, 생활사건에 대한 관점을 재구성하거나, 생활유형을 수정하든 간에, 이들이 경험하는 스트레스를 경감시키는 데 초점을 둔 치료적 접근이 가장 유리할 수 있다.

또한 D-minus는 es는 평균수준인데, EA가 낮기 때문일 수 있다. 이런 사람들의 스트레스를 줄이는 방법은 앞에서 기술한 위축된 생활유형을 유도하는 길밖에 없다. 이런 위축된 방식이 주관적으로 느끼는 심리적 고통을 경감시키기 위해 사용할 수 있는 유일한 방법으로 보이지 않는다면, 이들에게 대처기술을 가르치고 스트레스 관리를 향상시키는 데 초점을 둔 치료적 접근이 유리하다. RIM 용어로 말하면 이런 치료적 접근이 성공적일 경우 es는 감소시키지 않고 EA를 증가시켜 D=0이 되도록 할 것이다.

AdjD 일반적으로 말하면 사람들이 일상생활에서 경험하는 스트레스는 2가지 형태가 있다. 경험된 스트레스의 어떤 형태는 장시간 지속되고 상황의 변화에 대해 매우 느리게 반응한다. 예컨대, 우울한 기분과 관련된 스트레스는 오래 지속되는 경향이 있고 시간이 오래 경과하더라도 우울하게 느낀다. 우울한 사람들이 경험하는 불쾌감의 수준은 주기적으로 동요할 수 있다; 특정 사건이 경우에 따라 좋은 영향을 미칠 수도 있고 나쁜 영향을 미칠 수도 있다; 그리고 긍정적으로 경험된 사건이 축적되면 우울한 감정이 제거될 수 있다. 하지만 이러한 감정의 동요와 우울한 감정이 완전히 사라지려면 시간이 걸리고 우울한 감정은 어느 한순간에만 나타나는 것도 아니고 어느 순간에 곧 사라지는 것도 아니다.

경험된 스트레스의 또 다른 형태는 개인이 직면한 문제의 일시적 변동에 대해 빨리 반응한다. 예컨대, 개인의 안전과 안녕에 대한 관심과 관련된 스트레스는 보통 위협적인 상황이 발생하자마자 곧 나타나고 위협이 없으면 곧 사라진다. 시험결과를 걱정하던 학생은 결과가 좋게 나왔다는 것을 확인하는 순간 걱정이 사라지고 으르렁거리는 개를 보고 두려워하던 사람은 주인이 개를 데리고 멀리 가고나면 곧 안정을 되찾을 수 있다. 상황과 관련된 이런 스트레스도 지속적으로 경험되는 스트레스와 같은 방식으로 적응을 방해하고 주관적으로 느끼는 불편을 가져다줄 수 있다. 그러나 대부분 상황적 요인에 귀인시킬 수 있는 주관적인 불편은 지속적인 스트레스인 때문에 느끼는 주관적인 불편보다 더 쉽게 극복되거나 감소된다. 스트레스를 유발하는 상황을 회피하거나 도피하거나 변화시키면 주관적인 불편은 해소될 수 있다.

로르샤하에서 AdjD 변인은 비교적 지속적으로 경험되는 스트레스와 비교적 상황적으로 경험되는 스트레스를 구별하는 데 도움이 된다. es를 구성하는 6가지 결정인 중에서 4개는 시간이 경과하더라도 매우 안정적이다. 1년 간격을 두고 실시한 재검사 자료에서 Fm, T, C′, V의 안정성 계수는 각각 .77, .81, .73, .87로 나타났다. 반면에 다른 두 결정인인 m과 Y는 1년 뒤에 실시한 재검사 상관이 각각 .31, .23으로 매우 안정적이지 않았다(Viglione & Hilsenroth, 2001). 더욱이 es를 구성하는 m과 Y는 환경적 조작에 의해 갑자기 증가하고 감소할 수 있다는 것이 연구결과 확인되었다(Exner, 2003). 따라서 종합체계 채점지침에 규정되어 있는 바와 같이 Adjusted es는 m과 Y의 값에서 각각 1을 제하여 더한 값을 es 값에서 빼서 계산한다. 이 Adjusted es와 EA를 비교하여 AdjD 점수를 계산한다.[1] 이런 AdjD는 상황적인 스트레스에 귀인시킬 수 없는 주관적 불편의 정도를 지적한다.

이렇게 해서 D<AdjD는 상황적인 불편을 나타내는 로르샤하 지표가 되었다. D<0이지만 AdjD=0인 사람은 현재 자신이 관리할 수 있는 수준보다 높은 상황적 스트레스를 경험하지만 상황적 요구가 사라지면 곧 평상시와 같은 심리적 균형을 회복할 수 있는 근본적으로 안정적이고 심리적으로 편안한 사람일 수 있다. 특히 EA가 적어도 평균은 되고 D=0과 같이 AdjD=0은 일반적으로 좋은 적응력을 지적한다. 즉 이들은 일상생활에서 현실적인 요구에 대해 적절하게 대처할 수 있는 충분한 심리적 자원을 가지고 있다.

동시에 AdjD=0은 물론 D<0일 때도 그렇지만 D=0이 변화에 대한 저항과 심리치료에 대한 제한된 반응을 시사하는 것과 같은 동일한 의미를 가질 수 있다. D<0이고 AdjD=0인 사람은 자신이 통제할 수 없는 사건으로 인해 상황적인 불편이 지속되면 도움을 받고 치료프로그램에 참여하고자 하는 동기가 생긴다. 그러나 상황이 호전되고 상황적 스트레스가 감소되면 이들의 변화하려는 동기나 치료를 지속하려는 동기가 사라질 수 있다. 이런 사람들은 대부분 열정적으로 치료를 시작하지만 곧 치료를 중단해버리는 경향이 있다. 특히 이들에

1) 역주: 만약 어떤 수검자의 반응기록에서 es=12, m=3, Y=2일 경우 m과 Y에서 각각 1을 제하여 더하면 3이 되고(2m+1Y), 이 값을 es값에서 빼면 Adjusted es=9가 된다.

게 증상완화에 초점을 두고 심리치료를 할 때 이런 경향은 더 뚜렷하게 나타날 수 있다.

AdjD<0은 주관적 불편을 최소화시킬 수 있는 충분한 대처자원을 습득하지 못해서 무능과 관련된 지속적으로 과도한 스트레스를 경험하고 있다는 것을 의미한다. AdjD-minus가 크면 클수록 이러한 무능력과 관련된 취약성 더 크고 높다. 그리고 AdjD-minus가 크면 클수록 만성적인 심리적 장애를 나타냈을 가능성과 성취수준이 제한되거나 감소했을 가능성은 더 높다. 따라서 AdjD<−1이면 전형적으로 장기간 동안 대처능력을 습득하기 위한 노력이 비효율적이었거나 만성적인 스트레스장애로 인해 효율적인 대처능력이 붕괴되었을 수 있다.

일관성(EB Style)

적응적으로 스트레스를 관리하기 위해서는 적절한 심리적 자원을 획득하고 주관적으로 느끼는 심리적 불편에 대한 경험을 최소화시킬 수 있어야 하고 일상생활에서 의사결정과 문제해결을 할 때 일관성 있는 패턴을 적용할 수 있어야 한다. 여러 관점에서 일관성은 적응을 향상시키는 융통성과는 대립되는 기능이다. 융통성이 있다는 것은 변화하는 환경의 다양한 요구에 맞춰 관념적 관점과 감정상태를 변화시키고 상황이 다른 경우 상이하게 반응할 수 있다는 것이다. 반면에 일관성은 동일한 상황이 반복될 경우 기본적으로 동일한 대처방식을 일관성 있게 적용하는 것을 선호하는 성격유형을 말한다.

선호하는 대처유형에서 융통성과 일관성은 RIM의 EB 유형의 성격에 의해 지적된다. 융통성을 지적하는 EB 유형은 관념의 사용 및 감정조절과 관련해서 이미 논의했다. 특히 전반적 내향성을 나타내든 전반적 외향성을 나타내든 간에 EBPer은 대응유형에서 부적응적일 수 있는 융통성 부족을 지적한다. 적응적 융통성은 M이나 WSumC 중 어느 한 변인이 다른 변인의 2.5배를 넘지 않는 균형을 이룬 EB 유형일 때 지적할 수 있다. 융통성과 마찬가지로 일관성은 수검자가 EBPer를 회피하면서 내향성이나 외향성에 대한 준거를 충족시킬 정도로 관념적 방식(M)이나 표현적 방식(WSumC)을 선호하고 있을 때 나타난다. 예컨대, M과 WSumC의 차이가 1.5 이상이거나 또는 EA>10인 기록에서 2.0 이상이어야 한다. 내향적 성향이나 외향적 성향이 나타나지 않을 경우 양가적 EB

유형이 나타나고 이 유형의 사람들은 적응적 융통성이 없고 부적응적 비일관성이 특징적으로 나타난다.

분명히 전반적으로 내향적이거나 외향적이지 않은 EB 유형을 가지고 있는 사람은 전형적으로 환경이 변화되면 이에 맞게 자신의 행동을 수정할 수 있다. 이들은 때로는 신중하게 가능한 대안들을 충분히 고려하여 결정을 내리기도 하지만 때로는 사고보다 느끼는 감정에 따라 행동한다. 또한 이들은 때로는 가능한 해결방안을 마음속으로 생각하여 개념적으로 문제를 해결하기도 하지만 때로는 다양한 행동을 시도함으로써 문제해결을 추구한다. 이렇게 융통적인 내향성과 외향성을 가진 사람은 근본적으로 관념적 대처유형이나 표현적 대처유형을 선호하는 경향이 있고 유사한 상황에서 유사한 접근을 시도하는 일관성이 있다. 따라서 이들은 자신의 행동방식을 합리적으로 신빙성 있게 예측할 수 있다. 이들을 알고 있는 사람은 보통 이들에게 기대할 수 있는 것과 특정 사건에 대해 이들이 어떻게 반응할 것인지를 잘 알 수 있다. 더욱이 내향적인 사람과 외향적인 사람은 자신이 어떤 사람인지, 다양한 상황이 자신에게 어떠한 영향을 미치는지, 상황에 따라 자신이 어떻게 행동할 것인지 등에 대해 상당히 잘 알고 있다.

반면에 양가적인 EB 유형을 가지고 있는 사람들의 생활에는 일관성이 없는 대처노력, 예측할 수 없는 행동, 불확실한 자아상이 뚜렷하게 나타나는 경향이 있다. 이들은 지적인 결정을 내릴지 감정적 결정을 내릴지 망설이기 때문에 의사결정이 어렵다. 또한 이들은 개념적이거나 시행착오적으로 문제를 해결하지 못하고 이런 두 방법을 혼용하기 때문에 어느 한 방법을 사용할 때보다 효율적으로 문제를 해결하지 못한다. 심지어 이들은 유사한 상황에서도 매우 다양하고 예측할 수 없는 방식으로 행동하고 가장 가까운 사람들도 이들이 어떻게 말하고, 행동하고, 생각하고, 느낄지 예측하기 어렵다. 자아상과 관련해서 양가적인 사람들도 때로는 자신이 특별히 선호하는 대처방식이나 가치체계가 없다는 것을 알고 있다. 그리고 때로는 이들도 자신이 어떤 사람인지 또는 다양한 상황에서 자신이 어떻게 행동할 것인지에 대해 관심을 나타낼 수 있다.

양가적인 EB 유형은 일반적으로 선호하는 대처유형을 가지고 있다고 기대할 수 있는 비환자 성인보다 선호하는 대처유형이 발달하는 과정에 있는 젊은 집단에서 더 자주 나타난다. 구체적으로 5~14세에 속하는 비환자의 약 25~40%

가 양가적 EB 유형을 나타낸다. 그러나 15~16세의 경우 양가적 기록이 나타나는 빈도는 약 20%로 감소하고 비환자 성인의 빈도는 약 19%이다. 따라서 일관성이 없는 대처방식을 지적하는 양가적 EB 유형의 의미는 후기 청소년과 성인보다 아동이나 어린 청소년의 적응문제와 관련이 있을 가능은 적다.

자신에 대한 견해

심리적 적응은 적절한 자존감을 유지하고 긍정적 자기관여(self-regard)를 증가시키는 호의적인 방식으로 자신을 볼 수 있는 능력이 있을 때 향상된다. 자신이 가지고 있는 성격적 특징에 만족을 느끼고 있는 사람은 심리적 안녕과 생활에 대한 즐거움을 느낄 수 있다. 또한 자신을 진지하게 볼 수 있어야 자기인식이 증가되고 안정된 정체감을 가질 수 있다. 사람들은 자신의 본성을 더 잘 지각할수록 자신에 대해 더 친숙하고 더 편안하게 느낀다. 반면에 자신을 호의적이고 진지하게 볼 수 있는 능력이 제한되거나 손상되면 자신에 대한 부정적 태도와 불충분한 이해와 관련된 적응적 문제가 나타날 가능성이 증가된다.

적절한 자존감 유지(Fr+rF, 3r+(2)/R)

자존감은 개인적 특성과 능력에 대해 형성된 일종의 태도이다. 개인의 자존감 수준은 대부분 상대적인 판단에서 생겨난다. 즉 다른 사람과 비교해서 자신의 특성과 능력을 더 호의적으로 볼수록 자존감 수준은 더 높아진다. 역으로 다른 사람에 비해 자신은 능력이 부족하고, 성취도 낮고, 매력도 없다고 보면 볼수록 자존감 수준은 더 낮아진다. 반면에 아름답고, 영리하고, 재능이 많다고 해서 다른 사람보다 더 가치가 있는 사람이 되는 것도 아니고 또 성공적이고 즐거운 삶이 보장되는 것도 아니다. 마찬가지로 지능, 외모, 다른 특성이 평범하다고 해서 사람의 가치나 권리가 감소하는 것도 아니다. 따라서 자기 자신을 좋게 생각하거나 좋지 않게 생각하는 기준은 개인적 특성이나 성취에 의해 그렇게 많이 결정되는 것이 아니라 자신의 특성과 성취를 정확하게 지각하고 자신에게 부여된 재능과 기회를 잘 활용하는 정도에 의해 결정된다.

이러한 관점에서 볼 때 자기모욕(self-denigration)과 자기찬미(self-glorification) 사이의 중간에 속하는 적절한 자존감을 유지해야 잘 적응할 수 있다. 적절한 자존감은 자신의 능력에 대한 현실적인 평가에 근거한 자기수용, 자기존중, 자기확신을 향상시킨다. 그리고 적절한 자존감은 자기 자신과 자신의 행동에 대해 만족하는 데 도움이 된다. 적절한 자존감을 가지고 있는 사람은 자신의 매력이나 다양한 과제에서 성공할 수 있는 자신의 능력을 과소평가하지 않을 것이고 자신의 매력과 재능을 과대평가하지도 않을 것이다. 결국 이들은 자기 자신과 자신의 노력과 관련된 불쾌감을 회피할 수 있고 자기 자신과 자신이 행한 것에 대해 지나치게 기뻐하지도 않을 것이다.

적절한 자존감을 유지하고 있는 사람은 전형적으로 다음의 두 측면 간에 적응적 균형을 유지할 수 있다. 즉 이들은 한편으로 다른 사람의 요구나 흥미에는 아랑곳하지 않고 자신에 대해 집착하고 다른 한편으로는 자신이 선호하는 것과 자신의 개성을 희생하여 다른 사람이 원하고 즐거워하는 것에 대해 완벽히 몰두 하는 것 사이에서 균형을 유지할 수 있다. 이런 적응적 균형은 마치 자신이 세상의 중심인 것처럼 행동(고양된 자존감)하거나 자신의 가치는 자신과 관계하는 사람의 중요성에 따라 결정되는 것처럼 행동(자존감의 결함)하지 않고 적절한 자존감을 유지하고 있을 때 가능하다. RIM에서 자신과 다른 사람에 대한 주의의 균형과 자신을 가치 있는 사람으로 보는 것은 Reflections(Fr+rF)과 Egocentricity Index(3r+(2)/R)로 측정한다.

Fr+rF 반사반응(reflection response)은 자신에게 지나친 개인적 가치를 부여하고 다른 사람의 욕구에 주의를 기울이지 않고 자신의 욕구에 집착하는 경향과 관련이 있다. 환자가 아닌 성인은 단지 8%만 반사반응이 나타나고 Fr+rF>0일 경우 평균보다 더 많은 적응문제가 있다. 그리고 색채의 사용처럼 반사반응도 연령과 관련이 있다. 젊은 사람은 성인들보다 더 자기중심적인 경향이 있기 때문에 아동과 청소년은 성인보다 반사반응의 빈도가 더 높다. 비록 이런 경향이 있기는 하지만 5~16세에 속하는 비환자가 Fr+rF>0인 비율은 13~32%의 범위이다.

일부 예외가 없는 것은 아니지만 Fr+rF>0인 사람은 자신이 중요한 인물이고 중요한 인물의 특징을 가지고 있는 것처럼 과장하는 자기중심적인 사람이다.

이들은 이기적이고 거만한 경향이 있고, 다른 사람의 욕구와 흥미보다 자신의 욕구나 흥미를 더 우선적으로 생각하고, 자기희생이 필요한 봉사와 관용을 베푸는 경우는 드물다. 이런 사람은 성격적으로 자신의 실패에 대한 책임을 외부로 돌리고, 자신의 결점을 부인하고, 자신이 직면한 문제에 대해 자신이 통제할 수 없는 다른 사람의 행동이나 사건을 비난한다. 이들은 자신이 특별한 우월권을 가지고 있는 것처럼 생활상황에 접근하기 때문에 마치 자신은 원하는 것을 무엇이든 다 가질 수 있고 즐기고 싶은 것은 다 즐길 수 있는 것처럼 행동한다. 일반적으로 이들은 뒤에 가려져 있는 것보다 관심을 받을 수 있는 곳을 선호하고, 눈에 잘 띄지 않는 사람보다 다른 사람의 주의를 끌 수 있는 지위를 선호하고, 다른 사람이 알아주지 않는 것보다 다른 사람의 칭송을 받는 것을 선호한다. 이런 관점에서 반사반응이 있는 사람은 자기애적 성격특성을 가지고 있는 사람과 공통점이 많다고 할 수 있다.

그러나 이런 직관적 관점과 달리 실제로 반사반응의 수와 자기애적 성향 간에 어떤 직접적인 관계는 나타나지 않았다. 하나 이상의 반사반응을 나타내는 경향은 매우 안정적 현상이고 자기애와 마찬가지로 Fr+rF>0은 시간이 경과하더라도 거의 변하지 않는 특성변인이다. 반면에 Fr+rF>0인 기록에서 반사반응의 수는 그렇게 안정적이지 않고 오늘 1가지 반사반응을 한 수검자는 내일이나 모레는 4가지 반사반응을 할 수도 있다. 즉 개인의 기록에서 반사반응의 여부는 시간이 경과하더라도 전혀 변하지 않지만 반사반응이 있는 기록에서 나타나는 반사반응의 수는 RIM을 실시할 때마다 다를 수 있다.

Fr+rF>0과 관련된 이기심, 자화자찬, 권한에 대한 주장, 책임의 외재화 등 때문에 가끔 대인관계문제가 나타나고 성공과 실패에 대한 비현실적인 관점이 나타날 수 있다. 사람들은 자애적인 사람들에서 나타나는 자기우선적 태도(me-first attitude)와 겸손하지 않은 것을 싫어하기 때문에, 적어도 이런 특징들은 다른 사람의 부정적인 감정을 유발시킬 수 있다. 자기애적인 사람은 자신의 능력으로 감당할 수 없는 목표를 반복해서 추구할 수 있고 그러한 경험을 통해 아무것도 배우지 못할 수 있다. 극단적일 경우 반사반응을 동반하는 자화자찬은 경조증에서 볼 수 있는 자제할 수 없는 낙천주의를 야기할 수 있고 반사반응이 있는 사람들에게 가끔 나타나는 다른 사람의 욕구에 대한 무관심은 정신병리적 특징이 될 수 있다.

적응문제 및 정신병리 유형과 관련이 있지만 Fr+rF>0은 적어도 두 종류의 상황과 관련된 맥락에서는 반드시 부적응적인 것은 아니다. 첫째, 다른 사람들의 주목을 받는 직업에 종사하고 있거나 이런 직업에 취미가 있을 경우 반사반응과 관련된 특징은 적절하고 적응적일 뿐만 아니라 성공에 필수적이다. 예컨대, 직업적으로 쇼에 출연하거나 다른 사람의 주목을 받아야 성공할 수 있는 직업에 종사할 경우 자신을 드러내고 관심을 끌 수 있는 열정이 있어야 일을 즐길 수 있고 일을 잘할 수 있다. 따라서 Fr+rF>0이 지적하는 자기애적 경향은 직업이나 취미가 다른 사람 앞에 나서서 인기를 누리는 직업에 종사할 경우 오히려 적응적이다. 역으로 반응기록에 반사반응이 없는 사람이 이러한 인기직에 종사할 경우 직업에 대한 거부감이나 불만의 잠정적 원인을 나타내는 것일 수 있다.

둘째, 반사반응이 있는 사람들은 두 집단으로 분류하면 Fr+rF>0의 부적응적인 의미가 제한될 수 있다. 한 유형은 비교적 "좋은 자기애(nice narcissist)"라 할 수 있고 다른 한 유형은 비교적 "나쁜 자기애(nasty narcissist)"라 할 수 있다. 좋은 자기애적인 사람은 자기과장을 하지만 다른 사람에 대해서도 동일한 정도로 순수한 관심이 있는 사람이다. 이들은 자신의 욕구충족을 먼저 생각하지만 다른 사람들과 함께 있는 것을 즐기고, 주의를 끌고 칭송을 받고 싶은 욕구를 충족시킬 수 있는 관중을 확보하기 위한 1가지 방법으로 관중을 즐겁게 해 주기 위해 더 열심히 노력한다. 또한 이들은 자신의 욕구충족에 일차적인 관심을 두지만 필요할 경우 도움과 지지를 받을 수 있는 대인관계를 유지하는 방식으로 다른 사람들과 협력적인 관계를 맺을 수 있다. 대부분의 사람이 사귀는 친구 중에는 매력적이고 호감이 가지만 자신과 자신의 경험에 대화의 초점을 맞추기를 기대하고 다른 사람이 자신들의 개인적 흥미나 관심에 대해 장황하게 말할 때 참지 못하고 관심을 나타내지 않는 좋은 자기애적인 친구가 있다.

반면에 나쁜 자기애적인 사람은 화가 나 있는 것처럼 보이고 회피적인 경향이 있다. 이들은 다른 사람에 대한 순수한 관심이 없고 지지해 주는 청중이나 다른 지지자원의 관심을 끌려는 것을 원하지도 않는다. 또한 나쁜 자기애적인 사람의 대인관계는 대인관계적인 거리, 친밀한 애착의 결여, 협동보다 경쟁, 후회나 양심의 가책을 느끼지 않고 자신의 목적을 위해 다른 사람을 착취하고 조정하려는 적대적 의도 등이 특징이다. 반사반응이 있는 사람 가운데 이런 유형의 자기애적인 사람은 가끔 뚜렷한 정신병질적인 특징을 가지고 있다. 비록 나쁜 자기애적인 사람도 사회적 동조를 가장하거나 심지어는 이타적 동기가 있는 것처럼 허세를 부릴 수도 있지만, 이들의 정신병질적인 특징은 일반적으로 다른 사람들의 미움을 받거나 적어도 사회적 매력이 부족하거나 다른 사람의 권리와 감정을 고려하지 않는 다양한 반사회적 행동으로 나타난다. 이 장의 마지막 부분에 있는 대인관계적 적응에 대한 로르샤하 지표를 논의할 때 자기애의 좋은 유형과 나쁜 유형을 구분하는 데 필요한 근거를 제시하겠다.

3r+(2)/R 자기중심성 지표는 자기 자신에 대한 초점과 다른 사람에 대한 주의 간의 균형을 측정하는 지표이다. 비환자 성인의 3r+(2)/R의 평균은 .40이고 보통 .33~.44 범위를 나타낸다. 중간 범위에 속하는 점수는 자신에 대한 주의가 충분하지만 지나치지 않아서 적응적 경향이 있다는 것을 지적한다. 이들은 자신에게 초점을 두는 것을 피하지도 않고 그렇다고 다른 사람의 생활에서 일어나고 있는 일을 무시할 정도로 자기 자신에게 몰두하지도 않는다. 아동은 나이 많은 사람보다 더 자기중심적이고 성숙되면서 점진적으로 감소하는 것으로 알려져 있는 바와 같이 3r+(2)/R도 뚜렷한 연령 차이가 나타난다. 비환자 5세 집단의 3r+(2)/R 평균은 .69이고 16세에는 .43인데, 연령 증가에 따라서 직선적으로 점점 감소한다. 따라서 어린 수검자의 3r+(2)/R의 평균범위는 종합체계 참조자료에 제시되어 있는 평균과 표준편차를 이용하여 각 연령에 맞게 결정해야 한다.

3r+(2)/R<.33인 성인과 연령규준의 평균보다 1 표준편차 이하인 어린 수검자는 일반적으로 자신에게 충분한 주의를 기울이지 않고 의도적으로 자기에게 초점을 둔 주의를 회피할 수 있다. 이런 방식으로 자신을 무시하려는 개인적 동기는 개인적 가치를 낮게 평가하거나 Fr+rF>0일 때 나타나는 고양된 자존감과 상반되기 때문에 나타날 수 있다. 더 구체적으로 표현하면 자기중심성이 낮은 수검자는 자신을 실제보다 더 유능하고, 더 매력적이고, 더 재능이 뛰어나고, 더 가치가 있다고 생각하는 다른 사람에 비해 자신을 비호의적으로 비교하는 경향이 있다. 따라서 낮은 자기중심성 지표는 적절한 자존감을 유지하는 데 실패했거나 무능하다는 것을 나타낸다. 그리고 우울한 사람은 전형적으로 자신을 나쁘게 생각하기 때문에 낮은 자기중심성 지표는 DEPI의 한 준거변인이다.

적응문제와 관련해서 낮은 자기중심성은 중요한 의미가 있는데, 이는 3r+

(2)/R은 시간이 경과하더라도 매우 안정적이라는 사실 때문이다. 성인을 대상으로 3주, 1년, 3년의 간격을 두고 재검를 실시한 결과 상관은 각각 .90, .89, .87이었다. 자존감은 하나의 성격특성으로 발달하고 연속성이 있다는 점을 고려하면 나이가 많은 청소년과 성인의 기록에서 낮은 자기중심성 비율은 최근에 갑자기 생겨났다고 보기 어렵고 또한 실패와 관련된 최근 경험에 대한 반응으로 나타났다고 보기도 어렵다. 오히려 낮은 자기중심성은 아동기에서 비롯된 만성적으로 낮은 자존감과 관련이 있는 경향이 있고 보통 상황적 유동성은 거의 없다.

성인의 경우 3r+(2)/R>.44이거나 젊은 수검자의 경우 연령집단의 평균보다 1 표준편차 이상일 때 보통 반사반응이 나타난다. 이렇게 결합될 경우 상승한 자기중심성 지표는 자신에 대한 비일상적 집착과 높은 수준의 자존감을 지적하는 증거이기 때문에 Fr+rF>0에 의해 시사되는 자기애적인 특징을 더 확실하게 해 준다. 그러나 때로는 반사반응이 없어도 자기중심성 지표가 높을 수 있다. 이런 경우 높은 자기중심성은 자신에 대한 비일상적 집착을 지적하는 반면에 반사반응이 없다는 것은 자신에 대한 초점주의에서 특별한 즐거움을 느끼지 못하다는 것을 나타낸다. 따라서 반사반응이 없는 높은 자기중심성은 자신에게 많은 주의를 기울이지만 그러한 주의를 그렇게 즐기지 않는다는 것을 나타낸다. 반사반응이 있고 자기중심성이 높은 사람은 마치 거울을 볼 때 거울에 보이는 것을 좋아하지 않으면서도 더 오래 보려는 것과 같다. 따라서 Fr+rF=0과 높은 자기중심성의 결합은 비호의적 자기지각에 대한 낮은 자기중심성 지표와 유사한 의미가 있고 DEPI의 한 준거변인이다.

자기지각을 의미하는 이 두 변인이 달리 결합되어 나타나는 경우도 있는데, 반사반응이 있음에도 불구하고 자기중심성 지표가 낮은 경우이다. 이렇게 상반되는 결합은 Fr+rF>0에 의해 지적되는 자기애가 일차적인 성격특징을 구성하는 것이 아니라 낮은 자기중심성에 의해 지적되는 제한된 자존감을 보상하기 위해 노력한 결과 이차적으로 나타났을 가능성을 시사한다. 자기중심성이 평균이거나 평균보다 높을 때라도 부적 자기관여를 의미하는 통경반응(vista response)이나 병적 반응(morbid response)이 동반되어 나타나면 반사반응을 나타내는 사람에게서는 보상적 자기애를 지적할 수 있다.

이런 유형의 로르샤하 패턴을 통해 어떻게 우월 콤플렉스(superiority complex)

가 중요한 열등감을 부인하거나 왜곡하거나 방어하는 방식이 될 수 있는지를 설명할 수 있다. 어떻든 간에 이런 보상적인 자기애를 정확하게 밝히는 것은 중요한 치료적 함의가 있다. 이런 방어를 과소평가하면 환자를 심각한 자기비하나 갑작스런 우울증의 발병에 취약하도록 만들 수 있기 때문에 치료자는 보상적인 자기애적인 방어에 대해 도전할 때 조심해야 한다.

긍정적 자기관여(V, MOR)

자기관여는 자존감과 많은 공통적 특징이 있고 자주 동의어로 사용된다. 하지만 어떤 성격특징은 적응을 향상시키는 데 도움이 되고 또 어떤 성격특징은 적응문제를 유발시키는지에 대해서는 미묘한 차이가 있다. 자존감(self-esteem)은 자기 자신에게 대한 일반적인 가치를 구성하고 전형적으로 시간이 경과하더라도 변하지 않고 지속되는 안정적인 성격특성이다. 반면에 자기관여(self-regard)는 자신을 다른 사람보다 더 호의적으로 보는 것처럼 사람들이 자신에 대해 가지고 있는 많은 구체적인 태도로 볼 수 있다. 단일 가치를 지닌 단일 성격특징인 자존감과는 달리 자기관여는 자기 자신에 대한 비교적 긍정적이고 부정적인 여러 태도들로 구성되어 있다. 더욱이 개인의 자존감 수준을 결정하는 안정적 가치판단과는 달리 대조적으로 자기관여를 구성하는 태도는 상황의 변화에 따라 얼마든지 변화할 수 있다.

더 구체적으로 말하면 자기관여는 자신과 자신의 행동에 대한 구체적 측면과 관련된 다양한 태도를 포함하는 것으로 생각할 수 있다. 만약 "당신은 자신의 어떤 점을 좋아하고 어떤 점을 싫어합니까?" 하고 묻는다면, 대부분의 사람들은 자신의 다양한 신체적, 정신적, 심리적 특징에 대한 자기관여적인 진술을 나열하는 것으로 반응할 것이다; "나는 내 얼굴이 좋아요." "키가 좀 더 컸으면 좋겠어요." "저는 매우 영리한 편이죠." "나는 너무 쉽게 당황하는 편입니다." "저는 친절한 편입니다." 마찬가지로 자신이 한 일에 대한 견해를 묻는다면, 대부분의 사람들은 과거와 현재 자신이 한 행동의 구체적인 특징에 대해 다양한 긍정적 태도와 부정적 태도로 말할 것이다; "직업적 성취가 자랑스럽습니다." "더 오래 애들 곁에 있어주지 못해 미안하게 생각합니다." "어제는 정말 멋진 경기를 했습니다." "오늘 아침에 멍청한 짓을 했어요."

특정 시점에서 자기 자신에 대한 태도가 호의적인지 비호의적인지 여부는 전반적인 자기관여의 수준을 결정하고 적절한 자존감과 마찬가지로 긍정적 자기관여도 자신에 대한 좋은 감정을 가지는 데 도움이 되므로 적응을 향상시킨다. 반면에 일차적으로 부정적 자기관여는 자기비판적, 자기비하적, 자기혐오적 태도, 우울 및 자살가능성과 관련된 적응문제를 일으킬 수 있다. 감별진단과 치료계획을 세우기 위해 심리적 고통을 겪고 있는 사람의 성격을 기술할 경우 전반적인 자기관여의 수준을 지적하는 데 그치지 않고 자신과 자신의 행동에 대해 이들이 가지고 있는 특별한 긍정적 및 부정적인 태도를 가능한 한 많이 구체적으로 기술해야 한다.

이런 방식으로 자존감과 자기관여를 구분하는 것은 일반적으로 자신을 호의적으로 보는 사람이 자기 자신이나 자신이 한 일에 대해 부정적 태도를 가지고 있을 경우를 고려하는 데 도움이 된다. 심지어 매우 자기애적인 사람도 때로는 최선의 결과를 가져오지 못한 자신의 의사결정이나 행동에 대해 후회할 수 있다. 그러나 만성적으로 자존감이 낮은 사람과 달리 자신이 저지른 실수를 자책하는 자기애적인 사람은 자신에 대한 전반적인 우월감이나 권리를 감소시키기 위해 일시적으로 자기비난적인 태도를 허용하는 것은 아니다.

다른 사람에 비해 자신을 가치가 있다고 보는 사람은 자신의 신체적 특징에 대한 부정적 태도를 유발시키는 신체변화가 있더라도 적응적인 수준의 자존감을 유지한다. 많은 사람들은 외모나 신체적 기능에 원하지 않는 변화를 경험하는 경우가 있다. 이런 신체적 변화는 사춘기에 나타나는 신체적 변화나 나이가 많아지면 머리가 빠지는 것처럼 연령과 관련된 정상적인 발달을 포함한다; 이런 신체적 변화는 때때로 화상 때문에 생긴 눈에 보이는 흉터처럼 심리적 고통이나 신체적 외모에 변화를 초래하는 사고나 질환의 결과일 수 있다; 때로는 신체적 손상이나 역기능의 취약성에 대한 관심의 원인으로 작용하는 외상적인 경험에서 비롯되는 것일 수 있다. 사람들이 자신이 한 일에 대한 부정적 태도를 가지는 것과 마찬가지로 신체적 부위의 적절성과 매력에 대해 염려할 경우 자신이 비교적 유능하고 친절하고 가치가 있는 사람이라고 평가하더라도 수치심이나 사회적 위축과 같은 고통스러운 감정과 다양한 부정응적 행동을 야기할 수 있다.

자기관여는 자존감보다 현재 진행되고 있는 사건과 상황의 변화에 더 민감하고 시간의 경과에 따라 쉽게 변화될 가능성이 높기 때문에 자기관여와 자존감의 차이는 호의적인 요인과 비호의적인 요인을 모두 포함하는 자기 자신에 대한 복잡한 태도를 이해하는 데 크게 도움이 된다. 로르샤하에서 반사와 자기중심성 지표는 자존감 평가에 사용되고 Vista(V)와 Morbid(MOR)는 자기관여를 평가하는 데 사용된다.

V 통경반응(vista response)은 비환자 성인의 기록에서 20.6% 정도 나타나고 젊은 사람들의 경우 이보다 더 낮다. 5~11세의 비환자의 기록에 V 반응이 나타나는 경우는 매우 드물다. 그러나 12세에서 16세로 나이가 증가하면서 V>0인 비율은 3.3%에서 14.3%로 점점 증가한다. V는 단일 방향으로 해석할 수 있는 변인이기 때문에 V=0은 높은 자기관여나 좋은 적응과 관련된 특별한 의미는 없다. 하지만 V>0은 전형적으로 V가 증가할수록 부정적 의미도 더 증가하는 자기비난적 태도와 관련이 있다. V가 증가하면 증가할수록 자기 자신이나 행동의 어떤 측면에 대한 태도는 불쾌와 불만에서 점차 실증과 혐오로 진행될 가능성은 더 높다.

1년 간격을 두고 재검사를 실시한 결과 V의 재검사 신뢰도는 .87로 상당히 안정적이었다(Viglione & Hilsenroth, 2001). 그러나 이렇게 높은 안정계수는 임상적 해석을 오도할 수 있다. 성인과 젊은 사람의 기록에서 V 반응은 거의 없기 때문에 첫 검사와 재검사에서 V=0일 가능성은 상당히 높고 시간이 경과하더라도 상관이 높게 나타난다. 그러나 V>0은 안정적이지 않았고 Fr+rF>0처럼 성격적 특성과 관련이 있다고 믿을 이유도 없다. 특히 후회나 자책감의 경험은 로르샤하에서 V 반응이 나타날 가능성을 증가시키는 것으로 밝혀졌다. 예컨대, 외향적이고 독선적이어서 자기비난은 하지 않을 것으로 보이는 자기애적이고 정신병질적인 죄수도 로르샤하 반응 기록에서 V>0인 경우도 있다. 더 검토한 결과 통경반응이 있는 이런 정신병질적인 죄수는 자기애적 성향이 감소한 것이 아니라 범죄를 저질렀기 때문에 체포되어 유죄판결을 받고 수감되어 있는 자신에 대해 분통을 터트리고 있는 것으로 밝혀졌다. 따라서 근본적으로 자기비판적이지 않고 심지어 자신을 매우 탁월하고 특별한 사람으로 간주할 수 있는 사람도 일시적 반응으로 V 반응이 나타날 수 있다.

이런 점을 고려할 경우 V>0의 적응적 함의는 반사반응, 자기중심성 지표 및 최근 생활배경에 비추어 해석해야 한다. Fr+rF=0이고 자기중심성 지표가 낮거나 높은데, V 반응이 나타나면 자존감이 낮고 만성적인 자기비난과 지속적으로 낮은 자기관여를 지적하는 것이다. 말할 것도 없이 이런 결합은 특히 최근 생활에서 후회나 자책감을 일으킬 만한 사건이 없을 때 기분부전장애와 재발하는 우울 에피소드에 대한 단서를 제공한다. 역으로 특히 Fr+rF>0이고 자기중심성이 상승해 있고 최근 생활배경에서 자기비난을 야기한 사건이 분명하게 있으면 V>0은 상황과 관련된 자기비난적인 태도를 지적할 가능성이 더 높다.

MOR 비정상적으로 많은 병적 반응이 있다는 것은 수검자가 자신의 신체와 신체적 기능에 대해 전형적으로 부정적이고 비호의적인 태도를 가지고 있다는 것을 시사한다. V처럼 MOR도 단일 방향으로 해석하는 변인이다. 따라서 MOR 반응의 빈도가 낮다면 MOR 빈도가 높을 때 나타나는 자신에 대한 부정적인 태도가 없다는 것이고 그 외에 성격적 장점이나 자산에 관한 의미는 없다. 비환자인 성인과 10~16세에 속하는 사람들의 MOR 빈도의 중앙값은 각각 1, 0이다. 5~9세에 속하는 아동의 MOR 빈도의 중앙값은 0~2개 범위로 모든 연령에서 MOR>2인 경우는 매우 드물다. 따라서 한 기록에서 MOR이 3개 이상 나타나는 것은 특히 자신의 신체가 손상되고 역기능적이라고 본 나머지 적응적인 자기관여 수준을 유지하기가 어렵다는 것을 지적한다.

그러나 MOR을 정확하게 해석하기 위해서는 다음과 같은 2가지 이유에서 단순히 반응의 빈도만 고려해서는 안 된다. 첫째, 비록 자주 나타나지 않더라도 MOR은 항상 투사된 어떤 요소를 포함하고 있다. 기록에서 단 하나의 MOR이라도 주제내용에 따라 자신에 대한 어떤 부정적인 태도와 관련된 의미가 있을 수 있다. 둘째, MOR이 많더라도 주제내용에 따라 자신에 대한 부정적인 태도와 관련 있는 의미는 다양할 수 있다. 이런 내용주제를 다룰 경우 6장과 중첩되므로 여기서는 구조변인의 해석에 대해서만 논의할 것이다. 하지만 부정적인 신체상에 대한 의미가 다른 2가지 MOR 반응은 여기서 구분해야 한다.

한 유형의 MOR은 카드에서 본 대상을 분명히 동일시한 것으로 이런 MOR은 자신을 부정적으로 보고 있다는 것을 시사한다. 따라서 손상된, 병든, 죽은, 변형된, 추한, 노쇠한, 부서진, 낡고 찢겨진 등과 같이 어떤 방식으로든지 역기능적인 것으로 기술된 내용이 있으면 수검자는 자신의 신체가 바람직하지 못한 특징을 가지고 있거나 바람직하지 못한 특징에 취약하다고 믿고 있다는 것이다. 다른 유형의 MOR은 수검자가 어떤 공격을 받아 손상을 입은 대상이나 역기능적인 대상뿐만 아니라 적어도 부분적으로 공격하는 가해자와 동일시한 경우이다.

예컨대, 카드 Ⅱ에서 공통적으로 나타나는 "상처를 입어서 피를 흘리고 있는 두 마리의 동물"이라는 반응을 생각해 보자. 이 MOR은 상처를 입었거나 쉽게 상처받을 수 있는 사람에 대한 동일시를 시사한다. 반면에 카드 Ⅱ에서 "피를 흘리고 있는 두 마리의 동물. 사냥하러 가서 내가 총을 쏜 뒤에 이런 것을 보았다."는 반응은 총에 맞은 동물보다 사냥꾼 그리고 희생자보다는 공격자에 대한 동일시를 시사한다. 확실히 공격자에 대한 동일시는 복잡한 심리적 현상이다. 방어방식으로 공격자를 동일시할 경우 상처를 입었거나 역기능적이거나 취약하다는 것과 관련된 자기지각을 제거하는 데도 도움이 될 수 있다. 그리고 "내가 밟아서 뭉개진 벌레"라고 보고한 사람은 벌레와 밟은 사람을 모두 동일시한 것일 수 있다. 일반적으로 말해 가해자를 언급하지 않고 "밟힌 벌레"라고 반응한 사람은 자신에 대한 부정적 태도에 덜 방어적일 가능성이 높고 공격자에 대한 분명한 동일시를 언급한 사람보다 자기 신체의 정확성과 통합에 더 강한 관심을 가지고 있을 가능성이 높다.

자기의식(FD)

자신을 적응적으로 보는 것은 적절한 수준의 자기인식(self-awareness)을 유지하는 것을 포함한다. 앞에서 세 방향으로 해석하는 변인의 예로 FD를 언급한 바와 같이 수검자가 자신의 개인적 특징을 인식할 수 있을 정도로 충분히 내성적(introspective)이면 심리적 적응에 도움이 된다. 적절하게 내성적인 사람은 자신의 욕구를 가장 잘 충족시킬 수 있는 방법을 인식하고, 자신의 행동이 다른 사람에게 미치는 영향에 민감하고, 비교적 자신에 대한 이미지와 인상을 재검토하는 경향이 있다. 이러한 내성과 자기인식 능력은 전형적으로 정신치료에 효율적으로 참여하게 하고 긍정적인 성격적 변화에 도움이 된다.

반면에 자기의식이 부족한 사람은 자기 자신에 대한 부정확한 이해, 자신이 다른 사람에게 미치는 영향에 대한 불충분한 평가, 자기 자신을 비판적으로 검토하고 스스로 자신의 행동을 수정할 수 있는 능력의 제한이 특징적으로 나타나는 적응문제가 있을 수 있다. 물론 지나치게 내성적으로 사고하는 것도 역시 적응문제를 야기할 수 있다. 자기 자신을 잘 의식하고 있는 사람은 결점도 스스로 의식하는 경향이 있다. 지속적으로 자신을 검토하고 자신의 언행에 대한 다른 사람의 반응에 민감한 사람은 이완하기 어렵고 자연스럽고 꾸밈이 없고 편안하게 행동하기 어렵다. 자기의식이 부족한 사람은 자기반성에 관한 말(내가 왜 그런 말을 했는지 알 수 없다)이나 자기관찰에 관한 말(손가락으로 계속 두드리는 것을 보니 아무래도 내가 긴장한 것 같다)을 하는 경우는 드물지만, 지나치게 내성적인 사람은 대화에서 이런 말이 너무 많아서 의사소통이 방해를 받고 상대방을 불편하게 만든다.

FD 변인은 내성에 대한 관심과 내성할 수 있는 능력에 관한 지표이다. 발달수준에 따라 기대되는 내성의 정도도 다르다. 5~9세 아동은 내성적인 경향이 없고 따라서 FD도 드물다; 이 연령에서 FD의 중앙값은 0이다. 하지만 10~11세는 약 66%, 12세 이상은 75%가 FD 반응이 있다. 청소년과 성인의 FD 중앙값은 1~2개의 범위이다. 따라서 청소년과 성인에서 FD=0은 내성에 대한 부적응적인 무관심이나 내성할 수 있는 능력의 부족을 시사하고 FD>2일 경우 자기의식과 정신탐색(soul-searching)이 비정상적으로 높다는 것과 관련이 있을 수 있다.

안정적인 정체감[H:Hd+(H)+(Hd)]

안정적인 정체감은 개인이 자기 자신, 자신의 신념, 삶의 방향에 대해 분명하고 일관성이 있는 인상을 제공하기 때문에 심리적 적응에 도움이 된다. 자신을 아는 것, 자신에 대해 편안하게 느끼는 것, 일련의 가치와 목표를 수용하는 것, 개인적 사건과 관련된 과거, 현재, 미래 간에 연속성을 경험하는 것이 안정적인 정체감의 핵심이다. 적절한 자존감, 긍정적 자기관여, 충분한 자기의식 등은 모두 정체감을 형성하는 데 기여하고 정체감은 주로 후기 청소년기와 초기 성인기에 정점에 도달하는 발달과정이다. 정체감을 형성하는 과정은 일상생활에서 실제적인 인물을 동일시를 할 수 있는 기회가 있을 때 촉진된다. Erikson(1963)이 처음으로 정체감 형성을 개념화했지만 개인적 정체감은 흔히 개인이 동일시한 모든 것의 합으로 정의할 수 있다.

실제적 인물을 동일시할 수 있는 능력과 동일시할 가능성은 로르샤하 종합체계에서는 대인관계적 흥미변인에 반영된다. 이 변인은 전체 인간반응(H)과 부분적이거나 상상적인 인간반응[Hd+(H)+(Hd)]의 비율이다. H 반응이 적어도 2개 이상 나타나고 H의 수가 [Hd+(H)+(Hd)]와 같거나 많으면 적응적 동일시를 지적한다. 이런 준거를 충족시킬 만큼 H가 충분한 수검자는 자신의 생활과 관련된 실제적인 인물을 즐겁게 동일시할 수 있는 적절한 능력을 가지고 있고 이런 동일시를 형성할 기회가 있었다고 볼 수 있다. 동일시할 수 있는 능력과 기회가 결합되면 분명하고 안정된 개인적 정체감을 발달시키는 초석이 된다.

정체감의 형성에 관한 발달적 기대와 마찬가지로 H의 빈도도 연령과 관련이 있다. 물론 모든 연령에 속하는 대부분의 사람들이 적어도 한 개의 H 반응을 하지만, H<2일 비율은 비환자 성인은 10%, 16세는 17%, 11~15세는 25%, 10세 이하는 25% 이상으로 증가한다. 반면에 평균 H의 수는 7세 아동을 제외한 모든 연령집단에서 [Hd+(H)+(Hd)]의 평균과 같거나 더 많았다. 따라서 성인의 경우 H<2는 안정적인 자아상을 형성하는 데 필요한 동일시가 충분하지 않다는 것을 지적할 가능성이 높지만 젊은 수검자의 경우 이런 기준을 더 보수적으로 적용해야 한다. 하지만 H의 빈도와 상관없이 모든 연령에서 H<[Hd+(H)+(Hd)]이면 형성된 정체감이나 형성되고 있는 정체감이 부족하다고 할 수 있다.

H<[Hd+(H)+(Hd)]의 해석적 의의는 전체적이고 실제적인 인간상보다 부분적이고 상상적인 인간상을 포함하고 있는 프로토콜일 경우 수검자가 실제적인 생활과 관련이 없는 부분적인 대상이나 인물을 동일시하는 부적응적인 경향을 나타낼 수 있다는 가능성에서 도출된 것이다. 인간을 부분적으로 보게 되면 Hd 반응의 빈도가 비일상적일 정도로 높게 나타난다. 이럴 경우 지나치게 대상을 분리하는 사람처럼 선택적으로 가까운 사람의 어떤 특징은 동일시하고 다른 특징은 동일시하지 않을 수 있다.

상상적인 상에 대한 반응이 많은 것은 다양한 이유 때문에 과거에 있었던 유명한 인물, 소설과 오페라의 주인공, 유명한 운동선수나 연예인처럼 허구적이거나 실제와는 거리가 먼 특징을 가지고 있는 대상을 동일시하기보다 실제로 상호작용하는 인물을 동일시하기가 더 어렵거나 더 불편했기 때문일 수 있다. 허구적이고 현실과 거리가 먼 인물을 모델링하면 이런 인물들이 나타내는 긍정적인 특징을 모방하는 데는 유리할 수 있다. 그러나 이런 모델링은 친밀하고 지속적이고 규칙적으로 상호작용하는 부모, 형제, 교사, 좋은 친구를 모델링하는 것보다 안정적인 정체감을 형성하는 데는 도움이 되지 않을 수 있다.

다른 사람과의 관계

다른 사람과 관계하는 방식은 다른 사람에 대한 태도, 다른 사람과 상호작용하는 정도, 대인관계에 대한 접근과 대인관계 애착을 관리하는 방식에 의해 결정된다. 적응적인 대인관계는 다음과 같은 능력이 중요한 특징이다: (1) 다른 사람과의 상호작용에 대한 합리적인 수준의 관심, 관여, 편안함을 유지할 수 있는 능력; (2) 대인관계 상호작용에서 친밀감과 안전을 예상할 수 있는 능력; (3) 다른 사람과의 관계에서 경쟁, 주장과 협동 및 동조의 균형을 유지할 수 있는 능력; (4) 정확하고 공감적인 방식으로 사람과 사회적 상황을 지각할 수 있는 능력. 따라서 다음과 같을 때는 심리적 적응이 어려울 수 있다. 사회적 상황에서 무관심하거나 소원해지거나 불편을 느낄 때; 다른 사람과 가까이 지내기보다 거리를 두고 대인관계 친근감을 지지보다 위협으로 간주할 때; 대인관계에서 편안함과 호혜성을 방해할 정도로 지나치게 순종적이거나 지배적이고 심리적으로 학대하거나 학대받는 사람이 될 때; 대인관계에서 다른 사람의 동기와 대인관계에 관한 사건의 의미를 잘못 해석할 때.

대인관계에 대한 흥미, 관여, 편안함 (SumH, [H:Hd+(H)+(Hd)], ISOL, GHR:PHR)

사람은 누구나 다른 사람과 함께 살아가고 마음의 평화와 안녕을 유지하는 데 동료의 역할과 우정이 중요하다는 것은 공통적으로 경험했을 것이다. 독방에 감금하는 것보다 더 가혹한 처벌은 없고 무인도에 홀로 떨어진 로빈슨 크루소보다 불쌍한 사람도 없고 은둔생활을 하는 사람보다 더 불행한 사람도 드물다. 주어진 환경에 적절하게 적응하고 자신의 생활에 만족하기 위해서는 주변에 있는 다른 사람에게 관심을 가지고 다양한 상황과 다양한 목적을 추구하기 위해 다른 사람과 편안하게 상호작용할 필요가 있다.

정체감 형성에 대한 대인관계 의미와 관련해서 이미 언급한 바와 같이 RIM에서 대인관계 흥미변인은 다른 사람에 대한 관심과 다른 사람과의 관계에서 편안하게 느끼는 정도에 관한 정보도 제공한다. 전체적인, 부분적인, 실제적인, 상상적인 상을 포함하는 인간을 내용으로 한 반응의 총수(SumH)는 다른 사람에게 주의를 기울이는 정도를 지적한다. 비환자 성인과 9세 이상의 젊은 수검자는 평균 5~6개의 SumH가 나타나고 5~8세에 속하는 수검자의 평균 SumH는 5개보다 약간 적다. 일반적으로 말해 SumH>3은 적어도 평균에 속하는 대인관계에 대한 흥미를 나타내고 성격적 자산을 구성하는 반면에 SumH<4는 다른 사람에 대한 제한된 흥미와 성격적 약점을 나타낸다.

H 반응보다 높은 [Hd+(H)+(Hd)]는 앞에서 언급한 동일시의 결함뿐만 아니라 사회적 불편이 부적응적인 정도를 시사한다. 이처럼 인간을 내용으로 하는 반응이 불균형을 이루고 있는 사람은 적절한 직업과 사회적 지위를 유지하고 있는 기능적인 사람들과의 관계에서 거북하게 느낀다. 이들은 다른 사람을 지각하는 능력을 제한함으로써 대인관계에서 느끼는 위협이나 부적절감을 최소화하려고 시도할 수 있다. 즉 이들은 사람을 실제적인 인물이 아니거나 없는 것처럼 볼 수 있다. 이런 경향은 마치 "너는 가상적인 인물이다." "너는 죽었다." 또는 "너는 발이 없어서 설 수 없고 팔이 없어서 아무것도 할 수 없다."라고 말함으로써 대인관계에서 불편을 경험하는 사람이 "그러니까 너는 나를 해치거나 당황하게 만들 수도 없다."라고 결론을 내리는 것과 같다.

대인관계에 대한 적절한 흥미와 편안함을 유지할 수 있는 능력이 부족한 사람은 사회적 무관심과 불편함과 더불어 대인관계 고립을 초래하는 부적응적인 사회적 위축과 회피행동을 할 위험이 있다. 인간을 제외한 5가지 반응내용(식물, 구름, 지리, 전경, 자연)의 빈도에 근거한 고립지표(Isolation Index, ISOL)는 대인관계 고립을 잘 측정해 준다. ISOL은 단일 방향으로 해석하는 변인이므로 점수가 낮을 경우 성격적 장점에 대한 특별한 함의는 없다. 반면에 상승한 ISOL은 전형적으로 대인관계에 대한 제한된 흥미, 최소한의 사회적 상호작용, 우정과 신뢰를 공유할 수 있는 사람이 부족하다는 것과 관련이 있다.

비환자 성인에서 ISOL이 나타나는 비율은 평균이 .19이고 9~16세는 평균이 .20 또는 그 이하이다. 참조표본에서 5~8세에 속하는 아동의 ISOL 평균은

.17~.25 범위이다. 일반적으로 말해 특히 청소년과 성인의 경우 ISOL에 관한 내용에서 가중치의 합(Bt+2Cl+Ge+Ls+Na)이 R의 1/4보다 높다면 부적응적인 사회적 위축과 대인관계 고립을 지적하는 것이다. 모든 연령에서 ISOL>.33은 사회적 상호작용의 뚜렷한 회피나 다른 사람과 접촉할 수 있는 기회가 현저하게 부족하다는 것을 지표로 보아야 한다. 이럴 경우 ISOL이 상승한 사람은 분명히 충분하게 많은 친지나 가족이 있다고 하더라도 실제적으로 생활에 중요한 역할을 하는 사람은 거의 없을 수 있다.

마지막으로 대인관계 관여를 평가하는 데 도움이 되는 것은 나쁜 인간표상(Poor Human Representation, PHR)과 좋은 인간표상(Good Human Representation, GHR)의 비율이다. GHR은 효율적이고 적응적인 대인관계와 상관이 있는 반면에 PHR은 다른 사람들과의 문제적 또는 갈등적 상호작용과 관련이 있을 가능성이 높다. 적어도 3개의 인간표상반응이 있을 때 GHR>PHR인 사람은 성공적이고 보상적인 대인관계적인 행동을 할 가능성이 높다. 반면에 PHR이 GHR의 수와 같거나 많은 사람은 무분별하거나 바람직하지 못한 방식으로 다른 사람에게 접근하고 반응할 수 있다.

대인관계 친밀성과 안전(SumT, HVI)

전형적으로 잘 적응하는 사람은 다른 사람과 친밀한 관계를 형성하고 그러한 기회를 고대할 것이라고 기대할 수 있다. 친근한 대인관계는 신체적으로나 심리적으로 친밀한 성질이 있다. 정신적으로 일체감을 느끼고 가장 깊이 간직한 비밀을 공유할 수 있는 사람처럼 친근한 관계는 서로 좋아서 안아주고 어루만져주고 보살펴 주는 것을 포함한다. 이렇게 친밀한 관계를 형성할 수 있는 기본적인 능력은 생의 초기에 어린 아동과 양육자 간의 애착형성에서 생성되고, 의미있는 사람에 대한 애착과 상호지지적인 대인관계를 형성할 수 있는 능력은 일생동안 지속된다. 이런 능력은 성공적인 적응과 심리적 안녕의 바탕이 된다.

친밀한 관계를 형성할 수 있는 기회에 대한 기대는 대인관계에서 안전감의 성격을 결정한다. 애착을 형성할 수 있는 능력과 같이 친밀한 관계에서 느끼는 안전감은 생의 초기에 다른 사람에 대한 신뢰감을 향상시키는 일관성이 있는 양육경험의 결과로 발달한다. 신뢰할 수 있는 능력이 형성된 사람은 자신의 안전과 마음의 평화에 어떤 위협을 가정하지 않고 친근한 대인관계가 자신의 생활을 더 즐겁고 풍부하게 해 줄 것을 기대하기 때문에 안전하게 느낀다. 따라서 대인관계에서 안전감은 사람들이 대인관계를 적극적으로 시도하고, 다른 사람과 거리를 두기보다 가깝게 지내기를 선호하고, 친밀감을 회피하려는 위험보다 소중한 기회로 간주하도록 한다. 애착, 친밀감, 안정감, 신뢰에 대한 기술들은 Erikson(1963)과 Sullivan(1953)이 구성한 개념들이다. 이들이 대인관계의 역동에 기여한 공헌은 이미 잘 알려져 있다.

대인관계 친밀성과 안전에 대한 유용한 정보를 제공해 주는 로르샤하 변인은 T와 HVI이다.

Sum T 만지거나 느낄 수 있는 사물의 특징과 같은 촉각적 감각을 포함하고 있는 반응에 대해 기호화하는 재질결정인(T)은 신체적이든 심리적이든 간에 어떤 사람에게 가까이 접근해서 만지는 것에 대해 흥미를 가지고 있다는 것을 반영하는 것이다. 정상적으로 기능하는 사람은 애착을 형성할 수 있는 능력이 있다고 기대할 수 있는 바와 같이 대부분의 비환자 기록에는 몇 개의 T 반응이 나타난다. 비환자 참조자료에서 성인이 T=0일 빈도는 단지 18%이다; T=0인 빈도는 7, 8, 15, 16세가 10% 미만이고 5세를 제외한 모든 연령에서는 12~18% 범위이다; 그리고 5세 아동은 37%가 T 반응이 없었다. T 반응은 다른 사람과 가깝고, 친밀하고, 지지적인 관계를 기대하고 형성할 수 있는 적응능력에 대한 좋은 지표이다. 일반적으로 T반응이 있는 사람은 다른 사람과 신체적 및 정서적 친근을 즐길 뿐만 아니라 이를 필요로 하고 시도하는 경향이 있다.

그러나 T는 복잡한 변인이고 3가지 방향으로 해석하는 변인이다. 대부분의 비환자는 적어도 1개의 재질반응이 있으므로 정상인이 T=0이나 T>1은 적응문제를 지적하는 것이고 흔히 나타나지 않는다. T 반응이 없는 것은 전형적으로 다른 사람과 친밀한 애착을 형성할 수 있는 능력이 기본적으로 손상되었다는 것을 지적하지만, T 반응이 적다고 해서 반드시 대인관계를 회피하는 것은 아니다. 대인관계에 대한 흥미의 수준이 적어도 보통만 되면 대부분의 사람들과 마찬가지로 친구와 친지를 사귀고 사랑에 빠지고 결혼도 할 수 있다. 그러나 이들의 대인관계는 가깝고 친밀하기보다 거리를 두고 초연한 경향이 있다; 이들은 자신이 원하는 대로 일정한 거리를 유지하는 친구를 좋아하는 경향이 있다; 이들의 결혼생활이 성공적이라면 아마도 개인적 친밀감 때문이 아니라 배우자가 우정, 상호존중, 공통적인 흥미를 공유하기 때문일 가능성이 높다.

T=0인 사람은 재질반응을 하는 사람을 마치 자신의 사적이고 개인적인 공간을 침범하고 신체적 및 심리적 접근을 지나치게 요구하는 일종의 침입자로 경험하기 때문에 가까이 있으면 불편하게 느낀다. T 반응이 없는 사람은 친밀한 대인관계를 기대하지 않고 추구하지도 않는다. 이들은 때때로 말로만 친밀한 관계를 원한다고 하거나 실제로 친근한 관계를 원하는 것처럼 기만하기도 하지만 친밀한 관계를 혐오하고 거북스러워한다. 반면에 T>0인 사람은 T가 없는 사람이 친구나 배우자가 되었을 경우 이들이 좋은 친구와 사랑스런 배우자일 수 있는데도 불구하고 이들을 냉정하고, 거리감이 느껴지고, 소원하고, 감정을 나타내지 않는 사람으로 경험할 가능성이 높다.

애착을 형성할 수 있는 능력의 부족과 친밀감에 대한 혐오가 적응문제와 관련이 있을 가능성은 참조자료에서 환자와 비환자 간의 차이에 나타나 있다. 비환자 성인이 T=0일 비율은 11%에 불과하지만 입원한 우울증 환자는 56%, 외래 우울증 환자는 64%, 입원한 정신분열병 환자는 74%가 T 반응이 없었다. 특히 다른 사람에 대한 친밀한 애착을 불신하거나 인정하지 않는 망상장애나 반사회적 장애가 있는 환자들의 기록에는 공통적으로 T 반응이 없다는 것은 놀랄 일이 아니다(Gacono & Meloy, 1994, 2002).

T=0의 해석적 의미를 고려할 때 검사자는 재질반응이 없는 것이 대인관계적 원인보다 지각적 원인이 작용해서 나타날 수 있다는 점에 유의해야 한다. 어떤 사람들은 인지적으로 미성숙하거나 민감하지 못해서 반점의 회색이나 음영을 무시했을 수 있고 이런 특징에 주의를 기울인다고 하더라도 이들을 기술할 수 있는 능력이 부족할 수 있다. 이럴 경우 SumShd(C′+T+V+Y)가 기록에 전혀 나타나지 않을 가능성도 있고 T가 없는 것은 대인관계에서 친밀감을 형성할 수 있는 능력이 제한되어 있어서가 아니라 음영 일반에 대해 주의를 기울이지 않은 결과일 수 있다. 따라서 T=0은 조심스럽게 해석해야 하고 특히 C′, V, T가 없는 기록은 더 신중하게 해석해야 한다. 또한 젊은 아동의 기록에서 T=0에 의해 지적되는 대인관계문제를 추론할 경우에도 마찬가지로 주의할 필요가 있다. 뿐만 아니라 방어적 기록(R<17, Lambda>.99)과 어느 정도 회피적인 기록(R>16, Lambda>.99)을 해석할 때도 동일하게 주의할 필요가 있다.

T>1은 전형적으로 최근에 충족된 수준보다 다른 사람에 대한 친밀욕구가 더 강하다는 것을 지적한다. 상승한 T는 때때로 "애정갈증(affect hunger)"을 나타내고 T>1은 정서적 박탈감과 대인관계에서 충족되지 못한 욕구에 대한 단서로 볼 수 있다. 재질반응이 1개 이상일 경우 고독감과 같은 고통스러운 정서적 상태를 나타내는 것이고 때로는 T>1과 관련 있는 심리적 고통을 감소시키려고 한 나머지 부적응적인 행동이 나타날 수 있다. 특히 T>1일 경우 필사적으로 무분별하게 친밀한 대인관계를 추구할 위험이 있고 이러한 대인관계에 대한 욕구가 때로는 좋은 판단력을 흐려놓을 수 있다. 이렇게 되면 이들은 일시적으로 외로움을 벗어날 수도 있겠지만 새로운 문제를 가져오는 황당하거나, 비보상적이거나, 착취적이거나, 성적으로 난잡한 문제에 개입될 수 있다.

또한 T는 V와 마찬가지로 성격특성과 상태특징을 모두 포함하고 있다는 점에서 복잡한 변인이다. T는 1년 후에 재검사를 실시한 결과 상관이 .91일 정도로 매우 안정적인 변인으로 반응기록에서 T 반응의 유무는 시간이 경과해도 좀처럼 변하지 않는다. 재질반응은 애착을 형성할 수 있는 능력과 마찬가지로 한번 나타나면 실망스럽고 불쾌한 대인관계적인 상황에 직면하는 것과 관계없이 나타나지 않는 경우는 매우 드물다. 마찬가지로 재질반응이 없는 사람은 치료자와 같이 강력한 인물을 동일시하는 상황과 같은 매우 특별한 경우를 제외하고는 T 반응을 좀처럼 나타내지 않는다. 이 말은 이전에 애착을 형성하지 못했고 처음 친밀한 관계를 형성하는 과정에서 T 반응이 전혀 없었던 사람이더라도 로르샤하에서 T 반응을 나타내기 시작할 수는 있으나 이런 경우는 매우 드물고, 처음에 T 반응을 나타내지 않은 사람은 이후에 좀처럼 T 반응을 나타낼 수 없을 정도로 T 반응은 매우 안정적인 변인이라는 것을 의미한다.

Weiner와 Exner(1991)가 장기 역동적 정신치료를 받은 88명의 환자를 대상으로 재검사한 연구에 따르면 로르샤하 기록에서 재질반응이 없는 환자의 비율은 치료를 시작할 때 31%에서 30개월 뒤에는 15%로 감소했다. 대인관계 성향에서 이러한 변화는 아동이 청소년과 성인으로 성장하는 것처럼 자동적으로 일어날 가능성은 거의 없고 치료적으로 향상시키기도 더 어렵다. 따라서 T=0과 T>0은 특성변인을 구성하는 것으로 보아야 한다.

그러나 T>0인 사람일 경우 T 반응의 수는 상황적 사건에 민감하다. 이와 관련된 가장 중요한 점은 다른 사람에 애착되어 있는 사람도 대상상실로 고통을 받으면 보통 정서적 실조를 경험하고 친근감과 애정에 대한 욕구가 일시적으로 증가한다. 사랑하던 사람의 죽음, 가치를 두고 있던 관계의 단절, 다른 상실의 경험 등이 있으면 때때로 로르샤하에서 T 반응이 증가한다. 그러나 T가 없던 사람은 이러한 사건에 대한 반응으로 T가 나타나지는 않는다. 왜냐하면 이들은 재질반응이 있는 사람처럼 대상상실을 심리적으로 고통스런 방식으로 경험하지 않기 때문이다.

따라서 T>1은 어떤 실제적, 상상적 또는 위협적 대상상실에 대한 반응으로 나타난 박탈감 경험과 친밀욕구에 대해 불편해하고 있다는 것을 지적할 가능성이 높다. 반응성 우울증은 가끔 이런 방식으로 발전하고 상승한 T는 DEPI가 상승하지 않는 사람의 반응성 우울장애를 밝히는 데 도움이 될 수 있다. 이와 관련해서 염두에 두어야 할 점은 DEPI는 주로 특성변인으로 구성되어 있고 따라서 반응성 우울보다 내인성 우울에 더 민감하다는 사실이다. 때때로 T>1인 사람은 실제로 많은 친밀한 관계를 형성했더라도 대인관계적인 실조를 장기간 경험하고 일상생활에서 충분한 친근감을 누리지 못해서 만성적 요구가 많은 사람일 수 있다. 하지만 대부분의 경우 상승한 T는 최근의 대상상실경험 때문에 생긴 이차적인 정서적 불편의 신호로 해석해야 하고 이런 상실의 성격에 대한 질문이 필요하다.

HVI 과경계지표(Hypervigilance Index, HVI)는 단일 방향으로 해석하는 변인이다. HVI가 없을 경우 성공적으로 적응하고 있다는 것을 의미하지는 않지만 이 지표가 나타나면 대인관계문제를 강하게 시사한다. EB 유형 및 상승한 Lambda와 마찬가지로 정적 HVI는 단순히 성격적 상태나 특성을 나타내는 것이 아니라 행동의 많고 다양한 측면에 영향을 미치는 보편화된 참조체제에 관한 정보를 제공한다. 과경계적 참조체제를 가지고 있는 사람은 다른 사람의 동기와 주위의 안전을 믿지 못해서 환경에서 나타날 수 있는 위험이나 위협의 잠정적 원인에 대해 매우 민감하다.

더 구체적으로 말하면 HVI는 가까운 대인관계에서 실망을 경험하고, 가까운 사람을 경계하고, 다른 사람과 거리를 유지하기 위해 가까운 사람을 회피하고, 개인적인 영역을 조심스럽게 방어하고, 프라이버시를 지키기 위해 고통을 감수하는 등의 세계에 대한 접근과 관련되어 있다. 더욱이 과경계적인 사람은 세상을 위험하고 다른 사람을 겉 다르고 속 다른 사람으로 보기 때문에 어떤 관계를 맺기 전에 조심스럽고 때로는 의심하면서 다른 사람과 상황에 접근하고 평가한다. 이들은 보통 자신을 보호하려는 욕구에 관심이 많아서 위험이 따르는 행동은 하지 않고 생각과 감정을 잘 표현하지도 않는 등 매우 경계적인 방식으로 행동한다.

HVI의 의미는 매우 광범위한데, HVI는 성격적 기능의 세 차원에 걸쳐 있는 변인이다. 가장 중요한 차원은 여기서 논의하고 있는 다른 사람과의 관계에 대한 차원이다. 이는 과경계적인 사람의 대인관계 불안정성을 HVI로 기호화하려면 반드시 T=0이어야 한다는 사실에서도 알 수 있다. HVI의 7가지 변인에서 T=0인 것과 더불어 적어도 4가지 이상의 조건이 부합되어야 정적 HVI로 기호화한다. 이들 4가지 조건도 대인관계 기능과 관련되어 있다. 이들은 다른 사람에 대한 상당한 관심을 지적하는 [H+(H)+Hd+(Hd)]>6, 사람을 실제적인 상보다 상상적인 상으로 지각함으로써 자신을 보호하거나 거리를 두려는 강한 욕구를 지적하는 [(H)+(A)+(Hd)+(Ad)]>3, 어떤 형태의 전체보다 부분에 초점을둔 방어적이거나 비판적인 경향을 지적하는 H+A:Hd+Ad<4:1, 반응의 맥락에 따라 자기 자신의 보호에 대한 관심("헬멧을 쓰고 갑옷을 입고 있는 남자")이나분명하게 볼 수 없고 이들의 동기도 불분명하다는 데 대한 관심("망토를 입고 있어서 어떤 사람인지를 알 수 없다")을 지적하는 Cg>3 등이다.

HVI의 다른 두 변인은 앞에서 언급한 바와 같이 사람들이 세계에 대해 주의를 기울이는 방식과 관련 있는 적응차원이다. 한 변인은 사건들이 서로 관련을 맺는 방식에 대한 상당한 관심을 나타내는 Z의 빈도(Zf>12)이다. 다른 한 변인은 어떤 결론을 내리기 전에 상황과 관련이 있을 수 있는 내용을 조심스럽고 철저하게 탐색하려는 강한 경향을 지적하는 Zd>+3.5이다. 이런 방식의 경험에 대한 주의는 자신이 직면한 세계를 과경계하는 사람의 특징이고 상호관계를 철저하게 고려하는 것과 관련해서 분명한 함의가 있다.

나머지 한 HVI 변인은 적응의 감정적 차원에 대한 논의에서 이미 언급한 S>3이다. 상승한 S는 보통 부적응적인 방식으로 나타나는 중요한 분노나 원한을 나타낸다. 분노는 투사적 방어기제를 통해 과경계에 작용한다. 자신의 분노나 적개심을 수용하는 데 문제가 있는 사람은 이런 감정을 다른 사람에게 귀인시킴으로써 그런 감정을 인정하지 않으려고 시도할 수 있다. 이런 투사 대상은 동기를 믿을 수 없고 자신의 안전에 잠재적인 위험을 구성하는 분노나 적개심을 가지고 있는 사람으로 간주된다.

적응문제에 대한 과경계의 의미와 마찬가지로 비환자의 경우 모든 연령에서 HVI는 드물게 나타난다. 참조표본에서 성인의 3%만 정적 HVI가 나타났다. 그리고 11~16세는 0~6% 정도 나타나지만 5~10세는 전혀 나타나지 않았다. 참조자료에서 환자집단도 정적 HVI는 비교적 적었다; 입원한 정신분열병 환자는 16%, 입원한 우울증 환자는 8%, 외래 환자는 11%이었다. 그러나 Exner(1993)는 정적 HVI가 나타나는 비율은 망상형 정신분열병으로 진단된 환자의 88%, 편집형 성격장애 환자의 90%라는 결과를 보고했다. 따라서 HVI가 반드시 망상을 지적하는 것은 아니라고 하더라도 HVI는 편집증적 경향을 나타내는 대인관계 불안전과 위험에 대한 과민성을 시사하는 것으로 볼 수 있고 대부분의 편집증적인 사람은 이러한 로르샤하 변인을 나타낼 것이라고 기대할 수 있다.

대인관계에서 협력과 동조 및 경쟁과 주장(COP, AG, a:p)

이 장에서 적응차원을 다루는 과정에서 나타나는 반복적인 주제는 좋은 심리적 적응을 향상시키는 데 균형이 가장 중요하다는 점이다. 이 마지막 부분에서도 다른 사람과의 관계에서 협력과 동조, 경쟁과 주장 간에 균형을 이루어야 한다는 것이 결론이다. 이와 관련된 정상적인 범위는 매우 넓다. 행복하고 성공적인 사람들 중에서 많은 사람들은 대인관계에서 비교적 안이하고 수동적이고 다른 많은 사람들은 비교적 활동적이고 지배적이다. 다른 사람과의 관계에서 다른 유형을 고려하지 않고 1가지 선호하는 유형만 고집하는 사람은 부적응적인 방식으로 행동할 가능성이 높다. 이런 성격특징의 다양한 측면은 로르샤하의 COP, AG, a:p로 측정한다.

COP 협동적 운동반응(COP)은 다른 사람과의 협력적 관계에 대한 관심을 나타낸다. 이런 관심을 반영하는 COP의 평균 빈도는 비환자 성인이 2.00이고 비환자 성인의 기록에서 적어도 1개 이상의 COP가 나타나는 비율은 약 83%이다. COP는 젊은 사람들에게 공통적으로 더 많다. 5~16세에 속하는 비환자의 기록에서 COP>0인 비율은 84~97%이다. 일반적으로 말해 COP가 1~2개인 사람은 다른 사람과의 상호작용을 긍정적으로 보고 의도적으로 상호작용에 참여하는 경향이 있다. 이들의 말과 행동은 긍정적인 대인관계 성향이 있고 협력에 대해 개방성을 가지고 의사소통하기 때문에 적어도 보통 정도의 사회적 수용과 인기가 있어서 대개는 즐거울 수 있다.

COP가 평균 이상인 사람은 다른 것도 그렇겠지만 사회생활은 상당히 성공적인 경향이 있다. COP>2는 호감이 가고 외향적이고 다른 사람이 사귀고 싶어하는 사람일 가능성이 있다. COP가 높은 사람은 다른 사람에게 동조하고 협력적인 경향이 있고, 우애적으로 상호작용할 가능성이 높고, 다른 사람과 조화로운 관계를 추구하는 데 관심이 높아서 가끔 상당한 인기를 누리게 된다.

반면에 COP가 없는 사람은 다른 사람과 협동적인 활동을 예상하고 참여할 수 있는 능력의 결함이 나타난다. COP가 있는 사람이 의사소통에서 정적인 대인관계 메시지를 전달하는 것과는 달리 COP=0인 사람은 전형적으로 다른 사람과 함께 협동적인 방식으로 일하는 데 관심이 없거나 싫어할 수 있다. 그 결과 COP=0인 사람은 다른 사람에게 소원하거나 무관심하다는 인상을 풍기는 경향이 있다. 비록 이들이 적극적으로 미움을 사지 않을 수도 있지만, 사회적인 집단에서 인기가 있거나 호감이 가는 성원이 되기는 어렵다. COP=0이 지적하는 성격특징은 특히 T반응이 있다면 반드시 친밀한 대인관계의 형성을 방해하는 것은 아니다. 그러나 상승한 ISOL과 낮은 SumH가 결합될 경우 COP가 없으면 대인관계의 회피와 위축을 지적한다.

AG 공격적 운동(AG)을 포함하고 있는 반응은 현실 세계에서 상호작용이 협동과 동조보다 주장적이거나 적어도 경쟁적일 가능성이 있다. AG는 가끔 "성난 두 마리의 곰이 싸우고 있다."라는 반응처럼 분노와 적개심을 포함하지만, "두 청년이 누가 강한지 보려고 겨루는 팔씨름"처럼 악의가 없이 경쟁을 자극하는 것일 수도 있다. 이처럼 AG로 기호화할 수 있는 경우가 다양하다는 것은 인간은 분노를 느끼지 않더라도 공격적으로 행동할 수 있고 실제로 공격적으로 행동한다는 사실을 반영한다. 흔히 공격은 분노를 의디하기는 하지만, 일반적으로 AG 반응은 공격적 의미보다 주장적 의미가 있다고 보는 것이 더 유리하다. 따라서 여기서는 AG 반응을 언어적 또는 비언어적 주장행동경향을 지적하는 것으로 해석할 것이다.

대인관계적인 상호작용에서 협동을 예상할 수 있는 바와 같이 사람은 누구나 어느 정도 주장적인 경향을 가지고 있다고 기대할 수 있다. 이런 기대와 같이 비환자 성인과 5~16세에 속하는 모든 연령에서 AG가 나타나는 빈도의 중앙값은 1.0이다. 그러나 예외로 6, 9, 10세의 중앙값은 각각 0, 2.0, 1.5이다. 비환자 성인은 1/3만 AG가 없었고 아동과 청소년은 AG가 없는 빈도가 성인보다 더 적었다. 해석적 의의와 관련해서 모든 연령에서 AG>2는 정상적인 범위보다 높고 주장적인 방식으로 행동할 가능성보다 더 높다는 것을 지적한다. 비환자 성인은 12%만 AG>2이고 8~16세는 7~16%, 5~7세는 3~5%가 AG>2이었다.

AG의 상승은 다양한 적응문제와 관련이 있을 수 있다. 사람들이 함께 있을 때 반대하는 적대적인 상호작용이 일어날 것이라고 예상하고, 지나치게 공격적이고 호전적이고 지배적인 방식으로 행동함으로써 즐거운 대인관계 상호작용을 저해할 수 있다. 극단적인 예로 폭력 때문에 고소당한 반사회적 범죄자의 기록에서 많은 AG 반응이 나타날 수 있다. 그러나 AG가 높다고 해서 반드시 부적응적인 것은 아니다. 과다통합자도 자료를 철저하게 관리하는 일에 종사할 경우 성공할 수 있고 반사반응이 있는 사람도 생업과 관련된 즐거움을 증가시킬 수 있는 것처럼, AG 반응이 많더라도 때때로 자신이 맡아야 하고, 통제해야 하고, 다른 사람에게 지시를 내려야 하는 일상적 책임이 있을 경우 성격적 자산을 의미할 수 있다. 이와 관련해서 외과의사, 경찰관, 농구선수, 성직자, 관료와 같은 직업에 종사하는 사람들이 비환자 집단에서 기대되는 빈도보다 AG>2가 더 자주 발견된다는 사실은 매우 흥미롭다(Exner, 1993).

또한 문제적 대인관계에 대한 AG>2의 일반적 함의는 2가지 다른 특징이 있을 경우 감소할 수 있다. 첫째, COP가 있고 AG도 높은 사람은 경쟁적인 교류뿐만 아니라 협동적인 교류도 계획할 능력을 가지고 있다. 둘째, AG>2이고 S가 상승하지 않는 사람은 주장성을 나타낼 때 분노가 개입될 가능성을 최소화시킬 수 있다. 이럴 경우 AG가 높은 사람도 자신의 직업에 대해 만족하고 대인관계에서 편안하게 느낄 수 있다. 그러나 AG가 전혀 없는 사람의 적응능력에 대해서는 밝혀진 것이 거의 없다. COP가 없고 AG가 높은 사람은 너무 경쟁적이고 협동정신과 동조정신이 너무 부족해서 즐거운 대인관계를 형성하기 어려울 수 있으나, AG=0인 사람은 당연히 해야 할 때 자신의 입장을 밝히고 다른 사람에게 착취당하고 조종당하는 것을 회피하기 위해 필요한 주장성이 부족할 수 있다. AG=0에 관한 이러한 가정의 타당성을 입증할 수 있는 자료는 없지만 다음에 논의할 a:p에서 부적응적인 수동성을 신뢰롭게 추론할 수 있다.

AG=0은 전혀 해석적 의미가 없을 수 있다. AG는 단일 방향으로 해석하는 로르샤하 변인들 중 한 변인이다. 따라서 AG는 상승할 때 어떤 성격특징을 나타내지만 AG=0이거나 평균 범위일 때 거의 또는 전혀 정보적 가치가 없다. 이미 지적한 바와 같이 단일 방향으로 해석하는 변인에서 0점에 근거해서 어떤 특징이나 상황을 배제할 경우 극히 조심해야 한다. 특히 AG=0은 잠재적인 공격이나 폭력의 위험을 배제하는 것으로 해석해서는 안 된다. 폭력적이고 공격적인 사람도 프로토콜에서 AG=0이 나타난다. 왜냐하면 이들은 공격성에 대해서는 전혀 관심이 없고 공격적 충동에서 좌우되지 않고 행동할 수 있어서 환상에 공격적 주제를 개입시킬 필요가 없기 때문인 것으로 보인다. AG가 상승되면 공격적 행동이 나타날 가능성이 증가된다. 그러나 AG가 없다고 해서 공격 행동의 가능성이 감소하는 것은 아니다.

a:p 능동적 운동반응과 수동적 운동반응의 비율(a:p)은 a나 p가 다른 것보다 2배 이상 클 때 인지적 비융통성에 지니는 의미와 관련해서 이미 논의했다. a:p 비율은 사회적 관계에 대한 정보, 특히 대인관계에서 현저하게 동조적인 사람을 밝히는 데 유용한 정보를 제공해 준다.

보통 능동적 운동반응의 빈도가 수동적 운동반응의 빈도보다 더 많다. 비환자 성인에서 a의 평균은 p보다 약 3배 정도(6.44:2.90) 높고 5~16세에 속하는 집단은 a의 평균이 p보다 2~4배 더 높다. 따라서 능동적 운동반응이 수동적 운동반응보다 많다고 기대할 수 있으므로 a>p는 아무런 해석적 의미가 없다. a가 p보다 몇 배 더 많다는 것이 다른 사람보다 대인관계에서 더 적극적이거나 더 주장적이거나 더 정열적이라고 추론할 수 있는 근거는 아니다. 따라서 a:p는 단일 방향으로 해석하는 변인이다. 능동적 운동반응이 수동적 운동반응과 같거나 1개 더 적다는 것이 특별한 성격적 특징이나 자산을 나타내는 것은 아니다. 그러나 수동적 운동반응이 능동적 운동반응보다 1개 이상 더 많은 것은 다른 사람과의 관계에서 순종과 의존의 부적응적인 경향을 추론하는 근거가 된다.

구체적으로 비환자 성인에서 p>a+1일 경우는 2%에 불과하다. 아동과 청소년은 이런 결과를 나타내는 경우가 성인보다 약간 더 높지만 5~16세에 속하는 집단이 p>a+1일 범위는 6~14%이다. 일반적으로 말해 연령과 상관없이 수동적 운동반응이 더 많은 수검자는 대인관계에서 수동적으로 행동할 가능성이 더 높다. 이런 사람은 자신의 욕구와 소망보다 다른 사람의 욕구와 소망을 더 중요하게 생각하고, 다른 사람이 선호하는 대로 선택하고, 주변에 있는 사람의 요구를 만족시키기 위해 자신의 행동을 조절하는 경향이 있다. p가 높은 사람은 자신이 의지하는 사람이 좋아하는 방식으로 살아가는 경우도 가끔 있다. 이들은 리더보다 추종하는 것을 더 편안하게 여기고 주도하는 사람이 되기를 피한다. 그리고 이들은 자신을 대신해서 다른 사람이 의사결정을 내리고 다른 사람이 이들 결정에 대한 책임을 질 때 가장 편안하게 느낀다.

대인관계적 공감(Accurate M)

적절한 공감능력은 사회적 및 대인관계적 적응에 중요하다. 공감은 다른 사람의 입장에서 사건을 보고 다른 사람의 감정을 이해할 수 있는 능력으로 정의할 수 있데, 상호작용하고 있는 상대방의 욕구, 동기, 행동을 이해하는 데 도움이 된다. 또한 공감적 이해는 사회적 상황을 정확하게 해석하고 적절하게 반응할 가능성을 증가시킨다. 역으로 공감이 제한된 사람은 다른 사람의 태도와 의도를 제대로 판단하지 못하고 사회적 상황의 성격을 잘못 해석하는 경향이 있다. 이런 사람은 결국 다른 사람과의 관계에서 불편하게 느끼고 부적절하게 반응할 위험이 있다.

로르샤하에서 공감능력은 이 장의 앞부분에서 논의한 바와 같이 지각적 정확성을 나타내는 형태수준의 1가지 하위 지표이다. 인간운동(M)을 포함하는 반응의 형태수준은 전형적으로 사회적 지각의 정확성과 다른 사람 및 대인관계적인 사건에 대해 현실적인 인상을 형성할 수 있는 능력에 관한 정보를 제공해 준다. 정확하게 본 M 반응(M+, Mo, Mu)은 공감능력을 나타내는 반면에 지각적으로 왜곡된 M 반응(M−)은 공감능력의 결함을 지적한다.

예상할 수 있는 바와 같이 사람들이 M 반응을 나타내는 빈도는 EB 유형에 따라 다양하다. 참조표본에서 비환자 성인 중에 내향적인 사람의 평균 M 반응은 6.42이고 외향적인 사람의 평균은 2.99이다. 그러나 내향적인 사람이 반드시 외향적인 사람보다 더 공감적이라는 것은 아니다. 참조자료에서 중요한 점은 두 집단이 모두 M− 반응을 하는 빈도는 낮다는 것이다: 내향적인 집단은 6.5%이고 외향적인 집단은 1.8%이다. 젊은 사람들은 성인보다 M− 반응이 다소 높지만 M− 반응의 비율은 낮다: 5~12세는 5.0~21.7%, 13~16세는 9.3~11.8%의 범위이다. 기록에서 전체 M 반응수의 평균은 5~6세가 2개 이하, 7~10세는 3개 정도, 11~16세는 4개 이상이다.

따라서 모든 연령에서 정확하게 지각된 2개 또는 그 이상의 M 반응은 적절한 공감능력을 지적한다고 믿을 수 있는 반면에 PTI 준거점수를 구성하는 M−>1은 부적응적인 사회적 지각의 손상을 지적한다. 참조자료의 환자표본에서 M− 반응의 빈도는 외래환자 32%, 입원한 우울증 환자 38%, 입원한 정신분열병 환자 76%이다. 기록에서 M− 반응이 많으면 많을수록 부분적으로 사람과 사회적 상호작용에 대한 잘못된 지각 때문에 생길수 있는 적응문제의 가능성과 심각성은 더 높다.

끝으로 이 장에서 로르샤하의 구조변인의 안정적이고, 지속적이고, 특성적인 측면에서 나타나는 많은 차이를 언급했다: 낮은 자아중심성 비율과 상승한 Lambda, m과 같은 자료의 상황적, 반응적, 상태적 특징, T와 V의 상승. 비록 정의상 특성변인이고 이들 변인의 안정성은 시간이 경과하더라도 거의 변화가 없다는 것을 나타내 주는 안정성계수에 의해 지적된다고 하더라도, 부적응적인 성격특징을 지적하는 대부분의 로르샤하 지표는 정신치료적 개입을 통해 수정할 수 있다. 실제로 Weiner와 Exner(1991)는 장기치료를 할 경우 나타나는 로르샤하 변인의 변화를 다룬 연구에서 환자에 대한 역동정신치료는 매우 안정적인 변인에 속하는 3r+2/R<.33, Lambda>.99, Afr<.50, p>a+1의 빈도를 감소시킨다는 것을 발견하였다.

6
내용주제의 해석

1장에서 자세하게 설명한 바와 같이 RIM은 지각과 연상을 평가하는 가장 좋은 방법으로 생각된다. 사람들이 반응과정을 구성하는 방식은 성격기능의 구조적 특징에 대한 정보를 제공하고 이들이 생성한 주제심상은 기본적인 성격적 역동을 밝히는 데 도움이 된다. 4장에서 반응을 형성하는 데 투사와 카드 속성의 보완적인 역할을 논의하면서 반응과정에 대한 지각적 측면과 연상적 측면을 구별하는 것이 유용하다는 점을 언급하였다. 그러나 2장에서 지적한 바와 같이 지각적 구조화와 성격구조 또는 주제심상과 성격적 역동 간의 관계는 상호배타적인 것은 아니다. 예컨대, 구조변인에서 An 반응이 많으면 성격역동과 관련 있는 신체적 기능에 대한 중요한 관심을 나타낼 가능성이 높다. 그리고 공격적 상호작용을 포함하는 반복적인 주제심상은 일반적으로 성격의 구조적 특징인 주장적인 성격을 시사한다.

이런 예가 지적하는 바와 같이 로르샤하 반응의 내용은 자료의 구조적 측면과 주제적 측면을 연결하는 교량역할을 제공한다. 특히 이런 연결은 해석의 초점을 내용범주에서 내용주제로 전환할 때 중요하다. 5장에서 구조변인을 논의하면서 여러 내용범주, 즉 기록에서 H의 수, Hd+(H)+(Hd)에 대한 H의 비율, PHR에 대한 GHR의 비율, 전적으로 또는 부분적으로 내용범주에 근거를 둔 ISOL(Bt, Cl, Ge, Ls, Na), INTELL(Art, Ay), HVI(Cg) 등의 해석적 의의를 언급하였다. 이러한 내용범주가 정보적일 수 있는 것처럼 내용범주에 주의하면 수검자의 내적 생활을 구성하는 성격역동(중요한 욕구, 태도, 갈등, 관심의 성격)을 설명하는 데 도움이 되는 로르샤하 자료를 밝힐 수 있다.

첫째, 어떤 내용범주의 빈도가 지니는 해석적 의의가 어떻든 간에 기호화하지 않은 특정 내용을 구체화시키면 중요한 부가적인 정보를 얻을 수 있다. 예컨대, 5장에서 시사한 바와 같이 "환상적인 드레스(장식을 목적으로 하는)"를 포함하는 Cg 반응은 "헬멧(방어를 목적으로 하는)"이라는 Cg 반응과 역동적 의미가 다를 수 있다. 둘째, 중요한 구조점수를 계산하는 데 포함시키지 않는 정교화되지 못한 내용도 역동적으로 상당히 중요할 수 있다. ISOL은 상승하지 않았으나 "섬"이라는 3개의 Ge 반응이 있는 사람은 고립감을 나타낼 수 있다. 마찬가지로 실제로 공격적인 행동을 하는 수검자도 Lambda가 높거나 또는 운동반응이 거의 없는 전반적인 외향적인 기록에서 AG가 상승하지 않을 수 있다.

셋째, 5장에서 논의한 여러 구조적 변인들은 주제심상(MOR, COP, AG, a:p, Ma:Mp, Critical Special Scores)을 근거로 기호화하는데, 주제심상의 빈도는 그 반응에 포함된 구체적 내용을 정교하게 나타내 주는 것은 아니다. 넷째, 주제심상에 의해 반응이 윤색된 방식을 포착할 수 있도록 복잡한 기호체계를 고안할 수 있겠지만, 개인이 반응을 정교화하는 데 사용한 독특하고 역동적으로 중요한 특징은 구조적 기호화에서 무시되거나 간과될 수 있다.

이런 점을 고려하여 6장에서는 내용범주를 계산하는 것보다 내용주제를 해석적으로 활용하는 방법을 다루고자 한다. 내용주제를 의미 있게 해석하기 위해서는 다음과 같은 4가지 절차를 거치면 된다: (1) 기록에서 주제심상이 가장 풍부한 것으로 보이는 반응을 찾고; (2) 이런 반응을 읽고 반응에 대해 연상을 생성하고; (3) 연상을 근거로 성격특징에 대한 가설을 설정하고; (4) 주제해석의 정확성을 판단하기 위해 설정한 가설의 진위를 결정한다. 6장에서는 내용주제를 해석하는 이러한 단계에 대해 논의하고 특정 주제심상에 의미를 부여하는 지침을 제시할 것이다.

주제심상이 풍부한 반응

모든 반응에는 성격역동에 대한 가설을 설정하는 데 필요한 만큼 주제심상이 충분하게 나타나는 것은 아니다. 어떤 반응은 개인의 내적 생활에 대한 많은 측면을 나타내는 반면에 어떤 반응은 단지 동기에 대한 일부 측면만 나타낸다. 심지어 어떤 반응은 개인의 중요한 특징에 대해서 말해 주는 것이 거의 없거나 없다. 4장에서 지적한 바와 같이, 반응기록에서 역동과 관련된 정보를 포함하고 있을 가능성이 가장 높고 따라서 검토할 주제심상이 가장 풍부한 반응은 투사가 개입된 반응이다. 반응에 투사된 요소가 많으면 많을수록 반응이 카드 속성에 의해 결정되지 않으면 않을수록 반응의 주제내용은 수검자의 중요한 욕구, 태도, 갈등, 관심에 대한 정보를 포함하고 있을 가능성이 더 높다.

RIM은 단순히 투사적 도구가 아니기 때문에 주제심상을 해석하기 위해서는 선택된 반응에 초점을 맞추는 것이 유리하다. 반응은 전혀 투사가 작용하지 않고, 즉 반응은 잉크반점에 없는 어떤 특징을 잉크반점에 귀인시키지 않고 오직 카드 속성을 근거로 형성되고 전달될 수 있다. 모든 반응이 이런 방식으로 생성된 기록은 비일상적이고 단조롭기는 하지만 타당하고 해석할 수도 있다. 하지만 전형적으로 프로토콜은 투사가 개입되지 않은 반응, 투사가 적은 반응, 투사가 많은 반응이 섞여 있다. 따라서 내용주제를 해석하는 사람은 반응이 카드 속성보다 투사에 의해 결정된 정도를 바탕으로 특정 반응의 주제적 함의에 얼마나 많은 주의를 기울이고 얼마나 많은 비중을 둘 것인가를 결정할 필요가 있다.

각 반응의 내용해석에서 선별적 주의와 변별적 강조는 역동적 정신치료의 해석지침과 많은 공통점이 있다. 정신치료에서 환자가 말한 것은 모두 의미가 있지만 대부분은 특별한 의미는 없다. 치료자의 과제는 가장 의미가 있는 환자의 말을 알아차리고 적절하게 반응하는 것이다. 치료자는 환자가 말한 모든 것에서 어떤 의미를 찾아내려고 추구하거나 환자가 말한 어떤 특정한 것에서 너무 많은 의미를 찾아내려고 추구함으로써 실수를 저지를 수 있다. 마찬가지로 로르샤하를 해석하는 사람도 반응의 주제내용에 얼마나 많은 의미를 부여할지를 결정할 때 너무 많거나 적지 않게 각 반응에 대해 적절한 주의를 기울여야 한다. 3, 4장에서 지적한 바와 같이 투사는 대부분 반점의 자극적 특징을 벗어난 형태왜곡, 운동반응, 윤색반응을 포함하는 반응에서 나타난다. 따라서 이들 세 유형의 반응은 주제심상이 매우 풍부할 수 있다는 것을 증거하는 것이므로 반드시 읽어야 한다.

내용이 풍부한 반응을 밝히는 데 이런 지침을 적용한다고 해서 운동이나 윤색이 포함되지 않은 정확한 형태반응은 읽지 않아도 된다는 의미는 아니다. 투사된 자료가 적거나 없는 반응도 다룰 필요가 있고 이런 반응도 해석적으로 의미가 있는 검사행동을 포함하는 중요한 특징이 있을 수 있다. 더욱이 상대적으로 지적하는 내용이 적응 반응을 포함하는 계열은 이런 반응 전후에 있는 내용이 풍부한 반응의 의미를 이해하는 데 도움이 될 수 있다. 8장에서도 자세히 다루겠지만 어떤 반응은 그 반응 전후에 있는 반응보다 단조롭고 덜 흥미롭기 때문에 반응계열이 더 중요하다.

연상과 해석적 가정

5장에서 MOR, COP, AG와 같은 구조변인의 사용에서 밝힌 바와 같이, 내용주제도 해석적 진술의 근거가 되는 양적 점수로 기호화할 수 있다. 양적 점수를 기호화하기 위해 많은 내용척도가 개발되었다. 그러나 로르샤하에서 내용해석의 핵심은 반응을 기호화하는 것이 아니라 단어를 하나씩 읽고, 각 단어의 가능한 의미에 대한 질적인 연상을 생성하고, 이 연상을 근거로 개인의 성격특징에 대한 해석적 가정을 형성하는 것이다.

반응기록에서 내용이 풍부한 반응을 읽고 생성할 수 있는 연상의 수와 연상의 유용성은 일반적으로 3가지 요인에 달려 있다: (1) 내용이 풍부한 반응의 빈도, 이런 반응의 기능, 반응에 포함된 상징의 명료성; (2) 성격적 역동과 상징적 자료를 해석하는 방식에 대한 검사자의 친숙성; (3) 검사자의 대인관계에 대한 민감성과 상징적 연상에 대한 능력. 이런 개인적 자질은 모든 사람들이 어느 정도 가지고 있고 어느 정도는 경험, 훈련, 정신치료에 의해 향상될 수 있다. 이러한 3가지 요인이 작용하기 때문에 어떤 기록에는 다른 기록보다 주제적으로 더 많은 것이 나타난다; 어떤 검사자는 다른 검사자보다 주제심상을 해석하는 방법을 더 잘 안다; 어떤 검사자는 다른 검사자보다 공감능력과 연상능력이 뛰어나 내용주제의 가능한 의미를 더 잘 연상한다.

주제심상을 해석하기 위한 구체적 지침을 설명하기 전에 주제심상의 해석과정에서 이론의 역할에 대해 좀 더 언급할 필요가 있다. 1장에서 언급한 바와 같이, RIM에서 생성된 자료는 많은 상이한 이론적 관점에서 해석될 수 있고 특정 이론이 자료의 유용성을 설명하는 데 반드시 필요한 것도 아니다. 이런 관점에서 볼 때 잉크반점은 수검자에게 지각적 문제해결 과제와 환상자극적인 연상적 상황을 제공하기 때문에 로르샤하 자료는 성격기능에 대한 유용한 정보를 제공한다. 비록 RIM이 어떻게, 왜 그렇게 작용하는지를 설명해 주는 단일 이론이 필요하지 않다고 하더라도, RIM은 초이론적 성격이 있기 때문에 성격이론이 효율적 해석을 하는 데 필요가 없다는 뜻은 아니다. 오히려 성격기능과 관련이 있는 어떤 정연한 이론적 참조체계를 능숙하게 알고 있으면 로르샤하 자료의 의미를 성격구조와 역동에 대한 가시적이고, 정보적이고, 유용한 설명으로 더 잘 전환시킬 수 있다.

성격적 역동이란 성격상태와 특성이 서로 상호작용하는 방법과 중요한 욕구, 태도, 갈등, 관심이 사고, 감정, 행동에 영향을 미치는 방식이라고 정의한 바 있다. 이 정의는 인간의 행동은 부분적으로 의식 밖에 있는 사고와 감정으로 설명할 수 있다는 정신역동적 성격이론에 따른 것이다. 인간의 말과 행동에 영향을 미치는 역동적 무의식은 물론 그 영향을 충분히 의식하지 못하더라도 인간의 행동을 이해하기 위한 정신분석적 접근의 초석이다(Weiner, 2003b). 따라서 당연하게 정신분석학이론은 로르샤하에서 수검자가 말하고 행동한 것의 잠정적 의미에 대한 풍부한 가정을 형성하는 원천이다.

이 장의 뒷부분에 있는 논의와 10~14장에 제시한 사례에 대한 설명을 보면 주제심상의 해석과 심리역동적인 개념화에 대한 저자의 심리역동적인 이해가 잘 반영되어 있다. 그러나 정신분석이론은 매우 다양하고 심리역동적 해석도 역시 다양하다는 점을 염두에 두어야 한다. Pine(1990)은 최근 역동지향적인 이론가와 임상가의 다양성을 기술하고 "4가지 심리학"이라는 이름으로 비교하였다: 일차적으로 충동(urges)에 초점을 둔 동기심리학(drive psychology); 주로 방어와 적응의 방법에 관한 자아심리학(ego psychology); 대상관계와 대상관계의 내면화, 왜곡, 반복에 초점을 둔 대상관계 심리학(object relations psychology); 분화와 경계형성, 개인적인 능력과 확실성, 자존감을 다루는 자기심리학(self psychology).

Pine은 주로 심리치료적인 관점에서 기술하였는데, 동일한 환자라고 하더라도 4가지 방식으로 해석할 수 있다는 것을 지적하면서 이러한 4가지 심리학의 차이를 설명하였다. 즉 동일한 환자라고 하더라도 치료자는 본능적, 방어적, 대상관계적 또는 자기참조적 측면 중 어느 측면에 더 초점을 두느냐에 따라 다르게 접근하고 해석할 수 있다는 것이다. 마찬가지로 로르샤하 심상에 대한 심리역동적인 해석에서도 동일한 다양성이 나타날 수 있다. 카드 Ⅱ에서 "싸우고 있는 두 마리의 곰. 만화에 나오는 것 같고. 상처를 입은 부위에 모두 피다."라는 반응을 예로 들어 보자. 이 반응은 중요한 공격적 충동, 분노의 표현을 억제하려는 방어, 대인관계적인 적개심의 예상 또는 상처를 입거나 상처를 입히는 것에 대한 관심을 나타내는 것일까? 이 반응에는 4가지 요인이 모두 나타나 있다. 가장 강조되고 있는 반응의 특징, 이용할 수 있는 다른 자료가 나타내는 의미, 선호하는 이론에 영향을 받는다면 복잡한 내용주제를 검토하는 검사자는 동일한 결론을 도출할 수도 있으나 맥락에 따라 상이한 추론을 도출할 수도 있다.

이러한 점을 고려하면 강조하는 측면에 따라 내용주제를 다양하게 해석할 수 있다. 이 장에서는 투사된 요소, 즉 왜곡된 형태반응, 운동반응, 윤색반응이 있기 때문에 자세하게 읽기로 선택한 반응들에서 내용주제에 근거한 연상을 생성하고 가설을 설정하는 접근을 이미 기술하였다.

왜곡된 형태반응

사람들은 대개는 자신의 경험을 정확하게 지각하는 경향이 있다. 인간의 적응과 생존은 대상과 사건에 대한 정확한 인상을 형성할 수 있는 능력에 의존하고 잘못된 지각과 부정확한 판단은 심리적으로 부적응적일 뿐만 아니라 치명적일 수 있다. 따라서 검사자는 부정확한 지각이 나타날 때마다 어떤 상황에서 특정한 순간에 왜 그러한 지각적 왜곡이 일어났는지 검토해야 한다. 심지어 현실검증의 심각한 손상이 있는 정신병적 장애나 뇌의 손상이 있는 환자라도 항상 자신의 경험을 모두 잘못 지각하는 것은 아니다. 그런데 특정 수검자는 왜 특정 시점에서 그러한 지각적 오류가 나타날까?

주제심상을 해석하는 과정에서 모든 왜곡된 형태반응에 대해 이런 의문을 제기해야 한다. 구체적으로 어떤 사람은 왜 기록의 특정 시점에서 마이너스 형태로 반응할까? 그리고 특정시점에서 마이너스 반응을 하는 것은 어떤 성격적 역동을 시사하는 것인가? 마이너스 반응이 적응기능의 실패를 지적하는 것이라면 적응실패와 관련해서 다음과 같은 4가지 이유를 상정할 수 있다.

1. 수검자를 안절부절못하게 하고 순간적으로 현실접촉을 방해하는 문제와 심리적 고통이 있으면 반응내용에 나타날 수 있다. 한 남자 수검자가 카드 Ⅰ에 대해 마이너스 반응인 "전함"이라는 첫 반응을 하였다고 가정해 보자. 전함의 의미와 관련 있는 어떤 것과 첫 반응으로 전함이라고 말하려는 욕구가 수검자를 혼란스럽게 만들었을 것이다. 그에게 전함은 전쟁에서 승리하고 적을 물리치는 크고, 강력하고, 파괴할 수 없는 대상을 나타내는 것일까? 또는 그의 눈에 전함은 작고, 재빠른 배에 쉽게 포위당하는 너무 크고 느린 것으로 보이고, 이제는 쓸모가 없고, 퇴역해야 할 것으로 보였을까? 또는 전함은 시대에 뒤떨어지고 퇴출 위기에 놓여 있다는 것에 대한 관심 때문에 자신을 강하고 유능하게 묘사하려는 강한 욕구를 경험하는 남성을 의미한다고 볼 수 있을까?

   심리치료에서 해석과 마찬가지로 전함에 대한 이런 연상과 다른 연상은 실제로 전함이 이 남성에게 어떤 의미가 있는가에 비추어서 더 검토하고 수정해야 할 가정이다. 이런 설명과 관련해서 주제해석에서 중요한 것은 반응의 마이너스 형태는 반응내용에 귀인시킬 수 있다는 것이다. 즉 어떤 반응의 의미가 순간적으로 실제적인 현실과 환상(반점이 실제로 유사한 것과 유사하지 않은 것)을 구분하는 능력을 손상시킬 정도로 충분히 불편을 야기했다는 것이다. 때로는 반응내용에 대해 부정적인 방식으로 언급함으로써 형태왜곡이 반응내용에서 비롯되었을 가능성도 있다. 예컨대, 이 남자는 카드 Ⅰ에 대해 "나는 이런 모양을 좋아하지 않아요. 전함 같다."고 말할 수 있다.

2. 마이너스 형태지각을 유발시키는 두 번째 원인을 들 수 있다. 반응내용이 아니라 반응의 구조적 특징이 현실검증의 일시적 손상을 초래했을 수도 있다. 5장에서 M− 반응은 대인관계에 대한 무감각과 사회적 판단력의 부족을 나타내는 것일 수 있다고 지적한 것처럼 마이너스 형태질과 M 이외의 다른 결정인이 결합되어 나타나면 수검자가 가지고 있는 관심의 유형과 수검자를 힘들게 하는 원인으로 작용하는 상황의 종류를 밝히는 데 도움이 될 수 있다. 따라서 재질, 차원, 유채색 또는 무채색을 포함하는 반응에서 왜곡된 형태반응이 자주 나타나는 것은 각각 다른 사람과 친밀한 관계의 형성, 자기관여의 유지, 감정을 표현할 수 있는 능력, 불행감 등에 대한 고통스러운 중요한 관심을 지적하는 것일 수 있다.

3. 마이너스 반응은 어떤 특징이 반응의 내용이나 구조를 방해해서 나타날 수도 있지만 그 대신에 카드에 직접 나타나지 않는 어떤 잠재적인 주제적 특징 또는 구조적 자극의 영향 때문에 나타날 수 있다. 각 반점이 공통적으로 시사하는 이런 비효율적인 반응의 원인과 일시적인 현실검증의 손상은 특정한 잉크반점이 나타내는 문제를 처리하는 데 어려움을 반영하는 것일 수 있다.

   예컨대, 한 여자가 카드 Ⅵ에 대해 "산"이라는 WF- 반응을 했다고 가정하자. 물론 산에 대해서는 여러 가지 연상을 생성할 수 있다. 산을 바라보고 있다면 위압감을 느끼거나 산에 올라가는 것은 위험하다고 연상할 수 있다. 그러나 이런 내용은 "산"은 이 여자의 현실접촉을 방해할 정도로 심각한 심리적 고통을 초래하는 분명하거나 강력한 상징적 단서는 아니다. 확실히 이 반응은 고립이나 고독이나 다른 사람과 관계의 단절에 대한 관심을 분명하게 시사하는 "섬"보다 훨씬 덜하다. 이 반응은 잉크반점 전체와 순수한 형태결정인이 사용되지 않았으므로 형태질이 낮은 이유를 설명하는 데 충분한 근거가 된다.

   그러나 카드 Ⅵ이 공통적으로 시사하는 것에 대해 주의하면 이 반응에서 형태왜곡을 해석할 때 가치가 있는 2가지 가능성을 제기할 수 있다. 이 카드는 구조적으로 재질반응이 나타날 가능성이 가장 높은 카드이다. 이 여자의 반응기록에 T 반응이 없었다면, 카드 Ⅵ에 대해 효율적인 반응을 하기 어려운 것은 카드 Ⅵ의 재질적 특징과 대인관계에서 친밀성에 대한 수검자의 고통스러운 관심 때문이라고 할 수 있는가? 주제내용과 관련하여 그녀의 문제는 카드 Ⅵ을 자주 성적 해부기관으로 보기 때문이고 따라서 성적인 문제와 관련된 중요한 불편에 대한 단서를 제공하는 것으로 볼 수 있을까?

4. 끝으로 마이너스 반응이 이러한 3가지 이유 때문에 나타난 것이 아니라면 선행한 반응이나 카드에 대한 반응일 수 있다. 카드 Ⅲ의 검은 부분에 대해 "함께 무슨 일을 하고 있는 두 사람"으로 반응한 수검자가 중간에 있는 D3 영역에 대해 DF-인 "나무(trees)"로 반응했다고 가정하자. 확실히 "나무"는 어떤 상징적 의미를 암시할 가능성이 있다; 그러나 "산"과 마찬가지로 "나무" 이런 마이너스 반응을 하게 된 이유를 설명해 줄 수 있는 연상을 쉽게 떠올리기 어렵다. 더욱이 이 반응의 구조적 기호화는 왜곡된 형태반응이라는 점을 제외하면 특이한 반응도 아니고 붉은색이라는 점을 제외하면 반응

에 대하여 특별한 의미를 부여하기 어렵다. 그렇다면 "나무"라는 반응은 "함께 무슨 일을 하고 있는 두 사람"이라는 평범반응 뒤에 나온 반응이고 이 평범반응을 전달하면서 경험된 심리적 불편의 결과로 나타난 것일까? 아마 협동적으로 노력하는 두 사람이라는 인상의 형성과 보고는 다른 사람과 협동적 활동에 참여할 수 없거나 참여할 수 있는 충분한 기회가 없는 것에 대한 중요한 관심 때문에 이 수검자를 혼란스럽게 했을 것이다. 따라서 이 수검자는 이런 고통이 이월되어 다음 반응("나무")을 하는 데 일시적으로 효율적인 기능을 수행할 수 없었을 것이다.

잠정적으로 선행된 카드에 대한 불편감이 이월되어 다음 카드에 미치는 영향을 살펴보자. 카드 Ⅳ에서 "커다란 괴물"이라고 반응한 수검자가 카드 Ⅴ에 대해 마이너스인 "벌레"라는 반응을 했다고 가정하자. 카드 Ⅳ에서 "커다란 괴물"이라는 반응은 주제적 의미는 있으나 이 반응의 의미는 형태수준이 보통이고 평범반응이기 때문에 제한적이다. 카드 Ⅴ에서 "벌레"라는 마이너스 반응의 상징적 의미는 그렇게 크지 않다. 그리고 4장에서 살펴본 바와 같이 카드 Ⅴ는 쉽게 평범반응을 하는 비교적 단순하고 위협적이지 않은 카드이다. 이 예와 동일한 예에 포함된 가정은 마이너스 반응은 "벌레" 또는 카드 Ⅴ와 관련된 것이 아니라 카드 Ⅳ에서 이월된 혼란스러운 불편을 나타낸다는 것이다. 이런 가정이 사실이라면 이월된 불편은 분명히 카드 Ⅳ에서 비롯되었고 반응 자체는 수검자가 크고 강한 힘이 있는 대상에 대한 어떤 중요한 관심을 가지고 있다는 것을 지적한다.

운동반응

운동반응에서 내용주제는 때때로 사람들이 자기 자신을 어떻게 보고, 다른 사람을 어떻게 보고, 대인관계에서 어떻게 느끼는가에 대한 가치 있는 단서를 제공한다. 4장에서 언급한 바와 같이 M은 FM보다 이런 점에 대한 더 많은 정보를 포함하고 있을 가능성이 높다. 왜냐하면 인간형상에 대한 투사는 동물형상에 대한 투사보다 수검자의 내적 생활을 더 직접적으로 표상하는 것이기 때문이다. 카드 Ⅱ에서 "손을 들어 마주치고 있는 두 마리 곰"과 같이 인간보다 동물형상을 포함하는 M 반응의 내용이 어떤 중요한 태도나 관심을 나타내는 정도는 아마 M과 FM의 중간 정도일 것이다. 이런 반응은 INCOM이나 FABCOM이고 인간운동을 하는 동물은 윤색(특수점수)되어 나타나기 때문에 해석적 가치가 높다. m 반응에서 내용주제도 때로는 연상을 생성하는 근거를 제공할 수 있으나 대인관계에 대한 의미는 M이나 FM보다 적다.

로르샤하 임상가들은 성격적 역동에 대한 정보원으로 M 반응의 가치를 오래전부터 인식하고 있었다. Mayman(1977)은 M 반응을 "로르샤하에 나타나는 가장 풍부한 정보를 포함하고 있고, 가장 많은 것을 밝혀주고, 가장 흥미로운 반응"으로 간주했다. 그리고 Piotrowski(1977)는 "로르샤하 잉크반점에 의해 유발되는 인간운동반응은 다른 어떤 검사보다 더 많은 것을 제공하고 인간관계에서 개인의 역할에 대한 적절하고, 구체적이고, 의미 있는 정보를 더 많이 제공한다."라고 믿었다.

M 반응의 내용이 시사하는 잠정적인 해석적 가정을 검토하기 위해서는 M 반응의 3가지 측면에 대한 연상을 생성하는 것이 도움이 될 수 있다; 어떤 인물이고, 어떤 활동을 하고 있고, 상호작용을 하고 있다면 어떤 상호작용을 하고 있는가? 일반적으로 인물의 성격과 활동은 수검자의 자기지각과 다른 사람에 대한 태도를 반영한다. 그리고 상호작용하는 방식은 개인의 대인관계에 대한 성향과 다른 사람과 관계를 맺는 방식을 반영한다.

반응내용의 이러한 3가지 특성의 잠정적 유용성을 설명하기 위해 카드 I 에 대한 세 사람의 첫 반응을 살펴보자: "날개를 펼치고 있는 천사(전체)" "팔을 펼치고 있는 가슴이 풍만한 여자(중앙 D4)" "가운데 있는 한 사람을 때리는 두 사람(전체)". 첫 예에서 인물의 유형이 특히 흥미롭다. "천사"에 대한 개념은 공통적으로 선(goodness), 결백(innocence), 청순함(purity)과 관련된 연상을 유발한다. 즉 대부분의 사람들은 "완벽한 천사가 되는 것"은 매우 좋은 방향으로 행동한다는 것으로 받아들인다. 따라서 이런 내용으로 반응하는 사람은 자신을 상당히 덕망이 높다고 지각하거나 적어도 그러한 지위를 성취하기를 희망하는 것으로 볼 수 있다. 실제적으로 행동문제가 있는 사람 가운에 "천사"라는 반응은 자신의 결백과 관련된 저항일 수 있다. 주제심상의 해석에서 반응내용에 대한 연상은 결론이 아니라 단지 더 탐색할 가치가 있는 합리적 가정에 불과하다.

두 번째 예는 인물의 유형(가슴이 풍만한 여자)뿐만 아니라 활동(팔을 펼치고 있는)도 의미가 있는 것으로 보인다. "가슴이 풍만한 여자"는 매력적인 성적 대상이거나 양육에 필요한 젖을 주는 모성적인 상일 수 있다. 후자의 경우라면 팔을 펼치고 있는 동작은 양육하려는 의도를 나타내는 제스처일 수 있고 이런 반응을 한 사람은 모성상으로부터 충분한 양육과 보살핌을 받지 못했을 수 있다. 이러한 추론도 역시 결론이 아니라 가정에 불과하다. 이러한 예는 연상을 생성하는 것에서부터 내용주제를 해석하는 데 이르는 과정을 설명하기 위한 것이다.

세 번째 예는 구타하는 가해자와 구타당하는 피해자가 있는 두 유형의 인물을 포함하고 있다. 이 복잡한 반응은 인물과 인물의 행동뿐만 아니라 인물들의 상호작용에 대한 해석도 가능하다. 이런 반응에서 수검자는 자신을 공격자와 동일시하고 다른 사람을 신체적으로 지배하는 사람으로 볼까? 반면에 수검자는 매를 맞고 있는 사람과 동일시하고 자신이 다른 어떤 사람에게 착취당하고 있다는 것에 대한 관심 또는 항상 자신이 희생당하고 매를 맞을 위험이 도사리는 세상에 대한 관심을 나타내는 것일까? 또는 수검자의 내적 생활에 불확실하고 혼란스런 2가지 동일시가 혼합되어 있을까?

이 반응에 묘사된 상호작용에서 공격은 협동적인 요소를 포함하고 있다. 즉 두 사람이 공동으로 다른 한 사람을 함께 구타하고 있다. 이런 반응을 한 사람은 이 세상을 사람들이 서로 협력적이거나 경쟁적인지조차 확인할 수 없을 정도로 혼란스럽다고 보는 것일까? 이 예에서 앞에 언급한 두 경우와 마찬가지로 주제요소에 대한 연상은 프로토콜과 개인의 성격기능을 밝히는 데 도움이 되는 다른 정보원을 통해 더 탐색할 필요가 있는 대안적 가능성을 형성하기 위한 근거를 제공해 준다.

그러나 이 예에서 천사, 가슴이 풍만한 여자, 공격자/희생자는 보통에 해당하는 형태질을 포함하고 있는 지각이다. 가령 카드 Ⅹ의 위 중앙(D8)에 대해 "싸우고 있는 두 사람"이라는 마이너스 형태지각인 내용주제를 해석한다고 가정하자. 4장에서 야구의 "2루타"와 관련시켜 논의했던 점을 고려하면 이 반응은 비우호적인 상호작용(공격적 M)에 대한 관심뿐만 아니라 일시적인 현실검증의 손상(마이너스)의 원인으로 작용하는 대인관계적인 적대감과 관련된 고통을 시사한다. 일반적 원칙에 따르면 M 반응에서 왜곡된 형태는 내용주제가 무엇을 시사하든 간에 그 사람에게 의미가 있고 그 반응과 관련된 상당한 고통을 경험하고 있다고 추론할 수 있다.

앞서 언급한 바와 같이 인물이 어떻게 기술되고, 어떤 활동을 하고 있는 것으로 보고, 개인적 또는 집단적 활동과 같은 여러 측면을 해석하는 데 필요한 양적 지침으로 활용하기 위해 종합체계에서는 독립적으로 기호화한다. 이런 척도 중에 Blatt, Brenneis, Schimek 및 Glick(1976)의 대상척도의 개념(The Concept of the Object Scale), Uris(1977)의 자율성척도의 상호관계(The Mutuality of Autonomy Scale), Lerner와 Lerner(1980)의 원시적 방어척도(The Primitive Defenses Scale), Coonerty(1986)의 분리-개별화 주제척도(The Separation-Individuation Themes Scale) 등이 가장 널리 알려져 있다. 물론 개념적으로 타당하고 타당성이 입증된 척도가 없는 것은 아니지만(Lerner, 1993; Stricker & Healey, 1990), 이런 척도들은 임상실제에서 프로토콜을 해석할 때 통합적으로 사용되기보다 주로 연구에 사용되고 있다. 이런 내용척도를 사용해서 해석적 의미가 있는 M 반응에 주의를 두게 되면 반응에 나타난 인간상의 유형, 활동, 상호작용에 대해 신중하고 철저하게 연상을 형성할 수 있을 것이다.

M 반응과 마찬가지로 FM 반응의 내용주제도 연상을 형성하고 해석적 가정을 설정할 때 동일하게 적용하면 된다: 어떤 유형의 동물상으로 보이는가, 동물상이 어떤 활동을 하는가, 동물이 서로 어떻게 상호작용하는가? 물론 이런 반응들은 M 반응보다 수검자의 성격적 역동에 대한 의미는 덜 분명하고 덜 직접적이다. 그러나 이런 반응들도 M 반응이 시사하는 의미와 같이 자신과 다른 사람 및 대인관계를 어떻게 보는가를 지적하는 잠정적으로 유용하게 고려해야 할 정보원이다.

m 반응의 내용은 수검자의 대인관계에 대한 성향에 대해 많은 것을 지적해주지는 않는다. 그러나 무생물 운동도 때로는 수검자가 자신과 자신의 기능수준을 어떻게 보고 있는지를 지적하는 결정적인 정보일 수 있다. 카드 X에서 마지막 반응으로 "마치 어떤 것이 분해되고 부서지는 것 같다."는 반응의 함의를 생각해 보자; 또는 반복해서 어떤 대상이 "늘어진다" "처진다" 또는 "떨어진다"는 기술 또는 자주 "폭발"하거나 "분출하는 화산"이라는 반응. 첫 번째 예의 내용주제에 대해서는 부서지는 것에 대한 관심이나 보상의 불가능을 시사하는 연상을 형성할 수 있다. 두 번째 예에서는 노화나 기능의 상실에 대한 우울한 집착을 추론할 수 있고 특히 수검자의 나이가 많을 경우 그럴 가능성은 더 높다. 세 번째 예와 관련된 일반적 의미는 자기통제의 상실과 어쩌면 부적절하거

나 파괴적인 행동을 할 위험성을 지적한다.

M과 마찬가지로 m도 왜곡된 형태와 결합할 경우 반응의 주제적 의미는 증가할 수 있고 중요한 성격적 역동에 대한 함의도 증가한다. 예컨대, 카드 Ⅰ에서 FQ− 반응으로 "파도를 헤치며 전진하는 크고 둔한 전함"이라는 반응을 했다고 가정하자. 앞에서 예를 든 "전함"이라는 반응을 고려할 때, 이 반응은 전함에 대한 자기이미지가 긍정적일수도 부정적일수도 있다는 불확실성을 어느 정도 감소시켜 준다. 즉 크고 둔하다는 것은 일반적으로 바람직한 특징은 아니다. 더욱이 2루타에 관한 기술에서 언급한 바와 같이 이 반응에서 m의 내용에 나타난 부정적 자기지각은 수검자의 고통스런 관심의 원인을 시사하는 마이너스 형태에 의해 지적되고 있다.

윤색반응

4장에서 지적한 바와 같이 윤색반응(embellishment)은 잉크반점의 자극적 속성을 넘어서서 잉크반점에 형태왜곡과 운동을 투사한 것이고 이와 관련 있는 다른 여러 가지 측면들을 포함한다: 윤색반응은 한 개 이상의 결정적 특수점수로 기호화하는, 지각과 관련 있는 비일상적 방식의 사고와 추론을 포함한다; 또한 윤색반응은 다른 한 특수점수로 기호화하는, 주제를 정교화시키거나 분명한 반응양식을 나타내고 있는 반응을 포함한다; 그리고 윤색반응은 "가슴이 풍만한 여자"의 예에서 지적한 것처럼 기호화하지 않은 지각을 기술하는 방식을 포함한다.

마이너스 형태반응과 마찬가지로 결정적 특수점수는 인지적 결함을 나타낸다. FQ−는 부정확한 지각을 지적하는 것이지만, DV, INCOM, DR, FABCOM, ALOG, CONTAM과 같은 결정적 특수점수는 비논리적이거나 조리에 맞지 않는 사고를 나타낸다. 따라서 결정적 특수점수를 포함하는 반응은 왜곡된 형태반응과 같은 방식으로 검토해야 한다. 이럴 경우 먼저 반응기록의 특정 시점에서 장애적인 사고가 나타난 이유를 검토해야 한다. 이 질문에 대한 해답에 따라서 반응내용, 반응의 구조적 기호화, 카드의 자극적 영향 또는 선행된 반응이나 카드에서의 이월 등에 대한 연상을 생성한다.

다양한 윤색반응에 대한 특수점수 중에서 해석적으로 의미가 있는 내용주제를 포함하고 있을 가능성이 가장 높은 반응은 MOR, COP, AG이다. 이미 논의한 바와 같이 기록에서 운동반응을 검토할 때 COP와 AG에 대해서는 항상 주의를 기울여야 한다. MOR의 내용주제에 대해 연상을 형성하면 특히 많은 것을 밝힐 수 있다. 병적 내용을 포함하고 있는 지각은 주로 수검자의 신체와 신체적 기능과 관련된 자기상에 대한 가정을 형성하는 중요한 근거가 된다. 그렇지만 MOR 반응은 때때로 광범위한 대안적 가능성을 시사한다.

M반응의 해석은 "짓밟혀 뭉개진 벌레"라고 반응한 사람이 희생자(벌레)를 동일시하는가 아니면 가해자(누가 짓밟았든)를 동일시하는가를 결정하는 것과 관련해서 5장에서 일부 논의했다. 이 예에서 나타나는 모호성은 "두 사람이 다른 한 사람을 구타한다."는 예에서 수검자가 누구를 동일시했는지를 알 수 없는 상황과 비슷하다. 때때로 MOR 반응은 개인이 공격자와 더 가깝게 느끼는지 아니면 희생자를 더 가깝게 느끼는지를 밝히는 데 도움이 되는 식으로 전달되거나 정교화된다. 따라서 "짓밟혀 뭉개진 벌레처럼 보인다. 마치 내가 발로 밟은 것 같다."라고 반응한 사람은 아마 손상을 가한 가해자와 동일시하는 것으로 볼 수 있다(물론 이런 자기지각은 부분적으로 나약하고 방어할 수 없다는 두려움에 대한 방어에서 비롯되었을 수 있다). 반면에 "자기 일에 열중하고 있는 벌레를 누가 발로 밟아버린 불쌍한 작은 벌레이다."라고 반응한 사람의 동일시는 손상을 입는 것에 대한 관심을 포함하고 있다(물론 이런 관심은 근본적으로 가해자에게도 나타날 수 있으나 "칼로 권력을 잡은 사람은 칼에 의해 망한다."는 말처럼 일시적으로 희생되는 것에 대한 기대를 나타내는 것일 수 있다.).

MOR로 기호화된 다양한 윤색반응은 연상과정에서 희생자와 가해자를 구분할 수 없는 불확실성이 나타난다. 어떤 MOR은 "짓밟혀 뭉개진 벌레"라는 반응이나 어떤 상이 피를 흘리거나, 상처를 입었거나, 병이 들었다고 보는 반응처럼 손상이나 질병을 포함한다. 또 어떤 MOR은 본질적으로는 완전한 형상이었고 자연적이고 손상되지 않았는데, 어떤 기형이나 기능장애를 포함하고 있다. 예컨대, 사람에 대해 "기형"이나 "팔이 오그라든" 것과 같은 형용사를 사용하고 명사를 사용해서 "두 명의 절름발이 같다."라고 기술한다. 마찬가지로 무생물은 손상되었거나 부서졌다고 기술하지는 않더라도 "어떤 기계 같은데, 제대로 작동되지 않는다."는 기술처럼 원래의 기능을 제대로 하지 못한다는 식으로 표현될 수 있다. 이런 2가지 유형의 MOR 반응의 내용은 사람들의 자기지각과 해석과정에서 검사자가 형성한 연상에 대해 지니는 의미는 다소 차이가 있다.

"가슴이 풍만한 여자"의 예와 마찬가지로 종합체계에서 공식적으로 기호화되지 않는 다른 윤색반응도 확인해서 연상을 형성하는 근거로 활용해야 한다. 앞에서 "가슴이 풍만한"이라는 표현은 단지 성적인 대상이나 모성적인 대상으로 보이는 여성을 나타낸다는 의미만 언급하였다. 특히 성인 여성일 경우 "가슴이 풍만한 여자"라는 반응은 자신이 성적으로 매력적이거나 양육적인 사람이라는 자기상을 반영할 수도 있다.

일반적으로 말해 왜곡된 형태반응, 운동반응, 윤색반응은 모두 잉크반점에 대한 투사를 포함하고 있기 때문에 이런 모든 반응은 수검자의 내적 생활에 대한 표상을 반영하는 것이다. Miale(1977)는 오래전에 투사된 자료는 일반적으로 자기참조적이고 Mindess(1970)는 수검자는 잉크반점에서 보이는 것을 보고한 것과 공통적인 특징을 공유한다고 했다. 이런 맥락에서 투사를 포함하는 반응에 대해 연상을 형성할 때 반응을 가능한 자기표상적인 상으로 간주하고 "나는(I am)" 기법으로 해석하는 것이 유용하다. 이 기법은 투사된 반응 앞에 "나는"을 붙여보고 이런 진술이 수검자의 자기상에 대한 어떤 측면을 나타낼 수 있는지를 고려하는 것이다. 이 기법을 앞에 제시한 반응에 적용할 경우 "나는 크고 둔한 군함이다." "나는 가슴이 풍만한 여자이다." "나는 구타당한 사람이다."라는 진술이 된다. 이런 진술은 수검자가 자신을 어떻게 보는가에 대해 상당히 많은 것을 말해 준다. "나는(I am)" 기법이 수검자의 실제적인 자기상을 나타내지만 "내가 ~라면 좋겠다(I wish I were)" "내가 ~라서 유감이다(I' m sorry I am)"와 같은 기법을 사용하면 수검자가 기대하는 자기상 또는 부정적인 자기상에 대한 단서를 얻을 수 있다.

내용주제에서 해석적 가정을 도출하기 위해 마지막으로 고려해야 할 것은 윤색된 반응이 왜곡된 형태와 운동을 포함하고 있다고 가정하는 것이다. 예컨대, 수검자가 카드 I 에서 크고 둔하게 움직이는 큰 군함이라고 반응한 뒤에 안쪽에 있는 흰 공간을 보고 "배 윗부분에 총탄을 맞은 것 같다." 또는 "배 중간에 구멍이 있다."라는 설명을 첨가했다고 가정하자. 이 반응은 내용이 풍부하고 역동적으로 중요한 투사된 요인을 포함한다고 믿는 3가지 이유가 있는 3루타의 반응이 된다. 이 반응의 해석은 자기상이 육중하고 둔하고 공격받기 쉬울 뿐만 아니라 어떤 방식으로 손상되어 있다고 가정할 수 있다. 수검자가 손상을 입었다고 느끼는 방식은 "윗부분"이나 "배 중간에 있는" 부분에 대한 의미에 따라 다를 수 있다.

2루타에 속하는 반응내용은 왜곡된 형태반응, 운동반응, 윤색반응 중에서 1가지만을 포함하는 반응내용보다 수검자의 개인적 관심을 매우 분명하게 지적해 줄 가능성이 높다. 그리고 3루타에 속하는 반응은 수검자의 내적 생활에 대한 가정설정과 관련해서 가장 많은 것을 밝혀주는 반응이다. 만약 어떤 기록에 인간운동, 크게 왜곡된 지각, 특히 극적인 윤색을 포함하는 반응이 들어 있다면 이런 3루타의 반응은 아마 수검자의 정체감과 대인관계적 입장의 본질을 밝히는 데 매우 도움이 될 수 있다.

주제해석의 가능성

내용주제에 대한 연상을 생성하고 이를 성격특징에 대한 기술로 전환시킨 후에는 이러한 기술의 정확성을 판단해야 한다. 즉 내용이 풍부한 반응에 대한 연상을 통해서 도출한 주제적 해석이 얼마나 그럴듯하고 그 타당성을 얼마나 신뢰할 수 있을지를 검토해야 한다는 것이다. 검사자는 자신이 가진 인상의 정확성을 평가하기 위해 먼저 엄격한 준거에 근거해서 면밀하게 탐색하기도 전에 내용주제의 상징적 의미에 대한 인상을 사실로 받아들여서는 안 된다.

임상적 목적을 위해 내용해석의 정확성을 판단하기 위해 사용하는 준거는 효율적인 주제분석을 시행하기 위한 지침으로 전환시킬 수 있다. 이러한 여러 지침은 이미 앞에서 언급했다. 주제해석의 가능성을 평가하는 데 도움이 되도록 하기 위해 여러 지침을 검토하고 실제적 원리를 형성하기 위해 확장했다: (1) 의미 있는 반응의 확인, (2) 보수적 추론, (3) 중요한 주제에 대한 초점.

의미 있는 반응의 확인

왜곡된 형태반응, 운동반응, 윤색반응 등과 같이 투사된 요소가 포함되었을 가능성이 가장 높은 반응부터 내용분석하는 것이 가치가 있다. "내용이 풍부한" 반응의 주제는 보통 다른 반응에 나타난 주제보다 더 많은 해석적 가정을 시사한다. 마찬가지로 반응이 근본적으로 투사에 의해 결정되었는지 아니면 카드 속성에 의해 결정되었는지 여부는 그 반응에 근거해서 도출한 주제적 해석을 평가하는 데 유용한 준거이다. 반응에 투사된 요소가 많으면 많을수록 그 주제내용에 의해 시사되는 성격특징은 실제 수검자의 성격일 가능성이 더 높다.

주제해석에 부여해야 할 가중치나 가능성을 결정하기 위한 구조적 지침은 여러 방식으로 확장시킬 수 있다. 형태왜곡과 관련해서 마이너스 반응이 정확한 지각에서 벗어나면 벗어날수록 더 많은 투사를 포함하고 있고 그 반응이 나타내는 주제적 의미를 통해 수검자를 더 신뢰롭게 기술할 수 있다. 이미 지적한 바와 같이 운동반응에서 M을 포함하는 주제는 FM이나 m을 포함하는 주제보다 개인에 대해 더 많은 것을 나타내주고 보다 신뢰로운 추론을 가능하게 한다. 윤색반응은 더 많이 윤색되거나 정교화될수록 그 반응이 수검자를 신뢰롭게 설명해 줄 가능성은 더 높다.

소위 2루타나 3루타와 같은 개념은 내용해석의 정확성을 평가하는 준거로 사용할 수 있다. 단일 반응에서 투사지표가 결합되면 그 반응에서 주제심상에 근거한 추론이 타당해질 가능성은 더 증가된다. 따라서 왜곡된 형태(특히 심한 왜곡), 운동(특히 인간운동), 윤색(특히 많고 다양한 윤색)이 결합된 반응의 내용을 해석하면 개인의 감정과 태도에 대한 매우 신뢰로운 정확한 정보를 수집할 수 있다. 반대로 내용해석과 일치되는 확실성은 투사된 내용이 줄어들면 감소한다.

끝으로 내용해석의 정확성을 판단하는 데 고려할 수 있는 구조적 측면은 반응기록에 나타난 첫 반응("sign in")과 마지막 반응("sign out")의 잠정적 의미를 포함한다. 이런 반응이 투사된 요인을 포함하고 있다면, 특히 이런 반응은 수검자의 성격적 역동에 대한 가치 있는 단서를 제공할 가능성이 높다.

보수적 추론

내용주제에서 추론하는 데 보수적이라는 것은 (1) 가장 분명하고, (2) 가장 덜 모호하고, (3) 매우 합리적이고, (4) 최소한의 영역을 포함하는 반응의 상징적 의미를 가장 신뢰한다는 것이다. 반면에 내용주제의 의미에 대해 거리를 두고, 불확실하고, 모호하고, 지나치게 폭넓은 연상을 하면 실제로는 수검자의 특징이 아닌 다른 성격적 특징을 지적할 위험이 크다. 이렇게 하면 개인을 특징짓는 성격의 본질을 흐릴 수 있게 되고 이런 연상을 근거로 어떤 결론을 도출하면 그 결과에 대해 매우 혼란을 느낄 수 있게 된다. 반면에 투명하고, 비교적 분명하고, 건전한 논리적 근거가 있고, 적절하게 좁은 영역에 초점을 두고 상징적 의미를 추론하면 정확성에 대한 준거를 충족시키고 성격특징을 정확하고 예리하게 기술하는 데 도움이 된다.

상징적 해석과 관련해서 이런 요인을 정교화시켜 보면 어떤 반응내용은 다른 반응내용보다 특정 의미를 모호하지 않고 더 분명하게 지적하고 있다는 것을 알 수 있다. 예컨대, "창(spear)"이라는 지각은 분명히 "무기"에 속하는 것이므로 무기로서 창과 관련된 의미를 내포하고 있을 가능성이 가장 높다. 창은 무기보다 다른 어떤 것으로 생각될 수도 있고 또한 무기가 아닌 다른 목적으로 사용될 수도 있겠지만, "창"은 무기라는 것이 분명하기 때문에 다른 가능성은 매우 희박하다. 무기에 대한 이런 주의와 관련해서 무기의 성격과 중요성은 특히 반응의 형태질이나 윤색된 방식과 같은 다른 특징에 따라 다를 수 있다. 그러나 "창"과 "무기"의 기본적인 연상적 관계는 상당히 명확할 뿐만 아니라 모호하지 않고 다른 대안이 가능하더라도 합리적 대안은 매우 적다.

반면에 "치아"는 자위에 대한 관심을 상징하는 것이고 특히 아동과 청소년의 경우 그럴 가능성은 더 높다(Phillips & Smith, 1953). 치아와 자위 간에 어떤 연관이 있을 수 있겠으나 창과 무기 간의 연관성보다 확실히 덜 분명하다. Phillip과 Smith에 따르면 자위는 좌절된 의존욕구에 대한 방어이고 치아는 충족되지 못한 의존욕구를 나타내므로 결국 로르샤하에서 치아로 보는 것은 자위와 관련된 중요한 갈등을 나타낸다. 이렇게 명료성이 부족하고 분명하지 않은 것에 근거해서 상징적 설명을 시도하면 다른 가능한 대안을 고려할 수 없게 된다.

예컨대, 입의 기능과 관련해서 치아는 씹어서 영양분을 얻거나 무는 것으로 공격성의 표현을 의미하는 것일 수 있다. 더욱이 생의 전반기에 있는 많은 사람들에게 치아는 매력적인 외모와 관련해서도 매우 중요할 수 있다. 생의 후반기에 이르면 치아에 대한 주의는 외모에 대한 관심보다 건강과 노화과정에 대한 관심을 나타내는 것일 수 있다. 따라서 "삐뚤어진 이빨(crooked teeth)"을 보는 청소년은 자위에 대한 관심보다 치아교정에 대한 관심이 더 많을 수 있고 "흔들리는 이빨(loose teeth)"을 본 중년기나 노년기에 속하는 사람은 구강의존이나 구강공격에 대한 관심보다 치주염에 더 관심이 많을 수 있다. 그러나 이 마지막 가정이 치아와 자위를 동일하게 보는 것보다 반드시 더 정확하다는 것은 아니다. 상징적 해석의 정확성에 대한 판단과 관련해서 이 예에서 중요한 것은 "치아"는 "창"보다 상징적으로 더 모호하고 더 많은 대안적 연상을 생성할 수 있다는 점이다.

인간운동을 포함하는 주제해석에서 명료성과 모호성의 개념을 더 설명하기 위해 카드 Ⅰ에서 "두 사람이 다른 한 사람을 구타한다."는 반응을 다시 고려해 보자. 이 반응에서 구타하는 사람이 공격행동을 나타내고 매를 맞는 사람이 희생당하고 있다는 것은 의심의 여지가 없다. 어떤 다른 가능성이 있을 수 있을까? 그러나 카드 Ⅰ의 중앙(D4)에 대해 "팔을 들어 올린 여자"라는 반응을 생각해 보자. 팔을 들어 올리고 있다는 것은 무엇을 나타내는 것일까? 반갑다는 인사일까? 작별하면서 손을 흔드는 것일까? 도와달라고 애원하는 제스처일까? 포기했다는 절망을 나타내는 제스처일까? 아니면 전혀 다른 어떤 것을 나타내는 것일까? 어떤 경우 이런 질문을 해결하고 심상에 나타나는 상징적 표상을 명료화시키는 데 도움이 되는 식으로 반응이 정교화되는 경우도 있다("도움을 요청하기 위해 팔을 들어 올리고 신에게 기도하고 있는 여자이다."). 그러나 이처럼 반응이 정교화되지 않으면 손을 들어 올리고 있는 여자의 의미에 대한 여러 가지 가능한 대안 중에서 하나를 쉽게 선택할 수 있는 방법은 없다. 그러므로 수검자의 중요한 욕구나 태도를 믿을 수 있게 설명할 수 있는 하나의 단서로서 1가지 대안을 선택하게 될 경우 정확한 내용해석을 위한 준거를 충족시키지 못할 것이고 정당화될 수도 없을 것이다.

이제 정확한 내용해석에 필요한 명료성과 확실성에서 내용해석의 합리성과 범위에 대한 준거로 관심을 돌려보자. 내용해석의 합리성과 관련해서 추론된 상징적 의미는 여러 단계의 논리적 추론을 거치지 않더라도 쉽게 정당화시킬 수 있을 때만 진지하게 받아들여야 한다. 4장에서 예로 제시한 "곤봉"이라는 반응을 다시 생각해 보자. 곤봉이라는 지각은 남근을 의미할 수도 있지만 무기를 나타내는 것일 수도 있고, 남근과 무기를 모두 상징하는 것일 수도 있고, 모양이 원통과 같은 어떤 다른 물건을 나타내는 것일 수도 있다. 비록 이 반응의 의미에 어떤 불확실성이 있다고 하더라도, 이런 여러 가지 가능성에 대해 이론적 근거를 제시하는 것은 그다지 어렵지 않다. "창"과 마찬가지로 "곤봉"은 일종의 무기에 속하고 남근이나 긴 원통과 같은 대상에 대한 연상은 모양이 유사한 것에서 유추한 것이고 여러 단계의 추론을 거치지 않은(few levels) 단순하고 합리적인 연상이다.

반면에 "물고기"라는 반응 자체는 "지나치게 소유적인 어머니로부터 독립하려는 노력의 포기를 반영하고 매우 수동적이고 무기력하고 강한 의존성과 관련되어 있다."라는 주장을 고려해 보자(Phillips & Smith, 1953). 어떻게 물고기라는 반응에서 수동성, 무기력, 의존성과 어머니의 태도와 행동을 끌어낼 수 있었을까? 이러한 상징적 추론에 대한 이론적 근거가 있다고 하더라도 이런 생각은 쉽게 떠오르지 않을 것이다. 치아를 자위에 대한 관심과 동일하게 본 예에서 이런 추론은 논리적 합리성이 있다고 하더라도 자위가 방어목적으로 작용한다는 가정처럼 여러 단계의 추론이 필요하다. 일반적으로 내용주제를 상징적 연상으로 전환하기 위해 적용한 논리가 분명하고 추론수준이 적으면 적을수록 그 연상은 타당하고 유용한 성격기술을 이끌어낼 가능성은 더 높다.

내용해석의 범위와 관련해서 일차적으로 성격역동에 주의를 제한시키기 위해서는 보수성을 염두에 두어야 한다. 즉 주제심상에 근거한 추론은 현재 개인의 주요한 욕구, 태도, 갈등, 관심 등에 초점을 맞출 때 정확할 가능성이 가장 높다. 임상가는 과거에 있었던 사건이 수검자의 현재 생활에 어떤 영향을 미쳤고 그런 사건이 일어났을 때 수검자가 어떻게 반응했는가에 대한 많은 합리적인 가정을 형성할 수 있는 지식이 있어야 로르샤하 반응을 통해 수검자의 성격역동을 확실하게 파악할 수 있다. 또한 성격기능의 구조적 측면과 마찬가지로 역동적 측면은 사람들이 앞으로 직면하게 될 다양한 상황에서 어떻게 생각하고 느끼고 행동할 것인지에 대한 함의가 있다. 그러나 내용해석의 정확성을 판단하기 위한 준거에서 보면 가장 좁게 최근의 성격적 역동에 초점을 맞추는 것이 가장 믿을 수 있는 방법이다. 반면에 내용해석을 더 광범위하게 정교화하고 과거나 미래에 대해 더 멀리 검토하면 검토할수록 내용해석은 더 불확실하고 더 믿을 수 없게 된다.

Schafer(1954)가 50여 년 전에 해석의 정확성 판단과 관련해서 논의한 것은 지금도 내용주제의 정신역동적 이해와 해석적 유용성을 설명하는 과학적 원리 모형으로 남아 있다. 그는 해석의 범위와 관련해서 검사자는 "증거의 법칙(rule of evidence)"에 따라야 한다고 했다:

로르샤하 기록에는 구체적이고 중요한 초기 경험과 초기경험의 상호관계와 관련된 발생론적 재구성(genetic reconstruction)을 지지하거나 반박할 수 있는 증거는 없는 것으로 보이고 먼 과거에 대한 최근의 표상은 최근의 병리를 나타낸다고 하더라도 생활사적으로 신뢰할 수 없다. 따라서 해석은 환자의 현재 성격적 구조와 역동 또는 비교적 최근의 성격적 구조와 역동의 변화와 관련이 있고 적합해야 한다.

확실한 주제

내용해석은 특히 확실한 주제심상을 근거로 진행할 때 가장 믿을 수 있는 정보를 얻을 수 있다. 반응기록에서 확실한 주제(compelling theme)는 가장 많이 반복되고, 가장 극적이고, 가장 독창적이고, 가장 자발적인 반응이다. 반응내용에 이런 특징이 중첩되면 중첩될수록 수검자의 내적 생활을 대표하는 심상을 포함하고 있을 가능성은 더 높다. 반대로 성격적 역동에 대한 가정을 형성할 때 반응이 단순하고 평범한 맥락에서 가끔 나타나고 뒤늦게 나타나는 주제에 너무 의존해서는 안 된다.

확실한 주제를 지적하는 지표 중에서 반복이 가장 중요하고 반복은 전통적인 로르샤하 문헌에서 가장 자주 언급되는 것 중의 하나이다. Klopfer, Ainsworth, Klopfer 및 Holt(1954), Mindess(1970), Phillips과 Smith(1953), Schafer(1954) 등은 반응기록에서 반복되는 주제가 가끔 나타나는 주제보다 수검자에 대해 더 많은 것을 말해 준다는 것을 강조하였다. 임상심리학자들에게 친숙한 "제비 한 마리가 여름을 만들지는 않는다."라는 속담은 반응기록에서 단지 한 번 나타난 내용주제의 해석적 의미를 가장 잘 지적해 주는 말이다. 즉 반복되는 반응이 중요하다고 해서 단 한 번 나타나지만 극적이고 독창적이고 자발적인 내용주제의 해석적 의미를 간과해도 된다는 것은 아니다.

내용주제의 반복은 나타나는 빈도를 계산해서 객관적으로 결정할 수 있으나 심상이 극적인지를 평가할 때는 더 주관적으로 접근할 필요가 있다. 확실한 내용주제를 지적하는 극적인 특징은 반응이 윤색된 방식, 반응이 포함하고 있는 언어의 성격, 표현된 정서의 강도 등에서 추론해야 한다. 예컨대, 카드 Ⅲ에서 "바구니를 들어 올리는 두 사람"으로 본 반응과 구조적으로 유사한 "있는 힘을 다해 무거운 물건을 들어 올리려고 애쓰는 덩치가 큰 두 남자. 아마 성공할 것 같다."라는 반응의 질적 차이를 고려해 보자. 두 사람보다 "덩치가 큰 두 남자"로 보고 단순히 "들어 올린다"는 것보다 "있는 힘을 다해 들어 올리려고 애를 쓴다"는 것으로 보는 것은 자신의 노력으로 어떤 결실을 맺으려는 의지가 표현된 것이고 이 두 번째 반응이 더 극적이다.

내용주제에서 독창성은 연극과 유사하고 공통적인 것보다 독창성이 있으면 주제심상을 극적으로 만들 수 있다. 그러나 독창성은 반복과 마찬가지로 어느 정도 객관적으로 판단할 수 있으므로 내용주제의 중요성에 대한 비중을 고려하는 것이 중요하다. 보통 형태수준의 표준빈도(비정신병 집단에서 적어도 2% 정도 나타나는 반응)와 평범반응(비정신병 집단에서 적어도 1/3 정도 나타나는 반응)에서부터 각 카드에서 일반적으로 기대되는 주제심상에 이르는 범위에 있는 반응내용에 대한 규준적인 기대는 공통적인 내용주제에 대한 기준을 제공해 준다. 반응내용이 이런 기대에서부터 멀어지면 멀어질수록 더 독창적이고 수검자의 내적 생활을 더 신뢰롭게 반영한다.

반응에 포함된 투사가 얼마나 많고 잉크반점의 공통적인 자극에 의해 결정된 인상이 얼마나 적은가에 따라 주제해석의 중요성을 다르게 해석하는 것은 로르샤하 평가에서 오랫동안 내려온 전통이다. Hertzman과 Pearce(1947)는 오래전에 반응이 지각과 표현의 관습적인 방식에서 벗어나면 벗어날수록 성격기능의 중요한 역동적 측면을 나타낼 가능성이 높다고 하였다. 여러 연구자들은 초기에 내용해석의 타당성과 정보적 가치는 반응이 얼마나 공통적으로 보고되는 지각에서 벗어나고, 반응이 얼마나 적게 자극에 의해 결정되고, 반응이 얼마나 기발하고 상상적인가에 따라 다르다는 것을 강조하였다(Brown, 1953; Mindess, 1970; Phillips & Smith, 1953; Schafer, 1954). 마찬가지로 최근 Aronow, Reznikoff 및 Moreland(1994)는 "잉크반점의 자극적 특징을 유지하고 있는 반응에 대해서는 역동적 의미를 부여하지 않으면 가장 좋고 반대로 반점의 자극적 특징에서 벗어난 것으로 보이는 반응에 대해서는 더 큰 비중을 두어야 한다."고 하였다. 또한 Aronow 등은 타당한 내용해석을 위해 초기 연구자들이 만든 지침을 간략하게 개관했다.

끝으로 자발성과 관련해서 내용주제의 의미는 보통 반응과정에서 반응이 얼마나 조기에 정교화되느냐에 따라 결정할 수 있다. 예컨대, 카드 IX의 상위 옆부분(D3)에 대해 "서로 상대방에게 요술을 거는 두 마법사"라는 반응을 고려해 보자. 이 반응은 공격적인 대인관계적인 반응에 대한 관심이나 또는 마법사와 같은 마술적인 힘을 소유하고 싶은 중요한 소망을 의미할 수 있다. 그리고 이러한 의미는 심상이 질문단계보다 자유연상에서 나타났다면 더 확실하다. 수검자가 처음에 "어떤 사람의 형상 같다."라고 반응한 뒤에 질문단계에서 "요술을 부리는 마술사"라고 했다면, 반응에 투사된 요소와 관련된 욕구나 관심은 처음에 반응을 자발적으로 했을 때보다 덜 긴박하다고 유추하는 것이 합리적이다.

마찬가지로 검사자가 자유연상반응을 보고 질문단계를 시작한 직후에 나타난 주제심상은 "어떻게 해서 그렇게 보았는지 모르겠네요."와 같은 몇 차례의 추가적인 질문을 한 뒤에 나타나는 심상보다 더 확실하다고 간주해야 한다. 일반적으로 표준적인 질문지침에 따른다고 하더라도 검사자가 주제심상을 끌어내기 위해 더 많은 질문을 하면 할수록 내용주제가 수검자의 성격역동에 대한 단서가 될 수 있는 가능성은 더 줄어든다.

내용주제의 의미

내용이 풍부한 반응을 밝히고 그 반응에 대한 해석적 연상을 생성하고 평가하는 과정을 설명했다. 이제 다양한 구체적인 내용주제의 의미를 다룰 것이다. 검사자가 특별한 주의를 기울여야 할 내용을 밝히고 반응이 포함하고 있는 심상에 대해 반드시 제기해야 할 의문을 논의할 것이다. 로르샤하에 대한 연상은 헤아릴 수 없이 많을 수 있으므로 내용주제나 반응내용 각각을 모두 포괄적으로 검토하기는 어렵다. 그러나 인간, 동물, 대상, 활동, 해부 등을 포함하는 심상이 지적하는 의미를 검토함으로써 검사자가 구체적 이미지의 상징적 또는 표상적 의미를 밝힐 때 적용할 수 있는 설명적 지침을 제공하고자 한다.

사람의 유형

일반적으로 로르샤하에서 보는 사람의 유형은 수검자가 자기 자신과 다른 사람을 보는 방식을 나타내준다. 반응에 나타나는 인간상의 특징을 살펴보면 수검자의 실제적인 자기상, 자신이 좋아하거나 두려워하는 상, 일반적인 사람에 대한 태도나 특정 인물에 대한 태도 또는 자신이 소망하는 어떤 인간상에 대한 사고를 알 수 있다. 이들 중 어떤 의미를 적용할 것인가 하는 것은 검사자가 인간상을 포함하는 반응에 대한 연상을 생성한 뒤에 숙고해야 할 문제이다. 이 과정에 고려해야 할 인간상의 특징은 연령, 성별, 크기, 특별한 특징, 특수한 역할, 구체적인 정체성, 빠진 부분 등이다.

연령과 관련해서 젊은 사람은 어떤 퇴행적 경향이나 적어도 생활이 그렇게 복잡하지 않거나 더 보상적일 때 어린 시절에 대해 동경하는 반응을 나타내는가? 또는 나이가 많은 사람은 점점 늙어가고 활력을 상실하는 것에 대한 관심에 집착하는가?라는 의문을 제기할 수 있다. 성별과 관련해서 남성이나 여성에 대한 반응의 빈도가 비일상적인가?라는 의문도 제기할 수 있다. 특히 카드 Ⅳ에서 여성이나 카드 Ⅶ에서 남성으로 보는 것처럼 규준적인 기대에서 이탈되어 있는가? 만약 그렇다면 수검자는 무시당한 성적 역할이나 성적 역할과 관련된 불편이나 또는 어떤 성적 정체감에 대한 갈등을 경험할 수 있다. 성적 정체감에 대한 갈등은 예컨대, 카드 Ⅲ에서 "젖가슴과 페니스가 있는 사람"과 같이 특히 인간상이 중성이거나 양성적 특징을 모두 포함하고 있을 때 반드시 고려해야 한다. 크기와 관련해서 형상이 크거나 작다는 것이 반복적으로 강조되고 있는가? 하는 의문도 제기할 수 있다. 한 방향 또는 다른 방향으로 크기를 강조하는 것은 자신이 너무 크거나 너무 작다는 것으로 생각하거나 또는 다른 사람이 자신보다 더 작거나 크다고 생각하는 것을 반영하는 것일 수 있다. 즉 이런 반응은 자신이 더 크고 더 강한 힘을 가진 사람에 의해 지배당하거나 자신이 다른 사람을 지배하기에 충분할 정도로 크고 강한 힘을 가지고 있거나 크고 강한 힘에 대한 소망을 나타내는 것일 수 있다.

인물상이 가지고 있는 특수한 특징과 관련해서, "큰 머리"(지적이 되거나 지적으로 지향하거나 지적인 자부심에 대한 지표), "균형이 잡힌 인물"(신체적 매력이나 선정적인 매력의 지적), "마른 팔"(나약하거나 무력감에 대한 표상)과 같은 특징은 자신이나 다른 사람에 대한 집착이나 관심을 나타내는 것인가? 실제적이든 상상적이든 간에 천사, 성인, 마녀, 악마, 난장이, 로봇 등은 선악에 대한 공통적인 의미가 있는가? 로봇은 특히 풍부한 연상을 제공한다. 로봇은 자기결정력이 부족하고 다른 것에 의해 조종되는 인간과 유사한 대상, 다른 사람의 비난에도 흔들리지 않을 정도로 감정이 없고 초연한 대상 또는 초인간적인 신체적 능력과 결점이 없는 논리를 소유한 우수한 대상을 의미하는가?

인간상의 특수한 역할과 관련해서 왕, 판사, 전도사, 쇼걸, 발레리나, 마술사, 모델, 카우보이, 레슬링 선수, 광대 등과 같은 역할을 수행하는 사람을 포함하는 극적인 반응이 있는지도 검토해야 한다. 개인적 특성과 마찬가지로 이러한 역할을 포함하는 반응이 있으면 검사자는 수검자의 내적 생활의 어떤 측면을 통찰하는 데 필요한 연상을 형성할 수 있다. 예컨대, 광대가 된다는 것은 무엇을 의미할까? 광대는 사람을 웃기는 데 능숙한 재능을 가지고 있고 모든 연령의 사람들에게 사랑을 받는다. 그렇지만 광대는 바보스럽게 보이고 우스꽝스럽게 행동하는 비극적인 상이고 동정과 조소의 대상이다. 학급에서 "교실 광대"나 오페라에 나오는 광대 팔리아치처럼 쓰라린 눈물을 흘리면서 웃음을 터트리는 사랑의 실패자가 되기를 바라는 사람이 있을까? 광대는 실제적인 사람보다 오히려 가면이다. 그들의 진정한 본성과 실제적 감정은 두꺼운 화장과 분장 밑에 감추어져 있다. 마치 속으로는 울면서 겉으로는 웃고 있는 것처럼 웃고 있는 광대가 용감한 얼굴로 보일 수 있을까?

광대의 실제적 의미는 광대노릇에 대해 수검자가 연상한 것에 따라 다르다. 내용주제가 시사하는 다양한 대안적 가능성을 형성한 뒤에 검사자는 다음과 같은 사항을 고려하여 최선의 선택을 해야 한다: (1) 수검자의 중요한 감정을 명료화시키기 위한 반응의 정교화(예컨대, "광대의 얼굴, 행복해 보이도록 분장했고, 그러나 울고 있는 것처럼 보이고 화장이 지워지는 것 같다."); (2) 특정한 가정을 지지하는 검사자료의 다른 정보원(진정한 감정을 감추기 위해 방어하고 있으나 기본적인 우울감을 지적하는 확실한 증거); (3) 검사를 실시한 뒤에 광대 반응에 대해 논의하고 광대노릇의 의미에 대해 직접 물었을 때 수검자가 말한 것. 어떻든 간에 이 장에서는 보수적 견해를 제시하였는데, 상징적 표상이 시사하는 가능한 의미를 찾아내려고 하는 검사자는 이러한 행동이 "모험적인 절차(hazardous procedure)"라는 Klopfer 등(1954)의 경고를 명심해야 한다.

수검자들은 인간내용에 어떤 특수한 정체성을 부여해서 예수, 부처, 엘리자베스 여왕, 집시, 타잔, 산타, 원더우먼, 칭기즈칸, 루스벨트, 성모 마리아, 조지 워싱턴 등을 포함하는 실제적인 인물이나 상상적인 인물과 유사한 상을 자주 보고한다. 이런 상과 관련된 개인적 특징은 수검자의 실제적인 자기상이나 이상적인 자기상 또는 다른 사람에 대한 태도를 반영하는 것일 수 있다. 예컨대,

조지 워싱턴은 미국의 국부, 용감하고 강직한 군인, 강하고 존경받는 대통령, 엄격한 지도자, 거짓말을 하지 않는 사람으로 쉽게 연상된다. 조지 워싱턴이라고 반응한 남자는 정당화시킬 수 있든 없든 간에 자기 자신이 조지 워싱턴을 동일시하거나, 워싱턴처럼 존경받는 사람이 되기를 기원하거나, 아버지를 존경받는 사람으로 생각하거나 또는 보통 남자들이 워싱턴과 같은 특징을 실제보다 더 많이 가지고 있다고 볼 가능성이 있을 수 있다.

끝으로 인간형상의 빠진 부분과 관련해서 인간 부분반응이 나타났을 경우 배제된 부분이 어떤 의미를 가지고 있는지 검토해야 한다. 단지 머리만 보는 경향이 있는 수검자는 지나치게 지적인 측면을 강조할 수 있고 신체적 및 성적인 측면에 관한 문제가 있을 수 있다. 또한 신체의 상반신만 보는 사람은 성에 대한 어떤 중요한 관심을 가지고 있을 수 있다. 특히 “다른 부분은 볼 수 없다.” 또는 “밑에 부분은 무엇인지 모르겠다.”라고 반응했다면 그럴 가능성은 더 증가한다. 반면에 머리가 없는 신체나 하반신에 초점을 맞추는 경우도 있다. 이럴 경우 성적인 측면을 지나치게 강조하고 자신의 지적 능력을 비하시키거나 자신의 생활에서 정신적인 측면의 중요성을 부인하고 있다는 가정을 검토할 필요가 있다. 또한 손이 없는 사람으로 보는 사람은 손으로 하는 일을 제대로 할 수 없다는 것에 대한 관심이나 또는 해서는 안 될 일을 시작한 것에 대한 죄책감을 나타내는 것일 수 있다. 그리고 다리가 없는 사람으로 보는 사람은 독립할 능력이 없거나 또는 스스로 위험하거나 불쾌한 상황을 극복할 수 없는 것에 대한 관심을 나타내는 것일 수 있다.

동물의 유형

인간상의 유형과 마찬가지로 동물반응의 유형도 자기상과 다른 사람에 대한 견해를 지적하는 것일 수 있다. 특히 동물상의 크기, 동물상에 대해 귀속시켰거나 내재시킨 특징, 때로는 동물상이 시사하고 있는 의미에 주의를 기울여야 한다. 크기와 관련해서 기록에 나타난 동물반응의 내용이 크고 힘이 있는 동물(곰, 황소, 독수리, 코끼리, 고릴라), 작고 매우 나약한 동물(개미, 개구리, 벌레, 쥐, 지렁이) 중 어떤 것을 지나치게 강조하고 있는지를 고려해야 한다. 확실한 내용주제를 밝히기 위한 지침에서 이미 언급하였지만, 큰 동물이나 작은 동물이 비일상적으로 강조되어 있다면 그런 반응이 자주 나타나는 빈도, 그런 반응이 예상되지 않았던 영역에서 나타났는지 여부(카드 Ⅱ의 검은 부분에 대해 "곤충"), 그런 반응이 어떻게 극적으로 표현되었는지를 검토해야 한다.

인간상의 경우와 마찬가지로 큰 동물이나 작은 동물을 강조하는 것은 수검자가 자기 자신이나 다른 사람을 유사하게 볼 가능성을 나타낸다(특히 동물내용이 어떤 해석방향을 지적하는 방식으로 윤색되었을 때 그럴 가능성은 더 높다). 따라서 "위험한 매우 큰 곰"은 크고 강한 자기상이나 크고 강한 어떤 사람이 되려는 소망이나 또는 자신보다 더 크고 강해서 조심해서 접근해야 할 동물과 사람에 대한 관심을 나타내는 것일 수 있다. 반면에 "작고 나약한 벌레"는 수검자가 자신을 나약하고, 무의미하고, 가치도 없는 존재와 동일시하거나 또는 대부분의 사람들에 대해 벌레보다 못하거나 중요하지 않고 적어도 밟혀도 상관없다는 태도를 나타내는 것일 수 있다. 이런 두 예에 대해서 "나는(I am)" 기법을 적용하면 해석적 가정을 생성하는 데 도움이 될 수 있다. 즉 자신에게 "나는 위험한 매우 큰 곰이다." 또는 "나는 작고 나약한 벌레다."라고 말하는 것을 통해 수검자의 성격적 역동을 밝힐 수 있다.

동물상은 앞에서 언급한 위험한 곰처럼 어떤 특징뿐만 아니라 해석적 의미를 증가시키는 신체적 특징이 부가되면 윤색될 수 있다. 예컨대, 카드 Ⅳ에서 "고릴라"는 "큰 몸집"이나 "엄청난 힘"을 가지고 있다고 정교화되거나 또는 더 복잡하게 수검자가 "큰 고릴라, 그런데 팔이 작다."라고 정교화되어 더 복잡해질 수 있다. 작은 팔을 가진 큰 고릴라는 크고 강하지만 실제로 할 수 있는 것은 별로 없는 자기상을 나타내거나 나약한 팔을 가졌다는 환상을 통해 지배하려고 하는 다른 사람의 힘을 부인하려는 시도를 나타내는 것일 수 있다.

동물에 귀속시킬 수 있는 특정한 성격이나 특징이 있기는 하지만, 어떤 동물들은 수검자가 특별한 주의를 기울이지 않더라도 유용한 연상을 생성할 수 있는 분명한 고유한 특징을 가지고 있다. 예컨대, "아르마딜로"는 쇠처럼 단단한 몸을 가지고 있고, "거북이"는 그 안에 있는 한 안전한 껍질을 가지고 있고, "고슴도치"는 너무 가까이 접근하는 사람에게 고통을 줄 수 있는 가시를 가지고 있다. 이러한 내용을 강조하는 것은 비록 껍데기 안에 머물러 있더라도 자신을 보호해야 한다는 것을 의미한다. 또한 "상어" "창꼬치류" "피라니아"는 육식동물이고 "대머리수리"나 "하이에나"는 썩은 고기를 먹는 동물이다. 이런 특징과 어떤 동물의 행동적 특징이 시사하는 의미는 내용주제를 분석하는 과정에서 검토해야 한다.

끝으로 어떤 동물상은 특별한 함의가 있을 수 있다. 신화 속에서 등장하고 사용하는 언어와 상관없이 인간의 다양한 성격특징을 상징하는 많은 동물들이 있다. 사자는 용맹성, 양은 온유함, 당나귀는 고집스러움, 공작새는 자만 등을 상징한다. 족제비나 스컹크를 동일시하는 사람은 잘 없을 것이고 이를 동일시하는 사람을 믿거나 사귀려는 사람도 없을 것이다. 검사자는 특정한 동물이 함축하고 있는 의미를 고려함으로써 때때로 해석과정에 흥미로운 가정을 추가할 수 있다. 비록 그렇다고 하더라도 검사자는 주제내용의 상징적 의미는 어디까지나 가정적이라는 점과 이 장에서 언급한 내용해석의 보수적 지침을 결코 잊어서는 안 된다.

대상의 유형

로르샤하 반응의 내용에는 무수히 많은 대상이 나타날 수 있다. 비록 대상이 많고 다양하다고 하더라도 대부분의 대상내용은 공통적 특징으로 해석할 수 있는 범주나 유형에 속한다. 종합체계에서 기호화하는 두 집단의 내용범주는 5장에서 이미 논의하였다. 한 내용범주는 고립지표(Isolation Index)로 식물(Bt), 구름(Cl), 지도(Ge), 풍경(Ls), 자연(Na) 등이다. 이런 내용범주는 모두 사람이 거주하지 않는 환경을 나타내고 사회적 고립에 대한 의미가 있다. 이런 내용범주는 고립지표를 구성하고 대인관계에 관한 적응문제를 의미하고 그 외에는 부가적으로 기호화할 수 있든 없든 간에 윤색되어 있을 경우 특별한 해석적 의미가 있을 수 있다.

예컨대, "시들어 가는 나뭇잎"과 "썩은 나무둥지"는 병적인 반응(MOR)으로 반응내용은 식물이다. 5장에서 논의한 바와 같이 이런 반응은 사회적 고립뿐만 아니라 신체적 통합과 기능의 상실과 관련 있는 비관적 사고와 우울에 대한 관심을 시사한다. 반면에 "안전한 항구"와 "올라가기 어려운 높은 절벽"은 지도와 풍경에 대한 반응이고 부가적으로 채점할 수 있는 특징은 없지만 내용이 풍부한 윤색을 포함하고 있다. "안전한 항구"는 보호받을 수 있는 장소를 찾는 것에 대한 관심이나 보호받을 수 있는 장소를 찾았다는 데 대한 만족을 지적할 수 있다. 올라가기 어려운 높은 절벽은 절벽 위에 숨어 있다면 보호받는 장소가 될 수 있다. 다르게 해석할 수 있는 가능성도 있지만 이 반응은 일상생활에서 감당하기 어려운 장애에 대해 직면하거나 도전하고 싶은 열망에 대한 관심을 나타낼 수 있다.

종합체계에서 기호화하는 다른 한 내용범주는 예술(Art)과 문화인류학적 내용(Ay)이 포함되는 주지화지표(Intellectualization Index)이다. 5장에서 논의한 바와 같이 Art와 Ay는 자신의 경험에 대해 주지화적인 사고방식을 나타낸다. 하지만 고립지표의 구성요인처럼 Art와 Ay도 역시 많은 것을 나타내는 방식으로 정교화될 수 있다. "그림"은 "얼룩져 있거나" "찢어져 있거나" "아름답거나" "예술가의 기교를 증명하는 것"일 수 있다. 또한 "마치 인디언의 무덤에서 나온 오래 된 유품 같이 보이고, 모두 손상되고 먼지로 뒤덮여 있다."라는 반응은 Ay의 내용이 지니는 의미를 훨씬 넘어서는 연상을 자극한다.

인간과 동물의 형상 및 고립지표와 주지화지표를 구성하는 반응내용은 전체 반응기록에서 보통 3/4 이상을 차지한다. 대부분의 기록에서 나머지 내용들은 대상의 목적에 따라 쉽게 분류할 수 있다. 따라서 이런 대상에 대해서는 대상이 전형적으로 사용되는 방식을 사용해서 대상을 의미 있게 집단으로 묶으면 도움이 된다. 앞에서 예로 제시한 "창"은 무기로 분류할 수 있다. 어떤 반응기록이 창, 곤봉, 화살(원시적 무기류), 비행기, 탱크, 대포(현대적 무기류), 전자총(미래적 무기류)을 강조했다고 가정하자. 일부 반응은 Ay로 기호화하고 다른 반응들은 과학적 내용(Sc)으로 기호화하여 그 의미를 도출할 수 있고, 그 외에도 이들 반응의 공통적 주제는 공격적인 도구를 사용하거나 공격적인 도구에 의해 희생되는 것에 대해 집착하고 있을 가능성을 지적할 수 있다.

주제심상의 해석은 원래 복잡하지만 같은 무기류라고 해서 상징적으로 동일한 것은 아니다. 예컨대, "대포"는 분명히 공격적인 무기이지만 "탱크"는 적어도 소총으로부터 보호받을 수 있다는 의미가 있다. 그리고 "탱크처럼 만든다." 라는 반응은 보통 강하고 힘이 있고 취약하지 않다는 의미를 전달한다. 더욱이 탱크에는 길고 원형으로 생긴 무기가 부착되어 있기 때문에 어떤 수검자에게는 무기보다 남근을 상징할 수 있고 어떤 수검자에게는 무기와 남근을 모두 상징할 수 있다. 이 경우 무기와 남근의 환상적 동일시는 남자 수검자가 자신의 신체기관으로 무엇을 할 수 있다고 보는지 또는 여자 수검자가 자신의 신체기관으로 무엇을 할 수 있다고 보는지와 관련 있는 다양한 잠정적 가정을 설정할 수 있다. 이미 지적한 바와 같이 여기서 사용한 예들은 구체적인 내용주제에 대한 포괄적이거나 단정적인 해석지침을 제공하는 데 목적이 있는 것이 아니다. 오히려 상징적 해석이 매우 복잡하고 풍부할 수 있으며 각 반응에서 도출된 많은 대안적 가정은 불확실하고 잠정적이라는 점을 설명하기 위한 것이다.

이제 로르샤하 반응에서 규칙적으로 나타나는 대상유형을 알아보자. 의복내용은 반응빈도보다 더 중요한 해석적 의미가 있다. 반응내용이 의복일 경우 그 의복의 사용용도를 먼저 고려해야 한다. 앞에서 논의한 바에 따르면 의복은 사용목적에 따라 두 범주로 분류할 수 있다: 어떤 것은 헬멧, 갑옷, 방탄조끼처럼 보호용이고 다른 어떤 것은 턱시도, 예쁜 모자와 같이 장식용이다. 이 외에도 의복은 얼굴이나 신체적 특징을 은폐하기 위한 가면, 후드, 덧입는 옷처럼 감추기 위한 것이다.

보호용 의복반응은 신체적 안전에 대한 위험이나 위협으로부터 자신을 보호하려는 욕구에 관한 관심을 시사한다. 은폐용 의복반응은 사람들이 좋아하는 것과 어떻게 행동하면 다른 사람들이 좋아할 것인가를 결정하는 문제에 대한 관심을 시사한다. 이런 관심은 다른 사람의 동기가 불확실하다는 느낌과 자신이 신임을 얻을 수 있는지가 불확실하다는 것을 반영한다. 은폐용 의복반응의 의미는 가면이나 후드를 쓴 형상으로 윤색하는 수검자에게서 극적으로 표현된다. 이러한 수검자들은 때때로 "어떤 사람인지 말할 수 없다." 또는 "이들이 무엇을 하고 있는지 분명하지 않다."라는 말을 한다. 그리고 보호용 의복과 은폐용 의복이 시사하는 관심의 유형은 의복반응이 과민성지표에 포함되는 이유를 잘 나타내준다.

은폐용 의복의 또 다른 해석적 의미는 남성이나 여성을 구분해 주고 성적으로 자극적일 수 있는 이차적인 성적 특징을 모호하게 하는 역할에서 추론할 수 있다. 인물을 중심으로 보거나 양성적 특징을 가지고 있을 때와 마찬가지로 의복으로 성별을 감추는 형상이 나타나면 성역할 정체감의 혼란을 지적할 수 있다. 또한 옷을 입고 있다는 반응이 일차적으로 남성적인 차림을 포함하는지 여성적인 차림을 포함하는지를 고려하는 것도 정보적일 수 있다. "남성용 운동복"은 예외지만 최근 들어서는 남성만 입는 의복은 거의 없다. 로르샤하 반응에서 공통적으로 나타나는 여성전용 의복은 "드레스" "치마" "코르셋" "브래지어" 등이다.

내용에 관한 연상을 해석적 가정으로 전환시키는 예를 좀 더 살펴볼 필요가 있다. 남자 수검자가 특히 투사적 요소를 포함하는 극적인 반응에서 여자의 속옷을 여러 번 언급하는 것은 무엇을 의미하는 것일까? 이 남자는 불확실한 성역할 정체감을 가지고 있고 여성다운 방식이나 옷차림에 매력을 느끼는 자신을 불편하게 여길 수 있다. 이런 반응을 하는 남자 수검자는 여자에 대해 잘 알고 여자를 성적으로 다루는 방법을 잘 알고 있는 남자처럼 보이기 위해 자신을 지나치게 남성적으로 나타내려는 강한 욕구를 나타낼 수 있다. 만약 이 수검자가 여자라면 "레이스가 달린 실크 팬티"나 "나체 무희들이 걸치는 작은 천조각"과 같은 반응은 자신의 남자다움을 강조해서 나타내고 유혹이나 충격을 주려는 의도를 반영할 수 있다.

끝으로 입는 반응이 신체를 보호하거나 은폐하는 것이 아니라 옷을 치장하고 드러내기 위한 장식적인 요소를 포함하고 있는지를 고려하는 것도 중요하다. 흔히 사람들이 옷을 입는 방식은 자기 자신에 대한 진술을 제공한다. 즉 "이것은 바로 나예요." "나도 이런 방식을 좋아해요." 또는 "나도 저렇게 입어보고 싶어요." 하고 말하는 것과 같다. 또한 의복은 개인이 다른 사람을 어떻게 보는가에 대한 진술일 수 있다. 남자 수검자의 경우 "잘 차려입은 남자"와 "구겨진 옷을 입고 있는 남자"라는 반응은 자기 자신이나 다른 남자를 볼 때 옷이나 개인적 습관을 조심해서 보거나 부주의한 사람으로 보이려는 경향을 반영하는 것일 수 있다. "짧은 겉옷을 걸친" 또는 "꼭 끼는 수영복을 입은" 여자로 본 여자 수검자는 신체적으로 매력적인 자기 자신을 자랑스러워하거나, 노출증적인 경향을 나타내거나, 외투를 입는 것과 관련된 놀이를 갈망하거나, 다른 여자가 자신보다 더 매력적이라는 데 대한 관심에 집착하고 있거나 또는 이런 매력적인 여자의 옷매무새가 적절치 못해 품위가 떨어진다는 것에 대한 관심에 집착하고 있을 가능성이 있다.

활동의 유형

반응내용이 인간상이나 동물상이나 또는 다양한 대상을 포함하든 간에 내용분석을 할 때는 이들이 참여하고 있는 활동유형에 대해 주의해야 한다. 모든 유형의 활동은 운동으로 기호화하기 때문에 활동을 포함하는 반응은 M, FM, m으로 기호화한다. 또한 5장에서 논의한 능동적, 수동적, 협동적, 공격적 운동의 기호화는 운동반응에 포함된 주제심상의 어떤 측면을 나타내 준다. 다르게 기호화된 반응도 그렇지만 어떤 활동을 하고 있는 것으로 묘사된 사람, 동물 및 대상이 나타내는 반응의 질적인 측면은 종합체계의 기호화에서 얻을 수 있는 것보다 수검자의 성격특징에 대해 더 많은 정보를 제공한다.

인간의 형상이 포함된 활동과 관련해서 "휴식을 취하고" "울고 있고" "떨어지고" "웅크리고 있는" 것과 같은 운동은 모두 수동적이지만, 사람들이 이들을 느끼거나 보는 방식에 대한 의미는 매우 다를 수 있다. 즉 "휴식을 취하는" 것은 편안하고 이완된 상태를 시사하고, "울고 있는" 것은 보통 슬픔을 나타내고, "떨어지는 것"은 유죄판결처럼 어떤 나쁜 일이 일어날 가능성을 생각나게 하고, "웅크리는 것"은 사회적 위축이나 자신을 보호하려는 시도를 나타낸다. 마찬가지로 "뛰는" "숨는" "소리치는" "놀이를 하는" 것과 같은 능동적 운동반응도 중요한 태도나 관심을 자극하는 연상에 차이가 있다.

동물의 활동과 관련해서 형상을 "바람에 미끄러지는" "늪으로 빠져드는" 것처럼 보는 것은 수동운동반응이고 "먹이를 찾고" "이를 갈고 있는" 것처럼 보는 반응은 능동운동반응이다. "떨어지는" "폭발하는" "바람에 날리는" "힘차게 나는" 등과 같이 무생물이 움직이는 유형도 상당히 다양하다. 어떤 경우든 동물이나 대상의 활동유형이 수검자에게 지니는 의미를 고려해서 해석적 가정을 설정해야 한다. 예컨대, 자신을 "늪에 가라앉고 있다"고 보는 것은 어떤 것을 의미할 수 있을까? 앞에서 언급한 "나는" 기법을 적용할 경우 "나는 추락한다"는 것과 반대로 "나는 힘차게 난다"는 것은 상이한 의미가 내포되어 있다고 볼 수 있을까?

지금까지 언급한 예들은 모두 인물이나 대상의 활동에 관한 것이다. 특히 수검자의 대인관계 상호작용 및 성향과 관련해서 두 명 이상의 인물이나 대상이 상호작용하는 방식으로 나타날 경우 많은 의미가 있다. 대부분 상호작용하는 운동반응은 공격적 운동이나 협동적 운동으로 기호화할 수 있다. 그러나 이런 기호화는 능동적 운동이나 수동적 운동처럼 내용범주가 내포하고 있는 의미를 모두 반영해 주는 것은 아니다. 예컨대, "노려보고" "소리 지르고" "때리고" "죽이는" 등과 같이 공격적으로 상호작용하는 반응이거나 "팔씨름"과 같이 우호적이지는 않다고 하더라도 사회적으로 허용된 경쟁에 참여하는 반응이라고 하더라도 그러한 반응에 내재되어 있는 분노와 공격성의 정도는 다르다. "악수"나 "함께 춤을 추는" 것과 같은 협동적 상호작용을 하고 있는 사람도 오히려 덤덤할 수 있고 또는 "함께 유쾌한 시간을 보내는 것" "서로 사랑한다고 말하는 것"과 같은 상호작용은 다소 강렬한 정서적 관여를 시사하는 것일 수 있다. 마찬가지로 상호작용하는 동물과 대상에 따라 해석적 의미가 확대될 수 있다. 예컨대, 카드 Ⅱ에서 능동적으로 움직이는 곰은 "싸운다" 또는 "장난을 친다"는 것이고 카드 Ⅱ에서 제트기는 "대열을 지어 날아간다" 또는 "치열한 공중전을 벌이고 있다"는 것으로 보일 수 있다.

해부학적 유형

주제심상에 포함된 인간, 동물, 대상, 활동 등의 유형에 대한 의미를 밝히고 나면 내용반응의 해석적 가능성은 대부분 검토했다고 볼 수 있다. 그러나 한 번 더 특별히 주의를 기울일 가치가 있는 것은 해부반응의 내용이다. 구조적으로 볼 때 많은 해부반응은 신체적 기능에 대한 관심을 시사하고 윤색된 내용은 이런 관심의 성격이나 범위에 대해 부가적 정보를 제공해 주는 것일 수 있다. 예컨대, "병든 것처럼 보이는 폐" "병든 간"과 같이 특정 신체기관의 병적 내용을 포함하고 있으면 강한 신체적 집착(somatic preoccupation)을 지적하는 것일 수 있다. 이런 반응들은 지나치게 흡연할 경우 폐에 대해 걱정하고 과음이 지나칠 경우 간에 대해 관심이 많은 것처럼 개인의 생활에서 특정한 문제와 관련이 있을 수 있다.

성적인 반응도 여러 가지 역동적 의미가 있을 수 있으므로 특별히 주의를 기울여야 한다. 성적인 반응내용은 내부 기관에 대한 해부학적 내용뿐만 아니라 인간이나 동물의 외부 성적 기관일 수 있고 더욱이 "성교하는 사람"처럼 성적인 활동내용을 포함하는 것일 수도 있다. 이런 반응들을 함께 묶어서 반응들이 내포하고 있는 이미지를 분석하면 수검자의 성, 성기능, 다른 사람과의 성적 상호작용에 대한 많은 단서를 발견할 수 있다.

가끔 심장은 상징적 의미를 나타내는 방식으로 윤색되어 나타난다. 대부분의 사람들에게 심장은 사랑과 열정을 상징한다. "heart is full"은 진정한 사랑을 찾은 것이고 "broken heart"는 고통과 죽음을 의미하는 것일 수 있다. 사람은 누구나 "심장이 차가운" 사람으로 보이기를 원하지 않을 것이고 지나치게 열정적인 사람을 "피가 끓는 심장"을 가지고 있다고 표현한다. "Have a heart!"는 친절과 자비에 대한 기도일 수 있다. 따라서 심장을 포함하는 해부반응은 수검자의 대인관계 태도의 성격을 반영하는 것이므로 윤색되어 나타나는지를 자세히 검토해야 한다.

7
검사행동의 해석

검사행동은 구조변인과 내용주제와 더불어 로르샤하 해석의 근거가 되는 세 번째 자료원이다. "잉크반점이 무엇처럼 보이는지"를 보고하는 과정에서 나타나는 기본적인 행동양식과 대인관계성향은 검사가 진행되는 동안 여러 측면의 검사행동에 영향을 미친다. 더욱이 검사를 실시할 당시의 수검자의 태도와 정서상태는 검사상황을 다루는 방식에 영향을 미친다. 따라서 검사자는 수검자의 성격기능에 대한 가정을 설정하는 과정에서 반응의 구조와 내용 및 검사행동을 같이 고려하면 로르샤하에 의한 평가가 더 풍부해질 수 있다.

로르샤하 검사행동은 3가지 유형으로 구분할 수 있다. 첫 번째 행동유형은 수검자가 카드를 다루는 방식과 같이 RIM을 실시하는 과정과 관련이 있다. 두 번째 행동유형은 검사결과가 무엇을 나타낼 수 있는지에 대해 관심을 표현하는 것처럼 검사를 받는 과정과 관련이 있다. 세 번째 행동유형은 검사자에게 반복해서 "박사님"이나 "선생님"으로 부르면서 유별나게 자신을 비하시키는 경우와 같이 전문직을 수행하는 검사자와 수검자의 관계와 관련이 있다. 이들 3가지 검사행동 중에서 첫 번째 행동유형은 로르샤하 검사에서만 나타나는 것이다. 두 번째 행동유형은 RIM이 아닌 다른 검사배터리에서도 있을 수 있는 검사를 받는 것에 대한 태도를 반영하고 세 번째 행동유형은 심리학적 평가를 받지 않더라도 나타날 수 있는 권위적인 인물에 대한 성향을 나타낸다.

따라서 RIM에 대한 구체적인 지식이 있으면 검사행동의 해석적 의미를 파악하는 데 도움이 되고, 임상적 민감성은 로르샤하 자체와는 관련이 없는 검사행동의 대인관계적 의미를 이해하기 위해서는 임상적 민감성이 있어야 한다. 로르샤하 해석에서 중요하게 고려해야 할 검사행동 특징으로는 (1) 수검자가 카드를 돌리고 다루는 방식, (2) 반응하는 동안에 수검자가 한 말이나 개인적인 의견, (3) RIM을 받는 동안에 수검자가 나타낸 표현유형과 대인관계 유형을 들 수 있다.

카드 회전과 카드를 다루는 방식

모든 검사행동과 마찬가지로 카드를 회전하고 다루는 방식은 사람들이 문제를 해결하고 의사를 결정하는 상황에서 어떻게 행동하고 그 순간에 어떻게 느끼는지를 지적하는 대표적인 행동표본이다. 비정상적인 경우도 있지만 수검자가 카드를 회전하고 다루는 방식은 로르샤하에서 항상 나타나는 특징이다. 표준화된 실시절차에서는 수검자에게 카드를 잡도록 하고 수검자는 각 카드를 돌릴 수도 있고 돌리지 않을 수도 있다. 카드를 손에 들고 보라고 하지 않은 검사자는 표준적 절차를 어긴 것이고 유용한 자료를 놓칠 수 있다.

10개의 독립된 행동표본을 나타내는 10장의 잉크반점을 보는 과정에서 수검자의 성격특성과 상태는 카드의 회전 여부와 카드를 돌리는 방식에 영향을 미친다. 예컨대, 성격특성이 경직되어 있고 권위적인 수검자는 넘겨받은 대로 카드를 잡고 카드 회전은 생각도 하지 않을 수 있다. 카드 회전을 고려할 정도로 충분히 융통적인 수검자 중에서 비교적 자율적이고 자기확신이 있는 사람은 망설이지 않고 카드를 돌려볼 수 있지만 비교적 순종적이고 규칙을 준수하는 데 관심이 많은 수검자는 "카드를 돌려봐도 됩니까?" 하고 먼저 허락을 요구할 수 있다.

표준적 절차에 따라 "좋을 대로 하십시오." 또는 "마음대로 하십시오." 하고 허락을 해 주어도 성격적으로 의존적이거나 자기확신이 부족하거나 일이 잘못되는 것을 염려하는 수검자는 "어느 방향으로 돌려봐야 합니까?"와 같이 규칙을 더 명료화시키려고 할 수 있다. 또한 이런 수검자는 다음 카드에서도 "이것도 돌려봐도 됩니까?" 하고 말하면서 다시 질문할 수 있다. 이러한 질문의 빈도뿐만 아니라 질문하는 방식에서도 수검자의 소심함이나 불안감이 표현될 수 있다. 이들은 "카드를 돌려도 됩니까?" 하고 묻는 대신에 "카드를 회전하는 것도 허용됩니까?" 또는 "이 검사는 내가 카드를 다른 각도에서 보는 것도 허용됩니까?"와 같이 형식적이고 조심스러운 방식으로 질문할 수도 있다. 카드를 회전시키는 방식에서도 성격특성이 나타날 수 있다. 예컨대, 강박적인 수검자는 카드를 4가지 방향으로 돌리면서 카드를 조심스럽게 검토하는 경향을 나타낼 수 있다. 반면에 일반적으로 자신의 경험에 대해 피상적으로 주의를 기울이는 수검자는 경우에 따라 한두 장의 카드만 돌려보는 것으로 카드의 회전을 한정할 수 있다.

검사를 받을 당시 수검자의 태도와 정서상태와 관련해서 검사를 받는 것을 심각하게 받아들이고 검사자와 평가과정에 대해 긍정적으로 느끼는 사람들은 다양한 방향에서 카드를 보는 것을 고려할 정도로 충분히 반응과정에 관여하는 경향이 있다. 역으로 검사를 받는 것에 대해 관심이 없거나 검사의 목적에 대해 회의적인 사람들은 더 많은 것을 보기 위해 카드를 돌려보는 것을 성가시게 여길 수 있다. 무관심하거나 회의적인 사람이 적대적이고 도전적일 경우 카드를 넘겨받자마자 카드를 180도 회전하는 반항적인 유형의 검사행동을 나타낼 수 있다. 이럴 경우 보통 검사에 대한 부정적인 태도를 조심스럽게 나타내는 것이 아니라 "당신은 이렇게 보라고 하지만 나는 반대로 보겠다."라는 뜻을 상당히 노골적으로 전달하고 있다고 볼 수 있다.

모든 카드나 대부분의 카드를 각 방향에서 꼼꼼하게 살펴보는 강박적인 경향이나 카드를 넘겨받자마자 카드를 180도 회전하는 행동으로 나타나는 순간적인 저항 행동처럼 분명하게 나타나지는 않지만, 불안경험은 카드를 회전하는 행동에 영향을 미친다. 검사를 받는 것에 대해 불안을 느끼는 수검자는 경계하는 행동을 나타내고 로르샤하에 대해 최대한 적게 관여할 수 있다. 이럴 경우 카드를 전혀 회전시키지 않거나 잘해야 한다는 생각이 앞서서 지각을 의식적으로 탐색하기 위해 상당히 카드를 많이 회전시킬 수 있다.

5장과 6장에서 자세하게 설명한 바와 같이 잉크반점을 보는 동안에 형성한 특수한 지각과 연상은 수검자를 당황하게 만들고 상태불안을 야기할 수 있다. 이런 상황에서 수검자는 때때로 자신이 당황스럽게 여긴 반응을 보고한 뒤에 카드를 회전시킴으로써 심리적 불편을 감소시키려고 할 수 있다. 카드를 돌려 옆으로 보거나 거꾸로 보면 불편을 야기했던 지각이 잘 보이지 않거나 사라질 수 있고 다른 각도에서 보면 비교적 무난한 다른 반응을 할 수도 있다. 때로는 이렇게 카드를 회전시키면 불편이 감소된다고 말하는 수검자도 있다. 예컨대, 한 수검자가 카드 Ⅴ에서 첫 반응으로 "흡혈박쥐, 피를 빨아먹을 사람을 찾고 있다."라고 반응했다고 가정하자. 이 반응은 정확하게 지각된 평범반응으로 위험한 동물에게 희생당하는 것에 대한 관심을 함의하고 있다. 이 반응을 한 뒤에 수검자는 카드를 회전시켜 "이렇게 보는 것이 더 좋을 것 같은데, 꼭 나비 같군요." 하고 말했다. 이런 반응계열은 "흡혈박쥐"라는 반응 때문에 수검자가 불편을 느꼈다는 추론을 지지해 주는 동시에, 카드를 회전시킴으로써 어떻게 불안을 유발한 반응에서 거리를 두고 반점에 대한 부드러운 인상으로 교체하는 데 도움이 될 수 있었는지를 나타내준다.

수검자가 분명하게 지각에 방해가 되는 것을 말하지 않더라도 검사와 관련된 상황적 불안은 카드 회전에 영향을 미칠 수 있다. 예컨대, 수검자가 카드 Ⅵ을 잠시 동안 조심스럽게 살펴보고 나서 "무엇인지 잘 모르겠습니다."라고 말한 뒤에 카드를 거꾸로 돌려 "곰 가죽으로 만든 깔개"라고 하였다고 가정하자. 이 반응을 평범반응으로 본다면 원래 카드를 제시하는 방향에서는 왜 그렇게 반응하지 못했을까? 카드를 바르게 들고 볼 때 잉크반점의 어떤 것이 평범반응을 방해하는 연상을 촉발시켜서 카드를 거꾸로 회전시켜 보도록 했을까? 카드를 바로 보았을 때 윗부분에 도출된 것이 있는데, 이 부분에 남근과 유사한 것이 투사된 것은 아닐까? 6장에서 강조된 바와 같이 이런 일련의 추론의 타당성을 충분히 입증해야 하겠지만 이런 예는 반응결정 과정에서 불안 때문에 카드 회전이 나타날 수 있다는 것을 설명하는 데 도움이 된다. 수검자가 검사에 저항해서 카드를 회전시킬 경우에는 수검자가 카드를 제대로 보지 않고 카드를 받자마자 즉시 자동적으로 카드를 돌리지만 잉크반점에 대한 불안 때문에 카드를 회전시킬 경우에는 보통 잉크반점을 보고 어떤 인상을 형성한 뒤에 카드를 회전시키게 된다.

많은 다른 성격특성과 성격상태도 카드 회전에 영향을 미칠 수 있다. 그러나 이러한 성격특성 중 어떤 특성도 반드시 또는 필연적으로 카드를 회전시키도록 하는 것은 아니라는 점과 수검자가 카드를 회전시키거나 회전시켜도 되느냐고 질문하는 방식이 어떤 특수한 성격특성이나 성격상태를 반드시 나타내는 것도 아니라는 점을 염두에 두어야 한다. 예컨대, 앞에서 언급한 예에서 권위주의와 카드를 회전시키지 않는 것과 강박성과 카드를 지나치게 회전시키는 행동과의 관련성은 쉽게 역전될 수 있다. 권위적인 성격을 지닌 수검자가 규칙을 잘 준수하고 검사자의 인정을 얻는 데 관심이 있고 로르샤하 상황에서 양적으로 많은 반응을 해야 한다고 생각하면 카드를 자주 회전시켜서 많은 반응을 할 수 있다. 반면에 협조적이지만 강박적인 수검자가 RIM에서 좋은 수행이란 질적으로 좋은 반응을 의미한다고 생각하면 각각의 카드에 대해 원래 제시된 방향에서 가능한 한 최선의 반응을 하려고 노력할 수 있다. 이처럼 카드를 전혀 회전시키지 않고 반응기록이 짧은 기록을 Schachtel(1966)은 "대표작(definite masterpieces)"이라고 하였다.

로르샤하를 해석할 때 항상 이런 대안적 가능성을 고려해야 하겠지만, 수검자의 개인적인 성향, 태도, 감정도 카드의 회전 여부와 카드를 돌리는 방식에 영향을 미치는 것은 분명하다. 따라서 카드를 회전하는 행동은 이러한 성격특징에 관한 단서를 제공한다. 내용주제를 해석하는 경우와 마찬가지로 검사자는 카드를 회전하는 방식이 지적하는 의미를 파악한 후에 카드를 회전시키는 방식과 관련 있는 성격특징에 대해 합리적인 가설을 설정해야 한다. 다양하게 나타나는 카드 회전은 다음과 같이 구분하면 가설을 설정하는 데 도움이 된다: 지각을 탐색하는 유형을 나타내는 카드 회전은 호기심에 의한 회전(curious turning), 체계적 회전(systematic turning), 무분별한 회전(haphazard turning), 반항적 회전(oppositional turning)으로 분류할 수 있고, 심리적 불편을 지적하는 카드 회전은 회피적 회전(avoidant turning)으로 분류할 수 있다.

호기심에 의한 회전

카드를 회전시키는 행동유형을 구체적으로 기호화시키고 경험적으로 그 빈도를 탐색해야 하겠지만, 지각을 탐색하기 위한 호기심 때문에 다양한 위치에서 잉크반점을 주시할 수도 있다. 그렇다고 해서 잉크반점에서 지각을 발견하는 것이 어렵다고 말하는 것은 아니다. 오히려 로르샤하 반응과정을 다룬 연구에 따르면 대부분의 사람들은 그들이 실제로 보고하는 것보다 더 많고 다양한 잠재적인 반응을 볼 수 있다. 이와 관련해서 Exner(2003)는 실제로 수검자들이 보고하는 반응은 잠재적인 반응의 1/4이 되지 않을 것이라고 추정하였다. 따라서 반응을 생성하는 과정에서 수검자가 경험하는 문제는 전형적으로 지각을 찾는 문제가 아니라 얼마나 많은 인상을 검사자와 공유할 것인가를 결정하는 문제이다. 이러한 관점에서 보면 호기심이 아니라 편안하게 느낄 수 있는 반응을 탐색하기 위해 카드를 회전한다고 볼 수 있다.

검사자가 허락을 하든 하지 않든 간에 호기심에 의한 카드 회전은 일부 카드를 잠시 동안 보고 모든 카드를 다양한 위치에서 보지 않는 것, 일부 카드를 회전시키기는 하지만 카드를 모든 방향으로 회전시키지 않는 것, 카드를 본 방향에서 모두 반응하지 않고 일부의 반응만 하는 것으로 나타난다. 간단하고 짧게 보는 것과 마찬가지로 특정 위치에서 특정한 잉크반점을 보는 행동은 가끔 그저 카드를 빨리 힐끗 보고 카드를 원래 제시했던 위치로 되돌리는 것일 수 있다. 따라서 호기심에 의한 카드 회전은 비체계적이고 수검자가 여러 방향에서 잉크반점을 검토하는 과정을 중요시한다는 것을 지적하는 것도 아니다.

일부 반점은 다른 반점보다 카드를 회전하는 행동을 더 많이 유발할 가능성이 있다. 예컨대, 카드 Ⅷ의 D1에서 수검자들은 동물상을 보다 명확하게 보려고 하기 때문에 호기심에 의한 카드 회전이 매우 자주 나타난다. 아직까지 어떤 법칙적인 카드 회전 유형을 입증할 수 있는 연구는 없다. 그러나 개별 사례에서 호기심에 의한 카드 회전은 수검자가 합리적으로 이완되어 있고 검사상황에 어느 정도 관여하고 있다는 것 이상의 의미가 있을 수 있고 개별적인 성격기능을 의미하는 로르샤하 과제에 대한 규준적 접근(normative approach)을 구성할 것이다. 반면에 여기서 논의할 다른 유형의 카드 회전은 융통성의 결여, 방어, 불편감 등에 대한 단서를 제공한다.

체계적 회전

잉크반점에 대한 호기심에 의한 회전과는 달리 체계적인 카드 회전은 잉크반점을 철저하게 규칙적인 방식으로 검토하려는 목적과 의도로 반응하는 것이다. 극단적인 형태로 나타나는 체계적인 회전은 (1) 각 카드와 모든 카드를 먼저 제시된 위치에서 보고 그 후에 각 카드를 동일한 계열로 다른 가능한 세 위치에서 보고, (2) 단순히 힐끗 보는 것이 아니라 각각의 위치에서 일정 시간 동안 카드를 주의 깊게 살피고, (3) 각각의 위치에서 반응을 하거나 간단하게 말하더라도 그 위치에서 반응하려는 노력(예컨대, "이 카드는 옆으로 보아도 아무것도 볼 수 없네요." 또는 "이 방향에서 보아도 다 같은 것으로 보이네요.")으로 나타난다. 카드를 회전하는 행동이 이런 유형과 비슷하면 비슷할수록 더 체계적으로 회전하는 것이고 이런 행동유형이 어떤 강박적 성격특징을 나타낼 가능성은 더 높다.

구체적으로 체계적 카드 회전은 경직성, 융통성의 결여, 정연한 질서를 추구하는 경향이 뚜렷한 강박적 성격유형을 시사한다. 카드를 체계적으로 돌리는 사람은 양심적이고 헌신적이며 엄격한 규칙을 잘 준수하고 자신의 의무를 진지하게 수용하는 경향이 있다. 더욱이 카드를 체계적으로 회전하려고 애쓰는 사람은 보통 수검과정에 매우 많이 관여되어 있다. 체계적으로 카드를 회전하는데도 불구하고 기록이 짧고 Lambda가 높은 경우는 매우 드물다. 그리고 이런 검사행동이 나타날 경우 로르샤하 자료가 성격기능을 광범위하고 정확하게 반영할 가능성이 증가된다.

무분별한 회전

무분별한 회전(haphazard turning)은 호기심에 의한 회전보다 더 자주 더 많이 카드를 회전시키지만 체계적인 카드 회전처럼 질서와 일관성이 있는 계열은 없다. 수검자는 손에 든 카드를 빙빙 돌리고 상이한 위치에서 이리저리 보지만 대부분 단지 몇 초만 본다. 이런 맹목적인 카드 회전으로 인해 반응수가 많은 경우는 드물다. 카드를 오래 보든 짧게 보든 간에 무분별한 카드 회전은 생산적이지 않다. 이런 유형의 카드 회전은 마지못해 반응하는 것처럼 짧은 반응을 일으키고 때로는 거부를 시도하는 전주곡과 같다(예컨대, "여기서는 아무것도 볼 수 없는데요." "이것은 아무것도 닮지 않았는데요.").

무분별한 카드 회전을 나타내는 사람들은 보통 로르샤하 과제에 대한 투자를 최소화한다. 특히 짧은 시간 동안 무분별하게 카드를 회전한 뒤에 한 반응만 하거나 거절을 시도하면 검사에 관심이 없거나 검사과정에 관여되지 않았을 가능성이 높다. 이런 방식으로 로르샤하 검사를 받는 수검자는 지루하게 보이거나 다른 곳에 정신이 팔려 있는 것처럼 보일 수 있다. 이들은 검사자에게 주의의 초점을 유지하고 다음 카드를 기대하지 않고 하품을 자주 하거나, 조급하게 손가락으로 책상을 두드리거나, 한 카드가 끝난 뒤에 방이나 창 밖을 두리번거릴 수 있다. 어떤 수검자는 지각탐색이 제한되어 있다는 것을 "시간이 너무 오래 걸리지 않았으면 합니다. 여기서 끝나고 나면 다른 중요한 일을 해야 하니까요." 하는 말로 희석시킬 수도 있다. 이런 말은 수검자가 여기서 무엇을 하든 간에 별로 중요하지 않다고 생각하는 것을 의미한다.

1분 이상 무분별하게 카드를 회전하는 사람은 대부분의 카드에 대해 매우 짧게 보는 사람보다 반드시 더 많이 반응하는 것은 아니다. 그러나 이런 방식으로 검사에 대해 제대로 관여하지 않는다는 것은 수검자가 검사에 대해 협조할지를 생각하고 있다는 것을 지적할 수 있다. 무분별하게 카드를 회전하는 사람은 검사를 하는 데 시간을 낭비해서 미안하다고 좀처럼 사과하지 않지만, 순응하는 자세로 검사를 끝마친 사람은 때로는 "미안하지만 더 이상 말할 것이 없습니다. 그러나 나는 최선을 다했습니다."라고 말하면서 검사자에게 사과를 시도한다. 그러나 이런 인사말이 어떻게 해서 표현될 수 있었든지 간에 카드를 무분별하게 돌리면서 겉으로 보기에 열심히 하는 것도 아니고 뚜렷하게 초연하지도 않은 수검자는 반응과정에서 참여를 최소화시켰다는 것일 뿐이지 실제로는 최선을 다했을 수 있다. 따라서 무분별한 카드 회전을 했을 경우 수집된 로르샤하 자료를 통해서 수검자의 성격특징을 어렴풋하게 이해할 수 있을 뿐이다.

반항적 회전

이미 앞에서 지적한 바와 같이 반항적 카드 회전(oppositional turning)은 카드를 손에 쥐었을 때 단호하게 카드의 위치를 거꾸로 회전하는 것을 말한다. 또한 반항적 카드 회전은 수검자가 잉크반점을 힐끗 보자마자 곧바로 대부분의 카드를 거꾸로 돌리는 것이 특징이다. 카드의 속성이 수검자의 행동에 영향을 미칠 틈도 없이 자주 자동적으로 카드를 거꾸로 회전하면 회전할수록 반항적 카드 회전일 가능성은 더 높다.

대표적인 행동표본인 반항적 카드 회전은 순종에 대해 반항하고 항복에 대해 저항하려는 성향을 지적하는 좋은 증거이다. 순종과 항복이 부적응적인 상황도 있고 반항(defiance)과 저항(resistance)이 건설적인 상황도 있다. 그러나 반항적 카드 회전이 개인에게 요청되거나 기대된 것을 하는 행동과 거절하는 행동의 적응적인 균형을 의미하는 경우는 매우 드물다. 오히려 이 특수한 검사행동은 보통 까다롭고 비협조적으로 지각되더라도 자신의 자율성을 지속적으로 주장하려고 노력하는 성향일 수 있다. 반항적으로 카드를 회전하는 사람 중에는 비교적 뚜렷하게 호전적인 방식으로 자율성을 주장하는 사람도 있고 비교적 기만적이고 수동-공격적인 방식으로 자율성을 주장하는 사람도 있다. 어떤 방식이 더 많이 나타날 것인지는 수검자의 주제내용과 a:p와 같은 구조변인에서 발견할 수 있다.

무분별한 카드 회전과 달리 반항적 카드 회전은 반드시 프로토콜의 길이나 풍부성을 제한하는 것은 아니다. 반항적인 수검자가 검사자를 권위적이고 간섭적인 인물로 지각할 경우 습관적인 반항심이 더 악화되고 짧고 피상적이고 정보가 없는 기록을 야기할 수 있다. 그러나 제시된 방향과는 정반대 방향에서 카드를 검토하기 시작하는 다른 반항적인 수검자는 자신의 자율성을 충분히 나타낼 수 있다. 이럴 경우 수검자는 충분하고 솔직하게 반응을 진행할 수 있고 심지어 호기심에 의한 회전이나 체계적인 카드 회전으로 전환될 수도 있다.

회피적 회전

지각을 탐색하기 위해 호기심에 의해, 체계적인, 무분별한, 반항적으로 카드를 회전하는 것과는 달리 회피적 카드 회전은 지각을 찾기보다 지각을 부인하거나 거리를 두려는 노력을 나타낸다. 다른 유형의 카드 회전과 달리 회피적 회전은 많은 또는 대부분의 카드를 다루는 방식이 지속적이지도 않고 수검자의 수검태도나 일반적 성격특징에 관한 정보를 제공하는 것도 아니다. 오히려 회피적 회전은 특정 반응이나 반점의 특징에 대한 부정적 반응으로 나타나고 어떤 순간에 수검자의 인상 및 연상과 관련된 불편을 나타낸다.

회피적 카드 회전은 어떤 역동적 의미가 있을 가능성이 있는 반응이나 반점의 특징을 밝히는 데 도움이 되기 때문에 해석과정에서 중요하게 고려해야 한다. 특정 유형의 카드 회전방식에 해당되지 않는 다른 모든 회전은 잠정적으로 개인의 불편을 지적하는 것으로 해석할 수 있기 때문에, 카드를 회전하기 이전에 나타낸 반응을 검토해야 한다. 불편을 해석하는 데 있어서 중요한 단서는 카드 회전을 촉발시키는 주제내용에서 나타난다. 예컨대, 카드 Ⅱ에 대해 "서로 싸우고 상처를 입은 두 마리 곰"이라고 반응한 뒤에 즉시 카드를 돌렸다면, 이런 행동은 수검자가 적대감에 대한 관심 때문에 고통을 경험하고 있다는 것을 나타내는 것이다. 이 예에서 "나는 이런 빨간 것은 싫어요."와 같이 반점에 대해 불평하는 말을 했다면 이는 수검자의 중요한 관심을 덜 직접적이지만 적절하게 지적해 주는 단서가 될 수 있다.

때로는 한 반응도 보고하지 않고 불편하게 만든 인상이나 연상에 대한 어떤 다른 단서도 나타내지 않고 회피적으로 카드를 회전하는 경우도 있다. 이럴 경우 4장에서 설명한 바와 같이 각 카드에 대해 공통적으로 기대할 수 있는 반응을 근거로 개인이 불편을 느끼는 원인을 추론할 수 있다. 예컨대, 카드 Ⅲ은 자주 협동적인 일에 참여하고 있는 두 사람으로 본다. 친밀하고 협동적인 관계를 맺을 수 있는 기회가 부족해서 불행하고 우울한 사람도 카드 Ⅲ에 대해 협동적인 M을 지각할 수 있다. 또한 이들은 그렇게 행동하는 것을 의식하지 못하더라도 다른 사람들은 즐거워하지만 자신은 그렇게 하지 못하는 즐거운 상호작용을 보고 당황하게 된다. 그래서 이런 불쾌한 감정을 떨쳐버리기 위해 반응을 전달하지 않고 카드를 회전하게 된다. 예컨대, 카드 Ⅲ을 잠시 동안 본 뒤에 거꾸로 돌리는 것은(특히 어떤 좋은 인간반응이 뒤따라 나타나지 않고 불편에 대한 다른 행동적 징후가 수반된다면) 불만스러운 대인관계 때문에 고통받고 있다는 것을 지적할 수 있다. 이렇게 일반적 태도와 대응유형을 반영하는 다른 유형의 카드 회전과는 달리 회피적 카드 회전은 분명하게 언급하였든 언급하지 않았든 간에 반응이나 카드의 어떤 측면이 수검자에게 특별한 의미가 있다는 것을 시사하는 것이므로 해석적 의미에 대해 특별히 주의를 기울여야 한다.

회피적 카드 회전은 수검자가 자신을 괴롭히는 인상이나 연상을 얼마나 자주 형성하고, 고통스러운 지각이나 반점의 특징으로부터 거리를 두기 위해 얼마나 카드 회전을 사용하느냐에 따라 로르샤하를 실시하는 동안에 한 번 나타날 수도 있고 여러 번 나타날 수도 있다. 자주 회피적 회전이 나타나는 사람은 보통 RIM을 매우 어려운 과제라고 생각하고 편안하게 느낄 수 있는 반응을 찾기 위해 노력한다. 이렇게 노력하는 것은 전형적으로 반점에서 어떤 것을 볼 수 있는 능력이 없어서가 아니라 떠오르는 어떤 것을 싫어하기 때문이다. 특히 카드를 상당히 많이 회전시키고 많은 또는 모든 잉크반점을 오래 검토하는데도 불구하고 비교적 반응이 적다면, 검사자에게 협조하려고 하고 검사자가 원하는 것을 하려고 하지만 떠오르는 인상을 검사자와 자유롭게 공유할 수 없다는 것이다.

카드 다루기

검사자는 지각을 탐색하기 위해 카드를 회전시키는 방식을 검토하고 수검자가 카드를 다루는 방식을 관찰함으로써 검사에 대한 태도와 대인관계 유형에 대해 많은 것을 알 수 있다. 카드를 다루는 방식은 카드 회전 유형보다 더 다양하고 쉽게 범주화하기도 어렵다. 그렇지만 수검자가 카드를 넘겨받고, 잡고, 되돌려 주는 어떤 공통적인 방식을 설명하는 것은 가능하다.

예컨대, 수검자는 검사자가 제시하는 각 카드를 어떻게 넘겨받을까? 검사자가 카드를 넘겨줄 때 수검자는 상체를 앞으로 구부려서 카드를 넘겨받고 그래서 검사자가 팔을 뻗지 않아도 되도록 하는가? 또는 등을 의자에 기댄 채 가만히 앉아서 검사자가 몸을 앞으로 기울여 카드를 손에 쥐어주기를 기다리고 있는가? 첫 번째의 경우 수검자는 검사에 참여하고 검사자를 존중하고 호감을 사려는 긍정적 동기가 형성되어 있다고 추론할 수 있다. 두 번째의 경우 심각하게 우울하거나 매우 수동적이지 않다면 수검자는 아마 검사과정에 관여되는 것을 회피하고 검사자에게 순종하지 않으려는 것을 지적하는 것이다. 이럴 경우 검사자는 모든 일을 다 해야 하는 충복으로 간주된다.

수검자가 카드를 손에 쥐고 나면 카드를 잡고 있는 방식은 다양한 태도를 반영할 수 있다. 검사에 참여하지 않으려고 시도하는 사람들은 마치 잡을 가치가 없는 물건처럼 카드를 하찮게 취급할 수 있다. 예컨대, 이들은 검사자의 지시에 따라 카드를 손에 쥔 뒤에 마치 악취가 풍기는 물건처럼 혐오감을 보이면서 카드를 책상 위에 던져놓을 수 있고 다시는 카드를 집어 들지 않고 반응할 수 있다. 이런 방식으로 반응하는 사람들은 카드를 회전하고 싶을 경우 한 손가락으로 카드의 위치를 움직일 수 있다. 이렇게 카드를 경멸하는 것은 검사와 검사자에 대한 경멸을 강하게 시사한다. 일반적으로 말해 수검자가 카드를 다루는 방식은 검사자를 어떻게 간주하고 어떻게 취급하려고 하는지를 말하는 것이다.

또 다른 예로 카드를 멀리 두려고 하는 경우를 들 수 있다. 이런 태도는 검사나 검사자를 경멸하려는 것은 아니고 카드에서 본 것 때문에 고통스러워서 카드를 붙잡지 않거나 적어도 카드를 가까이에 두려고 하지 않는 것일 수 있다. 이런 사람들은 가능한 한 팔을 멀리 뻗어 카드를 잡을 수 있다. 어쩌면 이들은 이렇게 보는 것을 더 좋아하기 때문일 수 있다. 이들은 심지어 카드를 어떤 방식으로 세워놓고 뒤로 물러서서 멀리서 보는 경우도 있다. 이런 행동이 시력과 관련된 것이 아니라면 검사 때문에 생긴 심리적 고통을 나타낼 가능성이 높다.

대부분의 사람들은 끝낼 때까지 카드를 잡고 있고 개인적 태도와 성격유형에 관한 많은 정보를 제공해 주지 않는 평범한 방식으로 카드를 잡고 있다. 그러나 어떤 경우 때로는 깨지기 쉬운 귀중품을 들고 있는 것처럼 매우 조심스럽고 점잖게 카드를 붙잡을 수 있다. 이런 행동은 비일상적인 정도의 소심함, 나쁜 일을 하는 것에 대한 두려움, 검사자의 지위와 지식에 대한 지나친 존중, 검사자를 기쁘게 하고 좋은 말을 들으려는 강한 욕구 때문에 나타날 수 있다. 때로는 전혀 관심이 없거나 어떤 손상을 입히려는 의도가 있는 것처럼 카드를 거칠게 다루는 사람도 있다. 이들은 손가락으로 카드를 가볍게 치거나 우연인 것처럼 카드를 바닥에 떨어뜨릴 수 있다. 이런 유형의 행동은 평가에 대한 적대감, 검사자에 대한 경멸, 카드에서 얻는 모든 검사결과에 대한 불신을 시사한다. 수검자가 다른 형태의 행동을 할 수도 있겠지만, 카드를 잡는 이런 비일상적 방식은 수검자가 자신의 마음속에 검사의 성격과 목적 및 검사자와의 관계를 구조화하는 방법에 대해 상당히 분명한 의미가 있다.

수검자는 각 카드에 대한 반응이 끝나면 카드를 검사자에게 돌려주어야 한다. 수검자가 카드를 잡을 때 나타내는 특징적인 방식은 가끔 카드를 되돌려줄 때 다시 나타나고 이런 방식을 통해 카드를 다루는 행동에서 도출한 추론을 확증할 수 있다. 손을 뻗어서 카드를 잡는 사람은 되돌려 줄 때에도 보통 그렇게 한다. 어떤 경우 이렇게 정중하고, 순종하고, 협력하고, 좋은 인상을 심어주려는 분명한 욕구가 있는 수검자는 검사를 도와주기도 한다. 즉 검사자가 되돌려 받은 카드를 뒤집어 쌓아두는 것을 본 수검자는 반응을 끝마친 뒤에 자신도 같은 방식으로 각 카드를 쌓아두기 시작한다. 성격상 깔끔하거나 강박적인 사람은 카드를 가지런히 조심스럽게 쌓아둘 수 있다. 반면에 암암리에 검사자와 힘겨루기를 하고, 순종적이지 않기로 결정하고, 처음부터 검사자가 카드를 손에 쥐어주기를 기다리는 사람들은, 카드를 되돌려 줄 때에도 검사자가 손을 길게 뻗어 카드를 회수하도록 내버려둔다.

검사과정에 대해서 부정적으로 느끼는 사람들은 때때로 카드를 다 본 뒤에도 붙잡고 있고 그 외에도 노골적으로 자신의 감정을 나타낼 수 있다. 검사자의 선의를 헤아리는 사람은 카드를 가지런히 쌓아둘 수도 있으나 검사의 중요성을 비하시키려고 시도하는 사람은 카드에 대한 반응이 끝난 뒤에 검사자를 향해 카드를 가볍게 던질 수 있다. 이런 예와 다른 예에서 알 수 있는 바와 같이 카드를 다루는 행동의 해석적 의미는 카드를 다루는 행동의 원인으로 작용하는 동기에서 찾을 수 있다.

논평과 개인적 언급

이미 앞의 많은 예들에서 지적된 바와 같이 가끔 반응에 동반된 논평(comment)과 개인적 언급(personal remark)은 로르샤하 반응의 해석적 의미를 더 풍부하게 한다. "이것은 내가 직장에서 사용하는 기계의 부품처럼 보인다." 또는 "어머니는 이런 디자인의 브로치를 사용하셨다."와 같이 잉크반점이 그렇게 보이는 이유를 직접 설명해 주는 개인적 언급은 종합체계에서는 PER(personal)로 기호화한다. 그래서 PER은 하나의 구조변인이 되고 〈표 3-1〉에 나타나 있는 바와 같이 대인관계 군집에 포함되어 있다. 그러나 논의를 위해 PER을 다른 논평과 함께 검사행동의 한 측면으로 고려하면 더 도움이 된다.

논평

RIM에 반응하는 사람들은 가끔 잉크반점의 어떤 부분은 무엇으로 볼 수 있고 왜 그렇게 보이는지를 보고하는 통합적이지 않은 논평을 언급한다. 이들 검사 외적인 논평은 반응관련(response-referential), 자기관련(self-referential), 검사자관련(examiner-referential) 논평으로 범주화할 수 있다. 이러한 3가지 유형의 논평은 전형적으로 수검자의 어떤 특징적 태도나 검사상황에 대한 수검자의 사고와 감정을 나타낸다. 이러한 논평에 대해 주의를 기울이고 논평의 의미를 심사숙고하면 수검자의 태도, 사고 및 감정에 대한 유용한 정보를 수집할 수 있다.

반응관련 논평 이 유형의 논평은 주로 반응이나 반점에 대한 평가적 진술과 로르샤하 과제에 대해 수검자가 어떻게 접근하고 있는지를 설명해 준다. 사람들은 가끔 자신의 반응에 대한 평가적 논평을 할 때 "이 반응은 좋아요." 또는 "이 반응은 매우 좋은 반응이라고 생각하지 않아요."와 같이 감정을 나타낸다. 유쾌하게 표현된 반응은 일상생활에서도 그에 상응하는 즐거움을 주는 요소를 포함하고 있는 반면에 불쾌하게 표현된 반응은 불쾌한 관심의 성격과 범위에 대한 단서를 제공할 수 있다.

예컨대, 카드 Ⅲ에서 "서로 도와주고 있는 두 사람. 나는 이런 반응이 좋아요." 하는 반응은 형태질이 좋은 협력적인 M 반응이다. 또한 이런 반응은 그러한 유형의 대인관계 상호작용을 편안하게 느끼고 그러한 상호작용에 관여될 가능성이 높다는 것을 시사한다. 반면에 카드 Ⅴ에서 "검은 우산처럼 보이고, 폭풍우에 가장자리가 찢어져 너덜거린다. 아마 매우 좋은 반응은 아니다."라는 반응을 고려해 보자. 이 반응은 강한 우울성향을 지적하는 마이너스 형태, Morbid, FC′ 반응이다. 또한 이 반응은 반응에 표현된 불만족과 함께 수검자가 우울한 기분이나 신체적 손상을 의미하는 경험을 다루는 것이 얼마나 고통스러운가를 강조하고 있다.

반응에 대한 평가적 논평은 수검자의 생활에서 쾌감이나 불편의 구체적 원인을 밝히는 데 도움이 될 뿐만 아니라 일반화되어 있다면 자신에 대한 태도와 관련해서 일반적 함의가 있을 수 있다. 자주 자신의 반응에 대해 긍정적인 논평을 한다면 일반적으로 자신과 자신의 반응에 즐거워하는 경향이 있다는 것을 시사한다. 심지어 "이것은 좋은 반응이죠. 그렇죠?" 하는 것처럼 자신이 좋은 일을 했다고 생각하는 것을 다른 사람에게 알리는 경우도 있다. 역으로 "또 형편없이 반응한 것 같군요. 그렇죠?" 하는 것처럼 부정적인 논평을 반복한다면 일반적으로 자신의 노력을 혹평하고 있다는 것을 의미한다.

자신의 반응에 대한 반복적인 평가적 논평에 자신에 대한 태도가 나타나기도 하지만, 다른 사람을 보는 특징적인 방식을 반영하는 견해와 가치판단도 나타날 수 있다. 예컨대, 카드 Ⅰ에서 "중간에 조각상, 매우 잘 조각한 작은 조각상이다" 또는 카드 Ⅹ에서 "어떤 현대 예술, 그렇지만 매우 잘 된 것은 아니다."라는 반응을 생각해 보자. 심미적 측면을 제외하면 이들 두 반응은 다른 사람과 다른 사람의 작품에 대한 상이한 태도를 설명하는 것이다. 첫 번째 예는 찬사와 존경을 나타내고 있으나 두 번째 예는 냉소와 모욕을 포함하고 있다. 단일 반응을 근거로 과일반화하는 것은 항상 조심해야 하겠지만, 이런 종류의 반복적인 논평이 있을 경우 관대하고 다른 사람의 장점을 보려는 경향을 나타내는 사람일 수도 있고 다른 사람에 대한 호감보다 대개 결점을 찾아내는 냉소적이고 심술궂은 유형의 사람일 수도 있다.

잉크반점에 대한 평가적 논평은 수검자의 유쾌한 감정이나 불쾌한 감정을 일으키는 원인을 시사하는 것일 수 있고 일반적인 호의적 태도나 악의적 태도를 밝히는 데 도움이 될 수 있다. 예컨대, 카드 Ⅷ에서 "예쁜 것으로 보입니다."라고 말하는 것은 감정을 자극하는 상황을 편안하고 즐겁게 다룰 수 있다는 것을 지적할 수 있다. 이런 종류의 반복적인 논평은, 특히 카드 Ⅳ, Ⅵ에서 매우 빨갛게 타오른다고 반응했을 때는 주변세상과 평가를 긍정적으로 보려는 지속적인 욕구가 있거나 검사자료를 칭찬함으로써 검사자의 비위를 맞춰주려는 욕구를 나타내는 것일 수 있다. 반면에 "나는 이런 것은 좋아하지 않아요." 하는 논평은 반점의 분명한 자극적 특징을 처리하는 데 어려움(예컨대, 카드 Ⅵ의 재질적 특징)이나 또는 반점에 대한 공통적인 연상(예컨대, 카드 Ⅱ에서 공격적인 상호작용)을 시사하는 단서일 수 있다. 그리고 반점에 대한 반복적인 부정적 논평은 보통 불쾌한 성향, 평가받는 것에 대한 부정적 태도 또는 검사자료를 과소평가함으로써 검사자를 무시하려는 욕구를 반영할 수 있다.

때때로 잉크반점의 특정 영역에 대한 평가적 논평이 있으면 수검자의 중요한 관심에 대한 구체적인 해석적 가정을 설정하는 데 도움이 된다. 예컨대, 카드 Ⅵ의 아랫부분(D1)에 대해 평범한 동물가죽이라고 반응한 뒤에 위 중앙부분(D6)에 대해 "저 흉한 것은 무엇이죠?" "무엇인지 몰라도 가까이 가기도 싫어요." 또는 "저 부분은 포함시키지 않았어요." 하고 말한 사람을 생각해 보자. 보수적인 상징적 해석을 시도하면 이런 논평은 프로이트의 시가가 단순히 시가에 불과한 것처럼 전혀 아무런 의미가 없다고 해석할 수 있다. 그러나 이런 논평은 남자의 성적 욕망을 다루는 것과 관련된 어떤 문제적 관심을 지적하는 것으로도 해석할 수 있다. 마찬가지로 어떤 사람이 카드 Ⅶ의 위 부분(D2)에 대해 "허리 위만 있는 두 여자"라고 평범한 반응을 했으나 아랫부분(D4)에 대해 "이것으로 할 수 있는 것은 아무것도 없어요." 하고 말한 뒤에 아래 중앙부분(D6)을 가리키면서 "특히 이것은 나에게 아무런 의미가 없어요." 하는 말을 덧붙였다고 가정해 보자. 이런 방식으로 논평한 남자는 이성과 신체적 접촉을 두려워하거나 관심이 없을 수 있고 이런 방식으로 말한 여자는 자신의 생활에서 성의 중요성을 최소화하거나 부인하려는 욕구를 나타내는 것일 수 있다.

마지막으로 사람들은 자신의 반응과정을 기술하는 과정에서 성격기능의 어떤 측면에 대한 단서를 제공할 수 있다. W 반응의 빈도가 비일상적인 사람이 "나는 늘 반점 전체를 사용하기를 좋아해요." 하고 말할 수 있다. 이런 논평은 수검자가 뚜렷하게 전체지향성을 강조하고 세부적인 측면에 대해서는 충분하게 주의를 기울일 수 없다는 특성을 나타내는 것일 수 있다. 마찬가지로 전반적으로 내성적인 사람들은 카드 Ⅷ~Ⅹ에 대해 "꽃다발"이나 "물 밑 풍경"과 같은 반응에서 암묵적으로 색채반응을 했을 때라도 "색깔은 사용하지 않았다." 또는 "색깔은 중요하지 않아요." 하고 말할 수 있다. 이런 논평은 자신의 감정에 대한 인식이나 표현이 어렵다는 것을 더 분명하게 나타내는 것이다. 주제적 함의와 관련해서 카드 Ⅳ의 상단과 측면(D7)에 대해 평범한 인간반응을 한 수검자가 아래 중앙부분(D1)에 대해 "이 부분은 사용하지 않았어요." 또는 "여기 아랫부분은 포함시키지 않았어요."라고 말할 수 있다. 카드 Ⅵ의 D6을 거부한 것처럼 카드 Ⅳ의 D1을 배제시킨 것은, 정확한 추론이 아닐 수도 있으나 수검자가 남근에 대한 혐오감을 가지고 있을 가능성을 지적하는 것이다.

자기관련 논평 자기와 관련이 있으나 개인적 반응(Personal)이 아닌 논평은 일반적으로 자신의 수행에 대한 의견표현이나 관심의 형태로 나타난다. 수검자는 "이건 제법 잘했다. 그렇죠?" 또는 "너무 많이 반응한 것 같군요."와 같이 자신을 칭찬할 수 있다. 이런 종류의 자화자찬은 당황하지 않고 자신을 칭찬하려는 자기애적인 성향, 잘하지 못한 것에 대한 관심을 불식시키기 위한 보상적인 욕구이거나 검사자로부터 칭찬이나 인정을 유발하려는 시도를 지적하는 것일 수 있다. 이러한 반응은 매우 다양하게 해석할 수 있으므로 검사자는 가능한 대안 중에서 어떤 대안이 다른 자료들과 가장 일치하는지를 검토해야 한다.

"이것은 잘했다고 생각되지 않네요." "충분한 반응을 하지 않은 것 같네요." "나는 이런 것은 잘 못해요."와 같이 수검자 자신의 수행에 대한 논평이 자기비판적이고 자기비하적일 때도 있다. 자기칭찬과 달리 자기비하는 만성적인 낮은 자존감을 반영할 수 있고, 부정확하다고 하면서 검사자에게 사과하는 논평은 검사자로부터 동정과 용서를 받으려는 욕구 때문일 수 있다. 더욱이 "이것은 마음에 들지 않네요."와 같은 분명히 자기비판적인 논평은 검사에서 거리를 두고 로르샤하 결과의 의미를 최소화시키려는 교묘한 방식일 수 있다. 즉 수검자는 지시를 따를 만한 능력이 없다고 말함으로써 RIM은 자신을 평가하기 위한 좋은 도구가 아니고 자신의 반응이 무엇을 시사하는 것으로 보이든 아무런 의미도 없다고 말하는 것이다.

잉크반점에 대한 평가적 논평과 더불어 자주 나타나는 자기관련 논평은 이탈반응과 유사하고 이탈반응(Deviant Response, DR)으로 기호화하는 데 필요한 기준을 충족시키지 않는, 과제에서 다소 빗나간 진술이다. 이런 논평의 전형적인 예는 "이것은 벌레, 나는 벌레를 좋아하지 않아요." "이것은 호수 같이 보이고, 낚시는 내가 좋아하는 취미이다." "나는 항상 밝은 색을 좋아해요. 가끔 그림을 그리고 싶은 생각도 나고요." "마치 싸우고 있는 것처럼 보이고, 그리고 믿을 수 없는 어떤 것이다."와 같은 반응이다. 비록 개인적 반응(Personals)도 아니고 수검자 자신이 보고한 것을 본 근거를 언급하지 않았지만, 이런 유형의 논평은 좋아하는 취미처럼 수검자의 실제생활에 관한 정보를 제공할 수 있다.

더욱이 자기관련 탈선이 나타나면 그러한 탈선을 자극한 중요한 동기에 대해 주의를 기울일 필요가 있다. 자기관련 탈선은 수검자가 검사자에게 가까이 다가가려는 욕구를 지적하는 것일 수 있고, 이 때문에 검사자는 수검자가 어떤 사람인지 더 잘 알고 더 호감을 가지게 될 수 있다. 또한 자기관련 탈선은 로르샤하 과제로부터 관심을 다른 곳으로 돌리기 위한 교묘한 술책일 수 있다. 즉 이런 탈선은 마치 수검자가 "이런 것은 제쳐두고 나에 대해 이야기하죠. 당신이 알고 싶은 것은 무엇이든 다 말할 수 있다."고 말하는 것과 같다. 특히 수검자가 어떤 방식으로든 자신을 불편하게 만든 반응을 한 후에 탈선이 나타나면 후자일 가능성이 높다. 또 탈선은 선행된 반응과 관련해서 수검자가 경험한 불편을 지적하는 단서일 수 있다.

검사자관련 논평 반응관련 논평, 자기관련 논평과 마찬가지로 검사자에 대한 언급도 역시 로르샤하 과제로부터 거리를 두려는 노력을 나타낸다. 예컨대, "이런 검사를 많이 합니까?" 하는 반응이 전형적인 예이다. 이런 논평은 자유연상이나 질문과정을 방해할 뿐만 아니라 검사자가 잉크반점을 치우면 논의할 수 있는 더 흥미로운 문제, 일반적으로 로르샤하에 대한 반응을 형성하는 것보다 덜 불편하고 더 많은 것을 나타내는 문제가 있다는 것을 간접적으로 시사하는 것이다. 다른 논평의 경우와 마찬가지로 검사자를 포함하는 논평은 논평 직전에 선행된 반응과정의 영향에 대한 단서를 제공한다.

더욱이 검사자 관련 논평은 검사상황과 다른 사람 일반에 대해 어떻게 느끼는가를 밝히는 데 유용할 수 있다. 정신치료에서 긍정적 전이를 나타내는 환자처럼, 평가받는 것에 대한 태도가 긍정적이고 검사자의 호감을 사려는 사람은 다양한 직간접적 방식으로 검사자에게 언급한다. 어떤 사람은 직접적으로 반응에 자신을 만나주고 자신과 함께 많은 시간을 보낸 것에 대한 감사의 표현을 삽입할 수 있다; 검사자의 행동유형에 대한 칭찬("선생님은 매우 점잖아 보이네요."), 외모에 대한 칭찬("옷이 너무 멋져요."), 능력에 대한 칭찬("선생님의 명성은 익히 들었습니다."). 어떤 사람은 간접적으로 검사자가 소유하고 있는 물건("사무실이 정말 편안하게 느껴지네요."), 직업("이런 직업이 정말 재미있을 것 같아요.") 또는 측정도구("이런 잉크반점은 좋은 검사라고 들었습니다.")에 대한 논평으로 자신의 긍정적인 감정을 나타낼 수 있다.

반면에 평가받는 것을 싫어하거나 원망하는 사람은 다양한 부정적인 논평에서 불쾌한 감정을 나타낼 수 있다. 이들은 직접적으로 검사("도대체 이런 걸 왜 하는지 모르겠군요."), 절차의 유용성에 대한 의문("어디서 본 기억이 있는데, 이런 잉크반점은 타당한 검사가 아니라고 하더군요.") 또는 검사자의 능력에 대한 도전("이런 평가를 얼마나 많이 했습니까?")을 통해서 불평할 수 있다. 이들은 또한 간접적인 방식으로 검사자의 위치("사무실이 어떻게 이런 외진 곳에 있지요?"), 활동("하루 종일 이런 일을 하면 정말 지루하겠어요."), 절차("비서가 전화를 받는 것을 보니 예의가 바르지는 않더군요.")에 대해 결점을 찾을 수 있다.

이런 종류의 긍정적 및 부정적 검사자 관련 논평이 반복적으로 나타나면 검사상황에 대한 구체적인 반응뿐만 아니라 다른 사람과 상황에 대해 접근하는 일반적인 성향을 시사하는 것이다. 논평에 나타나는 대인관계에 대한 태도는 단순히 긍정적이거나 부정적인 의미를 넘어서 많은 구체적인 형태로 나타날 수 있다. 수검자의 논평과 검사행동의 여러 측면을 관찰하면 수검자의 대인관계 유형을 추론하는 데 도움이 된다. 이 장의 마지막 부분에서 표현유형과 대인관계 유형을 더 자세히 논의했다.

개인적 반응

앞에서 지적한 바와 같이 Per로 기호화된 반응은 사람들이 자신의 과거 경험이나 지식을 근거로 반응을 설명하거나 정당화시킨 논평을 말한다. 따라서 개인적 반응은 과제와 관련된 행동인 동시에 결정인과 잉크반점이 수검자가 본 것처럼 보이는 이유를 설명해 주는 역할도 한다. 개인적 반응을 의미가 다른 3가지 유형, 즉 자기정당화(self-justification), 자기확대(self-aggrandizing), 자기노출(self-revealing)로 분류하면 해석에 많은 도움이 된다.

자기정당화를 위한 개인적 반응 자기정당화를 위한 개인적 반응은 잉크반점이나 반점의 부분과 수검자 자신이 다른 곳에서 본 어떤 것 간의 유사성에 대한 진술이 직선적이고 정교화되지 않은 것을 말한다. 이런 유형의 개인적 반응의 예는 "어디서 본 적이 있는 것 같은" 박쥐, "TV에서 본 적이 있는" 만화에 나오는 인물, "해부학 책에서 본 그림과 같은" 신체기관 등일 수 있다. 이렇게 정교화되지 않은 개인적 반응은 일차적으로 그렇게 반응한 수검자가 방어적 목적을 위해 사용한 것이다. 즉 자신의 생활에서 실제적인 지각을 근거로 로르샤하에 대한 지각을 정당화시킴으로써 부정확한 인상을 보고할 가능성이나 그렇게 보고한 정당한 이유가 결여되었을 가능성을 최소화시키려는 시도이다. 이렇게 자신을 정당화하기 위한 반응이 자주 나타나는 사람은 자신의 능력과 판단에 대한 신뢰가 부족한 불안정한 사람일 가능성이 높고 다른 사람에게 자신의 행동과 결론의 근거를 장황하게 설명함으로써 불확실성과 관련된 불안을 방어하려는 경향이 있다.

자기확대를 위한 개인적 반응 자기확대를 위한 개인적 반응은 지각을 정당화하기 위해 기존의 지식이나 경험을 많이 사용한다. 이들은 자신이 얼마나 많이 알고 또는 얼마나 많은 일을 했는가를 자랑스럽게 정교화한다. 이런 유형의 개인적 반응의 예는 카드 Ⅵ에서 토템기둥(totem pole), "일종의 원주민 상징, 남해로 여행 갔을 때가 떠오른다." 카드 Ⅸ에 대해 "루브르 박물관에 걸려 있는 인상주의 화가들의 그림이 생각난다." 카드 Ⅱ에서 제트기, "이런 것을 타 본 적이 있고 이것에 관한 것은 모두 알고 있습니다."와 같이 말하는 것이다. 자기확대를 위한 개인적 반응이 많은 사람은 자신을 정당화하기 위한 개인적 반응이 많은 사람처럼 근본적으로 불안정할 수 있으나 이들은 자신의 불안정을 매우 다르게 방어하는 경향이 있다. 이들은 자신이 정확하고 명망이 있다는 것을 조심스럽게 증명하려고 하지 않고 그 대신에 자신이 유능하고 존경받을 사람이라는 것을 증명하기 위해 자신의 재능과 성취를 거리낌 없이 늘어놓는다. 따라서 이들은 대인관계에서 검사자를 포함한 다른 사람들에게 인상을 남기기 위한 자기애적인 방식으로 행동할 가능성이 높다. 이들의 자기애는 전형적으로 보상적 성격이 강하고 다른 사람들은 이들을 참기 어려울 정도로 오만하고, 자기 자신에게 초점을 맞추고, 무엇이든 다 아는 체한다고 볼 수 있다.

자기노출을 위한 개인적 반응 자기노출을 위한 개인적 반응은 반응을 정당화시키기 위해 정교화시킨다는 점에서 자기확대적 개인적 반응과 유사하지만, 이러한 정교화는 자신을 자랑하는 것보다 정보를 공유하려는 성격이 더 강하다. 이런 유형의 설명적 정교화로 수검자는 "우리 집에 키우는 개처럼 보입니다. 애완동물을 많이 기르지만 나는 개를 가장 좋아합니다." "이것은 장미수목(rose arbor), 제가 어리고 할머니와 같이 살 때 할머니가 가지고 사용하시던 것 같고요." "동물의 가죽으로 만든 깔개. 우리 집 거실에 있는 것하고 비슷합니다." 등과 같이 반응할 수 있다. 자기노출을 위한 개인적 반응은 가끔 마치 "한 사람의 인간으로 나에 관한 것을 더 많이 알려주고 싶다." 하고 말하는 것처럼 검사자에게 가까이 다가가려는 노력을 지적한다. 자주 그런 것은 아니지만 이런 개인적 반응은 일시적으로 반응과정을 방해할 수 있지만 호소력이 있다. 더욱이 다른 두 유형의 개인적 반응과 달리 자기노출을 위한 개인적 반응은 특히 다른 사람과 개인적 경험을 공유하는 것에 대한 순수한 관심을 지적하는 것이므로 대인관계 적응에 대한 부정적 의미보다 긍정적 의미가 있을 가능성이 더 높다. 당연히 이러한 관심은 정보적이고 비방어적인 개인적 반응이기 때문에 환자가 심리치료에 참여하고 치료자와 강한 치료동맹을 형성하는 데 있어서 개방성을 제공해 준다.

표현과 대인관계 양식

잉크반점에 대한 반응을 전달하는 과정에서 수검자가 자신을 표현하는 방식과 검사자와 관계하는 대인관계 양식은 해석과정에서 고려해야 할 마지막 검사행동이다. 표현양식의 핵심적인 측면은 로르샤하 과제에 대해 반응하거나 회피하는 방식, 언어를 사용하는 방식, 감정을 나타내는 방식을 포함한다. RIM에서 대인관계 양식은 한 사람이 다른 사람을 평가하는 상황에서 수검자가 자신을 나타내는 방식이다.

로르샤하 과제에 대한 반응이나 회피

보통 대부분의 사람들은 제시된 카드를 손에 들고, 카드를 살펴보고, 무엇처럼 볼 수 있는지 말하고, 다시 카드를 되돌려 주고, 질문단계에서 과제중심적인 방식으로 검사자의 질문에 대답함으로써 로르샤하 과제에 반응한다. 이런 행동은 로르샤하 과제에 대한 반응적 행동이고 비록 마음에 내키지 않더라도 검사절차에 대한 협력과 문제해결 상황에서 적절하고 책임 있게 반응할 수 있는 일반적 능력을 나타낸다. 반면에 어떤 수검자는 적당한 수의 반응을 하더라도 로르샤하 과제에 대해 반응하지 않으려는 노력이 검사행동에 나타난다. 카드를 회피하는 방식, 카드를 회전하고 다루는 방식 및 반응에 논평을 삽입하는 방식의 의미에 대해서는 이미 이 장에서 논의했다. 또한 수검자의 표현양식도 주제를 바꾸거나, 책임을 부인하거나, 전혀 반응하지 않는 형태로 나타날 수 있는데, 이러한 표현양식은 과제에 대한 회피적 태도를 직접적으로 지적하는 것일 수 있다.

주제전환 RIM을 받는 동안에 주제를 바꾸는 수검자는 전형적으로 앞에서 설명한 것과 같은 과제와 무관한 논평을 한다. 그러나 이런 논평은 주제전환을 밝히고 그런 반응에 적절한 의미를 부여하는 데 도움이 된다. 수검자는 넘겨받은 카드를 보는 대신에 자신의 증상에 대해 말하기 시작함으로써 직접적으로 주제를 전환할 수 있다. 또한 수검자는 반점에 대해 반응하는 대신에 "색이 화려하군요." "이것은 대칭이고, 중앙에 아래로 뚜렷한 선이 있네요." 또는 "비슷하게 보이는 것이 많군요."와 같이 덜 직접적으로 반점에 대해 말하면서 반응을 시작할 수도 있다. 이런 반응은 수검자가 로르샤하 과제에 관여하는 체하는 허세적 태도를 유지하는 데 도움이 되겠지만, 실제로는 반응을 회피하는 방식으로 작용한다. 검사자는 반점이 무엇으로 보인다는 것을 지적하는 반응 대신에 반점에 대한 이러한 논평을 수용해서는 안 된다. 이럴 경우 곧 반응이 없으면 검사자는 "그런데 무엇으로 볼 수 있겠습니까?" 하고 말함으로써 반점에 반응하도록 유도해야 한다.

책임부인 주제를 전환함으로써 반응과정을 방해하는 시도와 같이 반응에 대한 책임을 부인하는 것은 잉크반점의 특징이나 반점이 자극하는 연상이 수검자에게 어떤 불편의 원인으로 작용하고 있다는 것을 시사한다. 불편에 대한 관심은 반응하기 전에 반응을 부인하려는 노력("실제로는 그렇게 보이지 않지만 ~로 볼 수 있겠어요." "상상력을 동원해 보면 ~이라고 말할 수 있겠네요.")이나 반응한 뒤에 나타나는 부인("~로 보이나 그렇게 닮지는 않았어요." "사실대로 말하면 아무 것도 아니고 단지 잉크반점일 뿐이에요.")에서 추론할 수 있다.

특히 마지막 예는 부인을 통해서 자신이 나타낸 반응의 의미를 최소화시키려는 시도가 있을 때 흔히 나타나는 표식이다. "사실대로 말하면"이라는 표현은 가끔 자신이 방금 전에 말한 것이나 자신이 지금부터 말하려고 하는 것이 전혀 사실이 아니라는 것을 나타낸다. 누구도 의심하는 사람이 없을 때 왜 사실을 고백할 필요가 있을까? "이건 정말 아무것도 아닙니다."라는 말은 실제로 자신의 반응이 시사할 수 있는 어떤 것에 대해 검사자가 주의를 기울이지 않도록 지시하는 것이다. 또한 "단지 잉크로 된 반점"이라는 말을 추가하는 것은 반점에 대해 자신이 생각하고 느낀 것이 어떤 것이든 현실이 아니라는 것을 재확인하는 것이다.

반응억제 사람들이 로르샤하 과제에 대한 관여를 가장 확실하게 회피할 수 있는 방법은 전혀 반응을 하지 않는 것이다. 사람들은 검사받는 것이 싫다고 짧게 언급하면서 한 카드나 여러 카드를 거부하려고 시도하거나 또는 반응시간을 오래 지연시킬 수 있다. 종합체계의 실시지침을 철저하게 준수할 경우 거부

반응이 나타나는 경우는 드물 것이다. 검사를 싫어하는 수검자도 "시간은 충분하고 필요하면 오랫동안 볼 수 있습니다. 곧 어떤 것을 볼 수 있을 것입니다." 하고 알려주면 거의 대부분 억제되었던 반응을 충분히 이끌어낼 수 있다. 실제로 검사를 정확하게 실시했을 경우 거부반응은 매우 드물기 때문에 거부반응이 나타나면 전체 반응수가 적절하더라도(R > 13) 얻어진 자료의 타당성을 의심해야 한다. 어떤 카드에서 거부 시도("여기서는 아무것도 보이지 않아요." "이것은 어떤 것도 닮지 않았어요." "아무것도 아니지만 색이 혼합되어 있어요.")는 또 다른 회피지표이고 이는 3가지 함의가 있다: (1) 어떤 것이 수검자를 괴롭히고 있고, (2) 고통의 원인은 반점의 특징이나 반점이 전달하는 인상과 관련이 있고, (3) 이 원인을 밝히는 것은 그 사람의 관심에 대한 성격을 이해하는 데 도움이 된다.

카드를 유심히 바라보면서 아무 말도 하지 않는 지연된 반응도 같은 의미가 있다. 보통 사람들은 대부분의 카드에 대해 몇 초 내에 첫 반응을 한다. 그러나 반응시간이 10초 이상 지연되면 수검자가 그 카드와 관련된 문제가 있다는 것을 시사한다. 반응시간이 길면 길수록 문제가 있을 가능성은 더 증가하고 이 문제와 관련된 해석적 의미도 더 크다. 사람들이 첫 반응을 빨리 하고 두 번째 반응을 하기 전에 오랫동안 카드를 보고 있을 때에도 동일하게 고려할 수 있다. 이럴 경우 두 번째 반응의 어떤 구조적 또는 주제적 특징은 수검자의 정체감을 밝히는 데 도움이 될 수 있는 중요한 관심과 관련이 있을 수 있다.

반응시간이 지나치게 길다는 것은 심리적 문제를 지적하는 단서일 수 있다. 예컨대, 수검자가 5장의 유채색 카드에 대해서는 빨리 반응하면서 무채색 카드에 대해서는 매우 느리게 반응했다고 가정하자. 무채색 카드에 대해 지연된 반응시간은 울적한 상황을 다루기가 어렵다는 것을 나타내고 우울한 정서상태를 반영하는 것일 수 있다. 마찬가지로 어떤 종류의 주제심상을 포함하고 있는 반응을 하기 전에 반응시간이 길면 그 심상과 관련된 불편을 시사하는 단서가 될 수 있고, 어떤 카드에 대한 반응을 억제하려는 노력은 비록 이들 주제가 표현되지 않았더라도 보통 이들 심상과 관련된 주제에 대한 관심을 나타내는 것일 수 있다. 예컨대, 왜 카드 Ⅱ에서 "놀고 있는 두 마리 곰"이라고 반응하는 데 오랜 시간이 필요할까? 반점의 붉은색이 시사하는 공격적이거나 병적인 의미 때문에 고통을 경험한 뒤에 안정을 되찾고 그래서 무난한 평범반응을 하게 된 것일까? 만약 그렇다면 수검자가 마지막 반응을 한 후에 즐거워하는 것은 처음에 그 카드를 보았을 때 연상되었던 공격성이나 병적인 것을 부인하거나 떨쳐버렸기 때문일까? 물론 부가적 자료 없이는 이런 의문에 대해 확실하게 대답할 수 없겠지만, 이런 유형의 의문은 검사행동 패턴을 관찰한 결과 수검자가 로르샤하 과제에 대해 회피하고 있다고 지적할 수 있을 때 반드시 제기해야 하는 의문이다.

역사적으로 거부하려는 시도와 지연된 초발반응은 RIM에서 "충격(shock)"을 추론해 주는 근거가 되기 때문에 특히 흥미롭다. "충격"이라는 개념은 Rorschach가 유채색 카드에 대해 문제적 수행을 언급하기 위해 처음 소개하였다. 뒤에 무채색 카드를 효율적으로 다루지 못하는 어려움을 기술할 때 "음영충격(shading shock)"이라는 말을 사용하게 되었었고 "색채충격(color shock)"은 여러 해 동안 신경증이나 부적응의 지표로 사용되었다(Goldfried, Stricker, & Weiner, 1971). 또한 충격은 구조적, 주제적 측면에서 모두 의미가 있는 것으로 해석하고 있다. Phillips와 Smith(1953)는 충격의 개념을 광범위하게 논의하면서 10장의 모든 카드에 대해 충격의 의미를 부여했다. 예컨대, 이들은 카드 Ⅰ에 대한 충격은 어머니나 양육자와 해결되지 않은 강렬한 관계에 대한 증거이고 카드 Ⅱ에 대한 충격은 매우 강하고, 때로는 통제할 수 없고, 파괴적인 충동에 의해 행동하는 사람의 특징이라고 했다.

그러나 시간이 경과하면서 충격에 대해 제안된 구조적 해석은 정확하지 않고 각 카드에 대한 충격의 상징적 의미도 6장에서 논의한 주의사항을 위반한 것에 불과하다는 것이 밝혀졌다. 또한 색채충격이나 음영충격은 전반적인 부적응의 지표로 타당하지 않다는 것이 입증되었고 충격의 역동적 의미도 항상 같지 않고 여러 가지였다. 여러 가지 역동적 의미와 관련해서 카드 Ⅱ에서 반응시간이 지연된 뒤에 본 "놀고 있는 곰"은 수검자가 반점의 공격적 및 병적인 함의 때문에 괴로워하고 방어하고 있다는 것을 시사하는데, 이는 이 카드의 충격에 대한 Phillips와 Smith의 해석지침과 일치한다. 그러나 수검자는 카드 Ⅱ의 붉은색에 주의를 기울인 것이 아니라 유쾌하고 즐겁게 상호작용하는 두 대상과 관련된 연상에 주의를 빼앗기게 되었다고 가정할 수 있고, 더 나아가서 이 수검자는 일상생활에서 즐거운 대인관계 상호작용이 부족해서 불편을 느끼고 있다고 가정할 수도 있다. 전자의 경우 카드 Ⅱ에서 놀고 있는 곰으로 본 것이 수검자를 혼란스럽게 만들었고 따라서 반응시간이 지연되었다고 할 수 있다. 그리고 반응시간의 지연은 카드 Ⅱ에 있는 어떤 것이 수검자를 혼란스럽게 만들었다는 것을 지적하는 단서가 된다.

6장에서 논의한 바와 같이 반응정교화, 다른 검사자료 또는 연상에 대한 검사 후 논의로부터 얻은 부가적인 정보만으로 이런 대안적 가능성의 불확실성을 해결할 수 없다. 충격에 대한 전통적 개념은 단점이 있다고 하더라도 거부시도, 지연된 반응시간 및 심리적 불편을 반영하는 다른 지표들(형태왜곡, 결정적 특수점수, 회피적 카드 회전, 과제와 무관한 논평, 직접적인 당혹감의 표현)을 함께 고려하면, 이러한 불편지표가 왜 지금 여기에서 나타났는가라는 잠정적으로 가치가 있는 의문을 제기할 수 있다.

언어사용

사람들이 자신을 표현하는 데 사용하는 언어는 보통 지능, 교육수준, 성격유형, 현재의 마음상태에 관한 많은 것을 나타낸다. 수검자의 어휘력, 언어유창성, 문법의 정확성과 같은 언어적 특징과 현학적이거나, 격식에 맞지 않는 표현이나, 상스러운 언어사용이나, 다른 언어사용 등에 주의를 기울이면 이들 특징에 대해 많은 것을 추론할 수 있다. 반면에 수검자가 반응과정에서 사용하는 언어에서 수검자의 특징을 추론하기 위해서는 어떤 유형의 자료나 RIM에 특수한 심리진단적인 지식보다 일반적인 임상적 기술이 필요하다. 이 장에서 계속 강조한 바와 같이 로르샤하 과제에서 특수하게 나타나는 3가지 유형의 언어적 자료에 초점을 두고 논의할 것이다.

수다스러움 로르샤하 반응에서 수다스러움(wordiness)은 단순히 수검자가 반응을 형성하는 데 얼마나 많은 단어를 사용하는가를 말한다. 검사자는 사용된 단어의 수를 헤아리지 않더라도 기록이 보통 길이인 많은 반응을 포함하고 있는지, 지나치게 길고 정교화된 반응을 포함하고 있는지 또는 근본적으로 짧고 요점만 기술된 반응으로 구성되어 있는지를 알 수 있다. 수다스러운 반응과 간결한 반응의 차이는 질문을 시작하기 전인 자유연상 단계에서 특히 의미가 있을 수 있다. 예컨대, 한 수검자가 카드 I 에서 다음과 같이 반응했다고 가정하자: “어떤 종류의 박쥐처럼 보이고, 날아가는 것 같고, 여기 중간에 몸통이 있으니까요. 이 바깥 부분은 날개를 뻗은 것처럼 보이고, 큰 날개, 모두 검은색이군요. 물론 박쥐는 모두 검지만, 머리는 여기 위에 있고 꼬리는 여기 밑에 있습니다. 박쥐에 대해서는 별로 관심도 없는데, 또 다른 것도 더 말해야 합니까?" 반면에 다른 수검자는 카드 I 에 대해 "주위를 날아다니는 검은 박쥐"라고 반응할 수 있다. 이들 두 반응은 다 같이 Wo FMa.FC′o A P 1.0으로 기호화할 수 있을 것이다. 그러나 이들 두 사람이 사용한 말투는 분명히 상이한 성격특징을 말해 주고 있다.

일반적으로 길거나 짧은 반응은 3가지 해석적 가능성이 있다. 첫째, 수검태도와 관련해서 수다스러움과 간결함은 각각 로르샤하 과제에 대한 관여와 협조 또는 회피와 반응과정의 최소화를 지적할 수 있다. 둘째, 성격유형과 관련해서 검사를 실시하는 동안에 말을 길게 하는 사람과 말을 아끼는 사람은 다른 사람과의 의사소통에서 거리낌이 없고 사교적인 일반적 성향이나 또는 말이 적고 신중한 일반적인 성향을 반영할 수 있다. 셋째, 감별진단과 관련해서 기록해야 할 말이 많거나 말이 매우 적을 경우 경조증적이고 힘이 넘치는 경향 또는 우울하고 기력이 없는 상태에 대한 단서를 나타내는 것일 수 있다.

수식어 수식어(qualifier)는 수검자의 반응에 대한 개입을 지적하는 것으로 반응을 제시하는 방식(ways of introducing responses)을 의미한다. 대부분의 사람들은 공통적으로 "이것은 ~처럼 보인다." "~로 볼 수 있다." "~를 닮았다." "~가 떠오른다."와 같이 비교적 애매한 어구로 로르샤하 반응을 시작한다. 그러나 어떤 수검자는 지나치게 애매한 방식으로 반응한다. 예컨대, "~로 보는 것도 가능할 수 있다고 생각한다." 또는 "굳이 어떤 것이라고 말해야 한다면, 상상력을 동원해 보면, 실제로는 아무것도 아니라는 것을 알지만 ~라고 말할 수 있다."와 같이 반응을 시작하는 사람을 생각해 보자. 이미 앞에서 반응에 대한 책임회피에 관해서 언급한 바와 같이 반응을 제시할 때 애매한 수식어를 반복하는 것은 검사결과가 시사할 수 있는 결론의 타당성을 부인하고자 하는 욕구를 지적한다. 더욱이 반응을 전달할 때 지나치게 모호하면 자기확신의 제한, 어떤 것에 대한 분명한 입장을 취하는 것에 대한 저항, 검사에 대한 혐오를 특징으로 하는 일반적 성격유형을 반영하는 것일 수 있다.

이런 경우와 달리 사람들은 때때로 자신의 반응에 대해 지나치게 확신하는 수식어를 과도하게 사용할 수도 있다. 예컨대, "이것은 분명히 ~이다." "이것은 의심의 여지가 없이 ~이다." "이것은 확실히 ~이다."와 같이 말할 수 있다. 이런 확신은 수검자가 자신의 생활에서 주장적인 성격이나 애매성을 최소화시키려는 강한 욕구를 있다는 것을 지적하는 것일 수 있다. 그리고 확신하는 수식어가 나타나는 반응계열을 검토하면 수검자의 중요한 관심을 밝힐 수도 있다. 예컨대, 카드 Ⅳ에 대해 반응시간이 오래 걸렸고 반응을 형성하는 데 어려움을 보인 수검자가 카드를 넘겨주면서 단호하게 "이제 저게 뭔지 알았다!"라고 말할 수 있다. 어떤 반응이나 카드에 대해 확신하는 표현이 수검자가 힘들어했던 선행된 카드나 반응 뒤에 나타날 때, 이런 계열은 선행된 반응이나 카드가 얼마나 어려웠는가를 강조하는 것이다. 8장에서 자세하게 논의하겠지만, 이런 계열은 사람들이 혼란스런 상황을 다루는 방식, 즉 무엇이 안전하고 확실한가에 대한 과도한 보상적인 노력을 밝히는 데 도움이 된다.

서미서명 서미서명(sign-offs)이란 수검자가 각 카드에 대한 반응을 마칠 때 사용하는 어구를 말한다. 정상적으로 대부분의 수검자는 마지막 반응을 한 뒤에 특별한 언급 없이 카드를 되돌려 주거나 내려놓는다. 부가적인 말을 하더라도 "이것이 전부입니다." 또는 "이외에 다른 것은 생각나지 않습니다."와 같이 말을 덧붙이는 것이 보통이다. 앞에서 언급한 보수적 해석을 위한 지침과 마찬가지로 규준적 기대에 근접하는 서미서명은 특별한 의미를 부여하기 어렵다. 그러나 카드를 되돌려주거나 내려놓는 수검자가 내용에 따라 어떤 특별한 의미를 전달하는 결론적 진술을 하는 경우도 있다.

예컨대, 수검자는 서미서명으로 "이 카드에는 더 이상 아무것도 없습니다!" "여기서 말하려고 한 것은 그게 전부입니다." "그 밖에 떠오르는 아이디어는 없습니다!"와 같이 단호하게 말했다고 가정하자. 개인이 지나치게 저항하는 다른 경우도 그렇지만 이런 종류의 결론적 진술은 사실은 이 카드에 더 많은 어떤 것이 있고, 무엇처럼 보일 수 있다는 어떤 아이디어를 가지고 있고, 원하면 그 아이디어에 대해 말해 줄 수 있다는 것을 시사한다. 또한 이런 진술은 주장성, 확신, 자기확신을 나타내고 수검자의 성격유형에서 유사한 특징에 대한 단서를 제공해 준다.

다른 의미를 포함하고 있는 서미서명도 있다. 예컨대, 수검자가 가끔 "죄송하지만 제가 본 것은 그게 전부입니다." "죄송하지만 더 이상 말할 것이 없습니다." "제가 좀 더 잘했더라면 좋았을 텐데, 그렇지 못해 죄송합니다."와 같이 진술하는 경우를 생각해 보자. 물론 이런 말은 충분히 반응하지 못한 것에 대한 양해를 구하는 것이지만, 이들 진술은 앞 단락에서 제시한 예와 비교할 때 수검자의 성격유형에 대한 함의는 확실히 다르다. 여기서 든 예는 검사자의 기대에 어긋나지 않게 잘 수행하려는 것에 대한 관심을 지적하는 것이지만 다른 사람들에게 지나치게 겸손하고 자신을 비하하고 자신을 잘 드러내지 않으려는 행동방식을 시사하는 것일 수도 있다.

감정표현

RIM을 받는 동안에 나타나는 감정은 검사를 받을 당시의 정서상태와 보다 지속적인 정서유형의 특징을 지적하는 것이다. 외현적인 정서(웃거나 우는), 얼굴표정(미소를 짓거나 얼굴을 찡그리는) 또는 말의 어조(구슬프거나 날카로운)에 분명하게 나타나는 행동적으로 관찰된 감정은 개인의 성격기능에 관한 중요한 정보원이다. RIM을 받는 동안에 수검자가 나타내는 감정의 종류와 반응의 구조적, 주제적 특징의 정서적 함의를 비교하면 특히 많은 것을 밝힐 수 있다. 이렇게 하려면 차이를 설명할 것이 아니라 관찰한 분명한 차이에서 배우려는 자세가 필요하다.

이런 점과 관련해서 Schafer(1954)는 "행동관찰을 검사반응의 어떤 일반적 함의를 결코 부정하는 것으로 생각해도 안 되고 역으로 생각해서도 안 된다."라고 지적했다. 만약 화가 나 있거나, 불안하거나, 정서적으로 고양되어 있거나 또는 우울하게 보이는 수검자가 로르샤하에서도 동일한 감정이 지적된다면, 수검자는 이런 감정을 가지고 있고 이런 감정이 지배적이라는 추론은 더 확실하다. 뚜렷하게 불편한 감정을 호소하고 나타내고 있지만, 특히 풍부한 프로토콜의 로르샤하 반응에서 그러한 감정이 지적되지 않는 사람은 실제로 그들이 호소하는 것보다 덜 불편할 수 있다. 반대로 정서적으로 안정되어 있는 것으로 보이지만 많은 로르샤하 지표에서 정서적 혼란이 지적되고 있는 사람은 겉으로 나타나는 것보다 더 많은 장애가 있고 자신의 문제를 의식하지 못하는 매우 방어적인 사람일 수 있다.

대인관계 유형

로르샤하를 받는 사람은 자신의 일반적인 행동방식을 결정하는 성격특성과 대인관계 태도가 검사상황과 검사자와의 관계에서 그대로 나타난다. 결국 RIM을 받는 동안에 수검자가 나타내는 대인관계 유형(interpersonal style)은 이들이 어떤 사람인지에 대한 단서를 제공한다. 대인관계유형은 이 장에서 지금까지 논의한 모든 검사행동을 모아서 짜놓은 천과 같다. 예컨대, 수검자가 검사자의 소유인 카드를 조심스럽거나 거칠게 다루거나, 검사자가 진행하는 검사에 기꺼이 참여하거나 저항하거나, 자신이 들은 것을 근거로 검사자가 사용하는 로르샤하에 대해 긍정적이거나 부정적으로 논평하는 것은 수검자가 평소에 적대적이거나, 확신하거나, 공손하거나 애교를 부리는 것과 같은 대인관계적 행동을 한다는 것을 나타낸다.

검사를 받는 동안에 나타나는 대인관계 유형에 근거해서 진단적 추론을 하려면 수검자의 행동을 관찰하는 기술과 정신역동적인 민감성이 필요하다. 이 장의 첫 부분에서 언급한 바와 같이 수검자와 검사자의 상호작용은 로르샤하 자료이기보다 일반적인 임상적 현상으로 볼 수 있다. 그 이유에 대해서는 이미 로르샤하에서 수검자와 검사자의 상호작용에 대해 광범위하게 논의했으므로 여기서 다시 논의할 필요는 없다. 하지만 로르샤하 상황에서 대인관계적인 의미(Schachel, 1966), 투사법검사에서 상황적 및 대인관계적 변인의 영향(Masling, 1960), 검사상황에서 대인관계적 역동(Schafer, 1954) 등과 같은 전통적 문헌을 관심을 두고 더 읽어볼 필요가 있다.

끝으로 수검자의 대인관계유형은 5장에서 언급한 Lambda가 높은 2가지 유형을 구분하는 데 도움이 된다. 앞에서 언급한 바와 같이 Lambda>.99인 어떤 기록은 방어적 수검태도가 작용한 결과이므로 별로 특별한 의미가 없는 낮은 EA나 D=0일 경우와 마찬가지로 조심스럽게 해석해야 한다. Lambda가 높은 기록은 회피적인 유형을 반영하고 자료자체를 충분히 해석할 수 있다. 전체반응 수를 살펴보면 이러한 2가지 유형을 신뢰롭게 구분할 수 있다. 즉 타당하나 짧은 기록(R=14~16)과 Lambda가 높은 기록은 방어적일 가능성을 지적하는 반면에 R>16인 기록에서 Lambda가 높으면 회피적일 가능성을 지적한다. 그러나 비우호적이고, 말이 적고, 비협조적이고, 거절적인 태도와 말수가 적고 반응시간이 긴 기록에서 Lambda가 높고 R > 16일 경우에도 수검자가 방어적일 가능성을 고려해야 한다. 마찬가지로 높은 Lambda가 회피적 성격유형을 나타낼 가능성은 수검자가 우호적이고 협조적인 것으로 보이고 적절하고 길게 반응할 때 더 증가된다. 이럴 경우 주어진 반응이 상당히 풍부한 것으로 보이기 때문에 검사자는 반응에 대한 기호화를 끝낼 때까지 Lambda가 높다는 것을 인식하지 못할 수 있다.

8
계열분석

2장에서 언급한 바와 같이 계열분석은 로르샤하 반응의 구조적, 주제적, 행동적 특징들을 함께 검토하고 이런 반응특징이 일어나는 계열을 검토하는 것이다. 계열분석은 오래전부터 로르샤하에서 나타난 모든 자료를 체계적인 해석에 통합하는 가장 정확한 방식으로 인식되어 왔다. 그러나 놀랍게도 계열분석을 수행하는 체계적 절차에 대해 자세하게 기술된 문헌은 거의 없다. Klopfer, Ainsworth, Klopfer 및 Holt(1954), Lerner(1991), Phillips와 Smith(1953), Schafer(1954) 등의 책에서 간단하게 논의되어 있는데, 이것이 로르샤하 검사자들이 읽어볼 수 있는 전부였다. 출판되었거나 발표된 사례연구에서 계열분석을 설명하려고 시도하는 임상가는 거의 대부분 카드 I 의 첫 반응에서 시작하여 나머지 반응을 순서대로 자세하게 읽어가면서 해석적 가정을 설정한다.

그러나 3장에서 설명한 바와 같이 처음부터 끝까지 반응을 자세히 읽으면서 로르샤하 프로토콜을 해석하는 것은 아무리 철저하게 정독하더라도 비효율적이고 잠정적으로 잘못된 절차가 될 수 있다. 반응의 수리적 순서를 고려하게 되면 수검자의 성격적 장단점을 밝히기 위해 가장 결정적일 수 있는 반응을 먼저 고려하지 못하게 되고 해석적 비중이 크거나 작을 수 있는 자료의 특징을 변별하지 못할 수 있다. 검사자는 종합체계 탐색전략 내에서 계열적 해석을 적용함으로써 계열분석에 대한 전통적 접근이 안고 있는 이런 단점을 피할 수 있다. 종합체계에서 계열적 해석방식은 기록에서 가장 중요한 반응을 밝히고, 이런 반응 주위에 있는 계열을 검토하고, 더 많은 의미가 있는 반응계열에서 의미가 적은 반응계열로 체계적으로 진행한다. 이렇게 하면 반응기록에서 의미가 있는 계열을 모두 고려할 수 있게 되고 성격기능에 대한 기술에서 가장 현저한 것과 가장 현저하지 않은 것을 순서에 따라 점진적으로 검토할 수 있다.

이미 여러 장에 걸쳐 효율적인 계열분석을 위한 5가지 단계를 제시했다. 3장과 4장에서는 종합체계 탐색전략을 해석과정의 지침으로 사용하는 방법과 투사와 카드 속성의 차이를 구분하면 가장 주목해야 할 반응을 밝히는 데 도움이 된다는 것을 논의했다. 그리고 5장, 6장, 7장에서는 반응의 구조적, 주제적, 행동적 차원을 성격과정에 대한 추론과 가설로 전환시키는 방법에 대해 자세히 설명했다. 따라서 검사자가 계열분석을 시행하기 위해 알아야 할 것은 대부분 이미 제시했다. 이 장에서는 3부에 제시한 사례사적 자료의 해석단계를 설정하기 위해 2가지 측면에서 프로토콜 해석을 자세하게 설명했다. 첫째, 종합체계 탐색전략의 맥락 내에서 계열분석을 적용하기 위한 구체적 절차를 분명하게 설명하였다. 둘째, 반응질의 연속적인 변화를 근거로 수검자가 관심을 두고 있는 내용, 수검자의 관심이 반응에 미치는 영향, 수검자가 이러한 관심에 대처하거나 해결하는 방법, 대응방법의 효과를 밝히기 위해 사용하는 계열적 해석모형을 제시했다.

계열분석의 시행

10~14장까지 제시된 사례에 설명되어 있는 바와 같이 로르샤하 해석에서 효율적인 계열분석은 〈표 3-1〉과 〈표 3-2〉에 있는 종합체계 해석지침을 적용함으로써 시작할 수 있다. 이들 지침을 사용하면 기록에서 첫 번째 핵심변인을 밝힐 수 있고 상황적 스트레스와 함께 7개 변인군집을 검토하는 순서를 결정할 수 있다. 변인군집 중에서 자기지각과 대인지각 군집은 주제심상을 위해 읽어야 할 구체적인 반응의 종류, 즉 마이너스 반응, 병적 반응, 운동반응, 윤색된 반응, 인간반응을 나타내준다. 다른 각 군집들에서도 반응의 질적 또는 계열적 특징을 밝히기 위해 일련의 반응을 검토해야 한다. 예컨대, 인지적 결함의 정도를 밝히기 위해서는 특수점수(관념), 형태왜곡의 수준과 동질성을 밝히기 위해서는 마이너스 반응(인지적 중재)을 자세히 검토해야 한다.

구조적 요약의 양적 자료 이외에 계열점수의 어떤 특징이나 어떤 반응유형의 언어적 내용을 설명하기 위해 탐색전략을 적용해야 할 경우 표적이 된 특징이나 반응은 계열분석의 핵심을 규정하는 2가지 의문을 해결하는 맥락에서 검토해야 한다. 첫째, 반응을 특징짓는 구조적 특징, 주제적 심상, 검사행동을 전체적으로 통합할 때 무엇을 알 수 있는가? 둘째, 반응의 전후에 있는 반응이나 반응의 구조적, 주제적, 행동적 특징을 개별적으로 분리하거나 통합해서 무엇을 알 수 있는가? 이런 방식으로 탐색하려면 일련의 간이계열분석(minisequence analysis)이 필요하다. 해석과정에서 계열점수나 반응내용의 질적 측면에 관한 〈표 3-1〉의 각 "단계"에 주의를 기울이면 일련의 간이계열분석에 필요한 단서를 얻을 수 있다.

표적이 된 자료의 특징이 나타나는 맥락을 검토하면 계열분석을 종합체계를 활용한 로르샤하 해석에 통합시킬 수 있다. 여기에 제시한 모델은 이런 방식으로 계열분석을 진행해서 수집한 정보를 조직화하는 데 도움이 되고, 개인의 관심, 방어유형, 대응방식의 정확성을 추론하기 위해 반응의 질적 변화를 사용하는 근거를 제공해 준다.

계열적 해석모형

로르샤하 자료에서 성격기능에 대해 추론은 어떤 이론적인 체계 내에서 개념화되고 검사자가 익숙한 용어로 공식화될 수 있다. 검사자의 이론적 성향과 선호하는 용어가 논리적으로 정연하고 그 자체가 성격과정을 잘 기술한다면, RIM은 검사자의 이론적 성향과 검사자가 어떤 용어를 선호하는 것에 관계없이 해석적 목적을 달성하는 데 도움이 된다. 5장에서 밝힌 바와 같이 이 책에서 RIM은 6가지 차원(경험에 대한 주의, 관념의 사용, 감정조절, 스트레스 관리, 자신에 대한 관점, 다른 사람과의 관계)에 따른 적응적 강점과 약점을 밝히기 위한 성격측정도구로 간주한다. 계열적 해석은 이러한 기능차원에서 개인의 자산과 약점을 기술하기 위한 체계를 제공하기 위해 "관심, 방어, 회복(concern, defensive, recovery)"을 지적하는 것을 탐색하는 방향으로 진행할 수 있다.

계열적 해석모형에서 관심(concern)은 개인의 일상생활에서 흥미의 초점이 되거나 심리적 불편의 원인이 되는 것, 즉 개인이 관심을 두고 있는 모든 것을 말한다. 어떤 관심은 취미로 난초를 키우거나 주식 중개인으로 성공하려는 의도처럼 즐거운 마음으로 열중하거나 긍정적으로 동기화된 것일 수 있다. 또 어떤 관심은 실패에 대한 지나친 두려움이나 먼저 어떤 정교한 의식을 수행하지 않고 잠들 수 없는 때처럼 불안을 유발하거나 기능적으로 혼란을 야기할 수 있다. 로르샤하 자료, 특히 반응내용은 보통 의식적이든 무의식적이든 간에 개인의 마음을 지배하고 있는 것에 관한 상당한 정보를 제공한다. 사람들이 반응의 내용주제를 정교화하는 방식과 반응의 구조적 및 행동적 특징은 보통 마음에 두고 있는 어떤 것이 자신의 일상생활에서 만족스러운 것인지 아니면 실망스러운 것인지를 지적한다.

이미 여러 장에 걸쳐 반응이 시사하는 관심과 이와 관련 있는 심리적 불편을 지적하는 로르샤하 지표들을 소개하였고 관심의 원인을 탐색하기 위한 방법도 논의하였다. 계열분석의 맥락에 적용할 때 이들 해석지침은 단순하지만 매우 포괄적인 실용적 규칙이다. 즉 수검자가 로르샤하를 얼마나 잘 다루느냐 하는 것은 일상생활에서 문제가 되지 않고 성격적 장점을 구성하는 측면을 나타내고 서툴게 다룬다는 것은 성격적 취약성을 구성하고 적응을 방해하는 일상생활의 문제적 측면을 반영한다. 따라서 특정 반응에 대한 간이계열분석을 위한 출발점을 정한 후에 반응의 어떤 특징이 심리적 불편이나 장애적 관심을 시사하는지 그리고 이러한 관심의 성격이 무엇인지를 결정하는 것에서부터 해석과정을 시작해야 한다.

현재의 맥락에서 방어(defense)는 고통스러운 관심 때문에 생긴, 고통스럽고 달갑지 않은 사고와 감정을 감소시키거나 회피하기 위해 개인이 성격적으로 사용하는 수단을 말한다. 일반적으로 사람들이 의존하는 특정 방어유형이나 대처유형은 그 사람의 성격, 적응의 정확성, 취약할 수 있는 심리적 장애의 유형, 수검자에게 효과적일 수 있는 심리치료의 형태 등에 관한 많은 것을 말해 준다. 예컨대, 로르샤하에서 대상분리(object splitting)나 투사적 동일시를 포함하는 방어에 의존하고 있다고 지적되면 경계선 성격장애에 걸리기 쉽고(Lerner, 1993; Lerner & Lerner, 1980), 내향성과 같이 관념적인 대처유형을 지적하는 증거가 있으면 행동치료보다 심리역동적 및 인지적 치료에 더 잘 반응할 것이라고 예측할 수 있다(Weiner, 1999b).

따라서 어떤 심리적 불편이나 장애적인 관심이 나타나면 계열분석의 다음 단계에서는 수검자가 심리적 균형을 회복하기 위해 시도하는 방법을 계속해서 평가해야 한다. 심리적 고통에 대처하려는 노력은 구조적, 주제적 또는 행동적 측면 중 어디에서나 나타날 수 있다. 예컨대, 구조적 측면과 관련해서 불안을 유발시키는 상황에 대한 방어적 반응은 다음과 같은 3가지 유형으로 나타날 수 있다. 첫째, 사람들은 불안을 유발시키는 장면을 벗어남으로써 불편에 대처할 수 있다. RIM에서 수검자는 주의를 다른 곳에 두고, 심리적 불편을 가져다주는 반점영역을 무시하고, 이런 영역을 배제시키고 다른 영역에 대해 반응하는 방식으로 대응할 수 있다. 둘째, 잉크반점이 심리적 불편을 유발시킬 경우 자신의 참조체계를 억제하고 관습성을 추구함으로써 순수형태만을 포함하는 평범반응으로 전환시킬 수 있다. 셋째, 수검자는 정서적 불편을 주는 혼란스러운 반응을 감추기 위해 주지화(intellectualization)를 사용할 수 있고 이를 사용해서 그림이나 조각상으로 반응할 수 있다.

주제심상에 반영되는 방어는 여러 가지가 있다. 위협적인 이미지를 온화한 이미지로 전환시키는 부인기제(denial)를 사용할 수 있다: "주문을 외우고 있는 두 마녀지만 도로시 이야기(Dorothy story)에 나오는 북쪽 마녀처럼 착한 마녀이다."(The Wizard of Oz 참조). 수검자는 자신이 보고하는 반응의 장애적인 의미를 지우기 위해 억압(repression)을 사용할 수도 있다: "어떤 것을 하고 있는 위험한 인물로 보이지만 실제로 무엇을 하는 것으로 볼 수 있을지 전혀 떠오르지 않는다." 또한 수검자는 부정적 이미지를 상쇄시키기 위해 완전히 상반된 이미지로 전환하는 반동형성(reaction formation)을 사용할 수 있다: "처음 보니까 서로 죽음의 방사선을 쏘고 있는 공상과학에 나오는 두 사람으로 보았으나 좀 더 보니 함께 놀고 있는 두 명의 아이들 같고 물총을 쏘고 있는 것 같다."

검사행동에서 수검자는 지각이 주는 영향을 최소화시키기 위한 방법으로 책임을 외재화시킬 수 있다. 예컨대, "이것은 애들이 그린 어떤 것이다."라고 반응함으로써 수검자는 잉크반점에서 자신이 본 것이 무엇이든 자신의 생각과 감정과는 무관하다는 것을 의미하는 논평을 할 수 있다. 또한 수검자는 장애적인 병적인 반응을 한 후에 "이들을 누가 만들었든지 간에 틀림없이 병든 사람이다."라고 말하는 것처럼 비난을 투사적으로 귀인시킬 수 있다. 또한 수검자는 반점의 색채적 특징에 대해 반응하지 않고 단순히 색채를 설명함으로써 감정을 고립시킬 수 있다. 예컨대, "여기 빨간색은 꽤 밝은데, 그러나 아무런 의미도 없다." "이런 색들은 내가 본 지도에서 다른 나라와 구별하기 위해 사용하는 것이다."와 같이 말할 수 있다.

6장과 7장에서 내용주제와 검사행동에 대해 논의한 바와 같이, 이러한 실제 예들은 로르샤하 자료에 나타나는 대응노력을 공통적으로 지적해 주는 좋은 예들이다. 그러나 이러한 예들은 불안에 저항하는 방어방법과 로르샤하에 작용하는 모든 방어방식을 다 포괄하는 것은 아니다. 포괄적인 목록을 만들려고 시도하면 가용한 지식을 잘못 해석할 수 있고 완벽한 목록을 만드는 것도 불가능하다. 그럼에도 불구하고 이렇게 논의하는 것은 방어유형을 나타내는 단서를 찾기 위해서는 반응계열을 탐색하는 것이 중요하다는 것을 설명하고 단서들이 나타내는 대응방식을 밝히기 위해서는 성격과정에 대한 일반적인 지식을 활용해야 한다는 것을 설명하기 위해서이다. Schafer(1954), Lirner와 Lirner(1980), Cooper, Perry 및 Arnow(1988), Cooper, Perry 및 O' Connell(1991)의 글을 참고하면 구체적인 방어유형을 평가하는 데 유용한 정보를 얻을 수 있다.

계열분석에서 회복(recovery)은 수검자가 심리적 불편을 야기시키는 반응 때문에 생긴 혼란을 얼마나 성공적으로 극복하고 효율적인 기능수준을 회복하는가를 말한다. 회복의 평가에서 2가지 핵심적인 의문은 (1) 불안을 유발하는 로르샤하를 경험한 뒤에 나타낸 반응이 얼마나 정확한가? (2) 정확한 반응으로 회복되는 데 얼마나 오랜 시간이 걸리는가?이다. 방어작용을 지적하는 구조적, 주제적 예에서 설명한 대응노력 자체는 적응적일 수 있다. 부적절한 방식으로 정교화되어 있지 않다면 보통 부분반응, 형태질이 좋은 평범반응, 예술에 관한 일 등은 성격적 장점을 나타내는 규준적인 반응으로 볼 수 있다. 마찬가지로 정확한 형태, 주문을 외는 좋은 마법사, 어떤 일을 하는 "인물", 놀이를 하고 있는 아동 등은 우수한 자아강도와 정적인 대인관계 성향(3Mao, 3GHP, 2COP)을 지적하는 구조적 자료이다. 따라서 심리적 불편을 경험하면서 이런 반응을 나타내는 사람은 회복하기 위해 방어작용을 합리적으로 잘 활용하고 있다는 것을 입증하는 것이다.

반면에 카드 I 의 중앙부분(D4)에 대해 형태질이 마이너스인 "새"라고 반응한 뒤에 D2에 대해 "주문을 외우고 있는 마녀들"로 반응했다고 가정하자. 여기서 본 정적이고 정교화되지 않은 "새"에 대해 특별히 극적인 요소가 없으므로,

왜곡된 형태지각이 지적하는 현실검증의 일시적 붕괴는 "주문을 외우고 있는 마녀들"에 대한 연상에서 불안이 유발되었기 때문이라고 합리적으로 추론할 수 있다. 더욱이 이 예에서 다른 영역으로 주의를 돌려서 불안을 회피하려는 방어적 노력은 성공적이지 않았던 것으로 보인다. 즉 불편한 반응이 부적응적인 반응 뒤에 나타났고, 어떤 회복도 일어나지 않았고, 그 장면을 떠나는 것이 이 사람에게는 효과적이지 않다는 지적이 있고, 따라서 이 사람의 불안에 대한 방어는 제한적일 수 있다. 이런 2가지 추론은 부가적인 자료가 있으면 수정할 수도 있겠지만, 여기서 예를 든 계열은 수검자의 적응능력에 대한 관심을 입증해 준다.

카드 Ⅳ에 대해 "어떤 일을 하고 있는 위험한 인물, 그런데 무엇을 하는지 모르겠다."라고 반응했다고 가정해 보자. 이 반응을 한 다음 카드를 되돌려준 뒤에 카드 Ⅴ를 오래 보고 있다가 "이것은 정말 어렵군요. 무엇인지 확실하지 않다. 이 옆에는 어쩌면 악어의 머리 같은데, 사람을 물려고 한다."라고 반응했다고 가정하자. 카드 Ⅳ를 보고 힘들어하던 수검자들도 카드 Ⅴ는 쉽게 보고 "이것은 문제도 아니다. 이건 확실히 나비네요."와 같이 보통 위협적이지 않은 평범반응을 한다. 이 예에서 수검자가 카드 Ⅳ가 시사하는 위험을 회피하기 위해 사용한 억압은 제대로 작동하지 않았다. "어렵군요."라고 말하면서 반응시간을 지연시키는 것은 이 수검자가 아직도 안정을 되찾지 못했다는 것을 나타낸다; 평범반응을 할 수 있는 능력이 없거나 대부분의 사람들처럼 카드 Ⅴ에 대해 반점 전체에 주의를 기울이지 못했고, 구조적으로는 정확한 반응(Do FMo Ad)을 했으나 카드 Ⅳ에서 억압된 위험에 대한 관심이 "사람을 물려고 하는" 악어의 형태로 나타났다. 이런 반응계열은 수검자의 비효율적 대처를 지적하는 것이고 수검자에게 억압이 얼마나 잘 작동하고 있고 수검자가 불안에 대응할 수 있는 능력을 얼마나 가지고 있는가와 같은 의문을 제기한다.

마지막으로 카드 Ⅸ의 상단 측면부분(D3)에 대해 "서로 죽음의 광선을 쏘고 있는 공상과학에 나오는 남자들"로 반응했다고 가정하자. 이렇게 반응한 뒤에 "좀 더 보니까 물고기 두 마리가 헤엄치면서 돌아다니는 것 같고, 아마 독이 있는 종류"로 반응했다고 가정하자. 여기서 두 번째 반응은 보통반응에서 마이너스 반응으로 형태질이 떨어졌다. 이것은 첫 반응에서 수검자가 경험한 불편수준을 나타내는 단서일 수 있다. 그리고 "공상과학에 나오는 남자들"을 물고기로 바꾸고 "죽음의 광선을 쏘고 있는"을 "헤엄치면서 돌아다니는"으로 전환시킴으로써 첫 반응의 영향을 반전시키려고 노력하였다. 그러나 형태왜곡뿐만 아니라 독이 있는 것으로 기술된 물고기에서 공격성에 대한 관심이 다시 나타났기 때문에 이러한 방어적 노력이 부적절했다는 것을 알 수 있다. 더욱이 "공상과학에 나오는 남자들"로 시작한 이야기가 "독이 있는 종류"로 전환되어 표현이 과장되었고 INCOM과 유사해지기 시작했다. —거기에 실제로 독이 있는 물고기가 있는가? 따라서 반동형성시키려는 노력은 실패했고, 최후로 주지화를 시도하고 있고, 수검자는 불편을 야기하는 첫 반응의 영향에서 회복될 수 있는 능력이 제한되어 있다는 것을 나타내고 있다.

제대로 회복하지 못했다는 것을 보여 주는 이런 예들은 로르샤하에서 불안을 야기하는 경험을 한 직후에 나타나는 반응의 적절성과 관련이 있다. 이와 관련해서 처음에 제시한 두 번째 의문이 중요하다. 즉 수검자는 균형이 무너진 뒤에 얼마나 오랫동안 역기능적으로 남아 있었는가? 수검자는 그 다음 한두 반응에서 또는 적어도 다음 카드에서 상당히 적절하게 회복했을 수 있다. 심리적 불편을 나타내는 반응이 하나의 카드에서 지속되거나 여러 카드에까지 확대되어 장애적인 부적절하게 방어된 반응계열을 유발시킬 수도 있다. 회복이 빠르다는 것은 비교적 심리적 혼란이 가볍고 방어가 성공적이라는 것을 시사한다. 역으로 심리적 혼란을 경험한 뒤에 형태질이 낮은 반응계열이 길게 나타날수록 초기에 경험한 심리적 혼란은 더 심하고 방어능력은 더 부적절할 수 있다.

반응질의 탐색

사람들이 괴로워하는 관심과 이러한 관심 때문에 생긴 불안에 어느 정도 성공적으로 대처하는지를 밝히기 위해 계열분석을 사용하려면 반응의 질을 면밀하게 검토해야 한다. 반응질의 저하는 로르샤하 상황의 어떤 측면이 불편을 야기했다는 것을 지적하는 것이다. 심리적 불편을 야기시킨 로르샤하의 성격은 특히 수검자의 한계와 해결되지 않은 문제와 관련 있는 성격기능을 밝히는 데 도움이 된다. 반면에 계속해서 반응의 질이 좋게 유지된다는 것은 로르샤하 상황을 효과적으로 다룰 수 있는 능력이 있다는 것을 나타낸다. 그리고 지각과 연상을 효과적으로 관리한다는 것은 수검자의 성격적 장점을 지적하는 것이다.

반응의 질이 저하되다가 다시 향상되는 것은 수검자가 불안에 대처하기 위해 어떤 방법을 시도하고 이런 시도가 얼마나 성공적인가에 대한 정보를 제공한다. 그리고 로르샤하 기록에서 반응의 질이 다시 향상되기 전에 반응질의 저하가 더 오래 지속되고 더 저하될수록 고통을 많이 경험하고 방어가 성공적이지 않을 가능성은 더 높아진다.

앞에 제시한 많은 예들은 반응질의 저하와 향상은 기록의 다양한 부분에서 나타날 수 있다는 것을 설명해 준다. 10장의 잉크반점에서 어떤 수검자는 처음에는 반응의 질이 낮다가 검사가 진행되면서 점차 향상될 수 있다. 이런 경향은 검사과제에 열중하고 검사자와 검사를 받는 것에 대해 더 편안하게 느끼게 되면서 초기에 경험했던 혼란을 주었던 불안이 극복되고 있다는 것을 지적하는 것이다. 또 어떤 수검자는 처음의 한두 카드에 대해서는 정확하게 수행하고 나서 검사가 진행됨에 따라 수행수준이 저하될 수 있다. 검사를 진행하는 동안에 수행이 저하된다는 것은 새로운 상황에서 초기에는 용감하고 합리적으로 잘 출발하지만 상황이 진행됨에 따라 점차 혼란스러워지고 동요하는 사람이라는 것을 지적하는 것일 수 있다. 이런 사람은 첫인상이 시사하는 것보다 심리적 기능이 낮을 수 있고 때로는 이들과 깊이 사귀지 않고 짧은 기간 동안 알고 지낸 사람이 생각하는 것처럼 기능적이지 않을 수 있다. 또한 RIM을 받으면서 수행의 질이 저하되는 것은 개인의 심리적 상태에 대한 임상적 퇴행(clinical deterioration)의 위험성을 지적하는 것일 수 있다.

어떤 수검자는 10장의 카드 전체보다 한 카드 내에서 반응질이 향상되거나 저하되는 패턴을 나타낼 수 있다. 많은 카드에서 처음에는 반응질이 좋다가 나쁘게 끝나는 패턴이 반복되거나 처음에는 나쁘다가 끝에는 좋아지는 패턴이 반복되는 것은 검사상황에 대해 관여하는 정도가 증가함에 따라 수검자의 행동이 더 좋게 또는 더 나쁘게 변한다는 것을 의미한다. 또 어떤 수검자는 회색 카드에는 정확하게 반응하나 유채색 카드에는 상대적으로 저하되거나, 유채색에는 정확하게 반응하지만 회색 카드에는 상대적으로 저하되는 경우도 있다. 이런 사람은 불쾌감이나 또는 행복감과 같은 정서를 다루는 데 어려움이 있다는 것을 나타낸다. 그리고 어떤 수검자는 두 사람이 어떤 방식으로 상호작용하는 인상을 유발시킬 가능성이 높은 카드에 대해 비교적 잘 반응하거나 수행의 질이 저하되는 경우도 있다. 이러한 카드에서 수행을 잘한다는 것은 대인관계에 대한 만족과 혼자보다 사회적인 상황에서 더 잘 기능하는 경향을 지적할 수 있다. 그리고 이들 카드에서 비교적 나쁜 수행은 대인관계에 대한 거북함과 다른 사람과 거리를 유지하는 것을 좋아하거나 실제로 다른 사람과 거리를 둔 것에 대한 후회를 지적하는 것일 수 있다.

개별 반응의 수준에서도 한 반응과 그 다음 반응의 반응질 변화는 중요한 관심, 선호하는 대응유형, 방어의 정확성을 반영한다. 단일 반응 내에서 일어나는 질적인 변화와 연속되는 반응에서 나타나는 질적인 변화는 이미 설명했다. 연속되는 반응에서 나타나는 반응의 질적 변화를 보다 자세하게 설명하기 위해 2가지 유형을 구분해서 예로 들 수 있다. 하나는 나쁘게 시작하고 좋게 끝나는 반응인데, 이는 회복된(rescued) 반응이라고 기술할 수 있다. 예컨대, 한 여성이 카드 Ⅳ에 대해 "무엇인지 잘 모르겠는데요……. 저는 이런 것을 좋아하지 않습니다. 아마 어떤 성적인 것…… 이 부분(upper middle-D6)을 말하라면 성기 같고 해부학 책에 나오는 그림 같아요." 하고 반응했다고 가정하자. 이 예에서 여자 수검자는 자신이 본 성적인 의미로 인해 분명히 불편을 경험했고 거부하거나 모호한 인상을 말하려고 했다. 그러나 이 수검자는 심리적으로 안정을 되찾았고 형태가 좋은 주지화된 성적인 반응을 했다. 이 반응은 Do Fo Hd, Sx, Art로 기호화할 수 있다. 반면에 좋게 시작하고 나쁘게 끝나는 반응은 악화된(spoiled) 반응이라고 기술할 수 있다. 예컨대, 카드 Ⅲ에서 첫 반응으로 "서로 이야기를 나누고 있는 두 사람(good form, human movement, Popular)"이라고 반응한 뒤에 "그리고 중간에 있는 이 빨간 점은 이들의 심장(form element, FABCOM)"으로 정교화했다고 가정하자. 이 악화된 반응은 만약 수검자가 "진짜 이들의 심장은 아닙니다. 제가 말하려는 뜻은 빨간색이 심장을 나타내는 발렌타인 같다는 것입니다. 그리고 이들이 서로 사랑한다는 것을 상징하는 겁니다." 하고 말했다면 반응이 다시 회복되었다고 볼 수 있다.

여기서 제시한 예와 5장에서 제시한 예에서 지적한 것처럼, 반응의 질은 적응능력과 관련 있는 바람직하지 않은 요소를 포함하고 있는지에 근거해서 일차적으로 검토해야 한다. 5장에서 논의한 성격적 자산을 나타내는 모든 구조지표들은 반응의 질을 좋게 하고 반대로 성격적 취약성을 나타내는 모든 구조지표들은 반응의 질을 나쁘게 한다. 구조변인들 중에서 형태수준은 가장 쉽게 알 수 있고 반응의 질을 결정하는 데 가장 중요하다. 뿐만 아니라 반응이 보통 부분이나 드문 부분을 포함하고 있는지 여부, 분화된 발달질 또는 모호한 발달질 여부, EA나 es 결정인, 인지적 통제나 결함의 지표 등은 반응의 질이 좋은 반응과 나쁜 반응을 분류하는 데 매우 도움이 된다. 로르샤하 자료의 다른 두 측면은 반응의 질이 좋은지 나쁜지를 밝히는 데 중요한 단서를 제공한다: 거의 눈에 띄지 않는 공격적이거나 성적인 이미지에서 시작해서 현저하게 공격적이거나 성적인 이미지를 노골적으로 시사하는 것에 이르기까지의 내용정교화와 편안한 자기확신이나 뚜렷한 당혹감 및 자기통제의 상실을 시사하는 검사행동은 반응질을 결정하는 단서가 될 수 있다.

3부
적응력과 약점의 평가: 사례

RORSCHACH

9
사례 개관

10~14장까지는 로르샤하 프로토콜의 해석원리를 설명하기 위해 사례자료를 제시하였다. 설명을 위해 제시한 사례는 사례연구나 심리진단적 평가를 위한 것도 아니고 로르샤하에 관한 추론의 타당성을 밝히기 위한 것도 아니다. 정확한 사례연구를 위해서는 개인이 가지고 있는 현재의 문제, 발달사, 가족배경, 최근의 개인적 및 사회적 맥락에 관한 자세한 정보가 필요하다. 철저한 심리진단적 평가를 위해서는 평가를 의뢰한 목적에 적합한 평가도구 배터리, 즉 상대적으로 구조화된 도구와 상대적으로 덜 구조화된 도구 모두가 필요하고 각각의 평가도구를 제대로 충분히 해석해야 한다. 로르샤햐에 의한 추론의 타당성을 확실하게 밝히기 위해서는 반드시 다른 검사의 결과, 수검자의 생활에서 잘 알려진 사건, 다양한 상황에서의 수검자 행동에 관한 신뢰로운 정보 등을 가지고 체계적으로 검토해야 한다.

철저한 심리진단적 평가와 로르샤하에 의한 추론의 타당성을 밝히기 위해서는 광범위한 논의를 통한 정확한 사례연구가 필요하다. 광범위한 논의가 필요하지만 자칫하면 논의가 너무 길어질 수 있으므로 여기서 예를 들어 논의한 사례는 프로토콜의 수와 다양성, 인물과 문제의 유형을 엄격히 제한하였다. 따라서 사례연구, 심리진단적 접근 또는 타당성을 검증하기 위한 접근이라기보다는 사례자료에 대한 설명적 접근을 취하였다. 10~14장까지 10개의 로르샤하 프로토콜을 제시하였는데, 각 사례마다 수검자에 관한 간략한 신상정보와 배경정보를 제시하고 성격적 자산과 단점을 가장 잘 알 수 있는 자료의 의미를 논의하였다. 완벽하거나 단정적일 수는 없으나 감별진단과 치료계획, 수검자의 과거와 현재 행동의 역동과 관련지어 로르샤하 검사결과의 의미를 논의하였다.

10개의 사례에 대한 해석적 접근은 3장에서 다룬 로르샤하의 구조변인, 내용주제, 검사행동, 종합체계에 적용하는 계열분석 등을 종합적으로 검토하여 성격과정을 밝히는 방법이다. 5장의 적응차원에서 설명한 것처럼 〈표 3-1〉에 제시된 변인군집은 해석과정의 계열을 지적하는 것이다. 그리고 어떤 반응에 관한 카드의 특징과 투사적 측면(4장)을 구분하는 원리와 구조변인(5장), 반응내용(6장), 검사행동(7장), 계열분석(8장)에 관한 원리에 따라서 추론을 이끌어 내었다.

10~14장까지 제시한 사례의 적응차원은 〈표 3-2〉와 〈표 3-3〉에서 분명하게 제시한 군집에 상응하는 4가지 문제범주로 체계화하였다. 이들 표에 제시되어 있는 바와 같이 처리군집, 중재군집, 관념군집은 반응기록에서 어느 군집이 첫 번째 정적 핵심변인(first positive key variable)이든 상관하지 않고 정해진 순서에 따라 항상 함께 검토해야 할 "인지 3요소"이다. 마찬가지로 자기지각과 대인관계 군집은 대상관계 영역에 속하고 중첩되는 변인을 많이 포함하고 있으므로 〈표 3-2〉와 〈표 3-3〉에 제시되어 있는 각 탐색순서에 맞춰 함께 검토해야 한다. 정서군집과 통제군집은 개별적으로 검토하고 다른 군집과 관련해서 순서를 고려할 필요는 없다.

이런 점을 염두에 두고 각 사례에 대한 성격적 자산이나 약점에 관한 로르샤하 결과를 제시하였다. 각 사례에서 인지적 문제, 개인적 및 대인관계적 문제, 정서적 문제, 스트레스 관리 문제를 다루었는데, 각 기록의 성격에 따라 논의하는 순서를 결정하였다. [그림 9-1]은 종합체계의 7가지 군집변인(Exner, 2003)과 〈표 3-1〉의 6가지 적응차원(Weiner & Exner, 1991, 5장) 간의 관계를 나타낸 것이다. 그리고 성격기능의 평가에 사용되는 4범주는 10~14장에 제시한 사례에 대한 논의를 체계화하기 위해 사용한 것이다.

예를 든 사례에서 추론과정에 도움이 되는 다양한 로르샤하 해석원리들을 모두 다룬 것은 아니다. 로르샤하 자료와 성격특징 간의 관계를 완전하게 파악하지 못했다면 3~8장까지 다룬 내용을 참고해야 할 것이다. 마찬가지로 규준자료에 의한 해석과 차이가 나거나 유사한 내용들에 관해서도 관련 자료를 모두 포함시켜 다루지는 못하였다. 5장에서 기술한 규준자료에 의한 해석은 종합체

종합체계 변인군집	적응차원	성격기능 평가에 사용되는 범주
정보처리	경험에 대한 주의	인지적 문제
인지적 중재		
관념	관념의 사용	
정서적 특징	정서조절	정서적 문제
통제와 스트레스 인내	스트레스 관리	스트레스 관리 문제
자기지각	자신에 대한 견해	개인적 및 대인관계적 문제
대인지각	다른 사람과의 관계	

[그림 9-1] 종합체계에서 변인군집, 적응차원 및 성격기능의 평가에 사용되는 범주의 관계

계를 다룬 책(Exner, 2001, 2003)에 자세히 소개되어 있다. 물론 어떤 사례에는 로르샤하 자료와 수검자의 생활사건 간에 분명하고 의미 있는 관계가 있으나, 해석 예에서 설명한 바와 같이 사례에 대한 논의는 수검자의 성격을 완벽하게 기술하거나 해석의 정확성을 증명하기 위한 것은 아니다.

사례에 대한 논의는 기록에 포함되어 있는 구조적, 주제적, 행동적 자료의 모든 의미 있는 측면을 논의한 것이 아니라 선별적으로 다루었다는 점을 먼저 밝혀둔다. 유능하고 민감한 로르샤하 임상가라면 10개의 프로토콜에서 논의하지 않은 성격적 기능에 관한 함의를 알 수 있을 것이다. 이런 함의를 언급하지 않은 데는 여러 가지 이유가 있겠으나, 저자가 충분히 밝히지 못한 것도 1가지 이유이다. 또한 로르샤하 잉크반점법의 해석적 의미는 다양하고 풍부하며 특히 내용주제와 관련된 해석은 더 다양하고 풍부하다. 흔히 주제심상은 복합적 또는 대안적 추론의 근거가 될 수 있다. 따라서 독자들도 이러한 프로토콜에서 부가적으로 더 좋은 상징적 의미 그리고 이 책에서 시사된 것과는 다른 상징적 의미들을 찾아낼 수도 있을 것이다. 로르샤하 자료에서 초점을 두고 강조해야 할 영역은 많겠지만, 이 교재에 제시한 해석은 로르샤하에서 얻은 자료를 사용하여 수검자의 성격유형, 적응능력, 제한점을 생생하게 밝히고 더 나아가서는 감별진단과 치료계획을 수립하는 데 중요한 함의를 찾아내는 방법을 설명하기 위한 것이다.

마지막으로 언급하고 싶은 사항은 다양한 사례를 간략하게 살펴보는 것보다 적은 사례라도 보다 심도 있게 분석한 사례를 선호하는 사람들에게 해당하는 말이다. 이런 견해는 Schafer(1954)의 영향을 많이 받은 것이다. 그는 임상장면에서 실제적인 평가와 달리 프로토콜에서 추론한 것이 "옳은가" "그른가" 하는 문제가 중요한 것이 아니라 "로르샤하 검사기록에 대해 생각하는 방식(a way of thinking)"을 설명하고 이런 방식을 통해 환자의 성격을 기술할 수 있다는 것을 증명하는 것이 더 중요하다고 하였다.

한 걸음 더 나아가 Schafer는 로르샤하에 의한 추론의 타당성을 밝히기 위해 개별적 사례사를 이용하면 "임상적 자료를 자기도 모르는 사이에 임기응변적으로 선별하고 편집하는" 상당한 위험이 따른다고 하였다. 이렇게 되면 무엇을 입증하는 것처럼 보일 수는 있으나 실제로는 이해했다는 착각을 하기 쉽다. 과학자인 동시에 임상가로서 Schafer는 타당화시키기 위해서는 임상적 자료와 검사자료를 일화적으로 짜맞추기보다 체계적으로 분석하는 것이 필요하다고 하였다. 이런 관점에서 그는 사례를 설명하면서도 상세한 임상적 자료를 제시하지 않았다. 10~14장까지 제시한 사례는 이런 입장을 참고하여 기술하였다. 10~14장은 5장에서 밝힌 6가지 적응차원을 설명하려는 것이므로 성격기능에 관한 이러한 차원을 해석하는 지침이 될 수 있는 공통적인 기록을 설명할 수 있는 프로토콜을 포함하고 있다.

10장에는 경험에 대한 주의차원을 설명하고 Lambda가 높고 행정적 목적으로 진단평가를 받은 수검자의 방어적 기록과 Lambda가 낮고 약물남용문제가 있는 수검자의 기록을 제시하였다.

11장에서는 관념사용의 차원을 설명하고 두 사례의 내향적 기록을 제시하였다. 한 사례는 입원치료를 받고 있는 망상형 정신분열병환자이고 다른 한 사례는 많은 강박증적 특징을 가지고 있고 식욕부진증으로 진단된 청소년이다.

12장에서는 정서조절에 관한 차원을 설명하고 두 우울한 수검자의 기록을 제시하였다. 한 수검자는 이전에 정서적인 문제를 진단받은 적도 없고 치료받은 적도 없으나 정서적인 문제로 정신감정이 의뢰된 사람이었고 다른 한 입원환자는 자살을 시도한 적이 있고 양극성장애로 입원치료를 받고 있는 사람이다.

13장에서는 스트레스 관리 차원을 설명하고 D < AdjD인 두 수검자의 기록을 제시하였다. 한 수검자는 전반적으로 대처기술이 제한된 10대 비행청소년이고

다른 한 수검자는 학업과제, 대인관계, 감정조절 등에 관한 문제를 가지고 있고 학업성적이 부진한 치과대학 학생이다.

14장에는 자신에 대한 견해와 다른 사람과의 관계에 관한 차원을 설명하였다. 자기지각과 대인관계에 대한 지각을 한 장에서 다루었지만 이런 지각이 각각 한 장씩 할애한 4개의 다른 적응차원보다 심리적 적응에 차지하는 비중이 낮다는 것은 아니다. 이들 두 차원의 적응적 장단점에 관한 해석적 가정은 10~13장에서 자세하고 깊이 있게 다루었다. 그러나 부족한 점을 더 보완하고 자기와 대인관계지각에 문제가 있는 사람들이 나타내는 상이한 반응패턴을 설명하기 위해 자기애적 자기중심성을 포함하고 있는 두 사례를 14장에 제시하였다. 한 사례는 분노와 충동통제에 어려움이 있는 위험한 사회병질적인 남자이고 다른 한 사례는 진단가능한 심리적 장애는 없으나 대인관계에서 부적응적인 내향성과 정서적 억제가 심한 여성이었다.

이러한 10개의 사례는 광범위한 임상적 문제와 관련이 있고 여러 가지 성격유형을 설명할 수 있으며 다양한 인구통계학적 변인을 포함하고 있다. 남자와 여자 수검자는 각각 5명이고 성인 8명과 청소년 2명이다. 또한 이들은 백인이 8명이고 아프리카계와 남미계 미국인이 각각 1명씩이다. 검사 당시 외래환자와 입원환자는 각각 4명이었고 2명은 수감되어 재판을 기다리고 있는 중이었다. 이들 사례는 여러 해에 걸쳐 각기 다른 지역에서 수집한 것이다. 그리고 책에 사례를 제시하는 것은 공개하는 것이기 때문에 중요한 임상적 의미를 변화시키지 않는 범위에서 신상정보를 일부 바꾸었다.

10
경험에 대한 주의

경험에 대한 주의란 사람들이 주의의 초점을 맞추고 환경을 지각하는 방식을 의미한다. 이미 5장에서 설명한 바와 같이 경험에 대한 개방성, 정보의 효율적 조직화, 사건에 대한 현실적이고 관습적인 지각은 건전한 심리적 적응을 촉진시킨다. 반면에 참조체제가 지나치게 넓거나 좁은 사람, 정보를 처리하는 양이 너무 많거나 너무 적은 사람, 다른 사람처럼 세상을 보려고 하지 않거나 볼 수 없는 사람은 적응적 문제가 생길 위험이 있다. 수검자가 경험에 대해 주의하는 방식을 지적하는 로르샤하 지표 중에서 Lambda는 가장 중요한 하나의 구조변인이다. Lambda는 여러 방식으로 프로토콜에 영향을 미친다. 특히 Lambda가 지나치게 높거나 낮을 경우 프로토콜의 나머지 부분에 영향을 미칠 가능성은 더 높고 Lambda의 수준은 여러 가지 구조적 요약의 특징들을 신뢰할 수 있는 정도와 주제심상에서 얻을 수 있는 정보의 양과 관련해서 특별한 의미가 있다.

Lambda라는 결정변인의 극단적인 경우를 설명하기 위해 2가지 사례를 제시하였다. 첫 번째 사례는 타당성은 있으나 주의가 필요할 정도로 Lambda가 높은 방어적인 프로토콜이다. 이 프로토콜에서는 수검자의 최근 심리적 상태에 관한 여러 측면을 밝힐 수 있고 수검자의 중요한 관심에 관한 일부 단서가 시사되고 있다. 그러나 많은 중요한 지표들은 통상적인 의미로 볼 수 없고 얻어진 전반적인 정보도 비교적 빈약하다. 특히 후자는 EA가 지나치게 낮고, 믿기 어려울 정도로 D=0이고, 검사행동을 통해 수검자의 경계하는 태도와 대처양식을 독특하게 밝힐 수 있는 정도와 관련해서 눈여겨볼 필요가 있다.

두 번째 사례는 수검자의 개방성이 구조적 측면에서 나타나고 반응의 주제내용이 풍부할 것으로 기대할 수 있을 정도로 Lambda가 낮은 기록이다. 이 예에서 Lambda가 낮다는 것은 부적응적이고 분명히 스트레스 관리, 감정조절, 자기지각, 대인관계에 많은 어려움이 있다는 것을 지적하는 것이다.

사례 1: 행정적 목적으로 평가가 의뢰된 방어적인 여성

앤더슨(Anderson)은 기혼인 40세의 백인 여성으로 전문직에 종사하고 있고 슬하에 자녀는 없다. 그녀는 다른 주에서 이사를 와서 남편과 같이 그 지역에서 면허를 신청했다. 그녀는 필요한 검사에 통과했지만 생활배경에 관한 정보를 검토한 결과 음주문제가 있다는 것이 밝혀졌다. 그녀는 사교상 어느 정도 술을 많이 마신다는 것을 인정하였으나 알코올과 관련된 문제가 있다는 것은 인정하지 않았다. 심리적 상태를 평가할 때까지 면허는 연기되었다. 그녀는 이런 검사를 받는다는 것 자체를 매우 불쾌하게 생각했고 결과를 걱정했다. 그리고 그녀는 지난 몇 주 동안 슬프고 불안하였으나 치료를 받거나 향정신성 약물을 복용하지 않았고, 정신건강 전문가와 접촉해 보려고 하지도 않았다. 앤더슨의 로르샤하 프로토콜은 〈표 10-1〉, 〈표 10-2〉, 〈표 10-3〉, [그림 10-1]과 같다.

〈표 10-1〉 앤더슨의 로르샤하 프로토콜

반응	질문
카드 I	
1. 첫인상은 나비 같아요.	검: (반응 반복) 수: 나비의 날개가 있네요.
2. 어쩌면 나방에 더 가깝겠고요.	검: (반응 반복) 수: 예. 역시 나방이네요. 여기는 부속기관(D1), 여기는 입(Dd22), 꼬리와 몸체도 있고요. 잔털이 있는 작은 입. 검: 어떤 점에서 잔털처럼 보이나요? 수: 아닙니다. 나방은 잔털이 있는 입이 있기는 하지만, 이것은 잔털처럼 보이지 않네요.
3. (침묵) 다른 것은 생각나는 것이 없지만, 확실히 곤충 종류로 보이네요.	검: (반응 반복) 수: 날개와 몸체가 있는 벌레처럼 보여요.

〈표 10-1〉 앤더슨의 로르샤하 프로토콜(계속)

반응	질문
카드 II	
4. 어쩌면. 어디를 보나 다 나비네요.	검: (반응 반복) 수: 바로 여기(D3) 작고 얇은 천 같은 날개. 검: 어떤 점에서 얇은 천 같은 날개라는 생각이 들었나요? 수: 음영이 다르고 부드러워 보이고 조직층이 다른 것도 있는 것 같아요.
5. 그리고 바다가재의 집게발.	검: (반응 반복) 수: 여기요(D2). 제가 살던 곳에는 흔하기 때문에 그런 것 같아요.
6. 또 곤충이 있군요. 잎을 갉아먹는 곤충의 더듬이와 입.	검: (반응 반복) 수: 바로 여기 입과 입술(D4). 좀 튀어나온 것 같네요.
7. 그리고 또 생선 대가리 같기도 하고.	검: (반응 반복) 수: 눈과 입 모양이 생선 대가리 같아요. 여기 이 부분(Dd31)이 그렇게 보이네요.
카드 III	
8. 두 명의 댄서. 동양 댄서 같다는 생각이 드네요. (카드를 아래로 내려 놓음)	검: (반응 반복) 수: 발, 자세, 머리모양; 여자일 수도 있고 남자일 수도 있겠네요. 어떻든 동양적인 느낌이 들어요. 아마도 검은색과 빨간색 때문인 것 같아요. 춤을 추고 있는 것처럼 볼 수도 있고 춤을 춘 뒤에 서로 인사하는 것처럼 볼 수도 있겠네요.
카드 IV	
9. (침묵) 어~. (침묵) 두 발처럼 보이네요; 만화책에 나오는 사람처럼. 작은 팔과 이상하게 생긴 머리. 예술작품 같지 않아요? 그렇죠? (카드를 아래로 내려놓음)	검: (반응 반복) 수: 아니면 짐승이거나. 무언지 잘 모르겠어요. 장화 같이 보이는데, 기묘한 팔도 있고. TV에 나오는 외계인 같군요. 검: 이상하게 생긴 머리라고 했죠? 수: 머리라고 생각하기 어려워요. 마치 얼룩 같은데. 하지만 머리카락이 있는 것은 분명해요. 어떤 모자를 쓰고 있는지도 모르고요.
카드 V	
10. 나비와 나방의 뒷모습. 이거 잉크반점 맞죠? 그렇죠? (예) 맞아요. 이것은 잉크반점검사죠. 저건 나방이에요. 잉크반점에서 나온 것이고.	검: (반응 반복) 수: 저기 날개가 있고. 나비는 밑부분에 날개가 있고 머리에 촉수나 더듬이가 있어요. 검: 나비와 더 비슷한가요 아니면 나방과 더 비슷한 가요? 수: 나비 날개는 보통 완전한데. 나방 날개에 더 가깝군요. 그러나 몸통을 보면 더 나비처럼 보여요.

〈표 10-1〉 앤더슨의 로르샤하 프로토콜(계속)

반응	질문
카드 VI	
11. 토템상(totem pole) 같다는 생각이 드는군요. 어디서 나왔는지는 모르겠지만. 독수리 상징이나 뭐 그런 것. 이쪽 것은 옆에 있는 것처럼 완전하지 않아요. 이건 약간 올라갔네요. (카드를 아래로 내려놓음)	검: (반응 반복) 수: 파충류나 얼룩 윗부분(D3)은 독수리 같은 것의 상징. 검: 어디서 나왔는지 모르겠다고 했죠? 수: 예. 나머지 부분(D1)은 생각나는 게 없군요.
카드 VII	
12. (긴 침묵) 윗부분에 있는 두 형상은 어린 소녀 같다는 생각이 떠오르고. 머리를 땋아 내린 것 같아요.	검: (반응 반복) 수: 여기(D1) 머리를 땋은 두 소녀의 얼굴이 있고요.
13. 그리고 돼지 같은 형상도 있네요. (카드를 내려놓음)	검: (반응 반복) 수: 연극을 생각했어요. 실제 돼지가 아니라 돼지를 그린 작품 같아요. 검: 무엇을 보고 말하는지 잘 모르겠군요. 수: 여기(D3). 여기 코, 입, 눈. 연극에서 쓰는 가면 같아요.
카드 VIII	
14. 개나 늑대 같은 동물.	검: (반응 반복) 수: 바로 여기(D1)가 개 같아요. 검: 어떤 점에서 개처럼 보이나요? 수: 머리, 네 다리, 전체적인 형태. 달려가고 있는 모양. 검: 달려간다고요? 수: 달려가는 것처럼 보이네요. 가냘프고 날씬해 보이는군요. 검: 어떤 점이 날씬하게 보이나요? 수: 형태가. 뚱뚱해 보이지는 않아요.
15. 그리고 다른 부분은 게 같아요. (카드를 내려놓고 창 밖을 내다봄)	검: (반응 반복) 수: 저기 작은 부분들이 있고요. 바로 이 부분에요(D4).
카드 IX	
16. (긴 침묵) 어떤 폭발 같다는 생각이 드는군요. 화산폭발 같은. 이렇게 보면(∨)-거꾸로 봐도 되죠? (좋을 대로 하세요) 바로 그거예요. (카드를 내려놓음)	검: (반응 반복) 수: 이렇게(>) 봤어요. 폭발하는 것 같이 보여요. 검: 어떤 점에서 그렇게 보았나요? 수: 나무들이 여기 있고, 그것이 반사되고, 아주 큰 구름덩이 같은 것이 있어요. 검: 반사된다고요?

〈표 10-1〉 앤더슨의 로르샤하 프로토콜(계속)

반응	질문
	수: 예. 그렇게 보여요. 검: 어떤 점이 구름 같나요? 수: 산불이 나서 연기가 나고 연기가 피어오르는 것 같아요. 색깔도 비슷하고, 분홍색과 복숭아 색은 폭발과 더 쉽게 관련지을 수 있어요.
카드 X	
17. ∨ 해마.	검: (반응 반복) 수: 여기(D4) 이 부분요. 검: 어떻게 해서 그렇게 보았나요? 수: 녹색이라는 점이요. 작은 코도 있네요.
18. > (침묵) < 메두사 (웃음)	검: (반응 반복) 수: 뱀을 닮았어요. 여기서(D1) 이런 모든 것들이 나오고 있어요. 머리에서 나오는 뱀처럼 보이지는 않지만. 그런 것일 거예요.
19. 게 같은 것. (카드를 내려놓음)	검: (반응 반복) 수: 이것이 게 같고요. 이 부분(D1)이 작은 두 마리.

인지적 문제

구조적 요약에 따르면 앤더슨의 19개 반응은 타당한 기록이고, S-CON이 상승하지 않았으며, 첫 번째 핵심변인인 Lambda는 .99보다 높다. 따라서 〈표 3-2〉에 제시되어 있는 변인군집을 탐색하는 순서에 따라 처리, 중재, 관념, 통제, 정서, 자기지각, 대인관계지각 순으로 탐색한다.

전체 반응수가 평균 이하인데도 Lambda(2.17)가 높다는 것은 수검자가 방어적인 태도로 검사에 임했을 가능성을 제기한다. 보다 엄밀하게 말하자면 이러한 반응기록은 4장에서 제시한 경계성기준(Lamda >.99와 R < 17)과 일치하지 않는다. 그러나 앤더슨의 경우 전체반응수가 19개로 평균 이하라는 점과 검사행동의 특징을 종합해 보면 경계적이었음을 알 수 있다. 특히 검사과제에 대해 거리를 두고 관여를 회피하려고 노력한 수검행동에서 더 잘 알 수 있다. 앤더슨은 전혀 카드를 돌려보지 않다가 Ⅸ번 카드를 제시했을 때 "거꾸로 봐도 됩니까?" 하고 물었다. 그리고 Ⅸ, Ⅹ에서 카드를 돌려서 보았으나 카드가 시사하고 있는

것을 적극적으로 정교화시키기 위한 방식으로 잉크반점을 검토하는 자아관여는 일어나지 않았다. 〈표 10-1〉에 기록해 둔 바와 같이 10장의 카드 중 7장의 카드에 대해서는 계속해서 보지도 않았고, 검사자에게 카드를 되돌려 주려고 하지도 않았으며, 다음 카드에 대한 흥미도 전혀 나타내지 않고 마지막 반응을 한 뒤에 즉시 카드를 내려놓았다.

더욱이 표현하는 방식을 보더라도 앤더슨은 자신에 대한 언급을 계속 회피하였다. 그리고 반응 중 4개의 반응(13, 14, 15, 19)은 실제로 어떤 것이 아니라 "~같은 것"이었다. 특히 그녀는 카드 Ⅲ에서 "여자일 수도 있고 남자일 수도 있는" "춤추고 있거나 서로 인사하고 있는" 두 명의 댄서라고 말했고 카드 Ⅴ에

〈표 10-2〉 앤더슨의 채점계열

카드번호	반응번호	영역	영역번호	결정인(s)	(2)	반응내용(s)	평범반응	z점수	특수점수
Ⅰ	1	Wo	1	Fo		A	P	1.0	
	2	Wo	1	Fo		A		1.0	INC, PSV
	3	Wo	1	Fo		A		1.0	PSV
Ⅱ	4	Do	3	FVo		A			
	5	Do	2	F−	2	Ad			PER
	6	Do	4	F−		Ad			INC
	7	Ddo	31	Fu		Ad			
Ⅲ	8	W+	1	Ma. C′. Co	2	H, Ay	P	5.5	COP, GHR
Ⅳ	9	W+	1	Fo		(H), Cg	P	4.0	GHR
Ⅴ	10	Wo	1	Fo		A		1.0	
Ⅵ	11	Do	3	Fo		Ay			
Ⅶ	12	Do	1	Fo	2	Hd	P		GHR
	13	Do	3	Fo		(Ad)			
Ⅷ	14	Do	1	FMao		A	P		
	15	Do	4	Fu		A			
Ⅸ	16	Wv/+	1	ma.rF.CFo		Ex,Fi		5.5	
Ⅹ	17	Do	4	FCo	2	A			
	18	D+	1	FMa−		(Hd), A		4.0	PHR
	19	Do	1	Fo	2	A	P		

〈표 10-3〉 앤더슨의 구조적 요약

반응영역

Zf	= 8
ZSum	= 23.0
ZEst	= 24.0
W	= 7
(Wv = 0)	
D	= 11
W + D	= 18
Dd	= 1
S	= 0

결정인

혼합

M.C´.C
M.rF.CF

단일

M	= 0
FM	= 2
m	= 0
FC	= 1
CF	= 0
C	= 0
Cn	= 0
FC′	= 0
C′F	= 0
C′	= 0
FT	= 0
TF	= 0
T	= 0
FV	= 1
VF	= 0
V	= 0
FY	= 0
YF	= 0
Y	= 0
Fr	= 0
rF	= 0
FD	= 0
F	= 13

(2) = 5

반응내용

H	= 1
(H)	= 1
Hd	= 1
(Hd)	= 1
Hx	= 0
A	= 10
(A)	= 0
Ad	= 3
(Ad)	= 1
An	= 0
Art	= 0
Ay	= 2
Bl	= 0
Bt	= 0
Cg	= 0
Cl	= 0
Ex	= 1
Fd	= 0
Fi	= 1
Ge	= 0
Hh	= 0
Ls	= 0
Na	= 0
Sc	= 0
Sx	= 0
Xy	= 0
Idio	= 0

S-Constellation

- ☐ FV + VF + V + FD > 2
- ☑ Col-Shd Blends > 0
- ☐ Ego < .31 or > .44
- ☐ MOR > 3
- ☐ Zd > ±3.5
- ☑ es > EA
- ☑ CF + C > FC
- ☐ X + % < .70
- ☐ S > 3
- ☐ P < 3 or > 8
- ☑ Pure H<2
- ☐ R <17
- 4 TOTAL

발달질

		(FQ−)
+	= 3	(0)
o	= 15	(2)
v/+	= 1	(0)
v	= 0	(0)

형태질

	FQx	MQual	W + D
+	= 0	0	0
o	= 14	1	14
u	= 2	0	1
−	= 3	0	3
None	= 0	0	0

특수점수

	Lv1-1	Lv1-2
DV	= 0×1	0×2
INC	= 2×2	0×4
DR	= 0×3	0×6
FAB	= 0×4	0×7
ALOG	= 0×5	
CON	= 0×7	

Raw Sum6 = 2
Wgtd Sum6 = 4

AB	= 0	GHR	= 3
AG	= 0	PHR	= 1
COP	= 1	MOR	= 0
CP	= 0	PER	= 1
		PSV	= 2

비율, 백분위, 산출점수

R = 19   L = 2.17

EB	= 1:3.0	EA	= 4.0	EBPer	= N/A
eb	= 3:2	es	= 5	D	= 0
		Adjes	= 5	AdjD	= 0
FM	= 2	SumC′	= 1	SumT	= 0
m	= 1	SumV	= 1	SumY	= 0

감정

FC:CF + C	= 1:2
Pure C	= 1
SumC′:WSumC	= 1:3.0
Afr	= 0.46
S	= 0
Blends:R	= 2:19
CP	= 0

대인관계

COP = 1	AG = 0
GHR:PHR	= 3:1
a:p	= 4:0
Food	= 0
SumT	= 0
Human content	= 4
Pure H	= 1
PER	= 1
Isolation Index	= 0.00

관념

a:p	= 4:0	Sum6	= 2
Ma:Mp	= 1:0	Lvl-2	= 0
2AB + (Art + Ay)	= 2	WSum6	= 4
MOR	= 0	M−	= 0
		M none	= 0

중재

XA%	= 0.84
WDA%	= 0.83
X − %	= 0.16
S−	= 0
P	= 6
X + %	= 0.74
Xu%	= 0.11

처리

Zf	= 8
W:D:Dd	= 7:11:1
W:M	= 7:1
Zd	= −1.0
PSV	= 2
DQ+	= 3
DQv	= 0

자기지각

3r + (2)/R	= 0.42
Fr + rF	= 1
SumV	= 1
FD	= 0
An + Xy	= 0
MOR	= 0
H:(H) + Hd + (Hd)	= 1:3

PTI = 0 ☐DEPI = 4 ☐CDI = 3 ☐S-CON = 4 ☐HVI = No ☐OBS = No

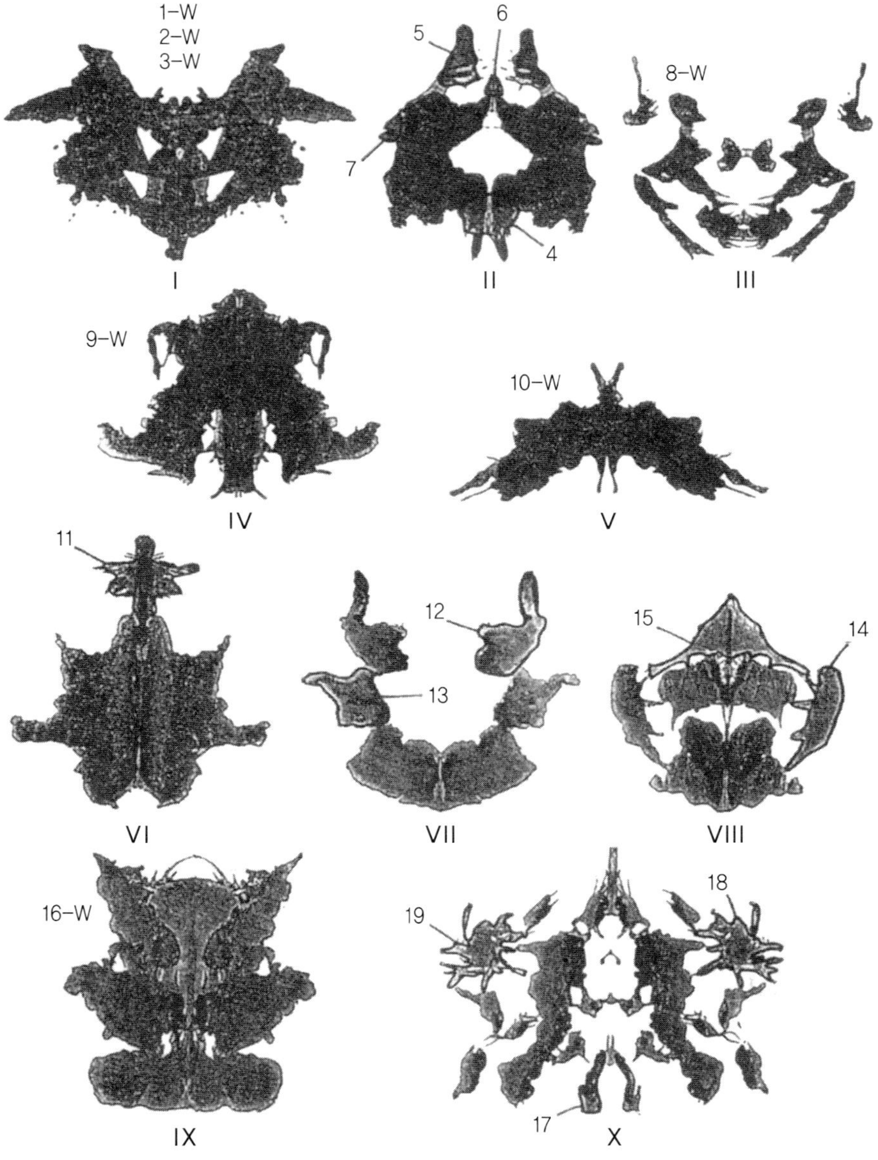

[그림 10-1] 앤더슨이 선택한 반응영역

서는 각 부분에 대해 말하고 난 뒤에도 나비인지 나방인지 선택하기를 거절했다. 때로는 자신이 본 것을 보고하는 대신에 잉크반점에 대한 약삭빠른 방식(flip style)으로 기술하였다. 예컨대, "어디를 봐도 나비로 보이네요.(4번째 반응)" "이것은 예술품일 것 같아요. 그렇죠(9번째 반응)?" "잉크반점이네요. 맞지요… 나방… 잉크반점에서 나온 나방(10번째 반응)" "이것은 옆에 있는 것과 완전히 같지는 않네요.(11번째 반응)"라는 반응도 있었다. 또한 카드 I 에서 "분명히 곤충종류입니다"처럼 단정적인 언어를 사용하였다.

그러므로 수검자가 검사를 방어하는 것을 의미하는 높은 Lambda 기록이라고 간주할 때는 해석과정에서 2가지 중요한 함의를 고려해야 한다. 첫째, 프로토콜에서 많은 구조변인, 특히 통제군집의 구조변인은 액면 그대로 해석할 경우 오류를 범할 수 있으므로 신중하게 해석해야 한다. 둘째, 반응의 내용주제가 별로 풍부하지 않고 경계하는 태도를 나타내었음에도 불구하고 역동을 포착할 수 있는 중요한 단서가 있다는 것은 매우 의미가 있다.

경험에 대해 주의하는 방식과 관련해서 앤더슨의 Lambda가 높다는 것 자체는 로르샤하 결과와 관련해서 좁게 초점화되고 지나치게 단순화된 정보처리방식을 나타내고 있다. 이런 가정이 맞다면 앤더슨은 성격적으로 친숙한 환경을 더 좋아하고, 문제에 대해 단순한 해결을 찾으며, 심리적 불편이나 혼란을 야기시킬 수도 있는 것을 무시하거나 간과하는 사람일 수 있다. 반면에 이렇게 상황적 경계심이 나타나는 프로토콜은 임상적 이유보다는 행정적 목적으로 검사를 받는 사람의 기록에서 흔히 볼 수 있다. 이럴 경우 로르샤하 자료는 성격유형과 대처능력을 충분히 분명하게 표현했다고 볼 수 없고 검사자는 앤더슨의 경우처럼 수검자에 대해 알고 싶어하는 것의 단편만 볼 수도 있다. 특히 로르샤하가 그녀에게 위협이 되었을 수도 있지만 검사상황이 아닌 일상생활에서도 높은 Lambda가 지적하는 행동유형이 나타날 것이라고 가정할 경우 특별히 주의해야 한다.

앤더슨은 경험에 대해 개방적이지 않고 상황을 폐쇄시켜보기는 하지만 정보처리군집, 중재군집, 관념군집에 관한 자료를 보면 인지적 기능은 건전하다고 추론할 수 있다. 그녀는 효율적으로 정보를 조직하고(Zd=−1.0), 대부분의 사람들과 같은 방식으로 세계를 보고(W:D:Dd=7:11:1), 사건을 사실적이고(X−%=.16, Xu%=.84, WDA%=.83) 관습적으로(Xu%=.11, P=6) 지각하고 있다. W:M 비율의 균형이 맞지 않다(7:1)는 사실로 미루어 볼 때, 높은 Lambda로 인한 경계심이 M 반응을 억제했을 수도 있다. 마찬가지로 DQ+=3으로 낮다는 것은 통합능력에 심각한 결함이 있어서가 아니라 아마도 로르샤하 과제에 대한 최소한의 관여와 관련이 있을 가능성이 높다. 왜냐하면 그녀의 교육적 및 직업적 성취를 고려해 보면 통합능력에 심각한 결함이 있다고 보기는 어렵기 때문이다.

관념적 기능과 관련해서 앤더슨은 논리적으로 조리 있게 사고할 수 있는 능력이 있는 것으로 보인다(WSum6=4). 그녀는 주의의 초점이 협소해서 단지 1개의 M, 2개의 FM, 1개의 m 반응만 나타내었다는 것은 능동 및 수동 운동의 반응수가 4 이하로 어떤 유의미한 해석을 할 수 있을 정도로 충분히 크지 않다는 것을 의미한다. 또한 EA=4로 낮다는 것은 관념유형의 적응성과 관련된 EB나 FM+m으로부터 도출할 수 있는 추론을 제한하는 것이다.

스트레스 관리 문제

이 프로토콜은 비교적 짧은 반응기록에서 높은 Lambda가 통제와 스트레스를 관리하는 능력에 관한 구조적 자료를 어떻게 왜곡시키는 지를 보여 주는 좋은 예이다. D=0과 EA=4.0이 지적하는 바와 같이 이 프로토콜은 "위축된(hunkered-down)" 기록이다. D=0이 좌절에 대한 적절한 참을성, 적응적 자기통제력, 주관적으로 느끼는 심리적 고통이 없다는 것을 의미하는 것처럼 해석하는 것은 잘못일 수 있다. 이러한 해석의 오류는 EA가 낮다는 데 있다. EA가 낮다는 것은 스트레스를 야기하는 상황을 회피함으로써 심리적 균형을 유지하고 심지어 적당한 스트레스도 상당한 심리적 고통과 자기통제의 상실을 야기하는 원인일 수 있다는 것을 의미하는 D=0에 신뢰성이 없다는 것을 지적하고 있다.

여기서 제기되는 문제는 EA=4가 시사하는 것처럼 앤더슨이 정말 일상생활의 욕구에 대처하는 능력이 보통 이하밖에 안 되는가 하는 점이다. 앤더슨의 직업적 성취, 성공적인 결혼, 생활배경을 보더라도 심리적 무능을 경험한 적이 없다는 점을 고려하면, 낮은 EA는 상황적 경계심 외에 다른 어떤 것을 반영할 가능성은 거의 없다. 따라서 이러한 유형의 기록에서 대처능력의 실제적 수준(EA), 스트레스를 경험하고 있는 정도(es), 심지어 자신의 경험을 처리하는 관념적 방식과 정서적 방식 중 어느 것을 선호하는지(EB style)에 대해 명확하게 결론을 내리기는 어렵다. 그러나 확실하게 말할 수 있는 것은 그녀는 자신에 관한 많은 것을 드러내지 않으려는 경향은 있으나 반응과정에서 크게 당황하거나 저항하지 않고 적절하게 반응할(R>13) 수 있을 정도로 대처능력은 충분하다는 것이다.

정서적 문제

앤더슨의 기록에서 정서적 특징 중에서 가장 두드러진 특징은 DEPI(4)가 상승해 있다는 점이다. 비록 DEPI의 상승기준(DEPI>4)보다는 낮지만 DEPI=4라는 것은 우울증적 특징이 있다는 것을 지적하는 것이다. 이는 앤더슨이 최근에 슬픔에 쌓여 있다는 보고한 것과 일치한다. 특히 중요한 것은 앤더슨의 경계심은 양가감정(a Col-Shd Blend)과 자기비판적 태도(a Vista)에 관한 증거가 나타나는 것을 가로막고 있다는 것이다.

이미 언급한 것처럼 앤더슨이 외향적인 대처유형(EB=1:3.0)을 가지고 있다는 시사는 Lambda가 높고 EA가 낮기 때문에 신뢰할 수 없다. 그러나 충분하거나 유쾌하게 감정을 조절하지 못한다는 것은 분명하게 지적할 수 있다. 그녀는 감정적인 측면을 거북하게 느끼고 감정을 사고로 전환하기를 선호하며 강한 정서를 교환(INTELL=4, Afr=.46)하는 상황을 회피할 수 있다. 이러한 특징은 특히 카드 Ⅲ에서 2명의 댄서에 대해 "동양적인 느낌이 들어요. 아마 검정색과 빨간색 때문인 것 같아요." 하는 반응에 잘 나타나고 있다. 이 반응에서 M.C′.C가 혼합된 것은 전체 SumC=3.0의 절반에 해당한다. 반면에 "동양적인 느낌"이라는 말에서 감정과 관련된 순수 C 반응은 경험된 정서보다 오히려 사고를 지적하는 것일 수 있고 Col-Shd Bld는 불쾌한 관심(dysphoric concern)의 영향을 받지 않고 긍정적 감정을 유지하기 어려울 수 있다는 것을 지적하는 것이다.

개인적 및 대인관계적 문제

앤더슨은 적절한 자존감을 유지하고 있고 대부분의 사람들처럼 자신을 유능하고 가치 있는 사람으로 보고 있는 것 같다(3r+(2)/R=.42). 그러나 그녀는 현재 자기비판적 태도를 극복하려고 노력하고 있고(V=1) 자신의 적절성을 확인하기 위해 자기애적 방식으로 보상을 시도하는 것(Fr+rF=1)으로 보인다. 자기중심성지표는 일반적으로 상황의 영향을 잘 받지 않는 안정적인 변인이라는 점을 고려하면, 원경반응(Vista)과 반사반응(Reflection)의 해석적 근거를 제공하는 자기중심성지표가 평균 수준인 .42에 불과하다는 것은 그녀의 자기비판이나 자화자찬(self-glorification)이 오래 지속된 것이 아니고 최근 상황과 관련이 있다고 해석할 수 있다.

생활배경을 보더라도 그녀가 자기비판적인 태도를 가지게 된 1가지 상황적 원인을 시사하는 확실한 정보가 있다. 만약 이사하지 않고 그녀가 살던 곳에 살았다면, 그녀를 화나게 만든 운전면허증을 다시 따는 어려움을 겪지 않아도 되었을 것이다. 실제로 그녀는 5번째 반응에서 자신이 살던 곳을 동경하듯 "내가 살던 곳"이라는 말을 사용하고 있다. 이것이 부정적 자기관여의 근원이라면 방어적으로 결정된 반사반응은 정확한 의사결정을 내리고 유능하게 직무를 수행하고 알코올 사용을 통제하기 위해 자신의 적절성을 확인하려는 보상적 욕구를 의미하는 것일 수 있다.

Lambda가 높은 전형적인 기록은 투사에 의해 결정된 반응이 많지 않기 때문에 내용주제를 고려해야 할 반응도 많지 않다. 그렇지만 반응의 계열을 보면 풍부한 해석적 의미를 지적하는 반응을 확인할 수 있다. 카드 Ⅱ에서 원경반응(반응 4)으로 시작하여 곧바로 2개의 −반응(반응 5, 6)과 유일한 Dd반응(반응 7)이 뒤따라 나타나고 카드 Ⅲ에서 동양적인 댄서(반응 8)가 나온다. 카드 Ⅰ에서 3개의 WFA로 반응한 뒤에 카드 Ⅱ에서 분명한 어떤 관심을 표현하기 시작한다. 예컨대, 반응에 "어~" 하고 관심을 나타낸 뒤에 "얇은 천 같은 날개" "부드러운… 조직층"을 가진 나비라고 반응했다. 여기서 나비가 가진 부드러운 얇은 천 같은 날개는 부서지기 쉬운 어떤 것이다. 그리고 아마도 이 반응에서 원경이 시사하고 있는 자기비판적 태도는 만약 자신이 강한 사람이었다면 현재와 같은 어려움을 겪지는 않을 것이라는 그녀의 심정과 관련이 있는 것 같다.

어떻든 간에 4번째 반응에 대한 연상이 심리적 고통을 야기했을 가능성은 5번째 반응의 형태질이 −인 "가재 발"로 퇴보했다는 점에서 확인할 수 있다. 가재 발은 "내가 살던 곳"을 생각하게 했다는 점에서 가재 발 자체가 앤더슨에게 심리적 고통을 야기했을 수도 있다. 앤더슨은 5번째 반응에 나타난 현실왜곡을 회복하지 못하고 6번째 반응에서 "갉아먹는 곤충"의 "입과 입술"이라는 −형태로 반응했다. 이 카드에서 회복하기 위한 마지막 시도로 앤더슨은 큰 반점에서 떨어져 있는 작은 부분(Dd31)에 주의를 기울이지만 "생선 대가리"라는 특징이 없는 드문 형태반응이 나왔다.

카드 Ⅲ에 있는 8번째 반응은 형태질이 좋고, 협동적이고 능동적인 평범한 인간운동으로 반응하였다. 그러나 이러한 회복은 단지 주지화와 불확실한 감정을 통해 이룩할 수 있었다. 이 반응의 특징이 불확실한 감정과 관련이 있다는 점은 이미 앞에서 언급하였다. 이렇게 자기노출에 어느 정도 성공한 듯이 보였으나, 그녀는 곧 완전히 자신에 대한 노출을 차단하였다. 이 카드 다음 네 카드에서 5개의 Fo 반응이 나타났다. 이런 반응은 모두 잉크반점의 내용범주[(H), Hd, A, (Ad), Ay] 또는 간단하게 한 2가지의 반응을 한 후에 카드를 내려놓았다는 점에서 분명히 드러났다. 또한 카드 Ⅷ의 14번째 반응에서 동물이 달려가고 있다는 흔한 평범반응과 카드 Ⅸ의 16번째 반응에서 "화산폭발"이 유일한 운동반응이었다. 이러한 분출반응은 갑작스러운 충동으로 인한 통제력의 상실을 시사하는데, 이는 프로토콜이 전반적으로 과잉통제되어 있다는 것에서도 확연하게 알 수 있다.

그러나 앤더슨은 "분출반응"을 끝내기 전에 반응경험보다는 반응과정을 기술하는 반응으로 끝마쳤고("분홍색과 복숭아 색은 폭발과 더 쉽게 관련지을 수 있어요."), 카드 Ⅹ에서 다시 3개의 간략하고 한계를 짓는 반응으로 되돌아갔다. 즉 17번째 "해마(good form FC)"로 반응한 뒤에 약간 망설이다가 18번째 "메두사(F−)"로 반응했다. 이 반응은 잠정적으로 자기상과 관련이 있을 수 있으나 질문단계에서 그 의미가 흐려졌다("머리에서 나오는 뱀처럼 보이지는 않지만. 그런 것일 거예요."). 그리고 19번째 "게 같은 것(good form)"으로 반응했다.

대인관계에서 앤더슨은 다른 사람과 밀접한 애착을 형성할 수 있는 능력이 제한되어 있는 것으로 보이고 다른 사람들과 친밀하고, 지지적이고, 협력적인 관계형성을 거의 기대하지 않는 것 같다(T=0, COP=1). 흥미롭게도 재질반응이 전혀 없는데, 재질반응이 가장 흔한 카드 Ⅵ에서도 재질반응과 비슷한 반응은 없었다. 그녀는 2번째 반응에서 "잔털이 있는 작은 입"을 가진 나방이라는 재질반응을 장난삼아 해 보는 듯 했다. "잔털이 있는" 것에 대해서 질문하자 그녀는 "나방은 잔털이 있는 입이 있기는 하지만 이것은 잔털처럼 보이지는 않네요." 하면서 재질을 사용했다는 것을 부인했다. 이 높은 Lamda 프로토콜에서 주제심상은 빈약하지만 "잔털이 있는 입"은 6번째 반응과 13번째 반응에서 언급한 입과 관련해서 다른 사람에게 의존하고 양육받고 싶은 욕구를 가지고 있을 가능성을 시사하는 것일 수 있다. 또한 그녀는 사회적 상황에서 거북하게 느끼고 실제적인 생활에서 충분히 기능적인 사람들을 다루는 데 어려움이 있다는 증거도 있다([H:(H)Hd(Hd)=1:3]).

이 사례는 성격적 역동을 거의 드러내지 않고 선호하는 대처유형이나 적응능력에 대해 많은 것을 말하지 않는 방어적인 수검자의 Lambda가 높은 반응기록을 설명할 수 있는 좋은 예이다. 이 사례는 우울한 특징, 개인적 정확성에 대한 분명한 상황적 관심, 편안하게 다른 사람과 밀접한 관계를 형성하지 못하는 문제가 오래 지속되었다는 것을 지적하는 증거도 있다. 충족되지 못한 의존욕구가 이러한 문제와 관련이 있을 가능성도 시사되고 있다. 반면에 그녀는 보상적 자기애를 어느 정도 효과적으로 사용하고 심리적 균형을 유지하고 불안이나 역기능을 피하기 위해 다른 사람과 거리를 유지하고 있으나 인지적 기능은 건전한 것으로 보인다. 따라서 평가를 의뢰한 문제와 관련된 로르샤하 자료에서 그녀가 적절한 방식으로 책임감을 가지고 직무를 수행할 수 있는 능력이 있는지에 대해 의문을 제기할 수 없다.

사례 2: 초점주의에 어려움이 있는 물질남용자의 다양한 적응문제

베이커(Baker)는 독신이고 27세의 백인 남자로 최근에 대학을 졸업한 전문직업인이다. 그는 여러 해 동안 지속된 물질남용을 평가하고 치료받기 위해 정신병원의 알코올 및 약물재활부에 자발적으로 들어왔다. 대학에 다닐 때 같은 학과 동기생인 여자친구와의 관계가 파국에 이르자 우울해져서 약물을 복용하고 단기간 병원에 입원한 적이 있었다. 이러한 우울 에피소드가 있었으나 치료는 받지 않았고 뒤에 심한 음주가 시작되었다. 알코올 남용 외에도 때로는 마리화나에 탐닉하거나 때로는 코카인과 LSD까지 사용했다. 직업을 다시 구하고 현재 사귀는 여자친구와의 관계를 유지하기 위해서는 약물의존을 극복해야 한다는 생각에서 자발적으로 입원하게 되었다. 베이커의 로르샤하 프로토콜은 〈표 10-4〉, 〈표 10-5〉, 〈표 10-6〉과 [그림 10-2]에 제시되어 있다.

〈표 10-4〉 베이커의 로르샤하 프로토콜

반응	질문
카드 I	
1. 나비.	검: (반응 반복) 수: 예. 여기가 날개고 여기가 더듬이예요(D1). 여기 머리에 눈이 있고 날개에 흰 무늬가 있군요. 여기가 몸통이고(D4) 여기 중앙에 유충 때 나온 날개가 뻗쳐 있네요.
2. (좀 더 보면 또 다른 것을 볼 수 있을 거예요) 거꾸로 봐도 되나요? (좋을 대로 하세요) ∨ 이렇게 보면 꼭대기를 가리키며 중국 빌딩.	검: (반응 반복) 수: 개방되어 있는 명나라 왕조 양식의 중국 빌딩이에요; 화려하게 장식된 신전이에요.
3. ∨ 호박초롱. 확실히 그래요.	검: (반응 반복) 수: 여기가 눈이고 줄기가 있던 곳은 머리(Dd31)에서 나온 작은 호박의 입. 이것이 톱니바퀴 모양의 이빨이고요.
4. 눈송이의 반쪽 아랫부분.	검: (반응 반복) 수: 결정체처럼 보이네요. 물이 얼었을 때. 검: 어떤 점에서 그렇게 보았죠? 수: 들쭉날쭉한 부분과 대칭을 이루고 있는 가장자리. 여기 이렇게 구멍이 뚫려 있고요. 크리스마스트리에 매달아 둔 눈송이 같이 보여요.
5. 어쩌면 박쥐.	검: (반응 반복) 수: 박쥐나 나비. 나비(D1)에 있는 더듬이라기보다는 갈고리발톱이나 팔. 여기 있는 눈(Dd22)은 귀인지도 모르고요. 검다는 점에서 박쥐일 거라는 생각이 들었어요.
카드 II	
6. 두 마리의 코뿔소가 키스하고 있거나 싸우고 있는 것처럼 보이네요. 뿔을 맞대고 있고요.	검: (반응 반복) 수: 여기 뿔(D4)이 있고. 머리는 여기고 몸통은 여기고요. 검: 전체인가요? 수: 아니요. 몸통, 가슴 윗부분, 귀, 목, 접촉점. 검: 키스하고 있거나 싸우고 있는 것처럼 보인다고 하였나요? 수: 예, 맞습니다. 입을 맞추고 있고 뿔을 비비고 있어요. 그런데 코뿔소는 키스하지 않기 때문에 싸우고 있는 것처럼 보이기도 해요.
7. ∨ 테리어 개, 투견장의 수컷. 테리어 개처럼 보여요(카드를 여러 번 돌려보고). 다른 것은 모르겠어요.	검: (반응 반복) 수: 귀, 코는 여기고요. 우리에서 서로 킁킁거리며 냄새를 맡고 있는 두 마리 수캐. 코를 킁킁거리고 있어요.

〈표 10-4〉 베이커의 로르샤하 프로토콜(계속)

반응	질문
카드 III	
8. 아래쪽으로 뻗어 있는 것은 두 여자의 몸통처럼 보이고. 아랫부분은 남자의 몸통인데. 어떤 냄비 같은 것을 집어들고 있어요.	검: (반응 반복) 수: 두 명의 여자. 세수를 하거나 무슨 요리를 하고 있는 것 같아요. 가슴이 있기 때문에 상체는 여자 같은데, 아랫부분은… 굽이 높은 힐을 신기는 했지만 여기에 남근 형상이 있어요. 기억이 안 나는데, 무슨 작품처럼 몸통의 반, 전위적인 그림 같아요.
9. V 이것은 큰 곤충이나 거미로 보인다. 등이 이렇게 붉은 검은 과부 거미.	검: (반응 반복) 수: 분명히 그렇게 보여요. 등에 붉은 점, 눈, 이빨, 작은 어깨관절. 어떻든 거미 종류예요. 거미의 상반부만 있어요.
카드 IV	
10. (침묵)V 크리스마스트리.	검: (수검자의 반응 반복) 수: 여기가 나무 뿌리고 여기 나무 줄기가 있고. 여러 가지나 덩굴(D4). 혹은 이것은(D1) 긴 원통형 잎이 달린 야자나무도 될 것 같아요. 여기가 나무 윗부분이고 이것은 땅속으로 처져 가는 부분이고.
11. V 척추 뼈를 X선 사진 찍은 것처럼 보이네요. 더 이상 다른 것은 없습니다.	검: (반응 반복) 수: 여기가 요추 같아요. 색깔을 보니 그렇게 보였어요. 검정색과 회색을 보니 MRI 같이 보이네요. 검: 그 부분이 어느 정도나 되나요? 수: 전부 다요. 여기(D3)가 미저골이고 중심부분은 뼈부분이고. 아마도 여기(D2)는 척추 같고. 그러나 여기는(D4) 그 부분이 아니에요.
카드 V	
12. 이것은 꼭 박쥐 같고.	검: (반응 반복) 수: 귀, 머리, 발. 날개를 펴 있는 것을 보니 날아가는 박쥐.
13. V 아마도 두 마리 돌고래. 물 밖으로 뛰어오르는 돌고래. (카드의 뒷면을 읽고 있음)	검: (반응 반복) 수: 뛰어올라 물결이 일고 있고. 머리, 입. 여기 이 부분은 물이고 물결이 거칠어요. 반동으로 생긴 파도 같네요. 검: 어떻게 해서 파도 같나요? 수: 고래가 물 위로 솟구쳐 올라와서 생긴 거친 물결 같아요.
카드 VI	
14. 이건 매우 살이 찐 고양이처럼 보이고.	검: (반응 반복) 수: 동물이 다리를 쭉 뻗고 편안하게 땅에 드러누워 있을 때처럼 보여요. 검: 어떤 부분에서 매우 살찐 것으로 보이나요?

〈표 10-4〉 베이커의 로르샤하 프로토콜(계속)

반응	질문
	수: 몸통이요. 넓고, 가장자리가 처지고 그것이 날씬한 고양이라면 폭이 더 작을 거 같아요.
15. (여러 번 카드를 돌림) 벽에 걸려 있는 어떤 종류의 털가죽.	검: (반응 반복) 수: 분명해요. 난폭한 누군가가 그 가죽을 가져와 벽에 걸어 놓은 것 같아요. 검: 어떤 점에서 털가죽으로 보았나요? 수: 너비, 그것이 평평해 보이네요. 검은색과 흰색이 일차원적으로 평평해 보이거든요. 털가죽은 실제 동물보다 더 납작할 테니까요.
16. > 이건 뭐 같을까? 아마 지평선에 떠 있는 뇌운인지 모르겠다. 물을 건너서 오고 있는.	검: (반응 반복) 수: 뇌운이 피어오르고 있어요. 여기 높은 부분과 여기는 지평선. 여기는 반사되는 호수. 매우 잔잔하고 평화로운 호수네요. 여기 약간 어두운 부분은 물에 반사된 육지처럼 보이네요.
17. ∨ 남자 같이 보이네요. 한 사람이나 두 사람. 큰 코와 턱밑 수염이 있는.	검: (반응 반복) 수: 코, 머리카락, 입, 턱밑 수염, 불룩한 눈. 낮은 부분(D3)은 아무 관계도 없고요.
카드 VII	
18. 서로 바라보며 앞으로 목을 뻗고 있는 두 여자 같고.	검: (반응 반복) 수: 여기 목, 코, 턱. 머리를 불룩하게 다듬어 올리고. 여기 아래(D2)에 있는 이 부분이 몸통이고요.
카드 VIII	
19. ∨ 천연색으로 찍은 사람 해골의 X-ray처럼 보여요.	검: (반응 반복) 수: 여기는 눈구멍, 비강, 여기는 입이고 여기는 하악골(D4). 그 밖의 어떤 것들은 이해하기 어렵지만 모든 색깔 때문에 그것은 천연색으로 찍은 것 같아요.
20. 산을 기어오르는 표범 같이 보이고.	검: (반응 반복) 수: 한쪽에 한 마리씩 있네요. 여기 색깔이 있는 바위고 여기는 산이고. 쥐나 표범. 아마도 꼬리가 없는 것을 보니 표범 같아요.
21. 혹은 어떤 색이 칠해진 바위를 기어오르고 있는 쥐.	
카드 IX	
22. (여러 번 카드를 돌려봄, 오랫동안 침묵) 아마도 화산의 온도를 재는	검: (반응 반복) 수: 여기 빨간 부분에서 분출해서. 여기 노란 곳은 뜨거워 보이네요. 녹색(D1)은 차가운 색이니 지면을 나타낼 것이고. 이 빨간

〈표 10-4〉 베이커의 로르샤하 프로토콜(계속)

반응	질문
기록계 같아요. 다른 것은 볼 수 없어요.	색(D6)은 가장 뜨거운 부분을 나타낸다. 분출하는 용암보다 더 뜨거운 땅속.
카드 X	
23. ∨ 꽃. 튜립 같은 꽃. 몇 마리 벌들이 꽃 주위를 날고. 어떤 종류의 곤충. 꽃가루로 수정시키는 곤충.	검: (반응 반복) 수: 여기는 줄기. 여기(D2)는 꽃의 생식기관이고 여기(D10)는 암술과 수술. 이것(D7)은 일종의 꽃가루로 수정시키는 곤충 같고. 여기는 잎. 녹색이니까(D1). 이런 것은 색이 다른 잎이 멀리 떨어져 있는 것 같고. 전체적으로 보면 꽃이 핀 정원 같군요. 중심에 한 떨기 빨간 튜립이 있고 여기는 파란색 여기는 노란색.

스트레스 관리 문제

베이커의 구조적 요약을 보면 전체 반응수는 23이고 S-CON=7인 타당한 기록이다. S-CON=7이라는 것은 이 변인의 가장 효율적인 분할점수보다 1점이 낮고 현재 자살가능성이 없다는 것을 의미한다. 그러나 여기서 S-CON=7은 "높은 7"이 될 수도 있다는 가능성을 검토해야 한다. 왜냐하면 임상적 목적으로 S-CON 배열에서 처음 4개의 변인(다른 8개의 변인보다 이 지표의 예언타당도를 높이는 데 더 기여하는 변인)에서 3점 이상을 받거나 S-CON에 관한 변인 중에서 단지 한 변인이 1점 부족해서 8점이 되지 못할 때 "높은 7"로 규정하기 때문이다. 베이커의 프로토콜에서는 S-CON 배열에서 위에서 4번째 변인 중 하나만 점수를 받고 있고 5개의 부적 S-CON 변인은 어느 하나도 점수를 받지 못했다. 따라서 그의 S-CON은 "낮은 7"이고 현재 자살을 고려하고 있다는 증거로 볼 수 없다.

베이커의 프로토콜은 Lambda가 낮은 기록을 설명하기 위해 제시한 것이지만, 첫 번째 정적인 핵심변인은 상황적 스트레스를 지적하는 D<AdjD이다. Lambda가 낮은 사람은 경험에 대해 개방적으로 주의를 기울이는 과정에서 여러 가지 복잡한 정신적 및 정서적 활동을 다루는 데 필요한 충분한 적응능력이 부족할 수 있고 이 과정에서 심리적 문제를 경험할 수 있다. 이때 나타나는 심리적 문제는 정보처리와 관련 있는 군집보다 다른 로르샤하 군집변인에서 더

뚜렷하게 나타난다. 베이커의 경우 EA=7과 함께 CDI=4는 D<AdjD 다음으로 중요한 정적인 핵심변인이라고 가정할 경우 〈표 3-2〉에 따라 통제, 대인관계 지각, 자기지각, 감정, 처리, 중재, 관념 군집 순으로 탐색할 수 있다. 경험에 대한 주의방식이 베이커의 로르샤하 기록의 성격을 결정하지만 Lamda가 높은 앤더슨의 기록에서와 마찬가지로 스트레스 관리, 정서적 문제, 개인적 및 대인관

〈표 10-5〉 베이커의 채점계열

카드번호	반응번호	영역	영역번호	결정인(s)	(2)	반응내용(s)	평범반응	z점수	특수점수
Ⅰ	1	WS+	1	FC′u		A		3.5	INC
	2	Wo	1	Fu		Ay, Sc		1.0	
	3	WSo	1	Fu		Art		3.5	DV
	4	WSo	1	F−		Art		3.5	
	5	Wo	1	FC′o		A	P	1.0	INC
Ⅱ	6	D+	1	FMau	2	Ad		3.0	AG, PHR
	7	D+	1	FMao	2	Ad		3.0	COP, GHR
Ⅲ	8	D+	1	Mpu	2	H, Sx, Art, Cg, Hh		3.0	INC, COP, GHR
	9	D+	1	FC′.FC−		Ad		3.0	INC
Ⅳ	10	Wo	1	Fo		Bt		2.0	
	11	Ddo	99	FYu		Xy			
Ⅴ	12	Wo	1	FMao		A	P	1.0	
	13	Dd+	99	FMa.mpu	2	A, Na		2.5	
Ⅵ	14	Wo	1	FMpu		A		2.5	DV
	15	Wo	1	mp.C′Fo		Ad	P	2.5	
	16	Wv/+	1	Fr.mp.YFo		Na, Cl		2.5	
	17	Do	4	Fo	2	Hd			DV, PHR
Ⅶ	18	D+	2	Mao	2	Hd	P	3.0	DV, GHR
Ⅷ	19	DSo	6	FC−		An			INC
	20	D+	1	FMa.CFo		A, Ls	P	3.0	
	21	D+	1	FMa.CFo		A, Ls	P	3.0	PSV
Ⅸ	22	Wv/+	1	CFu		Na, Fi, Art		5.5	
Ⅹ	23	W+	1	FMa.CF.FDo		A, Bt		5.5	

〈표 10-6〉 베이커의 구조적 요약

반응영역

Zf	= 20
ZSum	= 57.5
ZEst	= 66.5
W	= 12
(Wv = 0)	
D	= 9
W + D	= 21
Dd	= 2
S	= 4

결정인

혼합	단일	
FC′.FC	M	= 2
FM.m	FM	= 4
m.C′F	m	= 0
Fr.m.YF	FC	= 1
FM.CF	CF	= 1
FM.CF	C	= 0
FM.CF.FD	Cn	= 0
	FC′	= 2
	C′F	= 0
	C′	= 0
	FT	= 0
	TF	= 0
	T	= 0
	FV	= 1
	VF	= 0
	V	= 0
	FY	= 1
	YF	= 0
	Y	= 0
	Fr	= 0
	rF	= 0
	FD	= 0
	F	= 5
	(2) = 6	

반응내용

H	= 1
(H)	= 0
Hd	= 2
(Hd)	= 0
Hx	= 0
A	= 8
(A)	= 0
Ad	= 4
(Ad)	= 0
An	= 1
Art	= 4
Ay	= 1
Bl	= 0
Bt	= 2
Cg	= 1
Cl	= 1
Ex	= 0
Fd	= 0
Fi	= 1
Ge	= 0
Hh	= 1
Ls	= 2
Na	= 3
Sc	= 1
Sx	= 1
Xy	= 1
Idio	= 0

S-Constellation

- ☐ FV + VF + V + FD > 2
- ☑ Col-Shd Blends > 0
- ☐ Ego < .31 or > .44
- ☐ MOR > 3
- ☑ Zd > ±3.5
- ☑ es > EA
- ☑ CF + C > FC
- ☑ X + % <.70
- ☑ S > 3
- ☐ P < 3 or > 8
- ☑ Pure H<2
- ☐ R <17

7 Total

특수점수

		Lv1-1	Lv1-2
DV	=	4×1	0×2
INC	=	5×2	0×4
DR	=	0×3	0×6
FAB	=	0×4	0×7
ALOG	=	0×5	
CON	=	0×7	

Raw Sum6 = 9
Wgtd Sum6 = 14

AB	= 0	GHR	= 3
AG	= 1	PHR	= 2
COP	= 2	MOR	= 0
CP	= 0	PER	= 0
		PSV	= 1

발달질

		(FQ−)
+	= 10	(1)
o	= 11	(2)
v/+	= 2	(0)
v	= 0	(0)

형태질

	FQx	MQual	W + D
+	= 0	0	0
o	= 11	1	11
u	= 9	1	7
−	= 3	0	3
None	= 0	0	0

비율, 백분위, 산출점수

R = 23 L = 0.28

EB	= 2:5.0	EA	= 7.0	EBPer	= 2.5
eb	= 11:6	es	= 17	D	= −3
		Adjes	= 14	AdjD	= −2
FM	= 8	SumC′	= 4	SumT	= 0
m	= 3	SumV	= 0	SumY	= 2

감정

FC:CF + C	= 2:4
Pure C	= 0
SumC′:WSumC	= 4:5.0
Afr	= 0.28
S	= 4
Blends:R	= 7:23
CP	= 0

대인관계

COP = 2 AG	= 1
GHR:PHR	= 3:2
a:p	= 8:5
Food	= 0
SumT	= 0
Human content	= 3
Pure H	= 1
PER	= 0
Isolation Index	= 0.52

관념

a:p	= 8:5	Sum6	= 9
Ma:Mp	= 1:1	Lvl-2	= 0
2AB + (Art + Ay)	= 5	WSum6	= 14
MOR	= 0	M−	= 0
		M none	= 0

중재

XA%	= 0.87
WDA%	= 0.86
X − %	= 0.13
S−	= 2
P	= 6
X + %	= 0.48
Xu%	= 0.39

처리

Zf	= 20
W:D:Dd	= 12:9:2
W:M	= 12:2
Zd	= −9.0
PSV	= 1
DQ+	= 10
DQv	= 0

자기지각

3r + (2)/R	= 0.39
Fr + rF	= 1
SumV	= 0
FD	= 1
An + Xy	= 2
MOR	= 0
H:(H) + Hd + (Hd)	= 1:2

PTI = 0 ☐DEPI = 5 ☐CDI = 4 ☐S-CON = 7 ☐HVI = No ☐OBS = No

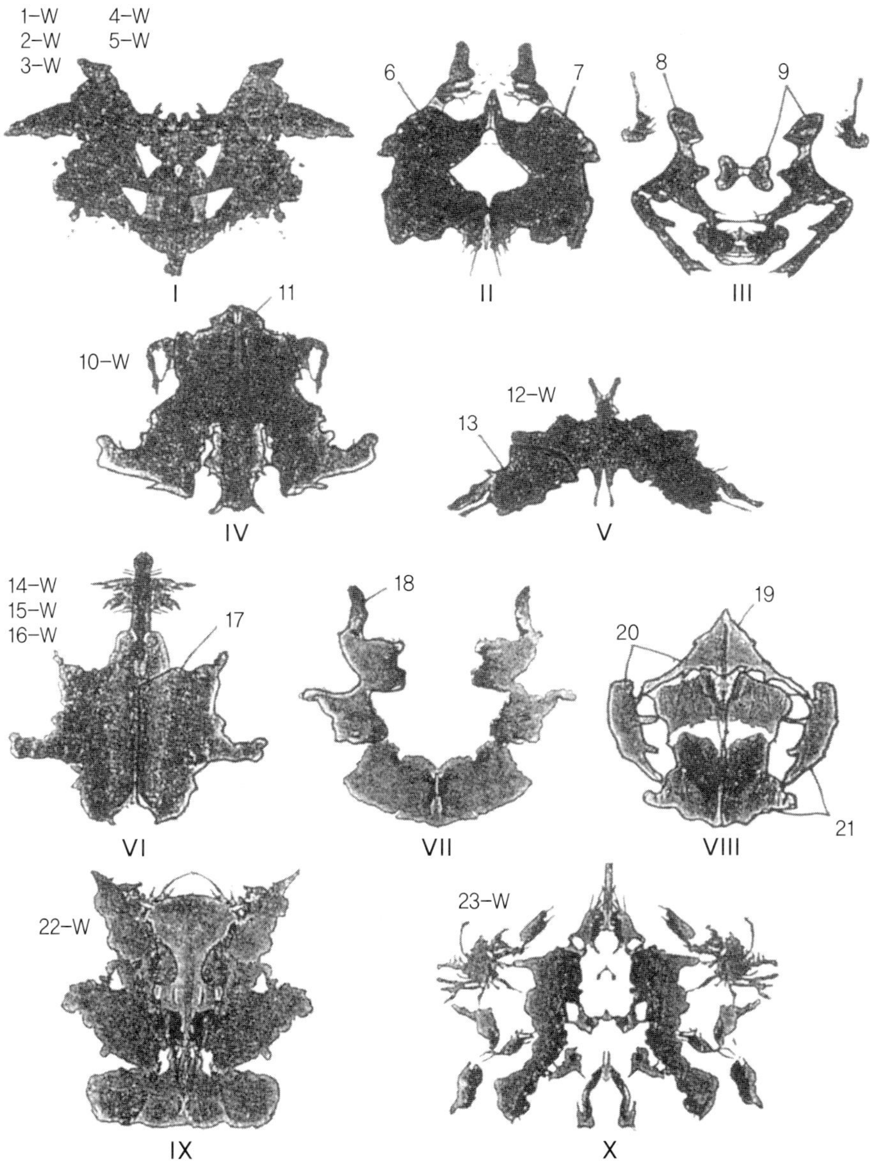

[그림 10-2] 베이커가 선택한 반응영역

계적 문제를 먼저 살펴보고 인지적 문제는 마지막에 논의할 것이다.

스트레스 관리에 관한 로르샤하 자료는 기본적으로는 베이커가 심리적으로 유능한 사람이라는 것을 지적하고 있다. 그의 EA는 7.0으로 규준수준에 속하고 아마도 전문적인 교육을 받을 능력이 있는 것으로 보인다. 그러나 es=17으로 규준수준을 훨씬 능가하는데, 이는 높은 수준의 스트레스를 경험할 때 적절하게 대처하는 데 필요한 적응능력이 부족하다는 것을 지적한다. 결국 그는 심각한 스트레스가 누적되어 있고(D=−3) 좌절에 대한 인내력이 제한되어 있고 뚜렷한 충동적 성향을 가지고 있을 뿐만 아니라 현재 불안하고 긴장되어 있는 상태에 있는 것으로 보인다.

높은 수준의 스트레스를 경험하고 있는 원인과 관련해서 베이커는 자신의 욕구충족(FM=8)과 자신의 운명을 통제하기 어려운 상황(m=3)에 대해 지나치게 집착하여 걱정하고 있는 것으로 보인다. 또한 그는 내면화된 불쾌한 감정이 규준집단보다 높기 때문에 다른 사람들보다 더 많이 고통을 받을 수 있다는 증거(C′=4)도 있다. 반면에 AdjD=−2는 자신이 통제할 수 없는 상황에 빠질 것에 대해 그렇게 염려하지 않을 경우 합리적으로 기능할 수도 있다는 것을 시사하는 것이다. 치료계획과 관련하여 베이커의 EA가 보통 범위이고, es가 비정상적으로 높다는 것은 스트레스를 최소화하거나 해결하기 위해 도움을 필요로 하지만 더 유능하게 되기 위해 도움을 요청하지 않는 사람이라는 것을 지적하고 있다. 또한 m=3는 수검자가 무력감을 해소하면 정서적 안정을 빨리 회복할 수 있고 더 효율적으로 기능할 수 있다는 것을 지적한다.

반면에 통제군집변인은 베이커가 심리치료를 받을 경우 중요한 치료표적이 될 수 있는 1가지 부가적인 대처경향을 지적하고 있다. EA=7이 시사하는 바와 같이 충분한 기본적인 능력이 있음에도 불구하고 CDI=4이어서 베이커는 생활과 관련된 사건에 대한 대처기술의 결함이 있을 수 있다. 이 2가지 측면을 같이 고려해 보면 베이커는 사회적 기술이 부족하여 대인관계 능력이 제한되었을 가능성이 높다는 것을 알 수 있다. 5장에서 언급한 바와 같이 EA가 적절하고 CDI가 상승되어 있으면 전반적인 대처결함보다 특정한 대인관계적 비효율성을 지적하는 것이고 대인관계와 관련이 없는 영역에 대한 성취는 방해받지 않을 수 있다.

개인적 및 대인관계적 문제

방어적이고 Lambda가 높은 앤더슨의 기록은 개인적 및 대인관계적 문제에 관한 정보가 비교적 적었으나 전체반응이 23개나 되고 Lambda(.21)가 낮은 베이커의 기록은 자기 자신과 대인관계에 관한 견해를 추론하고 추측할 수 있는 풍부한 근거를 제공하고 있다. 성격의 감정적 차원과 관련해서 언급한 우울한 특징은 적절한 자존감과 자신에 대한 긍정적 관심(self-regard)을 유지하는 데 대한 어려움과 관련이 없는 것으로 보인다. 이 문제와 관련된 자료를 보면 그가 다른 사람보다 자신에 대해 호의적으로 생각하고(3r+(2)/R=.39), 자신에 대한 비판적 태도(V=0) 또는 신체나 신체적 기능에 대한 부정적 태도(MOR=0)를 지적하는 증거는 찾아볼 수 없다.

그러나 반사반응이 있다는 사실은 자신의 자질과 능력을 과대평가하는 경향과 자신이 직면한 문제를 자신의 단점이나 잘못보다 다른 사람의 행동이나 자신이 통제할 수 없는 사건에 귀인시키려는 경향이 있는 자기중심적인 사람이라는 것을 시사하고 있다. 또한 그는 자신이 행동하는 방식이 옳다고 주장하고 독단적이고 자부심이 강한 사람이라는 것을 알 수 있다. 카드 Ⅰ번의 3번째 반응에서 "분명히 호박초롱", 카드 Ⅲ번의 9번째 반응에서 "분명히" 검은 독거미, 카드 Ⅳ번의 15번째 반응에서 "분명한 털가죽"이라고 반응했다. 그리고 "살찐 고양이"가 흔히 부유하고, 영향력이 있고, 자기충족적이고, 성공한 사람을 의미하는 것이라면, 카드 Ⅵ번에서 "매우 살찐 고양이"는 부분적으로 자신이 감탄하고 부러워하는 실제적 또는 이상화된 자기상을 시사하는 것일 수 있다.

적응적 문제가 있는 환자를 검사하는 심리학자는 공통적으로 반사반응을 자주 볼 수 있기 때문에 흔히 반사반응의 임상적 함의를 과소평가할 수 있다. 남자 반사회적 성격장애의 35%, 경계선 성격장애의 48%에서 반사반응을 나타내지만 비환자집단은 단지 8%만 Fr+rF>0이다(Exner, 1986, 2001; Gacono & Meloy, 1994). 따라서 베이커의 기록에서 하나의 반사반응이 있다는 것은 적응적 문제를 일으킬 수 있는 자기애적 경향을 지적하는 것이다. 특히 그는 대인관계에 문제가 있을 가능성이 높다.

그런데 대인관계 문제를 다루기 전에 베이커의 개인적 정체감에 대해 몇 가지 언급할 필요가 있다. 그는 스스로 반성할 수 있는 적절한 능력을 가지고 있다는 증거(FD=2)는 있으나, 자신에 대한 이미지는 양가적이고 달가워하지 않은 것처럼 보인다. 먼저 비교적 방어적이지 않은 23개의 반응 가운데 순수한 H 반응은 단지 하나에 불과하다. 매우 긴 반응기록에서 H=1이라는 것은 실제 생활에서 다른 사람에 대한 동일시를 통해 안정적인 정체감을 형성할 수 있는 능력이 제한되어 있다는 것을 지적하는 것이다.

기대할 수 있는 바와 같이 베이커가 로르샤하 반응에서 투사한 자기이미지는 자신이 어떤 사람이고 어떻게 될 것인가에 대해 상당히 불확실한 것처럼 보인다. 카드 Ⅱ번의 6번째 반응에서 "키스하거나 싸우고 있는 코뿔소"로 보았다. 그는 코뿔소가 키스하고 있는 것인지 싸우고 있는 것인지 쉽게 결정을 내리지 못했다. 마지막에 가서 그는 "코뿔소가 키스하는 것이 아니기 때문에" 싸우고 있는 것이라고 했다. 이러한 언급이 대인관계에서 상냥한 상호작용에 대한 회피를 시사할 가능성을 고려하지 않더라도, 이는 큰 뿔을 가지고 있는 크고, 힘이 있고, 남성적인 상이 할 수 있는 것과 할 수 없는 것에 대한 어떤 중요한 태도를 반영하는 것일 수 있다.

이 주제가 연속되어 카드 Ⅱ의 다음 반응은 "테리어(terrier) 개. 투견장 안에 있는 수컷 테리어"이었다. 테리어는 보통 애완견으로 간주하는데, 투견장 안에 있는 수컷은 공격적인 투견이라는 점에서 이 반응은 정체감의 혼란을 시사하는 것이다. 이와 관련해서 마지막으로 20번째 반응과 21번째 반응을 고려할 수 있다. 카드 Ⅷ에서 평범반응인 동물로 처음에 "표범"이라고 했다가 다시 "쥐"로 보았다. 이 반응은 표범인가 쥐인가? 그는 자신에 대한 공상에서 자신을 어떻게 보고 있을까? 크고 힘이 있는 약탈자로 보는가 아니면 작고 무가치한 존재로 보는가? 글자 그대로 그는 사람인가 아니면 쥐인가?

베이커의 흔들리는 자기이미지는 남성다움에 한정되지 않고 성역할 일반에까지 확대되어 있다. 이런 점과 관련해서 카드 Ⅲ번의 8번째 반응에서 "젖가슴이 있기 때문에" 윗부분은 여자 몸통이고 "여기 남근과 같은 형태"가 있기 때문에 아랫부분은 남자의 몸통이라는 반응은 매우 충격적이다. 그는 이 반응을 주지화하여 "전위작가가 그린 그림"으로 간주하였으므로 INCOM 수준 2로 채점할 수는 없다. 그러나 이 주제적 이미지의 역동적 함의와 관련해서 엉뚱한 실수를 저질렀다. 주지화가 작용했든 작용하지 않았든 간에 이 잉크반점에 대해 남성과 여성의 해부학적 구조를 가졌다는 인상은 성역할 정체성에 대한 기본적인 불확실성과 관심을 강하게 제시하는 것이다.

베이커의 정체성에 대한 기본적 불확실성은 정신적 기능을 붕괴시키는 관심의 원인으로 작용한다는 것은 카드 Ⅱ와 Ⅲ에 대한 반응의 계열에서도 볼 수 있다. 6, 7, 8번째 반응에서 키스하거나 싸우고 있는 코뿔소, 투견장에 있는 수컷 테리어, 남성도 되고 여성도 되는 몸통이 연속적으로 나오고 9번째 반응에서 이러한 이미지의 파괴적 영향이 절정을 이루고 있다. 여기서 지각적 부정확(minus form), 임의적 추론(INCOM), 이빨과 "어깨 관절"을 가진 "검은 독거미"를 포함하고 있는 정서적으로 불쾌한 반응(FC′.FC)에서 기능적 붕괴가 강하게 시사되고 있다.

검은 독거미 암컷에 관한 연상을 포함하는 분명한 투사적 요인(minus form level과 INCOM)이 있는 반응의 가능한 역동적 의미를 고려해 볼 수 있다. 독거미 암컷은 보통 성교 후에 수컷을 잡아먹는 것으로 알려져 있다. 따라서 독거미는 여자와 성적 관계를 두려워하거나 그러한 예상을 겁내는 남자를 의미할 수 있을까? 물론 단순히 가정적인 추측에 불과하지만 이 의문은 역동적 주제분석을 시도할 경우 잠정적으로 풍부한 가설을 설정할 수도 있을 것이다. 그가 정신치료를 받고 있는 환자라면 성역할의 불확실성을 고려하여 환자를 더 잘 이해하고 치료하기 위해 성적 관계에 대한 가능한 두려움을 탐색할 수도 있을 것이다.

로르샤하 자료가 지적하고 있는 대인관계의 적절성을 논의의 방향을 돌려보자. 베이커의 반응을 보면 어느 정도의 사회적 장점도 있지만 불안정한 정체감과 그로 인한 물질남용의 가능성이 있다는 점을 지적할 수 있다. 그는 다른 사람의 성격과 동기를 정확하게 지각하고(M=2, M−=0) 대부분 다른 사람처럼 다른 사람과의 협력적 관계(COP=2)를 잘 예견할 수 있는 상당히 공감적인 사람으로 보인다. 그러나 그는 다른 사람에 대한 흥미가 제한되어 있고(SumH=3), 다른 사람과 밀접한 애착관계를 형성할 수 있는 능력이 부족하고(T=0), 자신의 생활에 중요한 역할을 한 사람에 대한 관여가 매우 부족하다(ISOL=.62)는 증거들이 있다. 이런 결과는 정서군집에 관한 자료와 앞에서 언급한 Fr+rF=1과 함께 그는 근본적으로 화를 잘 내고, 회피적이고, 자신의 욕구가 충족되지 않으면 다른 사람에게 원한을 품는 자기중심적인 사람임을 시사하고 있다. 그는 친밀하고 지속적인 대인관계를 형성할 수도 있으나 자신이 다른 사람에게 친근하게 관여하는 경우는 드물 것이다.

정서적 문제

베이커의 DEPI=5는 현재의 기능에 우울한 특징이 있고 몇 년 전에 입원한 적이 있다는 사실에서 확인할 수 있듯이 우울에 취약하다는 것을 시사하고 있다. 또한 그의 반응기록에서 C′=4이고 안정적인 Col-Shd Bld(FC′.FC)는 우울경향이 유쾌하지 못한 정서와 관련이 있다는 것을 지적하는 것이다. 그리고 감정조절의 문제는 그가 상당한 정도의 분노나 원한을 감추고 있다는 증거(S=4)를 보더라도 잘 알 수 있다.

또한 베이커는 유별나게 정서적인 상황을 회피하고 강한 감정을 표현하는 사람에 대한 관여를 꺼리는 것(Afr=.28)으로 보인다. 그가 정서적 교환을 꺼리거나 회피하는 경향은 베이커의 성격에서도 찾아볼 수 있고, EB(2:5.0)를 보면 베이커는 자신의 경험을 심사숙고하기보다 외현적으로 표현하는 것을 더 좋아하고 생각보다는 감정에 근거해서 의사결정을 하는 유형의 사람이라고 할 수 있다. 그러나 이러한 결과를 종합해 보면 베이커가 나타내는 정서적 철회는 자신의 감정을 인식하고 표현하지 못해서가 아니라 이전에 경험한 대인관계문제 때문이라고 볼 수 있다.

이와는 반대로 베이커가 잉크반점에서 색채를 사용한 것을 보면 자신의 감정을 인식하고 표현하는 능력은 평균(SumC=5.0)이고, 정서적인 억압으로부터 비교적 자유롭고(SumC′:WSumC=4:5.0), 억제된 강한 정서를 성숙하고 균형 있는 방식으로 표현할 수 있는 능력(FC:CF+C=2:4)이 있다는 것을 알 수 있다. 습관적인 대인관계적 소외와 정서적 철회가 있기는 하지만 베이커는 이완될 때는 자신의 불쾌감과 분노를 긍정적인 방식으로 표현할 수도 있다. 더욱이 베이커는 기본적인 감정처리 능력이 있는데, 이러한 점은 중요한 성격적 자산이고 심리치료에서 정서적 관여를 하는 데 도움이 될 수 있다.

인지적 문제

베이커는 경험에 대해 개방적이고(Lambda=.28), Lambda가 높은 사람과 달리 세계를 초연하고 객관적으로 다루는 적응적 수준을 유지하는 데 어려움이 있는 사람으로 보인다. 오히려 그는 어떤 일을 하든 지나치게 관여하고, 어떤 일이든 일을 더 복잡하게 만들고, 생활사건에 대한 초점을 놓치기 쉬운 사람일 수 있다. 5장에서 설명한 바와 같이 대처능력이 풍부한 사람은 가끔 Lambda가 낮을 수 있고 이것이 때로는 개인적 자산이 될 수 있다. 그러나 베이커의 기록에서 EA는 적당한 수준이나 es가 너무 높아 Lambda가 낮은 것은 부적응을 지적하는 것이다. 이럴 경우 Lambda가 낮다는 것은 치료표적을 지적하는 것일 수 있다. 즉 베이커의 반응에서 es에 관한 요소를 순수한 F 반응으로 전환시키면 Lambda가 상승하고 D-는 감소할 것이고 생활과정에서 정서적 및 행동적 문제를 야기하는 과도한 스트레스를 완화시킬 수 있을 것이다.

불행하게도 베이커의 정보처리에 관한 문제는 Lambda가 낮다는 것으로 끝나지 않고 정보를 효과적으로 조직화하는 능력이 제한되어 있다는 증거(Zd=-9)가 있다. 그는 어떤 생각이나 행동에 대한 결정을 내리기 전에 고려해야 할 모든 정보를 적절하게 고려하지 못하여 성급하고 부주의한 결정을 내릴 가능성이 있다. 그는 자신의 경험에 관한 여러 측면을 통합하는 지적 능력(DQ+=11)을 가지고 있기는 하지만, 1가지 문제에 경제적이고 효과적으로 주의를 집중하지 못해 이러한 인지적 자산을 거의 사용하지 못할 수 있다.

베이커는 관습적으로 현실을 인식하고 사람과 사건을 현실적으로 지각하는 기본적인 능력(X-%=.13, XA%=.87, WDA%=.86, P=6)을 가지고 있다. 그렇지만 3개의 FQ- 반응 중 2개에 S가 있다는 것은 화가 났을 때 판단을 잘못할 가능성을 지적하는 것이고 Xu%=.39는 세계를 독특하게 정의하고 지나치게 자기 방식대로 행동하려는 경향을 나타내는 것이다. 이러한 경향은 보통 감각을 추구하는 행동을 동반한다. 그리고 Xu%의 상승에서 반영되고 있는 비관습성은 초기의 우울경험에 대한 심리적 고통을 해소하기 위한 방법으로 약물사용과 관련이 있을 수도 있다.

관념적 기능에 대한 베이커의 검사자료는 일부 성격적 자산을 지적하고 있으나 적응문제를 야기할 수 있는 요인들도 지적되고 있다. 긍정적인 점도 있는데, WSum=14이지만 모두 수준 1의 INCOMs, DVs로 이루어져 있기 때문에 베이커는 논리적으로 조리 있게 사고할 수 있는 능력이 있고 공상보다는 현실에 근거해서 문제를 해결(Mp=0)한다고 볼 수 있다. 반면에 항상 효과적이지는 않겠지만 자신이 직면한 사건에 대해 거리를 두는 방식으로 주지화(INTELL=5)를 사용하는 경향이 있다.

베이커의 반응기록에서 INTELL=5와 마찬가지로 반응의 계열은 언제, 어떤 주지화적 방어를 사용할 것인지에 대한 단서를 제공해 주고 있다. 카드 Ⅰ에 대한 반응 2, 3, 4에서 INTELL이 5였는데, 그중에는 하나의 Ay와 2개의 Art를 포함하고 있다. 이들 3반응은 첫 번째 반응에 나타난 심리적 고통을 지적하는 것이다. 더듬이를 가진 나비에서 "머리에 눈" "날개에 흰 무늬" "나비가 되기 전인 유충"이라는 반응은 불쾌감(FC′)과 인지적 손상(DV와 DR)을 지적하는 것이다. 이미 생활배경에서 우울한 특징이 나타나고 있는 바와 같이, 그는 카드 Ⅰ에서 어두운 채색에 즉각 부정적 반응을 했다고 가정하는 것이 합리적이다. 첫 번째 반응에서 나타나는 C′는 종종 심리적으로 우울하게 되고, 우울하게 느끼며, 자신을 우울한 사람으로 표현한다는 것을 반영하는 것일 수 있다.

카드 Ⅰ이 불쾌감이 일어나도록 자극했고 이 감정이 반영되고 있는 첫 번째 반응에 뒤이어 베이커는 실제 생활에서 일어나는 것과는 시공간적 거리가 먼 비인간적 대상에 주의를 집중함으로써 고통스런 감정과 거리를 두려고 시도하였다. 즉 그는 2번째 반응에서 "중국 명나라 시대의 빌딩(Ay)"으로 반응했다. 그리고 그는 3번째 반응에서 "호박초롱", 4번째 반응에서 "크리스마스 트리에 달아 둔 눈송이"와 같은 2개의 장식에 관한 내용(Art)으로 반응했다. 거의 대부분의 사람들이 즐거운 경험으로 간주하는 크리스마스 트리에 대한 연상은 카드 Ⅰ에서 야기된 불쾌감에서 벗어나려는 노력이나 부인을 나타내는 것일 수 있다.

그러므로 베이커는 우울감에 매우 민감하고 방어기제로 주지화와 부인을 사용하여 자신의 부적 감정을 방어하려고 시도하는 사람으로 볼 수 있다. 우울 에피소드로부터 회복하도록 도와주는 방어의 정확성을 시사하는 5번째 반응은 양면성을 지니고 있다. 한 측면에서 보면 주지화를 사용한 연속적인 3개의 반응이 나타난 뒤에 카드 Ⅰ의 5번째 반응에서 처음으로 평범한 형태(박쥐)로 반응할 수 있었다. 주지화를 사용한 세 반응 중 두 반응은 드문 형태반응이고 한 반응은 마이너스 형태반응이었다. 그러나 회복을 시사하는 5번째 반응에서도 불쾌한 감정(FC′)에서 벗어날 수 없었고 가벼운 인지적 손상(INCOM, 발톱이나 팔이 있는 박쥐)을 회피할 수도 없었다. 주지화를 사용해도 심리적 불편을 성공적으로 감소시키지 못한다는 증거는 카드 Ⅲ의 8, 9번째 반응에서도 나타나고 있다. 이들 반응에 대해서는 이미 주제심상에 대한 분석에서 논의했지만, 반은 남자의 몸통이고 반은 여자의 몸통이라는 8번째 반응에서 실제적인 형태가 아니라 그림(Art)이라 말함으로써 주지화를 사용하여 거리를 두려고 시도하였다. 그러나 그의 이러한 방어는 9번째 반응(검은 과부 거미)에 나타나는 불쾌감과 지각적 왜곡(FC′.FC−)을 막을 수 없었다.

베이커에 관한 결과를 요약하면 그의 기록에서 Lambda가 낮다는 것은 초연하고 한계가 분명한 초점주의를 유지할 수 있는 능력이 부족하다는 것을 지적하는 것이다. 따라서 그는 경험을 다루는 데 있어서 부분적으로 지나치게 주관에 의존하는 결과를 초래하는 다양한 적응적 문제를 가지고 있을 가능성이 있다. 그는 불안하고 우울할 뿐만 아니라 자신이 경험하는 스트레스를 적절히 조정하거나 생활에 대한 즐거움을 누리기도 어려울 것으로 보인다. 그는 다른 사람과 거리감을 두고 고립되어 있다. 그리고 그는 기본적인 능력은 있으나 정확한 사회적 기술이 부족한 사람이다. 또한 그는 개인적 정체감이 불확실하고 특히 성적 역할에 관한 문제에 혼란을 경험하고 있는 것으로 보인다. 그는 일관성 있는 대처유형도 개발하지 못했고 상황에 대처하는 방식의 효율에 변동이 심하지만 주지화와 부정 방어기제를 통해 심리적 고통을 의식적 인식 밖으로 몰아내는 데는 어느 정도 성공적이다. 베이커는 심각한 장애는 아니지만 적응적 문제의 폭이 넓고 방어가 정확하지 못해 만성적으로 주관적인 심리적 불편과 비효율적 대처를 경험하고 있는 것으로 보인다. 이러한 지속적인 심리적 불편과 비효율성은 부적응과 감각적 자극을 추구하는 경향과 결합하여 약물을 사용하게 되었다고 설명할 수 있다. 베이커의 Lambda가 낮다는 것은 치료의 일차적 표적을 지적하는 것이다. 만약 그가 참조체제를 좁히고 경험에 접근하는 방식을 객관화하도록 도와줄 수 있다면, 심리적 불편에 대한 민감성을 최소화시킬 수 있을 것이고 이렇게 되면 약물에 대한 욕구도 감소할 것이다.

11
관념의 사용

관념의 사용이란 사람들이 자신의 경험에 대해 생각하는 방식과 경험의 의미에 대해 이끌어낸 어떤 결론을 의미한다. 정확한 적응이란 조리에 맞게 논리적으로 사고하고 융통성을 가지고 건설적으로 사고할 수 있는 능력과 중용을 지킬 줄 아는 능력에 달려 있다. 일관성과 융통성이 없이 비논리적으로 생각하거나 지나치게 비현실적이고 과도하게 반추적인 경향이 있는 사람은 흔히 적응적 문제를 초래할 수 있다.

로르샤하 잉크반점법에서 적응적인 관념사용의 어려움은 〈표 3-1〉에 제시한 바와 같이 관념군집에 포함된 변인에서 기대할 수 있는 범위를 벗어난 형태로 나타난다. 〈표 3-2〉에 제시한 바와 같이 종합체계의 탐색적 해석전략에서는 지각적 사고지표(Perceptual Thinking Index, PTI)가 3을 초과하거나 EB가 내향적일 경우 먼저 관념군집을 검토한다. PTI>3은 보통 관념적 역기능에 기인하는 심각한 적응적 문제를 지적하는 것이다. 5장에서 언급했듯이 사고장애를 측정하는 WSum6의 상승 없이 PTI가 3을 초과할 가능성은 없다.[1)]

1) 2000년 이전 판의 로르샤하 종합체계에서는 정신분열증 지표(SCZI)가 3을 초과할 경우 관념군집의 변인들을 핵심적으로 검토하도록 되어 있다. 그러나 SCZI가 정신분열증의 유일한 지표는 아니고 Wsum6이 상승하지 않아도 SCZI=4가 될 가능성도 있다. 정신분열병을 감별하기 위해 SCZI를 사용할 때는 "긍정오류 4"의 가능성을 신중히 고려할 필요성이 있다(Exner & Weiner, 1995, pp. 148-153; Weiner, 1998b). PTI는 특정한 진단 분류보다는 성격특성을 측정하는 데에 관심을 둠으로써 사고장애에 대한 어떠한 긍정오류 4도 산출하지 않기 때문에 새로운 종합체계에서는 SCZI가 PTI로 대체되었다(Exner, 2000).

관념적 역기능을 의미하는 PTI>3과는 대조적으로 내향적 EB는 단순히 경험에 대한 관념적 접근에 대해 선호를 지적하는 것이다. 다른 성격적 기능의 적절성에 따라 이러한 관념적 선호는 심각하거나 가벼운 적응문제와 관련이 있거나 어떠한 적응문제와 관련이 없을 수도 있다.

이 장에 제시한 두 사례는 관념이 주된 역할을 하는 심각한 심리적 장애이다. 그러나 이들 사례의 관념적 문제의 심각성은 다르다. 첫 번째 사례는 정서적 붕괴(emotional breakdown)의 에피소드를 경험한 뒤에 입원한 만성 망상형 정신분열병 환자의 기록이다. 환자의 기록에서 관념적 활동은 특히 장애의 핵심을 이루는 사고장애로 나타났다. 두 번째 사례는 신경성 식욕부진증이 있는 소녀의 기록이다. 이 기록에서 내향적 EB는 먼저 관념군집에 주의를 기울여야 한다는 것을 지적하는 것이지만, 환자의 사고방식은 실제로 문제의 핵심적 측면이 아니다. 오히려 이런 내향성은 그녀의 문제가 표출되는 방식이 지나치게 통제되고 정서적으로 억제된 성격유형을 구성한다.

사례 3: 망상형 정신분열병의 정서적 붕괴

카터(Carter)는 45세 된 백인 남자로 "기분이 우울하고 기력이 없고 무엇을 하고 싶은 의욕도 없다."라고 호소하면서 자발적으로 대학병원 정신과에 입원하였다. 그는 8년 전 다른 지역에 살고 있을 때 망상형 정신분열병이라는 진단으로 입원한 적이 있다고 하였다. 그는 1개월 동안 약물치료를 받은 뒤에 퇴원하였고 퇴원한 뒤에도 외래로 약물치료를 받았다. 그러나 가끔 망상적 사고가 나타나 5번이나 입원하게 되었고 이럴 때마다 약 1개월씩 입원하였다.

카터는 두 번 결혼하고 이혼하였다. 첫 결혼은 18년간 지속되었고 성장한 3명의 자녀도 있었다. 두 번째 결혼은 3년간 지속되었고 2세 된 아이가 있었다. 두 번째 부인과 이혼한 후 1년 뒤에 원래 자신이 살던 지역으로 돌아왔다. 그곳은 두 번째 부인에 비해 그를 더 행복하게 해 주는 부모와 전처 소생의 자녀들이 사는 곳과 더 가까운 곳이었다. 그가 입원하기 5개월 전에 두 번째 부인으로부터 다시 돌아와 애를 돌봐달라는 요청이 있었다. 그곳은 약 2,200km이나 떨어져 있었고 그곳에는 일자리도 없었고 자신이 소유한 차도 없었다. 그는 크게 낙담하게 되었고 수면곤란, 식욕부진, 체중감소, 안절부절못하는 에피소드, 끊임없이 떠오르는 사고(racing thoughts)를 경험하게 되었다. 그의 의식과 지남력은 건전하였고 말은 적절하고 조리가 있었고 어떤 망상적 사고도 없다고 하였다. 정신분열정동장애나 양극성장애와 장기간 지속된 망상형 정신분열병을 감별하기 위해 심리학적 평가가 의뢰되었다. 그의 로르샤하 프로토콜은 〈표 11-1〉, 〈표 11-2〉, 〈표 11-3〉, [그림 11-1]에 제시되어 있다.

〈표 11-1〉 카터의 로르샤하 프로토콜

반응	질문
카드 I	
1. 이게 무엇처럼 보일까- 이 안은- 이 윗부분이 무엇처럼 보이냐 하면- 중앙을 따라 아래까지 두 마리 고릴라가 손을 위로 들고 있는 그림 같아요.	검: (반응 반복) 수: 여기는 손(D1), 여기는 머리(Dd22), 그리고 얼굴. 검: 어디를 보고 그렇게 말했는지 분명하지 않은데요? 수: 여기 이 부분(Dd21)이요.
2. 이걸 펼쳐 보면 그림 중앙 아래까지 우주복을 입은 두 우주인 같아요. 이것이 다예요.	검: (반응 반복) 수: 중심 부분 전체가 그렇게 보여요. 이 부분(Dd21)은 고릴라처럼 보이지만 이렇게 밑으로 쭉 보면 우주인 같아요. 검: 어떤 점에서 우주복이라는 생각이 들었나요? 수: 아주 커서요.
카드 II	
3. (침묵) 중앙 아랫부분은 기도하는 두 손 같군요.	검: (반응 반복) 수: 이 윗부분(D4)이 마치 기도하는 두 손처럼 보여요.
4. 두 마리 새끼 곰 같이도 보이고요. 이 검은 부분이요.	검: (반응 반복) 수: 이 부분이 곰이나 돼지 또는 양. 검: 어떤 점에서 그렇게 보였나요? 수: 여기(Dd31)는 귀 여기(D4)는 코.
5. 위에 두 붉은 물체는 외계에서 온 물건 같고, 두 사람이 서로 이야기를 나누는 것 같아요. 이게 다예요.	검: (반응 반복) 수: TV 만화에 이런 것이 나오잖아요. 여기 눈이 보이죠. 검: 어느 부분까지 보이나요? 수: 모두 다요. 여기가 눈이고 손을 앞으로 내밀고 있고요.
카드 III	
6. 이 가운데 부분은 나비 넥타이 같이 보여요.	검: (반응 반복) 수: 이 부분이요. 이 부분이 나비 넥타이처럼 생겼어요.

〈표 11-1〉 카터의 로르샤하 프로토콜(계속)

반응	질문
7. 이건 두 사람이 커피 테이블을 붙잡고 있는 것 같군요.	검: (반응 반복) 수: 여기가 사람이고 여기(D7)는 커피 테이블. 두 사람이 테이블을 잡고 등이 구부러져 있고 신발은 아주 높은 하이힐.
8. 아랫부분은 사람 얼굴. 눈은 가려져 있군요. 이게 다예요.	검: (반응 반복) 수: 크고 긴 커튼에 눈이 가려져 있는 것 같아요. 아니면 가면을 썼거나. 여기(D8)가 얼굴이고 여기가 가려진 눈. 검: 어떤 점에서 눈이 가려져 있다고 보았나요? 수: 눈이 안 보이잖아요.
카드 IV	
9. 이것은 괴물처럼 보여요. 아주 큰, 정말 큰 발과 긴 꼬리를 가진 괴물. 이것이 다예요.	검: (반응 반복) 수: 발은 여기고, 꼬리는 여기고, 머리는 여기 윗부분.
카드 V	
10. 박쥐처럼 보여요. 꼭 박쥐군요. 달팽이 머리를 한 박쥐 같아요. 이게 다예요(계속 카드를 유심히 살펴봄).	검: (반응 반복) 수: 이 부분이 박쥐이고, 발은 여기, 달팽이 머리는 바로 여기(D6). 검: 박쥐가 달팽이 머리를 가졌다고요? 수: 예. 그렇게 보이네요.
카드 VI	
11. 윗부분을 보니 곤충이 생각나요. 벌레 같은 종류.	검: (반응 반복) 수: 바로 여기(D3)가요. 검: 어떤 점에서 벌레처럼 보았나요? 수: 큰 나방이나 뭐 그런 종류처럼 보여요.
12. 다른 부분은 넓은 평원이 생각나는군요. 그러니까 그 중앙에는 고속도로.	검: (반응 반복) 수: 여기(D1)가 넓은 평원 같고 여기(D12)가 고속도로. 검: 어떤 점에서 넓은 평원으로 보았나요? 수: 그냥 땅, 모래, 자갈의 얼룩처럼 보여요. 여기 어두운 부분은 도로 같이 보이고.
13. 이거는 마치 남아메리카 같다는 생각이 들어요. 큰 산의 꼭대기에 똑바로 서서 손을 내뻗은 우리 주 예수 그리스도가 있군요. 처음 언뜻 보니 남미의 산 위에 있는 유명한 조각상이 떠올랐어요. 그게 다예요.	검: (반응 반복) 수: 리오에 있는 높은 산 위에 세운 조각상(Dd34). 예수님이 똑바로 서서 손을 앞으로 내밀고 서 있는. 아마 선생님은 이런 경험을 해 본 적이 없을 거예요.

〈표 11-1〉 카터의 로르샤하 프로토콜(계속)

반응	질문
카드 VII	
14. 두 소녀가 서로 바라보고 있다는 생각이 들어요. 머리를 뒤로 묶어 올리고(pony tail).	검: (반응 반복) 수: 이것이 머리고 머리를 위로 땋아 올렸어요.
15. 아래쪽 부분은 보초를 보고 있는 사람처럼 보여요. 어떤 작은 입구 같아요. 위에 있는 부분이 해가 지는 지평선이고. 그 꼭대기 위에 태양이 보이죠. 이게 다예요.	검: (반응 반복) 수: 입구에 서서 보초를 보고 있어요. 여기(Dd26)가 입구이고. 검: 어떤 점에서 입구처럼 보였나요? 수: 여기가 막 열리기 시작하는 것 같고 여기가 지평선. 검: 지평선? 수: 해가 지는 것 같아요. 호수 위에. 어두운 부분은 반사된 것 같고요. 호수에. 아니에요. 제가 틀렸어요. 입구는 여기(Dd26)가 아니라 여기(Dd27)예요.
카드 VIII	
16. 몸치장을 한 아프리카 원주민의 얼굴 같아요. 얼굴, 눈, 코, 머리를 분명히 볼 수 있어요. 얼굴은 생생하게 보이고 머리에 장식을 했군요.	검: (반응 반복) 수: 머리는 여기(D4), 머리 장식, 얼굴은 여기(DS3). 검: 어떤 점에서 그렇게 보았나요? 수: 입고 있는 것요. 이게 꼭 옷처럼 보이고 화장도 했고요. 이런 것을 영화에서 본 적이 있어요. 검: 어떤 점에서 화장을 한 것처럼 보였나요? 수: 눈 모양이 그렇게 보여요. 입도 그렇고.
17. 옆에 있는 것은 두 마리 동물 같아요. 어떤 종류인지는 알 수 없지만.	검: (반응 반복) 수: 두 마리 동물. 무슨 동물인지는 확실치 않아요. 이렇게 생긴 동물은 한 번도 본 적이 없어요.
카드 IX	
18. (오랜 침묵) 안에 녹색 부분은 동물의 일부 같은데. 동물의 눈인 것 같아요. 어쩌면 사슴의 머리. 이것 하나밖에 없어요.	검: (반응 반복) 수: 네, 아마도 사슴일 거예요. 여기는 머리. 두 마리. 사슴이고 밖을 내다보고 있는 것 같아요.
카드 X	
19. (침묵) 이것은 무엇일까(웃음). 어떤 연장을 붙잡고 있는 두 마리 작은 굼벵이나 이상하게 생긴 동물.	검: (반응 반복) 수: 두 마리 굼벵이는 여기(D8)고 연장은 여기에요. 손은 여기고 마치 연장을 위로 들어올리는 것 같아요. 검: 연장 말입니까? 수: 긴 파이프 같이 보여요.
20. 옆에 있는 것은 게 같은 종류고요.	검: 연장이라고 했죠?

〈표 11-1〉 카터의 로르샤하 프로토콜(계속)

반응	질문
	수: 긴 파이프나 뭐 그런 비슷한 것이요.
21. 가운데 이 부분은 골반 뼈 같군요.	검: (반응 반복) 수: 네. 이 양쪽에 있는 것은 꼭 게처럼 보여요.
22. 다른 부분은 말에 가려진 숙녀의 얼굴 같아요. 두 명의 숙녀가 있군요. 한쪽에 한 명씩. 말처럼 보이는 것이 얼굴을 반쯤 가리고 있어요.	검: (반응 반복) 수: 이 부분(D6)이 그렇게 보여요. 검: (반응 반복) 수: 선생님도 그렇게 보이나요? (검사자가 읽어준 자신의 반응을 다시 읽는다). 여자로 생각되지 않는데. 아, 이제 보이네요. 입도 있고 눈도 있고. 마치 〈Black Bart days〉에 나오는 늙은 말 같이 보입니다. 말이거나 만화에 나오는 말.

스트레스 관리 문제

카터의 구조적 요약은 22개 반응의 타당한 기록이고, S-CON 상승이 없으며, 첫 번째 정적 핵심변인은 D < AdjD 임을 보여 주고 있다. 따라서 〈표 3-2〉에 따르면 그의 기록에서 군집을 탐색하는 순서는 통제, 관념, 처리, 중재, 정서, 자기지각, 대인지각 순이다. 상황적 스트레스를 나타내는 프로토콜과 같이 관념의 사용을 설명하면 약간의 불일치가 나타날 수 있다. 그런데 앞으로 살펴보게 되겠지만 경험된 고통은 현재 그의 삶에서 중요한 비중을 차지하지만 지속적인 문제는 아니었다. 이 기록에서 가장 주목할 부분은 겉으로는 일시적인 안정상태임에도 불구하고 저변에 인지적 장애가 지적된다는 것이다.

카터의 통제군집에 관한 자료에서 상황적 불안이 평균(Y=2)보다 더 높지는 않고 대부분의 사람들보다 심리적으로 안정되어 있고, 정서적 혼란이나 자기통제의 상실에 대해 잘 저항하고 있다는 것(D=0, AdjD=+1)을 지적하고 있다. 심리적 장애가 있다는 진단을 받은 사람의 기록에서 AdjD > 0은 보통 자아와 일치하는 증상(ego-syntonic symptom)을 포함하는 만성적 장애이고 발병한 지 오래되었고 앞으로도 지속적으로 적응적 문제를 야기할 가능성을 지적하는 것이다. AdjD의 값이 정적이라는 것의 의미는 그의 임상적 병력과 일치하는 것이다.

카터의 기록에서 CDI=3이 정상범위라는 것은 생활과 관련된 일을 정확하게

〈표 11-2〉 카터의 채점계열

카드번호	반응번호	영역	영역번호	결정인(s)	(2)	반응내용(s)	평범반응	z점수	특수점수
Ⅰ	1	Ddo	21	FMp−	2	A			
	2	D+	4	Fo	2	H, Cg		4.0	GHR
Ⅱ	3	D+	4	Mau	2	Hd		3.0	PHR
	4	Do	6	Fo	2	A	P		
	5	D+	2	Mpu	2	(H)		5.5	GHR
Ⅲ	6	Do	3	Fo		Cg			
	7	D+	1	Mao	2	H, Hh, Cg	P	3.0	GHR
	8	D+	7	FD−		H, (Hd)		3.0	PHR
Ⅳ	9	Wo	1	Fo		(H)	P	2.0	GHR
Ⅴ	10	Wo	1	Fu		A	P	1.0	INC2
Ⅵ	11	Do	3	Fo		A			
	12	Dv	1	YFu		Ls, Sc			DV
	13	Dd+	99	Mpo		H, Ls, Art		2.5	GHR
Ⅶ	14	D+	1	Mp.mpo	2	Hd	P	3.0	GHR
	15	Dd+	99	Mp.FY−		H, Na		3.0	DV, PHR
Ⅷ	16	DS+	3	F−		Hd, Cg, Ay		4.0	PER, PHR
	17	Do	1	Fo	2	A	P		
Ⅸ	18	DdSo	99	FMp−	2	Ad			DV
Ⅹ	19	D+	11	Mau	2	Ad		4.0	FAB, PHR
	20	Do	1	Fo		A	P		
	21	Do	6	F−		An			
	22	D+	1	FD−	2	Hd, A		4.0	FAB2, PHR

처리할 수 있는 능력에 대한 관심을 지적해 주는 것은 아니다. 그러나 D와 AdjD 점수 구성은 그의 장애가 만성적이라고 하더라도 안정적으로 스트레스를 관리할 수 있는 능력은 있다는 것을 지적하는 것이다. 먼저 평균에 속하는 그의 EA=7은 뚜렷한 불균형을 지적하기 때문에 적절한 적응력에 대한 의문을 시사하는 것일 수 있다. 그는 전반적으로 내향적 EB(7:0)를 나타내었는데, 이러한 내향적 EB 유형은 정서적 경험에 대응하는 통로의 분명한 결함과 그가 회피하

〈표 11-3〉 카터의 구조적 요약

반응영역

Zf	= 13
ZSum	= 42.0
ZEst	= 41.5
W	= 2
(Wv = 0)	
D	= 16
W + D	= 18
Dd	= 4
S	= 2

발달질

		(FQ−)
+	= 11	(4)
o	= 10	(3)
v/+	= 0	(0)
v	= 1	(0)

형태질

	FQx	MQual	W + D
+	= 0	0	0
o	= 10	3	9
u	= 5	3	5
−	= 7	1	4
None	= 0	0	0

결정인

혼합	단일	
M.m	M	= 5
M.FY	FM	= 2
	m	= 0
	FC	= 0
	CF	= 0
	C	= 0
	Cn	= 0
	FC´	= 0
	C´F	= 0
	C´	= 0
	FT	= 0
	TF	= 0
	T	= 0
	FV	= 0
	VF	= 0
	V	= 0
	FY	= 0
	YF	= 1
	Y	= 0
	Fr	= 0
	rF	= 0
	FD	= 2
	F	= 10
	(2)	= 11

반응내용

H	= 4
(H)	= 2
Hd	= 5
(Hd)	= 1
Hx	= 0
A	= 7
(A)	= 0
Ad	= 2
(Ad)	= 0
An	= 1
Art	= 1
Ay	= 1
Bl	= 0
Bt	= 0
Cg	= 4
Cl	= 0
Ex	= 0
Fd	= 0
Fi	= 0
Ge	= 0
Hh	= 1
Ls	= 2
Na	= 1
Sc	= 1
Sx	= 0
Xy	= 0
Idio	= 0

S-Constellation

- ☐ FV + VF + V + FD > 2
- ☐ Col-Shd Blends > 0
- ☑ Ego < .31 or > .44
- ☐ MOR > 3
- ☐ Zd> ±3.5
- ☐ es > EA
- ☐ CF + C > FC
- ☑ X + % <.70
- ☐ S > 3
- ☐ P < 3 or > 8
- ☐ Pure H<2
- ☐ R <17
- 2 Total

특수점수

	Lv1-1	Lv1-2
DV	= 3×1	0×2
INC	= 0×2	1×4
DR	= 0×3	0×6
FAB	= 1×4	1×7
ALOG	= 0×5	
CON	= 0×7	

Raw Sum6 = 6
Wgtd Sum6 =18

AB	= 0	GHR	= 6
AG	= 0	PHR	= 6
COP	= 0	MOR	= 0
CP	= 0	PER	= 1
		PSV	= 0

비율, 백분위, 산출점수

R = 22　　L = 0.83

EB	= 7:0.0	EA	= 7.0	EBPer	= 7.0
eb	= 3:2	es	= 5	D	= 0
		Adjes	= 4	AdjD	= +1
FM	= 2	SumC´	= 0	SumT	= 0
m	= 1	SumV	= 0	SumY	= 2

감정

FC:CF + C	= 0:0
Pure C	= 0
SumC´:WSumC	= 0:0.0
Afr	= 0.47
S	= 2
Blends:R	= 2:22
CP	= 0

대인관계

COP = 0　AG	= 0
GHR:PHR	= 6:6
a:p	= 3:7
Food	= 0
SumT	= 0
Human content	= 12
Pure H	= 4
PER	= 1
Isolation Index	= 0.18

관념

a:p	= 3:7	Sum6	= 6
Ma:Mp	= 3:4	Lvl-2	= 2
2AB + (Art + Ay)	= 2	WSum6	= 18
MOR	= 0	M−	= 1
		M none	= 0

중재

XA%	= 0.68
WDA%	= 0.78
X − %	= 0.32
S−	= 2
P	= 7
X + %	= 0.45
Xu%	= 0.23

처리

Zf	= 13
W:D:Dd	= 2:16:4
W:M	= 2:7
Zd	= +.5
PSV	= 0
DQ+	= 11
DQv	= 1

자기지각

3r + (2)/R	= 0.50
Fr + rF	= 0
SumV	= 0
FD	= 2
An + Xy	= 1
MOR	= 0
H:(H) + Hd + (Hd)	= 4:8

PTI = 2　☐ DEPI = 3　☐ CDI = 3　☐ S-CON = 2　☑ HVI = Yes　☐ OBS = No

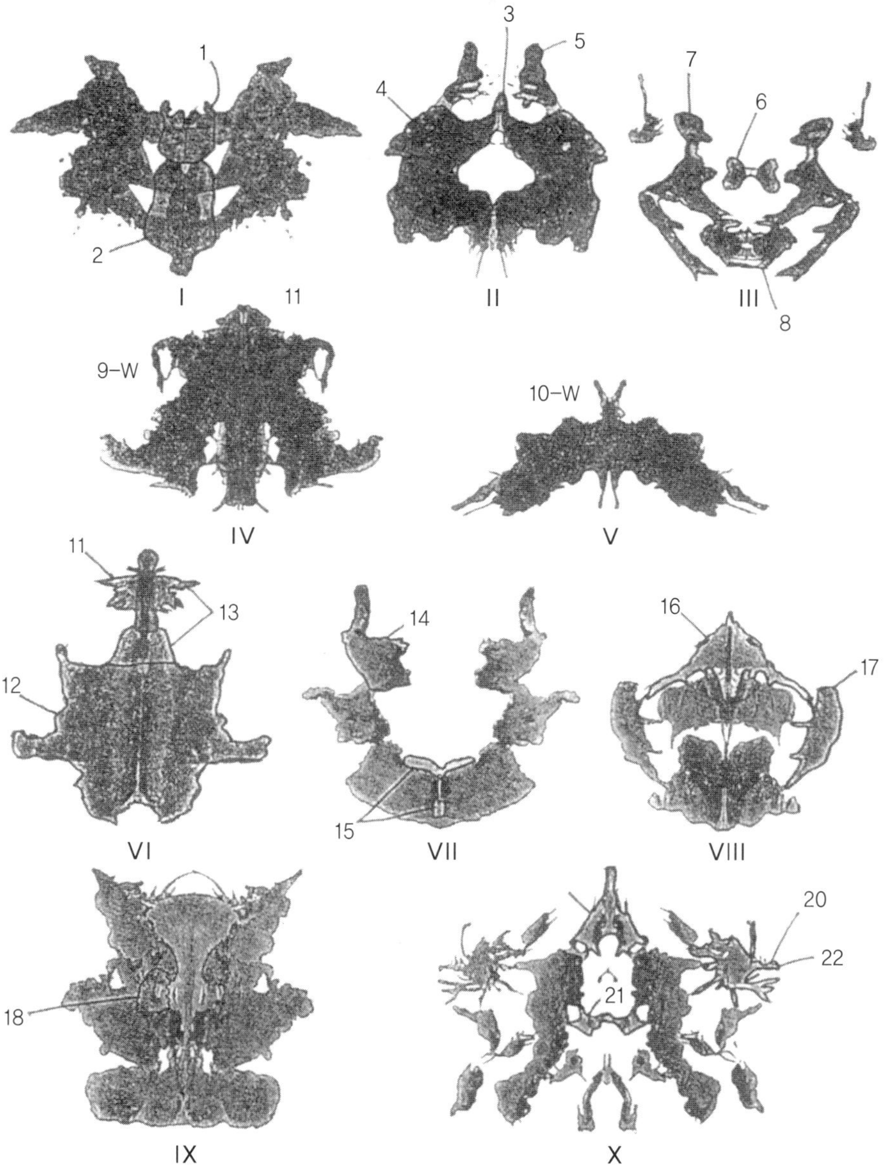

[그림 11-1] 카터가 선택한 반응영역

거나 무시할 수 없는 정서적으로 민감한 사상들에 압도될 수 있는 예민성을 지적하는 것이다. 둘째, Lambda(.83)가 정상범위이고 전체 반응수(R=22)가 평균이지만 es는 단지 5에 불과했다. 이처럼 평균 이하에 해당되는 es를 통해 그가 불편한 사고와 감정들이 의식에서 인식되지 않도록 노력하고 있음을 확인할 수 있다.

이처럼 EBper과 낮은 es는 그의 심리적 균형이 불안정하다는 것을 지적하는 것이다. 만약 다른 사람과 환경이 그가 선호하는 방식을 허용해 준다면, 만성적인 고통을 겪을 수는 있으나 대체로 안정적이고, 예측이 가능하고, 감정을 표현하지 않고, 극적이지 않은 방식으로 행동할 수 있을 것이다. 그러나 정서를 처리하도록 강요하거나 고통스런 사고와 감정을 억압하지 못하도록 방해할 경우 너무 고통스러워서 안전하고 합목적적인 방식으로 계속 기능하기 어려울 위험성이 상당히 있을 수 있다. 이러한 위험성은 둘째 부인의 도움요청이 있어서 의도는 좋았지만 잘못 판단해서 지지적이고 비요구적인 환경을 떠났기 때문에 나타난 결과일 수 있다. 이렇게 해서 그는 자신이 감당하기 어려운 심리적 압박과 책임을 지게 되었을 뿐이다. 현재 병원에 있는 그는 겉으로 나타난 정신병적 증상이나 망상은 없으나 심리적 저항력을 잃고 살아갈 기력도 의욕도 없는 것처럼 보인다.

인지적 문제

카터는 관념과 관련된 로르샤하 반응에서 논리적이고, 융통성이 있고, 건설적이고, 신중하게 사고할 수 있는 능력의 손상을 지적해 주는 증거가 있다. 먼저 WSum6=18은 사고장애를 지적하는 것으로 특히 임의적 추론에 대한 선호를 시사하는 것이다. 비록 이 값은 이 변인들에 대한 PTI 분할점수(WSum6 > 17)보다 1점 밖에 높지 않지만 WSum6 구성은 분명 정상적인 기대를 빗나간 것이다. 카터가 나타낸 2개의 결정적 특수점수는 충분히 수준 2로 채점할 수 있을 정도로 기괴하다. 예컨대, 10번째 반응인 "달팽이 머리를 한 박쥐"는 INCOM2, 22번째 반응인 "숙녀의 얼굴, 말처럼 보이는 것이 얼굴을 가리고 있는"은 FABCOM2로 채점할 수 있다.

카터의 기록에서 사고장애의 또 다른 증거로 WSum6(18)이 결정적 특수점수

(6)의 3배라는 것을 들 수 있다. 따라서 카터는 반응기록에서 인지적 손상이 매우 흔히 나타나지는 않지만, 손상된 정도는 상당하고 기이한 성격이 강하다. 이런 결과는 비록 그가 정신분열병으로 여러 번 입원한 적이 있지만 현재 망상적 사고보다 우울감을 호소하고 입원면담에서 조리 있고 적절하게 이야기했다는 사실과 일치하는 것으로 보인다.

사고의 융통성과 관련하여 불균형적인 a:p 비율(3:7)은 그가 자신의 방식을 고집하고 대안적인 관점들을 꺼려하는 자기주장적인 사람일 가능성을 지적한다. 그는 자신이 아는 것만 알고, 자신이 믿는 것만 믿고, 어떤 것에 대한 자신의 마음을 바꿀 가능성은 없는 사람이다. a:p 비율에서 시사되는 관념적 경직성(rigidity)은 시간이 흘러도 지속되는 안정적 성격특성이 될 소지가 있다. 이런 결과는 AdjD>0에 대한 논의에서 언급한 장애의 만성화뿐 아니라 그의 과거력과 앞으로 논의될 다른 로르샤하 기록에서 확인된 편집적 특성과도 일치한다. 비융통성 외에도 카터는 자신의 문제에 대해 건설적으로 사고하고 해결방안을 능동적으로 모색할 수 있는 능력이 제한되어 있는 것으로 보인다. Ma:Mp=3:4는 그가 스스로 문제해결을 추구하기보다 다른 사람이나 뜻밖의 사건이 문제를 해결해 줄 것이라는 환상을 통해 문제를 다루려는 경향을 시사하는 것이다.

끝으로 카터의 사고는 이미 언급하였듯이 정서적 인식과 표현을 위해 정확한 채널을 추구하기보다 문제해결과 의사결정 상황에 대한 접근이 지나치게 관념적이다. 매우 내향적인 사람(EB=7:0.0)도 그렇지만 카터는 감정에 대한 참을성이 거의 없고 결과를 먼저 곰곰이 생각해 보지 않고는 어떤 행동도 하지 않는 경향이 있다. 더욱이 WSumC=0.0은 그가 매우 내향적인 사람이라는 것을 지적하고 있는 바와 같이, 그는 자신의 감정을 원만하게 다스리고 자신의 감정을 다른 사람과 나눌 수 있는 적응능력이 없다. 그는 신중하게 심사숙고하지 않고 편안하고 자발적으로 행동하는 것은 거의 불가능할 것이다. 앞에서 언급한 바와 같이 감정을 인식하고 표현할 수 있는 능력이 결핍된 사람은 감정에 압도될 가능성이 더 높다. 이런 사람들은 감정을 조절할 수 없기 때문에 피할 수 없는 고통스러운 감정에 직면할 경우 고통은 더 클 수 있다. 카터의 기록에서 EB=7:0에 관한 함의는 우울증이 너무 심해 "나는 살아갈 기력도 없고 무엇을 하고 싶은 의욕도 없다."는 극적인 호소에 잘 반영되고 있다.

카터의 중재군집과 처리군집에 관한 자료에서도 가용한 적응적 자원들을 확인할 수 있을 뿐만 아니라 적어도 최근 몇 년 동안 적응을 방해해 온 심각한 심리적 장애를 지적하는 증거들이 나타나 있다. 적응적 자원과 관련하여 그는 관습적인 현실(P=7)을 인식할 수 있는 적절한 능력이 있고, 자신의 경험에 관한 공통적이고 일상적인 측면에 주의를 기울이는 능력(W:D:Dd=2:16:4)이 정상범위이다. 이러한 능력을 고려하면 그는 최근 병이 재발하기 전에는 적절한 사회적 기능을 유지하고 있었다고 볼 수 있다. 특히 생활배경에 관한 정보가 시사하고 있는 바와 같이 부모와 성장한 자녀들로부터 지지를 받을 수 있었던 상당히 보호적인 환경에서는 적절한 기능을 유지할 수 있었다.

반면에 그는 사건에 대한 오지각(X−%=.32, XA%=.68)과 드물게 사용되는 반점영역에 대해 지나치게 초점(Dd=4)을 두는 병리적 경향 때문에 현실검증이 위태로울 수 있다. 이런 점은 카터가 자신이 직면한 상황을 정확하게 파악하고 그러한 상황에 대한 정확한 판단을 내리는 데 지속적인 문제가 있다는 것을 지적하는 것이다. 이러한 문제 때문에 둘째 부인이 재결합하자고 제의했을 때 카터는 자신이 감당하기 어려운 상당한 심리적 부담을 경험하게 되었을 것이다.

또한 카터는 융통성이 없고 때로는 비논리적인 결론을 내리고 때로는 이런 결론에 바탕을 둔 왜곡된 인상형성이 나타나지만 경험에 대한 개방성(Lambda=.83)은 정상적인 범위에 있다. 그는 적절한 양의 정보를 받아들이고 받아들인 정보를 효율적으로 조직화할 수 있는 능력(Zd=+0.5)이 있는 것으로 보인다. 그러나 Lambda가 높거나 낮지 않고 정보를 과소통합(underincorpo-ration)하거나 과대통합(overincorporation)하는 것은 아니더라도 그가 정보를 처리하는 유형은 다소 특이한 점이 있다. 예컨대, 그가 자신의 경험을 조직화하기 위해 기울이는 노력의 양(Zf=13)은 평균보다 약간 높고 이러한 경험에 관한 요소들을 통합하는 능력(DQ+=11)은 평균보다 높다. 그러나 그는 경험에 대한 전체적인 측면에 주의를 기울이지 않고 사상을 종합적으로 보지 못하고 세계를 보는 방식(W:D=2:16)이 매우 구체적이고 경제적이고 제한적이다. W로 반응하려는 노력이 거의 없고 W:M=2:7은 성격적으로 자신의 목표를 낮게 설정하고 욕심을 부리지 않고 능력에 알맞는 목표를 유지하는 사람임을 시사하는 것이다. 그리고 DQ+=11과 M=7이 지적하는 바와 같이 그는 어쩌면 심각한 장애 때문에 잠재적인 능력을 충분히 활용하지 못하는 사람일 수 있다.

종합적으로 볼 때 카터의 인지적 자료는 정신분열병으로 진단된 병력과 일치하고 이번이 첫 입원이라도 정신분열병을 시사하는 것으로 해석할 수 있다. 사고장애(Wsum6=18)와 현실검증의 손상(X-%=32, XA% =.68)은 정신분열병을 지적하는 상당히 확실한 자료이다. WSum6의 상승에서 드러나는 사고장애는 망상장애와 정신분열형 성격장애를 포함하여 정신병에 속하는 다른 장애에서도 나타날 수 있고 양극성장애에서도 나타날 수 있다. 그러나 정신분열병이 아닌 다른 정신병적 장애들은 보통 로르샤하에서 낮은 형태질로 측정되는 뚜렷한 현실검증력의 손상을 나타내지 않는다. 따라서 사고장애를 지적하는 X-%의 상승과 낮은 XA%은 카터가 단순히 망상장애나 정신분열형 성격장애보다는 정신분열병일 가능성을 지적하는 것이다.

카터의 기록은 일반적으로 경조증이나 순환성 장애와 같은 양극성장애에서 예상할 수 있는 것과는 여러 측면에서 차이가 있다. 카터의 경우 양극성장애에 대한 로르샤하의 특징적 증거는 나타나지 않았다: (1) 양극성장애의 특징은 CF+C가 우세하고 더불어 많은 C′와 큰 WSumC가 지적하는 정서적 표출과 변화가 심하고 강한 감정을 포함한다; (2) 양극성장애는 사고의 흐름이 두서도 없고 탈선적이고 논리적 관련도 거의 없으나 정적인 관념이 우세한 내용을 재빨리 부인할 수 있는 우울한 사고와 함께 나타난다. 이럴 경우 많은 DR을 포함하는 긴 반응이 나타난다. 이런 반응은 매우 유쾌하고 낙천적인 이미지가 대부분이지만 때로는 이런 이미지가 병적이고 비관적인 이미지와 교대로 나타난다; (3) 양극성장애는 어떤 사건에 대해 상당히 주관적으로 관여하고 에너지 수준이 매우 높다. 이럴 경우 R의 수가 많고 Lambda는 낮고 복잡한 혼합반응(Blend)이 많이 나타난다. 카터의 경우 이런 특징이 없고, 12장에 있는 Fisher의 기록에 나타나는 양극성장애의 다양한 로르샤하 특징도 찾아볼 수 없다. 따라서 카터가 양극성장애일 가능성은 거의 없다(Weiner, 1998b).

현실검증의 손상과 관련해서 상승된 X-%와 낮은 XA%는 정신분열병이 아니라고 하더라도 정신병적 장애나 건전한 판단력에 심각한 손상이 있을 경우 나타날 수 있다. 즉 정신병적 특징이 있는 우울증이나 경조증, 기질적 정신장애, 심각한 성격적 문제가 있는 환자들은 판단력에 심각한 손상이 나타난다. 자신이 행동한 결과를 예상하는 데 만성적인 어려움이 있어서 교도소에 수감된 정신병질자와 만성적인 비행청소년은 로르샤하 반응에서 형태질이 낮다. 그러나 이런 유형의 정신병적 장애나 현실검증력이 부족한 성격장애 환자들이 모두 카터처럼 사고장애가 나타나는 것은 아니다.

혼란스런 사고와 현실검증력의 손상에도 불구하고 카터는 PTI가 단지 2였다(X-%>.29, WSum6>17에 근거한). 그의 기록에서 정적이지 않은 PTI 변인들을 검토하는 것은 2가지 측면에서 흥미로운 정보를 제공한다. 첫째, 비록 XA%=.68이 이 변인(XA%<.70)에 대한 PTI 분할점수 이하이긴 하지만 78%인 WDA는 형태수준 점수의 결정적 수준에 근접하였다(WDA%<.75). 5장에서 언급한 것처럼 XA%와 WDA% 사이의 이런 불일치는 카터가 지엽적이고 중요하지 않은 문제들에 의해 마음이 심란해지는 것을 피하고 자신의 경험에서 중요하고 분명한 특징들에 주의를 기울일 때 정상적 범위에서 자신의 지각적 정확성을 유지할 수 있다는 것을 지적한다. 둘째, M-=1이어서 이 변인(M->1)의 PTI 분할점수에 못 미친다. 따라서 PTI=2는 PTI=4에서 단지 약간 벗어나 있을 뿐이다. 카터의 과거력을 고려해 볼 때 이런 결과가 PTI 기준이 너무 보수적이거나 민감성이 떨어진다는 것을 지적하는 것은 아니다. 대신에 근접하긴 하지만 상승하지는 않은 PTI는 만성 정신분열병적 상태에도 불구하고 최소한 정신분열병적 상태가 부분적으로 관해되었음을 지적하는 이전의 증거들과 일치한다.

감별진단과 관련해서 카터의 로르샤하 자료는 이미 진단받은 바와 같이 망상적 특징을 잘 반영해 주고 있다. 여기서 주목할 점은 구조적 요약에서 지적되고 있는 정적 HVI이다. 물론 HVI가 정적이라는 것 자체가 망상장애를 진단하는 것은 아니지만, HVI는 세계에 대한 오리엔테이션의 특징이 분노, 잠재적 위험을 내포하고 있는 환경에 대한 과도한 경계, 다른 사람들과 거리를 두고 불신하는 태도를 지적하는 것이다. 5장에서 지적한 바와 같이 망상장애로 진단되지 않는 수검자들도 이런 성격적 특징이 있고 HVI가 상승할 수 있다. 실제로 망상이 있는 사람들은 조심스럽게 방어하고 숨기려는 경우를 제외하고는 거의 예외 없이 모두 이 지표가 상승한다.

〈표 3-1〉에 제시한 정보처리변인에 포함되어 있는 정적 HVI와 함께 카터의 인지적 자료들은 다른 2가지 측면에서 망상적 사고와 일치한다. 경험에 대한 내향적 접근(EBper)과 문제해결에서 과도한 환상의 사용(Mp>Ma)은 망상형성과 일치하는 특징이다. 그러나 분명히 관념적이고 과도하게 환상에 매달린다고 해서 망상적이라고 말하는 것은 아니다. 로르샤하 자료는 망상이나 다른 특정 장애의 증상이 나타난다는 결정적인 증거가 될 수는 없다. 어떤 증상을 가지고

있는가를 결정하기 위한 최선의 방법은 행동문제가 있을 때처럼 직접 물어보는 것이다. 이런 직접적인 질문을 해서 얻은 결과는 로르샤하 점수보다 더 신뢰로울 수 있다. 한편 로르샤하에 관한 자료가 성격적 특징을 신뢰롭게 반영해 주는 경우도 있다. 이런 자료는 증상의 종류와 문제의 유형에 관한 성격적 뿌리를 이해하는 데 도움이 될 수 있다. 따라서 카터의 경우 분명히 관념적이고 과도하게 환상적인 성향은 망상적 사고를 발전시킬 가능성을 증가시킨다고 할 수 있다.

끝으로 카터의 인지적 기능에서 흥미로운 점은 경험에 주의를 기울이는 방식에서 망상이 분명하지 않다는 점이다. 그는 대부분의 사람들보다 조직화하는 경향(Zf=13)이 더 많아서 HVI가 높아졌지만 환경을 조심스럽게 검토하는 경향은 나타나지 않았다. 즉 그는 정보를 과대하게 통합하는 사람은 아니다. 그의 프로토콜에서 망상은 주로 대인관계적 측면과 관련된 자료에서 나타나고 있다. 이 문제에 대해서는 정서적 문제를 다룰 때 논의할 것이다. 〈표 3-2〉에 제시한 바와 같이 이러한 해석계열에서 대인관계에 관한 문제는 가장 마지막이라는 사실은 현재 그의 임상적 상태와도 일치한다. 즉 망상적 관념은 그가 현재 호소하고 있는 주된 문제도 아니고 입원할 당시 면담에서 관찰되지도 않았다.

정서적 문제

카터는 가능한 한 감정표현을 회피한다는 것 외에 감정을 조절하는 방법에 대해 더 언급할 것은 없다. 앞서 지적한 바와 같이 그는 감정을 충분히 조절하지 못하는 사람이다(WSumC=0.0). 감정의 조절과 관련해서 C′=0, Col-Shd Bld=0, 정상 범위의 S=2는 그가 자신의 생활을 즐길 줄 아는 행복한 사람이 아니라 어떠한 정서적 경험도 적극적으로 억제하기 때문에 나타나는 결과이다. 정서적 경험에 대한 극단적인 회피는 현재의 호소("우울하다")와 관련해서 고려해 볼 때 DEPI=3이 부정오류(false negative)라는 이유를 설명하는 데 도움이 될 것이다. DEPI 자체는 민감성(sensitivity)보다 구체성(specificity)과 더 관련이 있는 지표이다. 즉 DEPI가 상승할 경우(DEPI>4) 우울증적 특징이나 정동장애를 지적하는 것일 가능성이 매우 높지만 낮을 경우(DEPI<5) 우울증적 특징이나 정동장애를 배제하는 근거가 될 수도 없고 근거로 사용해서도 안 된다(Exner & Weiner, 1995).

그러나 카터의 경우 DEPI를 구성하는 변인들을 보면 로르샤하 프로토콜에서 우울증적 요소가 없는 것은 아니다. DEPI의 14개 변인은 우울한 감정, 부정적 인지, 낮은 에너지 수준, 대인관계로부터의 철수를 포함하는 우울증과 관련된 측면을 측정한다. 이러한 변인들 중 감정이 DEPI의 가장 큰 변인이고 카터의 경우 정서적 경험을 모두 회피하기 때문에 이 지표의 점수가 낮아졌을 가능성이 있다. 그러나 그는 자신에 대한 태도가 부정적이고(Fr+rF=0, 3r+(2)/R=.50), 에너지 수준이 제한되어 있고(Blend=2), 대인관계에서 철수하는 경향(COP=0)이 있다. 그는 로르샤하 반응과정에서 슬프거나 우울한 감정을 완전히 자유롭게 회피할 수 있는 상황보다 그러한 감정에 대해 직접 질문했을 때 우울한 감정을 더 잘 말하거나 시인하였다.

개인적 및 대인관계적 문제

카터는 적절한 자존감을 유지하는 데 오랫동안 어려움이 있었던 것으로 보인다. 반사반응이 1개도 없는데도 자아중심성 지표가 상승한 것은 성격적으로 자신에게 많은 주의를 기울이면서도 그러한 주의에 대해 즐거움을 느끼지 못하는 자기초점적인 사람이라는 것을 지적하는 것이다. 그럼에도 불구하고 그는 현재 자신을 비난하는 태도(V=0)나 자신의 신체와 신체적 기능의 정확성에 대한 염려(MOR=0)는 보이지 않는다. 또한 그는 일상생활에서 실제적인 인물들을 동일시함으로써 안정된 정체감을 형성할 수 있는 능력(H=4)과 스스로 반성하고 자성하는 능력(FD=2)이라는 성격적 자산을 나타내고 있다. 그러나 스스로 반성하는 이런 적응적 능력이 가끔 나타나는 그의 잘못된 현실검증과 비논리적인 추리가 자기반성을 통해 자기 자신에 대한 어떤 결론에 영향을 미칠 가능성을 배제시켜 주는 것은 아니다.

카터의 프로토콜에서 형태질이 −인 7개의 반응과 7개의 M 반응이 있다는 것은 그가 자유반응단계와 질문단계에서 간단하게 말하는 바와 같이 비교적 말을 적게 하는 사람임에도 불구하고 역동적으로 의미가 있는 주제심상을 제공하고 있다는 것이다. 14개 반응 중 카드 Ⅰ의 첫 반응은 그가 새롭고 친숙하지 않고 비교적 비구조화된 요구에 의해 정서적으로 압도당하기 쉽다는 취약성을 나타내 준다. 그의 프로토콜에서 평범반응의 수는 7개에 불과했고 쉽게 볼 수 있는 평범반응이 들어 있는 잉크반점을 제시했을 때에도 주저하고 말을 더듬었다. 즉 그는 카드 Ⅰ을 제시했을 때 "이게 무엇처럼 보일까~ 이 안은~ 이 윗부분이 무엇처럼 보이냐 하면~" 하는 식으로 말을 더듬고 주저하다가 작고 드문 영역에 주의를 기울여 첫 반응으로 형태질이 －인 "손을 위로 치켜 든 고릴라"로 반응하였다. 두 번째 반응에서는 어느 정도 회복되어 "우주인"이라는 보통 형태질로 반응했고, 이 반응 뒤에 12개 반응 중 형태질이 －인 반응은 좀 더 왜곡된 1개 반응에 그쳤다. 그러다가 15번째 반응부터 시작해서 마지막 8개 반응 중 5개 반응은 형태질이 －였고, 마지막 반응은 가장 나쁜 반응으로 수준 2로 채점할 수 있는 FABCOM이었다.

이러한 반응계열은 그가 위험한 상태에 있다는 것을 시사한다. 즉 처음 압도당했을 때 그는 짧은 시간 동안 합리적으로 자신을 다스리고 현실적으로 기능할 수 있다. 그러나 곧 에너지가 소진되고 계속적인 지지가 없을 경우 사고장애와 현실검증력의 결함이 나타난다. 이런 붕괴는 신중하게 반응하고, 통제력을 유지하려 애쓰고, 인지적 결함을 방지하려는 반응기록의 맥락에서 잘 나타나고 있다. 이러한 조심스런 접근은 반응이 간결하고 다른 관점에서 검토하기 위해 카드를 전혀 회전시키지 않고 단지 한 방향에서만 보고 카드 Ⅱ, Ⅸ, Ⅹ에서 오랫동안 침묵한 뒤에 첫 반응이 나왔다는 점을 보더라도 알 수 있다.

카터는 대인관계에 관한 측면에서 다른 사람에 대한 관심은 평균 이상이다(SumH=12). 따라서 ISOL이 .18로 정상범위라는 것은 생활과정에서 중요한 사람들로부터 고립되어 있다는 것을 입증하는 것은 아니다. 그러나 다른 사람에게 많은 주의를 기울인다는 사실은 이미 지적한 바와 같이 HVI의 상승에 영향을 주었고 다른 사람과 친밀한 애착관계를 기대하거나 형성하는 데 분명히 약간의 어려움(T=0)이 있고 어떤 일을 있는 그대로 받아들이는 데 너무 비판적이고 꺼리는 경향(H+A:Hd+Ad=14:7)에도 작용했을 것이다. 또한 그는 대인관계와 관련된 사회적 상황에서 불편하게 느끼는 경향(H:(H)Hd(Hd)=4:7)이 있고, 친구나 동료로서 매력을 제한하는 방식으로 협력적 상호작용을 회피할(COP=0) 가능성이 높다. 요컨대, 카터는 불편한 감정을 회피하기 위해 신체적 · 심리적으로 많은 개인적 공간을 필요로 하는 사람이다. 이런 경향 때문에 그는 다른 사람과의 관계에서 늘 거리를 유지하고 경계하고 의심하는 것으로 보인다.

카터의 기록에 나타난 주제심상은 앞에서 논의한 구조적 자료와 마찬가지로 편집증적 성향을 보여 주고 있다. 4장과 6장에서 다룬 주제심상을 확인하기 위한 지침에 따르면, 점수계열에서 가장 중요한 내용주제는 15번째 반응에 나타나고 있다. 이 반응은 −형태질, M, 윤색반응(DV)이 시사하는 바와 같이 매우 중요한 투사적 요소를 포함하고 있는 반응이다. 이 반응은 카드 Ⅶ에서 D6과 Dd25의 일부를 포함하는 드문 영역에 대해 "어디에 들어가는 좁은 입구에서 보초를 보고 있는 사람"이고 그 윗쪽으로 넘어가면 "해가 지는 지평선(sun horizon)"이라고 반응했다. "해가 지는 지평선"의 가능한 의미와 함의는 특별히 중요하지 않은 것으로 보인다. 이 반응에서 "입구"는 여성의 성기에 관한 어떤 연상을 시사하는 것이고 어쩌면 다른 사람의 성적 접근이나 접근의 허용에 대한 관심을 시사하는 것이다. 특히 "해가 지는 지평선"보다 많은 해석적 가정이 가능한 "입구"는 반응기록에서 반복되는 주제와 관련을 짓지 않더라도 많은 다른 방식으로 해석할 수 있다.

"해가 지는 지평선"의 불분명한 의미와 "입구"의 불확실한 의미와 달리 형태질이 −인 "보초를 보고 있다."는 반응에 대한 연상은 분명히 가능한 위험으로부터 보호받으려는 데 대한 고통스럽고 혼란스러운 관심을 의미하는 것이다. 일반적으로 보호하는 행동이나 장비를 포함하는 심상은 환경에서 나오는 것을 정확하게 보고 인식하는 것을 막거나 어떤 대상에 대해 조사한다는 느낌을 주는 상황과 함께 편집증적인 사람의 특징인 의심과 두려움을 지적하는 것이다. 카터의 경우 로르샤하 반응에는 주로 보호, 은폐, 조사와 관련된 주제가 반복적으로 나타난다.

카터의 반응에서 HVI에 관한 한 점수를 설명할 수 있는 보호용 장비와 관련된 의복반응(4)은 평균보다 많다. 이들 반응 중 2번째 반응은 우주인이 입는 "매우 부피가 큰 우주복"이라는 반응이다. 부피가 큰 우주복은 옷을 입은 사람을 보호해 주는 동시에 옷을 입은 사람이 보이지 않도록 감춰주는 기능을 한다. 8번째 반응은 "긴 천"으로 된 물건이나 가면으로 "눈을 가린 사람의 얼굴"로 형태질이 −이다. 17번째 반응은 동물로 보이나 "어떤 종류인지 알 수 없다."는 반응이고 22번째 반응은 "숙녀"로 보았으나 "말처럼 보이는 것이 얼굴의 반을 가리고 있다."는 반응은 형태질이 −인 FAB2이다.

어떤 대상을 조사하는 느낌과 관련된 많은 "눈"과 "얼굴" 반응은 흔히 다른 사람이 감시하는 데 대한 관심을 지적하는 것이다. 특히 이런 반응의 형태질이 낮을 경우 현실검증이 붕괴될 정도로 심한 투사와 심리적 고통을 반영하는 것일 수 있다. 카터는 6번(반응 1, 5, 8, 16, 18, 22)이나 "눈"에 관한 반응이 있었고 이들 반응 중 5개 반응은 형태질이 −이었다. 형태질이 −인 5개 반응 중 얼굴을 언급한 3개 반응에서 가장 주목할 필요가 있는 반응은 카드 Ⅷ에 나타난 16번째 반응이다. 그는 카드 Ⅷ에 대해 "아프리카 원주민의 얼굴"로 보았다. 그리고 그는 이 반응의 형태질이 좋지 않은데도 불구하고 눈과 코를 포함해서 "얼굴을 분명하게 볼 수 있습니다."라고 하였다.

마지막으로 유의할 점은 구조적, 주제적 자료가 카터의 성격구성에서 수동-의존적 특징을 지적한다는 점이다. 그리고 그는 망상을 가지는 대부분의 사람들과 달리 심한 분노나 적개심(S=2)을 나타내지 않는다. 그는 다른 사람에게 신세지는 것에 저항하는 적대적이고 공격적이고 편협한 유형의 편집증이 아니라 자신을 도와주는 사람마저 믿지 못하면서도 다른 사람의 도움을 기대하는 불안정하고, 괴로움이 많고, 요구하는 것이 많은 편집증적인 사람일 수 있다.

이러한 카터의 성격적 특징은 a:p=4:7이고 M 반응이 10개나 있으나 AG 반응이 하나도 없는 사실을 보더라도 알 수 있다. 일반적으로 a:p는 시간이 경과하더라도 상당히 안정적이기 때문에 그는 다른 사람의 기대와 선호에 따르고, 리더보다 졸개가 되기를 바라고, 다른 사람이 자신에 관한 결정을 내려주고 자신이 져야 할 책임을 다른 사람이 져 주기를 기대하는 성향을 가지고 있을 것으로 보인다. 5장에서 언급된 것처럼 AG=0은 반드시 주장성의 결여를 의미하는 것이 아니므로 신중하게 해석해야 한다. 그렇지만 그의 로르샤하 반응에는 최소한 그가 다른 사람과의 관계에서 주장적이거나 공격적으로 행동할 가능성을 지적해 주는 증거는 없다고 말할 수는 있다.

카드 Ⅱ에 대한 반응방식에서 심상과 관련된 문제를 검토해 보자. 로르샤하 잉크반점법에서 밝은 붉은색이 처음 나타나는 카드 Ⅱ는 4장에서 언급했듯이 흔히 분노, 공격성, 피, 서로 상처를 입거나 입히는 동물에 대한 연상을 유도한다. 그러나 WSumC, S, MOR, AG가 모두 0이 지적하는 바와 같이 이 카드의 속성에 관한 어떤 연상도 나타나지 않았다. 오히려 카드 Ⅱ의 5번째 반응은 "기도하는 두 손"이었고 6번째 반응은 평범반응인 "새끼 곰"이었다. 이들 두 반응은 단순히 다른 사람의 구원을 기대하고 인간이 아니면 신이라도 자신을 도와줄 것이라고 바라면서 자신은 아무것도 하지 못하는 무기력하고 도움이 필요하고 의존적인 존재라는 것을 시사하고 있다.

3번째 "기도하는 손"이라는 반응에서 시사되고 있는 신앙심은 카드 Ⅵ에 대한 13번째 반응에서 더 극적으로 표현되고 있다. 카터는 이 카드에 대해 "큰 산의 꼭대기에 똑바로 서서 손을 밖으로 내뻗은 우리의 주 예수"라고 하였다. 그의 기록에서 과대성을 지적하는 지표는 없으므로 그가 자신을 "예수"와 동일시하고 자신을 성인이나 신성한 존재로 보았을 가능성은 희박하다. 오히려 그의 기록은 낮은 자존감, 의존성, 수동-의존적 성향을 지적하고 있으므로, 그의 마음속에 있는 예수는 그를 고통에서 구해 줄 구원자일 가능성이 더 높다. 이 반응을 마치면서 덧붙인 "선생님은 이런 경험을 해 본 적이 없을 겁니다."라는 말은 그에게 종교적 신념이 얼마나 중요하고 검사에 대한 반응에서도 예수를 포함시킬 만큼 소중하다는 것을 의미하는 것이다.

요컨대, 카터의 간결하지만 자신을 잘 나타내는 기록은 전형적인 망상형 정신분열병을 반영하는 사고장애의 유형, 부정확한 지각, 대인관계에 대한 경계, 다른 사람을 멀리하려는 경향을 지적하고 있다. 또한 그의 성격적 안정성과 자아동조적 입장은 그의 장애가 만성적이고 오래 지속되었다는 것을 시사하고 있다. 그러나 흥미로운 점은 현재 겉으로 나타나는 증상은 없고 과거에 정신병원에 입원할 때와 같은 정신병적 붕괴(psychotic breakdown)나 망상도 없다는 점이다. 오히려 그는 정서적 경험을 처리할 수 있는 능력이 극히 제한되어 있는 공상적인 사람이고 심리적 균형을 유지하기 위해 자신에게 부여된 책임감과 정서적으로 스트레스를 야기하는 상황을 회피하는 것처럼 대처능력이 제한되어 있는 사람이다. 그리고 그는 그 동안 자신을 지지해 주던 환경을 떠나 자신이 감당할 수 없는 상황적 요구에 직면하게 되자 무력감과 절망감이 현저한 우울증에 빠진 것으로 보인다. 그의 수동-의존적인 경향과 편집적인 경향이 현재 경험하는 우울감을 야기했을 가능성도 있지만 메마른 정서를 고려하면 그가 양극성장애일 가능성은 매우 희박하다. 망상형 정신분열병적인 상태에서 벗어나 편안하게 기능할 수 있도록 하기 위해서는 지지치료와 함께 환경을 재조정시키는 치료적 접근이 필요할 것으로 생각된다. 이런 치료적 접근을 통해 다른 사람에게 의지하지 않고 자신을 돌볼 수 있게 되면 정확한 자기통제가 가능하게 될 것이다.

사례 4: 신경성 식욕부진증이 있는 소녀의 강박적 특징

데보라(Deborah)는 13세 10개월 된 백인 소녀이다. 그녀는 지난 한 해 동안 외로움을 느끼고 친구들로부터 소외되어 있었다. 그녀는 "나는 혼란스럽게 느끼고 내 자신이 초라하게 보인다. 나는 내가 살아온 방식도 싫고 그렇게 살아온 내 자신도 싫다."라고 하였다.

로르샤하를 실시하기 6개월 전부터 식사량을 줄이기 시작했고 먹고 난 뒤에는 야단법석을 떨면서 목구멍에 손가락을 집어넣어 토하기 시작했다. 또한 그녀는 "나는 먹지 않음으로써 뭔가를 통제할 수 있다는 느낌이 든다."라고 하였다. 하루에 3~5회 정도 토하면서부터 그녀는 매일 밤 잠자리에 들기 전 30분간 에어로빅을 포함한 심한 운동을 시작하였다. 체중감량을 지속하면서 뚜렷한 우울감을 보이고 사회적으로 고립되었다. 그 결과 신체적 쇠약과 심한 영양결핍으로 정신과에 입원하게 되었다.

병원에서 데보라는 지난 몇 달 동안 무력감과 무망감을 느꼈고 잠을 제대로 못 자고 기력도 거의 없었다고 심각하게 이야기했다. 사회적 고립은 친구들을 만나는 것에 대한 흥미의 감소와 집에서 보내는 시간의 현저한 증가와 관련이 있다. 부모에 따르면 그녀는 집에서 순종적이고 음식을 먹는 것과 관련된 문제만 제외하면 착한 딸이고 청소와 요리를 도와주고 어린 남동생도 잘 보살펴주었다. 또한 그녀는 체중을 감량하면 친구들과 "더 잘 어울릴 수 있을 것"이라고 하였다. 그녀는 현재 친하게 지내는 친구가 없고, 지금까지 이성에 대한 관심을 가져 본 적도 없고, 성적 행위를 한 적도 없다고 하였다. 또한 그녀는 알코올이나 약물사용도 부인하였다. 초경은 2년 전에 있었고, 신체적으로 건강하며 최근 체중감량으로 입원하기 전에는 심리적으로도 건강했고, 가용한 정보에 따르면 학교에서는 모범적이고 교우관계도 양호하여 비교적 행복한 편이었다고 하였다. 가정 분위기도 안정적이고 별다른 문제가 없고 부모 및 어린 동생과 함께 무난하게 생활해 왔다.

데보라의 로르샤하 반응은 〈표 11-4〉, 〈표 11-5〉, 〈표 11-6〉, [그림 11-2]에 제시되어 있다.

〈표 11-4〉 데보라의 로르샤하 프로토콜(계속)

반응	질문
카드 I	
1. 동물의 얼굴. 상상 속에서 나오는 동물. 이상하게 생긴 귀와 날개가 있고. 눈도 있고.	검: (반응 반복) 수: 눈이 여기(DdS30), 입은 여기(DdS29), 뿔(D1), 귀(D7). 그리고 뾰족한 턱과 수염. 검: 이상하게 보인다고 했죠? 수: 네. 이상하게 보여요. 왜 그런지는 모르겠어요. 검: 좀 더 보면 다른 것도 볼 수 있을 거예요. 수: 모르겠어요. 정말 아무것도 볼 수 없어요. (계속 카드를 보고 있음) 없어요. 아무것도 보이지 않아요.
카드 II	
2. 손을 서로 맞잡고 다투는 두 사람.	검: (반응 반복) 수: 사람 모양이고. 무릎을 꿇고 서로 손을 맞대고 있어요.
3. 이 붉은 부분은 얼굴 같고. 이 얼굴은 진짜 얼굴 같이 보이네요.	검: (반응 반복) 수: 네. 바로 여기요. 검: 진짜 사람의 얼굴 같다고 하셨지요. 수: 사람이지만 실제 사람은 아니에요. 검: 무슨 뜻인가요? 수: 실제 사람이 아니지만 사람처럼 보인다는 것이죠.
4. 이 얼굴은 슬퍼 보이고.	검: (반응 반복) 수: 여기가 슬픈 얼굴처럼 보여요(D3을 포함한 Dd). 검: 어떤 점에서 슬픈 얼굴로 생각되었나요? 수: 울고 있는 것처럼 길게 고개를 숙이고 있어서 매우 슬퍼하는 것 같아요.
5. 여기는 웃고 있는 얼굴의 윤곽 같아요.	검: (반응 반복) 수: 코의 윤곽, 눈구멍, 웃고 있는 입. 입이 찢어질듯이 웃는 것 같아요.
카드 III	
6. 두 어떤 물건에 기대고 있는 두 사람. 항아리나 그릇 같은 것에.	검: (반응 반복) 수: 여기가 사람. 허리를 구부리고 있는. 이것이 항아리나 그릇 같고. 요리를 하거나 항아리에 무엇을 집어넣는 것 같아요.
7. 가운데 있는 것은 나비처럼 보이고. 이것이(D2) 무엇인지를 잘 모르겠어요(웃음).	검: (반응 반복) 수: 여기요. 검: 반점의 어떤 점이 나비처럼 보였나요? 수: 가운데 있는 날개와 몸통.

〈표 11-4〉 데보라의 로르샤하 프로토콜(계속)

반응	질문
카드 IV	
8. 큰 괴물이나 정말 키가 큰 괴물 같은 종류. 꼬리가 있고 발은 여기.	검: (반응 반복) 수: 더 긴 부분이 더 큰 부분이에요. 아래로 내려다보는 것 같고. 큰 꼬리는 이것(D1)이고. 옷소매가 길게 늘어져 있거나 머리카락이 길게 늘어진. 검: 길게 늘어진 머리카락이라고 했나요? 수: 옷을 입고 있는 것 같지는 않아요. 그냥 모피 같은 것. 검: 왜 모피 같죠? 수: 아주 울퉁불퉁하게 보여요. 그리고 이 표면이 모피 같고요.
카드 V	
9. 이것은 나방이나 나비.	검: (반응 반복) 수: 날개는 여기 머리는 여기. 나비는 귀가 없는데, 이것이 귀처럼 보이니까. 아마 박쥐일 것 같아요.
카드 VI	
10. 나뭇잎 같은데. 여기는 가지에 붙어 있는 벌레 같은 것.	검: (반응 반복) 수: 가지는 여기 나뭇잎은 여기고요. 날개가 있는 어떤 벌레가 나뭇가지에 기어올라가고 있군요. 검: 어떤 점에서 나뭇잎처럼 보았나요? 수: 모양이 그래요. 단풍나무 잎이나 뭐 그런 것.
카드 VII	
11. 이것은 머리를 이상하게 땋아 올린 두 소녀 같이 보이고.	검: (반응 반복) 수: 뒤로 묶어서 땋아 올린 것 같아요. 두 소녀가 여기(D1) 있고. 여기가 얼굴, 눈, 코, 입.
12. 그 밑에는 우스운 모자를 쓴 어릿광대가 있고요.	검: (반응 반복) 수: 이 두 부분(D3)이 어릿광대고. 머리에 이상하게 생긴 모자를 쓰고 있군요.
13. 그리고 여기 밑에는 저쪽으로 들어가는 터널이나 복도 같은 것.	검: (반응 반복) 수: 여기(D6)가 뒤로 들어가는 터널처럼 보여요. 검: 어떤 점이 뒤로 들어가는 것처럼 보였나요? 수: 그냥 모양이요. 여기가 좀 어두워 보여요.
카드 VIII	
14. 산을 올라가는 두 마리 호랑이나 어떤 동물 같은 것.	검: (반응 반복) 수: 산에 올라가는 호랑이 같고. 산은 여기고 여기는 계곡이에요. 검: 어떤 점이 계곡처럼 보였나요?

〈표 11-4〉 데보라의 로르샤하 프로토콜(계속)

반응	질문
	수: 아래로 아래로 내려오는 것처럼 보여요. 모든 것이 저 아래로 내려오는 것처럼 보여요.
카드 IX	
15. 불 같이 보이는데. 가운데서 위로 쏘아 올린 물줄기와 연기.	검: (반응 반복) 수: 여기(D6)가 불 같이 보이고. 짙은 녹색부분(D1)은 불이 났을 때 올라가는 연기 같고요. 검: 어떤 점이 불처럼 보였나요? 수: 색깔요. 여기 위(D3)에 있는 붉은색과 주황색이요. 검: 어떤 점이 연기가 올라가는 것처럼 보였나요? 수: 색깔이요. 구름처럼 둥근 모양도 그렇고요.
카드 X	
16. 두 마리 해마.	검: (반응 반복) 수: 여기요. 검: 어떤 점이 해마 같은가요? 수: 모양이요. 끝부분이 구불구불하잖아요.
17. 아마 어떤 종류의 물고기.	검: (반응 반복) 수: 여기 작은 부분(D2)이요. 검: 내게는 그렇게 보이지 않는데. 수: 그냥 물고기처럼 보여요. 모양도 물고기 같고요.
18. 산호 같아요.	검: (반응 반복) 수: 여기(D1)가 산호. 뾰족뾰족한 것이 넓은 대양에 사는 것 같아요. 산호가 많이 자라면 이런 모양이 되거든요.
19. 저 뒤에 있는 조각상을 지키고 있는 어떤 동물.	검: (반응 반복) 수: 이 꼭대기 부분(D11)이요. 어떤 두 마리 동물이 이 조각상을 지키고 있어요. 검: 어떻게 해서 동물로 보았는지 모르겠군요. 수: 저도 모르겠어요. 작은 생쥐나 쥐. 다리가 보이죠?

인지적 문제

데보라의 구조적 요약은 전체 반응수가 19개로 타당한 기록임을 지적하고 있고 S-CON은 15세 미만에는 적용되지 않아 산출하지 않았다. 전형적으로 어떤

〈표 11-5〉 데보라의 채점계열

카드번호	반응번호	영역	영역번호	결정인(s)	(2)	반응내용(s)	평범반응	z점수	특수점수
I	1	WSo	1	Fo		(Ad)		3.5	
II	2	D+	6	Mp−	2	H		3.0	COP, PHR
	3	Do	2	F−	2	Hd			PHR
	4	Ddo	99	Mp−	2	Hd			MOR, PHR
	5	Ddo	99	Mau		Hd			PHR
III	6	D+	1	Mao	2	H, Hh	P	3.0	GHR
	7	Do	3	Fo		A			
IV	8	Wo	1	Mp.FD.FTo		(H)	P	2.0	GHR
V	9	Wo	1	Fo		A	P	1.0	
VI	10	W+	1	FMau		A, Bt		2.5	
VII	11	Do	1	Fo	2	Hd	P		GHR
	12	D+	3	Fu	2	Hd, Cg		1.0	PHR
	13	Dv	6	FVo		Ls			
VIII	14	W+	1	FMa. FDo	2	A, Ls	P	4.5	
IX	15	Wv/+	1	ma.CFu		Fi, Na, Cl		5.5	
X	16	Do	9	Fu	2	A			
	17	Do	3	Fu	2	A			PSV
	18	Do	1	Fu	2	A			PSV
	19	D+	11	Mp.FDu	2	A, Art		4.0	FAB, PHR

형태의 증상적 장애나 성격적 장애와 관련이 있는 첫 7개 핵심변인 중 상승한 변인은 하나도 없었다. 그녀의 기록에서 EB보다 먼저 살펴봐야 할 변인이 없다는 사실은 그녀가 심리적으로 건강하게 성장했다는 발달배경과 일치하고 최근 발병한 섭식장애를 제외하면 자아강도가 건전하고 비교적 성격적으로 잘 통합된 사람이라는 것을 지적하는 것이다. 첫 번째 정적인 핵심변인은 내향적인 EB이고 각 군집에 대한 해석적 탐색순서는 관념, 처리, 중재, 통제, 정서, 자기지각, 대인지각 순이다.

먼저 데보라의 관념적 기능부터 살펴보기로 하자. 그녀는 자신의 경험에 대해 논리적이고 통합적이고 융통성 있는 방식으로 사고할 수 있는 능력(WSum6=4,

〈표 11-6〉 데보라의 구조적 요약

반응영역		결정인 혼합	결정인 단일	반응내용	S-Constellation
Zf = 10		M.FD.FT	M = 4	H = 2	S-CON은 15세 이하일 경우 산출하지 않는다
ZSum = 30.0		FM.FD	FM = 1	(H) = 1	
ZEst = 31.0		m.CF	m = 0	Hd = 5	
W = 6		M.FD	FC = 0	(Hd) = 0	
(Wv = 0)			CF = 0	Hx = 0	
D = 11			C = 0	A = 8	
W+D = 17			Cn = 0	(A) = 0	
Dd = 2			FC′ = 0	Ad = 0	
S = 1			C′F = 0	(Ad) = 1	
			C′ = 0	An = 0	
			FT = 0	Art = 1	
			TF = 0	Ay = 0	
			T = 0	Bl = 0	
			FV = 1	Bt = 1	
			VF = 0	Cg = 1	
			V = 0	Cl = 1	
			FY = 0	Ex = 0	
			YF = 0	Fd = 0	
			Y = 0	Fi = 1	
			Fr = 0	Ge = 0	
			rF = 0	Hh = 1	
			FD = 0	Ls = 2	
			F = 9	Na = 1	
				Sc = 0	
				Sx = 0	
				Xy = 0	
				Idio = 0	
			(2) = 11		

발달질

		(FQ−)
+	= 6	(1)
o	= 11	(2)
v/+	= 1	(0)
v	= 1	(0)

형태질

	FQx	MQual	W + D
+	= 0	0	0
o	= 8	2	8
u	= 8	2	7
−	= 3	2	2
None	= 0	0	0

특수점수

	Lv1-1	Lv1-2
DV	= 0×1	0×2
INC	= 0×2	0×4
DR	= 0×3	0×6
FAB	= 1×4	0×7
ALOG	= 0×5	
CON	= 0×7	

Raw Sum6 = 1
Wgtd Sum6 = 4

AB = 0		GHR = 3	
AG = 0		PHR = 6	
COP = 1		MOR = 1	
CP = 0		PER = 0	
		PSV = 2	

비율, 백분위, 산출점수

R = 19   L = 0.90

EB	= 6:1.0	EA	= 7.0	EBPer	= 6.0
eb	= 3:2	es	= 5	D	= 0
		Adjes	= 5	AdjD	= 0
FM	= 2	SumC′	= 0	SumT	= 1
m	= 1	SumV	= 1	SumY	= 0

감정

FC:CF + C	= 0:1
Pure C	= 0
SumC′:WSumC	= 0:1.0
Afr	= 0.46
S	= 1
Blends:R	= 4:19
CP	= 0

대인관계

COP = 1	AG = 0
GHR:PHR	= 3:6
a:p	= 5:4
Food	= 0
SumT	= 1
Human content	= 8
Pure H	= 2
PER	= 0
Isolation Index	= 0.37

관념

a:p	= 5:4	Sum6	= 1
Ma:Mp	= 2:4	Lvl-2	= 0
2AB + (Art + Ay)	= 1	WSum6	= 4
MOR	= 1	M−	= 2
		M none	= 0

중재

XA%	= 0.84
WDA%	= 0.88
X − %	= 0.16
S−	= 0
P	= 5
X + %	= 0.42
Xu%	= 0.42

처리

Zf	= 10
W:D:Dd	= 6:11:2
W:M	= 6:6
Zd	= −1.0
PSV	= 2
DQ+	= 6
DQv	= 1

자기지각

3r + (2)/R	= 0.58
Fr + rF	= 0
SumV	= 1
FD	= 3
An + Xy	= 0
MOR	= 1
H:(H) + Hd + (Hd)	= 2:6

PTI = 1   □DEPI = 4   □CDI = 3   □S-CON = N/A   □HVI = No   □OBS = No

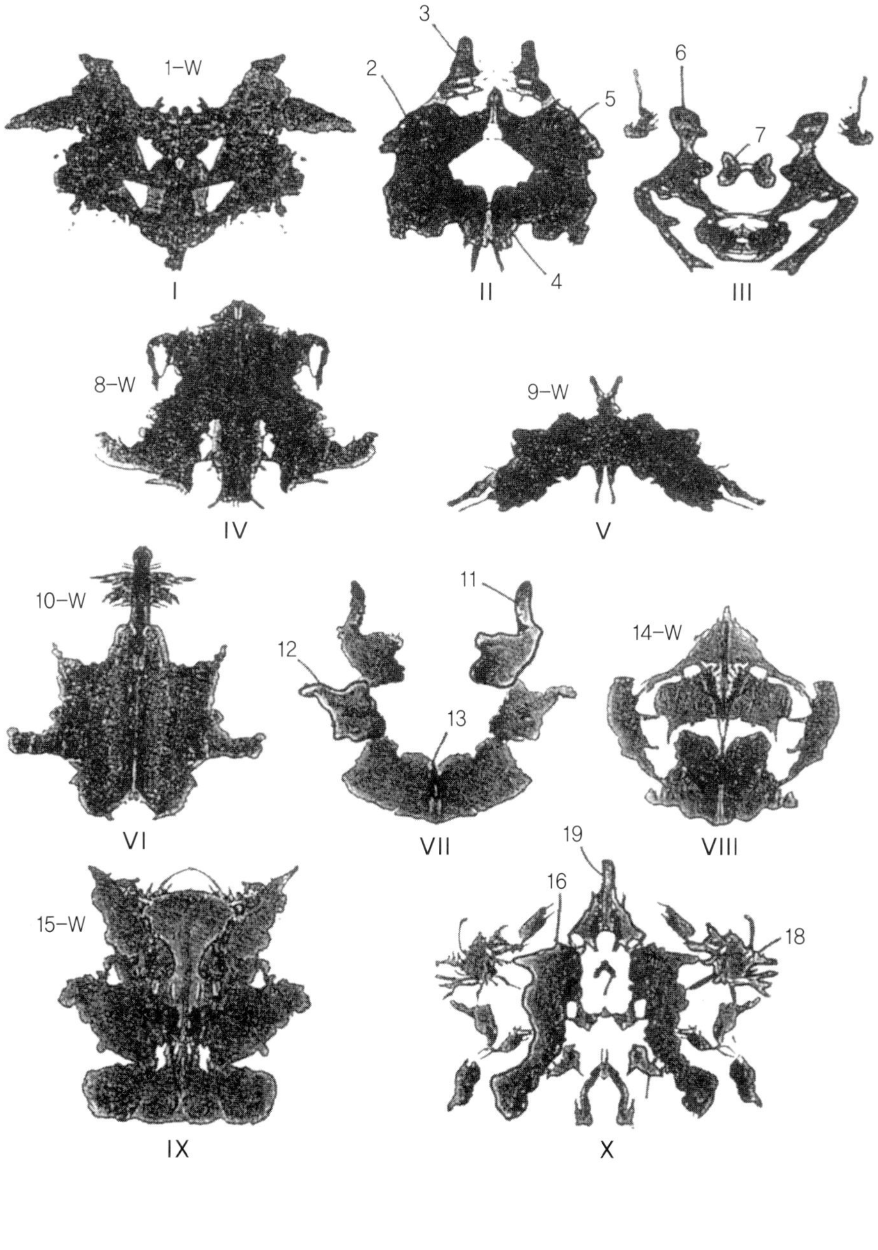

[그림 11-2] 데보라가 선택한 반응영역

a:p=5:4)이 있는 것으로 나타났다. 그녀의 기록에서는 인지적 결함을 지적하는 유일한 반응은 마지막 19번째 반응에 나타난 FABCOM이다. "생쥐나 쥐"라는 19번째 반응은 동물반응이지만 "어떤 동상을 지킨다."는 것은 인간운동반응의 의미를 내포하고 있다. 이 반응은 유치하기는 하지만 그렇다고 병리적이라고 하기는 어렵다. 그러나 그녀는 생활과정에서 발생하는 문제에 대해 건설적으로 사고하는 데 어려움이 있고 문제해결을 추구하기보다 사건의 우연성에 대해 지나치게 환상적으로 매달리는 경향(Ma:Mp=2:4)이 있는 것 같다.

또한 적응에 대한 데보라의 관심은 정서를 표현하기 위한 정확한 채널을 사용하지 않고 경험을 다루는 방식이 지나치게 관념적이다. 카터와 마찬가지로 데보라는 내향적이다(EB=6:1.0). 그러나 카터의 WSumC는 0.0인 데 비해 데보라는 1.0이다. 따라서 데보라는 카터와 달리 정서에 압도당할 가능성은 비교적 낮다. 비록 그녀가 비융통적인 사고(a:p)의 증거를 보이지 않더라도, 직관적이거나 정서적인 방식으로 의사결정을 모색할 때에는 오히려 융통성이 없을 수도 있다(EB). 또한 그녀는 말과 행동에 미치는 감정의 영향을 허용하기 위해 수용할 수 있는 조건을 달지 않고 일시적인 기분으로 행동하지도 않는다. 철저하게 생각하지 않고 결론이나 계획을 수립하는 것은 그녀의 성격에는 어울리지 않을 것으로 보인다.

정보처리와 관련해서 전체 반응이 19개인 기록에서 Lambda가 .90이라는 것은 10장에서 제시한 앤더슨의 경우처럼 방어적 태도를 생각나게 한다. 물론 앤더슨만큼 경계적이지 않고 Lambda가 높다는 것을 규정하는 .99에는 훨씬 미치지 못하지만, 데보라는 자신의 생활을 보는 참조체제가 좁고 간단하고 경제적인 문제해결을 추구할 것으로 보인다. 이런 측면에서 보면 그녀는 정보를 효율적으로 조직화할 수 있는 능력(Zd=−1.0)은 있으나 경제지표(W:D:Dd)와 포부비율(W:M)에서 보면 정보처리가 잠정적으로 부적응적일 수 있다. 그녀의 기록에서 W:D:Dd=6:11:2는 세계를 더 넓은 관점에서 보려고 노력하는 대신에 경제적이고 단편적으로 보려는 경향을 지적하는 것이다. 또한 M 반응이 6개인 기록에서 W 반응도 6개라는 것은 카터와 마찬가지로 데보라도 역시 스스로 적절한 목표를 설정하고 다른 사람만큼 목표를 달성할 수 있는 자신의 능력을 의심할 수 있다는 것을 지적한다.

데보라가 사람과 사건을 지각하는 유형은 다음 예에서 보여 주는 형태수준

점수들에 반영되고 있다. X-%=.16, XA%=.84은 대부분의 사람들보다 자신의 주변에서 일어나는 일에 대해 다소 왜곡된 인상을 형성할 가능성이 더 높고 이런 왜곡된 인상 때문에 판단력이 떨어질 가능성을 지적하는 것이다(13, 14세 모두 평균 X-%는 .10, XA%는 .90). 그러나 3개의 반응 모두 카드 Ⅱ에서 나타났고 이들 중 2개는 쌍반응을 포함한 M반응이라는 점에 주목할 필요가 있다. 이런 결과는 〈표 3-1〉의 인지적 중재군집에 제시한 바와 같이 -반응의 계열과 동질성을 자세히 살펴보는 것이 유용하다는 것을 말해 준다. 카드 Ⅱ에 나타난 반응은 데보라의 현실검증 결함은 생활 전반에 걸쳐 다양한 상황에서 나타나는 것이 아니라 강한 정서적 자극에 직면하거나 대인관계에 관한 연상을 유발하는 상황에 제한되어 있다는 것을 지적하고 있다.

관습성과 관련해서 데보라의 기록에서 D 반응의 수가 적절하고 P=5로 정상범위라는 것은 그녀가 대부분의 사람들과 같은 방식으로 세계를 보고 의사결정을 내릴 때 관습적인 현실을 고려할 수 있다는 것을 지적하는 것이다. 그러나 Xu%=.42는 순응에 대해 저항하고, 자신을 독특한 사람으로 보고, 자기 방식대로 일을 처리하는 것을 매우 선호한다는 것을 지적하는 것이다. 10장에 제시한 Baker도 그렇지만 상승한 Xu%는 관습적인 것과는 상반된 감각추구적 행동과 관련이 있고 이러한 경향은 관습성과는 반대로 약물사용에 대한 취약성과 관련이 있을 수 있다. 그렇다면 데보라의 경우 로르샤하에서 시사되고 있는 순응에 대한 저항과 그녀의 안락한 가정생활, 보수적인 생활유형, 알려진 성적 문제나 물질남용 또는 행동문제가 없다는 점이 어떻게 일치한다고 볼 수 있을까? 적어도 이 질문에 대한 부분적인 해답은 신경성 식욕부진증에서 찾을 수 있다. 신경성 식욕부진 상태를 나타내어 음식을 먹고 회복되기를 기대하는 부모의 바람에 철저히 대항하고 있다; 그녀는 대다수 다른 사람들로부터 떨어져 자신을 유지하는 자신이 생각하고 자신이 지시한 행동에 몰두해 있다. 그녀는 지금 신체적으로 쇠약하고 사회적으로 고립된 역기능적인 상태로 정신병원에서 치료받고 있다.

스트레스 관리 문제

데보라는 근본적으로 일상적 경험에 대처할 수 있는 적절한 자원(EA=7.0, CDI=3)을 가지고 있는 것으로 보인다. 물론 내향적 EB는 EA=7에서 시사되고 있는 적응력을 다소 감소시킬 수 있지만, 이미 앞에서 말한 바와 같이 감정적인 측면이 낮다는 것(WSumC=1.0)은 정서가 개입된 사건에 의해 완전히 압도되는 것을 막아준다. 더욱이 그녀가 중간 정도의 스트레스만을 경험한다는 사실(es=5)은 그녀가 스트레스 때문에 지나치게 동요되지 않고 생활에 관한 요구를 다룰 수 있는 충분한 능력이 있다(D=0)는 것을 의미한다. 데보라는 D가 0이므로 불안, 긴장, 초조, 안절부절못함과 같은 부적 정서로부터 비교적 자유로울 것이고 비교적 침착하고 이완되어 있고 자기 스스로 만족할 수 있고 자신을 통제할 수 있을 가능성이 높다.

그러나 죽을 정도로 음식을 먹지 않고 과거에는 즐거워하던 사회적 관계를 단절한 그녀가 로르샤하 반응에서 주관적으로 느끼는 심리적 고통은 거의 나타내지 않았다는 것을 어떻게 설명할 수 있을까? 이 의문에 대한 1가지 가능한 대답은 신경성 식욕부진증의 성격에서 찾을 수 있다. 청소년기 소녀들에게 공통적으로 나타나는 이 장애는 전형적으로 자신이 하고 있는 행동에 만족하고 다른 사람이 체중을 감량하려는 노력을 방해하지 않는 한 안정을 유지할 수 있다(Kimmel & Weiner, 1995). 신경성 식욕부진증이 있는 소녀들은 대부분 자신이 하는 방식대로 내버려두기를 원한다. 데보라도 그렇지만 신경성 식욕부진증은 자신이 스스로 위축시킨 사회적 고립을 후회할 수 있지만, 이들은 사회적 고립을 음식을 피하고, 체중을 감량하고, 체중을 감량하기 위해 꽉 짜여진 활동계획을 지키기 위해 어쩔 수 없는 대가로 간주한다. 따라서 신경성 식욕부진증이 있는 청소년의 경우 D=0이 나타나는 것은 놀랄 일이 아니고 데보라가 정신병원에 입원하기 전에 보여 준 전반적인 심리적 안정과도 일치하는 것이다.

비록 데보라가 주관적인 심리적 고통을 거의 경험하지 않고(D=0), 19개의 반응을 하였으나 Lambda가 1.0이고, 19개 반응이 대부분 간단하고 정교화가 부족하지만 그녀의 로르샤하 반응에 나타나는 중요한 관심을 감지할 수 있다. 이런 문제에 대해서는 프로토콜의 정서적, 개인적, 대인관계적 문제를 다룰 때 논의할 것이다.

정서적 문제

이미 앞에서 지적한 바와 같이 데보라는 정서를 충분히 조절할 수 있는 능력이 없기 때문에 적응에 어려움이 있다. 그녀의 기록에 나타난 유일한 색채반응은 카드 Ⅸ에 대해 불과 구름(CF)이라는 반응뿐이다. 이런 점에서 보면 그녀는 자신의 감정을 인식하거나 자신의 감정을 다른 사람과 공유할 수 있는 능력이 거의 없다. FC:CF+C=0:1은 드물기는 하지만 정서적으로 흥분할 경우 감정을 상당히 강하고 극적으로 표현하고 청소년과 성인에서 사회적 적응을 향상시키는 데 필요한 안정적인 정서조절이 현저하게 부족하다는 것을 시사하는 것이다. 앞서 지적한 바와 같이 카드 Ⅱ에서 형태질이 −인 3개의 반응이 연속적으로 나타났다. 이것은 대부분 사람들에게 정서를 자극하는 상황에 직면할 때 그녀의 현실감과 적절한 판단력이 얼마나 쉽게 손상될 수 있는가를 지적하는 것이다.

반면에 데보라의 로르샤하 기록에는 즐겁게 정서를 조절할 수 없다는 지적을 할 수도 없다. C′와 Col-Shd Bld가 다 0이고 SumShd나 S도 상승하지 않았다. 그러나 앞에 제시한 카터의 사례처럼 DEPI=3은 우울증일 가능성을 배제하는 것으로 해석해서는 안 된다. 데보라도 카터처럼 매우 내향적이고 불쾌한 감정을 쉽게 인식하거나 표현하지 않는 사람이다. 따라서 그녀의 DEPI가 상승할 가능성은 상대적으로 낮다. 그렇지만 데보라의 DEPI 점수는 자기를 비난하는 태도(V=1), 낮은 자존감(반사반응이 없으면서 상승한 자기중심성), 정서적 관여의 회피(Afr=.46), 대인관계의 철수와 회피(COP=1, ISOL=.37)의 징후를 보여 준다. 또한 데보라는 DEPI=4로 무력감과 무망감, 에너지 부족, 수면문제와 같은 우울증적 증상을 호소했다는 점을 고려할 때, 그녀가 우울하다는 강력한 증거는 카드 Ⅱ에 대한 4번째 반응의 심상에 나타나고 있다. 즉 이 반응은 "마치 울고 있는 것처럼 숙이고 있어서 슬프게 보이는 얼굴"이다.

개인적 및 대인관계적 문제

여기서는 카드 Ⅱ에서 슬프고 고개를 숙이고 울고 있는 얼굴이라는 4번째 반응보다 데보라가 자신을 어떻게 보고있는지를 살펴보는 것이 더 나을 것이다. 이 반응은 전체 기록에서 유일한 우울반응이고 반복되는 주제가 아니므로 해석하는 데 주의가 필요하다. 그런데 6장에서 논의하였듯이 4번째 반응은 인간운동, 마이너스 형태질, 병적인 윤색을 포함하는 극적인 투사반응이다. 그리고 이 반응은 그녀의 자기상을 가장 잘 나타내주는 반응이고 명백한 상징적 의미(슬프고 울고있다는 것은 우울하고 불행하다는 것을 의미)가 있기 때문에 주목할 만하다. 따라서 비록 데보라가 겉으로 보기에는 안정되어 있고 자신이 선택한 생활방식에 만족하고 현재 자신이 올바르게 행동한다고 확신하고 있지만, 이 4번째 반응의 이면에는 그녀가 심리적으로 불행한 소녀라는 것이 강하게 시사되고 있다.

또한 데보라는 카드 Ⅰ에서 “이상한 귀와 날개”를 가진 “상상적인 동물”을 암시하고 나서 “이상하게 보이지만 나도 그 이유를 모르겠어요.” 하면서 반응을 끝냈다. 카드 Ⅶ에 대한 11번째 반응은 평범반응에 속하는 “소녀들”이라고 하였으나 “머리를 괴상하게 땋아 올린 소녀들”로 보았다. 이런 반응은 데보라 자신이 그렇다는 것일까 아니면 자신을 이상하고 괴상하게 보고 있다는 것일까? 그리고 자신은 다른 사람과 차이가 있다고 보았다면 과거의 친구들과 자신은 차이가 있다는 것일까? 또한 친구들은 데이트와 성적 행동에 관여하고 옷차림을 숙녀처럼 보이려고 꾸밀 정도로 성숙한 14세 된 소녀이지만 데보라 자신은 아직도 이성에 대한 관심이 없을 만큼 친구들과 공통적인 것은 점점 더 없어지고 친구들에게 점점 더 거리감을 느낀다는 것일까? 만약 그렇다면, 그녀의 신경성 식욕부진증은 성적 특징이 결여된 어린애로 남으려는 목적과 자신은 아직 준비가 되지 않았다고 느끼고 청소년기의 이성에 대한 관심을 보류하려는 목적을 달성하는 데 도움이 될 것인가?

마지막에 언급한 가정은 로르샤하 프로토콜보다 신경성 식욕부진증의 역동에 근거를 두고 있다. 그럼에도 불구하고 다른 여러 가지 특징과 마찬가지로 첫 번째 반응과 11번째 반응에 투사된 이상하고 괴상한 자기상이 신경성 식욕부진증의 전형적인 사회적 및 행동적 특징과 일치하지만 로르샤하 자료보다 신경성 식욕부진장애의 역동을 근거로 한 가정이다. 로르샤하 자료 자체를 검토할 경우 이상하고 괴상한 두 반응과 울고 있는 얼굴 뒤에 나오는 반응계열이 방어작용의 성격과 정확성에 관한 어떤 단서가 될 수 있을 것이다. 첫 반응 후에 그녀는 반응을 억제하였다. 카드 Ⅰ에서 쉽게 평범반응을 지각할 수 있는데도 불구하고 이상한 동물이라고 말한 뒤에는 “정말 아무것도 볼 수 없다.”라고 하면서 보고하지 않았다. 그리고 그녀는 잉크반점을 유심히 들여다보면서도 계속 “그 밖에 다른 것은 없다.”라고 하였다. 이런 예는 단순히 반응을 중단함으로써 통제하고 자신의 언어습관에서 어떤 심리적 고통을 드러내지 않고 자신을 통제할 수 있다는 것을 의미한다.

이와 달리 데보라는 4번째 반응에서 형태질이 마이너스인 슬프고 울고 있는 얼굴이라고 반응한 뒤에 5번째 반응에서는 드문 형태로 "웃고 있는 얼굴의 윤곽"이라고 반응하였다. 따라서 그녀는 마치 "우는 얼굴은 보지 못했고 나는 웃는 얼굴을 보았다."라고 말하는 것처럼 4번째 반응에 나타난 우울감을 곧바로 부인해버렸다. 5번째 반응이 비록 드문 형태라고 하더라도 정확하게 지각했다는 사실은 그녀의 방어적 부인이 효과적이라는 것을 지적하는 것이다. 중요한 것은 왜곡된 지각과 부인기제는 심각한 영양결핍이 있는 신경성 식욕부진 환자라도 자신에 대해 좋게 생각하고 병의 심각성을 인식하지 못하게 하도록 귀인시키는 과정이다. 이런 환자들은 자신의 쇠약해진 신체를 좋게 보거나 아직도 뚱뚱한 것처럼 지각하고 자신이 하고 있는 행동이 건강에 해롭지 않다고 주장한다.

데보라는 11번째 반응에서 괴상하게 머리를 땋아 올린 소녀들이라고 반응한 뒤에 나타낸 12번째 "이상한 모자를 쓴 어릿광대" 반응은 또 다른 자기상을 나타내고 있다. 이 반응은 심리적인 정확한 회복을 시사하는 것일 수도 있고 아닐 수도 있는 애매한 반응이다. 6장에서도 논의한 바 있지만, "어릿광대(jester)"는 "광대(clown)"와 마찬가지로 아주 상이한 2가지 의미가 있을 수 있다. 즉 어릿광대는 다른 사람들을 즐겁게 해 주면서 자신도 즐거운 시간을 가지거나 자신의 감정과는 상관없이 다른 사람들의 비웃음을 사는 조롱거리가 될 수 있다. 어느 경우이든 간에 카드 Ⅶ에 대한 반응은 우울하고 FV로 채점되는 반응에 반영되고 있는 바와 같이 13번째 반응은 자기비난적인 반응이다. 보통 여성의 질로 보는 카드 Ⅶ의 D6을 보고 데보라는 "되돌아가는 터널이나 복도"로 보고 "여기는 약간 어두운 것 같다."라고 하였다. 적어도 이 반응이 시사하는 1가지 가능한 의미는 부정적이고 혐오적이다. 어쩌면 이 반응은 많은 신경성 식욕부진증의 중요한 역동과 일치하는 자신의 성적 측면에 대한 혐오적인 태도를 반영하는 것일 수 있다.

자기지각에 관한 데보라의 구조적 자료는 그녀가 자기 스스로 반성할 수 있는 능력(FD=3)과 제한된 범위 내에서 다른 사람들을 동일시할 수 있는 능력(H=2)이 있다는 것을 지적하고 있다. 그러나 H:(H)Hd(Fd)=2:6에 나타나고 있는 바와 같이 인간반응의 불균형은 그녀의 정체감이 생활과정에 실제적인 인물에 대한 동일시보다 부분적인 대상과 상상적인 인물에 대한 동일시를 바탕으로 발달되었을 가능성을 지적하고 있다.

흥미롭게도 데보라가 신체 또는 신체적 기능에 대해 부정적 태도나 비일상적 집착(An+Xy=0, MOR=1)이 있다는 것은 나타나지 않았다. 그녀는 신체적 외모와 건강의 악화에 대해 상당한 주의를 기울이고 있음에도 불구하고 신체적 관심을 잘 표현하지 않는다는 것은 대부분의 신경성 식욕부진증에 공통적인 부인과 선택적인 지각적 왜곡을 반영하는 것이다. 반면에 상승한 3r+(2)/R=.58은 아마도 다른 사람에게 적절한 주의를 기울이는 대신 자신에 대한 지나친 주의를 지적하는 것이다. 그리고 Fr+rF=0은 그녀가 자신에게 주의를 두는 것에 대해 많은 즐거움을 느끼지 못한다는 것을 지적하는 것이다. 따라서 그녀는 자신에 대한 비호의적인 시각에서 다른 사람들과 비교할 가능성이 높고 차원반응(Vista)에서 지적되고 있는 바와 같이 자신에게 비판적이고 자신에 대한 관심도 부족할 수 있다.

데보라는 대인관계에서 다른 사람에 대한 적절한 관심(SumH=8)이 있고 친밀한 애착을 형성할 수 있는 적응능력(T=1)을 가지고 있다. 그러나 H:(H)Hd(Fd)=2:6은 그녀가 사회적 상황에서 거북하게 느낀다는 것을 시사하는 것이며, ISOL=.37는 자신에게 중요한 사람들과의 관계에서 고립되어 있고, COP=1은 다른 사람과의 협력적 상호작용으로부터 다소 철수되었음을 지적하는 증거이다. 또한 19번째 반응에서 동물이 "어떤 상을 지키고 있다."라는 반응은 잠정적으로 있을 수 있는 환경적 위험으로부터 자신을 보호하려는 욕구를 지적하는 것이다.

앞에서 데보라는 대인관계에 관한 의미를 잘못 지각하는 경향(M−=2)이 있다고 하였는데, 이런 경향은 전형적으로 공감능력의 손상과 관련이 있다. 대인관계에 관한 상호작용을 생각하기만 해도 불편을 느끼는 정도는 카드 Ⅱ에 대한 반응계열에서 잘 나타나고 있다. 그녀는 형태질이 마이너스인 2번째 반응으로 "서로 손을 맞대고 다투는 사람들"이라는 연상에서 정서적 혼란이 나타났다. 3번째 반응에서 그녀는 이런 고통스러운 연상에서 벗어날 수 없었다. 그녀는 정확하게 보기 위해 "매우 정상적인" 얼굴로 보려고 시도하고 "실제로 사람은 아니라는 것"을 시사함으로써 거리를 두려고 시도했으나 결국 형태질이 마이너스인 인간으로 반응하였다. 또한 4번째 반응에서도 형태질이 마이너스인 "슬픈" 얼굴과 "울고 있는" 얼굴로 보았다. 5번째 반응에서 "웃고 있는 얼굴"로 반응하기 전까지는 분명히 유쾌하고 협동적인 상호작용에 관여하고 있는 사람들에 대한 생각 때문에 생긴 2번째 반응의 심리적 불편에서 회복될 수 없었다. 왜냐하면 그러한 상호작용, 특히 친구들의 상호작용은 이미 흘러간 희미한 기억에 지나지 않고 물론 바람직하기는 하지만 현재 자신과는 거리가 먼 것이기 때문이다. 2번째 반응 후 협력적 상호작용과 관련된 심상은 더 이상 나타나지 않았다. 그녀에게 이런 바람직한 인간관계에 대한 희망도 없이 동경하기보다 오히려 마음속에서 지워버리는 것이 더 나았는지도 모른다.

요컨대, 데보라의 로르샤하 반응을 두고 볼 때 데보라는 전반적으로 잘 통합되어 있고 심리적으로 유능한 소녀이지만 지나치게 관념적인 성격유형이 부적응적인 결과를 야기하고 있다는 것을 잘 설명해 주고 있다. 그 결과 그녀는 심각한 신경성 식욕부진증이 되었고 체중을 늘리는 것을 회피하고 있다. 그녀는 지나치게 관념적이고 자기통제적이고 비순응적이어서 필사적으로 음식을 거부하고 심한 운동을 하였다. 또한 그녀는 부인기제를 사용하고 지각적으로 왜곡되어 있기 때문에 자신이 현재 바람직하게 행동하고 자신에게 올바른 일을 하고 있다는 잘못도 확신을 가지고 있는 것 같다. 비록 병으로 인한 사회적 고립과 동료관계의 상실로 인해 슬퍼하고 있고 성적 성숙에 대한 깊은 혐오감 때문에 괴로워하고 있지만, 그녀는 자신의 식욕부진증을 포기하라는 압력을 받기 전에는 겉으로는 안정되어 있고 자신에게 만족하고 유쾌하고 동조적이었던 것으로 보인다.

데보라의 프로토콜이 식욕부진증이 있는 청소년의 성격패턴과 일치한다고 하더라도 로르샤하 자료만으로 이 장애를 진단하기는 어렵다. 그녀의 관념적인 유형, 정서적 억제, 자신이 설정한 과도한 통제 등은 때때로 강박적 증상형성을 동반할 수 있다. 섭식장애나 물질사용장애와 같이 강박장애는 관찰할 수 있는 행동을 통해서 확인해야 하고 로르샤하 자료만으로 진단할 수는 없다. 그녀의 기록에서는 강박장애를 지적하는 지표가 상승하지 않기 때문에 강박성향에 대한 강력한 증거는 나타나지 않았다. 그러나 그녀의 기록에 나타난 특징들은 진단을 하는 데 있어서 필요한 매우 중요한 특징들을 제공해 주고 있다. 즉 다른 것도 마찬가지이지만 그녀가 경험을 다루는 방식을 보면 강박적 증상이 있을 가능성을 쉽게 알 수 있다.

12
감정조절

이미 5장에서 설명한 바와 같이 감정조절(modulating affect)은 정서적 경험을 처리하는 방식과 처리하는 과정에서 생기는 기분과 관련이 있다. 따라서 감정조절은 자신의 내부에서 일어나는 감정을 다루는 방식, 다른 사람에 대한 감정을 처리하는 방식, 일반적으로 정서가 개입된 상황을 다루는 방식을 의미한다. 감정을 충분히, 즐겁게, 적당히 조절할 수 있는 능력은 적응에 도움이 되는 성격적 자산이다. 반면에 감정을 처리하는 방식이 위축되거나 우울하거나 지나치게 강렬한 사람은 적응을 방해하기 쉬운 기능적 손상이나 장애가 나타난다.

로르샤하 잉크반점법에서 감정조절의 결함이나 손상은 〈표 3-1〉에 제시되어 있는 변인들의 정서군집에서 기대되는 점수에서 벗어난 방식으로 나타난다. 〈표 3-2〉의 종합체계 탐색전략에 따르면 DEPI>5이거나 수검자의 EB가 외향적일 때 정서군집에 먼저 주목할 필요가 있다. 보통 DEPI>5는 어떤 형태이든 정서장애가 있다는 것을 지적하는 것이지만 외향적이라는 것은 단순히 경험에 대한 표현적 접근을 지적하는 것이고 내향성과 마찬가지로 반드시 적응문제나 심리적 장애를 함의하는 것은 아니다.

이 장에 제시한 두 사례는 모두 DEPI=6이고 많은 우울한 특징을 가지고 있다. 그러나 검사가 의뢰된 맥락과 로르샤하 반응은 뚜렷한 차이가 있다. 첫 번째 사례는 여러 차례 체포되어 유죄판결을 받은 적이 있으나 뚜렷한 심리적 장애나 정신의학적 치료를 받은 적이 없는 한 여성을 판결하는 데 도움을 받기 위해 법원에서 의뢰한 사례이다. 이 여성의 로르샤하 프로토콜은 우울한 특징 외에도 주관적으로 느끼는 심리적 고통과 대인관계에서 대처기술의 심각한 손상이 뚜렷하게 지적되고 있다. 두 번째 사례는 여러 해 동안 우울 에피소드, 자살 시도, 입원경력이 있고 현재도 약물치료와 정신치료를 받고 있는 여성이다. 이 프로토콜은 기분의 변동과 인지기능의 장애를 동반한 우울한 특징을 잘 나타내고 있다.

사례 5: 두 삶을 사는 여성의 우울증

에반스(Evans)는 신체적으로 매우 매력적인 26세의 백인 여성이다. 그녀는 보석상을 턴 강도를 도와준 혐의로 체포되어 현재까지 감금되어 있다. 그녀는 집행유예를 선고받고 다른 사람들을 체포하는 데 유용한 정보를 제공하여 형량이 줄어들기는 했으나 이전에 3번이나 강도죄로 유죄를 선고받고 수감생활을 한 적이 있다. 그녀는 늘 한 남자 공범과 함께 범죄를 모의하고 그의 지시에 따라 행동하였다. 그녀는 잠시 동안 판매원, 출납원, 웨이트리스, 시간제 댄서로 일한 적이 있고 때때로 매춘을 한 경험도 있다고 하였다. 그녀는 매춘행위에 대해 그것이 무슨 문제냐는 듯한 태도를 보였다. 즉 그녀는 "당신은 당신이 할 수 있는 최선의 일을 하는 것과 마찬가지로 내가 할 수 있는 일은 그런 것뿐이다."라고 하였다. 그녀는 결혼 후 이혼하여 현재 8세 된 아들이 있다. 이혼 후에 다른 여러 남자들과 잠깐씩 동거한 적이 있고 한 번 낙태시킨 경험도 있었다. 최근 2년 동안 그녀는 아들과 단둘이 살고 있었다.

범행이력과 안정적이지 않은 생활배경에서 예상할 수 있는 것과는 달리 에반스는 웩슬러 지능검사에서 전체 IQ가 118이나 되는 지적인 여성이었다. 그녀는 이번에 심리검사를 받기 전에는 한 번도 정신건강 전문가를 만난 적이 없었고 심리적 문제를 지적하는 증거도 없었다. 더 자세하게 조사해 본 결과 그녀는 아파트를 매우 깨끗이 잘 관리하고 있었고 아들이 다니는 학교의 어머니회에 소속되어 있었고 보이스카우트에서 여성 지도자로 1년 동안 봉사한 적도 있었다. 그녀는 크리스마스 휴가 때 아들의 여행경비를 마련하기 위해 이번 범행에 가담하게 되었다고 하였다. 체포될 당시의 정황과 관련하여 그녀는 "늘 그랬듯이 내가 어리석었어요." 하고 대답했다. 그녀는 검사를 받는 동안 기분이 좋아 보였고 협조적이었으나 감옥에 갈 것을 생각하니 우울하다고 하였다. 그리고 그녀는 계류 중인 판결이 나올 때까지 임시로 보육소에 맡겨져 있는 아들이 걱정이라고 하였다.

평가를 의뢰한 판사는 에반스의 판결에 대한 결정을 내리지 못하였다. 판사는 그녀가 정말 아들을 잘 보살필 수 있는지, 치료에 잘 반응할 수 있는 능력이 있는지, 집행유예를 선고하는 것이 적절한지, 만일 정상적인 가정생활이 어렵고 부적절하다면 10~20년 형을 선고할 근거가 있는지 등을 구체적으로 질문하였다. 이러한 질문을 임상적 용어로 전환하면 에반스는 행동화하는 경향이 있는 신경증적 장애가 있는지, 변화에 비교적 순응할 수 있을 것인지, 반사회적이고 변화에 잘 반응하지 않는 정신병질적 성격인지를 검토해야 할 것이다. 좀 더 일반적으로 말하면 에반스는 2가지 삶을 영위해 나가는 여성이 아닌가 하는 점이다. 즉 에반스는 정말 좋은 부모인가 아니면 창녀나 도둑인가 하는 점이다. 그녀의 로르샤하 프로토콜은 〈표 12-1〉, 〈표 12-2〉, 〈표 12-3〉, [그림 12-1]에 제시하였다.

〈표 12-1〉 에반스의 로르샤하 프로토콜

반응	질문
카드 I	
1. 나비 같다는 생각이 들어요. 다친 것처럼 보이고.	검: (반응 반복) 수: 날개가 박쥐 같이 보이고. 또 구멍이 나 있는 것을 보니 다친 것 같아요. 이것은 몸통 부분이고.
2. 중간 부분은 머리에 나온 긴 뿔을 가진 벌레처럼 보이고.	검: (반응 반복) 수: 잉어나 뭐 그런 것. 잉어 같아요. 이 부분이 조개처럼 빛나고요.
3. 검어서 박쥐라는 생각도 들고요.	검: (반응 반복) 수: 음. 나비 같은데, 좀 다르다는 생각도 들고. 검고 이 가장자리가 너덜너덜하게 떨어진 것을 보면 박쥐 같고요. 여기 발도 있군요. (지적)
4. 여기 중간에 벌거벗은 사람으로 볼 수 있겠고. 뒤로 돌아서 있는 것 같아요. 밑부분은 아주 분명한데, 윗부분은 애매하네요.	검: (반응 반복) 수: 여기 아래가 종아리이고. 여자 같다는 느낌이 들지만 아닐 수도 있어요. 옷을 하나도 입지 않은 것 같고. 여기 엉덩이가 보이죠. 검: 내게는 그렇게 보이지 않는데요. 수: 바로 이 부분이요(D3). 상반신을 잘 볼 수 없지만 머리는 여기 위에 있을 거예요. 여기는 엉덩이, 발목과 발. 엉덩이 부분에 굴

〈표 12-1〉 에반스의 로르샤하 프로토콜(계속)

반응	질문
	곡이 보이죠.
카드 II	
5. 이건 두 개의 손인형. 싸우고 있는 것 같고요. 모두 붉은빛이네요.	검: (반응 반복) 수: 이 붉은 것이 천으로 된 작은 인형을 뒤집어 씌워놓은 두 손 같고. 이빨과 얼굴 모양도 있고. 싸우는 것 같아요.
6. 아랫부분은 여자의 질처럼 보이고.	검: (반응 반복) 수: 꼭 그렇게 보여요. 여기 음순이 뒤로 접혀진 것 같지요. 검: 뒤로 접혀졌다고요? 수: 여기 색깔을 보니 그렇게 보이고. 분리되어 있고. 뒤로 접혀진 것이 음영이 있는 것처럼 보이죠?
카드 III	
7. 여기 이 아래 있는 것 위에서 두 사람이 싸우고 있군요. 이것은 뭔가가 들어 있는 가방 같고요.	검: (반응 반복) 수: 검은 반점이 사람이고. 여기 이것을 잡고 서로 당기면서 싸우는 것. 여기 다리, 머리, 팔이 보이죠?
8. ∨ 여기 붉은 것은 유산한 것 같아요.	검: (반응 반복) 수: 어린애처럼 보이는데. 모양이 완전하지는 않고 피덩어리 같아요. 아이를 유산하면 이럴 거예요. 몸 조직이 아직도 있어요. 작은 머리와 몸이 보이죠?
카드 IV	
9. (웃음) 이건 진짜 모피네요. 양탄자 같은.	검: (반응 반복) 수: 네. 다 모피처럼 보여요. 깔아둔 것처럼. 모포 같다는 생각이 드는데 다리 같은 것이 있어요. 양탄자나 뭐 그런 것같이 생각되네요.
10. 양쪽에 있는 것은 뱀의 머리. 덤불이나 뭐 그런 곳에서 미끄러져 나오는 것 같은.	검: (반응 반복) 수: 여기가 머리와 목이고, 뱀 같은 것. 이 부분이 덤불일 것이고 뱀이 밖으로 기어나오는 것 같아요. 온통 검은 부분이 덤불일 거라는 생각이 들어요. 그렇게 보이죠?
카드 V	
11. 이건 아마 박쥐.	검: (반응 반복) 수: 전체가 다 검은 건 처음인 것 같네요. 날개를 펴고 날아가는 것 같고 발은 여기 앞에 나와 있네요.
12. ∨ 이것은 몸 같은 것에서 자라 나오는 두 개의 다리처럼 보이지만. 몸은 없고 이것이 두 다리.	검: (반응 반복) 수: 역시 발은 없고 여기 발이 잘리고 남은 다리 같이 보이고. 폭발물이 터져 잘렸거나 뭐 그런 것. 전쟁으로 다리가 이렇게 된 것이 틀림없어요.

〈표 12-1〉 에반스의 로르샤하 프로토콜(계속)

반응	질문
카드 VI	
13. 이건 남자의 성기.	검: (반응 반복) 수: 진짜처럼 생겼네요. 정말 미끈하게 잘생겼는데, 마치 성교할 준비가 된 것처럼 발기된 상태.
14. ∨ 이 카드에는 성과 관련된 것이 많네요. 여기는 질이고요.	검: (반응 반복) 수: 정말 벌어져 있는 것 같아요. 마치 저 발기된 것을 받아들일 준비가 된 것처럼. 음순이 마치 뒤로 접혀진 것처럼 보이고. 검: 뒤로 접혔다고요? 수: 네, 바깥쪽에 비해 안쪽이 더 밝아 보이고. 마치 음순이 뒤로 접혀진 것처럼. 직접 한번 거울에 비춰 보면 알 수 있을 텐데요.
15. 이 아랫부분은 전체가 모피로 보이고. 또다른 담요나 깔개 같은데 굉장히 부드러운.	검: (반응 반복) 수: 확실히 모피 같아요. 담요나 깔개가 틀림없어요. 여기 다리가 있고요. (지적) 그러니까 아마도 큰 곰 가죽으로 만든 깔개가 틀림없어요. 검: 어떤 점에서 부드럽다고 보았나요? 수: 다른 것도 그렇지만 여기 반점들이 부드러워 보이네요. (카드를 문지름)
카드 VII	
16. 이건 전부 잘게 부서진 빵조각처럼 보이고.	검: (반응 반복) 수: 누가 빵을 뜯어놓은 것 같네요. 아시죠? 이탈리아인이나 프랑스 사람들이 먹는 빵말이에요. 곡식알갱이도 보이고. 빵처럼. 검: 곡식 알갱이? 수: 네. 곡식 알갱이요. 보세요. 색깔이 서로 달라서 꼭 곡식 알갱이처럼 보여요.
17. 서로 다투고 있는 두 아이처럼 보이기도 하고. 우스꽝스러운 모자를 쓰고 있네요. 마치 깃털 같은.	검: (반응 반복) 수: 꼭 두 아이의 얼굴 같아요. 여기 코와 입이 있고 우스꽝스러운 모자가 있고. 이 윗부분은 깃털처럼 보여요. (지적)
카드 VIII	
18. 이것은 예쁘군요. 양쪽에 기어올라가는 동물 두 마리를 그린 거.	검: (반응 반복) 수: 네. 이 전체가 어떤 그림 같아요. 잘은 모르겠지만… 뭔지 모르겠지만 무슨 의미가 있는 것 같아요. 모든 색깔에 다 의미가 있지만, 뭘 의미하는지는 모르겠어요. 이 쥐 같이 생긴 동물이 양쪽에서 올라가고 있네요. 여기 다리를 보세요. 이건 몸이고.

〈표 12-1〉 에반스의 로르샤하 프로토콜(계속)

반응	질문
19. 이것도 성적인 기관. 그러니까 질 같은 거요. 안쪽 부분이 밖으로 노출된 살이고.	검: (반응 반복) 수: 여기 색이 살처럼 보이고. 색이 서로 분명하게 구분되어 있네요. 마치 살 같이. 그리고 여기는 길게 갈라진 부분이고. 여기가 더 어두우니까 더 깊어 보이고. 마치 접혀진 것처럼. 뭘 말하는지 아시죠?
카드 IX	
20. 여기 윗부분은 두 동물이 물총을 들고 싸우는 것처럼 보이고. 여기서 물이 밖으로 발사되고 있어요.	검: (반응 반복) 수: 네. 진짜 사람 같지는 않고. 꽤 무시무시한 것 같은데. 그러니까 더 마녀에 가깝겠어요. 그리고 물총처럼 생긴 것을 들고 서로 총을 쏘아대고 있는 것 같아요. 이게 밖으로 물이 나오는 것이고.
카드 X	
21. 이건 무엇을 두고 싸우고 있는 두 마리 개미처럼 보이네요. 아마도 이 막대를 두고 싸우는 것.	검: (반응 반복) 수: 두 마리가 이것에 매달려 있어요. 서로 이것을 가지려는 것처럼. 그리고 한쪽이 포기하고 떠날 때까지 이것을 붙잡고 있는 것 같아요. 여기 이것을 보세요. 이것이 이들이 가지려는 것이고.
22. 핑크색은 벌레처럼 보이고. 땅속에 있는 벌레가 아니라 곧 나비로 변할 그런 벌레 말이에요.	검: (반응 반복) 수: 모두 핑크색으로 보여요. 마치 곧 나비가 되려는 벌레처럼. 완전히 새로운 것이죠. 지금 변하고 있는 중으로 보이고. 꼭 벌레처럼 꿈틀거리는 것도 같고.

개인적 및 대인관계적 문제

에반스의 구조적 요약은 전체 반응이 22개인 타당한 기록이고 S-CON은 상승하지 않았고 CDI는 4로 상승된 첫 번째 정적인 핵심변인은 DEPI=6이다. 따라서 그녀의 검사기록에서 군집들을 탐색하는 순서는 〈표 3-2〉에 제시한 바와 같이 대인지각, 자기지각, 통제, 감정, 처리과정, 중재, 관념 순이다. 이 사례의 탐색순서는 종합체계에서 탐색전략이 로르샤하 프로토콜과 수검자의 성격기능에서 가장 두드러진 속성을 확인할 수 있도록 어떻게 도움을 줄 수 있는지를 잘 예시해 준다. 선택된 탐색순서는 에반스의 삶을 구체화시켜 온 동기들을 이해하는 데 필요한 단서이다. 즉 심리적 적응과 증상형성에 있어 핵심적인 문제들을 밝히고 의뢰문제에 도움이 되려면 주로 그녀의 대인관계적 지향과 자기상을

〈표 12-2〉 에반스의 채점계열

카드번호	반응번호	영역	영역번호	결정인(s)	(2)	반응내용(s)	평범반응	z점수	특수점수
Ⅰ	1	Wo	1	Fo		A	P	1.0	MOR
	2	Do	4	FYo		A			INC
	3	Wo	1	FC´o		A	P	1.0	
	4	Do	3	Fo		Hd, Sx			PHR
Ⅱ	5	D+	2	Ma.FCo	2	Hd		5.5	AG, PHR
	6	Ddo	24	FVo		Hd, Sx			PHR
Ⅲ	7	D+	1	Mao	2	H, Id	P	3.0	AG, GHR
	8	Do	2	CFu	2	Ad, Bl, Sx			MOR, PHR
Ⅳ	9	Wo	1	TFo		Ad		2.0	
	10	D+	4	FMa.C´F.FDo	2	Ad, Bt		4.0	INC
Ⅴ	11	Wo	1	FMa.FC´o		A	P	1.0	
	12	Ddo	99	Fu	2	Hd			MOR, PHR
Ⅵ	13	Do	6	Mao		Hd, Sx			PHR
	14	Ddo	33	Ma.FVu		Hd, Sx			PHR
	15	Do	1	TFo		Ad	P		
Ⅶ	16	Wv	1	FYu		Fd			MOR
	17	D+	1	Mao	2	Hd, Cg	P	3.0	AG, GHR
Ⅷ	18	W+	1	FMp.CFo	2	A, Art	P	4.5	DR
	19	Ddo	23	FC.FVu		Hd, Sx			PHR
Ⅸ	20	D+	3	Ma.mao	2	(H), Na, Sc	P	2.5	AG, GHR
Ⅹ	21	D+	11	FMao	2	A, Bt		4.0	AG. PHR
	22	Do	9	FMp.FCo		A			INC

검토해야 한다.

에반스의 대인관계에 대해 좀 더 살펴보면 그녀의 대인관계 변인군집에서 상당한 사회적 장점과 몇 가지 중요한 적응적 문제들을 알 수 있다. 대인관계적 자산이라는 측면에서 보면 그녀는 다른 사람에 대한 관심을 나타내고(SumH=11), 다른 사람에게 애착을 가지고 그들과 친밀한 관계를 형성할 수 있는 능력을 가지고 있고(T>0), 현실적으로 다른 사람과 다른 사람의 행동을 지

〈표 12-3〉 에반스의 구조적 요약

반응영역

Zf	= 11
ZSum	= 31.5
ZEst	= 34.5
W	= 6
(Wv = 1)	
D	= 12
W + D	= 18
Dd	= 4
S	= 0

발달질

			(FQ−)
+	=	7	(0)
o	=	14	(0)
v/+	=	0	(0)
v	=	1	(0)

형태질

		FQx	MQual	W + D
+	=	0	0	0
o	=	17	5	16
u	=	5	1	2
−	=	0	0	0
None	=	0	0	0

결정인

혼합	단일	
M.FC	M	= 3
FM.C′F.FD	FM	= 1
FM.FC′	m	= 0
M.FV	FC	= 0
FM.CF	CF	= 1
FC.FV	C	= 0
M.m	Cn	= 0
FM.FC	FC′	= 1
	C′F	= 0
	C′	= 0
	FT	= 0
	TF	= 2
	T	= 0
	FV	= 1
	VF	= 0
	V	= 0
	FY	= 2
	YF	= 0
	Y	= 0
	Fr	= 0
	rF	= 0
	FD	= 0
	F	= 3
	(2) = 9	

반응내용

H	= 1
(H)	= 1
Hd	= 9
(Hd)	= 0
Hx	= 0
A	= 7
(A)	= 0
Ad	= 3
(Ad)	= 0
An	= 0
Art	= 1
Ay	= 0
Bl	= 1
Bt	= 2
Cg	= 1
Cl	= 0
Ex	= 0
Fd	= 1
Fi	= 0
Ge	= 0
Hh	= 0
Ls	= 0
Na	= 1
Sc	= 1
Sx	= 6
Xy	= 0
Idio	= 1

S-Constellation

- ☑ FV + VF + V + FD > 2
- ☑ Col-Shd Blends > 0
- ☐ Ego < .31 or > .44.
- ☑ MOR > 3
- ☐ Zd > ±3.5
- ☑ es > EA
- ☐ CF + C > FC
- ☐ X + % < .70
- ☐ S > 3
- ☐ P < 3 or > 8
- ☑ Pure H < 2
- ☐ R < 17
- 5 Total

특수점수

	Lv1-1	Lv1-2
DV	= 0×1	0×2
INC	= 3×2	0×4
DR	= 1×3	0×6
FAB	= 0×4	0×7
ALOG	= 0×5	
CON	= 0×7	
Raw Sum6 = 4		
Wgtd Sum6 = 9		

AB = 0		GHR = 3	
AG = 5		PHR = 9	
COP = 0		MOR = 4	
CP = 0		PER = 0	
		PSV = 0	

비율, 백분위, 산출점수

R = 22		L = 0.16			
EB	= 6:3.5	EA	= 9.5	EBPer	= 1.7
eb	= 6:10	es	= 16	D	= −2
		Adjes	= 15	AdjD	= −2
FM	= 5	SumC′	= 3	SumT	= 2
m	= 1	SumV	= 3	SumY	= 2

감정

FC:CF + C	= 3:2
Pure C	= 0
SumC′:WSumC	= 3:3.5
Afr	= 0.29
S	= 0
Blends:R	= 8:22
CP	= 0

대인관계

COP = 0	AG = 5
GHR:PHR	= 3:9
a:p	= 10:2
Food	= 1
SumT	= 2
Human content	= 11
Pure H	= 1
PER	= 0
Isolation Index	= 0.18

관념

a:p	= 10:2	Sum6	= 4
Ma:Mp	= 6:0	Lvl-2	= 0
2AB + (Art + Ay)	= 1	WSum6	= 9
MOR	= 4	M−	= 0
		M none	= 0

중재

XA%	= 1.00
WDA%	= 1.00
X−%	= 0.00
S−	= 0
P	= 8
X + %	= 0.77
Xu%	= 0.23

처리

Zf	= 11
W:D:Dd	= 6:12:4
W:M	= 6:6
Zd	= −3.0
PSV	= 0
DQ+	= 7
DQv	= 1

자기지각

3r + (2)/R	= 0.41
Fr + rF	= 0
SumV	= 3
FD	= 1
An + Xy	= 0
MOR	= 4
H:(H) + Hd + (Hd)	= 1:10

PTI = 0 ☑ DEPI = 6 ☑ CDI = 4 ☐ S-CON = 5 ☐ HVI = No ☐ OBS = No

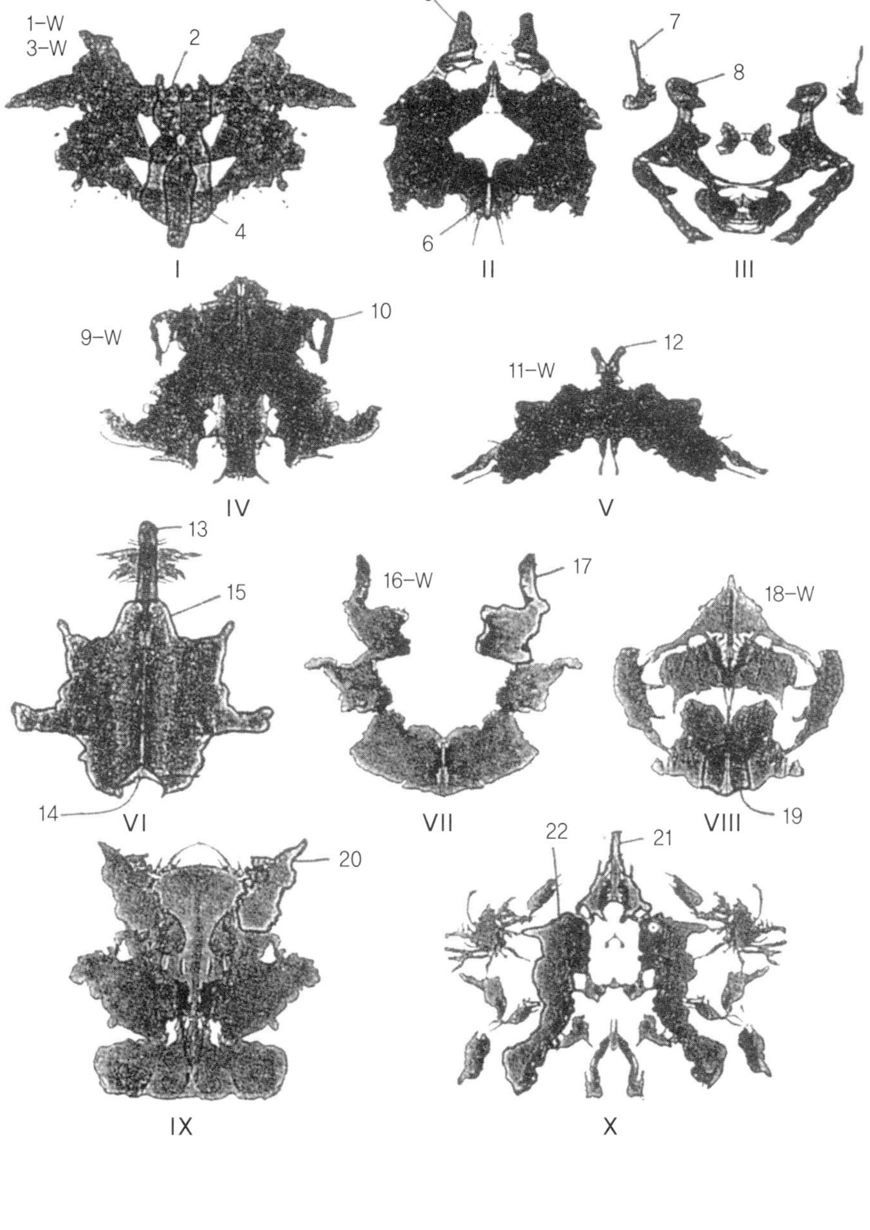

[그림 12-1] 에반스가 선택한 반응영역

각하는 데 뚜렷한 어려움은 없었다(6개 M 반응 가운데 5개는 평범반응이고 다른 1개는 드문 반응). 더욱이 그녀는 그녀의 생활에서 중요한 역할을 한 사람들로부터 고립되어 있다는 증거도 없었다(ISOL=.18).

반면에 COP=0과 H:(H)Hd(Hd)=1:10은 현실적이고 잘 기능하는 사람들을 다루어야 하는 사회적 상황에서 거북하게 느낀다는 것을 지적하는 것이다. 즉 에반스는 심지어 친밀한 관계라고 하더라도 다른 사람과 협력적인 관계를 기대하기 어려울 것이다. 그리고 그녀는 자신이 소속된 집단에서 핵심적 참여자보다 단순히 소속되어 있는 사람에 불과한 사람이었을 것이고 다른 사람들에게 인기가 있거나 사랑받기보다 눈에 잘 띄지 않는 사람이었을 가능성이 더 높다.

로르샤하 결과에서 시사되고 있는 이러한 대인관계의 취약성은 어느 정도는 다른 사람과 상호작용하는 특징이 되었을 수 있고 그녀로 하여금 매춘을 하게끔 만든 일부 단서 역할을 했을 수 있다. 돈을 벌기 위한 자발적인 성행위는 매춘부나 내담자 자신이 실제적인 인물처럼 행동하거나 실제 생활에서 할 수 없는 활동이다. 오히려 그들은 시작과 끝이 분명한 일시적 상호작용에서 특정한 역할을 수행할 뿐이다. 마찬가지로 실제적인 대인관계에서 경험하는 사회적 불편과 긴밀히 협력하려는 정신이 부족한 것은 자신을 보살펴주기보다 이용하는 많은 남성들과 단순히 일시적인 친밀한 관계를 형성하는 데 영향을 미쳤다고 볼 수도 있다.

이러한 2가지 가정을 지지하는 증거로서 대인관계에서 협력하려는 정신이 부족한 것과 5개의 AG 반응을 같이 고려해 보면 에반스가 세상을 보는 관점을 알 수 있다. 즉 그녀는 세상을 자신이 원하는 것을 얻기 위해서 서로 공격적이고 주장적으로 투쟁해야 하는 매우 경쟁적인 곳으로 지각하고 있는 것 같다. 세상을 보는 이런 관점은 바로 앞 단락에서 지적한 두 가정을 지지하는 자료이다. 이렇게 AG가 상승한 사람들은 "세상을 정글과도 같은 비정한 경쟁사회"로 보고 냉엄하고 비정한 세상에서 자신을 보호하기 위해 공격적이고 주장적인 입장을 취하는 경향이 있다. 비록 에반스가 자신이 곤경에 처하게 되었고 자신과 아들을 제대로 보살피지 못한 것을 후회할지 모르나, 이런 대인관계적 태도 때문에 범죄 대상에 대해서는 아무런 관심도 없이 범죄를 저질렀을 수도 있다.

에반스가 다른 사람들과의 관계에서 협력자이지 않고 겉으로 분명히 더 경쟁적이라는 것은 그녀가 반사회적 장애를 가진 정신병질자라는 것을 말하는 것일까? 이 가설은 그녀의 기록에서 정신병질적인 사람에게 드물게 나타나는 다른 사람에게 애착을 느끼고 다른 사람을 보살필 수 있는 능력을 지적하는 T 반응이 있기 때문에 설득력이 없다. 환자가 아닌 정상 성인의 82%가 적어도 1개 이상의 T 반응이 있지만 반사회적 여성의 경우 T>0 비율은 단지 29%이었다(Gacono & Meloy, 1997). 실제로 에반스의 기록에는 T 반응이 2개나 있었다. 이것은 다른 사람들과 신체적 및 정신적으로 친밀한 관계를 형성하는 데 필요한 반응수보다 더 많다는 것을 시사하고 있다.

에반스의 기록에서 상승한 T=2는 그녀가 대인관계에서 친밀함이나 적어도 가식적인 친근함에 대한 만성적이고도 성격적인 고양된 욕구를 반영하는 것일 수 있다. 만일 그렇다면 이러한 친밀감 욕구는 남자들과의 무분별한 관계에 너무 쉽게 빠지고 성적으로 난잡하게 된 원인적 역할을 했을 수 있다. 다른 가능성으로는 5장에서 논의한 바와 같이 그녀의 T=2는 지속적인 것이라기보다 일시적일 가능성이 있다. 에반스의 경우 아들과의 친밀한 관계를 유지하지 못한 결과 대인관계를 더 많이 필요하다고 느꼈을 수 있다. 만약 이런 가정이 맞다면 에반스의 T=2는 그녀가 정신병질적 성격이라는 가정과는 상반될 뿐만 아니라 아들과 친밀하고 양육적인 관계를 가지려는 욕구가 가식적인 것이 아니라 진실된 것이라고 믿을 수 있다.

자기지각과 관련해서 에반스는 적절한 자존감을 유지하고 있는 것으로 보인다(3r+(2)/R=.41). 앞서 언급한 바와 같이 자아중심성 지표는 3년간의 검사-재검사의 상관이 .87에 이를 정도로 안정적이다. 따라서 그녀가 성격적으로 다른 사람과 비교할 때 자신을 더 호의적으로 보고 있을 가능성이 높다. 그녀를 의뢰한 사유에서 자아중심성 지표의 상승이 지적하고 있는 높은 자기중심성도 나타나지 않고 반사반응에서 시사되는 자화자찬(self-glorification)과 자기애적 특징도 나타나지 않았다. 비록 자아중심성 지표가 평균에 속하고 Fr+rF=0은 정신병질적 성격장애일 가능성을 완전히 배제하는 것은 아니지만, 자아중심성과 자기애에 관한 이러한 지적을 고려하면 그녀가 반사회적 성격장애로 진단될 가능성은 상당히 낮다(Gacono & Meloy, 1994; Meloy & Gacono, 2000, 2002).

그러나 에반스는 적절한 자존감을 유지하고 있는데도 불구하고 자기 자신에 대해 극히 부정적이고 자기비난적인 태도를 나타내고 있다는 것을 지적하는 증거가 있다. 특히 에반스는 차원반응이 3개나 되는데(Vista=3), 이는 자신이 어떤 사람인가, 그리고 자신이 어떤 삶을 살아왔는가에 대한 상당한 자기비난과 후회를 말하는 것이다. 평균 범위에 속하는 자아중심성 지표는 근본적으로 자기 자신을 매력적이고 유능한 사람으로 생각한다는 것을 시사하지만 차원(Vista)=3은 자신을 불만족스럽게 여길 가능성도 시사한다. 과거에 있었던 법률 위반과 매춘과 마찬가지로 최근에 구속된 것은 부정적 자기관여와 관련이 있을 것이고 면접에서 그녀가 "항상 그렇지만 내가 어리석었다."라고 진술한 점은 이와 일치하는 것이다.

상승한 차원반응(Vista)은 우울증과 관련된 인지적 요소를 지적하는 데 역시 주목할 만하다. 즉 자기 자신에 대해 나쁘게 느끼고 나쁘게 생각한다는 것을 의미한다. 그리고 에반스의 기록에서 4개의 MOR 반응이 나타난 것은 이러한 인지적 요소에 부과해서 자신의 신체와 신체적 기능에 대한 부정적 태도가 혼합되어 있을 가능성이 있다는 것을 시사한다. 이러한 MOR 반응의 주제심상은 그녀가 자신을 손상된 물건처럼(damaged goods) 본다는 것을 의미한다. 그녀는 첫 번째 반응에서 "이것은 무엇보다 내 모습과 같군요." 하고 말하는 것처럼 자신을 "손상된 나비"로 보았다. 카드 Ⅲ에 대한 8번째 반응에서도 손상에 관한 주제가 지속되었다. 즉 그녀는 어린애처럼 보이나 형태가 완전하지 않아서 유산한 것이라고 하였다. 이 반응은 낙태로 인해 신체가 손상될 수 있다는 것에 대한 관심과 후회를 하게 되는 원인인 자신의 낙태에 대한 고통스러운 회상을 반영하는 것일 수 있다. 카드 Ⅴ에 대한 12번째 반응에서 "여기 폭발물이 터져 발이 떨어져나간 다리"라는 지각은 끔직한 신체적 손상에 대한 염려를 반영하는 것이다. 마지막 MOR 반응으로 카드 Ⅶ에 대한 16번째 반응에서 "잘게 부서진 빵조각"이라고 하였다. 이 반응은 일상적인 영양섭취와 같은 측면에 대한 부정적인 기대를 통제하지 못한다는 것을 시사하는 것이다.

에반스의 기록에 나타난 4개의 MOR과 6개의 Sx 반응내용, 1개의 Bl 반응, 5개의 AG 반응을 함께 고려할 경우 실제로 외상을 당한 경험이 있는 사람에게 흔히 나타나는 상해에 대한 관심을 반영하는 것이다. 이와 관련하여 Armstrong(1991)은 외상내용지표(Trauma Content Index, TCI)를 개발했는데, 이 항목은 전체반응수와 비교하여 일차항, 이차항에 상관없이 MOR, Sex, Blood, Aggressive, Anatomy 수의 총합으로 결정된다. 이러한 5개 내용들이 전체반응에서 .30 또는 그 이상일 경우 외상적 경험의 병력과 관련이 있다고 볼 수 있다. 그러나 실제로 외상을 당한 경험이 있는가를 결정하려면 로르샤하 잉크반점법보다 다른 정보가 필요하다. 로르샤하 자료는 외상후 스트레스장애를 밝히는 데 도움이 될 수 있으나 개인이 상해를 받았고 어떤 상해를 받았는지를 의미한 신뢰로운 상해지표를 제공해 주지는 않는다(Levin & Reis, 1997; Sloan, Arsenault, & Hilsenroth, 2002; Sloan, Arsenault, Hilsenroth, Handler, & Harvill, 1996; Weiner, 1997a). 그렇지만 이러한 반응에 나타난 에반스의 심상, 특히 인간운동반응의 심상은 자신과 다른 사람과의 관계에 대한 부가적 관점을 나타내는 것이다.

카드 Ⅰ에 대한 4번째 반응부터 특히 정보가 풍부한 반응계열이 시작되었다. 6개 Sx 반응 중 처음 나타난 Sx 반응은 보통형태에 속하는 “여자의 나체”라는 반응이다. 그녀는 이 반응에서 “엉덩이 부분의 굴곡”을 포함시켜 아랫부분은 “매우 분명하지만 윗부분은 애매하고. 머리는 여기 위에 틀림없이 있을 것”이라고 하였다. 이 반응은 11개의 인간반응 중 첫 번째 반응이고 이런 인간반응 중 머리를 포함하고 있는 반응은 단지 두 개뿐이었다. 즉 8번째 “유산”과 카드 Ⅶ에 대한 17번째 “두 아이의 얼굴”이라는 반응만 얼굴을 포함하고 있다. 다른 9개의 인간반응은 모두 Hd로 허리 아랫부분으로 지각하였고 이들 중 6, 14, 19번째 반응은 “여성의 질”로 보았다.

그렇다면 에반스는 단지 자신의 허리 아랫부분을 중요한 것으로 지각하는 자아상을 가지고 있다고 말할 수 있을까? 그녀가 대부분의 사람들보다 성에 더 집착하고 있다는 것은 의심할 여지가 없다. 3개 “여성의 질”뿐만 아니라 4번째 “엉덩이” 8번째 “유산” 13번째 “남자의 성기” 등 6개의 Sx 반응은 규준적 기대와 큰 차이가 있다. 환자가 아닌 성인집단은 단지 8%만 Sx 반응이 있고 보통 평균 Sx 반응의 빈도는 .11이다(Exner, 2000). 에반스는 지능이 보통 이상인데도 불구하고 생식기에 대한 관심과 인간지각에서 대부분 머리가 없는 것은 그녀가 자신의 생각과 아이디어는 거의 가치도 없는 것으로 격하시키고 일상생활과 관련 있는 주변 사람들과 사건을 다룰 수 있는 자산은 주로 마음이 아니라 신체로 다룰 수밖에 없다는 것을 지적하는 증거로 볼 수 있지 않을까? 그녀는 자신의 매춘행위에 대해 언급할 때 항상 “내가 할 수 있는 것은 그런 짓 뿐입니다.”라는 식으로 말했다.

또한 카드 Ⅱ에 있는 5번째 반응은 M 반응으로 “두 손 인형. 마치 싸우고 있는 것 같다.”라고 하였다. 여기서 손 인형에 대한 동일시는 심지어 공격적으로 행동할 때라도 다른 사람이 원하는 대로 행동하는 자기상을 시사하는 것이다.

손 인형은 생명도 없고 자신의 의지도 없고 머리가 없는 사람처럼 생각도 없다. 인형은 그 속에 있는 손이 움직이는 대로 움직일 뿐이다. 에반스가 자신을 보는 이러한 관점은 실제적인 범죄행위와도 관련이 있을 수 있다. 즉 그녀는 범죄를 저지를 의도를 가지고 있었으나 단순히 시키는 대로 따른 공범에 불과한 것으로 보인다.

손 인형 뒤에 나오는 6번째 반응은 "색깔"과 "음영" 때문에 "음순이 뒤로 접혀진 것처럼 보이는 여자의 질"이라고 하였다. 이 반응은 성적 내용뿐 아니라 2가지 측면에서 중요한 의미가 있다. 첫째, 성적 기관으로 "질"이라는 명칭뿐만 아니라 "음순이 뒤로 접혀진"과 같이 해부학적으로 정교화되었다. 성적 기관을 움직임과 함께 이렇게 정교하게 표현한 것은 반응내용이 시사하는 바와 같이 강한 성적 집착을 반영할 가능성이 높다. 둘째, 음영에서 접혀진 형태를 추론하여 차원을 추가한 것은 에반스가 주변 사람들의 생각과 달리 자신을 주로 성을 위한 존재 또는 매춘부로 여기는 것을 그다지 탐탁하게 생각하지는 않는다는 것을 시사하는 것이다. 이런 식으로 내용주제와 V 반응이 결합되어 나타나면 불쾌한 정서나 자기비난적 태도를 지적할 수 있다.

에반스의 기록에서 반복되는 유사한 반응들은 6번째 반응의 이러한 함의를 더 확실하게 해 주고 있다. 카드 Ⅵ에서 해부학적 부분과 인간운동을 포함하는 두 개의 Sx 반응이 나타났다. 카드 Ⅵ에 대한 13번째 반응은 "성교할 준비가 된 것처럼 발기된 남자의 성기"이다. 그리고 동일한 카드에 대한 14번째 반응은 "이 카드에는 섹스와 관련된 것이 많네요." 하고 말한 뒤에 차원을 사용하여 "여성의 질"이라고 하였고 "정말 벌어져 있는 것 같아요. 마치 빳빳한 것을 받아들일 준비가 된 같다."라고 묘사하였다. 마지막 Sx 반응으로 카드 Ⅷ에 대한 19번째 반응의 내용은 "이것도 성적인 것이네요. 그러니깐 여성의 질 같은 것"이라고 하였다. 이 반응도 역시 음영을 포함하고 "벌어져" 있다고 하였다. 결국 그녀의 기록에 나타난 3개의 차원반응은 모두 "여성의 질"이라는 반응이다. 이런 성적 반응은 그녀가 적절한 자존감을 유지하고 있고 자신의 성적 특징과 행동에 대해 상당히 비판적인 태도를 취하고 있다는 추론에 더 무게를 실어주는 것이다. 매춘부 생활, 여러 남자와의 일시적인 동거, 외상경험으로 작용했을 가능성이 있는 낙태 등을 고려할 때 어쩌면 그녀는 자신의 성적 기관인 질이 많은 문제의 원인이라고 생각하고 있는지도 모른다.

에반스의 기록에서 자기상과 관련된 특징이 투사된 것으로 보이는 6개의 M 반응 중 두 반응은 카드 Ⅵ에 나타난 Sx 반응에서 이미 언급하였고 나머지 4개 반응은 주로 공격적 상호작용과 관련이 있었다. 즉 5번째 반응은 손 인형이 싸우고 있었고, 7번째 반응은 "여기 아래에 있는 이 물건을 두고 싸우고 있는 두 사람"이었고, 17번째 반응은 "논쟁을 벌이는 두 아이"이었고, 20번째 반응은 "물총을 들고 싸우고 있는 두 동물"이었다.

에반스의 자기지각과 관련해서 마지막으로 살펴볼 것은 5개의 FM 반응들로부터 수집한 몇 가지 부가적인 정보들이다. 이들 FM 반응 중 두 반응은 특별한 의미가 없는 것으로 보이는 정교화되지 않은 평범반응이다. 즉 카드 Ⅴ에 대해 날아가는 박쥐와 카드 Ⅷ에 대해 기어가는 동물이라는 반응은 특별한 의미가 있는 것 같지 않다. 세 번째 FM 반응은 기록에서 AG(반응 21에서 "싸우고 있는 개미")가 나타났기 때문이다. 나머지 두 FM 반응은 카드 Ⅳ에 대한 10번째 반응으로 "덤불에서 기어나오는 것 같은 뱀의 머리"와 마지막 반응인 카드 Ⅹ에 대한 22번째 반응은 "나비가 되려는 애벌레. 완전히 새로운 것이죠. 지금 나비가 되는 과정 같아요."는 주제심상을 포함하고 있다. 6장에서 기술한 "나(I am)" 기법을 적용하면 이 반응에 투사된 마지막 두 반응에서 자신에 대한 관점의 의미를 살펴볼 수도 있다. 덤불에서 나오는 뱀이란 일반적으로 "풀밭에 숨어 있는 뱀"이 의미하는 바와 같이 그녀가 자신을 사악하고 진실하지 못한 것으로 지각한다고 볼 수 있을까? 아니면 과거에 자신은 벌레처럼 하찮은 작은 생물에 불과했지만 이제는 나비처럼 찬사를 받을 만큼 아름답게 변하고 있다는 것을 의미하는 것일까? 아마 그녀는 이 2가지 방식으로 자신을 지각할 것이다. 그러나 마지막 반응에서 긍정적으로 반응한 것을 보면 그녀가 자신의 생활을 완전히 바꾸고 매춘부로서의 정체성을 훌륭한 어머니로 전환하려는 결정을 내린 것으로 볼 수 있다.

스트레스 관리 문제

에반스의 통제 변인군집은 EA와 CDI의 상호관계에 대해 잠정적으로 가치 있는 정보를 나타내 준다. 그녀는 일상생활에서 필요한 요구에 대처하기 위한 적절한 자원을 가지고 있다는 측면에서 볼 때 선호하는 대처유형이 경직되어 있지 않고(EB=6:3.5), 적응능력이 보통 이상인 것(EA=9.5)으로 보인다. 그러나 경험에 효과적으로 대처할 수 있는 능력은 매우 제한적이라는 증거(CDI=4)가 있다. 5장에서 논의한 바와 같이 적당한 EA와 상승한 CDI는 근본적으로 유능한 사람이나 특정한 사회적 기술에 뚜렷한 결함이 있거나 안전하게 보상적인 대인관계를 형성하고 유지하는 데 상당한 어려움이 있다는 것을 지적한다. 사람들과의 관계에서 에반스가 나타내고 있는 문제는 이미 기술한 바 있다. 스트레스 관리 문제와 관련하여 그녀의 EA는 유능하고 좋은 어머니와 존경받을 수 있는 지역사회 참여자가 될 수 있는 바탕이 되었을 것이나 CDI는 다른 사람과 공모하여 범죄를 저지른 죄인으로서 또 다른 삶을 살아가는 핵심을 지적하는 것일 수 있다.

통제군집에서도 에반스의 적응능력은 과거부터 생활과 관련된 스트레스를 안전하게 관리할 수 있을 정도로 충분하지 않은 것으로 나타났다. D와 AjdD가 −2이라는 것은 지속적이기는 하지만 오랫동안 지속된 불안, 긴장, 초조, 좌절에 대한 내성을 지적하는 것이다. 이 사례를 진단할 경우 AjdD가 −라는 점에 더 주의를 기울여야 한다. 왜냐하면 AjdD=0은 심리적 안정, 자기수용, 증상이 있더라도 자아와 일치하는 증상형성을 의미하고, AjdD가 −이면 만성적인 심리적 불편, 자신에 대한 불만, 자아와 일치하지 않는(ego-alien) 증상형성을 의미하기 때문이다. DEPI=6이고 AjdD=−1이라는 것은 정신병질적 특징을 가진 성격장애보다 불안과 우울을 특징으로 한 증상적 장애일 가능성이 더 높다는 것을 지적하는 것이다.

에반스가 주관적으로 느끼는 심리적 고통의 원인을 밝히기 위해 es를 16점까지 극단적으로 상승하도록 만든 여섯 변인을 두 집단으로 구분할 수 있다. 먼저 FM=5, m=1, Y=2는 모두 정상 범위에 속하고 있다. 이런 결과는 그녀의 문제의 원인이 통제하기 어려운 관념(FM+m)도 아니고 무망감(Y)도 아니라는 것을 지적하는 것이다. 반면에 차원반응과 재질반응의 상승이 그녀의 개인적 및 대인관계적 적응문제의 지표가 될 수 있다는 것은 이미 논의하였고, C′=3은 다음에 제시할 정서적 문제에서 살펴보기로 하겠다.

정서적 문제

에반스는 11장에 제시한 카터와 데보라보다 정서적 경험을 충분히 처리할 수 있는 능력이 있다. 물론 그녀가 상황을 처리하는 방식이 표현적 방식보다는 관념적 방식을 더 선호하는 내향적인 사람(EB=6:3.5)이지만, WSumC =3.5는 정상범위에 속하는 내향적 성인이라는 것을 지적하고 있다. 더욱이 SumFC′:WSumC=3:3.5는 최근들어 자신의 감정을 인식하고 나타내는 능력에 제약이 있다는 것을 지적하는 것은 아니다. 또한 FC:CF+C=3:2는 비교적 형식적이고 냉정한 방식이든 또는 비교적 인과적이고 안정된 방식이든 간에 정서적 처리능력이 균형을 이루고 있다는 것이고 이는 중요한 성격적 장점이다. 보통 정상적인 성인은 FC가 CF+C보다 더 높다.

그러나 Afr=.29는 그녀가 환경과 정서적 상호작용을 회피하고 감정을 교류하는 상황에서 물러나려는 경향을 지적하는 것이다. Afr과 FC는 구조적 요약에서 가장 안정적인 변인에 속한다. 성인집단을 대상으로 3년 후에 재검사를 실시한 결과 상관계수가 각각 .90, .86이었다. 그러므로 감정을 충분히 조절할 능력이 있는 에반스가 정서적 상황에 대한 관여를 그렇게 꺼리는 이유에 대해 의문을 가질 수 있다. 이런 의문에 대해 1가지 가능한 설명은 10장에 제시한 베이커의 경우와 마찬가지로 Afr이 매우 낮은 기록에서 WSumC가 적당하고 FC:CF+C가 균형을 이루고 있으며 정서를 회피하는 것이 아니라 정서적 경험을 자극하기 쉬운 대인관계적 상황을 회피하는 정서적 위축을 시사하는 것이다. 이미 예상할 수 있는 바와 같이 에반스의 대인관계 문제는 로르샤하 기록에서 뚜렷하게 지적되고 있고 변화가 많은 생활배경을 보더라도 대인관계에 심각한 문제가 있다는 것은 의심할 여지가 없으며, 정서적 위축은 아마도 이미 언급한 사회적 불안정과 위축이 동반된 것이라고 볼 수 있다.

우울증의 정서적 요소는 에반스의 정서적 위축뿐만 아니라 감정을 즐겁게 조절할 수 있는 능력이 제한되어 있다는 점에서도 잘 나타나고 있다. 그녀는 상당히 고통스러운 내면화된 감정을 경험하고 있는 슬프고 불행한 사람(C′=3)이고, 정서적 고통이 심하고(Col-Shd=1), 자신이 하고 있는 행동에 대한 복합적인 감정을 느끼지 않고 스스로 즐기기 어려운(SumShd=10, SumShd>FM+m) 사람이다. 그러나 흥미롭게도 보통 우울증에 동반되는 분노나 증오를 표출한다는 증거는 없다(S=0). 정서적으로 위축되어 있고 적대적인 경향도 없으므로 대인관계에서 순응적이고 공범이 시키는 대로 범죄행동을 하게 되었다고 설명할 수 있다.

에반스의 정서군집에서 불쾌감과 정서적 위축을 지적하는 강력한 증거는 그녀가 수감되어 있어서 우울하다는 호소와 일치한다. 그러나 이것은 이전에 우울증이라는 진단을 받거나 치료받은 적이 없고 법원에서 정신감정을 의뢰한 내용을 보더라도 우울하게 보인다는 언급은 하나도 없다는 사실과는 상반되는 것이다.

10장 앤더슨의 사례에서 언급하였듯이 DEPI는 특히 반응성 우울이나 상황적 우울에는 민감하지 않지만, 내인성 우울증과 우울 에피소드가 반복되는 지속적인 우울소인이 있을 경우에는 오히려 상승한다(Exner & Weiner, 1995, p. 99; Weiner, 1998b). 그런데 에반스의 로르샤하 자료에 따르면 그녀는 분명히 우울하고 우울증에 걸리기 쉬운 성향이 있는 것으로 나타나고 있지만 어떻게 해서 다른 사람들이 정동장애가 있다는 것을 감지할 수 있을 정도로 우울하게 보이지 않는지 의심스럽다.

에반스의 내향적 행동유형을 고려하면 그녀가 우울장애를 경험한 방식을 일부 설명할 수 있다. 그녀는 자신과 일상생활을 관리하는 과정에서 천성적으로 표현적 방식보다는 관념적 방식을 선호하는 사람이지 자신의 감정을 나타내고 자신을 다른 사람에게 알리려는 외향적인 사람일 가능성은 거의 없다. 이러한 내향적 성향이 낮은 Afr과 결합해서 우울하게 보이는 것을 감추고 정신과적 도움이 필요할 정도로 우울하다는 사실이 밝혀질 가능성을 최소화시킨 것으로 보인다. 내향적인 사람들이 자신의 고통스런 감정을 적어도 부분적으로 다른 사람의 눈에 띄지 않게 감추는 것은 흔한 일이다. 따라서 내향적인 사람은 임상장면에서도 정동장애로 진단될 가능성이 낮거나 심각한 정도가 과소평가될 수 있다.

반면에 외향적인 사람의 경우 인지적 역기능을 감지하기가 어려울 수 있다. 이들은 자신의 생각보다는 감정을 주위에 더 잘 표현하는 경향이 있기 때문에 중요한 사고장애를 인식하기 어려울 수 있다.

증상유형과 대처유형 간의 이러한 다양성을 의미하는 예들을 고려해 보면 로르샤하 자료는 특히 성격유형에 의해 가려지고 임상적 면담으로는 감지하기 어려운 정서적 역기능이나 인지적 역기능을 밝히는 데 유용하다는 것을 알 수 있다.

인지적 문제

에반스의 처리군집과 중재군집은 경험에 대한 접근이 개방적이고 효율적이고 조직적이고 관습적이고 현실적이라는 것을 지적하고 있다. SumShed=10과 결합하여 Lambda가 .16으로 낮은 것은 생활사건에 대한 반응에 정서가 개입되고 있다는 것을 지적하는 것이다. 따라서 그녀가 경험에 대해 더 좁게 초점을 맞추고 좀 더 객관적이고 초연하게 다룰 수 있게 되면 더 편안하게 느끼고 더 효율적으로 기능할 수 있을 것이다. 로르샤하 용어로 표현하면 치료의 표적은 Lambda를 높이고 AdjD가 −인 것을 AdjD=0이 되도록 하기 위해서는 음영반응과 무채색 반응을 순수 형태반응으로 변화시켜야 할 것이다.

이들 두 군집에 반영된 에반스의 성격적 강점은 사건들 간의 상호관계를 파악하고 상황의 세부적 측면에 지나치거나 불충분하게 주의를 기울이지 않고 상황을 검토할 수 있는 능력을 가지고 있는 잘 통합된 사람이라는 증거들(Zf=11, DQ+=7, Zd=−3)에서 찾아볼 수 있다. 또한 그녀는 대부분의 사람들과 마찬가지로 일상생활에서 공통적이고 평범한 부분을 정확하게 지각하고, 환경에서 현실을 관습적으로 인식하고, 자신에게 일어난 일에 대해 정확한 인상을 형성할 수 있다(W:D:Dd=6:12:4, P=8, X−%=0; XA%=1.00). P=8과 FQ−=0은 로르샤하에 대한 반응이 관습적이고 정확하다는 것을 지적하는 것이다.

에반스를 검사하게 된 이유에 비춰볼 때 이러한 결과는 자신에 대한 좋은 인상을 주려는 시도를 반영하는 것일 수 있다. 그러나 현실검증력이 정확하다는 지적이 잘못된 것이라고 치부하기 전에 방어적으로 반응하지 않았다는 것을 검토할 필요가 있다. 오히려 그녀의 기록을 보면 반응의 길이는 평균 정도이고 Lamda는 낮고 주제심상은 풍부하다. 더욱이 차원과 병적 반응을 포함한 생생한 Sx반응을 하면서도 지각적 부정확을 피할 수 있었다는 사실은 그녀가 매우 어려운 상황에 직면하더라도 현실적 관점을 유지할 수 있는 능력이 있다는 것을 의미한다.

반응영역의 선택과 관련해서 2가지 부가적 관점을 언급하고 싶다. 첫째, 일반적으로 관습적인 측면에 초점을 맞추는 것과는 달리 Dd=4는 대부분의 사람들은 거의 주목하지 않는 작은 부분에 지나치게 주의를 기울인다는 것을 의미하는 것이다. Dd 반응으로 6, 14, 19번 반응은 Sx에 관한 것이고 12번째 반응은

MOR을 포함하고 있다. 따라서 에반스는 대체로 관습적인 측면에 주의의 초점을 맞추지만 자신의 성적인 측면과 물건이 손상되는 것에 대한 관심이 있을 경우 다소 비일상적 부분에 주의를 기울일 수 있다. 둘째, 11장에 기술한 카터와 데보라와 같이 포부비율에서 W보다 M이 더 높다(W:M=6:7). 이런 사람들은 보수적으로 목표를 설정하기 때문에 포부수준과 성취수준은 그들이 성취할 수 있는 재능과 능력보다 낮다. 에반스는 웩슬러 검사에서 지능이 평균 이상인데도 불구하고 순탄치 못한 직업적 경력은 로르샤하의 과소성취(underachvement) 지표와 일치하는 것으로 볼 수 있다.

마지막으로 에반스는 EB=6:3.5로 잘 조화된 EB 유형을 보이는데, 이는 자신의 감정을 인식하고 표현하는 방식이 적응적이고 문제를 다루고 의사결정을 할 때 철저하게 사고하는 관념적인 사람이라는 것을 시사한다. 이런 결과와 다른 사람과의 애착능력과 자기중심성이 부족하다는 것을 같이 고려해 보면 그녀가 반사회적 성격장애자는 아닐 가능성이 높다. 관념의 질을 고려해 보면 그녀는 경험의 의미에 대해 조리에 맞게 논리적으로 생각할 수 있는 능력이 있는 것으로 보인다(WSum6=9); 그녀는 문제를 해결하는 방식으로 환상을 사용하거나 감정을 처리하는 방식으로 주지화를 사용하는 것과 같은 부적응적인 경향을 나타내지 않았다(Ma:Mp=6:0, INTELL=1); 그리고 FM+m=6은 정상범위에 속하고 있으므로 그녀가 통제할 수 없는 잠입적 관념에 대해 지나치게 집착하지 않는다는 것을 지적한다.

그러나 에반스의 관념군집에서 1가지 뚜렷한 약점이 나타나고 있다. 균형이 맞지 않는 a:p=10:2는 자기 자신과 생활사건에 대한 사고방식이 매우 경직되어 있다는 것을 지적하고 있다. 이런 경직성 때문에 그녀는 자신의 방식만 고집하고 자신의 의견이나 신념을 변화시키려고 하지 않고 자신이 이미 가지고 있는 관점과는 다른 견해를 받아들이지 못하는 것으로 보인다. 이런 성격특성은 심리치료의 진행에 장애물이 될 수 있다. 왜냐하면 거의 대부분의 심리치료는 자기 자신과 자신의 경험을 검토하는 방법을 변화시키기 위해 여러 방식으로 도와주는 것이기 때문이다. 다른 대부분의 특성관련 변인들과 불균형적인 a:p 비율은 심리치료를 통해 변화될 수 있으므로 에반스의 인지적 양식은 분명한 치료적 목표가 되어야만 한다(Weiner, 1996b; Weiner & Exner, 1991). 그러나 자신의 마음을 변화시키는 데 무관심하다는 것를 지적하는 로르샤하의 증거들은 그녀가 치료의 초기 국면에서 자기탐색에 저항하거나 치료를 조기에 탈락할 가능성이 있다는 것을 예측하는 데 도움이 된다.

예후와 관련된 에반스의 로르샤하 자료는 에반스가 계속해서 심리치료에 참여하고 심리치료를 통해 도움을 받을 수 있는 가능성이 많은 성격특징이 있다는 것을 지적하고 있다. 또한 그녀는 근본적으로 적절한 대처능력을 가지고 있는 성격적으로 잘 통합된 사람이고 사고나 현실검증에 뚜렷한 장애는 없는 것으로 보인다. 그녀는 불안과 우울을 겉으로 나타내면서 심리적으로 고통스러워하는 사람이다. 그녀는 자신의 감정을 표현하고 중요한 관심을 나타내기 위한 정확한 통로를 가지고 있는 사람이다. 그녀는 비록 대인관계에서 경쟁적이고 철수적이지만 다른 사람에 대한 관심이 있고 그들과 애착을 형성할 수 있는 능력을 가지고 있다. 임상적인 관점에서 볼 때 심리치료의 효과적인 진행에 방해가 되는 에반스의 주된 특징은 앞에서 언급한 경직성과 새롭고 상이한 방식의 사고에 대한 거부감을 나타내고 있다는 점이다.

요컨대, 에반스의 로르샤하 프로토콜은 그녀의 과거와 현재, 법원에서 의뢰하게 된 의문과 관련된 진단과 치료적 문제에 대한 풍부한 정보를 제공해 주고 있다. 첫째, 과거에 심리적 장애나 정신적 장애가 의심된 적은 없었으나 그녀는 심리적 고통이 있고 감정이 우울하고 자기비하적이며 사회적 관계로부터 철수적인 사람이다. 이런 점에서 보면 그녀는 과거에도 우울 에피소드가 있었을 가능성이 높고 현재 우울장애로 치료가 절실히 요청되는 것으로 보인다. 둘째, 그녀의 성격유형과 자신 및 다른 사람에 대한 태도는 신경증적 행동화를 포함한 신경증적 증상형상과 일치하지만 정신병질이나 반사회적 성격을 시사하지는 않는다. 셋째, 성에 대한 관심, 자신이 성적 대상으로만 가치가 있다는 자기상 및 친밀한 대인관계에 대한 강한 욕구는 과거에 있었던 매춘과 도둑질에 작용한 요인일 수 있다. 그러나 그녀는 부모와 모범적인 어머니로서의 다른 삶을 영위할 수 있는 기본적인 능력, 건전한 인지적 기능, 성숙한 정서를 가지고 있는 것으로 보인다. 넷째, 그녀는 사고의 융통성은 없지만 심리치료에 참여해서 도움을 받을 수 있는 상당한 잠재력이 있다. 마지막으로 로르샤하 자료는 그녀가 아들에 대한 진정한 애정과 관심을 가지고 있고 아들에게 좋은 어머니가 될 수 있는 능력이 있다는 것을 시사하고 있다.

사례 6: 양극성장애가 의심되는 심한 우울증이 있는 여성의 자살경향과 살인경향

피셔(Fisher)는 39세 된 미국 여성으로 두 아이의 어머니이다. 그녀는 우울하다는 호소와 함께 최근 2개월 동안 자살과 살인을 하고 싶다는 생각이 심해서 정신과에 입원하게 되었다. 이번이 지난 3년 동안 3번째 입원이고 이전에 두 번은 처방된 약을 과다하게 복용해서 입원하였다. 그녀는 남편과 자주 말다툼이 있었고, 분노 때문에 판단력을 잃을 정도로 남편을 미워하고 있었고, 이틀 전에는 "남편을 죽이고 자신도 죽을 생각"으로 총을 구입했다고 하였다. 이들 부부는 다 초혼이었고 남편은 비교적 성공한 중간 관리자였다. 최근 이들의 관계는 매우 역기능적이었으나 함께 생활하고 있었다. 평가면접에서 그녀가 남편을 죽이려고 생각한 이유는 분명하지 않았다.

피셔는 4년 전 자궁절제술을 받은 뒤부터 다소 우울해졌고 그때부터 외래로 다니면서 꾸준히 심리치료를 받고 항우울제를 복용하였으나 뚜렷한 효과는 없었다. 병원에 입원할 당시 첫 면접 동안 그녀는 논쟁적인 태도를 나타내다가 가끔 눈물을 보이기도 하였으나 목소리는 부드러웠다. 그리고 그녀는 정신운동지체, 제한된 집중력, 우울한 감정, 다소의 편집적 관념을 나타내고 있었고 주요우울장애로 진단되었다. 자신 및 특히 남편과 같은 다른 사람에 대한 위험성을 알아보고 진단 및 치료를 위해 심리학적 평가가 의뢰되었다. 피셔의 로르샤하 프로토콜은 〈표 12-4〉, 〈표 12-5〉, 〈표 12-6〉, [그림 12-2]에 제시되어 있다.

〈표 12-4〉 피셔의 로르샤하 프로토콜

반응	질문
카드 I	
1. (침묵-깊은 한숨-침묵) 언뜻 보니 사악한 고양이 얼굴 같네요(침묵). 톱니 모양의 가장자리와 그렇게 생긴 부분이 없으면-(중단하고 침묵).	검: (반응 반복) 수: 얼굴. 여기는 귀(Dd34), 눈(DdS30), 입(Dds329). 가장자리가 들쑥날쑥해서 사악해 보여요. 아니면 싸워서 상처가 나고 털이 찢겨졌을 수도 있고. 검: 어떤 점에서 모피처럼 보였나요? 수: 물감을 칠해놓은 것이요. 마치 천 같은 느낌이 들어요. 어두운 부분은 붉지는 않지만 피 같고요.

〈표 12-4〉 피셔의 로르샤하 프로토콜(계속)

반응	질문
2. 자세히 보니 벌레처럼 보이는데. 아니에요. 박쥐처럼 보이네요. 한바탕 소동이 있었던 것 같아요. 날개와 몸이 찢겨진 것을 보면.	검: (반응 반복) 수: 머리(D1)에 이런 것이 있고. 여기는 몸 여기는 날개. 상처를 입었고 구멍도 나고. 색이 박쥐 같네요. 전부 검은 것이 아니라 검고 희고 혹은 흑회색.
카드 II	
3. (한숨-침묵) 오늘은 정말 힘든 날이군요. 우주선 같이 보이고 폭발하려는 것 같은. 이 곰 같이 생긴 괴물이나 뭐 그런 것이 폭발하는 것을 막으려고 하고 있군요. 그러나 폭발하는 중이라 결국 폭발하게 될 것이고. 연기가 나고 불길이 나와 괴물들을 태워요. 이 위는 머리이고 불길을 밀어내고 고통을 토해낸다. 몸에서 토해내는 것이 보이죠. 이게 통제하는 것이고.	검: (반응 반복) 수: 우주선은 여기(DS5)고 곰 같은 괴물은 여기(D1)고. 이것이(D4) 폭발하는 것을 막으려는 것이고. 아직도 폭발하고 있는 중이고 이것이(D3) 불이고. 다리가 불에 타고 있다. 이것이(D1의 붉은색) 몸에 파고드는 고통이고 이것은(D2) 격정이고요.
카드 III	
4. (침묵) 글쎄요. 잘 모르겠네요. (침묵. 눈물이 어리더니 흐느낀다) 죄송해요. 이것은(침묵) 2가지로 보이는데. 여기 이렇게 튀어나온 것은 두 여자. 어떤 물건을 두고 싸우고 있어요. 반으로 나뉜 것을 두고요. 이것은 격정이고. 두 여자는 화가 나 있어요. 그리고 높은 구두를 신었고.	검: (반응 반복) 수: 젖가슴이 있고 높은 구두를 신었어요. 마치 줄다리기 하는 것처럼 보이는군요. 이것은(D7) 한 물건이고. 서로 잡아당겨서 두 개가 된 것 같고. 이것을 두고 싸우는 거예요. 격정이 여기이고 (D2와 D3).
5. 그런데 어떻게 보면 남자의 윤곽 같기도 하고. 나비넥타이와 턱시도. 여기 위에 있는 것은 아니고요.	검: (반응 반복) 수: 전체는 아니에요. 얼굴과 목. 그리고 턱시도가 있는 셔츠를 입었고 나비 넥타이. 이것이 재킷이고.
카드 IV	
6. 털이 많은 큰 괴물. 내려다보고 있는 것 같아요. 큰 발이 있고. 완전히 밟아버릴 수 있는 큰 발. 갈고리 모양의 팔이 있어서 당신을 고리에 걸	검: (반응 반복) 수: 내려다보고 있어요. 아주 커 보여요. 몸집은 거대하죠. 커다란 발과 장화. 털도 있고. 검: 어떤 점에서 털로 보였나요?

〈표 12-4〉 피셔의 로르샤하 프로토콜(계속)

반응	질문
어서 아무 데나 데려갈 수도 있을 것 같고. 그리고 침 같이 생긴 것도 보이고.	수: 재질 때문에요. 머리는 작지만 강해 보이는군요. 눈, 목 그리고 커다란 갈고리 같은 팔(D4). 사악해 보이고. 발은 위협적으로 보이죠. 아주 큰 발. 이것은(D1) 무슨 침 같이 보이고.
카드 V	
7. (오랜 침묵) 2가지로 보이는데, 하나는 위험한 곤충 종류.	검: (반응 반복) 수: 등에 달린 안테나와 날개. 날개에 갈고리처럼 생긴 발톱이 있는 것 같고. 그걸로 사람을 붙잡거나 독으로 해칠 수도 있을 것 같고.
8. V 아니면 납작하게 누워 있는 두 마리의 악어 같은 것. 발이 여기 있고 입은 여기고. 서로 마주 보고 있거나 거울에 비친 것. 난도질당하거나 죽은 것같이 보이네요. 윤기가 없으니까요. 상처를 입었거나 내장을 도려낸 것처럼 보이네요.	검: (반응 반복) 수: 서로 마주 보고 있으나 많이 다친 것처럼 보여요. 이렇게 누워 있는 것이. 거울에 비친 모습이거나 아니면 두 마리이거나. 검: 윤기가 없다고 했나요? 수: 탈수된 것 같아요.
카드 VI	
9. 길에 깔려 죽은 코요테. 여러 번 깔려서 납작하게 붙어버린. 그런데 피가 보이지 않으니까 깔개. 코요테 가죽으로 된. 차에 치인 코요테라면 만화에 나오는 것 같고. 바퀴가 넓은 큰 트럭에 깔린 것처럼 보이고.	검: (반응 반복) 수: 여기 머리, 코, 주둥이. 털은 여기. 재질도 그렇고. 물감을 칠한 방식이 그렇게 보이네요. 그리고 발, 다리, 척추, 엉덩이.
카드 VII	
10. 마치 불이 탈 때 나오는 연기 같습니다. 수평선 위에 물 같이도 보이고. 불이 탈 때 나오는 연기.	검: (반응 반복) 수: 불이 다 타고 난 뒤에 나오는. 여기가 처음 불이난 곳(D6)이고. 여기가 물이고 수평선. 칠을 한 방식이 연기 같아요. 검: 어떻게 해서 연기 같나요? 수: 페인트 칠한 것 같아요.
카드 VIII	
11. (오랜 침묵-한숨-침묵) 잘 모르겠는데요. 여기는 여자의 골반이나 생산기관으로 볼 수도 있지만. 그림 전	검: (반응 반복) 수: 여기(D7) 골반 뼈가 보이고. 이것은 여자의 몸에서 나왔고 동물의 모양(D1)처럼. 자궁절제 수술을 받았을 수도 있겠는데, 잘

〈표 12-4〉 피셔의 로르샤하 프로토콜(계속)

반응	질문
체로 보면 그렇게 볼 수 없고. 이 동물이 여자를 정복해서 통제하려는 것 같아요. 이 붉은색을 보면 여자에게 있는 어떤 나쁜 것일 수도 있겠고. 나쁜 것들이 빠져 나와서 여자의 몸이 깨끗해진 것처럼 보이네요.	모르겠어요. 검: 생산기관이라고 하였지요. 수: 골반 같은 뼈의 구조. 붉은색은 피 같고.
카드 IX	
12. 어떤 사람이 무슨 이유가 있어서 관목 숲 사이로 엿보고 있어요. 사악한 눈을 한 사람. 이게 전부에요.	검: (반응 반복) 수: 여기가 사람. 머리, 눈(DdS22). 악의에 찬 눈. 무슨 나쁜 짓을 하고 있는 것. 이것들은 모두 꽃과 관목. 화성인이나 외계인일 수도 있겠어요. 이 위에 빛이 나고 머리(DS8)가 공 같이 둥그니까. 검: 어떻게 관목 숲으로 보았나요? 수: 나는 꽃과 색깔을 좋아해요. 사람이 어떤 일이 일어나고 있는지 알려고 하고, 갑자기 덤벼들 준비하고 있기도 해요.
카드 X	
13. 이건 정말 여자의 몸처럼 보이네요. 다양한 부분. 난소도 있고 여기는 재킷. 마치 몸속이 다 훤히 보이는 것 같고. 머리는 여기 위에 있고. 머리는 타원형이고 불룩 튀어나온 눈이 있고. 마치 패션쇼를 하는 것 같네요. 털 달린 재킷을 입고. 부자처럼 보인다. 돈이 많아서 원하는 옷은 다 사 입을 수 있고 원하는 것이 있으면 다 할 수 있을 정도로 자유로워요.	검: (반응 반복) 수: 여기 머리(D14), 눈, 귀, 귀걸이가 있고. 이것은(D8) 털의 색이고. 검: 어떤 점에서 털처럼 보였나요? 수: 색깔과 재질이요. 그리고 재킷은 여기(D9)지만. 바로 여기 보이죠. 이것은(D2) 그녀의 난소이고 이것은(D6) 브래지어이고. 이것은(D3) 창사골. 이 뼈가 어디에 있는지는 모르지만. 이것은(D10) 발일 거예요.
14. 그리고 여기는 가재, 두 쌍의 가재.	검: (반응 반복) 수: 두 쌍의 가재는 여기(D1)와 여기(D7).

정서적 문제

피셔의 구조적 요약에서 S-CON은 7이고 반응이 14개인 타당한 기록이다. 물론 R=14는 일반적으로 로르샤하 프로토콜을 신뢰하기 위한 최소한의 반응수이

〈표 12-5〉 피셔의 채점계열

카드번호	반응번호	영역	영역번호	결정인(s)	(2)	반응내용(s)	평범반응	z점수	특수점수
Ⅰ	1	WSo	1	FTo		Ad, Bl		3.5	MOR, ALOG
	2	WS+	1	FC′o		A, Id	P	3.5	MOR
Ⅱ	3	WS+	1	ma.Ma.CFo	2	Sc, (A), Fi		4.5	COP, AG, AB, MOR, PHR
Ⅲ	4	W+	1	Ma.Co	2	H, Id, Cg	P	5.5	AB, MOR, AG, PHR
	5	DS+	1	FC−		Hd, Cg		4.5	PHR
Ⅳ	6	Wo	1	Mp.FD.FTo		(H), Cg	P	2.0	GHR
Ⅴ	7	Wo	1	Fo		A		1.0	INC
	8	D+	4	Fu	2	A		2.5	MOR, DV
Ⅵ	9	Wo	1	FTo		(Ad)	P	2.5	MOR
Ⅶ	10	Wv	1	YFu		Fi, Na			
Ⅷ	11	D+	1	Ma.CF−	2	An, Bl, A, Hd		3.0	FAB2, AB, PHR
Ⅸ	12	WS+	1	Ma.FD.CFu		(H), Bt		5.5	AG, PHR
Ⅹ	13	Dd+	21	FV.FT−		H, Cg, Sx		4.0	INC2, DR, PHR
	14	Do	1	Fo	2	A	P		

지만, 반응수가 17개 미만인 기록은 경계하는 수검태도 때문일 수 있고, 10장 앤더슨의 사례에서처럼 특히 Lamda가 높을 경우 로르샤하 반응이 수검자의 성격과정을 나타내는 정도는 제한적일 수 있다. 그러나 피셔의 경우 Lamda가 .27로 낮아서 자신을 충분히 개방하였고, 다소 복잡한 혼합반응을 할 정도로 충분히 검사에 관여하였고, 약간 길고 정교화된 반응을 할 정도로 반응적이었다. 따라서 반응수는 17개에 지나지 않지만 이 기록을 통해 그녀의 성격적 구조와 역동에 관한 많은 측면을 신뢰롭게 밝힐 수 있다고 기대할 수 있다.

피셔는 10장에 제시한 베이커와 마찬가지로 S-CON=7은 같지만 피셔의 S-CON 분석은 베이커의 경우보다 덜 희망적이다. 피셔의 기록에서 2개인 FD 반응이 1개만 더 많았거나 2개인 H 반응이 1개만 적었다면 S-CON은 8이나 9가 되었을 것이다. 따라서 피셔의 사례에서 S-CON의 점수는 "높은 7"에 해당하고 이것은 피셔가 현재 자해할 위험이 있다는 것을 시사하는 것이다. 특히 그녀는

〈표 12-6〉 피셔의 구조적 요약

반응영역

반응영역	
Zf	= 12
ZSum	= 42.0
ZEst	= 38.0
W	= 9
(Wv = 1)	
D	= 4
W + D	= 13
Dd	= 1
S	= 5

결정인

혼합	단일
m.M.CF	M = 0
M.C	FM = 0
M.FD.FT	m = 0
M.CF	FC = 1
M.FD.CF	CF = 0
FV.FT	C = 0
	Cn = 0
	FC´ = 1
	C´F = 0
	C´ = 0
	FT = 2
	TF = 0
	T = 0
	FV = 0
	VF = 0
	V = 0
	FY = 0
	YF = 1
	Y = 0
	Fr = 0
	rF = 0
	FD = 0
	F = 3
	(2) = 5

반응내용

반응내용	
H	= 2
(H)	= 2
Hd	= 2
(Hd)	= 0
Hx	= 0
A	= 5
(A)	= 1
Ad	= 1
(Ad)	= 1
An	= 1
Art	= 0
Ay	= 0
Bl	= 2
Bt	= 1
Cg	= 4
Cl	= 0
Ex	= 0
Fd	= 0
Fi	= 2
Ge	= 0
Hh	= 0
Ls	= 0
Na	= 1
Sc	= 1
Sx	= 1
Xy	= 0
Idio	= 2

S-Constellation

- ☑ FV + VF + V + FD > 2
- ☐ Col-Shd Blends > 0
- ☐ Ego < .31 or > .44
- ☑ MOR>3
- ☑ Zd> ±3.5
- ☐ es> EA
- ☑ CF + C > FC
- ☑ X + % <. 70
- ☑ S > 3
- ☐ P < 3 or > 8
- ☐ Pure H<2
- ☑ R <17
- 7 Total

발달질

		(FQ−)
+	= 8	(3)
o	= 5	(0)
v/+	= 0	(0)
v	= 1	(0)

형태질

	FQx	MQual	W + D
+	= 0	0	0
o	= 8	3	8
u	= 3	1	3
−	= 3	1	2
None	= 0	0	0

특수점수

	Lv1-1	Lv1-2
DV	= 1×1	0×2
INC	= 1×2	1×4
DR	= 1×3	0×6
FAB	= 0×4	1×7
ALOG	= 1×5	
CON	= 0×7	

Raw Sum6 = 6
Wgtd Sum6 = 22

AB	= 3	GHR	= 1
AG	= 3	PHR	= 6
COP	= 1	MOR	= 6
CP	= 0	PER	= 0
		PSV	= 0

비율, 백분위, 산출점수

R = 14 L = 0.27

EB	= 5:5.0	EA	= 10.0	EBPer	= N/A
eb	= 1:7	es	= 8	D	= 0
		Adjes	= 8	AdjD	= 0
FM	= 0	SumC´	= 1	SumT	= 4
m	= 1	SumV	= 1	SumY	= 1

감정

FC:CF + C	= 1:4
Pure C	= 1
SumC´:WSumC	= 1:5.0
Afr	= 0.40
S	= 5
Blends:R	= 6:14
CP	= 0

대인관계

COP = 1	AG = 3
GHR:PHR	= 1:6
a:p	= 5:1
Food	= 0
SumT	= 4
Human content	= 6
Pure H	= 2
PER	= 0
Isolation Index	= 0.21

관념

a:p	= 5:1	Sum6	= 6
Ma:Mp	= 4:1	Lvl-2	= 2
2AB + (Art + Ay)	= 6	WSum6	= 22
MOR	= 6	M−	= 1
		M none	= 0

중재

XA%	= 0.79
WDA%	= 0.85
X−%	= 0.21
S−	= 1
P	= 5
X + %	= 0.57
Xu%	= 0.21

처리

Zf	= 12
W:D:Dd	= 9:4:1
W:M	= 9:5
Zd	= +4.0
PSV	= 0
DQ+	= 8
DQv	= 1

자기지각

3r + (2)/R	= 0.36
Fr + rF	= 0
SumV	= 1
FD	= 2
An + Xy	= 1
MOR	= 6
H:(H) + Hd + (Hd)	= 2:4

PTI = 1 ☑ DEPI = 6 ☐ CDI = 2 ☐ S-CON = 7 ☐ HVI = No ☐ OBS = No

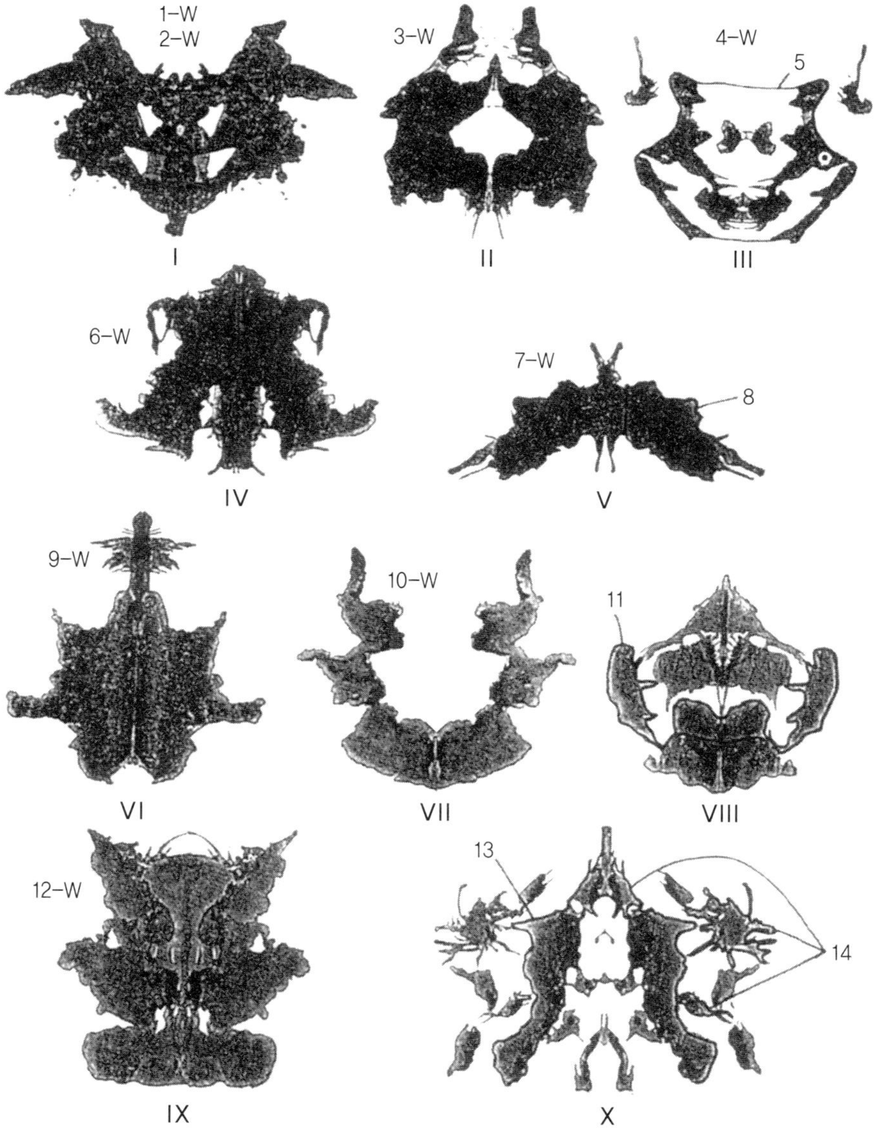

[그림 12-2] 피셔가 선택한 반응영역

처방한 약을 과다복용한 경험이 있으므로 입원기간 동안 처방한 약을 제대로 복용하는지 자세히 살펴보아야 할 것이고 퇴원하여 외래치료를 받는 동안에도 계속 관찰해야 할 것이다.

앞에서 제시한 에반스와 같이 피셔의 기록에서도 DEPI=6이지만 CDI>3으로 상승한 결과는 아니다. 따라서 변인군집을 탐색하는 순서는 정서, 통제, 자기지각, 대인지각, 처리, 중재, 관념 순이다. DEPI=6은 정동장애의 가능성을 강력하게 시사한다(Exner & Weiner, 1995; Weiner, 1998b). 대부분의 우울한 사람들과 마찬가지로 피셔도 감정을 자극하는 상황에 대한 관여를 꺼리고 (Afr=.40), 정서적 스트레스 때문에 큰 부담을 느끼고 있고(FM+m:SumShd=1:7), 상당한 적대감과 분노를 느끼고 있는 것으로 보인다(S=5).

또 전체 반응수가 적고 면접과 검사과정에서 관찰된 정신운동지체도 피셔가 우울하다는 증거이다. 그녀는 한 번 반응하기 시작하면 이야기를 많이 했지만 정신적 에너지는 단지 14개의 반응을 할 정도에 불과했다. 프로토콜에서 나타나고 있는 바와 같이 그녀는 반응을 하기 전이나 반응을 하는 과정에서 가끔 검사를 중단하였고 때로는 상당히 오랜 시간 동안 중단하는 경우도 있었다. 때로는 깊은 한숨을 쉬느라 반응이 중단되는 경우도 있었고 카드 Ⅲ에서는 눈물을 글썽거리며 몇 분 동안 흐느끼기도 하였다. 카드 Ⅱ에서는 한숨을 쉬고 침묵한 뒤에 "음…… 오늘은 힘든 날이군요." 하면서 반응하기 시작하였다.

그러나 놀랍게도 피셔의 구조적 자료에서는 5장에서 지적한 "중요한 2가지 우울요소(dysphoric duo)"는 상승되지 않았다. C′=1과 ColShd=0은 정상 범위로 슬픈 감정을 느끼거나 생활을 즐기는 데 어려움이 있다고 추론할 수 있을 정도는 아니다. 더욱이 그녀는 보통 우울한 사람에게 나타나는 정서적 억제나 정서적 표현을 제한시키지 않고 감정표현이 자유롭다는 확실한 증거들이 있다. SumC′:WSumC=1:5.0는 자신의 감정을 억누르거나 자유로운 표현을 거부하는 경우는 드물다는 것을 지적하는 것이다. 대신에 FC:CF+ C=1:4는 그녀의 감정표현이 극적이고 강렬하고 빨리 바뀌는 사람이라는 것을 지적하는 것이다. 임상적으로 우울한 사람과 DEPI>5인 사람이 로르샤하에서 지나친 감정과 정서적 변동이 나타나는 것은 흔히 경조증적 특징을 가지고 있는 순환성장애나 양극성장애를 지적하는 것이다.

앞에서 언급한 바와 같이 피셔가 말을 많이 했다는 것을 고려하면 단극성 우울장애보다 양극성 우울장애일 가능이 더 높다. 자유반응단계와 질문단계에서 반응한 내용이 기록지의 지면을 다 차지한 것을 보더라도 그녀가 말을 많이 했다는 것은 더 분명하다. 로르샤하에 대한 반응이 단지 14개에 그칠 정도로 우울한 사람이라면 대부분의 반응은 길지 않고 몇 마디 말로 표현하고 말았을 것이다. 피셔는 말의 속도가 느리고 자주 중단하였으나 자발적으로 말을 많이 하였고 말을 많이 할 수 있는 능력과 의도를 가지고 있는 것으로 보인다. 정신운동 지체가 있는 우울한 사람은 자발적으로 정보를 거의 제공하지 않기 때문에 로르샤하로 평가하기 어렵다. 그리고 이들의 반응을 정확하게 채점하기 위해서는 질문이 필요하고 질문을 하더라도 수검자가 과도한 심리적 고통을 느끼지 않도록 자상하게 물어야 한다. 이와는 달리 검사자의 특별한 지시가 없어도 검사가 진행되고 질문이 필요하지 않을 정도로 자유연상의 내용이 자세하고 질문한 내용에 초점을 맞춰 반응했을 경우 수검자의 임상적 양상에서 경조증적 특징이 있는지 검토해 보아야 한다.

스트레스 관리 문제

통제군집에 나타난 자료를 보면 피셔는 일반적으로 정확한 대응력을 가지고 있는 심리적으로 유능한 사람이고 생활에 관한 일상적 요구를 해결하는 데 특별한 어려움은 없을 것으로 보인다. EA=10은 평균보다 조금 높고 CDI=2는 정상범위에 속한다. 더욱이 적응력은 현재 그녀가 경험하고 있는 스트레스를 충분히 관리할 수 있을 것으로 보이고(D=0), 자기만족과 안정감 및 주관적으로 느끼는 불편을 차단하고(AdjD=0) 이러한 D와 AdjD의 점수가 0인 수검자는 전형적으로 심리적 균형을 안정적으로 유지하고 자신의 행동을 정확하게 통제할 수 있다는 것을 반영하는 것이다.

피셔의 정서군집에 대한 해석에서 우울한 사람의 과도하고 변하기 쉬운 정서를 찾아내기 위해 외관상 모순된 증거들을 설명할 필요가 있는 것처럼, 이제 적응력과 안정성을 의미하는 통제군집과 피셔의 과도한 약물복용, 세 번 입원한 경력, 남편을 죽이고 자신도 죽기 위해 권총을 구입한 임상적 배경 간의 모순을 이해할 필요가 있다. 먼저 5장에서 논의한 바와 같이 적응력과 안정성이 심리적 장애를 배제하는 것은 아니라는 사실을 염두에 두어야 할 것이다. 적어도

EA가 평균은 된다는 점에서 시사되고 있는 심리적 자원은 정신병리에 대한 취약성은 최소화시킬 수 있으나 병리적인 생물학적 또는 환경적 영향은 개인의 적응력 수준과는 관계없이 충분히 정신병리를 유발할 수 있다. 심리적으로 안정되어 있다는 것은 일관성이 있고 비교적 변화되지 않는다는 것을 의미하는 것이지 반드시 잘 적응한다는 의미는 아니다. 심리적으로 건강한 사람은 D=0과 AdjD>0에서 지적되고 있는 평형상태를 유지할 수 있지만, 평형상태는 만성적인 증상적 또는 성격적 장애를 반영하는 것일 수도 있다. 그리고 잘 흥분하고 불안정한 사람이라도 일관성만 있으면 평형상태를 유지하는 것처럼 보일 수 있다.

자기통제에 대해서는 5장에서도 논의하였다. D=0이 지적하는 바와 같이 좌절에 대한 참을성이 있고 충동적으로 행동할 가능성이 낮다는 것은 자신의 감정을 지나치게 억제하지 않는 행동지향적인 사람일 가능성을 배제하는 것은 아니다. 이런 행동지향적인 사람은 판단력이 부족하거나 나쁜 의도가 있으면 자신의 안전과 다른 사람의 안전을 위협하는 무모하고 파괴적인 방식으로 행동할 수도 있다. 로르샤하 항목의 −D 점수가 지적하는 충동성은 통제력의 상실과 개인이 불편하게 느끼고 후회와 양심의 가책을 느끼도록 만드는 비특징적 방식으로 행동할 수 있다는 것을 의미한다. 스스로 통제할 수 있는 능력이 없어서가 아니라 선택된 행동이 부적절할 경우 자기파괴적일 수 있다. 이런 자기파괴적인 행동은 일반적으로 자신이 자연스럽고 편안하게 느끼는 행동적 특징이기 때문에 자신의 행동에 대해 진정으로 후회하거나 사과하는 경우는 드물 것이다. 5장에서도 지적하였지만 D=0일 경우에 나타나는 부적절한 행동통제를 나타내는 성격적 경향은 높은 Lambda, 외향적인 EB, FC보다 더 우세한 CF+C, 낮은 FM 등에서도 나타난다.

자기통제의 상실이 아니라 특징적인 성격유형 때문에 생기는 문제행동과 관련 있는 4변인 중 피셔는 Lambda가 상승하지 않았고 매우 외향적인 EB도 아니었다. 이미 논의한 바와 같이 FC:CF+C 비율은 매우 불균형을 이루고 있고 FM=0은 어떤 욕구가 일어나자마자 곧바로 행동으로 옮기기 때문에 그런 욕구상태를 의식하지 못하는 사람일 수 있다는 것을 시사하는 것이다. S=5와 함께 색채를 조절하지 않고 사용한 것과 FM=0은 임상병력에 나타나는 바와 같이 분노와 적개심의 표출과 일치하는 것이다. 분노와 적개심의 표출이 판단력의 부족 때문인지의 여부는 인지기능을 검토할 때 고려해야 할 중요한 문제이다.

통제군집에 관한 다른 2가지 자료의 특징으로 피셔의 EA=10은 두 측면에서 적응력을 그렇게 잘 반영해 주지 못한다. 첫째, 피셔는 양면적인 EB 유형(M:SumC=5:5.0)을 가지고 있다. 이것은 그녀가 행동을 선택하는 방법에 일관성이 없고 예측하기 어렵다는 것을 의미한다. 둘째, 평균에 속하는 es=8의 구성은 규준적 자료에서 기대할 수 있는 것과는 뚜렷한 차이가 있다. 전체 es 중 반은 4개의 T 반응에서 나온 것으로 T 반응이 이 변인을 비일상적으로 상승시켰다. 이러한 상승은 다른 사람과 가깝고 친밀한 관계를 갈망하는 욕구가 충족되지 못해서 생긴 매우 고통스러운 감정을 시사하는 것이다.

개인적 및 대인관계적 문제

자기이미지와 관련해서 피셔는 자기인식능력이 평균에 속하고(FD=2) 자신의 생활과정에서 실제적인 인물에 대한 동일시를 바탕으로 정체감을 형성할 수 있는 최소한의 능력을 가지고 있는 것(H=2)으로 보인다. 그러나 H:(H)Hd(Hd)=2:4은 자신에 대한 인식이 실제적 대상보다 상상적인 인물이나 부분적으로 실제적인 대상에 대한 동일시에 근거할 가능성을 제기하는 것이다. 더 심각한 문제는 그녀가 만성적으로 자신을 거의 존중하지 않고(3r+(2)/R=.29) 자신의 신체와 신체적 기능에 대해서도 상당히 부정적인 태도를 가지고 있다(MOR=6)는 점이다. MOR 반응의 주제내용에 대한 계열분석을 보면 그녀가 자신을 손상된 사람으로 지각하는 정도를 알 수 있을 것이다.

피셔의 로르샤하 기록에서는 처음부터 병적인 내용으로 시작해서 연속해서 4개의 병적 반응이 나타났다. 즉 그녀는 자신을 주로 찢겨지고 부서진 사람과 동일시하거나 그렇게 나타내고, 자신의 몸에 나쁜 짓을 해 왔고, 한때 그랬던 것처럼 앞으로도 방황할 것이라는 점을 시사하고 있다. 첫 번째 반응은 "싸워서 다치고 털이 찢어진" 고양이 얼굴이다. 이 반응은 피셔가 누더기 옷을 입고, 쇠약한 사람처럼 매춘행위를 하였던 자신을 그대로 강하게 드러내고 있다. 카드 Ⅰ에 대한 2번째 반응은 "한바탕 난폭한 소동으로 날개와 몸이 찢어진" 박쥐이다. 질문단계에서 박쥐는 "온통 찢어지고 구멍도 났다."라고 하였다. 카드 Ⅱ에 대한 3번째 반응은 "곰처럼 생긴 괴물이나 뭐 그런 것"으로 보았고 불 속에서

"다리가 타고 있고 고통스러워한다."라고 하였다. 카드 Ⅲ에 대한 4번째 반응은 "반쯤 파괴된" 어떤 것을 두고 싸우는 두 여자로 보았다.

이렇게 그다지 병적인 것으로 보이지 않는 반응이 연속된 뒤에 카드 Ⅴ에 대한 8번째 반응과 카드 Ⅵ에 대한 9번째 반응에서 동일한 주제가 계속되었다. 8번째 반응은 "난도질당하거나 죽어 있는 악어"로 보았고 "상처를 입었거나 내장이 밖으로 튀어나온 것 같다"고 하였다. 카드 Ⅵ에 대한 9번째 반응은 "길바닥에 깔려 죽은 코요테"로 보았고 코요테가 "바퀴가 큰 트럭에 깔려 죽은 것 같다."라고 덧붙였다.

이들 6개의 MOR 반응은 부정적인 자기상에 대한 함의가 있을 뿐만 아니라 반응의 특징을 나타내는 다른 맥락에서 나타났다. 첫 번째 반응과 9번째 반응은 재질을 포함하는 병적인 내용이다. 이런 반응은 신체적 손상에 대한 관심과 다른 사람과의 관계에서 자신이 원하는 만큼 친근성과 친밀성을 느끼지 못하는 것에 대한 관심과의 심리적 관련성을 시사하는 것이다. 카드 Ⅰ에 대한 첫 번째 반응부터 재질이 나타나는 경우는 매우 드물다. 이런 반응은 피셔가 자신을 마치 상처를 입은 사람처럼 다른 사람의 도움이 필요한 사람으로 보고 또 그렇게 나타낸다고 믿는 이유가 될 수 있다. 2번째 반응에 나타난 병적인 내용은 그녀의 기록에서 유일한 FC′ 반응이다. 카드 Ⅰ에 대한 이러한 두 반응과 반응계열은 피셔가 심한 우울감을 경험하지 않는다고 하더라도 자신이 심리적으로 상처를 입었거나 정서적으로 박탈당했다고 지각할 때 우울해지기 쉽다는 것을 시사하는 것이다.

이런 반응 뒤에 나온 두 MOR 반응도 분노와 주장성을 포함한 복잡한 반응이다. 이러한 반응들은 피셔가 고통스러운 자기지각에 대한 방어를 시도하고 있다는 것을 지적하는 것일 수 있다. 앞서 지적한 바와 같이 3, 4번째 반응도 병적인 내용이고 반응시간이 지연되었다. 그러나 1, 2번째 반응에서 나타난 FT와 FC′는 사라지고 3번째 반응은 ma.Ma.CF이고 4번째 반응은 Ma.C로 능동적 운동과 밝은 색채로 대치되었다. 물론 카드 Ⅰ보다 카드 Ⅱ와 Ⅲ은 카드의 특징 때문에 다양한 결정인을 선택할 수 있다. 카드 Ⅱ와 Ⅲ은 수검자가 반응형성에 사용하려고 하면 사용할 수 있는 많은 회-검정색과 음영이 있어서 이들 잉크반점에 대해 굳이 붉은색을 정교화할 필요는 없다.

"불길이 나와 곰 같은 괴물을 태운다."는 3번째 반응은 아직도 상해를 입고 있는 상태를 의미하지만 그 괴물은 더 이상 수동적이고 무력하게 된 희생물이 아니다. 오히려 그 괴물은 "폭발(우주선이)하는 것을 막으려고 시도하는 것"이라는 설명이 시사하는 것처럼 적극적으로 시도하고, 붉은색이 상징하는 감정은 "격정"으로 바뀌었다. 4번째 반응에서 또 다시 붉은색으로 상징된 "격정"은 화가 나서 싸우고 있는 두 여자로 나타났다. 이 반응도 역시 "파괴된 것"이 아니라 반씩 잡고 잡아당기는 물건이었다. 따라서 첫 두 반응에 나타난 도움의 요청, 불행감, 희생물은 그 뒤 두 반응에서는 상반되는 힘과 사람이 적극적으로 다투고 분노를 외부로 표출하려는 적극적 시도로 대치되었다.

이러한 방어방식은 때때로 우울을 회피하는 데 도움이 되는 것으로 보인다. 그러나 피셔의 경우 이러한 방어가 너무 지나치다. 외부로 향한 분노는 "격분"으로 바뀌었고 감정표현은 주지화되고 제대로 조절되지도 않았다(3번째 반응과 4번째 반응의 AB, 3번째 반응의 CF와 4번째 반응의 C). 그리고 4번째 반응은 FABCOM으로 추론과정의 비논리성을 지적하는 것이다. 더욱이 3, 4번째 반응에서 방어적 노력은 성공적이지 않았고 오히려 더 황폐화되었다. 즉 5번째 반응에서 "남자의 윤곽. 나비넥타이와 턱시도가 있다."라는 반응은 형태질이 −이다. 이 반응은 경조증이 확대된 정서유형과 일치하는 것으로 우리는 여기서 우울감에 대한 부자연스럽고 지나친 방어반응을 볼 수 있다. 즉 단호한 부인, 비일상적인 열정적 노력, 외부로 향한 강렬한 정서는 양극성장애와 관련이 있을 것이다.

뚜렷하게 투사된 요소를 포함하는 반응을 자세히 검토해 보면 피셔의 심상에서 중요한 2가지 부가적인 주제를 더 발견할 수 있다. 첫째, 그녀는 환경에 있는 위험요소와 그녀를 통제할 수 있고 의도적으로 해를 끼칠 수도 있는 사람들에 의해 자신이 좌우되는 것을 지나치게 염려하는 사람으로 보인다. 카드 Ⅳ에 대한 6번째 반응에서 M.FD.FT를 포함시킨 것은 매우 놀라운 일이다. "털이 많은 큰 거인"이라는 반응은 매력적이고 친근한 관계를 맺을 수도 있는 강력한 힘을 가지고 있는 인물을 의미하지만 위험하기 때문에 일정한 거리를 둘 수 밖에 없다(FD). 즉 피셔는 "발이 엄청나게 크다. 완전히 밟아버릴 수 있을 정도로. 갈고리 모양의 팔이 있어서 당신을 갈고리에 걸고 원하는 곳으로 데려갈 수도 있다. 그리고 또 침 같은 것이 있다."라고 하였다. 카드 Ⅷ에 대한 11번째 반응에서 "이 여자를 정복해서 통제하려는 것 같은" 동물이라는 반응은 M−이다.

그리고 카드 Ⅸ에 대한 12번째 반응에서 "어떤 사람이 이유는 알 수 없지만 숲 사이로 몰래 엿보고 있군요. 사악한 눈을 가진 사람이다."라는 묘사도 M반응이다. 위협을 환경에 투사하는 것은 1번째 찢겨진 고양이라는 반응에도 나타났고 여기서도 "사악한 고양이의 얼굴"이라고 하였고 카드 Ⅴ에 대한 7번째 반응에서는 "위험한 곤충"이라고 하였다. T 반응이 포함된 기록과 마찬가지로 피셔도 HVI가 상승하지는 않았지만 이런 심상들은 상당한 편집증적 관념을 나타내는 것이고 입원당시 면담에서도 이런 경향이 나타났다.

피셔의 심상에서 또 다른 중요한 주제는 11, 13번째 반응에서 나타났다. 11번째 반응은 동물의 통제를 받고 있는 여자로 형태질이 －이다. 피셔는 단지 "골반"과 "생식기관"만 언급하였고 "자궁절제"를 한 것처럼 보인다고 하였다. 생식기관에 대해 더 질문했을 때 그녀는 자신의 인상을 철회하고 "그냥 골반"이라고 하였다. 이것은 부인기제를 적응적으로 사용한 결과이다. 13번째 반응에서 "여자의 몸"이고 "몸속이 훤히 들여다보이는 난소"라는 반응도 역시 형태질이 －이다. 피셔가 "자궁절제"라는 반응에서 경험한 혼란스러운 심리적 불편(disorganizing distress)은 카드 Ⅷ에서 반응의 형태질이 －이고 다른 반응을 할 수 없었다는 사실에서 더 뚜렷하게 나타났다. "난소"라는 반응에 나타난 －형태질의 의미는 수준 2 INCOM과 DR이 지적하고 있는 인지적 오류 때문에 더 중요한 의미가 있다. 이 반응은 신체의 외부와 내부가 다 보인다는 불가능한 투영효과 때문에 INCOM으로 분류하였고 반응의 내용이 매우 흥미롭기 때문에 DR로 채점하였다.

피셔는 자신이 상처받고 희생당하고 외부로부터 조종당하는 존재라는 생각 때문에 상당한 심리적 고통을 경험하고 있다는 것은 분명하다. 특히 그녀가 생식기관에 대해 불편한 관심을 나타내는 것은 자궁절제 수술을 받은 뒤에 우울증에 빠졌던 실제적인 병력과 일치하는 것이다. 이제 그녀가 겉으로 보기에 생식기관과 비슷한 로르샤하 자극에 의해 누적된 관심을 어떻게 처리하는지를 알아보기 위해 13번째 반응을 보기로 하겠다. 그녀는 속이 훤히 들여다보이는 여성에 대해 자극과제와 관계없이 환상적으로 정교화하였다. 즉 "타원형의 머리"와 "불룩한 눈"을 가지고 있고 신체의 내부가 훤히 들여다보이는 여자가 "패션쇼 하는 것 같다."라고 하였다. 그리고 이 여자는 "털 달린 재킷을 입었고. 부자처럼 보이고 돈이 많아 원하는 옷은 다 입을 수 있고 자유롭기 때문에 원하는 것은 뭐든 다 할 수 있다."라고 하였다. 피셔의 환상에서 부유하고 잘 차려입고 자유로운 여자는 아마도 자신에게는 불가능한 꿈만 같은 이상을 나타내는 것이라고 볼 수 없을까? 이러한 유토피아적인 환상은 우울증을 피하기 위해 지나치게 부인기제를 사용하고 그 결과 양극성장애의 특징을 나타낼 수 있는 사람의 방어적 노력이다.

피셔의 대인관계에 관한 구조적 자료에서 T=4는 다른 사람들과 친밀한 애착을 형성할 수 있는 적절한 능력이 있다는 것과 자신이 원했던 만큼 사랑, 애정, 친밀감을 느끼지 못해 심한 박탈감을 경험하고 있을 외로운 여인이라는 것을 지적하는 것이다. 그녀는 사회적 상황에서 불안정성을 나타내고(H:(H)Hd(Hd)=2:4) 다른 사람과의 상호작용을 협력으로 보지 않고 경쟁적으로 보는 경향이 있다(COP=1, AG=3). 그러나 주제심상에서 편집증적 성향이 지적되고 있으나 그녀는 다른 사람들에 대해 적절한 관심을 유지하고 있는 것으로 보이고(SumH=5) 지나치게 고립되어 있다는 증거(ISOL=.07)도 없다.

인지적 문제

피셔의 프로토콜에서 경험에 대한 주의와 관련된 인지적 자료는 그녀가 대부분의 사람들만큼 초연하고 객관적인 방식으로 상황을 처리하지 못한다는 것을 지적하고 있다. 낮은 Lambda(.27)가 지적하는 바와 같이 그녀는 사건에 지나치게 관여하고 심지어 일상적인 일을 더 복잡하게 만드는 경향이 있다. 앞에서 제시한 에반스의 경우와 마찬가지로 피셔도 참조체계의 폭을 좁히고 상황에 대해 더 사실적으로 접근할 수 있게 되면 기분도 좋아지고 더 효율적으로 기능할 수 있을 것이다. 로르샤하 용어로 표현하면 그녀의 치료는 자신의 생활에서 더 많은 순수한 F 반응을 하도록 도와주는 데 초점을 맞출 필요가 있다.

피셔가 쉬운 방식으로 일을 처리하기 어렵다는 것은 낮은 Lambda와 함께 W:D:Dd=9:4:1에 반영되어 있으며 일을 처리하는 과정에 과도하게 통합하는 사람으로(Zd=+4) 보인다. W 반응이 9개인 데 반해 D 반응은 단지 4개에 불과하다는 것은 그녀가 일상적 경험의 전체적 측면보다 분명한 부분에 쉽게 주의를 기울이는 노력이 부족하다는 것이다. 또한 정적으로 상승한 Zd는 효율적인 문제해결과 조심스런 의사결정에 필요한 것보다 더 많은 정보를 추구하고 수집하는 경향을 나타내는 것이다. 이런 결과는 처리과정에 지나치게 조심한 나머지 오히려 문제를 처리하는 속도가 지연될 가능성을 시사하는 것이다. 이러한 정보처리 방식은 경조증적인 사람들에게서 기대할 수 있는 것과는 다르다. 이들은 피셔보다 훨씬 더 의사결정을 서두르고 부주의한 경향이 있다. 또한 피셔가 상황을 검토할 때 지나치게 신경을 쓰는 것은 자신이 통제당하고 희생당할 것에 대한 염려와 관련이 있을 수 있고 이런 민감성은 편집증적 관념과 관련이 있을 수 있다.

피셔가 자신의 경험에 대해 주의를 기울이는 방식도 생활과 관련된 사건을 잘못 지각하는 경향처럼 뚜렷하다. X−%=.21, XA%=.79은 정신병적 범위(X−%>.29, XA%<.70)는 아니라고 하더라도 현실검증력이 부족하여 판단에 오류가 있을 가능성을 의심할 수 있을 정도로 높다. 반면에 그녀의 WDA%=.85는 정상범위이며, 전체 14개의 반응 가운데 형태질이 −인 반응이 3개 있다. 이들 중 2개는 생식기관에 대한 심각한 염려와 관련되어 있다. 즉 11번째 반응에서 "자궁절제 수술을 받은" 여자와 13번째 반응에서 "난소"는 생식기관과 관련이 있는 반응이다. 따라서 현실왜곡과 판단력의 저하는 행동방식의 특징이 아니라 생식기능에 대해 생각하도록 하는 상황에서 주로 나타나는 적응적 취약성이다.

마지막으로 관념사용과 관련된 자료에서 피셔가 지나치게 숙고하거나 기발한 사람이라는 지적은 없다. 낮은 Lambda가 과도하게 정보를 통합하는 사람이라는 것을 지적하는 바와 같이 그녀는 폭넓게 관찰하고 상당한 정보를 수집하겠지만 양면적 EB(5:5.0)는 관찰한 정보에 대해 특별히 심사숙고하지 않는다는 것을 시사하고 있다. 그녀는 또한 문제를 해결하는 방법으로 환상을 사용하지도 않는다(Ma:Mp=4:1). 반면에 그녀는 주지화적 방어에 과도하게 의존하는 것으로 보인다(2AB+Art+Ay=4). 그러나 INTELL=6은 CF 또는 C 반응이 결정인으로 포함된 각 카드 Ⅱ, Ⅲ, Ⅷ에서 AB 반응으로부터 나온 것이라는 점에서 흥미롭다. 이러한 반응들은 그녀가 자신의 강한 정서적 경험과 무언의 긴장으로부터 거리를 두려는 노력을 나타내는 것이다.

관념적 자료에 나타나고 있는 주지화보다 피셔에게서 더 문제시되는 것은 비융통성과 사고장애의 가능성이 지적된다는 점이다. 특히 비융통성은 적응에 대한 더 직접적인 취약점일 수 있다. 앞에서 기술한 에반스와 마찬가지로 a:p=5:1로 불균형을 이루는 것은 자신의 사고방식을 변화시키는 것에 대해 상당히 저항할 수 있다는 것을 지적하는 것이다. 피셔는 자신의 방식을 고수하려고 하고, 기존에 자신이 가지고 있는 관점과 다른 관점에는 관심을 두지 않고, 어떤 일에 대한 자신의 견해를 바꾸려는 제안을 수용하지 않을 가능성이 높다. 다른 사례에서 언급했듯이 이런 인지적 경직성은 정신치료를 방해하고 치료를 조기에 중단할 위험과 관련이 있다. 피셔가 4년 동안 외래치료를 받았으나 성공적이지 못했던 것은 바로 로르샤하의 인지적 경직성 지표에서 측정된 변화에 대한 저항을 반영하는 것일 수 있다.

사고장애와 관련된 측면에서 WSum6=22는 지각적 사고 지표(PTI)의 최소 준거(WSum6>17)보다 훨씬 높고 이런 결과는 연상의 이완과 비논리적 추리를 강하게 시사하는 것이다. 그러나 11장에 제시한 카터(WSum6=18)와 마찬가지로 이 점수를 구성하는 변인들을 신중하게 고려해야 한다. 피셔의 경우 카터처럼 피셔의 7개 결정적 특수점수는 상승된 WSum6이 시사하는 부적응을 최소화시키지 못한다. 7개 특수점수 중 2개의 DR, 1개의 FABCOM, 1개의 ALOG는 사소한 인지적 오류(수준 2의 FABCOM, 수준 2의 INCOM, DR, ALOG)가 아니라 심각한 인지적 문제와 관련이 있고 2개는 사고장애를 상정할 수 없는 수검자에게서는 거의 나타나지 않는 수준 2에 속하는 기이한 반응이다. 동시에 WSum6=22 중 7점은 단일반응(single response)으로 채점되었다는 것과 반응 13에서 나타난 INCOM2와 DR은 반복되는 염려 때문에 혼란스럽다는 것을 나타내주는 것이므로 매우 중요하다.

피셔의 결정적 특수점수에서 WSum6의 구성을 보면 양극성장애가 있는 사람들에게서 가끔 볼 수 있는 사고장애와 정신분열병의 사고장애를 감별하는 데 도움이 될 것이다. 정신분열병의 사고는 일반적으로 비논리적 추론이 지배적이고 간결하게 표현하고 더 이상 논의하고 싶지 않는 것처럼 정교화되지 않는 것이 특징이다. 반면에 양극성장애의 사고장애는 대개 연상이완이 지배적이고 길게 두서없이 표현하는 것이 특징이다. 그리고 이들은 삼천포로 빠지는 것과 같은 일탈적 사고에 대해 이야기하는 것을 즐기고 더 자세하게 말하라고 하면 보통 더 부풀려서 말한다.

피셔는 양극성장애로 보이나 현재는 우울하고 다소 편집증적 경향이 있고 한 유형의 사고장애만 나타나는 것이 아니다. 결정적 특수점수는 DR과 FABCOM 모두 포함하고 있다. 그러나 비록 그녀가 항상 반응을 정교화시키지는 않았지만

13번째 반응에 나타난 DR에서 원하면 무슨 일이든 자유롭게 할 수 있고, 부유하고 잘 차려입은 여성이라는 반응은 상당히 낙관적인 이미지를 포함하고 있다. 그리고 WSum6을 구성하는 7개의 반응은 13번째 반응과 같이 간결하지 않고 상당히 정교화되어 있다. 이런 측면들을 고려할 때 피셔는 정신분열장애가 아니라 양극성장애에서 볼 수 있는 사고장애에 더 가깝다고 볼 수 있다(Weiner, 1998b).

요컨대, 이 사례에서 로르샤하 결과는 피셔가 만성적으로 우울하고 자신에 대해 심각한 부정적인 태도를 가진 여자라는 것을 밝히는 데 도움이 되었다. 그러나 이와 상반되는 결과도 있다. 즉 그녀는 불안정하고 예측이 불가능한 사람이지만 이러한 비일관성은 성격적 기능에서 보면 분명히 안정적이고 지속적인 측면이다. 그녀의 불안정은 대부분 우울을 회피하기 위해 방어를 사용할 때 나타나고 그 결과 많은 기분부전을 보이지는 않지만 특히 극적이고 확산된 정서와 같은 다양한 양극성장애의 특징을 나타내고 있다.

더욱이 피셔는 적대적인 세상에서 자신이 희생당하고 있다는 느낌과 편집증적 관념과 심각한 수준의 자살경향 및 살인경향을 가지고 있는 사람으로 보인다. 비록 순간적으로 자신을 적절히 조절할 수 있는 것처럼 보이지만, 그녀는 자궁절제 수술로 인해 상당한 장애를 경험하고 있고 자신의 생산능력에 대해 지나치게 집착해서 분명하게 사고할 수 있는 능력과 현실적인 판단력이 방해받을 수도 있을 것이다. 구조화된 지지치료와 치료과정에 대한 면밀한 관찰이 반드시 필요하다고 생각된다.

13
스트레스 관리

일상생활에서 우리는 심리적 자원을 필요로 하는 의사결정과 문제해결 상황에 직면한다. 5장에서 언급한 바와 같이 스트레스를 적응적으로 관리하기 위해서는 개인이 일상생활에서 경험하는 요구를 해결할 수 있을 정도로 충분한 대응능력이 있어야 하고 일상생활의 요구를 만족스럽게 대응할 능력이 없으면 스트레스 관리가 부적절해지고 전형적으로 부적응적인 결과가 초래될 수 있다. 또한 주관적으로 느끼는 불편을 최소화시키고 일관성 있게 대응하기 위한 적절한 자원이 있으면 성공적인 적응과 안녕(well-being)을 향상시킬 수 있다. 반대로 자원이 불충분하고 스트레스를 과도하게 경험하고 대응노력에 일관성이 없으면 광범위한 적응문제가 생길 수 있다.

스트레스 관리에서 장점과 단점은 〈표 3-1〉의 통제군집에 나열되어 있는 RIM의 변인으로 측정한다. 〈표 3-2〉에 제시되어 있는 바와 같이 종합체계 탐색전략을 적용할 경우, 다음과 같은 3가지 조건이 충족되면 처음부터 통제군집에 관심을 두어야 한다: (1) 상황적 스트레스를 시사하는 D<AdjD일 때; (2) 대응능력의 전반적 결함을 나타내는 CDI>3과 EA<6일 때; (3) 자신의 일상생활의 요구에 대응하는 데 필요한 충분한 자원을 습득할 수 있는 능력부족과 관련 있는 오래 지속된 주관적 불편을 지적하는 AdjD<0일 때.

이러한 3가지 조건은 앞장에서 논의한 사례들의 특징이다. 10장에 제시한 베이커는 스트레스 관리능력의 손상을 지적하는 3가지 조건 중에서 2가지를 나타내고 있고(D<AdjD와 AdjD<0) 실제로 여러 가지 적응문제를 나타내고 있으나

근본적으로 낮은 Lambda를 설명하기 위해 선택한 것이다. 11장에 제시한 카터는 상황적 불편이 있다는 증거(D<AdjD)가 있으나 관해상태의 정신분열병과 관련 있는 사고장애를 설명하기 위해 제시하였다. 12장에 제시한 에반스는 지속적인 과도한 스트레스를 나타내고(D<Adj) 있으나 그녀의 로르샤하 기록에서 가장 뚜렷한 것은 대인관계문제와 우울장애(DEPI=6, CDI=4)이다. 이 장은 D<AdjD가 기록의 출발점이 되고 상황적이거나 지속적인 과도한 스트레스가 관심의 초점인 2가지 사례를 포함하고 있다.

먼저 이들 두 사례는 〈표 3-2〉에 제시한 첫 9개 핵심변인 가운데 D<AdjD이 유일한 정적 변인이다. 이 점에 대해서는 더 언급할 필요가 있다. 3장에서 논의한 바와 같이 종합체계 탐색전략에서 검토하는 첫 9개 핵심변인은 어떤 유형의 증상적, 성격적, 발달적 장애에 민감하다. 이들 9개 핵심변인 다음에 나오는 10번째 변인은 개인의 내향적 또는 외향적 대처유형에 대한 선호를 나타내는 것이지 반드시 정신병리를 의미하는 것은 아니다. 선행된 9개 핵심변인 중 어떤 변인에도 해당되지 않고 10번째 핵심변인에 해당되는 사람은 DSM-IV의 축Ⅰ과 축Ⅱ의 장애보다 적응장애로 진단되거나 전혀 장애가 없을 가능성이 높은 합리적으로 잘 통합된 사람이다. 비록 진단할 수 있는 심리적 장애가 있다거나 장애의 정도를 정확하게 지적하는 지표를 제공하는 것은 아니라고 하더라도, 핵심변인의 첫 9개 변인과 〈표 3-2〉, 〈표 3-3〉에 제시되어 있는 나머지 변인의 차이를 파악하면 로르샤하 프로토콜을 통해 실제적인 적응문제가 있는지 그리고 치료가 필요한지를 판단하는 데 유용한 지침으로 사용할 수 있다.

이 장에서 제시한 첫 사례는 어떤 상황적 불안이 없으면 생활을 잘 꾸려나갈 수 있는 사람이라고 생각할 수 있다. 앞으로 밝혀지게 되겠지만 첫 9개 핵심변인 중에서 D<AdjD가 유일하게 상승되어 있는데, 이는 의미는 뚜렷한 적응문제나 문제적 생활상황을 배제하는 것은 아니다. 이 사례는 스페인계 갱조직에 가담하고 있는 십대로 두 사람이 살해된 사건에 연루되어 법정에 설 수 있는 능력과 살인 당시의 정신상태를 감정하기 위해 검사가 의뢰되었다. 그는 심각한 장애는 없었으나 대응기술이 제한되어 있고 판단력이 부족하고 시키는 일만 하는 부적응적인 경향이 있었다. 두 번째 사례는 치과대학에 다니는 백인으로 학업성적이 좋지 않고 주의집중 문제를 호소하고 있었다. 그의 대응기술은 일반적으로 정확하나 대인관계에서 중요한 문제들을 나타내고 있었다.

사례 7: 살인사건에 연루되어 고발된 10대 갱단원

루이스(Luis)는 시내 중심에 있는 작은 아파트에서 아버지와 함께 살고 있는 15세의 스페인계 소년이다. 그는 지난 2년 동안 자신보다 나이가 많은 아이들과 함께 대부분의 시간을 거리에서 보냈다. 이들은 돈을 벌기 위해 막노동을 할 때도 있었지만 대부분 사소한 범법행위로 "쉽게" 돈을 벌려고 하였다. 그리고 이들은 이웃이나 공공장소 등 다양한 곳에서 다른 사람들에게 피해를 주는 행동을 하면서 "길거리를 배회하면서" 자신들의 영역을 유지하고 있었다. 루이스는 이 집단에서 마치 마스코트나 어린 동생과 같은 대우를 받으며 보호를 받았고 동시에 허드렛일과 다른 조직원의 심부름을 도맡아 한 것으로 보인다.

어느 날 한 조직원의 집에 침입하여 돈과 마리화나를 훔친 용의자로 지목된 두 소년이 인적이 드문 곳에 끌려왔다. 루이스를 제외한 다른 조직원들이 의논한 뒤에 루이스에게 어떤 사람을 찾아서 "강도" 용의자가 묶여 있는 곳으로 데려오라고 했다. 루이스는 왜 자신이 가서 그 사람을 찾아와야 하는지 도무지 알 수 없었을 뿐만 아니라 앞으로 어떤 일이 일어날지 전혀 예상하지 못했다. 그러나 이 사람의 별명이 "총잡이"라는 것을 알고 있었다.

어디에 가면 그를 찾을 수 있는지 알고 있었으므로 루이스는 총잡이를 찾아서 두 소년이 잡혀 묶여 있는 곳으로 데려왔다. 누가 라디오를 틀어 소리를 크게 높였다. 그 총잡이는 연발권총을 꺼내어 암흑가의 행동대장처럼 두 소년의 머리를 관통시켰다. 그런 다음 그는 루이스에게 이불을 주면서 시체를 싸라고 하였다. 루이스는 다른 조직원들과 함께 시체를 차에 실었다. 조직원들은 흩어졌고 루이스도 집으로 돌아와 샤워를 하고 입고 있던 옷을 버렸다. 루이스는 그날 저녁에 있었던 일을 아버지에게 모두 털어놓았다. 그의 아버지는 루이스를 경찰서로 데리고 갔고 루이스는 사건의 전말에 대해 모두 털어놓았다. 뒤에 사건에 연루된 사람들은 모두 납치 및 살인죄로 연행되었다.

이런 일이 있기 전에도 루이스는 음주, 배회, 가출 등으로 여러 번 경찰서에 끌려갔으나 구속된 적은 없었다. 13세 때부터 맥주를 마시고 마리화나를 피웠고 그 이후 두 번 약물을 과도하게 복용한 적도 있었다. 학교도 9학년까지는 그럭저럭 다녔으나 마지막 해에는 성적도 매우 좋지 않았고 무단결석도 잦았다.

심리적 장애를 앓았던 병력은 없었고 웩슬러 지능검사를 실시한 결과 전체 지능지수는 91이었다. 이번에 체포되기 전에 루이스는 주로 "길거리를 서성거리면서 담배를 피우고 술을 마시고 그 외의 별다른 짓은 하지 않으면서 생활하였다."라고 하였다. 그는 두 명이 죽었다는 사실을 매우 안타까워했고 "그 장면이 정말 끔찍했다."라고 말했다. 그는 범죄 모의와 아무런 관련이 없었고 두려워할 것도 없어서 시체를 버리는 것을 도왔다고 했다. "그 비열한 놈이 총을 들고 옆에 서 있었고 시키는 대로 하지 않으면 나에게도 그렇게 쏠 것이라는 생각이 들어서 무서웠다."라고 하였다.

〈표 13-1〉 루이스의 로르샤하 프로토콜

반응	질문
카드 I	
1. 토끼.	검: (반응 반복) 수: 귀가 여기 있고(Dd34). 꼭 얼굴 같이 보이네요.
2. 늑대. 그런 생각이 드네요.	검: (반응 반복) 수: 늑대 같다는 생각이 들었어요. 사악한 얼굴. 검: 어떤 점에서 사악하다고 생각했나요? 수: 눈꼴이요. 모양도 그렇고.
카드 II	
3. 얼굴. 피투성이가 된 얼굴. 코와 입도 있고.	검: (반응 반복) 수: 눈은 여기(D2)고 광대뼈는 여기(D1). 마치 피를 흘리고 있는 것같이 보이고. 아니 온통 피투성이가 된 얼굴 같고 여기 아래(D3). 코는 여기(D4)고 입은 여기(DS5).
4. 바로 여기는 심장 같고. 그게 다예요.	검: (반응 반복) 수: 바로 여기요. 심장처럼 보이고 또 색도 붉고요.
카드 III	
5. 나비 넥타이 같고. 바로 이 부분은 빨간 리본.	검: (반응 반복) 수: 바로 여기요. 빨간 나비 리본 같이 보이고.
6. 종이요. '덩', '덩' 울리는 종.	검: (반응 반복) 수: 이렇게 매달려 있고 (지적) 소리가 나는 부분은 여기(Dd31)고요. 검: 어느 부분을 그렇게 보았는지 잘 모르겠네요 수: 이곳 주위가 그렇게 보여요(불명확한 D1).

〈표 13-1〉 루이스의 로르샤하 프로토콜(계속)

반응	질문
7. 드레스처럼 보이기도 하고. 그게 다예요.	검: (반응 반복) 수: 이 부분(D2)을 빼면 그렇게 보여요. 나비 리본 때문에. 검: 어떻게 해서 드레스로 보았는지 잘 모르겠군요. 수: 그냥 그렇게 보여요. 검: 좀 더 설명해 주세요. 수: 둥근 드레스와 같고. 그게 다입니다. 그리고 여기(Dd32)는 숙녀의 유방이 있는 곳으로 보이고.
카드 IV	
8. 나무에 어떤 사람이 매달려 있다. 장화를 신고.	검: (반응 반복) 수: 장화는 여기(D6)고 나무는 여기(D1)고. 여기 위(D3)에는 얼굴 같고. 몸이 나무에 걸려 있고. 검: 몸이 나무에 걸려 있다고 했지요? 수: 매달려 있는 것이 아니라 걸려 있는 거예요.
9. 옆에는 두 마리의 오리가 있고.	검: (반응 반복) 수: 부리가 오리 같이 보이네요. 예전에 검고 흰 오리를 본 적이 있습니다. 꼭 그 오리의 머리 같이 보이네요.
10. 뱀이나 코브라 같이 보이고. 이 윗부분이. 그게 다예요.	검: (반응반복) 수: 코브라의 머리 같고. 왕 코브라. 옆에 있는 이거요.
카드 V	
11. 박쥐처럼 보이고.	검: (반응 반복) 수: 머리, 날개, 다리는 여기.
12. 나비.	검: (반응 반복) 수: 나비처럼도 보이네요. 날개가 있고 안테나 같은 것이 나와 있으니까.
13. 그리고 바로 여기는 두 마리의 악어.	검: (반응 반복) 수: 여기는 입 같이 보이고 입을 약간 벌리고 있는 것 같네요. 악어처럼 얼굴이 길고 내밀고 있네요. 머리만.
14. 그리고 윗부분은 토끼의 머리. 여기요.	검: (반응반복) 수: 귀가요. 머리와 얼굴도 비슷하고.
카드 VI	
15. ∨∧ 여기는 인디언 도끼 같이 보이고.	검: (반응 반복)

〈표 13-1〉 루이스의 로르샤하 프로토콜(계속)

반응	질문
	수: (나무하는 흉내를 하면서) 인디언들이 사용하던 물건. 이곳(D3)과 이곳(D5)이. 이 부분(D4)을 빼고.
16. 여기와 여기는 개의 얼굴처럼 보이고. 실제로 이런 얼굴을 보지는 못했지만.	검: (반응 반복) 수: 양쪽에 코, 긴 얼굴. 눈썹 같은 것도 있고.
카드 VII	
17. 소녀의 얼굴. 머리를 뒤로 땋아 올린 두 소녀의 얼굴. 몸집은 매우 작은 것 같고 목은 길고 꼬리가 있는 것처럼 보이네요. 다르게 보이는 것은 없어요.	검: (반응 반복) 수: 이것이(D5) 땋아 올린 머리고. 여기 머리와 눈, 코와 입, 긴 목. 검: 몸도 보이나요? 수: 네. 팔이 없는 자그마한 몸(D3). 그리고 꼬리(Dd21)가 있는 것 같네요. 검: 꼬리가 있다고요? 수: 네.
카드 VIII	
18. > 색이 붉은 어떤 동물 같이 보이고.	검: (반응 반복) 수: 동물 같아요. 다리, 꼬리, 얼굴이 여기고. 귀는 약간 들려 있고 이 점은 눈동자.
19. 윗부분은 공룡 같고.	검: (반응 반복) 수: 꼭 공룡의 몸 같이 보여요. 머리가 밑으로 향하고 있고. 긴 몸과 목을 가진 공룡.
20. 바로 이 부분은 여자의 속옷 같고. 이게 다예요.	검: (반응 반복) 수: 여기(Dd2)는 배 부분이고 여기(D5)는 서로 묶는 부분이고. 검: 어떤 점이 속옷 같나요? 수: 글쎄, 아마 색깔 때문에.
카드 IX	
21. 여기는 아무것도 볼 수 없어요. (잠시 후) 이 부분은 워싱턴 DC 같이 보이는데. 대통령이 사는. 여기요. 백악관.	검: (반응 반복) 수: 이렇게 위로 올라간 모양이. 원추형(DdS32)이 꼭 그렇게 보이고. 아래쪽은 네모난 광장 같고. 검: 어떤 점이 그렇나요? 수: 원추형 부분이, 아래쪽은 그조물 같고.
카드 X	
22. 물음표처럼 보이는 것은 해마 같고. 해마가 무엇을 마시는 것 같고.	검: (반응 반복) 수: 구부러져 있고 여기 파란 것(D6)이 입속에 들어가는 것 같아서

〈표 13-1〉 루이스의 로르샤하 프로토콜(계속)

반응	질문
	무엇을 마시고 있는 것처럼 보이고. 뭔지는 모르지만요.
23. 여기는 두 마리 거미 같고.	검: (반응 반복) 수: 양쪽에 있는 것은 그냥 거미 같아요.
24. 윗부분은 마치 두 마리 말이 무엇을 끌고 있는 것 같고.	검: (반응 반복) 수: 말은 여기(D8) 있고 철사나 로프로 연결해서 무엇을 끌고 가는 것같이 보여요.
25. 노란색 새 같이도 보이고.	검: 어떤 점에서 끌고 있는 것처럼 보이나요? 수: 모르겠어요.
26. 그리고 두 마리 노란 새가 여기도 있고.	검: (반응 반복) 수: 두 마리의 노란 새는 여기(D2).
27. 그리고 토끼. 눈에서 녹색으로 된 무엇이 나오고 있고. 이게 다예요.	검: (반응 반복) 수: 네, 이것이(D15) 다른 새들. 검: (반응 반복) 수: 여기 코와 귀. 그리고 녹색은 눈에서 나오는 것. 색은 녹색인데 무엇인지는 모르겠어요.

스트레스 관리 문제

루이스의 구조적 요약은 27개의 반응으로 구성된 타당한 기록이고, S-CON은 상승하지 않았고, 첫 번째 정적 핵심변인은 D<AdjD이고, 그 다음 정적 핵심변인은 외향적인 EB(0:4.5)이다. 따라서 〈표 3-2〉에 따라 기록에서 군집을 탐색하는 순서는 통제, 감정, 자기지각, 대인지각, 처리, 중재, 사고 순이다.

루이스의 기록에 나타나 있는 매우 중요한 결과는 루이스의 대응능력이 매우 제한되어 있다는 것이다. 루이스의 CDI=3은 규준범위에 해당되지만, 특히 전체 반응수가 27개로 많은 기록에서는 CDI=3은 일상생활에서 일어나는 일들을 유능하게 처리하는 데 필요한 충분한 적응적 자원이 부족하다는 것을 지적하는 것이다. 루이스의 경우 성숙한 성인이 아니고 15세에 불과하므로 능력이 제한되어 있다고 해서 그렇게 큰 문제가 되는 것은 아니다. EA로 측정하는 기능적 능력은 비환자 청소년과 성인이 거의 같고 EA 평균도 성인(8.66)과 15세 비환

〈표 13-2〉 루이스의 채점계열

카드번호	반응번호	영역	영역번호	결정인(s)	(2)	반응내용(s)	평범반응	z점수	특수점수
Ⅰ	1	Wo	1	Fu		Ad		1.0	
	2	WSo	1	FMpo		Ad		3.5	
Ⅱ	3	WS+	1	CF−		Hd, Bl		4.5	MOR, PHR
	4	Do	3	FC−		An			
Ⅲ	5	Do	3	FCo		Cg			
	6	Ddo	99	F−		Id			DV
	7	Do	1	F−		Cg, Sx			
Ⅳ	8	W+	1	mpo		H, Bt, Cg	P	4.0	MOR, PHR
	9	Do	4	FC′o	2	Ad			PER
	10	Ddo	30	Fu		Ad			
Ⅴ	11	Wo	1	Fo		A	P	1.0	
	12	Wo	1	Fo		A	P	1.0	PSV, INC
	13	Do	10	FMpo	2	Ad			
	14	Do	6	Fo		Ad			
Ⅵ	15	Ddo	99	Fu		Ay			
	16	Ddo	24	Fu		Ad			
Ⅶ	17	Do	2	mpo	2	Hd	P		INC2, PHR
Ⅷ	18	Do	1	Fo		A	P		
	19	Do	4	Fo		A			
	20	Do	5	FC−		Cg			
Ⅸ	21	DdSo	99	Fu		Sc			
Ⅹ	22	D+	9	FMau	2	A, Id		4.0	
	23	Do	1	Fo	2	A	P		
	24	D+	8	FMa−	2	A, Id		4.0	COP, PHR
	25	Do	2	FCu	2	A			
	26	Do	15	FCo	2	A			
	27	D+	10	mp.CFu		Ad, Id		4.0	FAB

〈표 13-3〉 루이스의 구조적 요약

반응영역

Zf	= 9
ZSum	= 27.0
ZEst	= 27.5
W	= 6
(Wv = 0)	
D	= 16
W + D	= 22
Dd	= 5
S	= 3

발달질

		(FQ−)
+	= 5	(2)
o	= 22	(4)
v/+	= 0	(0)
v	= 0	(0)

형태질

	FQx	MQual	W + D
+	= 0	0	0
o	= 13	0	13
u	= 8	0	4
−	= 6	0	5
None	= 0	0	0

결정인

혼합	단일	
m.CF	M	= 0
	FM	= 4
	m	= 2
	FC	= 5
	CF	= 1
	C	= 0
	Cn	= 0
	FC′	= 1
	C′F	= 0
	C′	= 0
	FT	= 0
	TF	= 0
	T	= 0
	FV	= 0
	VF	= 0
	V	= 0
	FY	= 0
	YF	= 0
	Y	= 0
	Fr	= 0
	rF	= 0
	FD	= 0
	F	= 13
	(2)	= 8

반응내용

H	= 1
(H)	= 0
Hd	= 2
(Hd)	= 0
Hx	= 0
A	= 9
(A)	= 0
Ad	= 8
(Ad)	= 0
An	= 1
Art	= 0
Ay	= 1
Bl	= 1
Bt	= 1
Cg	= 4
Cl	= 0
Ex	= 0
Fd	= 0
Fi	= 0
Ge	= 0
Hh	= 0
Ls	= 0
Na	= 0
Sc	= 1
Sx	= 1
Xy	= 0
Idio	= 4

S-Constellation

- ☐ FV + VF + V + FD > 2
- ☐ Col-Shd Blends > 0
- ☑ Ego < .31 or > .44.
- ☐ MOR > 3
- ☐ Zd > ±3.5
- ☑ es > EA
- ☐ CF + C > FC
- ☑ X + % <.70
- ☐ S > 3
- ☐ P < 3 or > 8
- ☑ Pure H < 2
- ☐ R < 17
- 4 Total

특수점수

	Lv1-1	Lv1-2
DV	= 1×1	0×2
INC	= 1×2	1×4
DR	= 0×3	0×6
FAB	= 1×4	0×7
ALOG	= 0×5	
CON	= 0×7	

Raw Sum6 = 4
Wgtd Sum6 = 11

AB	= 0	GHR	= 0
AG	= 0	PHR	= 4
COP	= 1	MOR	= 2
CP	= 0	PER	= 1
		PSV	= 1

비율, 백분위, 산출점수

R = 27 L = 0.93

EB	= 0:4.5	EA	= 4.5	EBPer	= 4.5
eb	= 7:1	es	= 8	D	= −1
		Adjes	= 6	AdjD	= 0
FM	= 4	SumC′	= 1	SumT	= 0
m	= 3	SumV	= 0	SumY	= 0

감정

FC:CF + C	= 5:2
Pure C	= 0
SumC′:WSumC	= 1:4.5
Afr	= 0.59
S	= 3
Blends:R	= 1:27
CP	= 0

대인관계

COP = 1	AG = 0
GHR:PHR	= 0:4
a:p	= 2:5
Food	= 0
SumT	= 0
Human content	= 3
Pure H	= 1
PER	= 1
Isolation Index	= 0.04

관념

a:p	= 2:5	Sum6	= 4
Ma:Mp	= 0:0	Lvl-2	= 1
2AB + (Art + Ay)	= 1	WSum6	= 11
MOR	= 2	M−	= 0
		M none	= 0

중재

XA%	= 0.78
WDA%	= 0.77
X − %	= 0.22
S−	= 1
P	= 6
X + %	= 0.48
Xu%	= 0.30

처리

Zf	= 9
W:D:Dd	= 6:16:5
W:M	= 6:0
Zd	= −0.5
PSV	= 1
DQ+	= 5
DQv	= 0

자기지각

3r + (2)/R	= 0.30
Fr + rF	= 0
SumV	= 0
FD	= 0
An + Xy	= 1
MOR	= 2
H:(H) + Hd + (Hd)	= 1:2

PTI = 0 ☐DEPI = 4 ☐CDI = 3 ☐S-CON = 4 ☐HVI = No ☐OBS = No

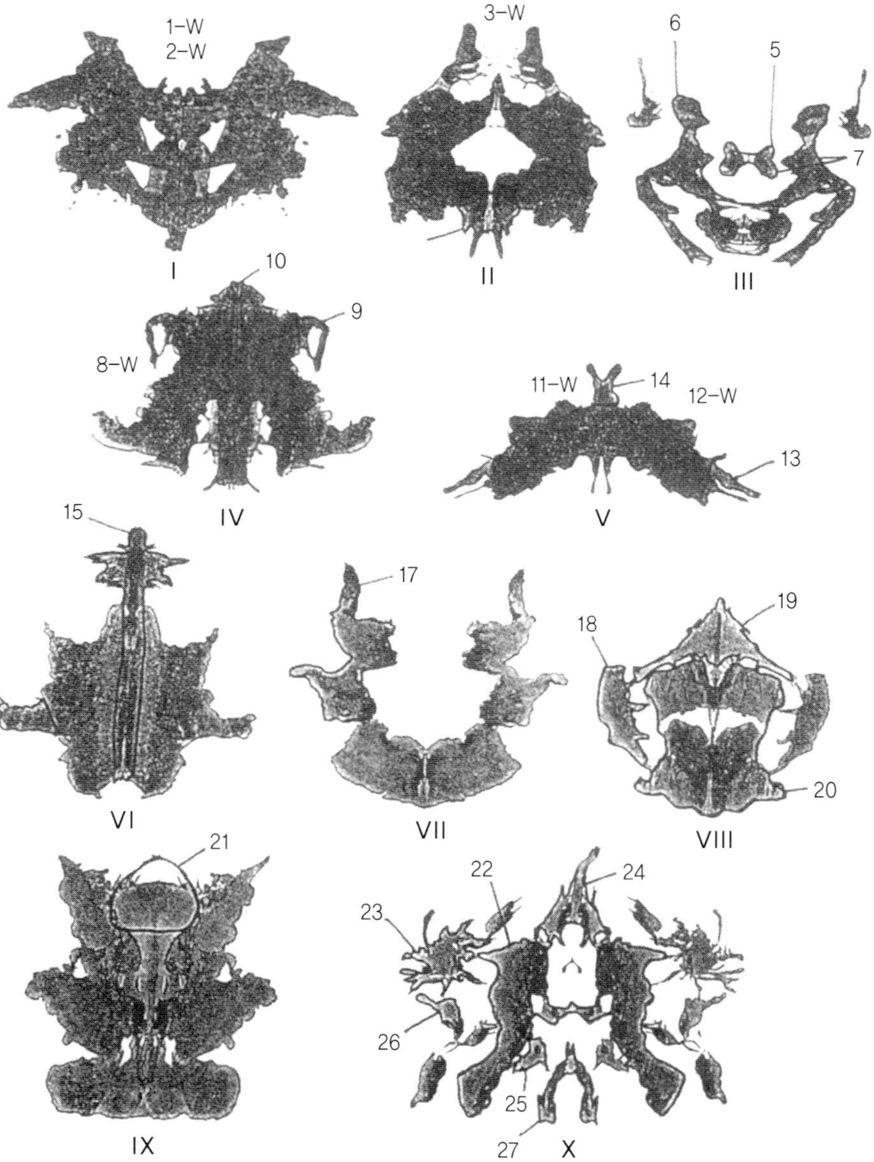

[그림 13-1] 루이스가 선택한 반응영역

자 참조표본(8.82)이 거의 동일하다. 젊은 사람들이 EA가 낮을 경우 진단할 수 있는 발달장애가 없으면 일반적으로 효율적인 모델역할을 하고 대응방식을 가르칠 수 있는 부모상이 결여되어 심리적 실조를 경험했기 때문에 생기는 발달적 억제(developmental arrest)를 지적하는 것이다.

루이스의 EA는 전체 점수가 낮을 뿐만 아니라 불균형을 이루고 있으므로 대응능력이 제한되어 있다고 볼 수 있다. 그의 EA=4.5에는 M은 하나도 없고 전적으로 WSumC의 점수로 이루어져 있다. 이렇게 극단적으로 불균형적인 EB(0:4.5)는 감정을 처리하는 능력은 우수하나 관념을 사용하여 경험을 다루지 못한다는 것을 의미한다. 11장에 제시한 카터의 경우 EB=7:0.0은 감정을 경험하거나 표현할 수 있는 통로가 부족해서 정서경험에 의해 쉽게 압도당할 수 있고 지나치게 심사숙고하는 사람이라는 것을 의미한다. 반면에 루이스는 카터와 반대인 매우 극단적인 사례이다. 즉 루이스는 어떤 행동을 하기 전에 심사숙고할 수 있는 능력이 거의 없고, 순간적인 감정에 따라 의사결정을 하고, 문제의 원인이나 결과를 고려하여 대안적인 행동방안을 모색하거나 대안적인 문제해결방식을 시도하기가 매우 어렵다. 요컨대, 루이스는 환경적 요구가 있기 전에는 어떤 행동도 하지 못하고 환경적 요구에 반응만 할 수 있을 정도로 대응능력이 제한되어 있다.

대응능력이 제한되어 있고 불균형을 이루고 있는데도 불구하고 루이스는 비교적 주관적 불편을 느끼지 않으며 자신을 관리하고 있다. Adjes=6과 Lambda=.93으로 회피적인 높은 Lambda에 근접해 있다는 사실에서 알 수 있는 바와 같이, 그는 좁고 복잡하지 않은 참조체제를 유지하고 불쾌한 생각과 감정을 의식하지 않음으로써 자신이 경험하는 환경적 요구를 최소화시키고 있는 것으로 생각된다. 로르샤하 자료에서 근거한 이러한 추론은 루이스가 선택한 생활유형과 상당히 일치한다고 볼 수 있다. 즉 그는 비행집단의 한 과격한 조직원(fringe member)으로서 아무 일도 하지 않고, 학교에도 가지 않고, 하루 종일 주위를 배회하고, 어떻게 행동할 것인지를 생각하는 것을 귀찮게 여기며 남이 시키는 대로 행동하는 사람이다. 다른 통제군집 변인과 관련해서 Adjes와 EA가 모두 낮아서 AdjD=0이 될 정도였다. AdjD=0은 긴장, 신경질 또는 초조감을 경험하지 않고 충동적으로 자기통제력을 상실하지 않는 것을 나타내고 무료하기는 하지만 대체로 편안하고 만족스럽게 기능하고 있다는 것을 지적한다.

그럼에도 불구하고 루이스는 현재 자신의 운명을 자신이 거의 통제할 수 없다는 것과 관련해서 상당한 상황적 불안을 경험하고(m=3) 있는 것으로 보인다. 이런 관심 또는 상황적 불안은 루이스가 자신의 운명이 법정에 달려 있다고 생각하기 때문이다. 따라서 루이스의 es=8은 15세 청소년에게 평균적으로 기대할 수 있는 수준(9.16)보다는 낮지만 EA=4.5가 처리할 수 있는 것보다는 너무 높고 D도 −1이다. 이미 언급한 바와 같이 상황관련 스트레스 지표인 D<AdjD는 이 기록에서 검토해야 할 1가지 중요한 변인이고 현재 루이스가 구치소에서 수감되어 판결을 기다리고 있다는 점을 고려하면 다소의 상황적 불편과 불쾌감을 경험하고 있다는 것은 당연한 일이다. 오히려 놀라운 것은 루이스 자신이 저지른 범죄가 중범죄이고 처벌을 기다리고 있는데도 불구하고 예상할 수 있는 심리적 고통을 나타내고 있지 않다는 점이다. 루이스는 평균보다 높은 Lamda를 나타내고 있는데, 이는 초연하고 비관여적 방식으로 경험을 처리하는 성향을 지적하는 것이고 자신이 그런 법적 상황에 처해 있음에도 불구하고 외현적으로는 큰 불편감을 나타내지 않는 것을 부분적으로 설명해 준다.

정서적 문제

앞에서 언급한 정서를 적응적으로 조절하는 능력은 루이스의 성격적 자산이고 집단에서 나이가 많은 사람들이 그를 해치지 않고 좋아하고 뒤를 돌보아주고 수용한 이유일 수 있다. 자료를 보면 그는 감정을 충분히 조절할 수 있고, 억제하지 않고 감정을 인식하고 표현할 수 있고, 감정을 자극하는 상황에서도 철수하지 않고 편안하게 느낄 수 있을 것으로 보인다(Afr=.59; SumC′:WSumC=1:4.5). 더욱이 자료를 보면 즐겁게 감정을 조절하는 데 어려움이 없다는 것을 알 수 있다. Col-Shd Bld 반응이 기록에 없고 C′=1은 규준범위이고 SumShd=1로서 평균 이하이다. 이런 결과는 고통스러운 감정을 의식하지 않고 성공적으로 일을 할 수 있다는 것을 의미한다. S=3으로 다소 상승한 것은 잠재적인 분노와 원한이 보통 수준보다 더 높다는 것을 지적하는 것이지만 정서적으로 매우 안정되어 있고 자신의 생활을 충분히 즐길 수 있을 것으로 보인다.

또 다른 적응적 능력으로 루이스는 자신의 감정을 관리하는 성숙성이 해당연령에서 기대할 수 있는 것보다 더 높은 것으로 보인다. FC:CF+C=5:2는 성인과 마찬가지로 감정을 자제할 수 있고 감정표현을 조절하거나 비교적 자연스럽게 강하게 표현할 수 있다는 것을 지적하는 것이다. 동시에 Lambda=.93이고 혼합반응이 1개뿐이라는 점을 같이 고려해 보면 그가 정서적 생활을 단순하고 복잡하지 않게 유지하고 상황에 깊이 관여하기보다 거리를 유지하려고 한다는 것을 알 수 있다.

개인적 및 대인관계적 문제

정서경험을 편안하게 충분히 조절할 수 있는 능력을 가지고 있는 것과는 달리 루이스는 자신과 대인관계에 대해서는 많은 부적응적인 태도를 나타내고 있는 것으로 보인다. 그는 자신을 비호의적으로 다른 사람과 비교하고 적절한 자존감을 유지하는 데 있어서 오래 지속된 문제가 있었던 것으로 보인다(3r+(2)/R=.30). 또한 그는 한 걸음 뒤로 물러서서 내성적인 방식으로 자신과 자신의 행동을 검토할 수 있는 능력이 없고(FD=0), 실제적인 인물을 동일시해서 자신의 정체감을 형성할 수 없었던 것으로 보인다(H=1). 투사된 요소가 가장 뚜렷하게 나타나는 반응은 1개의 MOR과 6개의 마이너스 형태반응을 포함하고 있는데, 이런 반응들은 겉으로는 평온해 보이지만 사실은 위험한 세상과 자신이 관련되어 있는 고통스러운 문제에 대한 관심을 감추고 있다는 것을 지적하는 것이다. 대부분의 반응들은 운동, 형태왜곡, 인지적 결함, 윤색을 포함하고 있기 때문에 이 사례에서 첫 여덟개 반응의 전체 계열을 검토하면 더 많은 정보를 얻을 수 있다.

카드 Ⅰ에서 첫 번째 반응은 고소당한 범죄조직의 살인범에게 기대할 수 있는 반응과는 거리가 먼 유치하고 순진한 느낌을 주는 "토끼"이다. 미숙성과 작고 나약하고 무기력한 자아상을 시사하는 이 주제는 "토끼의 머리"라는 14번 반응과 마지막 27번째 "토끼"라는 반응에서 다시 나타났다. 어쩌면 개입된 이미지가 불편했기 때문에 마지막 반응에 나타난 "토끼"는 "토끼의 눈에서 녹색으로 된 것이 나오고 있고"라는 반응으로 윤색되었고, 이는 FABCOM으로 채점할 수 있다.

카드 Ⅰ에 대한 2번째 반응은 "눈꼴"과 "입이 벌어져 있기" 때문에 이빨이 보이는 "사악한" 늑대의 얼굴이다. 카드 Ⅱ 반점의 밝은 붉은색은 가끔 분노, 공격,

상해를 의미하는 반응을 유발시키는데, 루이스는 사악하게 보이고 이빨을 드러낸 늑대의 얼굴이라는 무서운 이미지를 보았기 때문에 일시적으로 현실감을 상실하고 6개의 －형태반응 중 2개를 이 카드에서 나타내었다.

2가지 마이너스 반응 중 하나는 3번째 반응으로 매우 극적이고 많은 의미를 드러내주는 지각이다: "피투성이가 된 얼굴"과 "피가 흘러내린다."는 반응은 병적인 CF－ 반응이다. 이 반응은 나쁜 사람에게 반항했을 때 자신에게 일어날 수 있는 일을 염두에 둔 반응이다. 이러한 지속적인 관심은 그가 길거리를 배회하면서 형성되었을 것이고 최근들어 두 사람이 살해당하는 것을 목격함으로써 더 확대되었을 것이다. 그는 카드 Ⅱ에서 P 반응을 나타내지 못했고 이와 마찬가지로 4번째 반응에서 "심장"은 주제가 의미 있게 정교화되지 않았고 형태질도 마이너스이다. 이것은 아마도 카드 Ⅱ의 자극적 성격과 3번째 반응에 대한 연상에서 심리적 불편이 계속 영향을 미쳤기 때문일 것이다.

카드 Ⅲ에서 다시 P반응을 나타내지 않았으나 "빨간 리본(ordinary form FC)"이라는 5번째 반응에서 약간 회복되었다. 그러나 이런 회복도 잠시뿐이었고 겉으로 보기에 온화한 두 반응을 했다. 그렇지만 이들 6, 7번째 "종"과 "드레스" 반응은 형태질이 마이너스이다. 질문단계에서 드레스에 대한 정교화는 "숙녀의 유방이 있는 위치"를 지적하는 것으로 끝났다. 토끼와 마찬가지로 "숙녀"와 "유방"이라는 언급은 패거리를 지어 도심을 배외하는 15세 비행청소년에게 기대할 수 있는 사고내용도 아니고 언어도 아니다. 이 반응은 전반적인 미숙성을 시사하는 것이 아니고 청소년들의 이성에 대한 환상과 말하는 방식보다 잠재기적 특징과 관련이 있는 것으로 생각된다.

두려움과 심리성적 미숙성 주제는 뒤에 나오는 반응에도 반영되어 있다. 카드 Ⅶ에 대한 17번 반응에서 "소녀의 얼굴"은 P에 속하는 평범한 형태반응이다. 이 반응에서 "몸집이 매우 작다."고 기술하였고 "꼬리가 있는 것처럼" 보인다고 말했기 때문에 수준 2의 INCOM이 부가되었다. 몸집이 왜소하고 꼬리가 있는 소녀는 대체 어떤 소녀일까? 용어가 유치하다는 것은 제쳐놓더라도 신체가 발달하고 있는 청소년기의 소녀가 아닐 가능성이 높다. 더욱이 소녀에게 비논리적으로 귀인시킨 꼬리가 있다는 것을 보면 루이스가 실제로 여자의 허리 아랫부분이 어떻게 생겼는지를 생각해 보지 못한 남근기적 특징을 가지고 있을 수도 있다. 마찬가지로 카드 Ⅷ에 대한 20번 반응에서 "여자의 속옷"이라는 지각도 청소년기의 표현형태보다 잠재기의 표현형태와 유사하다. 물론 아직 사실로 입증되지 않았지만, 이러한 추론적 가정은 루이스가 자신보다 나이가 많은 집단성원과 상호작용할 때 15세 된 소년으로 행동하지 않고 심리성적 발달과제를 성취하지 못한 10대처럼 행동했다는 것을 시사한다.

루이스는 자신의 두려움과 관련해서 다른 2가지 시사적인 이미지를 보고했다. 첫 7개의 반응은 4개의 마이너스 형태지각을 포함하고 있다. 이러한 반응을 한 후에 나타난 카드 Ⅳ에 대한 8번 반응은 P에 속하는 평범한 형태반응이었는데, 여기서 부분적으로 회복되었다. 그러나 이 반응도 "나무에 어떤 사람이 매달려 있다."로 변질되었다. 자신의 얼굴에 피범벅이 된 것처럼 나무에 매달려 있는 것은 자신에게도 일어날 수 있는 매우 나쁘고 치명적인 어떤 것을 묘사하고 있다. 세상을 위험한 곳으로 보는 다른 시사적 이미지는 카드 Ⅴ에 대한 13번 반응에서도 나타났다. 이 반응은 "입을 약간 벌린 악어"를 포함하고 있고 카드 Ⅰ에서 입을 벌리고 있는 늑대라는 반응을 연상시켜 준다.

부가적인 구조적 자료도 루이스의 대인관계 성향을 이해하는 데 도움이 될 수 있다. 그가 자신의 생활에서 중요하게 작용한 사람들로부터 고립되어 있다는 어떤 지적도 없다(ISOL=.04). 그러나 그는 다른 사람에 대한 관심이 없고, 다른 사람과 친밀한 애착관계를 형성할 수 있는 능력도 없고, 상호협력적이고 지지적인 대인관계를 예견하는 성향도 없는 것으로 보인다(SumH=3; T=0, COP=1). 대인관계에서 수동성과 순종성을 나타내고 있을 뿐이다. a:p=2:5는 그가 성격상 다른 사람의 의견에 따르고, 다른 사람을 이끌기보다 추종하고 의사결정, 주도성 및 책임을 자신보다 다른 사람에게 맡기기를 선호하는 사람이라는 것을 시사한다. 이러한 성격적 특징이 지속되고 있기 때문에 루이스는 자신이 속한 집단에서 심부름이나 하는 부하로 만족할 수 있었고 시키는 대로 행동한 결과 살인에 연루되었을 것으로 생각된다.

인지적 문제

경험에 주의를 기울이는 방법과 관련해서 루이스의 로르샤하 자료는 길이가 적절한 반응기록에서 높은 Lambda가 나타내는 부적응적인 의미를 설명하는 데 도움이 된다. 11장에 제시한 데보라의 경우처럼 Lambda=.93은 회피유형을 밝히기 위한 준거인 Lambda>.99를 충족시키지 못하나 좁은 참조체제와 생활 상황을 다루는 데 지나치게 단순화된 접근을 사용하고 있다는 지적을 할 수 있을 정도로 높다. 루이스가 초점주의를 제약한다는 또 다른 증거도 있다. 즉 루이스는 자유연상에서 27개의 반응을 모두 매우 간략하게 언급하였고 질문단계에서도 마지못해 반응하는 것처럼 짧게 반응하여 검사자를 곤혹스럽게 만들었다. 그리고 여섯 카드(Ⅰ, Ⅱ, Ⅲ, Ⅳ, Ⅷ, Ⅹ)에서 마지막 반응을 한 뒤에 "그것입니다." 또는 "그것이 모두입니다."라고 말하고 다른 두 카드(Ⅵ, Ⅶ)에서 "다른 것은 없습니다."라는 등의 말은 많이 보고할 수 있는 것을 분명히 통제했다는 것을 의미한다.

5장에서 논의했고 10장에서 앤더슨의 사례에서 설명한 바와 같이 짧은 기록(R<17)에서 높은 Lambda는 방어성향을 시사하지만, R>16인 기록에서 높은 Lambda는 마치 눈을 가린 사람처럼 좌우를 살피지 않고 문제적 상황에서 적절하거나 수용될 수 있는 행동의 미묘한 뉴앙스를 무시하고 문제적 상황을 정면으로 돌파하는 행동지향적인 성향을 지적한다. 놀랄 일도 아니지만 반응수가 16개 이상인 기록에서 높은 Lambda를 나타내는 사람은 규범을 어기고, 다른 사람에게 공격적이고, 자신이 행동이 다른 사람을 괴롭힐 수 있다는 것에 대해 신중하게 고려하지 않고 행동할 위험이 있다. 이런 모든 것은 루이스가 관련된 범죄행동의 특징이다.

좁은 참조체제 내에서 루이스는 정보를 효율적으로 조직할 수 있는 능력이 있다(Zd=-0.5). 그리고 16개의 D 반응과 6개의 P 반응이 있다는 것은 그가 현실의 관습적 측면에 정확하게 주의를 기울일 수 있다는 것을 지적한다. 그럼에도 불구하고 그가 주의를 기울인 것의 형태에 대한 인상은 관습적이지 않다. 그의 X+%=.48은 적어도 반 정도는 사람들과 같은 방식으로 사상을 보지 못하여 실패할 수 있다는 것을 지적한다. 오히려 그는 비현실적이거나 독특한 방식으로 사건을 해석하는 경향이 있다. X-%=.22와 XA%=.78은 정신병적 범위(X-%>.29, XA%<.70)는 아니지만 가끔 판단력이 부족할 가능성이 있다는 것을 지적한다. 그리고 Xu%=.30은 루이스가 가끔 자신의 주변에서 일어나는 것에 대해 독특한 인상을 형성하고 그 결과 그가 생각하고 행동하려고 선택한 것에서 관습성을 회피하거나 무시할 가능성이 있다는 것을 시사한다.

하지만 그의 현실검증과 관련해서 6개의 마이너스 형태반응은 모두 유채색 카드(Ⅱ, Ⅲ, Ⅷ, Ⅹ)에서 일어났고 이들 중 4개가 카드 Ⅱ와 Ⅲ에 대한 5개 반응에 집중되어 있다. 이들 카드에 대한 반응에서 나타난 의미를 두고볼 때 상황을 정확하게 지각하고 좋은 판단을 내리지 못하는 문제가 보편화되어 있지 않다고 추론하는 것이 합리적인 것으로 생각된다. 오히려 이러한 지각적 왜곡은 구체적으로 그가 주변을 배회하게 되었거나 다른 사람의 분노와 공격적 행동에 의해 희생되는 것에 대한 관심과 관련이 있는 것으로 보인다.

루이스의 관념변인을 보면 정상적인 15세 청소년들에게 있을 수 있는 것보다 더 비논리적이거나 조리가 없는 사고를 나타낼 가능성은 적고(Sum6=4) 일반적으로 논리적이고 조리에 맞게 사고할 수 있다는 것을 지적한다. 그의 가장 심각한 인지적 결함이 나타나는 맥락은 보편화된 사고장애보다는 역동적으로 결정된 구체적 손상(breakdown)을 시사한다. 즉 카드 Ⅶ에 대한 17번 반응은 수준 2에 속하는 INCOM이고 이 반응에서 "꼬리가 있는" 소녀의 지각은 그의 심리성적 성숙과 관련된 관심에 의해 크게 영향을 받은 것으로 보인다. 4개의 결정적 특수점수와 수준 2로 기호화된 반응에서 맥락요인을 고려하면 루이스가 사고장애가 있거나 사고장애를 특징으로 하는 어떤 장애를 가지고 있을 가능성은 비교적 낮다고 할 수 있다.

루이스의 사고에 관한 다른 3가지 특징도 중요하게 언급할 필요가 있다. 첫째, 전반적으로 외향적인 EB(0:4)는 문제해결이나 의사결정에 효과적으로 관념을 사용할 수 있는 능력이 극히 제한되어 있다는 것을 지적한다. 둘째, a:p=2:5는 앞에서 언급한 행동적 수동성과 루이스가 가지고 있는 신념과 선호하는 행동유형이 경직되어 있다는 것을 시사한다. 셋째, FM+m=7은 정상범위보다 높은데, 이는 걱정과 관심(예컨대, 잠입적인 관념)에 대해 부적응적으로 집착할 수 있고 그 결과 주의집중장애를 경험할 수 있다는 것을 시사한다.

요컨대, 루이스는 심각한 범죄에 연루되어 감옥에 수감된 소년이고 자신에게 어떤 일이 일어날 것인지에 대해 염려하고 있다는 것으로 이해할 수 있다. 그의 이러한 곤경과 곤경에 빠트린 행동은 자신보다 나이가 많은 집단의 일원으로 2년 동안 길거리를 배회한 것과 더불어 불안정하고 애착을 형성하지 못한 소년이고, 행동하기 전에 행동할 것에 대해 생각할 수 있는 능력이 없는 행동지향적인 소년이고, 다른 사람이 시키는 대로 행동하는 데 길들여져 있고 편안하게 느끼는 수동적인 소년이고, 손상되는 것에 대한 두려움이 가끔 추리력과 현실검증을 방해하고, 좋은 현실감을 유지하는 능력이 심각하게 결함이 있기 때문에 나타난 결과일 수 있다.

루이스의 경우 평가를 의뢰한 의문에 법적인 준거를 적용한다면, 이러한 로르샤하 결과의 어떤 것도 현재 그가 정신이상이라고 생각하거나 범죄를 저지를 당시 정신이상이라고 생각할 수 있는 근거를 제공해 주지는 않는다. 또한 루이스가 법정에서 재판을 받을 수 있는지는 자신의 책무를 이해하고 효과적으로 자신을 방어할 수 있는 능력이 있는지에 따라서 결정되어야 한다. 이런 능력은 심리검사를 사용해서 직접 측정할 수 있는 것은 아니다. 그러나 로르샤하 결과를 근거로 루이스가 재판을 받을 수 있는 능력이 없다는 추론을 내리게 될 증거나 이유를 찾아볼 수 없다고 할 수 있다.

사례 8: 집중력의 장애로 학업성적이 부진한 치대생

하트(Hart)는 치과대학에 재학하고 있는 23세의 백인이다. 그는 최근 2학년을 마쳤으나 학업성적이 부진하여 정학을 당한 상태로 학습장애 평가결과에 근거해서 정학처분이 취소될 수 있는 상황이었다. 그가 학장에게 수업내용을 이해하지 못해서가 아니라 주의집중의 장애로 필기시험을 제대로 치지 못해서 성적이 부진한 것이라고 보고했기 때문에 평가를 받게 되었다. 면담에서 그는 매우 활동적이고 어릴 때부터 비디오게임을 할 때가 아니면 텔레비전 앞에 앉아 있지도 못할 정도라고 하였다. 또한 그는 "자신의 한계를 시험해 보기 위해" 격렬한 운동을 선호하였고 특히 스노우보드와 서핑과 같이 혼자서 극도의 흥분을 만끽할 수 있는 운동을 좋아한다고 했다. 팀으로 구성된 운동은 "너무 많이 앉아서 기다리기 때문에" 매력을 느낄 수 없었다고 하였다.

현재 나타난 학업부진과 지나치게 활동적이고, 안절부절못하고, 자극을 추구하는 기질은 오래 지속되었고 과거에 진단을 받은 적이 없는 주의력결핍 과잉활동장애의 가능성을 시사한다. 이러한 문제는 최근의 집중력 장애와 전문적 학위를 취득하는 데 필요한 필기시험을 제대로 치루지 못하는 것으로 나타났다. 그러나 WAIS-R로 인지적, 지적 기능을 평가한 결과 어떤 신경심리학적 역기능, 학습능력의 결함 또는 기본적인 학습기술의 결함을 지적할 수 없었고 전체 지능지수는 118로서 보통 이상의 범위에 속했다. 이런 결과 때문에 RIM을 통해서 치과대학에서 학업적 역기능의 원인이 되는 성격기능의 특징을 밝히게 되었다. 하트의 로르샤하 프로토콜은 〈표 13-4〉, 〈표 13-5〉, 〈표 13-6〉, [그림 13-2]와 같다.

〈표 13-4〉 하트의 로르샤하 프로토콜

반응	질문
카드 I	
1. 바이킹의 가면 같이 보이고. 여기는 눈이 있는 부분이고.	검: (반응 반복) 수: 여기가 눈으로 보는 곳이고(DdS30), 숨을 쉬는 곳은 여기(DsS29). 뿔은 여기(D1) 위에 있고. 그리고 적에게 위협을 주려는 거예요. 이 부분(D3)이 얼굴의 주둥이일 것이고. 검: 주둥이말이에요? 수: 예.
2. 또 내가 보기에는 해골 같기도 하고.	검: (반응 반복) 수: 사막에서 말라버린 해골. 잡아먹힌 동물 그림 같은. 검: 어떤 점에서 말라버린 해골이 생각났나요? 수: 뼈의 구조요.
3. 뇌를 잘라둔 단면도가 생각나는데. 중간에 있는 주변에 회백질이 있고. 해부.	검: (반응 반복) 수: 치과대학에서 이런 것 본 적이 있습니다. 척추가 여기 이렇게 대칭이고. 검: 어떤 점에서 그렇게 보았나요? 수: 중간에 검은 부분요. 주변에 흰 부분이 있고.
4. 천사가 다이빙하듯 물속으로 뛰어드는 것처럼 보이고. 물이 옆으로 튀네요.	검: (반응 반복) 수: 몸은 여기고 팔을 펼치고. 날개는 여기(D7)고. 다이빙을 하니 옆으로 물방울이 튈 거예요.
카드 II	
5. 이것도 척추 같이 보입니다. 여기 척수가 지나가는 경로도 있고.	검: (반응 반복) 수: 그냥 그렇게 보입니다. 대칭적이고. 척수는 여기 중앙이고요.
6. 동물 가죽을 카펫처럼 바닥에 펼쳐둔 것도 같고. 몸의 일부는 없군요. 빨간 부분은 중요한 것 같지 않고. 뭔지 잘 모르겠네요.	검: (반응 반복) 수: 너구리 가죽 같은 것으로 카펫을 만들어 펼쳐둔 것. 그런데 가운데 부분은 없어요. 검: 어떤 점에서 동물의 가죽으로 보았나요?

〈표 13-4〉 하트의 로르샤하 프로토콜(계속)

반응	질문
	수: 대칭적이고 넓게 깔려 있으니까요. 머리가 이 위에 있을 것이고 주둥이는 여기(D4)고. 다른 부분은 이쪽에 있을 것 같아요. 검: 빨간 부분의 의미를 말했지요? 수: 더 말할 것은 없는데. 이제 보니 아래 빨간 부분만(D3) 보면 나비 같아요.
카드 III	
7. 이건 행복한 얼굴 같이 보이고요. 광대 모양을 한.	검: (반응 반복) 수: 눈은 여기(Dd32), 여기(S)는 코. 얼굴(D2)에 머리가 내려와 있고, 입(D7). 그리고 여기(DdS23)는 미소짓는 것이고 얼굴을 찌푸리고 있는 것도 같고.
8. 윤곽이 개구리나 아니면 가재든가.	검: 어떤 점에서 광대 같다는 생각이 들었나요? 수: 부모님이 이런 그림을 가지고 있는 것을 보았어요. 색의 구도도 그렇고. 빨간색이요. 그 그림을 보면 소름끼쳤거든요. 그 그림이 생각나서요. 검: 색의 구도요? 수: 그냥 회색과 검정색에 대비되어 붉은색요. 검: 소름이 끼칠 정도였나요? 수: 어릴 때는 그랬어요. 광대의 큰 얼굴이 무섭게 보였어요.
9. 이것도 또한 뇌간의 붉은 핵 같다는 생각이 들고. 밑에 있는 두 부분이.	검: (반응 반복) 수: 개구리처럼 보이네요. 다리, 몸통, 머리 부분. 이렇게 생긴 모양이.
10. 전체를 다 보면 아마 빨간 나비 같이 보이고. 호수에 앉아 있는 두 사람 사이를 날아가는 나비. 자연에서 온 것 같은. 이게 다예요.	검: 가재로 볼 수도 있다고요? 수: 비슷하지만 개구리가 더 났겠어요. 검: (반응 반복) 수: 이것도 뇌의 단면도요. 검: (반응 반복) 수: 나비는 여기(D3). 양쪽에 한 사람씩 앉아 있고. 머리, 다리, 몸, 팔은 여기. 서로 쳐다보고 있어요. 남자와 여자가. 검: 남자와 여자요? 수: 내가 그리고 싶은 시나리오는 그런 거예요. 검: 호수는? 수: 연인끼리 소풍을 나온 것 같은. 호수는 볼 수 없지만 아마 이들은 호숫가에 있을 거예요.
카드 IV	
11. 고질라가 생각나는. 개미가 쳐다보는 것처럼 보이고.	검: (반응 반복) 수: 위로 쳐다보는 것 같고 뒤에 꼬리를 아래로 늘어뜨리고. 다리를

〈표 13-4〉 하트의 로르샤하 프로토콜(계속)

반응	질문
	저쪽에 있고. 너무 키가 커서 팔은 작아 보이고.
12. 잎사귀나 나뭇가지 아래서 나오는 송충이처럼 보이고.	검: (반응 반복) 수: 자세히 보면 여기(D1)서 송충이가 나오는 것이 보여요. 검: 잎사귀나 가지도 있나요? 수: 흙먼지로 볼 수도 있고 가지로 볼 수도 있겠는데요. 검: 어떤 점이 그렇게 보이나요? 수: 그냥 상상한 것인데. 그냥 송충이에 관한 상황을 그려본 거예요.
13. > 이것은 물에 떠 있는 백조가 비친 것 같고. 뒤에 구름이 떠 있고 검은 먹구름. 비를 머금은 소나기 구름이나 그런 것. 이게 다예요.	검: (반응 반복) 수: 백조의 윤곽은 여기(D4)고. 한쪽은 호수에 비친 것이고. 수: 어떤 점에서 먹구름이라는 생각? 검: 마치 폭풍우가 몰고 오는 구름처럼 어둡고 수직으로 밀려오는 것 같아요.
카드 V	
14. 이건 박쥐. 날개를 펼치고 있는 박쥐. 이게 다예요.	검: (반응 반복) 수: 날아가는 박쥐를 위에서 본 것. 꼬리, 날개, 머리도 있고.
카드 VI	
15. < 신비스런 용 같이 보이고.	검: (반응 반복) 수: 이쪽으로 날아가고. 이건 옆에서 뻗쳐나온 날개고. 머리는 여기.
16. 또 아메리카 인디안의 예술품 같이도 보이고. 옷감 같은 데서 볼 수 있는 디자인 같은 것. 이게 다예요.	검: (반응 반복) 수: 이런 모양이 깃털 같이 보이네요. 검: 어떻게 해서 깃털로 보았나요? 수: 꼭 많은 깃털들이 쌓여 있는 것 같고 길이도 다르고.
카드 VII	
17. 돼지 얼굴.	검: (반응 반복) 수: 만화 같은. 그쪽을 쳐다보고 있는 돼지의 얼굴. 눈은 여기(D2), 귀는 여기 위(D5)에 있고. 주둥이(DS10) 입(D4).
18. 두 마리 괴물이 양쪽에 있고. 서로 다른 쪽을 보고 있는.	검: (반응 반복) 수: 분명하게 보입니다. 이빨, 코, 뿔은 여기(Dd21)고. 아래로 내려다보는 것 같고. 건물 꼭대기에 있는 괴물처럼.
19. 그리고 서로 다른 방향으로 보고 있는 토끼 두 마리도 있고.	검: (반응 반복) 수: 발, 꼬리, 몸, 귀가 여기 양쪽에 있고.

〈표 13-4〉 하트의 로르샤하 프로토콜(계속)

반응	질문
카드 VIII	
20. 색이 매우 아름답네요. 갑옷일 것 같고요.	검: (반응 반복) 수: 그냥 갑옷이 생각났어요. 갑옷도 이처럼 여러 가지 색이 있고 대칭이잖아요.
21. 두 마리의 사자가 양쪽에서 기어올라가는 것같이 보이고.	검: (반응 반복) 수: 네 다리와 머리가 있고. 양쪽에서 올라가는.
22. 그림 밑부분에는 얼굴 같이 보이는 것도 있고. 놀란 얼굴 표정.	검: (반응 반복) 수: 눈(Dd33), 입은 여기고 코가 여기고. 충격을 받은 듯한 표정. 입을 다문 모양이요.
23. 얼굴 위에는 왕관으로 볼 수도 있겠고. 이 위에.	검: (반응 반복) 수: 머리 위에 왕관이 있어요(D4 & D5). 검: 어떤 점이 왕관 같이 보이나요? 수: 이 꼭대기 부분이요. 색이 화려하고 머리에 쓴 것.
카드 IX	
24. 외계에서 온 괴물이 생각나고.	검: (반응 반복) 수: 입, 눈, 코가 여기(DS8) 중앙에 있고. 뿔은 여기(D3).
25. 사람 머리의 시상봉합 부분. 아마 정면에서 본 것 같은.	검: (반응 반복) 수: 두개골의 전면. 비강, 동공, 안공도 있네요.
카드 X	
26. > 행복하게 보이는 색깔이고. 즐겁게도 보이고. 봄 같은.	검: (반응 반복) 수: 모든 색깔들을 보니 봄이 생각나네요. 노랑, 초록, 분홍. 파란색은 하늘을 상징할 것이고.
27. 나뭇가지에 앉아 있는 노란 카나리아 같기도 하고.	검: (반응 반복) 수: 두 마리 노란 카나리아(D15). 가지는 여기(D7)요.
28. 이 위에는 에펠탑 같이 보이고. (카드를 내려놓음)	검: (반응 반복) 수: 이 부분이 꼭 에펠탑 같이 보이네요.

스트레스 관리 문제

하트의 구조적 요약을 보면 28개의 반응으로 구성된 타당한 기록이고 S-

〈표 13-5〉 하트의 채점계열

카드번호	반응번호	영역	영역번호	결정인(s)	(2)	반응내용(s)	평범반응	z점수	특수점수
Ⅰ	1	WSo	1	Fo		(Hd), Ay		3.5	DV, GHR
	2	Wo	1	Fo		An		1.0	MOR
	3	WSo	1	FC′u		An		3.5	PER
	4	W+	1	Ma.mpo		(H), Na		4.0	GHR
Ⅱ	5	DSo	6	Fu		An		4.5	
	6	Do	6	mpu		Ad			MOR
Ⅲ	7	Wo	1	Mp.CF.C′F-		(Hd), Art		5.5	DV, PER, PHR
	8	Do	1	F−		A			
	9	Do	2	Fu		An			
	10	D+	1	Mp.FMao	2	H, A	P	4.0	DR, GHR
Ⅳ	11	Wo	1	FD.mpo		(A)		2.0	
	12	W+	1	FMpo		A, Bt		4.0	
	13	W+	1	FMp.Fr.FC′.FDo		A, Na, Cl		4.0	DV
Ⅴ	14	Wo	1	FMao		A	P	1.0	
Ⅵ	15	Wo	1	FMau		(A)		2.5	
	16	Do	3	Fu		Art			
Ⅶ	17	WSo	1	FMp−		(Ad)		4.0	
	18	Do	3	Fu	2	(Hd), Art			GHR
	19	Ddo	99	FMpu	2	A	P		
Ⅷ	20	Wo	1	CFo		Art		4.5	
	21	Do	2	FMpo	2	A			
	22	Do	2	Mp−		Hd, Hx			PHR
	23	Do	8	FCu		Art			
Ⅸ	24	Wo	1	Fu		(Ad)		5.5	
	25	Wo	1	F−		An		5.5	
Ⅹ	26	Wv	1	C		Na			AB
	27	D+	15	FCo	2	A, Bt		4.0	
	28	Do	11	Fo		Sc			

〈표 13-6〉 하트의 구조적 요약

반응영역

Zf	= 17
ZSum	= 63.0
ZEst	= 56.0
W	= 15
(Wv = 1)	
D	= 12
W+D	= 27
Dd	= 1
S	= 4

결정인

혼합	단일	
M.m	M	= 1
M.CF.C′F	FM	= 6
M.FM	m	= 1
FD.m	FC	= 2
FM.Fr.FC′.FD	CF	= 1
	C	= 1
	Cn	= 0
	FC′	= 1
	C′F	= 0
	C′	= 0
	FT	= 0
	TF	= 0
	T	= 0
	FV	= 0
	VF	= 0
	V	= 0
	FY	= 0
	YF	= 0
	Y	= 0
	Fr	= 0
	rF	= 0
	FD	= 0
	F	= 10
	(2) = 5	

반응내용

H	= 1
(H)	= 1
Hd	= 1
(Hd)	= 3
Hx	= 1
A	= 8
(A)	= 2
Ad	= 1
(Ad)	= 2
An	= 5
Art	= 5
Ay	= 1
Bl	= 0
Bt	= 2
Cg	= 0
Cl	= 1
Ex	= 0
Fd	= 0
Fi	= 0
Ge	= 0
Hh	= 0
Ls	= 0
Na	= 3
Sc	= 1
Sx	= 0
Xy	= 0
Idio	= 0

S-Constellation

- ☐ FV + VF + V + FD > 2
- ☑ Col-Shd Blends > 0
- ☑ Ego < .31 or > .44.
- ☐ MOR > 3
- ☑ Zd > ±3.5
- ☑ es > EA
- ☑ CF +C > FC
- ☑ X + % < .70
- ☑ S > 3
- ☐ P < 3 or > 8
- ☑ Pure H < 2
- ☐ R < 17
- 8 Total

발달질

		(FQ−)
+	= 5	(0)
o	= 22	(5)
v/+	= 0	(0)
v	= 1	(0)

형태질

	FQx	MQual	W + D
+	= 0	0	0
o	= 12	2	12
u	= 10	0	9
−	= 5	2	5
None	= 1	0	1

특수점수

	Lv1-1	Lv1-2
DV	= 3×1	0×2
INC	= 0×2	0×4
DR	= 1×3	0×6
FAB	= 0×4	0×7
ALOG	= 0×5	
CON	= 0×7	

Raw Sum6 = 4
Wgtd Sum6 = 6

AB	= 1	GHR	= 4
AG	= 0	PHR	= 2
COP	= 0	MOR	= 2
CP	= 0	PER	= 2
		PSV	= 0

비율, 백분위, 산출점수

R = 28 L = 0.56

EB	= 4:4.5	EA	= 8.5	EBPer	= N/A
eb	= 11:3	es	= 14	D	= −2
		Adjes	= 12	AdjD	= −1
FM	= 8	SumC′	= 3	SumT	= 0
m	= 3	SumV	= 0	SumY	= 0

감정

FC:CF + C	= 2:3
Pure C	= 1
SumC′:WSumC	= 3:4.5
Afr	= 0.47
S	= 4
Blends:R	= 5:28
CP	= 0

대인관계

COP = 0	AG = 0
GHR:PHR	= 4:2
a:p	= 4:11
Food	= 0
SumT	= 0
Human content	= 6
Pure H	= 1
PER	= 2
Isolation Index	= 0.36

관념

a:p	= 4:11	Sum6	= 4
Ma:Mp	= 1:3	Lvl-2	= 0
2AB + (Art + Ay)	= 8	WSum6	= 6
MOR	= 2	M−	= 2
		M none	= 0

중재

XA%	= 0.79
WDA%	= 0.78
X − %	= 0.18
S−	= 1
P	= 3
X+%	= 0.43
Xu%	= 0.36

처리

Zf	= 17
W:D:Dd	= 15:12:1
W:M	= 15:4
Zd	= +7.0
PSV	= 0
DQ+	= 5
DQv	= 1

자기지각

3r + (2)/R	= 0.29
Fr + rF	= 1
SumV	= 0
FD	= 2
An + Xy	= 5
MOR	= 2
H:(H) + Hd + (Hd)	= 1:5

PTI = 1 ☑ DEPI = 5 ☑ CDI = 4 ☑ S-CON = 8 ☑ HVI = Yes ☐ OBS = No

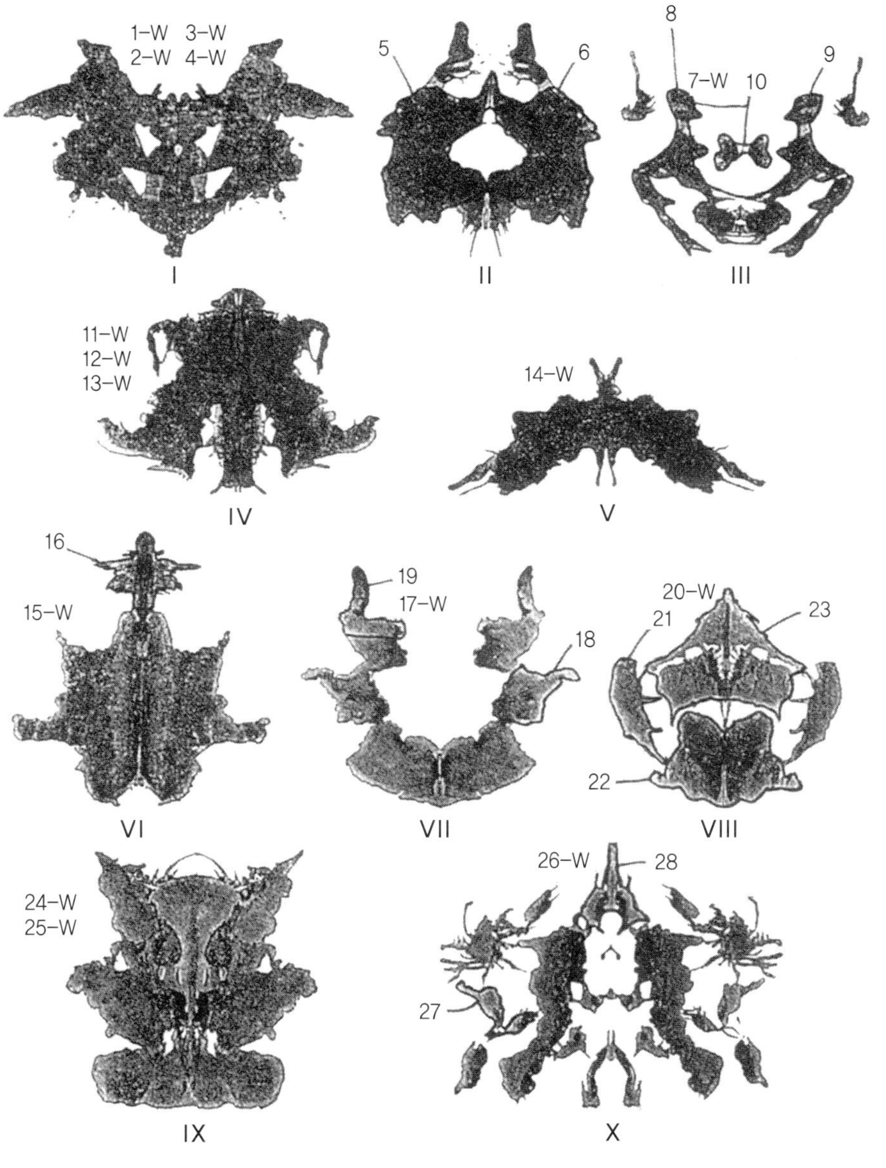

[그림 13-2] 하트가 선택한 반응영역

CON=8이고, 첫 번째 정적 핵심변인은 D<AdjD이다. S-CON>7은 자살행동의 위험을 지적하는 보수적인 지표이고 긍정오류를 범할 경우는 매우 드물다. 그러나 모든 성격측정에서 사용되는 분할점수와 같이 로르샤하의 분할점수는 행동경향성의 유무를 절대적으로 구분해 주거나 중첩되지 않게 구분해 주지는 못한다. 10장에 제시한 베이커의 S-CON을 자세히 검토하면 "낮은 7"로 기술할 수 있고 자살할 잠재성은 없다. 그러나 12장에 제시한 피셔의 S-CON은 자해에 대한 관심을 정당화하는 "높은 7"로 나타났다. 마찬가지로 하트의 S-CON에서 8가지 정적인 변인을 주의 깊게 검토하면 4가지 준거에서 1점 차이가 있다는 것을 알 수 있다. 구체적으로 Col-Shd Blend이 하나 적거나, CF가 하나 적거나 FC가 하나 많거나, S가 하나 적거나, H가 하나 많았다면, 그의 S-CON은 7이 되거나 또는 4만큼 낮았을 것이다. 따라서 그는 현재 위기개입을 요청하지 않을 수 있는 "낮은 8" S-CON으로 간주할 수 있다. 반면에 이 점수는 나머지 로르샤하 자료를 채점하면 하트가 자해를 고려하고 있는지를 보다 분명하게 판단하는 데 필요한 근거를 제공해 준다. 그의 DEP=5가 비록 정적 핵심변인을 구성하는 준거인 DEPI>5를 충족시키지 못하지만, 현재의 일상생활기능에서 그의 기능에서 우울한 특징을 지적할 정도로 충분히 높다는 점을 고려하면 자살에 대한 관심을 보다 정확하게 알 수 있다.

하트의 경우 변인군집을 탐색하는 계열은 루이스와 마찬가지로 D<AdjD이므로 통제군집부터 시작하면 된다. 그러나 루이스의 프로토콜과 달리 하트의 기록은 상황적 불편 이외의 다른 적응적 어려움을 나타내는 변인의 값이 상승하지 않으면 D<AdjD 핵심변인부터 EB 유형까지 다 살펴볼 필요는 없다. 그러나 하트는 EA=8.5, AdjD=−1, 반사반응이 있기 때문에 함께 상승된 CDI=4는 잠정적인 적응문제를 지적할 수 있다. 따라서 〈표 3-2〉에서 지적되어 있는 바와 같이 변인군집을 검토하는 계열은 루이스의 계열과 다르고 통제부터 시작해서 대인지각, 자기지각, 감정, 처리, 중재, 관념 순으로 진행할 것이다.

스트레스를 관리하는 능력과 관련해서 하트는 대응능력(EA=8.5)의 전반적 결함이 나타나지 않지만 일상생활의 요구를 해결하기가 어려울 수 있다(CDI=4). EA가 적절하고 CDI가 상승되어 있는데, 이는 대인관계를 편안하고 효율적으로 관리하는 데 있어서 구체적인 문제가 있다는 것을 지적한다. 이런 종류의 잠정적인 문제는 앞으로 더 검토할 것이다. 더욱이 그의 EA는 es=14에 반영되어 있는 것처럼 자신이 경험하는 요구에 대응할 수 있을 정도로 충분하지 않다. D=−2인데, 이는 하트가 대부분의 다른 사람들보다 좌절에 대해 인내하고 자기통제를 하기가 더 어려울 수 있고 긴장되고, 불안하고, 초조한 사람이라는 것을 지적하는 것이다. 그러나 D<AdjD에 나타나고 있는 바와 같이 자신의 운명을 마음대로 할 수 없다는 것과 관련 있는 상황적 관심 때문에 주관적 불편감을 느낄 수 있다(m=3). 이러한 상황과 관련된 불안이 없었다면, 그는 심리적으로 균형을 이룬 더 편안한 상태가 되었을 것이고 문제와 관심이 없지는 않았겠으나 더 불안정하지는 않았을 것이다(AdjD=−1). 루이스의 사례에서 언급한 바와 같이 D<AdjD이 되게 하는 m의 상승은 구치소에서 재판의 결과를 기다리거나 학교에서 정학당한 학생이 복학을 희망하고 있든지 간에 자신에 관한 의사결정에 사용될 수 있는 정보를 얻기 위해 평가받는 사람들에게 공통적으로 나타난다.

상황적 관심은 제쳐놓고 하트의 AdjD=−1은 일시적일 수 있는 잠입적인 관념(FM=8)과 불쾌감(SumC′=3)과 관련된 과도한 스트레스와 다른 어떤 지속적인 문제가 있다는 것을 시사한다. 또한 대응능력과 관련해서 자신의 경험을 다루기 위해 선택하는 방법에서 일관성을 유지하기가 어렵다는 것을 지적하는 것도 중요하다. 그의 EB=4:4.5는 그가 관념적인 방식(M=4)이나 표현적인 방식(WSumC=4.5)이든 간에 적응적으로 의사결정을 내리고 문제를 해결할 수 있는 능력을 가지고 있으나, 일차적으로 1가지 방식으로 행동하지 못해서 부적응적일 수 있다는 것을 지적한다. 이런 양면성 때문에 그는 대부분의 다른 사람들보다 행동에 일관성이 없고 예측하기도 어렵고, 다른 사람들에게 매우 변덕이 심한 사람으로 지각되고, 어떤 상황이나 어느 순간에 자신이 어떻게 생각하고 느끼고 행동할 것인가를 확신하지 못할 가능성이 높다.

개인적 및 대인관계적 문제

하트의 대인관계군집 자료는 문제적인 사회적 상호작용 때문에 적응이 손상되었다는 것을 지적하는 많은 증거들을 포함하고 있다. 그의 SumH=6은 사람들에 대한 정확한 흥미를 반영하나 H:(H)Hd(Hd)=1:5로 균형이 맞지 않기 때문에 대인관계 상황에서 불편을 경험할 가능성이 높다. 상승된 ISOL(.36)도 역시 그가 사회적으로 고립되어 있고 그의 생활에서 중요한 부분을 차지한 사람들에 대한 통상적인 관여가 부족할 수 있다는 것을 시사한다. 4개의 M 반응 중에서 2개가 마이너스라는 사실은 공감능력의 제한과 다른 사람의 행동과 의도를 잘못 지각하고 그 결과 사회적으로 부적절한 방식으로 반응할 수 있다는 것을 지적한다.

하트가 대인관계적 적응에 관심이 높다고 하더라도 대인관계의 친근감, 안정감, 협동을 예견하는 능력에 심각한 취약점이 있다는 증거가 있다. 남자로서 T=0, COP=0, 정적인 HVI는 그가 환경적 위험요소에 대해 매우 민감하고 대인관계에서 조심스럽고 거리를 두는 사람이고 신체적 · 심리적으로 다른 사람과 친밀한 접촉을 좀처럼 하지 않는다는 것을 의미한다. 잉크반점에 대한 첫 반응의 이미지인 "적에 대한 위협을 의미하는 바이킹의 가면"도 대인관계에서 지나치게 경계하는 태도를 나타낸다. 이 반응은 본성을 감추고 있고(가면) 보는 사람에게 나쁜 의도를 가지고 있는("위협을 주기 위해 어떤 것"을 입고 있으면서 왜 "적"과 직면할 수 있을까?) 힘이 강하고 위험한 인물(바이킹)을 나타낸다.

하트의 과경계는 11장에 제시한 카터의 망상적 수준에는 미치지 못한다. 카터와 달리 하트는 보호받고 싶은 강한 욕구나 다른 사람의 감시를 받고 있는 것에 대한 관심을 나타내지 않고 망상형성에 작용하는 어떤 비논리적 추론도 나타내지 않고 있다. 비록 망상을 나타내지 않는다고 하더라도 그는 다른 사람에 대한 친밀하고 안정된 애착을 형성할 수 있는 능력이 제한되어 있어서 편안한 대인관계를 형성하고 즐기는 데 심각한 결함이 있을 수 있다. 또 다른 대인관계 취약성으로, a:p=4:11은 사회적 상황에서 주도적이거나 주장적일 가능성은 없다는 것을 지적한다. 오히려 그는 뒤로 물러서서 먼저 다른 사람이 관계를 시도하고 유지하기를 기다리는 사람이고, 이 과정에서 어떤 것이든 다른 사람들이 선호하는 것에 따르는 경향이 있다. 이런 수동성 때문에 가끔 혼자 있게 되고 다른 사람이 자신의 욕구에 더 적극적으로 관심을 기울이지 않게 되고 보조적인 역할을 하도록 하게 되었을 수 있다.

하트가 자신을 보는 견해와 관련해서 그의 반응은 무엇보다 정절한 자존감을 유지하지 못하는것을 보상하려고 시도하는 자기애적인 특징을 나타내고 있다. 한편 그의 반응에는 비환자 성인의 경우 드물게 나타나는 반사반응이 있고 (Fr+rF>0인 사람은 8%에 불과하다) 이 반사반응은 자신의 단점과 한계를 수용하기보다 자신의 가치를 왜곡하고 자신의 문제에 대한 책임을 외부에 전가시키려는 경향을 시사한다. 다른 한편 그는 전형적으로 자기애적인 사람들의 특징인 자기중심성은 나타내지 않고 대신에 그의 3r+(2)/R=.29로 정상범위보다 낮다. 이렇게 낮은 자아중심성 지표는 DEPI에 1점을 더해 주고 그가 다른 사람에게 비호의적으로 자신과 비교하는 경향을 지적한다. 즉 그는 자신을 실제보다 더 유능하고 개인적으로 더 매력적인 것으로 보는 경향이 있다.

5장에서 논의한 바와 같이 낮은 자아중심성 지표와 반사반응이 결합되면 자신이 얼마나 좋은 사람인가를 스스로 다른 사람에게 확신시키기 위한 보상적 노력에 의해 방어되고 있는 오래 지속된 낮은 자존감을 시사한다. Adler가 지적하였듯이 열등하다는 불편한 인식을 회피하기 위해 "우월 컴플렉스(superiority complex)"가 발달되었다고 할 수 있다. 다른 말로 표현하면 로르샤하 기록에 반사반응이 있으나 자아중심성이 상승하지 않은 사람은 근본적으로 자기애적인 사람일 가능성은 거의 없다. 반면에 이런 사람은 성격특성인 자존감의 고양에서 비롯된 자연적인 자기확신(self-assurance)보다 억제된 방어를 나타내는 이차적 또는 보상적인 자기애적 특징을 나타낼 가능성이 높다.

근본적으로 낮은 자존감 때문에 생긴 자기애적 방어를 사용함에도 불구하고 하트가 자기비판적인 태도를 가지고 있거나 신체와 신체의 기능에 대한 부정적인 견해를 가지고 있다는 지적은 없고(V=0, MOR=2) 내성적인 방식으로 자신을 검토할 수 있는 능력은 정상범위로 보인다(FD=2). 그러나 그의 양가적인 EB에서 나타나고 있는 일관성이 없는 대응양식과 마찬가지로 그는 아직까지 안정된 정체감을 성공적으로 형성했다고 볼 수 없다. H:(H)Hd(Hd)=1:5는 하트가 자기자신에 대한 정체감을 형성하기 위해 일상생활의 실제적인 인물을 동일시하지 못했다는 것을 시사한다. 반면에 그는 주로 상상적인 인물(그의 생활에 실제적으로 참여하지 않은 인물)이나 완벽한 대상보다 부분적인 대상과 동일시한 것으로 보인다.

주제심상에서 시사되고 있는 하트의 자기상에 대한 좀 더 검토해 보자. 점수계열을 보면 특별히 많은 것을 밝혀줄 가능성이 높은 내용을 포함하고 있는 두 가지 반응이 있다는 것을 알 수 있다. 이들 반응은 앞에서 언급한 M- 반응으로, 카드 Ⅲ에 대한 7번 반응과 카드 Ⅷ에 대한 22번 반응이다. 이들 반응은 인간운동과 마이너스 형태질을 포함하고 있고 4장에서 밝힌 바와 같이 반응에 투사된 요인에서 소위 말하는 "2루타" 반응을 구성하고 있다.

하트는 카드 Ⅲ에 대한 첫 반응인 7번 반응에서 "행복한 얼굴이 떠올랐다. 광대 같다."라고 했다. 자유연상과 질문단계에서 나타난 진술을 검토할 때 이 반응은 그의 생활이 혼란에 빠져 있고 불확실한 여러 측면을 지적하는 것과는 대조적이다. 처음에 "행복한" 인물로 보는 것은 안녕감(sense of well-being)과 생활에 대한 긍정적인 견해를 시사하나 전체로 보지 않고 단지 "얼굴"만 보는 것은 어떤 인물에 대한 동일시와 편안한 관계형성이 어렵다는 것을 시사하는 동시에 어떤 인물의 좋아하는 부분만을 동일시했을 가능성을 시사한다.

더욱이 하트가 본 것은 사람이 아니라 상상적이거나 "가장된" 인물인 광대이다. 즐거움을 주고 박수갈채를 받는 인물인 동시에 사람들에게 비웃음을 사는 어리석은 인물인 "광대"의 이중적인 이미지에 대해서는 이미 앞에서 언급했다. 형태질이 마이너스일 경우 반응에 포함된 주제가 개인에게 상당한 불편을 유발시킬 수 있기 때문에 수검자가 자신을 어떻게 보고 있는지를 나타내주는 반응 주제의 의미에 대해 상당한 비중을 두어야 한다. 그렇다면 하트가 동일시한 "광대"는 즐거움을 주는 인물, 비웃음을 사는 인물 또는 두 특징을 조금씩 다 가지고 있는 인물일까?

하트는 질문단계에서 "미소는 여기, 찌푸린 얼굴"을 언급함으로써 이 지각을 더 복잡하게 만들었다. 이 몇 마디 말에서 웃고 있는 행복한 얼굴의 즐거운 이미지는 매우 상이한 찌푸린 얼굴로 전환되었다. 그리고 그의 지각과 유사한 것으로 "부모님께서 가지고 사용하시던" "누구나 소름이 끼치고" "누구나 무섭게 볼" 그림을 회상했다. 이 지각을 "누구나" 소름이 끼치고 무서워하고(실제로는 누구도 아니다) 부모님이(자신이 아닌) 가지고(누구도 아니다) "사용하던" 그림으로 전환시킴으로써, 그는 4가지 상이한 방식으로 자신과 이 지각의 영향 사이에서 거리를 두려고 시도했다. 더욱이 그는 이 이미지에서 빨간색과 회색을 대비시켜 말했다. 따라서 양가감정을 지적하는 CF.CF′ 혼합반응은 무쾌감을 시사하고 DEPI에 1점을 추가시키게 된다. 이 극적이고 개인적인 의미가 있는 M- 반응에는 정적 자기이미지와 부적 자기이미지 및 행복감과 불쾌감이 혼합되어 있다.

하트는 8번째 반응에서 주의의 초점을 좁히기 위해 단지 윤곽에서 본 동물("개구리의 윤곽")을 포함하는 순수한 F 반응을 선택함으로써 7번째 반응에서 경험한 불편에서 벗어나려고 시도했다. 그러나 현실검증의 장애를 나타내는 마이너스 반응인 8번째 반응은 7번째 반응에서 떠올랐던 문제가 지속되는 부적응적인 영향을 반영하고 있다. 9번째 반응에서 "책에서 본 두부와 목의 해부" 반응은 드물기는 하나 적어도 뇌간을 정확하게 지각할 수 있을 정도로 회복되었다. 그의 적응력은 10번째 반응에서 충분히 회복되었다. 카드 Ⅲ에서 10번째 반응은 좋은 형태의 M 반응이다. 이 반응은 구조적으로 건전할 뿐만 아니라 "소풍을 나온 것으로 볼 수 있는" 남자와 여자로 긍정적인 이미지를 회복했다. 자신의 환상을 이러한 즐거운 인상으로 전환할 수 있다는 것은 "저게 내가 그리고 싶은 장면이에요. 그런 느낌이 드네요." 하는 말에 분명하게 나타나고 있다. 이 장면은 실제 생활에서 추구하고 싶었던 일종의 목가적인(idyllic) 남녀관계를 나타내고 있다.

반응계열에서 자기지각에 대한 카드 Ⅲ의 의미로 돌아가 보자. 하트는 카드 Ⅳ에서 11~16번 반응을 하였는데, 이 일련의 반응에서 정확하게 지각된 반응이 6개(4 ordinary, 2 unusual)나 될 정도로 회복이 유지되었다. 그러나 11번째 반응에서 구조적으로 정확한 지각인 "고질라"라는 반응은 "개미의 시각"에서 본 것이다. 하트는 주로 이 반응에서 힘이 강한 고질라를 동일시한 것일까 아니면 고질라를 쳐다보는 미미한 개미를 동일시한 것일까? 그가 잉크반점에서 본 8개의 동물상은 이 물음에 대한 잠정적인 해답을 제공해 준다. 이들 반응은 8번째 반응의 개구리, 10번째 반응의 나비, 12번째 반응의 송충이, 13번째 반응의 백조, 14번째 반응의 박쥐, 19번째 반응의 토끼, 21번째 반응의 사자, 27번째 반응의 카나리아 등이다. 이러한 동물들은 모두 작고 힘이 약한 동물이므로 하트가 자신을 어떻게 보는가와 관련이 있을 수 있고 낮은 자존감에 대한 로르샤하의 지적과 일치하는 것일 수 있다.

카드 Ⅲ에 뒤따르는 계열도 대인관계적 의미가 있다. 현실검증의 장애는 카드 Ⅶ에서 시작하는 17번째 반응에 나타나 있다. 보통 여자나 어린아이로 보는 이 카드에서 하트는 P반응을 놓치고 마이너스 형태의 "돼지 얼굴"로 시작했다. 이 카드에 대한 다른 두 반응은 드문 형태반응으로 "괴물"과 "토끼"이다. 두 반응 모두 "반대 방향을 보고 있다."는 점을 제외하면 특이한 점은 없다. 그렇다면 하트는 실제로 여성과 편안하게 관계하는 데 어려움이 있었고 여자와 같이 소풍을 즐기는 목가적인 그림(10번째 반응)에서부터 여자가 옆에 있을 때 불편해서 다른 방향을 보게(18~19번째 반응) 되기까지의 반응이 지적하는 이성과의 직면에 대한 어떤 환상을 가지고 있었을까? 불분명한 이미지를 추론해서 해석할 때 이런 의문은 신중하게 고려해야 한다. 즉 이러한 의문은 적어도 사례사적인 정보와 다른 검사에서 얻은 자료를 종합해서 그 타당성을 확인하기 전에는 결론을 내리기 어렵다.

이제 하트의 기록에 나타난 다른 M− 반응을 살펴보기로 하자. 22번째 반응과 이 반응이 일어난 맥락은 그의 내적 생활에 대한 역동적 해석을 가능하게 해준다. 카드 Ⅷ에 대한 M− 반응은 "충격받은 듯한 표정을 짓고 있는 놀란 얼굴"이다. 로르샤하 반응에 투사된 자기상을 검토하기 위해 6장에서 기술한 "나는 ~이다(I am)" 기법을 적용하면, 하트는 자신을 일상생활에서 어떤 사건 때문에 놀라거나 충격을 받은 사람으로 지각한다고 볼 수 없다. 아마도 놀라서 불쾌하게 되었다는 것은 단순히 학업적 실패와 치과대학 첫해에 눈부신 성취가 없었다면 기초과정을 마친 뒤에 곧 정학당했을 가능성을 언급한 것일 수 있다. 아직 논의하지 않은 또 다른 M 반응은 카드 Ⅰ에 대한 4번 "천사" 반응이다. 천사는 순수하고 선하고 과오를 저지르지 않으며 강제로 학교를 떠나게 하는 그런 나쁜 일도 하지 않는다. 이러한 추론이 정확하다고 하더라도 이런 가능한 추론은 특정 이미지가 그 시점에서, 그 로르샤하 계열에서 나타나게 된 이유를 배제할 수 있는 것은 아니다.

이 예에서 놀란 얼굴이라는 반응은 카드 Ⅷ에서 기록의 다른 곳에서는 보이지 않는 단일 주제로 보이는 세 반응의 맥락에서 나타났다. 20번째 반응은 "문장 같은 디자인(a coat-of-arms design)"이고 23번째 반응은 "왕관"이고 이들 반응은 지위와 성취에 관한 관심을 나타내준다. 이런 반응은 인정받고, 존경받고, 부러움을 사고, 영향력이 있는 어떤 "인물이 되는 것"을 상당히 중요시하는 사람의 기록에서 공통적으로 나타나는 특징이다. 카드 Ⅷ에 대한 다른 이미지는 그의 동물반응 중 유일하게 크고 강한 힘을 포함하고 있는 "사자"라는 21번째 반응이다. 아마 이 반응은 카드 Ⅳ에 대한 "개미의 시각에서 본" 고질라와 어떤 공통점이 있는 것 같다. 하트가 근본적으로 개미를 동일시했는지 아니면 고질라를 동일시했는지를 고려할 경우 하트는 비교적 작고, 나약하고, 힘이 없는 존재로 자기를 지각했을 가능성이 더 높다. 하지만 카드 Ⅷ에서 사자라는 반응과 권력과 지위의 상징에 대한 주의는 그가 때때로 우월한 사람이거나 우월한 사람이 되는 데 대한 환상을 가지고 있을 가능성을 시사한다. 그의 내적 생활에서 이런 복잡성은 앞에서 무가치감이나 다른 사람에 대한 열등감을 방어하기 위한 보상적 자기애의 시도에 대해 설명한 것과 일치한다.

정서적 문제

Afr=.47, WSumC=4.5, 보통 범위에 속하는 SumC′:WSumC=3:4.5의 억제비율(Constriction Ratio)이 지적하는 바와 같이 하트는 자신의 정서적 경험을 충분히 적응적으로 조절할 수 있는 것으로 보인다. 따라서 그는 정서적 경험으로부터 철수하지도 않고, 자신의 감정을 인식하는 능력이 제한되어 있지도 않고, 감정표현을 억제하지도 않을 것이다. 동시에 그가 인지하는 감정과 표현하는 정서는 때때로 그에게 불쾌하다는 확실한 증거가 있다. C′=3, 1개의 Col-Shd Bld(7번째 반응에서 CF.C′F), S=3 등은 그가 다른 사람보다 더 슬프고 우울하게 느끼고, 자신을 즐기는 데 어려움이 있고, 분노와 원한과 같은 감정과 싸우고 있다는 것을 지적한다. 개인적 및 대인관계적인 문제에서 논의한 낮은 자존감과 사회적 고립과 더불어 기분부전, 무쾌감, 분노는 현재 그의 성격기능에서 우울증적 특징을 나타내는 증거(DEPI=5)로 볼 수 있다.

카드 Ⅲ에 대한 반응계열의 개인적 및 대인관계적인 의미를 논의할 때 언급한 바와 같이, 그의 정서적 경험은 무쾌감과 기분부전, 즐거움과 열정도 포함하고 있다. C′=3과 Col-Shd Bld=1과 기분이 우울함에도 불구하고 2개의 CF와 1개의 C를 포함하는 WSumC=4.5를 나타내고 있다. 비교적 조절되지 않은 색채의 사용에 대한 이러한 접근은 정서적 열정과 감정적 자발성이 순환하는 우울한 사람을 제외하고 나타나는 경우가 매우 드물다. 이와 관련해서 카드 Ⅲ에 대한 7번 반응에서 소름끼치고 무서운 광대의 얼굴은 행복하고 미소를 짓는 것으로 시작하고 순수 C반응인 카드 Ⅹ에 대한 26번째 반응에서 "행복하게 보이는 색깔들, 봄처럼 즐겁게 보인다."는 거의 행복감에 젖은 지각으로 나타났다.

이들 자료에서 침울한 감정과 즐거운 열정이 순환하고 있다는 지적은 12장에 제시한 피셔의 프로토콜에서 우울증적 특징과 경조증적 특징이 동반되었는 것을 떠올리게 한다. 그런데 하트는 피셔처럼 강도가 심하지 않고 양극성장애의 가능성을 시사하는 다른 증거도 나타나지 않았다. 그럼에도 불구하고 하트는 순환성 기분장애의 특징을 가지고 있고 기분상태, 자신에 대한 태도 및 에너지 수준의 변화가 심할 것으로 보인다.

하트의 감정변인에 의해 시사된 마지막 성격특징은 앞에서 언급한 S의 상승과 관련이 있다. 로르샤하 자료가 비일상적인 분노나 원한을 느끼고 있다는 근거를 제공하고 있을 때에는 언제든지 대인관계군집에서 분노를 주장적인 또는 수동적인 방식으로 표현하는지 여부를 검토해야 한다. 하트의 기록에는 AG 반응은 하나도 없고 a:p=4:11은 수동적인 방식으로 행동할 가능성을 지적하는 것이다. 따라서 하트는 원한을 수동–공격적 행동유형으로 표출할 가능성이 매우 높다.

인지적 문제

하트는 주변에서 일어나는 사건에 지나치게 주의의 초점을 좁히거나 그런 사건에 의해 지나치게 주의가 산만해지지 않고(Lambda=.56) 대부분의 다른 사람들 같이 개방적으로 자신의 경험에 대해 주의를 기울인다. 반면에 앞에서 그의 HVI에 대해서 언급한 바와 같이 그는 상황을 광범위하게 검토하고, 효율적으로 처리할 수 있는 것보다 더 많은 정보를 수집하고, 사소한 불확실성이 있더라도 결론을 미루는 경향이 있는 과통합자이다(Zd=+7.0). 이런 과통합자가 됨으로써 그는 자신의 일을 매우 완벽하게 처리하나 정해진 시간 내에 일을 끝내지 못할 정도로 지나치게 조심스러운 경향이 있다. 과제에 대한 접근에서 과통합적인 유형은 일반적으로 주의력결핍 과잉활동장애에서 나타나는 주의집중의 어려움을 동반하는 부주의, 성급함, 주의산만과는 매우 대조적이다. 더욱이 과다통합은 특히 필기시험에서 느리고, 반추적이고, 강박적인 방식 때문에 그 자체만으로도 학업성취를 저하시킬 수 있다. 질문의 의미에 대해 비생산적으로 몰두하고, 답을 꾸준히 재차 확인하고 수정하는 수검유형이 있을 경우 답안지를 완성하지 못할 수 있다. 하트가 적절하게 시험준비를 했는데도 불구하고 시험에 합격하지 못했다는 점에 비춰볼 때 비효율적으로 과통합하는 접근은 치료계획을 수립할 때 중요하게 고려해야 한다.

자신의 경험에 대한 주의를 기울이는 방식에서 더 언급할 점은 W의 빈도와 관련이 있다. 28개 반응으로 구성된 기록에서 W 반응수가 15개라는 것은 하트가 지나치게 포괄적인 접근을 한다는 것을 나타내는 것이고 M=4인 기록에서 기대되는 것을 훨씬 초과하는 것이다. 12장에서 에반스의 포부비율(W:M)을 논의할 때 지적한 바와 같이 W보다 M이 많으면 보수적인 목표설정과 재능 및 능력에 적합한 성취를 하지 못할 수 있다. 하트의 경우 W:M=15:4는 반대로 과대성을 포함할 수 있고 자기상에 대한 논의에서 언급된 보상적 자기애와 지위에 대한 관심과 관련이 있는 비일상적인 야망과 포부수준을 시사한다.

뚜렷하게 제한된 공감능력을 제외하면 하트는 자신의 경험을 현실적으로 지각할 수 있다고 생각된다. 비환자집단에서 그의 XA%=.79, WDA%=.78는 낮은 편에 속하고 X−%=.18은 높은 편에 속한다. 이들은 대부분의 다른 사람들보다 판단력에 착오가 있을 가능성이 높다는 것을 시사한다. 그러나 그의 지각적 부정확성 수준은 정신증적인 현실검증의 장애를 판단하는 준거(X−%>.29, XA%<.70)보다 낮고 그의 마이너스 지각 중 2개는 특히 대인관계에 대한 잘못된 지각을 나타내는 M− 반응을 포함하고 있다. 따라서 일반적으로 정확한 현실접촉을 유지하고 있지만 하트는 상황을 보는 방법이 분명히 비관습적인 것으로 보인다. 규준보다 낮은 P=3과 높은 Xu%=.36은 관습적인 방식에는 관심이 없고 관습성을 거부하기 위해 자신의 방식대로 일을 처리하는 자유로움을 나타낸다. 다른 정보원을 통해 그의 이런 비동조성을 확인할 수 있다면, 그가 어떻게 해서 치과의사가 되기로 결정하고 치과대학의 짜여진 교과과정의 요구에 대해 편안하게 만족할 수 있었겠는가 라는 중요한 의문을 제기해야 한다. 과통합적 수검양식과 마찬가지로 이러한 측면들 중 어느 한쪽에 대해서도 불만족스러우면 어떤 가능한 학습장애와 무관한 학업적인 어려움이 유발될 수 있다.

관념기능과 관련해서 하트는 사건들의 상호관계에 대해 논리적이고 조리에 맞게 사고하는 데 필요한 충분한 능력을 가지고 있다(WSum6=6). 그러나 다른 측면에서 관념을 사용하는 방식은 효과적 기능을 방해하고 있다. 더욱이 그는 자신의 방식을 고수하고 자기 자신, 다른 사람, 세상 일반에 대한 자신의 생각을 바꾸는 데 익숙하지도 않고 흥미도 없는 융통성이 없는 사람이다(a:p=4:11). 그는 지나치게 환상을 사용하여 문제를 해결하고 다른 사람이나 행운이 어떻게 자신의 문제를 해결해 줄 것인가에 대한 환상 때문에 건설적인 계획을 포기하는 경향이 있다(Ma:Mp=1:3). 또한 그는 자신의 주의를 끄는 사고와 감정을 직접적이고 자기관여적인 방식으로 다루지 않기 위해 차단시키는 주지화 방어기제를 지나치게 사용하는 경향이 있다(INTELL=7).

마지막으로 지적하고 싶은 점은 그의 FM+m=11은 잠입적인 관념이 비일상적으로 높다는 것을 지적하는 증거이다. FM+m의 상승은 무시당하는 것에 대한 저항이나 의식에서 떨쳐버리고 싶은 고통스런 사고에 대한 상당한 집착을 지적한다. 충족되지 않은 욕구에 대해 안달하는 것(FM)과 개인이 통제할 수 없는 사건의 영향에 대한 염려하는 것(m)은 잠입적인 관념의 일반적 구성요소이다. 앞에서 설명한 루이스의 경우와 마찬가지로 이런 종류의 잠입적인 관념은 전형적으로 집중력을 방해하고 FM+m=11이라는 것을 같이 고려하면 하트가 어떤 과제에 집중력을 유지하기가 매우 어려울 것이라고 기대할 수 있다. 이런 검사결과는 주의장애와 관련된 주의산만과는 별도로 학업수행을 저하시키고 주의집중의 장애를 초래하게 되었다고 볼 수 있다.

요컨대, 하트의 사례는 처음에는 학업실패를 학습장애나 진단되지 않은 주의결핍 과잉활동장애 때문이라고 의심하였으나 심리적 요인이 더 큰 원인으로 작용할 수 있다는 것을 잘 나타내주는 사례이다. 이전에 정신건강에 대해 관심을 기울였거나 어떤 형태의 심리치료를 받은 적이 없다고 하더라도, 상황적 불안뿐만 아니라 만성적으로 순환하는 기분과 우울 에피소드를 나타내고 있다는 증거가 있다. 또한 그는 열등감을 피하기 위해 보상적 자기애적 방어를 사용하고 불확실한 자존감, 대인관계에서 거리를 두고 불신하는 자세, 수동-공격적인 행동성향 때문에 문제가 있을 수 있다.

이전에는 눈에 띄지 않았고 치료받지 않은 적응문제만으로도 학업실패를 충분히 설명할 수 있다. 또한 하트의 로르샤하 반응에 나타난 과통합적인 양식은 특수한 부적응적인 작업습관을 야기시킬 수 있고 높은 수준의 잠입적인 관념은 집중력장애의 원인일 수 있다. 수검태도나 일상생활 과정에서 적응문제를 야기하는 광범위한 성격적 취약성을 더 검토하면 로르샤하 자료에 의해 밝혀진 많은 치료표적을 치료하는 데 도움이 되는 방법을 찾을 수 있을 것이다.

14
자기지각과 대인관계

자기 자신에게 호감을 가질 수 있고 적절한 자존감을 유지하고 긍정적 관심을 증가시키고 자기인식을 향상시키며 안정된 정체감을 형성하는 것은 심리적 적응에 도움이 되는 중요한 성격적 자산이다. 반면에 5장에서 설명한 바와 같이 자신에 대한 부정적인 태도와 자신에 대한 불충분한 이해는 적응적 문제를 유발시키는 적응적 약점이 된다. 다른 사람과의 관계에서 편안하게 관여하고 친근감과 안전을 예상하고 적절하게 협동하고 주장할 수 있는 적절한 능력이 있으면 잘 적응할 수 있다. 반면에 대인관계에서 무관심하고 불편하고 관여하지 않고 불신하고 지나치게 지배적이거나 수동적인 경우 전형적으로 실망과 불만을 경험하게 되고 심리적 장애로 발전할 수도 있다.

9장의 사례연구에서 지적한 사람들이 자신을 보는 관점과 다른 사람과의 관계를 묶어서 한 장에서 다룬다고 해서 이러한 2가지 적응차원이 10장에서 논의한 4가지 차원보다 덜 중요하다는 의미는 아니다. 오히려 이러한 2가지 측면은 심리적 건강과 행복에 매우 중요하다. 따라서 이러한 적응차원에서 지니는 장단점은 로르샤하에서 표현되는 방식을 다룰 때 자세히 설명하였다. 더욱이 이러한 2가지 적응차원은 대상관계 일반에 대한 이론적 및 실제적 의미를 내포하고 있다. 특히 주제심상과 관련된 개별적인 로르샤하 반응은 자신과 다른 사람을 어떻게 표현하고 자기자신과 다른 사람에 대한 관심을 나타내는 방식에 관한 단서를 제공하는 것이다.

로르샤하에서 대상관계는 〈표 3-1〉에 제시한 자기지각과 대인지각 변인군집에 반영되어 있다. 이 장에 소개한 두 사례는 자기애적인 자기중심성으로 인해 행동적 문제와 정서적 문제로 발전될 수 있는 상이한 맥락을 설명하기 위해 선택한 것이다. 두 사례 모두 첫 번째 정적 핵심변인은 Fr+rF>0이다. 그리고 이들은 이전에 심리치료를 받은 경험이 없고 겉으로 보기에는 잘 적응하고 있는 것처럼 보이고 직장을 가지고 있는 성인이다. 그러나 첫 번째 사례는 외향적인 남자로 분노를 적절히 통제하지 못하고 가정폭력이 의심되는 사례이고 두 번째 사례는 내향적인 여자로 직장동료들과 즐거운 관계를 형성할 수 있는 능력이 부족해 직장동료의 관계에서 어려움이 있는 사례이다.

사례 9: 자기방식을 고집하는 남자의 폭력 잠재성

잉그람(Ingram)은 27세의 백인 남자이다. 아내와 별거한 지 몇 개월 후 지난 4년 동안 이들 부부를 상담해 온 부부상담자가 평가를 의뢰하였다. 그는 컴퓨터와 관련된 기술을 전공하였고 최근 7년 동안 큰 회사에서 하드웨어를 수리하면서 안정된 직장생활을 하고 있었다. 그는 21세 때 18세인 아내를 처음으로 만났고 2년간 연애한 뒤에 결혼하였다. 연애할 때부터 이들은 서로 만족스러운 성관계를 자주 가졌다. 부인은 결혼한 뒤부터 줄곧 은행에서 비서로 일을 해 왔다.

이들 부부는 결혼한 지 1년 뒤부터 멀어지기 시작했다고 하였다. 비록 성관계는 자주 가졌지만 사소한 문제에서 의견 차이가 자주 있었고 함께 나눌 수 있는 공통적인 흥미가 없다는 것을 느끼게 되면서 각자 자신의 친구들과 더 많은 시간을 보내게 되었다. 검사를 실시하기 4개월 전에 잉그람은 화를 참지 못하고 아내를 몇 차례 구타한 일이 발생했다. 이런 일이 일어났을 즈음에 부인은 임신 3개월 만에 유산하고 말았다. 부인의 말처럼 남편의 폭행 때문에 몹시 흥분하고 유산하게 되었는지 아니면 남편의 말처럼 부인이 유산하게 되자 화가 나서 폭행하게 되었는지 분명하지 않았다. 어쨌든 이런 일이 일어나자 부인은 집을 나가 근처에 사는 친정 부모의 집으로 가 버렸다. 그녀의 부모는 타박상을 입은 것을 보고 놀라 경찰을 불렀고 경찰은 그를 체포하여 교도소에 수감하였다. 그러나 부인의 간청으로 다음 날 석방되었다.

몇 주가 지난 뒤에 이들 부부는 부부상담에서 서로 얼굴을 보게 되었다. 잉그람은 부인에게 다시 집으로 돌아와 달라고 간청하였다. 그러나 그녀는 승낙하지 않고 이혼소송을 생각하는 중이라고 하였다. 그는 부인의 거절에 격분한 나머지 두 차례나 전화로 자신의 집으로 돌아오지 않으면 가만히 있지 않겠다고 협박하였다. 그는 상담시간에는 자신의 이러한 행동에 대해 깊이 후회하였고 자신은 여전히 아내를 몹시 사랑하고 있고 그녀를 위해 행복한 가정을 만들어 주고 싶고 꼭 아이를 낳고 싶다고 하였다. 그는 이렇게 후회하면서도 부인이 화해하기를 거절하는 것은 장모와 아내의 친구들이 "아내가 등을 돌리도록" 만들고 있기 때문이라고 비난하였다. 그리고 그는 "상담을 받는 것은 부인이 다시 돌아오도록 하기 위한 것이므로 부부상담은 계속하겠다."고 하였다.

부부상담가는 잉그람의 성격적 장점과 단점을 평가하고, 그의 후회가 진실한 것인지 평가하고, 폭력을 행사할 가능성을 결정하기 위해 심리학적 평가를 의뢰하게 되었다. 심리검사를 실시한 지 3일 뒤에 있은 전화통화에서 부인이 다시는 만나지 않겠다고 하자 그는 곧바로 처가에 가서 부인을 총으로 쏜 뒤에 자신도 그 총으로 자살했다. 그의 로르샤하 프로토콜은 〈표 14-1〉, 〈표 14-2〉, 〈표 14-3〉, [그림 14-1]과 같다.

〈표 14-1〉 잉그람의 로르샤하 프로토콜

반응	질문
카드 I	
1. 나방처럼 보이네요.	검: (반응 반복) 수: 이건 더듬이와 날개고. 암컷인지 수컷인지 말하기는 어렵지만. 모르겠어요.
2. (오랜 침묵) (좀 더 살펴보시면 다른 것도 볼 수 있을 거예요) 이제 보이네요. 나뭇잎.	검: (반응 반복) 수: 떡갈나무의 잎이나 또는 비슷한 나무의 잎. 시들어 가는 것 같고. 시커멓고 찢어지고 구멍들이 나 있으니까요(지적).
카드 II	
3. 자동차 앞 유리에 붙은 벌레 같이 보이고. 짓눌려 뭉개진 것 같군요.	검: (반응 반복) 수: 이건 피. 방금 치였나 보죠? 검: 피라고요? 수: 색도 그렇고 사방에 핏자국이 있고. 부딪힐 때 몸이 떨어져 나갔고. 중앙에 구멍을 보이고. 방금 치였나 봐요.

〈표 14-1〉 잉그람의 로르샤하 프로토콜(계속)

반응	질문
4. 붉은 것을 빼면 두 마리 개처럼 보이고.	검: (반응 반복) 수: 붉은 것은 빼고. 여기 아래 발. 뒷발로 서 있는 것 같고. 작은 귀가 있고. 마치 깡충거리면서 함께 춤을 추고 노는 것 같고. 여기 어두운 부분은 눈이고. 귀, 코, 눈도 있고(지적).
5. 피어나는 꽃봉오리 같이도 보이고. 자세히 보니깐 백합 같네요.	검: (반응 반복) 수: 흰 부분을 자세히 보면 꼭 백합 같고. 주변에 꽃받침이 있고. 검: 어떻게 보았는지 잘 모르겠군요. 수: 중앙 아래 흰 부분. 어두운 부분은 꽃받침일 것이고. 검: 아래 어떤 점이 백합처럼 보였나요? 수: 글쎄요. 검은 부분보다 희니까 그런 느낌이 들어요.
카드 III	
6. ∨ 벌레 같은 거. 입은 여기고 다리는 여기고. 벌레의 전체는 아니고요.	검: (반응 반복) 수: 다리와 발이 보이고. 이건 입이고. 딱정벌레의 발 같이 (D8). 붉은 점이 있는 흑거미 같기도 하고. 그래도 딱정벌레를 더 닮았어요. 붉은 점이 있는 딱정벌레도 있을 거예요. 어쨌든 벌레종류. 더 오래 보고 싶지는 않아요. 검: 벌레의 전체는 아니라고 했죠? 수: 네. 뭔가 빠진 것 같아요. 여기 흰 부분이 다른 부분처럼 검어야 하는데. 마치 어떤 부분이 썩어버린 것처럼.
카드 IV	
7. > 해변의 제방처럼 보이고. 썩은 고목나무의 밑둥치. 여기는 비친 것이고.	검: (반응 반복) 수: 여기가 해변이고 이건 밑둥치와 큰 가지. 이것은 아래에 비친 것이고.
8. 이렇게 보면 꼭 꼬리가 달린 개구리 같고.	검: (반응 반복) 수: 발(D6), 머리(D3), 꼬리(D1).
카드 V	
9. 이건 정말 박쥐처럼 보이고.	검: (반응 반복) 수: 날아가고 있으니까 날개와 발은 뒤에 있고. 팔은 날개의 끝에 나와 있고. 매우 무서운 박쥐.
10. 또 다른 나방으로 볼 수도 있겠고.	검: (반응 반복) 수: 박쥐처럼 보이네요. 작은 더듬이와 날개. 날아가고 있는 것처럼 보이네요.
11. < 이렇게 보니깐 물 위에 나온 나무	검: (반응 반복)

〈표 14-1〉 잉그람의 로르샤하 프로토콜(계속)

반응	질문
의 밑둥치로 보이고. 여기는 물에 비친 것이고.	수: 여기 중앙의 선이 해안선이고. 아직 물이 있는 것 같고. 이건 나무 밑둥치. 여기가 반사된 것. 낮에 햇빛이 있을 때 비친 것. 마치 늙은 죽은 고목나무의 밑둥치 같아요.
카드 VI	
12. 이건 동물을 죽이고 가죽을 벗겨놓은 것 같이 보이고. 동물의 가죽을 펼쳐둔 것 같군요.	검: (반응 반복) 수: 사람들이 동물을 이렇게 하는 곳에 가 본 적이 있는데, 꼭 이렇게 보였어요. 가죽을 벽에 걸어놓았을 것 같은. 검: 어떤 점에서 그렇게 보았는지 잘 모르겠군요. 수: 머리, 목, 가죽. 이미 가죽을 벗긴 것이고 여기는 다리가 있었던 곳이고.
13. > 이렇게 보면 덤불이 비친 것 같고. 여기 풀이 이렇게 자라나 있고. 물에 비친 것처럼 보이네요.	검: (반응 반복) 수: 해변이 여기. 죽은 나무의 밑둥치와 잡초. 이것이 덤불이고 여기는 반사된 것이고.
카드 VII	
14. 이건 두 사람이 서로 마주 보고 있는 것 같고. 코, 입이 있고 머리에 깃털을 단 것처럼 보이고. 목을 길게 뻗쳐 서로 쳐다보고 있는 것 같아요.	검: (반응 반복) 수: 머리고, 깃털, 코, 입, 목이 있고. 무척 화가 난 듯이 서로 노려보고 있는 것 같아요. 다투고 나서 감정을 삭히지 못해 서로 노려보고 있는 것처럼. 어린아이들 같군요. 이 윗부분이.
15. > 이렇게 보면 물 위에 솟아 나온 얼음 같이 보이고. 이것은 마치 거울에 비친 상처럼 수직선을 중심으로 아래에 비친 것처럼 보입니다.	검: (반응 반복) 수: 이건 모두 얼음 같다는 생각이 들어요. 이것은 물이고 여기 고드름이 달려 있어서 물방울이 떨어지는 것 같으니까 거울에 비친 것 같고요. 검: 물방울이 떨어진다고요? 수: 여기 가장자리를 보세요. 방울이 불규칙하게 떨어지는 것 같아요. 녹아서 떨어지는.
카드 VIII	
16. < 이것은 동물 같이 보이고. 이 바위에서 나오는 동물. 여기는 물이고 이건 물에 비친 것이고. 동물이 나무 둥치에 기어올라가는 것.	검: (반응 반복) 수: 이건 바위. 색깔이 있는 바위 같고. 서부나 해안가에 있는. 개 같은 동물이 바위에서 나무둥치 같은 것으로 가고 있는 것 같고. 아마 바위나 죽은 고목나무… 물을 건너가려는 것 같고. 푸른 부분이 물이고. 물에 젖지 않으려는 것처럼.
카드 IX	
17. ∨ 이것은 어떤 식물 같이 보이고.	검: (반응 반복)

〈표 14-1〉 잉그람의 로르샤하 프로토콜(계속)

반응	질문
분홍색 꽃 같군요. 그리고 이것은 땅에서 뻗어 나온 줄기이고. 녹색 잎도 있군요.	수: 여기는 땅(D3). 여기는 줄기고 위로 분홍색 꽃이 있고 아래에 녹색 잎들이 있고. 아마 난초나 열대식물인 것 같군요.
카드 X	
18. 폐 같다는 생각이 듭니다. 이건 박테리아일 것이고. 이런 것은 몸에서 생긴 항체가 박테리아와 싸우는 것처럼 보이고.	검: (반응 반복) 수: 핑크색(D9)은 폐. 저는 담배를 피우니까 내 폐는 핑크색이 아닐 것이고. 여기는 목구멍(D1)이고. 여기는 세균. 다른 것들은 모두 세균을 공격하는 항체. 색이 다른 것을 보니 항체의 종류도 다 다른 것 같고요. 각기 폐를 보호하는 다른 역할이 있는 것 같고. 내 몸도 이런 항체가 지켜 주었으면 좋겠는데. 내 폐는 이보다 더 나쁠 거예요.

개인적 및 대인관계적 문제

잉그람의 구조적 요약은 18개의 반응이 있는 타당한 기록으로 S-CON=8이고 첫 번째 정적인 핵심변인은 Fr+rF>0이다. S-CON>7은 자살위험을 판단하는 데 적용하는 보수적 준거이고 긍정오류를 범하는 경우가 드물다는 것을 상기하면, 13장에서 하트의 경우와 같이 다음 단계는 그의 8개 정적 변인이 잘 확립되어 있는지 여부를 검토하는 것이다. 이들 변인 중 단지 두 변인(Col-Shed Blends, FC:CF+C)은 각각 1점인 정적 변인이고 다른 여섯 변인은 1점 이상인 정적 변인이다. 이런 결과는 하트와 달리 잉그람은 S-CON에서 "높은 8"을 시사한다. 따라서 이 사례에서 S-CON의 상승은 즉각적인 임상적인 개입이 필요하다는 것을 지적하는 것이다. 주어진 환경에서 무엇이 가장 적절한지에 따라 다르겠지만, 이런 반응은 (1) 의뢰한 사람에게 환자의 자살 가능성을 즉시 알리고, (2) 로르샤하 반응에서 시사된 자살 잠재성에 대해 직접 환자에게 피드백을 제공하고, (3) 환자의 지지체계에 있는 사람이 자기파괴적인 충동을 면밀하게 관찰하고 개입할 필요가 있다는 것을 지적하는 것이다. S-CON이 상승되어 있을 경우 수검자가 이전에 자살관념을 보고했는지 또는 자해에 대해 언급했는지는 중요하지 않다. 개인의 과거력이 어떻든 간에 S-CON이 분명하게 상승했을

〈표 14-2〉 잉그람의 채점계열

카드번호	반응번호	영역	영역번호	결정인(s)	(2)	반응내용(s)	평범반응	z점수	특수점수
Ⅰ	1	Wo	1	Fo		A		1.0	DR
	2	WSo	1	FC′o		Bt		3.5	MOR
Ⅱ	3	WSv	1	C		Ad, Bl			MOR, DV
	4	D+	6	Mao	2	A	P	3.0	COP, FAB, GHR
	5	DdSo	99	FV−		Bt		4.5	
Ⅲ	6	DdSo	99	FC′.FC−		Ad		4.5	MOR
Ⅳ	7	W+	1	Fro		Ls		4.0	MOR
	8	Wo	1	Fu		A		2.0	INC
Ⅴ	9	Wo	1	FMao		A	P	1.0	INC
	10	Wo	1	FMao		A		1.0	PSV
	11	W+	1	Fru		Na		2.5	MOR
Ⅵ	12	Wo	1	Fo		Ad	P	2.5	PER
	13	W+	1	Fro		Ls		2.5	MOR
Ⅶ	14	D+	1	Mao	2	Hd, Cg	P	3.0	AG, DR, GHR
	15	WS+	1	Fr.mp−		Na		4.0	DV
Ⅷ	16	W+	1	FMa.Fr.CFo		A, Na	P	4.5	MOR
Ⅸ	17	W+	1	CFo		Na		5.5	
Ⅹ	18	W+	1	FMa.FC−	2	An, A		5.5	AG, DR, PHR

때 S-CON은 자살예방책을 적용해야 한다는 것을 지적하는 중요한 지표이다. 로르샤하를 실시한 뒤에 검사를 끝내고 결과를 상담자에게 전달할 수 있는 충분한 시간이 있었다면, 잉그람에게 적절한 조치를 취했을 것이고 아마도 일어난 비극을 방지할 수 있었을 것이다.

또한 제시된 자료는 다른 두 측면에서 주목을 끈다. 첫째, DEPI=5는 정적 핵심변인을 구성하기 위한 준거인 DEPI>5를 충족시키지 못하나 잉그람의 현재 상태에서 우울한 특징을 지적하기에는 충분할 정도로 크다. 둘째, R=18은 일반적으로 타당한 기록을 지적하는 데 필요한 R>13과 비방어적 기록을 지적하는 데 필요한 R>16의 준거를 충족시키지만, 그럼에도 불구하고 평균보다 낮은 R은 프로토콜이 단지 제한된 정보를 제공할 가능성이 있다. 그러나 단지 14개의

〈표 14-3〉 잉그람의 구조적 요약

반응영역

Zf	=	17
ZSum	=	54.5
ZEst	=	56.0
W	=	14
(Wv = 1)		
D	=	2
W + D	=	16
Dd	=	2
S	=	5

결정인

혼합: FC′.FC, Fr.m, FM.Fr.CF, FM.FC

단일		
M	=	2
FM	=	2
m	=	0
FC	=	0
CF	=	1
C	=	1
Cn	=	0
FC′	=	1
C′F	=	0
C′	=	0
FT	=	0
TF	=	0
T	=	0
FV	=	1
VF	=	0
V	=	0
FY	=	0
YF	=	0
Y	=	0
Fr	=	3
rF	=	0
FD	=	0
F	=	3
(2)	=	3

반응내용

H	=	0
(H)	=	0
Hd	=	1
(Hd)	=	0
Hx	=	0
A	=	7
(A)	=	0
Ad	=	3
(Ad)	=	0
An	=	1
Art	=	0
Ay	=	0
Bl	=	1
Bt	=	2
Cg	=	1
Cl	=	0
Ex	=	0
Fd	=	0
Fi	=	0
Ge	=	0
Hh	=	0
Ls	=	2
Na	=	4
Sc	=	0
Sx	=	0
Xy	=	0
Idio	=	0

S-Constellation

- ☐ FV + VF + V + FD > 2
- ☑ Col-Shd Blends > 0
- ☑ Ego <.31 or > .44
- ☐ MOR > 3
- ☐ Zd > ±3.5
- ☑ es > EA
- ☑ CF + C > FC
- ☑ X + % <. 70
- ☑ S > 3
- ☐ P < 3 or > 8
- ☑ Pure H < 2
- ☐ R < 17
- 8 Total

발달질

			(FQ−)
+	=	9	(2)
o	=	8	(2)
v/+	=	0	(0)
v	=	1	(0)

형태질

		FQx	MQual	W+D
+	=	0	0	0
o	=	11	2	11
u	=	2	0	2
−	=	4	0	2
None	=	1	0	1

특수점수

		Lv1-1	Lv1-2
DV	=	2×1	0×2
INC	=	2×2	0×4
DR	=	3×3	0×6
FAB	=	1×4	0×7
ALOG	=	0×5	
CON	=	0×7	

Raw Sum6 = 8

Wgtd Sum6 = 19

AB	= 0		GHR	=	2
AG	= 2		PHR	=	1
COP	= 1		MOR	=	7
CP	= 0		PER	=	1
			PSV	=	1

비율, 백분위, 산출점수

R = 18 L = 0.20

EB	= 2:4.5	EA	= 6.5	EBPer	= 2.3
eb	= 5:3	es	= 8	D	= 0
		Adjes	= 8	AdjD	= 0
FM	= 4	SumC′	= 2	SumT	= 0
m	= 1	SumV	= 1	SumY	= 0

감정

FC:CF + C	= 2:3
Pure C	= 1
SumC′:WSumC	= 2:4.5
Afr	= 0.20
S	= 5
Blends:R	= 4:18
CP	= 0

대인관계

COP = 1	AG = 2
GHR:PHR	= 2:1
a:p	= 6:1
Food	= 0
SumT	= 0
Human content	= 1
Pure H	= 0
PER	= 1
Isolation Index	= 0.67

관념

a:p	= 6:1	Sum6	= 8
Ma:Mp	= 2:0	Lvl-2	= 0
2AB + (Art + Ay)	= 0	WSum6	= 19
MOR	= 7	M−	= 0
		M none	= 0

중재

XA%	= 0.72
WDA%	= 0.81
X − %	= 0.22
S−	= 3
P	= 5
X + %	= 0.61
Xu%	= 0.11

처리

Zf	= 17
W:D:Dd	= 14:2:2
W:M	= 14:2
Zd	= −1.5
PSV	= 1
DQ+	= 9
DQv	= 1

자기지각

3r + (2)/R	= 1.00
Fr + rF	= 5
SumV	= 1
FD	= 0
An + Xy	= 1
MOR	= 7
H:(H) + Hd + (Hd)	= 0:1

PTI = 1 ☑ DEPI = 5 ☐ CDI = 3 ☑ S-CON = 8 ☑ HVI = No ☐ OBS = No

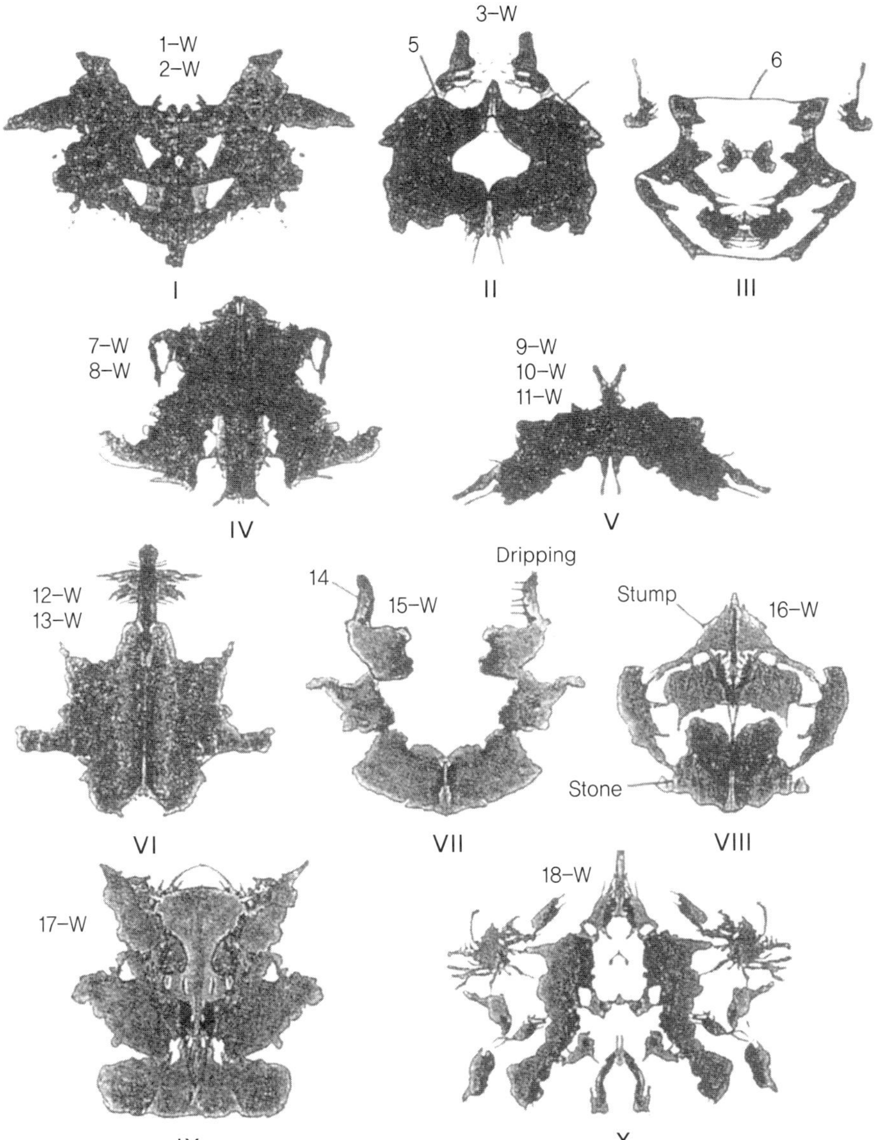

[그림 14-1] 잉그람이 선택한 반응영역

반응만 했으나 Lambda=.27로 충분히 경험에 대해 개방적인 12장에 제시한 피셔와 마찬가지로 잉그람은 R이 평균보다 낮고 Lambda도 .20으로 낮다. 이런 결과는 피셔의 경우와 같고 10장에 제시한 앤더슨(R=19, Lambda=2.17)의 방어적 기록과는 대조적이다. 따라서 잉그람의 프로토콜에서 그가 어떤 사람이고 내적 생활의 성격에 대한 풍부한 단서를 발견할 것으로 기대할 수 있다. 〈표 3-2〉에 따라 이 사례에 대한 탐색전략은 자기지각, 대인지각, 통제, 정서, 정보처리, 중재, 관념 군집 순으로 진행할 것이다.

잉그람의 자기지각의 핵심은 5개의 반사반응과 자아중심성 지표 1.00에 분명히 나타나 있다. 자존감의 수준과 관련해서 이런 결과는 성격적으로 다른 사람의 욕구보다 자신의 욕구를 우선시하고, 자신이 원하는 것은 반드시 이루어야 한다고 느끼고, 자신의 미덕을 과시하고, 자신의 문제를 자신의 단점이나 한계보다 자신이 통제할 수 없는 다른 사람의 행동이나 환경에 귀인시키는 이기적이고, 자신에게 초점을 맞추고, 자기중심적인 사람이라는 것을 나타낸다. 5장에서 언급한 바와 같이 Fr+rF=1보다 높은 Fr+rF=5를 현저한 자기애를 나타내는 것으로 해석할 때는 상당한 주의가 필요하다. 잉그람의 경우 18개 반응에서 5개의 반사반응과 2개의 쌍반응이 있다는 것과 자아중심성 지표는 3년 후 재검사 상관이 .87로 시간이 경과하더라도 매우 안정적이라는 점을 동시에 고려해야 한다. 따라서 지금까지 로르샤하 자료에서 관찰되는 자기애는 매우 잘 형성되어 있고 오래 지속된 것으로 보인다.

그러나 잉그람의 경우 주의가 자신에게 향할 때 고양된 자존감이 유의미하게 극적으로 변한다. 이와 관련된 자료는 5장에서 역설적 상황(paradoxical circumstance)에 대한 논의에서 설명하였다. 즉 환경의 변화와 무관하게 자신에게 지속적으로 높은 가치를 부여하는 것(높은 자존감)에 부가해서 문제적 사건이 발생할 경우 구체적인 부정적 자기태도(낮은 자기관여)가 동반되어 나타난다. 구조적 자료에서 낮은 자기관여를 지적하는 증거는 자기비판을 나타내는 차원반응과 신체 및 신체적 기능에 대한 강한 부정적 태도를 나타내는 MOR=7로 구성되어 있다.

잉그람의 MOR 반응에서 주제심상은 자존감이 높지만 낮은 자기관여를 경험하는 원인을 시사해 준다. 카드 Ⅰ에서 2번 반응은 "죽어가는" 떡갈나무 잎을 포함하는 우울한 FC′이다. 카드 Ⅲ에서 6번 반응으로 "뭔가 빠졌어요… 마치 썩어버린 것처럼" 하는 곤충을 포함한 반응은 정서적으로 양가적이고 부정확하게 지각된 FC′.FC− 반응이다. 카드 Ⅳ, Ⅴ, Ⅵ, Ⅷ에서 나타난 7, 11, 13, 16번 반응은 모두 "죽었거나 썩어버린 나무둥치"를 묘사하고 있다. 이렇게 반복되고 있는 상당히 분명한 심상은 자신의 어떤 부분이 썩었고 어떤 부분이 없어졌다는 것을 시사한다. 아마 자신의 생활에서 빠져버린 어떤 것이 나무, 한때는 기능하던 것이 이제는 더 이상 기능할 수 없는 죽고 썩은 나무둥치로 상징화되었고, 자신에 대해 좋게 느끼고 자기관여를 유지하기 위해 기능을 회복해야 한다는 것을 시사할 가능성이 높다.

만일 이런 추론이 타당하다면 로르샤하 자료는 전형적으로 남근기적인 자기애적 성격장애(phallic narcissistic character disorder)와 관련된 욕구유형과 적응적 위험을 나타내는 것일 수 있다. 잉그람은 자신의 적절감을 유지하기 위해 규칙적이고 잦은 성관계를 필요로 했던 것으로 본인다. 실제로 그는 부인과 연애할 당시부터 심지어 결혼한 후에 갈등이 지속되던 동안에도 부인과 성관계를 즐기고 있었다. 그가 다른 여성과의 성관계를 가졌거나 생각해 본 적이 있었는지에 대해서는 알 수 없다. 별거는 그의 남근적인 능력을 증명할 기회를 박탈했고 만나기를 거부하는 부인과 부인의 이혼소송은 이 박탈이 무한정 지속될 것이라는 위협감을 안겨 주었을 것이다. 이렇게 되자 그는 불안과 우울한 증세를 보이게 되었고 부인이 다시 돌아올 것으로 생각하고 한시적으로 부부상담을 계속하였을 것이다. 그러나 그는 부인이 자신의 곁으로 돌아오도록 설득하기 위한 방법으로 자신의 행동이나 자신이 변하려는 의지에 대해서는 전혀 언급하지 않았다.

기록에서 다른 한 MOR 지각은 카드 Ⅱ에 대한 3번 반응에서 일어났고 5번 반응에 나타난 차원반응으로 이끈 반응계열이 흥미롭다. 카드 Ⅱ에 대한 3번 반응은 "짓눌려 뭉개지고 사방에 핏자국"이 있는 "자동차 앞 유리에 붙은 벌레"이다. 비록 병적이기는 하지만 이 반응은 다른 6개의 MOR 반응처럼 자기모욕적인 성격은 없고 짓눌린 희생자보다 벌레를 짓뭉갠 공격자와 동일시한 것일 수 있다. 이러한 가정이 맞고 그의 공격적이고 폭력적인 행동의 원인이 되는 문제를 고려하면, 뒤에 나오는 4번째 반응은 적응적이지만 공격성을 드러내지 않으려는 방어적이고 다소 가장된 노력으로 볼 수 있다. 그는 "붉은 것을 빼면" 하고 말을 시작했다. "붉은 것을 빼면"이라는 말은 전형적으로 분노를 시사하고 그가 하고 싶어 하는 어떤 것을 반영하는 것일 수 있다. 이 반응 뒤에 유일한 COP 반응이 나오고 이 COP는 좋은 형태의 M이지만 하나의 FABCOM과 다소 부자연스러운 즐거움을 포함하고 있다("깡충거리면서 함께 춤을 추고 놀고 있는" 개 두 마리). 그리고 5번째 반응은 형태질이 마이너스인 차원반응이다. 이 반응은 장난을 치며 놀고 있는 개의 행복한 이미지를 통해 부인에게 공격적으로 행동한 것에 대한 후회와 자기비난이 말끔히 없어지지 않았다는 것을 시사한다. 이와 관련된 불편이 카드 Ⅲ에까지 영향을 주었고 이미 앞에서 언급한 6번째 반응은 FC′.FC− MOR 반응으로 평범한 인간상을 놓치고 말았다.

잉그람의 자기지각에 관한 구조적 자료를 다시 보면 그는 전형적으로 적응문제를 초래할 수 있는 2가지 부가적인 성격적 약점을 나타내고 있다. 첫째, FD=0은 자신을 인식할 수 있는 능력이 거의 없다는 것을 지적하는 것이다. 그가 존경받고 존경받을 가치가 있는 사람이든 제대로 기능하지 못하는 무능한 사람이든 간에 그는 한 발짝 물러나서 내성적인 방법으로 자신의 행동을 스스로 검토하고 되새겨보는 심리적 자세가 부족하다. 둘째, H:(H)Hd(Hd)=0:1은 그의 생활에서 실제적인 인물을 동일시하지 못하여 안정된 정체감을 형성하지 못했다는 것을 의미한다. 그의 남근기적인 자기애에 관해 이미 다루었지만, 그의 정체감은 자신의 남성다움의 불확실성에 대한 중요하고 강한 방어를 포함하거나 또는 그렇게 선회할 수도 있을 것이다.

잉그람의 잉크반점기록에서 나타난 비일상적인 첫 반응도 이러한 가정을 시사하는 것으로 볼 수 있다. 첫 번째 반응에서 "나방처럼 보인다."는 자유연상은 주목할 만한 것이 없다. 그러나 질문단계에서 "암컷인지 수컷인지 말하기 어렵다. 어느 쪽인지 모르겠다."고 다분히 주제에서 벗어난 언급을 부가했다. 이처럼 이완되고 과제를 벗어난 연상은 DR로 기호화한다. 이 DR은 반응의 주제심상이 관념적용을 방해하고 인지적 결함을 초래할 정도로 고통스럽다는 것을 의미한다. 이러한 관심은 나방의 성별을 구분하기 어려워서 괴롭다는 것은 아니다. 그는 나방의 성별구분에 대한 관심을 다소 과장해서 나타내고 있을 가능성이 더 높다. 따라서 이런 관심은 그가 안정된 남성다운 정체감을 형성하는 데 어려움이 있다는 것을 지적하는 것이다.

잉그람의 전체 18개 반응 중 인간내용은 하나밖에 없고 이것도 Hd라는 사실은 그가 사람을 동일시하는 능력이 없을 뿐만 아니라 사람에 대한 관심도 없다는 것을 의미한다. 5장에서 언급한 바와 같이 사람들에 대한 강한 관심과 자기애적인 특징이 결합되면 기쁘게 해 줄 청중으로 친구와 동료를 원하고 끌어 모으는 "좋은 자기애(nice narcissism)"가 초래될 수 있다. 반면에 사람들에 대한 진정한 관심이 없는 자기애는 다른 사람을 무시하거나 자신의 목적을 위해 다른 사람을 이용하고 착취하는 "나쁜 자기애(nasty narcissism)"로 발전할 수 있다. 이들은 다른 사람의 안녕이나 다른 사람을 즐겁게 해 주려는 것에 대한 관심은 거의 없고 주로 자신이 원하는 것을 다른 사람이 해 주는 것을 취하는 데 주의의 초점을 맞추고 있다.

잉그람은 나쁜 자기애를 가지고 있을 가능성이 높다. 왜냐하면 그의 생활에서 다른 사람들은 그다지 중요한 부분을 차지하지 못하고(ISOL=.67), 다른 사람과 협력적인 관계를 기대하기 어렵고(COP=1), 다른 사람에게 친밀한 애착을 형성할 수 있는 능력이 없고, 친밀성을 기대하거나 추구하지 않고, 다른 사람을 사람으로서가 아니라 어떤 대상이나 물건처럼 다루고 거리를 유지하려는 경향(T=0)이 있기 때문이다. 어떤 사람에게 주의를 기울이려고 할 때 합리적으로 공감할 수 있고(2개의 M반응은 좋은 형태질), 행동적 수동성을 나타내지 않고(a:p=6:1), 주장성도 정상범위이다(AG=2). 그러나 부인과 떨어져 있고 적절감을 유지하기 위해 성적인 관계를 맺지 않았는데도 불구하고 대인관계적인 거리와 무관심이 효율적인 직무수행을 방해하지 않았던 것은 컴퓨터 하드웨어를 수리하는 일이 다른 사람에 대한 관여를 거의 필요로 하지 않았기 때문에 가능했을 수 있다.

부인과 관련해서 카드 Ⅶ의 주제심상은 M과 아직 언급하지 않은 마이너스 형태반응을 포함하고 있고 많은 것을 밝힐 수 있는 반응계열이다. 14번째 반응은 "서로 마주 보고 있는 두 사람"의 머리라는 평범반응이다. 그러나 질문단계에서 이들의 머리는 "서로를 노려보고 있다."로 정교화되었고 과제에서 벗어나고 주제에서 빗나간 다른 DR에서 이들은 "정말 미친 것 같군. 선생님도 아시겠지만, 마치 논쟁을 벌이고 있는 것 같고 진정될 기미는 없는 것 같다."고 기술되었다. 비록 다른 가능성을 시사할 수 있다고 하더라도, 이 반응에는 잉그람과 부인과의 관계가 분명하게 묘사된 것으로 볼 수 있다. 즉 이들 부부간에는 아직 해결되지 않은 의견 차이가 있고 적어도 잉그람에게 충족되지 못한 문제가 있다는 것이다. 15번째 반응은 부분적으로 14번째 반응에서 해결되지 않은 논쟁에 대한 연상 때문에 생긴 심리적 불편에 대한 반응으로 볼 수 있는데, 이 반응에는 현실검증의 일시적 손상(마이너스 형태질), 단어의 서투른 선택에서 인지적 결함(수직선에 반사된 것, DV), 사건을 통제하는 것에 대한 무력감(m)과 가치가 있고 흠이 없다는 느낌(Fr)을 알 수 있는 결정인이 비일상적으로 혼합되어 있다.

이런 관심과 방어를 하게 된 배경과는 달리 잉그람의 15번째 반응에 나타난 이미지는 "물 위로 솟아오른 얼음"이고 뒤에 다시 "거기에 달려 있는 고드름, 물방울이 떨어지는 것 같고, 녹아서"였다. 이 반응의 상징적 의미와 관련해서 2가지 가능성(물론 두 가능성을 다 적용할 수 있겠지만)을 생각할 수 있다. 첫째, 다투고 있는 두 사람의 이미지에 뒤이어 나타난 "얼음"이라는 차가운 이미지는 부인에 대한 냉담한 감정과 그의 생활에서 필요한 것은 대상이지 사랑하는 사람은 아니라는 것을 나타낼 수 있다. 또한 얼음은 자신의 욕구와 소망에 무관심하고 반응하지 않는 냉담성을 부인에게 귀인시키는 것일 수 있다. 둘째, "거기에 매달려서" 녹아내리는 고드름은 죽었거나 썩어 들어가는 나무 밑둥치라는 반복되는 이미지와 마찬가지로 성적으로 행동할 수 있는 기회가 박탈되어 불편을 느끼고 있다는 것을 한 번 더 표현하는 것일 수 있다.

정서적 문제

잉그람은 감정을 경험하고 표현할 수 있는 적절한 능력을 가지고 있고 자신의 감정을 다른 사람에게 알리는 데 어떤 제약이 있다는 증거도 없다(WSumC =4.5, SumC′:WSumC=2:4.5). 뿐만 아니라 그는 비교적 유보적이고 비교적 확대적인 방식으로 감정을 처리할 수 있는 적응적 능력도 나타내고 있다(FC:CF+C=2:3). 그리고 그는 대부분의 성인과 거의 같은 정도로 감정을 자발적으로 표현하는 것으로 보인다. 그러나 3번째 반응에서 벌레가 "짓눌리고 뭉개져서" 사방에 핏자국이 퍼져 있다는 순수 C반응은 때때로 분노의 표출이 매우 강할 수 있다는 것을 시사한다. 감정을 충분하고 적절하게 조절할 수 있는 능력은 정상범위이고 이런 성격적 장점이 심리적 장애의 병력이 없었던 것으로 보인다.

그러나 잉그람의 Afr=.20은 규준적 기대보다 훨씬 낮다. 낮은 Afr은 정서적으로 자극적인 상황에 대한 회피를 지적하는 것인데, 이전의 세 카드 각각에서 생성된 단일 반응들이 모두 색채를 사용하는 통합된 W 반응이기 때문에 그 의미가 줄어든다. 그가 이러한 반응들을 하기 위해 노력했다고 하더라도 낮은 Afr은 강한 감정을 교환하는 상호작용에서 철수하려는 경향을 나타낼 수 있다. 전형적으로 이러한 정서적 철수는 감정을 경험하고 표현할 수 있는 기본적인 능력에 결함이 있을 경우 나타난다. 즉 이런 결함이 있는 사람은 감정이 개입된 상황을 잘 다루지 못하기 때문에 그런 상황에서 물러날 수 있다. 이처럼 낮은 Afr과 감정을 정확하게 처리할 수 있는 능력을 지적하는 확실한 증거가 함께 있으면 수검자의 문제는 일반적으로 정서적 문제보다 대인관계 문제일 가능성이 높다. 즉 정서적 교류를 회피하는 것은 대인관계에서 위축되었기 때문에 나타나는 것이지 감정을 충분하게 조절하지 못했기 때문은 아니다. 잉그람이 다른 사람들과의 친밀하고 관여적인 관계를 유지하지 않으려는 경향은 이미 T=0, COP=1, SumH=1, ISOL=.67에 대한 논의에서 언급하였고 낮은 Afr은 이러한 지표가 나타내는 문제와 관련이 있다.

잉그람의 프로토콜에서 DEPI=5가 시사하는 바와 같이 그는 우울한 특징을 나타내고 있고 현재 감정을 유쾌하게 조절하는 데 어려움이 있다. 비록 C′=2는 정상범위에 속하지만 앞에서 언급한 FC′.FC 혼합반응은 양가감정과 자신의 생활에서 그다지 즐거움을 느끼지 못할 가능성을 지적하는 것이다. 더욱이 검사를 의뢰한 의문과 이 사례의 결과를 두고볼 때 S=5는 상당한 중요한 의미가 있다. 즉 S=5 잉그람이 심한 분노를 가지고 있다는 것을 의미한다. 이미 대인관계 변인군집에서 그의 주장성은 정상범위이고(AG=2) 행동적 수동성에 대해 지적할 수 없으므로(a:p=6:1) 그가 분노를 수동적으로 표현할 것이라고 기대할 수 있는 근거는 희박하다. AG=2와 a:p=6:1 자체는 폭력잠재성의 평가에서 위험요인을 구성하는 것은 아니다. 그러나 이런 변인이 높은 S와 결합될 경우 분노를 간접적인 통로로 표출할 가능성은 감소할 것이고, 그 결과 분노대상에 대해 직접적으로 표현할 위험성이 증가된다. 따라서 분노의 대상에 직접적으로 표출할 위험은 증가한다.

스트레스 관리 문제

잉그람이 일상적 경험을 처리하는 데 사용할 수 있는 심리적 자원은 경계선 범위이기는 하지만 그래도 정상범위이다. EA=6.5는 평균보다 낮지만 CDI를 지적하는 준거 EA<6.0을 충족시키지 못한다. CDI=3도 정상범위이고 균형을 이루고 있고 전반적이지 않은 EB유형(M:WSumC=2:4.5)은 스트레스를 관리하는 능력을 향상시킬 수 있다. 이러한 로르샤하 자료는 잉그람이 합리적으로 일관성이 있고 예측할 수 있는 방식으로 행동하고, 보통 정도의 생활스트레스를 다루는 데 필요한 충분한 적응력을 가지고 있고, 표현적 방략을 더 선호하지만 문제해결과 의사결정 상황에서 관념적 전략과 표현적 전략을 다 사용한다는 것을 지적한다.

이 자료에서 특히 중요한 것은 잉그람의 대응능력은 일상생활에서 직면하는 요구들을 충족시킬 수 있을 정도로 정확하다는 것이다. D=0과 AdjD=0이 지적하고 있는 바와 같이 그는 주관적으로 느끼는 불편을 경험하지 않는 편안한 균형상태에 있고 불안, 긴장, 초조를 느끼지 않을 것으로 보인다. 더욱이 D와 AdjD 점수는 좌절에 대해 인내할 수 있는 능력이 평균범위이고 대부분의 사람들보다 더 자기통제를 상실하거나 충동적으로 행동하려는 경향이 있지는 않다는 것을 지적한다. 따라서 잉그람이 어떻게 느끼고 어떻게 행동할 것인가와 관련 있는 통제군집의 자료를 조심스럽게 검토해 볼 필요가 있다. D=0과 AdjD=0은 대체로 편안하고 안정되어 있다는 것을 지적하는 것이다. 그리고 이 두 지표는 잉그람이 나타내는 자기애와 일치하는 것이고 잘 은폐된 자기애적인 성격장애가 안정화되어 있는 정도를 나타내준다. 그러나 이 두 지표는 분노나 우울한 감정을 가지고 있다는 것이나 부인이 자신에게 되돌아오도록 결정하게 만드는 남성다움에 대한 관심을 배제시켜주는 것은 아니다.

잉그람의 행동과 관련해서 D=0과 AdjD=0은 충동적으로 행동하기 쉽다는 것을 지적하는 것은 아니지만, 자신이나 다른 사람에게 해로운 방식으로 행동할 가능성을 배제해 주는 것은 아니다. D=0과 AdjD=0인 사람이 폭행을 저지르거나 다른 사람에게 분별없는 방식으로 행동했을 때, 이들의 행동은 전형적으로 통제의 상실을 반영하지 않고 행동으로 옮기는 것을 자제할 수 있었던 어떤 일을 즉흥적으로 했다는 것도 아니다. 이런 사람이 하는 나쁜 일은 이들의 일상적 행동유형과 일치하고 다분히 계획적으로 어떤 행동을 하기로 결정했기 때문에 나타난 결과일 수 있다. 의도적이고 조직적이었던 잉그람의 폭력행동은 잉그람이 강한 분노를 느끼고, 공격적이고, 자기중심적이고, 의존적인 사람이라는 성격적 특징과 일치하고 이러한 성격적 특징이 확대된 것이라고 볼 수 있다.

분별없이 행동하는 경향은 외향적인 EB 유형에 대한 논의에서 언급한 것처럼 숙고적인 문제해결보다 행동지향적인 문제해결을 선호한다는 것이고, 다음의 인지기능에 대한 논의에서 밝혀지겠지만 이러한 경향은 행동의 결과에 대한 판단이 정확하지 못하면 더 증가될 수 있다. 그러나 충동성과 자기통제의 상실은 일반적 비행이나 특수한 폭력행동을 하는 데 반드시 필요한 것은 아니다. 따라서 D=0과 AdjD=0은 이러한 비행이나 폭력적인 행동가능성을 배제해 주는 것은 아니다.

인지적 문제

이미 앞에서 Lambda=.20에 대한 언급에서 지적하였듯이 잉그람은 경험에 대해 개방적으로 주의를 기울이고, 주변에서 일어나는 일의 뉘앙스에 민감하고, 다른 사람만큼 상황을 초연하고 객관적인 방식으로 평가하지는 못하는 경향이 있다. 낮은 Lambda는 그가 상황을 단순하거나 경제적인 방식으로 다루기 어렵고 상황을 필요 이상으로 더 복잡하게 만드는 경향이 있다는 것을 시사한다. 또한 상황의 분명하고 쉽게 다룰 수 있는 측면에 주의의 초점을 두지 못한다는 것은 W:D:Dd=14:2:2에 잘 나타나고 있다. 전체 18개의 반응 중 D 반응은 단지 2개뿐이고 W 반응이 14개나 된다는 것은 잉그람이 쉽게 볼 수 있는 분명한 것을 무시하거나 경시하고 자신이 본것에 대해 지나치게 전체적인 인상을 추구하는 경향이 있다는 것을 지적한다. 기록에서 M 반응은 단지 2개뿐이라는 것과 비교해 보면, W 반응이 14개나 된다는 것은 비정상적으로 높은 포부수준이나 기대를 시사하고 동시에 13장에 소개한 하트처럼 자기애를 동반하는 과대성을 지적하는 것이다.

그럼에도 불구하고 로르샤하 자료는 잉그람이 의사결정에 필요한 것보다 적은 정보를 취하지도 않고 적기에 처리할 수 있는 것보다 더 많은 정보를 수집하지 않고 정보를 효율적으로 조직할 수 있다는 것을 지적해 주고(Zd=−1.5) 있다. 또한 관습적 현실을 인식하는 능력은 정상범위이고 자신이 본 것을 관습에 어긋나는 방식으로 인상을 형성하는 경향은 나타나지 않았다(P=4, Xu%=.11). 그러나 대부분의 사람들보다 사건의 의미와 성격을 잘못 지각할 가능성은 높다(X−%=.22, XA%=.72). 비록 X−%는 정신병적인 현실접촉의 상실을 판단하는 준거로 사용되는 X-%>.29의 수준과 XA% 및 WDA%는 PTI(XA%<.70, WDA%<.75)를 지적하는 준거에 미치지 못하지만, 이들 점수는 판단력의 저하를 시사할 정도로 충분히 이탈되어 있다. 형태를 부정확하게 지각하는 빈도가 높아서 사건의 의미에 대한 왜곡된 인상을 형성하고, 다른 사람들이 의도를 잘못 평가하고, 행동의 결과를 부정확하게 예견할 수 있다.

잉그람의 4개 마이너스반응 중 3개가 흰 공간영역을 포함하고 있다는 것은 낮은 판단력의 성격을 밝히는 데 도움이 된다. S-%=.75는 현실검증의 손상이 강한 분노 때문일 수 있다는 것을 지적하는 준거인 S=.40보다 훨씬 높다. 따라서 이들 자료는 잉그람이 현실검증의 문제보다 분노에 관한 문제가 심각하다는 것을 의미한다. 불행하게도 자주 그런 일이 있었는데, 잉그람은 화가 나면 분노 때문에 판단이 흐려졌다. 분노 때문에 판단이 흐려지게 되면 거절당할 것이라는 인상을 형성하거나 거절당하는 것과 관련된 행동을 할 수 있고, 때로는 분노 때문에 사상을 분명하게 보지 못하였다.

마지막으로 관념과 관련해서 잉그람의 WSum6=19를 자세히 검토해 보면, 자료에서 확인되지 않은 장애적인 사고를 밝힐 수 있다. 8개 결정적 특수점수 중 심각한 인지적 결함을 지적하는 수준 2에 속하는 반응은 하나도 없다. 결정적 특수점수 중 비중이 가장 높은 반응은 수준 1에 속하는 FABCOM이다. 이 FABCOM은 4번째 반응에 나타난 "귀여운 춤을 추는" 개라는 반응을 기호화한 것이고 이 반응은 WSum6=19에서 4점을 받았다. 앞의 사례에서 논의한 바와 같이 인간의 활동에서 동물을 포함하고 있는 수준 1에 속하는 FABCOM은 논리적 추리력의 장애를 나타내는 것이 아니라 유치한 사고방식을 사용하는 가벼운 일시적인 퇴행을 지적할 가능성이 더 높다.

WSum6에서 9점을 차지하는 3개의 결정적 특수점수는 1, 14, 18번 반응에 나타난 DR이다. 1, 14번째 반응에서 DR은 반응의 내용이 시사하는 개인적 관심과 관련해서 이미 논의했다. 18번째 반응의 마지막 부분에서 자신의 흡연습관과 폐의 상태에 대한 관심을 나타내는 논평을 하였다. 분명히 탈선적이지만 이 논평은 사고과정의 이완보다 잉크반점을 잊고 자신에 대해 말하고 싶은 욕구를 나타내는 것으로 보인다. WSum6=19는 PTI의 준거(WSum6>17)보다 높지만 WSum6의 구성을 면밀히 검토해 보면 사고장애를 지적할 수 없다.

마찬가지로 관념변인에서 잉그람이 너무 많이 생각하거나 너무 공상적으로 생각한다는 증거도 없다. 또한 지나치게 잠입적인 관념이 많고(intrusive ideation, FM+m=5), 지나치게 환상을 사용해서 문제를 해결하고(Ma:Mp=2:0), 주지화방어기제를 많이 사용하고 있다(2AB+Art+Ay=0)는 증거도 없다. 그러나 a:p=6:1은 사고가 경직되어 있고 융통성이 없고 그 결과 자신의 방식을 고집하고 자신의 관점을 바꾸지 않는 경향이 있다는 것을 지적한다. 이처럼 융통성이 없었기 때문에 부인과 함께 참석한 부부상담에서 얻은 것이 별로 없고 부인과 화해할 수 없다고 믿었을 수 있다.

요컨대, 로르샤하 자료를 보면 잉그람은 자기애적 성격장애를 나타내고 있고, 다른 사람들과 친밀하게 관여하거나 다른 사람을 회유하는 데 거의 관심이 없고, 아마 이성과의 잦은 성관계를 통해 불확실한 남성다움을 유지하려는 욕구를 가지고 있었던 것으로 보인다. 자기중심성, 부인의 흥미와 욕구에 대한 관심의 부족 및 부인에 대한 폭행 때문에 별거 하였고 이혼을 고려하게 되었다. 그 결과 부인과 함께 있고 잠자리를 같이하고 싶은 욕구가 박탈되었다. 어느 정도 안정감을 유지하고 있고 적절한 대응자원이 있고 대체로 자기만족을 유지하고 있었으나, 다시 부인과 같이 살 것을 기대할 수도 없고 부인 없이 사는 것을 원치도 않아서 절망상태에 빠지게 되었다.

잉그람은 자신의 방식대로 하지 못하면 분노를 느끼고, 화가 나면 판단이 흐려지고 행동지향적인 경향이 있고, 폭행 때문에 부인에게 거절당해 우울해진 사람이다. 이로 인해 부인을 죽이고 자신도 죽으려고 결정하였다. 그래서 그는 조용히 체계적으로 행동으로 옮겼다. 그의 우울과 자살경향은 프로토콜을 채점하자마자 분명하게 나타났고 자료의 여러 특징에서도 폭력잠재성이 지적되었다. 유감스럽게도 시간이 충분하지 않았다. 심리학적 평가를 하고 사고가 발생하기 전까지 시간이 있었다면 그런 비극은 피할 수 있었을 것이다.

사례 10: 사업에는 성공했으나 자기중심적인 여자의 위험하고 충동적인 분노폭발

33세인 조르단(Jordan)은 MBA를 마친 기혼 여성으로 큰 회사에서 관리직을 맞고 있었다. 최근 그녀는 일처리와 관련 있는 일상적 문제를 검토하는 과정에서 직원들에게 소리를 지르고 야단을 쳐 직원들이 불평하였기 때문에 상사가 관심을 가지게 되었다. 그녀는 심리적 장애 진단을 받았거나 정신치료를 받은 적은 없었다. 그러나 이미 몇 년 전부터 그녀의 인사기록 카드에는 분노를 표출하는 성향에 대해 언급되어 있었다. 그녀는 경영능력이 뛰어났고 회사에 중요한 인물이었기 때문에 회사에서 비용을 부담하고 명성이 높은 정신과 의사에게 의뢰해서 진단적 평가를 받게 되었다. 조르단은 이러한 의뢰를 매우 못마땅하게 생각하였고 자신은 전혀 심리적인 문제는 없다고 고집을 부려 겨우 외래로 정신과적 및 심리학적 평가를 받는 데 동의하였다. 그녀의 로르샤하 프로토콜은 〈표 14-4〉, 〈표 14-5〉, 〈표 14-6〉 및 [그림 14-2]와 같다.

〈표 14-4〉 조르단의 로르샤하 프로토콜

반응	질문
카드 I	
1. 나비 같이 보이는데요. 이상하게 보이는 나비.	검: (반응 반복) 수: 날개는 여기 중간은 몸통이고요. 검: 이상하게 보인다고 했지요? 수: 핼러윈처럼 날아가는 검은 생물 같고요. 검: 날아가는 것처럼 보인다고요? 수: 예.
2. 혹은 벌레의 일종.	검: (반응 반복) 수: 이것도 꼭 같아요. 날개가 있고 중간에 몸이고.
3. (침묵) 여기는 팔을 위로 들어올리고 있는 여자로 볼 수도 있겠고. 약간 야성적인 옷차림을 한.	검: (반응 반복) 수: 손이 여기(D1)고 이것은 옷이고. 이건(D4) 여자의 윤곽이고. 검: 어떤 점에서 야성적인 옷차림이라는 생각이 들었나요? 수: 오페라 같은. 여기(D4)가 야한 부분일 것이고요.
카드 II	
4. 척추동물의 몸통. 꼭 대칭이고. 마치 하나로 포개어져 있던 것이 열린 것처럼.	검: (반응 반복) 수: 척추는 여기(D5)고 척수는 여기(D6). 이것은(D2) 돌기 부분이고. 검: 전체가 그렇게 보이나요? 수: 예.
5. 두 사람이 춤추는 것처럼 보이기도 하고요. 다리를 치켜들고 손을 마주 잡고 서로 바라보면서.	검: (반응 반복) 수: 여기(D4) 서로 손을 잡고. 머리는 여기(D2). 그 아랫부분은 다리와 무릎을 치켜든 것이고.

〈표 14-4〉 조르단의 로르샤하 프로토콜(계속)

반응	질문
카드 III	
6. 이것도 역시 두 사람이 얼굴을 맞대고 있는 것 같은데요.	검: (반응 반복) 수: 하체와 다리는 여기고. 상체는 여기고 팔을 뻗고요. 검: 얼굴을 맞대고 있다는 말은 무슨 뜻인가요? 수: 서로 마주 보고 있으니까요.
7. 돌려봐도 됩니까? (좋을 대로 하세요) ∨ 이렇게 보니까 벌레. 벌레와 사람들이 떠오르고요.	검: (반응 반복) 수: 앞 집게발이나 다리는 여기(D5). 여기는 눈, 머리, 입이고요(D7). 검: 어느 부분이 그렇게 본 것인가요? 수: 몸의 일부 같은데. 마치 날개가 없는 파리. 파리는 이렇게 큰 눈을 가지고 있잖아요. 이 부분(D2)은 모르겠어요.
카드 IV	
8. (침묵) ∨ (침묵)∧일종의 벌레 같다는 생각뿐이에요.	검: (반응 반복) 수: 머리는 여기(D3)고 나머지는 몸통이고요. 검: 어느 부분을 그렇게 보았나요? 수: 전부 다요.
9. 이상하게 생긴 나무.	검: (반응 반복) 수: 나무 줄기는 여기(D1)고. 옆에 매달려 있는 것만 빼면 크리스마스트리 같군요. 검: 옆에 무엇이 달려 있다고요? 수: 잘 모르겠지만 하여간 나무에 매달려 있는 것 같아요.
10. 고양이과에 속하는 동물의 머리. 표범이나 치타.	검: (반응 반복) 수: 이것(D1)은 코. 콧구멍, 눈, 뺨도 있고. 이건(D4) 귀고 이건(D3) 머리의 윗부분이고.
카드 V	
11. (웃음) 이것도 벌레네요. 날개를 펼친.	검: (반응 반복) 수: 전체가 다. 여기 위가 더듬이.
12. 박쥐 (침묵) ∨ (침묵)∧(카드를 내려놓음).	검: (반응 반복) 수: 머리도 있고 날개도 있고.
카드 VI	
13. 이건 만화에 나오는 고양이. 완전히 짓뭉개진. 고양이 가죽으로 만든 양탄자 같이도 보이고.	검: (반응 반복) 수: 여기 수염, 머리, 코, 앞다리, 뒷다리. 검: 고양이 가죽으로 만든 양탄자라고 했죠?

〈표 14-4〉 조르단의 로르샤하 프로토콜(계속)

반응	질문
	수: 아니오. 양탄자는 아니고. 만화에 나오는 트럭에 치여 납작해진 고양이요.
14. ∨ (침묵) 구름이 별 모양으로 폭발하는 것.	검: (반응 반복) 수: 아래 여기(D3)가 폭발하는 것이고. 나머지는 큰 구름. 검: 어떤 점이 구름처럼 보이나요? 수: 얼마 전에 불꽃놀이를 본 적이 있는데, 이걸 보니까 그 불꽃이 떠오르네요.
카드 VII	
15. 야성적인 머리장식을 한 두 여자. 얼굴을 맞대고 있는. 여기는 여자의 가슴 같고. 어떤 단상 위에 올라서 있는 것 같이 보이고. 꼭 대칭이네요. ∨ (침묵) > (침묵) (카드를 내려놓음).	검: (반응 반복) 수: 코, 입, 틀어 올린 머리, 어깨, 가슴은 여기. 상 위에 올려놓은 작은 조각상 같아요. 검: 야성적인 머리장식을 했다고 하였죠? 수: 이렇게 머리가 공중에 떠 있잖아요.
카드 VIII	
16. 아, 이건 참 예쁘네요. > 네 발 달린 동물이 거울에 비친 것 같고. 동물이 시내를 따라 바위 위를 걸어가고. 시내물에 비친 모습. 수달 같은 동물이 생각나고 (침묵) ∨ < (카드를 내려놓음).	검: (반응 반복) 수: 여기가 수면이고. 동물이 여기를 따라 걸어가고 있고. 보세요. 반사된 것. 검: 어떤 점에서 바위로 보았나요? 수: 그냥요. 물길을 따라 걸어간다고 생각했으니까요. 검: 물이 보이나요? 수: 여기가 수면이고요.
카드 IX	
17. 색이 마음에 드네요. (침묵) 이걸 보니 뿔 달린 사슴이 생각나고요. 이것도 비친 것처럼 보이는데요.	검: (반응 반복) 수: 뿔은 여기고 사슴은 여기(D3)고. 나머지는 추상화 같다는 생각이 들고요.
18. ∨ 발톱이 다섯 개 달린 동물의 발 같고.	검: (반응 반복) 수: 이것이 발톱이고. 검: 어떤 동물의 발톱 같은가요? 수: 발톱이 5개인 동물. 아마 오소리나 비버.
카드 X	
19. 이건 피리새예요.	검: (반응 반복) 수: 이 부분은 황금방울새 같이 보이고. 검: 어떤 점에서 황금방울새로 보았나요?

〈표 14-4〉 조르단의 로르샤하 프로토콜(계속)

반응	질문
	수: 새처럼 생겼고 또 검은색과 노란색을 보니 황금방울새 생각이 났어요. 제가 자란 주의 상징이 황금방울새였거든요.
20. 녹색 애벌레.	검: (반응 반복) 수: 여기 양쪽이 애벌레처럼 생겼고 색도 녹색이고요.
21. 모래게 같이도 보이고.	검: (반응 반복) 수: 이것이 모래게 같아요. 검: 어떤 점에서 모래게로 보았나요? 수: 타원형 모양이고 그렇고 다리도 이렇게 나와 있고요.
22. 여기 모래게가 두 마리 더 있네요.	검: (반응 반복) 수: 아까 전의 것처럼 두 마리가 더 있어요. 제가 지금 살고 있는 곳에는 이런 게들이 많아요.
23. ∨ ∧ 사람의 골반 뼈. 이런 색이 좋아요. 행복한 그림 같이 보이고.	검: (반응반복) 수: 여기 이 부분을 보니까 골반뼈가 생각났어요.

개인적 및 대인관계적 문제

조르단의 구조적 요약에 따르면 전체 반응은 23개로 타당한 기록이고 S-CON=5로 뚜렷하지 않고 첫 번째 정적 핵심변인은 Fr+rF=2이다. Lambda는 .92로 평균보다 높지만, 높은 Lambda 프로토콜을 확인하고 정보처리 변인군집부터 해석을 시작해야 한다는 준거인 Lambda>.99보다는 낮다. 10장에 제시한 앤더슨은 Lambda가 높고 방어적이었으나 조르단은 전체 반응이 23개로 13장에 제시한 루이스와 마찬가지로 Lambda가 높은 방어적 유형은 아니고 Lambda가 높은 회피적 유형에 해당한다. 이런 유형의 높은 Lambda에 대해서는 5장에서 다룬 바 있다. 앞에서 제시한 잉그람의 경우와 마찬가지로 〈표 3-2〉의 지침에 따라 높은 Lambda에 대해서는 마지막에 살펴보기로 하고 먼저 자기지각, 대인지각, 통제, 감정, 처리, 중재, 관념 순으로 살펴볼 것이다.

자기지각과 관련해서 잉그람처럼 조르단도 반사반응이 있고 3r+(2)/R=.61로 상승되어 있다. 이런 결과는 자기중심성, 자화자찬, 비난의 외재화, 잘난 체

〈표 14-5〉 조르단의 채점계열

카드번호	반응번호	영역	영역번호	결정인(s)	(2)	반응내용(s)	평범반응	z점수	특수점수
Ⅰ	1	Wo	1	FMa.FC′o		A	P	1.0	
	2	Wo	1	Fo		A		1.0	
	3	W+	1	Mpo		H, Cg		4.0	GHR
Ⅱ	4	WSo	1	Fu		An		4.5	
	5	W+	1	Mao	2	H		4.5	COP, GHR
Ⅲ	6	D+	9	Mpo	2	H	P	4.0	GHR
	7	Do	1	F−		Ad			
Ⅳ	8	Wo	1	F−		A		2.0	
	9	Wo	1	mpo		Bt		2.0	
	10	Wo	1	Fu		Ad		2.0	
Ⅴ	11	Wo	1	FMpu		A		1.0	
	12	Wo	1	Fo		A	P	1.0	
Ⅵ	13	Wo	1	Fo		(Ad)	P	2.5	MOR
	14	Wo	1	ma−		Ex, Cl		2.5	PER
Ⅶ	15	W+	1	Mpo	2	Hd, Art	P	2.5	GHR
Ⅷ	16	W+	1	FMa.Fro		A, Na	P	4.5	
Ⅸ	17	Do	3	Fro		A			
	18	Ddo	21	Fo	2	Ad			
Ⅹ	19	Do	15	FC.FC′o	2	A			PER
	20	Do	4	FCo	2	A			
	21	Do	8	Fu	2	A			
	22	Do	7	Fo	2	A			PER
	23	Ddo	99	Fu		An			

하는 느낌(feeling of entitlement)이 안정적으로 오래 지속되었다는 것을 시사한다. 자기상이 불확실하고 자기상에 관한 관심을 가지게 된 원인이 여러 가지였던 잉그람과는 달리, 조르단은 높은 자존감과 관련해서 편안하고 안정적이고 비교적 방어적이지 않았던 것으로 보인다. 그녀의 자신감과 우월감은 부정적 자기관여나 불안정한 개인적 정체감에 의해 흔들리지 않을 것으로 보인다. 자

〈표 14-6〉 조르단의 구조적 요약

반응영역

Zf	= 15
ZSum	= 39.0
ZEst	= 49.0
W	= 14
(Wv = 0)	
D	= 7
W + D	= 21
Dd	= 2
S	= 1

결정인

혼합	단일	
FM.FC′	M	= 4
FM.Fr	FM	= 1
FC.FC′	m	= 2
	FC	= 1
	CF	= 0
	C	= 0
	Cn	= 0
	FC′	= 0
	C′F	= 0
	C′	= 0
	FT	= 0
	TF	= 0
	T	= 0
	FV	= 0
	VF	= 0
	V	= 0
	FY	= 0
	YF	= 0
	Y	= 0
	Fr	= 1
	rF	= 0
	FD	= 0
	F	= 11
	(2)	= 8

반응내용

H	= 3
(H)	= 0
Hd	= 1
(Hd)	= 0
Hx	= 0
A	= 11
(A)	= 0
Ad	= 3
(Ad)	= 1
An	= 2
Art	= 1
Ay	= 0
Bl	= 0
Bt	= 1
Cg	= 1
Cl	= 1
Ex	= 1
Fd	= 0
Fi	= 0
Ge	= 0
Hh	= 0
Ls	= 0
Na	= 1
Sc	= 0
Sx	= 0
Xy	= 0
Idio	= 0

S-Constellation

- ☐ FV + VF + V + FD > 2
- ☑ Col-Shd Blends > 0
- ☑ Ego < .31 or > .44.
- ☐ MOR > 3
- ☑ Zd > ±3.5
- ☑ es > EA
- ☐ CF + C > FC
- ☑ X + % < .70
- ☐ S > 3
- ☐ P < 3 or > 8
- ☐ Pure H < 2
- ☐ R < 17
- 5 Total

발달질

			(FQ−)
+	=	5	(0)
o	=	18	(3)
v/+	=	0	(0)
v	=	0	(0)

형태질

		FQx	MQual	W + D
+	=	0	0	0
o	=	15	4	14
u	=	5	0	4
−	=	3	0	3
None	=	0	0	0

특수점수

		Lv1-1	Lv1-2
DV	=	0×1	0×2
INC	=	0×2	0×4
DR	=	0×3	0×6
FAB	=	0×4	0×7
ALOG	=	0×5	
CON	=	0×7	

Raw Sum6 = 0
Wgtd Sum6 = 0

AB	= 0	GHR	= 4
AG	= 0	PHR	= 0
COP	= 1	MOR	= 1
CP	= 0	PER	= 3
		PSV	= 0

비율, 백분위, 산출점수

R = 23 L = 0.92

EB	= 4:1.0	EA	= 5.0	EBPer	= 4.0
eb	= 5:2	es	= 7	D	= 0
		Adjes	= 6	AdjD	= 0
FM	= 3	SumC′	= 2	SumT	= 0
m	= 2	SumV	= 0	SumY	= 0

감정

FC:CF + C	= 2:0
Pure C	= 0
SumC′:WSumC	= 2:1.0
Afr	= 0.53
S	= 1
Blends:R	= 3:23
CP	= 0

대인관계

COP = 1	AG = 0
GHR:PHR	= 4:0
a:p	= 4:5
Food	= 0
SumT	= 0
Human content	= 4
Pure H	= 3
PER	= 3
Isolation Index	= 0.22

관념

a:p	= 4:5	Sum6	= 0
Ma:Mp	= 1:3	Lvl-2	= 0
2AB + (Art + Ay)	= 1	WSum6	= 0
MOR	= 1	M−	= 0
		M none	= 0

중재

XA%	= 0.87
WDA%	= 0.86
X − %	= 0.13
S−	= 0
P	= 6
X + %	= 0.65
Xu%	= 0.22

처리

Zf	= 15
W:D:Dd	= 14:7:2
W:M	= 14:4
Zd	= −10.0
PSV	= 0
DQ+	= 5
DQv	= 0

자기지각

3r + (2)/R	= 0.61
Fr + rF	= 2
SumV	= 0
FD	= 0
An + Xy	= 2
MOR	= 1
H:(H) + Hd + (Hd)	= 3:1

PTI = 0 ☐DEPI = 3 ☐CDI = 3 ☐S-CON = 5 ☐HVI = No ☐OBS = No

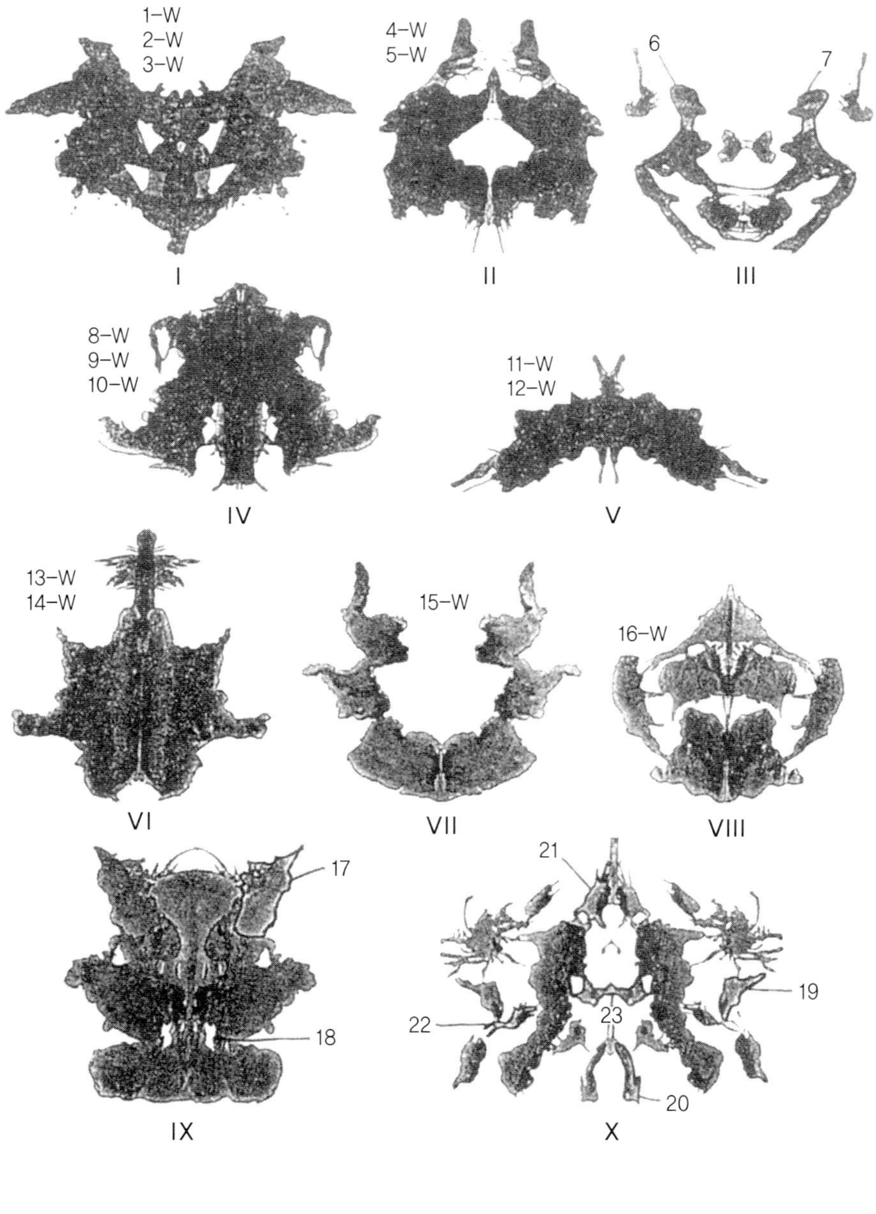

[그림 14-2] 조르단이 선택한 반응영역

신의 신체와 신체기능에 대해 자기비판적인 태도를 나타내거나 비정상적으로 비하시키고 있다는 증거는 없다(V=0, MOR=1). 그리고 H:(H)Hd(Hd)=3:1은 그녀가 일상생활에서 실제적인 인물을 정상적으로 동일시하고 이러한 동일시를 근거로 안정된 정체감을 형성할 수 있다는 것을 시사한다. 그러나 자문을 요청하게 된 문제에 비춰 볼 때 FD=0은 자신에 대한 심리적 이해가 제한적이고 자기인식이나 자기성찰을 할 수 있는 능력은 거의 없다는 것을 지적한다.

조르단의 기록에서 현저하게 투사된 요소를 포함하고 있는 반응은 1개의 MOR, 4개의 M, 3개의 마이너스 반응이다. 그러나 이러한 8개의 반응은 그녀가 자신을 어떻게 보는지에 대해 많은 부가적인 정보를 제공해 주지 않는다. MOR은 카드 Ⅶ에 대한 13번 반응인 "만화에 나오는 고양이, 트럭에 치여 납작해진 것 같은"에서 나타났다. 특정 주제의 MOR 반응이 빈번하게 나타나면 그 반응이 나타내는 독특한 의미를 제한시켜 해석해야 한다. 4개의 M 반응은 카드 Ⅰ에 대한 1번 반응에서 "팔을 위로 들고 있는 여자", 카드 Ⅱ에 대한 5번 반응에서 "춤을 추고 있는 사람들", 카드 Ⅲ에 대한 6번 반응에서 "서로 마주 보고 있는 사람들", 카드 Ⅶ에 대한 15번째 반응에서 "서로 마주 보고 있는 두 여자"이다. 3번 반응에서 "어떤 종류의 야성적인 옷"과 15번 반응에서 "야성적인 머리장식"을 했다는 언급을 제외하면 4개의 M 반응은 어떤 방식으로든 정교화되지 않았다.

3번째 반응과 15번째 반응도 더 정교화되지 않았고 반응에 포함된 "야성적인 옷"과 "야성적인 머리장식"도 기록에서 더 이상 나타나지 않았기 때문에 이들 반응의 상징적 의미를 확실하게 추론하기 어렵다. 그러나 이처럼 인간지각에 어떤 성질이 투사되었다면, 야성적인 여성이 되는 것이 부분적인 자기상이나 다른 사건에 대한 귀인을 반영하는 것인지를 더 탐색해 볼 필요가 있다. 예컨대, 큰 회사에서 관리책임을 맡고 있는 사업가인 조르단이 야성적인 방식으로 "머리를 땋아 내리고" 있거나, 파격적인 옷차림을 하거나, 회사의 관리자보다 자유분방한 사람처럼 행동하는 것에 관한 소망적인 환상(wishful fantasies)을 가지고 있다고 볼 수 있을까? 아니면 반대로 그녀는 현재 자신의 스타일과 여건에 매우 만족하고 있고 이런 반응을 함으로써 관습을 무시하고 무책임하게 머리모양, 옷차림 및 행동을 하는 여성에 대한 거부감이나 혐오감을 나타내는 것일까?

기록에 나타난 3개의 마이너스반응 중 2개의 마이너스 반응은 카드 Ⅲ에 대한 7번 반응과 카드 Ⅳ에 대한 8번 반응으로 연속적으로 나타났다. 두 반응은 모두 주의 폭이 좁고 정교화되지 않은 "벌레"라는 F- 반응이고 반응 자체는 왜 그녀가 이 시점에서 현실감을 상실할 정도로 흥분하게 되었는지를 지적해 주지 않고 있다. 그러나 계열분석을 하면 그녀가 느낀 불편은 마이너스 반응에 선행된 두 반응, 카드 Ⅱ에 대한 5번 반응에서 "춤을 추고 있는 두 사람"과 카드 Ⅲ에 대한 6번 반응에서 "서로 마주 보고 있는 두 사람"에서 비롯되었을 수 있다는 것을 알 수 있다. 이처럼 통합되고, 순수한 H, 평범한 형태의 인간운동반응(한 반응은 P, 다른 1반응은 COP)이 어떻게 우수한 자아강도를 지적하는 많은 요소를 포함하고 심리적 불편의 원인을 지적하는 것으로 볼 수 있을까?

이 질문에 대한 1가지 가능한 해답은 대인관계문제를 경험하고 있는 사람도 카드 Ⅱ와 Ⅲ에서 자주 나타나는 인간상을 지각할 수 있을 정도로 충분히 잘 기능할 수 있고 이들 카드에서 질적으로 좋은 반응을 할 수 있다는 것이다. 그러나 상호작용 하는 두 사람에 대한 인상을 형성하는 과정에서 생긴 말로 표현되지 않은 연상 때문에 기분이 상할 수도 있다. 만약 조르단이 대인관계에서 어떤 관심을 가지고 있거나 능력이 부족하다면 5, 6번 반응 뒤에 나오는 두 반응이 혼합반응이면서 형태질이 나빠지는 이유를 설명하는 데 도움이 될 수 있다. 따라서 이러한 반응계열은 실제로 그녀가 대인관계에서 적응문제를 가지고 있다고 추론할 수 있는 근거가 된다.

조르단의 대인관계적 태도를 더 추적해 보면 8번 반응을 한 뒤에 정확하게 지각할 수 있는 능력이 회복되었고, 기록의 나머지 부분에서 마이너스 반응은 단지 하나뿐이다. 이 마이너스 반응은 Ⅵ에 대한 14번 반응인 "별 모양으로 폭발하는 구름" 이다. 질문단계에서 그녀는 "몇 개월 전에 본 불꽃놀이"가 생각났다고 하면서 반응을 개인적인 경험에 귀인시켰다. 이 반응을 하기 전에 침묵을 했다는 점도 그렇지만 "구름"과 PER은 어떤 중요한 역동을 나타내는 것이 아니라 회피하고 있다는 것을 시사한다. 이 경우 반응계열은 형태질이 마이너스인 "별"이라는 반응이 나타난 이유를 설명하는 데 큰 도움이 되지 않는다. 13번째 반응은 MOR이지만 이미 언급한 바와 같이 신체상에 관한 문제를 지적하는 특별한 의미는 거의 없는 흔한 MOR이다.

그러나 고양이로 본 카드 Ⅵ에 대한 13번 반응에서 "고양이 가죽으로 만든 양탄자"라고 하였고 질문단계에서 양탄자를 부인하고 반점의 음영을 고려하지 않고 분명하게 설명한 것은 의미가 있을 수 있다. T반응은 대인관계에서 친밀감과 애착을 의미한다. 그렇다면 카드 Ⅵ에서 공통적으로 지각된 재질의 특징 때문에 당황하게 되었고 "양탄자" 반응을 철회함으로써 회피하려고 한 것일까? 이미 4장에서 언급한 바와 같이 카드 Ⅳ는 T 반응을 유발할 가능성이 두 번째로 높은 카드이다. 어쩌면 동일한 역동이 카드 Ⅳ에서도 작용했을 가능성이 있다. 조르단은 카드 Ⅳ에서 반응하기 전에 잠시 침묵하고 카드를 2번 회전시킨 뒤에 형태질이 마이너스인 "벌레"라는 첫 반응을 하였다. 따라서 카드 Ⅳ와 Ⅵ에서 편안하게 반응하고 형태질이 좋은 반응을 하지 못했다는 것은 부분적으로 이 반점의 재질적 특징에 대한 부정적 반응 때문일 수 있다. 대인관계를 지적하는 구조적 자료를 더 검토해 보면 이럴 가능성은 더 높아진다.

구조적 자료의 긍정적 측면을 보면 SumH=4, H:(H)Hd(Hd)=3:1, ISOL=.22는 모두 규준범위에 속하는데, 이러한 세가지 변인은 다른 사람에게 적절한 관심이 있고, 사회적 상황에서 편안하게 느끼고, 자신의 생활에서 중요한 부분으로 작용하는 사람들에게 관여하고 있다는 것을 시사한다. 이런 측면과 관련해서 그녀의 자기중심성은 다른 사람에 대한 관심부족과 현저한 대인관계적 불편과 고립이 동반된 잉그람의 자기애와 매우 다르다. 그러나 조르단은 다른 사람과 친밀한 애착을 형성할 수 있는 능력과 다른 사람과 협동적 및 상호지지적인 관계를 기대하거나 시도하려는 경향은 없을 것으로 보인다(T=0, COP=1).

더 비교해 보면 잉그람의 로르샤하 자료는 그녀가 사회적 상황에서 편안하게 느끼기 어렵고 어떤 환경이든지 간에 다른 사람과 잘 어울리기 어렵다는 것을 시사한다. 반면에 조르단은 친밀성의 한계와 경계가 분명한 사회적 상황에서는 편안하게 느낄 수 있고 개인적으로 잘 어울릴 수 있을 것으로 보인다. 또한 조르단의 대인관계기능과 관련해서 M− 반응이 없고 정확하게 지각된 4개의 M 반응이 있다는 것은 그녀가 적절한 공감능력을 가지고 있다는 것을 시사한다.

끝으로 조르단의 대인관계 기능과 관련해서 a:p=4:5는 행동적 수동성과 대인관계 복종을 판단하는 준거인 p>a+1을 충족시키지 못하지만 매우 근접해 있다는 데 주목할 필요가 있다. 이 카드 Ⅲ에 대한 6번 반응을 한 뒤에 "카드를 돌려봐도 됩니까?" 하는 질문은 복종을 시사하는 것일 수 있다. 그녀는 허락을 받기 전에는 한 번도 카드를 돌리지 않았으나 허락을 받은 뒤에는 카드를 자주 돌렸다. 또한 3개의 PER 반응에서 검사자에게 자신에 대해 설명하고 자신을 더 많이 알리고 싶은 욕구를 나타내고 있다. 3개의 PER은 앞에서 언급한 카드 Ⅵ에 대한 14번 반응에서 "불꽃", 카드 Ⅹ에 대한 19, 22번째 반응에 나타난 "황금 방울새, 내가 자란 주를 상징하는 새"와 "모래게, 지금 내가 살는 곳에는 이런 게가 많아요." 반응이다.

조르단이 성격상 다른 사람에게 복종하고 특별히 자신의 주장을 내세우지 않는 한(AG=0) 이러한 성격적 특징은 직장의 일을 처리하는 관련된 문제와 관련이 있을 수 있다. 지시를 하고 책임을 맡고 있는 주장적인 사람은 자신의 재능과 에너지로 자신을 내세울 만한 지위에 올랐을 때 성격적인 문제로 다투지는 않을 것이다. 온화하고 비대립적인 방식으로 권위를 세우는 것이 쉽지 않고, 너무 나약하고 온순하게 보여 생산성을 높이지 못하고 부하의 보고에 따르기만 해서 자신의 경력에 오점이 생기는 것을 원치 않을 경우, 이런 사람들은 반대 방향의 극단적인 행동을 할 수 있다. 이들은 분노를 느끼거나 비열해서가 아니라 일이 나쁘게 되는 것을 바라지 않고 자신이 맡은 일이 어떻게 돌아가는지 알지 못하기 때문에 실수나 의견의 차이를 참지 못하고 호통을 치고 위협하는 난폭한 상사가 될 수 있다.

물론 이런 가정은 단지 추측에 불과하고 직접적인 로르샤하 자료의 결과는 아니지만, 이런 시나리오는 조르단이 상사의 주목을 받고 정신건강평가가 의뢰된 이유를 설명하는 데 도움이 될 수 있다. 그녀는 감정을 적절하게 처리하기 어렵고 이러한 어려움은 직장의 일과 관련 있는 문제에 대한 일련의 추론을 지지해 준다.

스트레스 관리 문제

조르단의 통제군집에 관한 자료는 흥미롭게도 스트레스를 관리하는 능력과는 매우 대조적이다. 규준범위에 속하는 CDI=3과 D=0은 그녀가 일상적 요구에 대해 정확하게 대처할 수 있고, 불필요하게 심리적으로 동요하지 않고, 일상생활에서 스트레스를 처리할 수 있는 충분한 심리적 자원을 가지고 있는 유능한 사람이라는 것을 시사한다. 그리고 낮은 EA=5.0은 평균보다 낮은 적응능력을 지적한다. 낮은 EA는 CDI의 점수에 포함되고, 고등교육을 받았고, 안정된 결혼생활을 하고, 직업적으로 성공했고, 어떤 심리적 장애도 없는 여자가 이렇게 EA가 낮다가 것은 매우 흥미롭다.

조르단의 EB와 D 점수의 구성을 보면 심리적 유능성지표가 뚜렷하게 불일치하는 이유를 알 수 있다. EA=5는 M:WSumC=4:1.0에 나타나고 있는 전반적으로 내향적인 EB 유형을 근거로 해서 계산한다. 11장에서 논의한 카터와 데보라의 경우와 마찬가지로 이런 유형의 불균형은 경험을 다루는 데 관념을 사용하는 능력은 있으나 감정을 인식하거나 표현할 수 있는 능력은 부족하다는 것을 지적한다. 따라서 이들과 마찬가지로 조르단도 역시 감정이 개입된 상황이나 감정을 자극하는 상황에 예민하고 이런 상황에 대해 적응적인 방식으로 반응하기 어려울 것으로 생각된다.

5장에서 기술하고 10장의 앤더슨의 사례에서 설명한 것처럼 D=0과 관련해서 조르단은 감정표현이 위축되어 있다. 여기서 Lambda가 높고 es가 평균보다 낮으면 EA가 평균보다 훨씬 낮더라도 D=0이 될 수 있다. 만약 조르단이 주의의 초점을 좁게 유지할 수 없고, 스트레스 경험에 저항하여 철저하게 자신을 지키지 못했고, es=7이 아니라 1점 더 증가되어 비환자 성인의 평균인 es=8.34만 되었다면, D=−1이 되었을 것이다. 즉 조르단은 감정조절능력이 취약해서 자신이 직면한 스트레스가 조금만 더 증가하더라도 편안하게 대처할 수 있는 적응적 자원이 매우 부족해질 수 있다. 따라서 스트레스 경험이 갑자기 증가할 경우 D=−2나 또는 D=−3인 사람들에게 볼 수 있는 충동적인 행동과 정서적인 폭발이 쉽게 촉발될 수 있을 것이다.

정서적 문제

이미 언급한 바와 같이 감정을 적응적으로 조절할 수 있는 능력이 부족한 것은 조르단의 성격기능에서 분명한 취약점이다. 감정을 충분히 조절할 수 있는 능력과 관련해서 그녀는 감정이 개입된 상황에 관여하고 이런 상황을 회피하거나 철수하지 않으려는 의지는 정상범위로 보인다(Afr=.53). 그녀가 다른 사람과 일을 같이 하는 데 있어서 감정을 다루는 능력이 낮다는 점을 고려하면 이러한 의지는 일과 관련해서 당연히 해야 할 일을 하겠다는 결단을 의미하고 어려운 상황에서 성공하겠다고 하는 결단은 아마도 그녀가 직업적으로 성공하는 데 크게 도움이 되었을 것이다.

그러나 정서적 자원이 부족하다는 것을 고려하면 SumC′:WSumC=2:1과 FC:CF+C =2:0은 자신의 감정을 인식하고 감정을 다른 사람과 공유할 수 있는 능력이 뚜렷하게 위축되어 있고 억제되어 있다는 것을 지적한다. 조르단은 자신이 경험할 수 있는 사소한 감정도 억제하고 표현하지 않는 경향이 있고 표현하는 일부 감정도 형식적이고 자연스럽지 못한 경향이 있다. 로르샤하에서 편안하고, 이완되고, 자발적이고, 강렬하고, 자유로운 감정표현은 CF+F에서 나타난다. 그러나 그녀의 CF+F=0이다. 특히 그녀의 기록을 보면 분노를 가지고 있다는 것을 지적하는 증거도 없다(S=1). 그러면 어떻게 해서 조르단이 부하직원들에게 큰 소리로 고함을 지르고 야단을 치게 되었을까?

이 의문에 대한 해답으로 정서적으로 억제된 사람일 경우 CF+C=0이라고 하더라도 WSumC가 매우 낮은 전반적으로 내향적인 사람과 같은 방식으로 동일한 이유 때문에 정서적으로 폭발할 수 있다. 때때로 상대방에게 느끼는 사소한 감정을 규칙적으로 충분히 방출할 수 있는 통로가 없으면 억제된 분노는 압력솥 안의 증기처럼 계속 쌓일 수 있다. 이렇게 분노가 누적되면 아무런 경고도 없이 사소한 일만 생겨도 폭언을 퍼붓는 행동으로 나타날 수 있다.

이러한 감정적 문제가 있음에도 불구하고 조르단은 잉그람처럼 우울한 감정을 드러내지 않았다. 즉 잉그람은 자기애적이었는데, 자기애적인 만족이 박탈당했다고 느껴서 우울한 감정을 나타내었지만 조르단은 그렇지 않았다. 조르단의 기록에서 Col-Shd Bld=1은 다소 양가적인 감정을 지적하고 있으나 C′=2는 정상범위이다. 잉그람이 자신을 괴롭히는 자기비판적 태도를 나타내지 않은 것처럼 조르단의 DEPI=3도 그렇게 높은 편은 아니다. 더욱이 카드 Ⅷ, Ⅸ, Ⅹ에 대한 논평을 보면 그녀가 감정을 편안하게 하고 가볍게 표현할 수 있다는 것을 지적할 수 있다. 카드 Ⅷ을 제시했을 때 그녀는 "오, 저것은 참 예쁘군요." 하고 말한 뒤에 풍경을 지각하였으나 색채에 대해서는 전혀 언급하지 않았다. 카드 Ⅸ를 보고 그녀는 "채색이 마음에 드는군요." 하고 말했지만 색채와 관련 없는 두 반응을 나타냈다. 카드 Ⅹ에 대한 19번째 반응에서 "검고 노란 새"와 "녹색 애벌레"라는 2개의 Fe 반응을 했다. 그리고 마지막 23번째 반응에서는 "사람의 골반뼈"로 보았고 "이런 색이 좋아요. 행복한 그림 같이 보인다."라고 했다.

이러한 긍정적인 정서적 논평과 FC와 특히 CF에 대한 부가적 설명에서 분명하게 나타나고 있는 정서에 대한 수용성을 잘 전환시키면 로르샤하 프로토콜에서 시사된 조르단의 적응력은 크게 향상될 수 있을 것으로 보인다. 만약 조르단에게 정신치료를 계획할 경우 감정을 조절하는 능력의 향상이 주된 치료표적이 될 것이고 감정을 잘 조절하게 되면, 보다 유능한 상사가 될 수 있고 직무관련 문제도 호전될 수 있을 것으로 생각된다.

인지적 문제

이미 언급하였듯이 조르단은 23개 반응을 하였고, Lambda=.92는 10장에서 제시한 앤더슨의 사례에서처럼 전체 반응수가 적은 기록에서 높은 Lambda가 지적하는 방어성과는 대조적인 높은 Lambda 회피유형에서 나타나는 특징들을 나타내준다. 높은 Lambda 회피유형은 보통 검사자에게 많은 것을 감추지 않는다. 반응기록에서 나타나는 것들은 대부분 수검자의 성격기능과 관련 있는 것이다. 그러나 이들은 흥미의 폭이나 활동범위가 제한되어 있고 내적 생활의 깊이나 풍부성이 없고 의도적으로 복잡하지 않고 단순하게 유지하려는 경향이 있어서 반응기록에서 많은 것을 찾아볼 수는 없다.

이러한 회피적 특징의 일부는 조르단(예컨대, 감정표현의 위축에 의해 유지되는 D=0)에게 적용되나 다른 특징은 적용되지 않는다(그녀는 일에 대한 도전과 복잡성을 회피하지 않았다). 이런 다양성은 높은 Lambda를 지적하는 준거인 Lambda> .99를 충족시키지 못한다는 사실과 일치한다. 그럼에도 불구하고 5장에서 논의한 회피적 성격유형의 특징은 다른 사람이 부적절하고 공격적이라고 생각하는 방식으로 행동하는 성향을 포함하고 있다는 점에서 흥미롭다. Lambda가 높은 사람은 상황의 미묘한 뉘앙스에 대해 정확한 주의를 기울이지 않고 좋은 결정을 하는 데 필요한 복잡성을 고려하지 않고 가장 단순하게 보이는 방식으로 문제해결을 추구하려고 하기 때문에 문제적 행동을 일으킨 위험이 있다. 따라서 조르단의 상승한 Lambda는 자기애적인 경향과 부하직원에게 무관심하거나 부하직원을 적절하게 고려해 주지 않는 성격적 특징을 지적하는 또 다른 단서일 수 있다.

조르단이 로르샤하 카드를 다루는 방법은 전체 반응수가 23개라는 것과 더불어 높은 Lambda 회피유형과 높은 Lambda 방어유형을 구분해 주는 근거가 된다. 7장에서 설명한 바와 같이 전형적으로 방어적인 수검자는 반점을 보는 데 많은 시간을 소비하지 않고 지각을 탐색하는 방식으로 카드를 회전하는 것도 귀찮게 여긴다. 〈표 14-4〉에 제시되어 있는 조르단의 프로토콜은 그녀가 자주 조용히 카드를 검토했고 적절하게 카드를 회전시켰다는 것을 보여 준다. 그러나 반응과정에서 이렇게 관여함으로써 많은 심상을 형성하지 못했다. 카드 Ⅴ, Ⅶ, Ⅷ, Ⅸ에서 그녀는 마지막 반응을 한 뒤에도 계속 반점을 보고 한두 번 카드를 더 돌렸으나 더 이상 말하지 않고 카드를 내려놓았다. Lambda가 높은 대부분의 사람들처럼 조르단은 확실히 주의초점을 좁게 유지했고 반응의 양과 복잡성을 제한하고 있었다. 그러나 Lambda가 높고 방어적인 사람과는 달리 카드를 자세하게 검토하는 데 주저하지 않았고 검사절차에 적극적으로 참여하였다.

처리군집에서 정보를 효과적으로 조직화하지 못하는 것으로 나타났는데, 이는 그녀가 직장에서 경험하는 문제의 또 다른 원인이라는 것을 지적하는 것이다. Zd=-10.0은 자신이 가지고 있는 관련정보를 충분히 고려하기 위해 시간과 에너지를 투자하지 않기 때문에 신중하게 결정을 내리지 못하고 무모한 결론에 도달할 가능성이 높은 미통합자(underincorporator)라는 것을 의미한다. 이처럼 상황을 피상적으로 검토하는 것은 자신이 반응할 상황의 성격을 보다 신중하게 충분히 고려했더라면 하지 않았을 말이나 행동을 하게 되는 또 다른 이유일 수 있다. 또한 처리군집에서 주목할 점은 M 반응의 수에 비해 W 반응의 빈도가 지나치게 너무 높다는 것이다(W:M=14:4). 앞에서 제시한 잉그람과 마찬가지로 전체적인 인상을 강조하는 이런 W:M 패턴은 높은 포부수준을 나타내는 것일 수 있다. 이런 높은 포부수준은 일종의 과대성이나 성취에 대한 비현실적인 기대를 유발하는 자기애와 결합될 수 있다.

사건의 지각에서 조르단은 관습적으로 현실을 인식하고 주변에서 일어나는 일에 대해 대부분 정확한 인상을 형성할 수 있다(P=5, X-%=13, XA%=.87). X-%=13은 가끔 판단을 잘못할 수 있다는 것을 시사하는 범위로 볼 수도 있으나 형태질이 나쁜 3개 반응 중 2개는 7번과 8번 반응에서 나타난 "벌레"이고 이는 분명한 대인관계적 불편을 경험한 직후에 나타난 반응이다. 따라서 현재 그녀가 가지고 있는 문제의 성격에 비춰 볼 때 그녀는 대인관계적 직면상황에서는 때때로 판단오류가 있을 수 있지만 근본적으로 현실검증력이 손상되어 있다고 볼 수는 없다.

마찬가지로 조르단은 일관성 있고, 논리정연하고, 융통적인 방식으로 자신의 경험에 대해 생각할 수 있는 충분한 능력을 가지고 있다(WSum6=0, a:p=4:5). 전반적으로 내향적인 EB=4:1.0에 대한 논의에서 언급한 것과 마찬가지로 조르단은 감정표출과 관련해서 지나치게 정신적인 결과를 강조하는 경향이 있다. 따라서 그녀는 자신의 생활을 어떻게 이끌어갈 것인가에 대해 너무 많이 생각하고 감정개입을 거의 허용하지 않는 경향이 있다. 이와 관련된 또 다른 문제로 그녀는 문제를 해결하기 위해 건설적인 계획을 세우지 못하고 그 대신에 지나치게 환상에 의존하는 경향이 있다(Ma:Mp=1:3). 행운이나 다른 사람의 노력을 빌어서 문제를 해결하는 환상을 동원해서 문제해결을 시도하지 않았다면 조르단은 직장과 다른 생활영역에서 아마도 더 효율적으로 기능할 수 있었을 것이다.

이러한 로르샤하 결과를 종합해 보면 조르단은 증상이 나타나는 장애가 있다는 증거가 없고 성격적으로 잘 통합되고 합리적으로 잘 기능하는 사람이다. 그녀의 성격유형은 자기중심성, 대인관계적 억제, 좁은 초점주의, 경험에 대한 지나친 관념적 접근이 특징이다. 비록 그녀가 분노를 가지고 있거나 비열한 사람으로 보이지는 않았으나, 감정표현을 편안하게 하고 자연스럽게 표현하는 채널이 제한되어 있어서 일상적으로는 냉담하게 있다가도 감정이 갑자기 폭발될 가능성이 높다. 아마도 이러한 대응경향 때문에 직장에서 부하들에게 난폭한 에피소드를 나타내었을 것이고 일상생활에서 자연스럽게 정서를 표현하는 데 초점을 두고 치료하면 상당한 도움이 될 수 있을 것이다. 분노를 제대로 통제하지 못했기 때문에 심리학적 평가를 받게 되었는데, 이러한 핵심적 결과 이외에도 로르샤하 반응에서 시사되고 있는 다른 문제적 성격적 특징을 보면 조르단은 상황의 의미와 복잡성을 충분히 고려하지 않고 성급하게 결론을 내리고 행동하는 경향이 있고 관리자로서 높은 성취적 기대와 기본적으로 다른 사람에게 자신의 권위를 내세우기 어렵다는 것 사이에서 어떤 갈등을 느끼고 있다고 할 수 있다.

참고문헌

Acklin, M. W., McDowell, C. J., Verschell, M. S., & Chan, D. (2000). Interobserver agreement, intraobserver reliability, and the Rorschach Comprehensive System. *Journal of Personality Assessment, 74*, 15-57.

Ainsworth, M. D. (1954). Problems of validation. In B. Klopfer, M. D. Ainsworth, W. G. Klopfer, & R. R. Holt, *Developments in the Rorschach technique: Vol. 1. Technique and theory* (pp. 405-500). Yonkers, NY: World Book.

Allport, G. W. (1937). *Personality: A psychological interpretation.* New York: Holt.

American Educational Reserch Association, American Psychological Association, National Council on Measurement in Education. (1999). *Standards for educational and psychological testing. Washington*, DC: American Educational Research Association.

American Psychiatric Association. (1968). *Diagnostic and statistical manual of mental disorders* (2nd ed.; DSM-Ⅱ). Washington, DC: Author.

American Psychological Association. (1974). *Standards for educational and psychological tests.* Washington, DC: Authour.

American Psychiatric Association. (1994). *Diagnostic and statistical manual of mental disorders* (4nd ed.). Washington, DC: Author.

Anastasi, A., & Urbina, S. (1997). *Psychological testing* (7th ed.). New York: Prentice-Hall.

Andronikof-Sanglade, A. (2000). Use of the Rorschach Comprehensive System in Europe: State of the art. In R. H. Dana (Ed.), *Handbook of cross-cultural and multicultural personality assessment* (pp. 33-44). Mahwah, NJ: Lawrence Erlbaum Associates.

Armstrong, J. (1991). The psychological organization of multiple personality disordred patients as revealed in psychological testing. *Psychiatric Clinics of North America, 14*, 533-546

Aronow, E., & Reznikoff, M. (1976). *Rorschach content interpretation.* New York: Grune & Stratton.

Aronow, E., Reznikoff, M., & Moreland, K. (1994). *The Rorschach technique.* Boston: Allyn & Bacon.

Aronow, E., Reznikoff, M., & Moreland, K. L. (1995). The Rorschach: Projective technique or psychometric test? *Journal of Personality Assessment, 64*, 213-228.

Baba, R. (1995). A comparative study of the Comprehensive System and a psychoanalytic sequence analysis. *Rorschachiana, 20,* 64-92.

Beck, S. J. (1930a). Personality diagnosis by means of the Rorschach test. *American Journal of Orthopsychiatry, 1,* 81-88.

Beck, S. J. (1930b). The Rorschach test and personality diagnosis. *American Journal of Psychiatry, 10,* 19-52.

Beck, S. J. (1968). Reality, Rorschach, and perceptual theory. In A. I. Rabin (Ed.), *Projective techniques in personality assessment* (pp. 115-135). New York: Springer.

Beck, S. J., Beck, A. G., Levitt, E. E., & Molish, H. B. (1961). *Rorschach's test: I. Basic processes* (3rd ed.). New York: Grune & Stratton.

Beutler, L. E., Harwood, T. M., & Holaway, R. (2002). How to assess clients in pretreatment planning. In J. M. Butcher (Ed.), *Clinical personality assessment* (2nd ed., pp. 76-95). New York: Oxford University Press.

Blatt, S. J. (1975). The validity of projective techniques and their clinical and research contributions. *Journal of Personality Assessment, 39,* 327-343.

Blatt, S. J. (1990). The Rorschach: A test of perception or an evaluation of representation. *Journal of Personality Assessment, 55,* 394-416.

Blatt, S. J., Brenneis, C., Schimek, J., & Glick, M. (1976). Normal development and psychological impairment of the concept of the object on the Rorschach. *Journal of Abnormal Psychology, 85,* 364-373.

Bohm, E. (1958). *A textbook in Rorschach diagnosis.* New York: Grune & Stratton. (Original work published 1951)

Bornstein, R. F. (1996). Construct validity of the Rorschach Oral Dependency scale: 1967-1995. *Psychological Assessment, 8,* 200-205.

Bornstein, R. F. (1999). Criterion validity of objective and projective dependency tests: A meta-analytic assessment of behavioral prediction. *Psychological Assessment, 11,* 48-57.

Boyer, L. B. (1988). Effects of acculturation on the personality traits of Chiricahua and Mescalero Appaches: A Rorschach study. *British Journal of Projective Psychology, 32,* 2-17.

Brickman, A. S., & Lerner, H. D. (1992). Barren Rorschachs: A conceptual approach. *Journal of Personality Assessment, 59,* 165-175.

Brown, F. (1953). An exploratory study of dynamic factors in the content of the Rorschach protocol. *Journal of Projective Techniques, 17,* 251-279.

Burlatchuk, L. F., & Korzhova, E. Y. (1994). Projective approach to personality study in Soviet psychology: A summary of research. *Rorschachiana, 19,* 78-96.

Campo, V.(1995). *Children and the Rorschach.* Stockholm: Dynamo.

Cattell, R. B. (1946). *Description and measurement of personality.* New York: World Book.

Coonerty, S. (1986). An exploration of separation-individuation themes in the borderline personality disorder. *Journal of Personality Assessment, 50,* 501-511.

Cooper, S., H., Perry, J. C., & Arnow, D. (1998). An empirical approach to the study of defense mechansism: I. Reliability and preliminary vaidity of the Rorschach Defense Scales. *Journal of Personality Assessment, 52,* 187-203.

Cooper, S., H., Perry, J. C., & O'Connell, M. (1991). The Rorschach Defense Scales: II. Longitudinal perspectives. *Journal of Personality Assessment, 56,* 191-201.

Dana, R. H. (1993). *Multicultural assessment perspectives for professional psychology.* Boston: Allyn & Bacon.

De Vos, G. A., & Boyer, L. B. (1989). *Symbolic analysis cross-culturally: The Rorschach test.* Berkeley: University of California Press.

Ephraim, D. (2000). Culturally relevant research and practice with the Rorschach Comprehensive System. In R. H. Dana (Ed.), *Handbook of cross-cultural and multicultural personality assessment* (pp. 303-327). Mahwah, NJ: Lawrence Erlbaum Associates

Erdberg, P., & Shaffer, T. W. (1999, August). *International symposium on Rorschach nonpatient data: Findings from around the world.* Paper presented at the XVI International Congress of Rorschach and Projective Methods, Amsterdam.

Erdberg, P., & Shaffer, T. W. (2001, March). *International symposium on Rorschach nonpatient data: Worldwide findings.* Symposium conducted at the annual meeting of the Society for Personality Assessment, Philadelphia.

Erikson, E. H. (1963). *Childhood and society* (2nd ed.). New York: Norton.

Exner, J. E., Jr. (1969). *The Rorschach systems.* New York: Grune & Stratton.

Exner, J. E., Jr. (1974). *The Rorschach: A comprehensive system.* New York: Wiley.

Exner, J. E., Jr. (1978). *The Rorschach: A comprehensive system: Vol. 2. Interpretation.* New York: Wiley.

Exner, J. E., Jr. (1980). But it's only an inkblot. *Journal of Personality Assessment, 44,* 562-577.

Exner, J. E., Jr. (1986). Some Rorschach data comparing schizophrenics with borderline and schizotypal personality disorders. *Journal of Personality Assessment, 50,* 455-471.

Exner, J. E., Jr. (1988). Problems with brief Rorschach protocols. *Journal of Personality Assessment, 52,* 640-647.

Exner, J. E., Jr. (1989). The search for projection. *Journal of Personality Assessment, 53,* 520-536.

Exner, J. E., Jr. (1991). *The Rorschach: A comprehensive systems: Vol. 2. Interpretation* (2nd ed.).

New York: Wiley.

Exner, J. E., Jr. (1993). *The Rorschach: A comprehensive system: Vol. 1. Basic foundations* (3rd ed.). New York: Wiley.

Exner, J. E., Jr. (1995). *Issues and methods in Rorschach research.* Mahwah, NJ: Lawrence Erlbaum Associates.

Exner, J. E., Jr. (1996). Critical bits and the Rorschach response process. *Journal of Personality Assessment, 67,* 478-494.

Exner, J. E., Jr. (1997). The future of Rorschach in personality assessment. *Journal of Personality Assessment, 68,* 37-46.

Exner, J. E., Jr., Armbruster, G. L., & Mittman, B. (1978). The Rorschach response process. *Journal of Personality Assessment, 42,* 27-38.

Exner, J. E., Jr. (1999). The Rorschach: Measurement concepts and issues of validity. In S. E. Embretson & S. L. Hershberger (Eds.), *The new rules of measurement: What every psychologist and educator should know* (pp. 159-183). Mahwah, NJ: Lawrence Erlbaum Associates.

Exner, J. E., Jr. (2000). *A primer for Rorschach interpretation. Asheville,* NC: Rorschach Workshops.

Exner, J. E., Jr. (2001). *A Rorschach workbook for the Comprehensive system* (5th ed.). Asheville, NC: Rorschach Workshops.

Exner, J. E., Jr. (2002). A new nonpatient sample for the Rorschach Comprehensive system: A progress report. *Jouranl of Personality Assessent, 78,* 391-404.

Exner, J. E., Jr. (2003). *The Rorschach: A comprehensive system: Vol 1.* Basic foundations and principles of interpretation (4th ed.). New York: Wiley.

Exner, J. E., Thomas, E. A., & Maon, B. (1985). Children's Rorschachs: Description and prediction. *Journal of Personality Assessment, 49,* 13-20.

Exner, J. E., Jr., & Weiner, I. B. (1982). *The Rorschach: A comprehensive system: Vol. 3. Assessment of children and adolescents.* New York: Wiley.

Exner, J. E., Jr., & Weiner, I. B. (1995). *The Rorschach: A comprehensive system: Vol. 3. Assessment of children and adolescents* (2nd ed.). New York: Wiley.

Franchi, V., & Andronikof-Sanglade, A. (1999). Methodological and epistemological issues raised by the use of the Rorschach Comprehensive System in cross-cultural research. *Rorschachiana: Yearbook of the International Rorschach Society, 32,* 118-134.

Frank, G. (1977). On validity of hypotheses derived from the Rorschach: II. Interpretation of Card Ⅳ as "father" card and Card Ⅶ as "mother" card. *Perceptual and Motor Skills, 45,* 991-998.

Frank, L. K. (1939). Projective methods for the study of personality. *Journal of Psychology, 8,* 389-413.

Freud, S. (1958). Psycho-analytic notes on an autobiographical account of a case of paranoia (dementia paranoides). In *Standard edition* (Vol. 12, pp. 9-84). London: Hogarth. (Original work published 1911)

Gacono, C. B., & Meloy, J. R. (1994). *The Rorschach assessment of aggressive and psychopathic personalities*. Hillsdale, NJ: Lawrence Erlbaum Associates.

Gacono, C. B., & Meloy, J. R (1997). Rorschach research and the psychodiagnosis of antisocial and psychopathic personalities. Rorschachiana: *Yearbook of the International Rorschach Society, 22,* 130-148.

Gacono, C. B., & Meloy, J. R. (2002). Assessing antisocial and psychopathic personalities. In J. N. Butcher (Ed), *Clinical personality assessment* (2nd ed., pp. 361-375). New York: Oxford University Press.

Ganellen, R. J. (1996). Comparing the diagnostic efficiency of the MMPI, MCMI-II, and Rorschach: A review. *Journal of Personality Assessment, 67,* 219-243.

Ganellen, R. J. (2001). Weighing evidence for the Rorschach's validity: A response to Wood et al. (1999). *Journal of Personality Assessment, 77,* 1-15.

Garb, H. N. (1999). Call for a moratorium on the use of the Rorschach Inkblot Test in clinical and forensic settings. *Assessment, 6,* 311-318.

Garb, H. N., Wood, J. M., Nezworski, M. T., Grove, W. M., & Stejskal, W. J. (2001). Toward a resolution of the Rorschach controversy. *Psychological Assessment, 13,* 433-448.

Giambelluca, F. C., Parisi, S., & Pes, P. (1995). *Linterpretazione psicoanalitica del Rorschach: Modello dynamico strutturale* [Psychoanalytic interpretation of the Rorschach: A dynamic structural model]. Rome: Edizione Kappa.

Glass, M. H., Bieber, S. L., & Tkachuk, M. J. (1996). Personality styles and dynamics of Alaskan native and nonnative incarcerated men. *Journal of Personality Assessment, 66,* 583-603.

Goldfried, M. R., Stricker, G., & Weiner, I. B. (1971). *Rorschach handbook of clinical and research applications*. Englewood Cliffs, NJ: Prentice-Hall.

Greenway, P., & Milne, L. C. (2001). Rorschach tolerance and control of stress measures D and AdjD. *European journal of Psychological Assessment, 17,* 137-144.

Hallowell, A. I. (1956). The Rorschach technique in personality and culture studies. In B. Klopfer, *Developments in the Rorschach technique* (Vol. 2, pp. 458-544). New York: Harcourt Brace Jovanovich.

Hamel, M., Shaffer, T. W., & Erdberg, P. (2000). A study of nonpatient preadolescent Rorschach protocois. *Journal of personality Assessment, 75,* 280-294.

Hertzman, M., & Pearce, J. (1947). The personal meaning of the human figure in the Rorschach. *Psychiatry, 10,* 413-422.

Hess, A. K., Zachar, P., & Kramer, J. (2001). Rorschach. In B. S. Plake & J. S. Impara (Eds.), Fourteenth mental measurements yearbook (pp. 1033-1038). Lincoln: University of Nebraska Press.

Hiller, J. B., Rosenthal, R., Bornstein, R. F., Berry, D. T. R., & Brunell-Neuleib, S. (1999). A comparative meta-analysis of Rorschach and MMPI validity. *Psycholigical Assessment, 11,* 278-296.

Holt, R. R. (1967). Diagnostic testing: Present status and future prospects. *Journal of Nervous and Mental Disease, 144,* 444-465.

Kamano, D. K. (1960). Symbolic significance of Rorschach cards Ⅳ and Ⅶ. *Journal of Clinical Psychology, 16,* 50-52.

Kimmel, D. C., & Weiner, I. B. (1995). *Adolescence: A developmental transition* (2nd ed.). New York: Wiley.

Kleiger, J. H. (1999). *Disordered thinking and the Rorschach.* Hillsdale, NJ: Analytic.

Klein, A., & Arnheim, R. (1953). Perceptual analysis of a Rorschach card. *Journal of Personality, 22,* 60-70.

Klopfer, B., Ainsworth, M. D., Klopfer, W. G., & Holt, R. R. (1954). *Developments in the Rorschach technique: Vol I. Technique and theory.* Yonkers, NY: World Book.

Korchin, S. J., & Larson, D. G. (1977). Form perception and ego functioning. In M. A. Rickers-Ovsiankina (Ed.), *Rorschach psychology* (2nd ed., pp. 159-185). Huntington, NY: Krieger.

Krugman, M. (1938). Out of the inkwell: The Rorschach method. *Rorschach Research Exchange, 3-4,* 91-100.

Leichtman, M. (1996a). The nature of the Rorschach task. *Journal of Personality Assessment, 67,* 478-493.

Leichtman, M. (1996b). *The Rorschach: A developmental perspective.* Hillsdale, NJ: Analytic Press.

Lerner, P. M. (1991). *Psychoanalytic theory and the Rorschach.* Hillsdale, NJ: Analytic Press.

Lerner, P. M. (1993). Object relations theory and the Rorschach. *Rorschachiana, 18,* 45-57.

Lerner, P. M. (1998). *Psychoanalytic perspectives on the Rorschach.* Hillsdale, NJ: Analytic Press.

Lerner, P. M., & Lerner, H. (1980). Rorschach assessment of primitive defenses in borderline personality structure. In J. Kwawer, H. Lerner, P. Lerner, & A. Sugarman (Eds.), *Borderline phenomena and the Rorschach test* (pp. 257-274). New York: International Universities Press.

Levin, P., & Reis, B. (1997). Use of the Rorschach in assessing trauma. In J. P. Wilson & T. M. Keane (Eds.), *Assessing psychological trauma and PTSD* (pp. 529-543). New York: Guilford.

Liaboe, G. P., & Guy, J. D. (1985). The Rorschach "father" and "mother" cards: An evaluation of the research. *Journal of Personality Assessment, 49,* 2-5.

Lilienfeld, S. O., Wood, J. M., & Garb, H. N. (2000). the scientific status of projective techniques. *Psychological science in the Public Interest, 1*, 27-66.

Lindner, R. M. (1950). The content analysis of the Rorschach protocol. In L. E. Abt & L. Bellak (Eds.), *Projective psychology* (pp. 75-90). New York: Knopf.

Lopez, S. R., & Guarnaccia, P. J. J. (2000). Cultural psychopathology: Uncovering the social world of mental illness. *Annual Review of Psychology, 51*, 571-598.

Lunazzi de Jubany, H. (1992). *Lectura del psicodiagnostico* [Lectures in psychodiagnosis]. Buenos Aires: Editorial de Belgrano.

Masling, J. (1960). The influence of situational and interpersonal variables in projective testing. *Psychological Bulletin, 57*, 65-85.

Masling, J. M. (1997). On the nature and utility of projective tests and objective tests. *Journal of Personality Assessment, 69*, 257-270.

Masling, J. M. (1998). Interpersonal and actuarial dimensions of projective testing. In L. Handler & M. J. Hilsenroth (Eds.), *Teaching and learning personality assessment* (pp. 119-136). Mahwah, NJ: Lawrence Erlbaum Associates.

Masling, J. M., Rabie, L., & Blondheim, S. H. (1967). Obesity, level of aspiration, and Rorschach and TAT measures of oral dependence. *Journal of Consulting Psychology, 31*, 233-239.

Mattlar, C-E., & Fried, R. (1993). The Rorschach in Finland. *Rorschachiana, 18*, 105-125.

Mayman, M. (1977). A multidimensional view of the Rorschach movement response. In M. A. Rickers-Ovsiankina (Ed.), *Rorschach psychology* (2nd ed., pp. 229-250). Huntington, NY: Krieger.

McDowell, C., & Acklin, M. W. (1996). Standardizing procedures for calculating Rorschach interrater reliability: Conceptual and empirical foundations. *Journal of Personality Assessment, 66*, 308-320.

Meloy, J. R., Acklin, M. W., Gacono, C. B., Murray, J. F., & Peterson, C. A. (Eds.). (1997). *Contemporary Rorschach interpretation*. Mahwah, NJ: Lawrence Erlbaum Associates.

Meloy, J. R., Gacono, C. B. (2000). Assessing psychopathy: Psychological testing and report writing. In C. B. Gacono (Ed.), *The clinical and forensic assessment of psychopathy* (pp. 231-249). Mahwah, NJ: Lawrence Erlbaum Associates.

Meloy, J. R., & Gacono, C. B. (2002). Assessing antisocial and psychopathic personalities. In J. N. Butcher (Ed.), *Clinical personality assessment* (2nd ed., pp. 361-375). New York: Oxford University Press.

Meyer, G. J. (1996). Construct validation of scales derived from the Rorschach method: A review of issues and introduction to the Rorschach Rating Scale. *Journal of Personality Assessment,*

67, 598-628.

Meyer, G. J. (1997a). Assessing reliability: Critical corrections for a critical examination of the Rorschach Comprehensive System, *Psychological Assessment, 9*, 480-489.

Meyer, G. J (1997b). Thinking clearly about reliability: More critical corrections regarding the Rorschach Comprehensive system. *Psychological Assessment, 9*, 495-498.

Meyer, G. J. (2002). Exploring possible ethnic differences and bias in the Rorschach Comprehensive System. *Journal of Personality Assessment, 78*, 104-129.

Meyer, G. J., & Archer, R. P. (2001). The hard science of Rorschach research: What do we know and Where do we go? *Psychological Assessment, 13*, 486-502.

Meyer, G. J., Finn, S. E., Eyde, L. D., Kay, G. G., Moreland, K. L., Dies, R. R., Eisman, E., Kubiszyn, T. W., & Reed, G. M. (2001). Psychological testing and psychological assessment: A review of evidence and issues. *American Psychologist, 56*, 128-165.

Meyer, G. J., & Handler, L. (1997). The ability of the Rorschach to predict subsequent outcome: Meta-analysis of the Rorschach Prognostic Rating Scale. *Journal of Personality Assessment, 69*, 1-38.

Meyer, G. J., Hilsenroth, M. J., Baxter, D., Exner, J. E., Jr., Fowler, C. J., Piers, C. C., & Resnick, J. (2002). An examination of interrater reliability for scoring the Rorschach Comprehensive System in eight data sets. *Journal of Personality Assessment, 78*, 219-274.

Miale, F. R. (1977). Symbolic imagery in Rorschach material. In M. A. Rickers-Ovsiankina (Ed.), *Rorschach psychology* (2nd ed., pp. 421-454). Huntington, NY: Krieger.

Mindess, H. (1970). Symbolic dimension. In B. Klopfer, M. M. Meyer, & F. B. Brawer (Eds.), *Developments in the Rorschach technique* (Vol. 3, pp. 83-98). New York: Harcourt Brace Jovanovich.

Miralles Sangro, F. (1997). Location tables, form quality, and popular responses in a Spanish sample of 470 subjects. *Rorschachiana: Yearbook of the International Rorschach Society, 22*, 38-66.

Mullett, G. M. (1979). *Spider woman stories: Legends of the Hopi indians*. Tucson, AZ: University of Arizona Press.

Nakamura, N. (2001, March). Rorschach findings in Japan. In P. Erdberg & T. W. Shaffer (Chairs), International symposium on Rorschach nonpatient data: Worldwide findings. Symposium conducted at the annual meeting of the Society for Personality Assessment, Philadelphia.

Offer, D., & Sabshin, M. (Eds.). (1991). *The diversity of normal behavior*. New York: Basic Books.

Ogawa, T. (1993). Contemporary trends in Rorschach research in Japan. *Rorschachiana, 18*, 93-104.

Parker, K. C. H., Hanson, R. K., & Hunsley, J. (1988). MMPI, Rorschach, and WAIS: A meta-analytic comparison of reliability, stability, and validity. *Psychological Bulletin, 103*, 367-373.

Peterson, C. A., & Schilling, K. M. (1983). Card pull in projective testing. *Journal of Personality Assessment, 47*, 265-275.

Pine, F. (1990). *Drive, ego, object, and self.* New York: Basic Books.

Phillips, L., & Smith, J. G. (1953). *Rorschach interpretation: Advanced technique.* New York: Grune & Stratton.

Piotrowski, Z. A. (1957). *Perceptanalysis.* New York: Macmillan.

Piotrowski, Z. A. (1977). The movement response. In M. A. Rickers-Ovsiankina (Ed.), *Rorschach psychology* (2nd ed., pp. 189-227). Huntington, NY: Krieger.

Presley, G., Smith, C., Hilsenroth, M., & Exner, J. (2001). Clinical utility of the Rorschach with African Americans. *Journal of Personality Assessment, 77*, 491-507.

Quintana, P. O., & Campo, V. (1993). The present status of the Rorschach test in Spain. *Rorschachiana, 18*, 26-44.

Raez de Ramirez, M. (1994). Rorschach's psychodiagnosis in Peru. *Rorschachiana, 19*, 146-155.

Ranzoni, J. H., Grant, M. Q., & Ives, V. (1950). Rorschach "card pull" in a normal adolescent population. *Journal of Personality Assessment, 14*, 107-133.

Rapaport, D. (1942). Principles underlying projective techniques. *Character and Personality, 10*, 213-219.

Rapaport, D., Gill, M., & Schafer, R. (1968). *Diagnostic psychological testing* (Rev. ed. edited by R. R. Holt). New York: International Universities Press. (Original work published 1946)

Rausch de Traubenberg, N. (1993). The Rorschach: From percept to fantasm. *Rorschachiana: Yearbook of the International Rorschach Society, 18*, 7-25.

Richards, T. W. (1958). Personal significance of Rorschach figures. *Journal of Personality Assessment, 22*, 97-101.

Ritscher, J. B., Slivko-Kolchik, E. G., & Oleichik, I. V. (2001). Assessing depression in Russian psychiatric patients: Validity of MMPI and Rorschach. *Assessment, 8*, 373-389.

Ritzler, B., Erard, R., & Pettigrew, G. (2002a). Pretecting the integrity of Rorschach expert witnesses. A reply to Grove and Barden (1999) re: The admissibility of testimony under Daubert/Kumho analysis. *Psychology, Public Policy, and the Law, 8*, 201-215.

Ritzler, B., Erard, R., & Pettigrew, G. (2002b). A final reply to Grove and Barden: The relevance of the Rorschach Comprehensive System for expert testimony. *Psychology, Public Policy, and the Law, 8*, 235-246.

Rorschach, H. (1942). *Psychodiagnostics: A diagnostic test based on perception.* Bern: Hans Huber. (Original work published 1921)

Rosenthal, R., Hiller, J. B., Bornstein, R. F., Berry, D. T. R., & Brunell-Neuleib, S. (2001). Meta-analytic methods, The Rorschach, and the MMPI. *Psychological Assessment*, 13, 449-451.

Rosenzweig, S. (1951). Idiodynamics in personality theory with special reference to projective methods. *Psychological Review, 58*, 213-223.

Schachtel, E. G. (1966). *Experiential foundations of Rorschach's test.* New York: Basic Books.

Schafer, R. (1954). *Psychoanalytic interpretation in Rorschach testing.* New York: Grune & Stratton.

Shaffer, T. W., Erdberg, P., & Haroian, J. (1999). Current nonpatient data for the Rorschach, WAIS, and MMPI-2. *Journal of Rersonality Assessment, 73*, 305-316.

Shapiro, D. (1977). A perceptual understanding of color response. In M. A. Rickers-Ovsiankina (Ed.), *Rorschach psychology* (2nd ed., pp. 251-301). Huntington, NY: Krieger.

Sines, J. O. (1960). An approach to the study of the stimulus significance of the Rorschach inkblots. *Journal of Projective Techniques, 24*, 64-66.

Sloan, P., Arsenault, L., & Hilsenroth, M. (2002). Use of the Rorschach in the assessment of war-related stress in military personnel. Rorschachiana: Yearbook of the international Rorschach Society, 25, 86-122.

Sloan, P., Arsenault, L., Hilsenroth, M., Handler, L., & Harvill, L. (1996). Rorschach measures of posttraumatic stress in Persian Gulf war veterans: A three-Year follow-up study. *Journal of Personality Assessment, 66*, 54-64.

Smith, B. L. (1994). Object relations theory and the integration of empirical and psychoanalytic approaches to Rorschach interpretation. *Rorschachiana, 19*, 61-77.

Stricker, G., & Healey, B. J. (1990). Projective assessment of object relations: A review of the literature. *Psychological Assessment, 2*, 219-230.

Sugarman, A. (1991). Where's the best? Putting personality back into personality assessment. *Journal of Personality Assessment, 56*, 130-144.

Sullivan, H. S. (1953). *The interpersonal theory of psychiatry.* New York: Norton.

Swift, J. (1726/1960). *Gulliver's travels.* Boston: Houghton Mifflin.

Urist, J. (1977). The Rorschach test and the assessment of object relations. *Journal of Personality Assessment, 41*, 3-9.

Vaz, C. E. (1995). Anxiety, productiveness, performance, and culture in the Rorschachs of a multiethnic group of adolescents. *Rorschachiana, 20*, 93-111.

Vernon, P. E. (1935). Recent work on the Rorschach test. *Journal of Mental Science, 81*, 894-920.

Viglione, D. J. (1999). A review of recent research addressing the utility of the Rorschach. *Psychological Assessment, 11*, 241-265.

Viglione, D. J., & Hilsenroth, M. J. (2001). The Rorschach: Facts, fictions, and future. *Psychological Assessment, 13*, 452-471.

Viglione, D. J., & Rivera, B. (2003). A behavioral response process framework for projective testing. In I. B. Weiner (Ed. in Chief) & J. Graham & J. Naglieri (Eds.), *Handbook of psychologi: Vol. 10. Assessment psychology*. New York: Wiley.

Weiner, I. B. (1977a). Approaches to Rorschach validation. In M. A. Rickers-Ovsiankina (Ed.), *Rorschach psychology* (2nd ed., pp. 575-608). Huntington, NY: Krieger.

Weiner, I. B. (1977b). Projective tests in differential diagnosis. In B. B. Wolman (Ed.), *International encyclopedia of neurology, psychiatry, psychoanalysis, and psychology* (pp. 112-116). Princeton, NJ: Van Nostrand Reinhold.

Weiner, I. B. (1986). Conceptual and empirical perspectives on the Rorschach assessment of psychopathology. *Journal of Personality Assessment, 50*, 472-479.

Weiner, I. B. (1989). On competence and ethicality in psychodiagnostic assessment. *Journal of Personality Assessment, 53*, 827-831.

Weiner, I. B. (1994). The Rorschach Inkblot Method (RIM) is not a test: Implications for theory and practice. *Journal of Personality Assessment, 62*, 498-504.

Weiner, I. B. (1995a). Methodological considerations in Rorschach research. *Psychological Assessment, 7*, 330-337.

Weiner, I. B. (1995b). Searching for Rorschach theory: A wild goose chase. In *Proceedings Book, 14th International Congress of Rorschach and Projective Methods* (pp. 23-32). Lisbon, Portugal: Gulbenkian.

Weiner, I. B. (1996). Some observations on the validity of the Rorschach Inkblot Method. *Psychological Assessment, 8*, 206-213.

Weiner, I. B. (1997a). Current status of the Rorschach Inkblot Method. *Journal of Personality Assessment, 68*, 5-19.

Weiner, I. B. (1997b). *Psychodiagnosis in schizophrenia*. Mahwah, NJ: Lawrence Erlbaum Associates. (Original work published 1966)

Weiner, I. B. (1998a). *Principles of psychotherapy* (2nd ed.). New York: Wiley.

Weiner, I. B. (1998b). Rorschach differentiation of schizophrenia and affective disorder. In G. P. Koocher, J. C. Norcross, & S. S. Hill (Eds.), *Psychologist's desk reference*. New York: Oxford University Press.

Weiner, I. B. (1998c). Teaching the Rorschach Comprehensive System. In L. Handler & M. J. Hilsenroth (Eds.), Teaching and learning personality assessment (pp. 215-233). Mahwah, NJ: Lawrence Erlbaum Associates.

Weiner, I. B. (1999a). Contemporary perspectives on Rorschach assessment. *European Journal of Psychological Assessment, 15*, 78-86.

Weiner, I. B. (1999b). Rorschach Inkblot Method. In M. E. Maruish (Ed.), *The use of psychological testing in treatment planning and outcome evaluation* (2nd ed., pp. 1123-1156). Mahwah, NJ: Lawrence Erlbaum Associates.

Weiner, I. B. (2000a). Using the Rorschach properly in practice and research. *Journal of Clinical Psychology, 56*, 435-438.

Weiner, I. B. (2000b). Making Rorschach interpretation as good as it can be, *Journal of Personality Assessment, 74*, 164-174.

Weiner, I. B. (2001a). Advancing the science of psychological assessment: The Rorschach Inkbot Method as examplar. *Psychological Assessment, 13*, 423-432.

Weiner, I. B. (2001b). Considerations in collecting Rorschach reference data. *Journal of Personality Assessment, 77*, 122-127.

Weiner, I. B. (2003a). Rorschach assessment: Current status. In M, Hersen (Ed. in Chief) & M, Hilsenroth & D. Segal (Eds.), *Comprehensive handbook of psychological assessment: Vol. 2. Objective and projective assessment of personality and psychopathology*. New York: Wiley.

Weiner, I. B. (2003b). Theoretical perspectives: Psychoanalytic. In R. Fernandez-Ballesteros(Ed.), *Encyclopedia of psychological assessment* (pp. 1011-1014). Newbury Park, CA: Sage.

Weiner, I. B. (2003c). Rorschach Inkblot Method. In M. Maruish (Ed.), *The use of psychological testing in threatment planning and outcome evaluation* (3rd ed.). Mahuah, NJ:Lawrence Erlbaum Associates.

Weiner, I. B., & Exner, J. E., Jr. (1991). Rorschach changes in long-term and short-term psychotherapy. *Journal of Personality Assessment, 56*, 453-365.

Wood, J. M., & Lilienfeld, S. O. (1999). The Rorschach Inkbolt Test: A case of overstatement? *Assessment, 6*, 341-349.

Wood, J. M., Nezworski, M. T., Garb, H. N., & Lilienfeld, S. O. (2001). The misperception of psychopathology: Problems with the norms of the Comprehensive System of the Rorschach. *Clinical Psychology, 8*, 350-373.

Wood, J. M., Nezworksi, M .T., & Stejskal, W. J. (1996). The Comprehensive System for the Rorschach: *A critical examination, Psychological Science, 7*, 3-10.

Wood, J. M., Nezworski, M .T., & Stejskal, W. J. (1997). The reliability of the Comprehensive Sistem: A comment on Meyer (1997). *Psychological Assessment, 9*, 490-494.

Zubin, J., Eron, L. D., & Schumer, F. (1965). *An experimental approach to projective techniques.* New York: Wiley.

저자 소개

Irving B. Weiner는 South Florida 대학교의 정신의학 및 행동의학과에서 임상교수로 재직 중이고, Florida 주 Tempa에서 임상 및 법정 심리학으로 개업을 하고 있다. Weiner는 Michigan 대학교에서 임상심리학으로 철학박사(Ph. D.) 학위, 미국의 전문가 심리학회에서 임상 및 법정 심리학 전문가 자격을 취득하였다. 그는 국제 로르샤하협회의 회장과 로르샤하를 전문적으로 다루는 학술지인 Rorschachiana의 편집장으로 활동하고 있다. 또한 Journal of Personality Assessment의 편집장과 미국 성격평가학회의 회장직도 수행하였으며 미국 평가심리학회에서 수여하는 우수 논문상과 학술상을 여러 차례 수상하였다. 주요 저서로는 『Psychodiagnosis in Schizophrenia』, 『Rorschach Handbook of Clinical and Research Methods』, 『Principles of Psychotherapy』, 『Psychological Disturbance in Adolescence』가 있고, Exner와 함께 『Rorschach Assessment of Children and Adolescents』를 집필하기도 하였다.

역자 소개

- **김영환** 경북대학교 심리학과 교수
- **김지혜** 성균관대학교 의과대학 신경정신과 연구부교수
- **홍상황** 진주교육대학교 교육학과 교수

2판
로르샤하 해석의 원리

2005년 9월 5일 1판 1쇄 발행
2024년 5월 20일 1판 13쇄 발행

지은이 • Irving B. Weiner
옮긴이 • 김영환 · 김지혜 · 홍상황
펴낸이 • 김진환
펴낸곳 • (주) 학지사
04031 서울특별시 마포구 양화로 15길 20 마인드월드빌딩
대표전화 • 02)330-5114 팩스 • 02)324-2345
등록번호 • 제313-2006-000265호

홈페이지 • http://www.hakjisa.co.kr
인스타그램 • https://www.instagram.com/hakjisabook

ISBN 978-89-5891-164-7 93180

정가 20,000원